여러분의 합격을 응원하는
해커스경찰의 특별

KB136509

단기 합격을 위한
해커스 커리큘럼

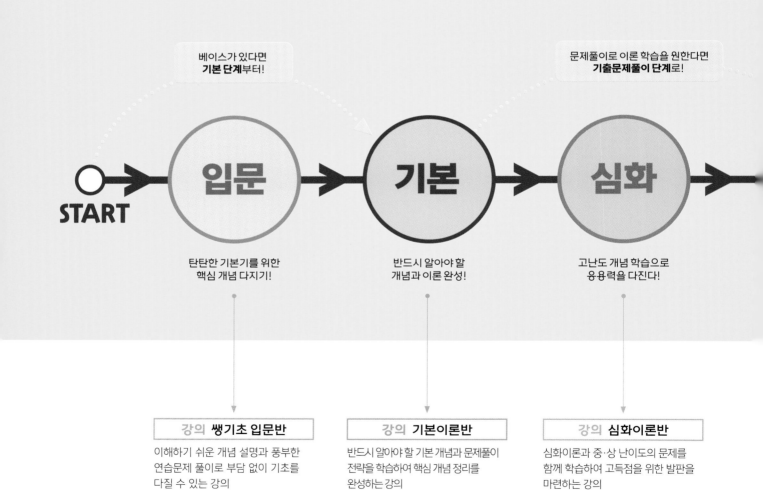

베이스가 있다면
기본 단계부터!

문제풀이로 이론 학습을 원한다면
기출문제풀이 단계로!

START

입문

기본

심화

탄탄한 기본기를 위한
핵심 개념 다지기!

반드시 알아야 할
개념과 이론 완성!

고난도 개념 학습으로
응용력을 다진다!

강의 **쌩기초 입문반**

이해하기 쉬운 개념 설명과 풍부한
연습문제 풀이로 부담 없이 기초를
다질 수 있는 강의

강의 **기본이론반**

반드시 알아야 할 기본 개념과 문제풀이
전략을 학습하여 핵심 개념 정리를
완성하는 강의

강의 **심화이론반**

심화이론과 중·상 난이도의 문제를
함께 학습하여 고득점을 위한 발판을
마련하는 강의

단계별 교재 확인 및
수강신청은 여기서!

police.Hackers.com

* 커리큘럼은 과목별·선생님별로 상이할 수 있으며, 자세한 내용은 해커스경찰 사이트에서 확인하세요.

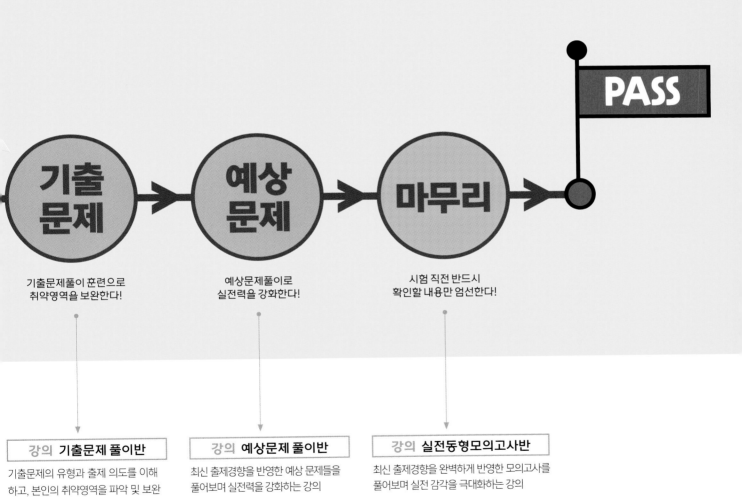

PASS

기출문제 → **예상문제** → **마무리** →

기출문제풀이 훈련으로
취약영역을 보완한다!

예상문제풀이로
실전력을 강화한다!

시험 직전 반드시
확인할 내용만 엄선한다!

강의 **기출문제 풀이반**

기출문제의 유형과 출제 의도를 이해
하고, 본인의 취약영역을 파악 및 보완
하는 강의

강의 **예상문제 풀이반**

최신 출제경향을 반영한 예상 문제들을
풀어보며 실전력을 강화하는 강의

강의 **실전동형모의고사반**

최신 출제경향을 완벽하게 반영한 모의고사를
풀어보며 실전 감각을 극대화하는 강의

강의 **봉투모의고사반**

시험 직전에 실제 시험과 동일한 형태의
모의고사를 풀어보며 실전력을 완성하는 강의

해커스경찰 **단기 합격생**이 말하는
경찰 합격의 비밀!

해커스경찰과 함께라면
다음 합격의 주인공은 바로 여러분입니다.

완전 노베이스로 시작,
8개월 만에 인천청 합격!

강*혁 합격생

형사법 부족한 부분은 모의고사로 채우기!

기본부터 기출문제집과 같이 병행해서 좋았던 것 같습니다. 그리고 1차 시험 보기 전까지 심화 강의를 끝냈는데 개인적으로 심화강의 추천 드립니다. 안정적인 실력이 아니라 생각해서 기출 후 전범위 모의고사에서 부족한 부분들을 많이 채워 나간 것 같습니다.

법 계열 전공,
1년 이내 대구청 합격!

배*성 합격생

외우기 힘든 경찰학, 방법은 회독과 복습!

경찰학의 경우 양이 워낙 방대하고 휘발성이 강한 과목이라고 생각합니다. (중략) 지속적으로 회독을 하였으며, 모의고사를 통해서 틀린 부분을 복습하고 그 범위를 다시 한 번 책으로 돌아가서 봤습니다.

이과 계열 전공,
6개월 만에 인천청 합격!

서*범 합격생

법 과목 공부법은 기본과 기출 회독!

법 과목만큼은 인강을 반복해서 듣고 기출을 반복해서 읽고 풀었습니다. 익숙해질 필요가 있다고 생각해서 회독에 더 집중했었습니다. 익숙해진 이후로는 오답도 챙기면서 공부했습니다.

해커스경찰

신동욱
경찰헌법

실전동형모의고사 **2**

신동욱

저자 약력

현 | 해커스 경찰학원 헌법, 경찰행정법 강의
　　해커스공무원학원 헌법, 행정법 강의
전 | 경찰청 헌법특강, EBS 특강
　　경찰교육원 간부후보생 헌법특강
　　서울시교육청 핵심인재과정 헌법특강
　　교육부 평생교육진흥원 학점은행 교수
　　성균관대, 단국대, 전남대, 충북대 등 특강교수

저서

해커스경찰 신동욱 경찰헌법 실전동형모의고사 2
해커스경찰 신동욱 경찰헌법 실전동형모의고사 1
해커스경찰 신동욱 경찰헌법 최신 3개년 판례집
해커스경찰 신동욱 경찰헌법 진도별 문제풀이 500제
해커스경찰 신동욱 경찰헌법 단원별 핵심지문 OX
해커스경찰 신동욱 경찰헌법 기출문제집
해커스경찰 신동욱 경찰헌법 핵심요약집
해커스경찰 신동욱 경찰헌법 기본서
해커스경찰 신동욱 경찰행정법 기출문제집
해커스경찰 신동욱 경찰행정법 기본서
해커스공무원 실전동형모의고사 神헌법2
해커스공무원 실전동형모의고사 神헌법1
해커스공무원 해설이 상세한 기출문제집 神헌법
해커스공무원 처음 헌법 조문해설집
해커스공무원 처음 헌법 만화판례집
해커스공무원 神헌법 기본서
조문이론 판례분석 헌법, 법학사
스마트 신동욱 헌법, 윌비스

서문

경찰헌법 시험에 최적화된 모의고사 문제로만 선별했습니다. 최대한 많은 실전연습을 하고 싶은 수험생들에게 갈증을 해소해 줄 수 있는 좋은 훈련교재가 될 수 있을 것이라 생각됩니다.

마무리 단계일수록 실수는 줄이고 중요쟁점은 다시 점검하고, 혹시 놓칠 수 있는 최신판례와 개정법령까지 점검해 볼 수 있는 문제들로 실전연습을 극대화하는 것이 가장 좋은 수험대책입니다.

한 두 문제로 당락이 좌우될 수 있는 시험 현실에서 합격의 열쇠가 될 수 있는 단 한 문제를 건질 수만 있어도 소기의 목적을 달성할 수 있지 않을까 생각합니다.

본 교재는 엄선된 문제들로 구성되었기 때문에 시험을 앞둔 수험생들에게 단비와 같은 역할을 할 수 있으리라 기대합니다.

경찰헌법 시험에 맞는 적절한 난이도, 그리고 무엇보다도 최고의 적중률을 염두에 두고 문제를 구성하였습니다.

본 교재는 다음과 같은 특징을 가지고 있습니다.

첫째, 최신판례(2022년 12월 판례)와 개정법령을 반영하였습니다.

둘째, 경찰헌법에 최적화된 적절한 난이도와 중요도를 반영하여 실전감각을 익힐 수 있도록 하였습니다.

셋째, 상세한 해설을 통해 본 교재를 통해서도 반복학습의 효과를 극대화 하도록 하였습니다.

넷째, 적중률 높은 문제만을 엄선하여 고득점 합격에 도움이 되도록 하였습니다.

더불어 경찰공무원 시험 전문 **해커스경찰(police.Hackers.com)**에서 학원강의나 인터넷 동영상강의를 함께 이용하여 꾸준히 수강한다면 학습효과를 극대화할 수 있습니다.

아무쪼록 본 교재로 공부하는 모든 수험생들의 조기합격과 건강을 기원합니다.

2023년 3월
신동욱

목차

문제

해설

2023 해커스경찰 신동욱 경찰헌법 실전동형모의고사 2

실전동형 모의고사

소요시간: _____ / 15분　　　　맞힌 답의 개수: _____ / 20

문 1. 한국 헌정사에 대한 설명으로 적절하지 않은 것은?

① 건국헌법은 위헌법률심사와 탄핵재판을 담당하는 헌법위원회를 신설하였다.
② 1960년 제3차 개정헌법에서는 대법원장과 대법관을 선거로 선출하도록 규정하였다.
③ 구속적부심사규정은 건국헌법 때 신설되어, 제7차 개정헌법 때 폐지된 후, 제8차 개정헌법 때 부활하였다.
④ 1980년 제8차 개정헌법에서는 적정임금 보장에 대해 규정하였다.

문 2. 국적법상 귀화에 대한 설명으로 적절하지 않은 것은? (다툼이 있는 경우 판례에 의함)

① 대한민국 국적을 취득한 사실이 없는 외국인은 법무부장관의 귀화허가를 받아 대한민국 국적을 취득할 수 있다.
② 법무부장관은 귀화신청인이 귀화요건을 갖추었다 하더라도 귀화를 허가할 것인지 여부에 관하여 재량권을 가진다.
③ 국적법에 따라 귀화허가를 받은 사람은 법무부장관 앞에서 국민선서를 하고 귀화증서를 수여받은 때에 대한민국 국적을 취득하며, 법무부장관은 연령, 신체적 · 정신적 장애 등으로 국민선서의 의미를 이해할 수 없거나 이해한 것을 표현할 수 없다고 인정되는 사람에게는 국민선서를 면제할 수 있다.
④ 법무부장관은 거짓이나 그 밖의 부정한 방법으로 귀화허가를 받은 자에 대하여 그 허가를 취소할 수 있으며, 법무부장관의 취소권 행사기간은 귀화허가를 한 날로부터 6개월 이내이다.

문 3. 헌법의 적용범위에 대한 설명으로 적절한 것을 모두 고른 것은? (다툼이 있는 경우 헌법재판소 결정에 의함)

㉠ 헌법재판소는 독도 등을 중간수역으로 정한 '대한민국과 일본국 간의 어업에 관한 협정'은 배타적 경제수역을 직접 규정한 것이 아니고, 독도의 영유권 문제나 영해 문제와는 직접적인 관련을 가지지 아니하기 때문에 헌법상 영토조항에 위반되지 않는다고 하였다.
㉡ 북한이탈주민의 보호 및 정착지원에 관한 법률에 따르면 북한을 벗어난 후 외국의 국적을 취득한 자는 '북한이탈주민'으로 보호된다.
㉢ 헌법재판소는 남북합의서를 한민족공동체 내부의 특수관계를 기초로 하여 합의된 공동성명이나 신사협정에 준하는 것으로 보아, 남북합의서의 채택 · 발효가 북한을 하나의 국가로 인정한 것으로 볼 수 없다고 하였다.
㉣ 헌법의 인적 적용범위와 관련하여 우리나라는 부모양계혈통주의에 기초한 속인주의를 원칙으로 하면서 속지주의를 보충적으로 채택하고 있다.
㉤ 헌법재판소는 우리 헌법이 대한민국의 국민이 되는 요건은 법률로서 정한다고 규정하고 있기 때문에, 국적은 국가의 생성으로 당연히 발생하는 성질의 것이 아니라, 별도의 입법을 통해서만 비로소 그 실체를 인정받을 수 있다고 하였다.

① ㉠, ㉡
② ㉠, ㉢, ㉣
③ ㉢, ㉣, ㉤
④ ㉠, ㉡, ㉢, ㉣

문 4. 헌법상 경제질서에 대한 헌법재판소의 결정 내용으로 적절하지 않은 것은?

① 특정의료기관이나 특정의료인의 기능·진료방법에 관한 광고를 금지하는 것은 새로운 의료인들에게 자신의 기능이나 기술 혹은 진단 및 치료방법에 관한 광고와 선전을 할 기회를 배제함으로써, 기존의 의료인과의 경쟁에서 불리한 결과를 초래할 수 있는데, 이는 자유롭고 공정한 경쟁을 추구하는 헌법상의 시장경제질서에 부합되지 않는다.

② 금고 이상의 실형을 선고받고 그 형의 집행이 종료되거나 면제되지 아니한 자는 농산물도매시장의 중도매업 허가를 받을 수 없다고 규정한 것은 직업선택의 자유를 침해한 것으로 볼 수 없다.

③ 우리 헌법은 제123조 제3항에서 중소기업이 국민경제에서 차지하는 중요성 때문에 중소기업의 보호를 국가경제정책적 목표로 명문화하고 있는데, 중소기업의 보호는 넓은 의미의 경쟁정책의 한 측면을 의미하므로 중소기업의 보호는 원칙적으로 경쟁질서의 범주 내에서 경쟁질서의 확립을 통하여 이루어져야 한다.

④ 사회국가란 사회정의의 이념을 헌법에 수용한 국가로 경제·사회·문화의 모든 영역에서 사회현상에 관여하고 간섭하고 분배하고 조정하는 국가를 말하지만, 국가에게 국민 각자가 실제로 자유를 행사할 수 있는 그 실질적 조건을 마련해 줄 의무까지 부여하는 것은 아니다.

문 5. 기본권에 대한 설명으로 적절하지 않은 것은? (다툼이 있는 경우 판례에 의함)

① 월급근로자로서 6개월이 되지 못한 자를 해고예고제도의 적용 예외사유로 규정하고 있는 근로기준법 제35조 제3호는 근무기간이 6개월 미만인 월급근로자의 근로의 권리를 침해하고 평등원칙에 위배된다.

② 아동·청소년대상 성범죄의 재범을 방지하고 재범 시 수사의 효율성을 제고하기 위하여 등록대상자로 하여금 1년마다 사진을 제출하도록 형사처벌로 강제하는 것은 일반적 행동자유권을 과도하게 제한하는 것이다.

③ 민법 제809조 제1항을 위반한 혼인을 무효로 하는 민법 제815조 제2호는 헌법에 합치되지 아니한다.

④ 입법자가 변리사제도를 형성하면서 변리사의 업무범위에 특허침해소송의 소송대리를 포함하지 않은 것이 변리사의 직업의 자유를 침해하는 것은 아니다.

문 6. 헌법상 일반적 인격권에 대한 설명으로 적절하지 않은 것은? (다툼이 있는 경우 헌법재판소 결정에 의함)

① 변호사에 대한 징계결정정보를 인터넷 홈페이지에 공개하도록 한 변호사법 조항과 징계결정정보의 공개범위와 시행방법을 정한 변호사법 시행령 조항은 청구인의 인격권을 침해하지 않는다.

② 범죄행위 당시에 없었던 위치추적 전자장치 부착명령을 출소예정자에게 소급적용할 수 있도록 한 특정 범죄자에 대한 위치추적 전자장치 부착 등에 관한 법률 부칙 경과조항은 과잉금지원칙에 위반되지 않아 피부착자의 인격권을 침해하지 않는다.

③ 수형자가 법정에 출석하기까지 도주예방과 교정사고의 방지를 위해 운동화 착용을 불허하는 행위는 수형자의 인격권을 침해하지 않는다.

④ 상체승의 포승과 수갑을 채우고 별도의 포승으로 다른 수용자와 연승한 행위는 과잉금지원칙에 반하여 청구인의 인격권을 침해한다.

문 7. 평등권 또는 평등의 원칙에 대한 헌법재판소의 결정 내용으로 적절하지 않은 것은?

① 국내통화를 위조 또는 변조하거나 이를 행사하는 등의 행위를 가중처벌하는 특정범죄 가중처벌 등에 관한 법률 제10조 중 형법 제207조 제1항 및 제4항에 관한 부분은 형법 제207조 제1항 및 제4항 부분과의 관계에서 형벌체계상의 균형을 잃어 평등원칙에 위반된다.

② 사실혼 배우자에게 상속권을 인정하지 않는 민법 제1003조 제1항 중 '배우자' 부분이 상속권에 관하여 사실혼 배우자와 법률혼 배우자를 차별하고 있다고 하더라도, 그러한 취급에는 수긍할 만한 합리적인 이유가 있으므로 이를 두고 자의적인 차별로서 사실혼 배우자의 평등권을 침해한다고 보기는 어렵다.

③ '수사가 진행 중이거나 형사재판이 계속 중이었다가 그 사유가 소멸한 경우'에는 잔여 퇴직급여 등에 대해 이자를 가산하는 규정을 두면서, '재심으로 무죄판결을 받아 그 사유가 소멸한 경우'에는 이자 가산 규정을 두지 않은 군인연금법 제33조 제2항이 평등원칙에 위반되는 것은 아니다.

④ 행정심판청구를 인용하는 재결이 행정청을 기속하도록 규정한 행정심판법 제49조 제1항이 평등원칙에 위배되는 것은 아니다.

문 8. 평등권에 대한 설명으로 적절한 것은? (다툼이 있는 경우 판례에 의함)

① 국민참여재판 배심원의 자격을 만 20세 이상으로 정한 것은 민법상 성년연령이 만 19세로 개정된 점이나 선거권 연령이 만 18세로 개정된 점을 고려해 볼 때, 만 19세 및 만 18세의 국민을 합리적인 이유 없이 차별취급하는 것이다.

② 자율형 사립고등학교를 후기학교로 정하여 신입생을 일반고와 동시에 선발하도록 한 것은 자율형 사립고등학교 법인의 평등권을 침해한다.

③ 주민소환투표가 발의되어 공고되었다는 이유만으로 곧바로 주민소환투표대상자의 권한행사를 정지되도록 한 주민소환법 제21조 제1항은 과잉금지원칙에 위반하여 청구인의 공무담임권을 침해하거나 평등권을 침해하지 않는다.

④ 일반택시운송사업에서 운전업무에 종사하는 근로자(택시기사)의 최저임금에 산입되는 임금의 범위는 생산고에 따른 임금을 제외한 대통령령으로 정하는 임금으로 하는 최저임금법 제6조 제5항은 계약의 자유 및 평등권을 침해한다.

문 9. 신체의 자유에 대한 설명으로 적절하지 않은 것은? (다툼이 있는 경우 판례에 의함)

① 변호인이 되려는 자의 피의자 접견교통권은 헌법상 기본권이다.

② 인천국제공항출입국·외국인청장이 인천국제공항 송환대기실에 수용된 '난민인정신청을 하였으나 난민인정심사 불회부결정을 받은 자'에 대한 변호인 접견신청을 거부한 행위는 변호인의 조력을 받을 권리를 침해하는 것이다.

③ 무기징역의 집행 중에 있는 자의 가석방요건을 종전의 '10년 이상'에서 '20년 이상' 형 집행 경과로 강화한 개정형법 제72조 제1항을, 형법 개정 당시에 이미 수용 중인 사람에게도 적용하는 형법 부칙 제2항은 신체의 자유를 침해하지 않는다.

④ 보호의무자 2인의 동의와 정신건강의학과 전문의 1인의 진단으로 정신질환자에 대한 보호입원이 가능하도록 한 것은 신체의 자유를 침해하지 않는다.

문 10. 신체의 자유에 대한 설명으로 적절한 것은? (다툼이 있는 경우 판례에 의함)

① 강제퇴거명령을 받은 사람을 즉시 대한민국 밖으로 송환할 수 없으면 송환할 수 있을 때까지 보호시설에 보호할 수 있도록 규정한 출입국관리법 제63조 제1항은 과잉금지원칙에 반하여 신체의 자유를 침해한다.

② 밀양경찰서장이 철거대집행이 실시되는 동안 청구인들을 철거대상시설인 움막들 밖으로 강제 이동시킨 행위 및 그 움막들로 접근을 막은 행위는 신체의 자유를 침해한다.

③ 헌법 제12조 제4항 본문에 규정된 '구속'은 행정절차에서 이루어진 구속까지 포함하는 개념은 아니므로 헌법 제12조 제4항 본문에 규정된 변호인의 조력을 받을 권리는 행정절차에서 구속을 당한 사람에게도 즉시 보장되는 것은 아니다.

④ 병(兵)에 대한 징계처분으로 일정기간 부대나 함정(艦艇) 내의 영창, 그 밖의 구금장소에 감금하는 영창처분이 가능하도록 규정한 구 군인사법 제57조 제2항 중 '영창'에 관한 부분은 신체의 자유를 침해한다.

문 11. 다음 형법 규정에 대한 설명으로 적절하지 않은 것은? (다툼이 있는 경우 판례에 의함)

> **형법(2014.5.14. 법률 제12575호로 개정된 것)**
> 제70조【노역장유치】② 선고하는 벌금이 1억원 이상 5억원 미만인 경우에는 300일 이상, 5억원 이상 50억원 미만인 경우에는 500일 이상, 50억원 이상인 경우에는 1,000일 이상의 유치기간을 정하여야 한다.
>
> **형법 부칙(2014.5.14. 법률 제12575호)**
> 제2조【적용례 및 경과조치】① 제70조 제2항의 개정규정은 이 법 시행 후 최초로 공소가 제기되는 경우부터 적용한다.

① 노역장유치조항은 벌금형 및 과료형의 집행과 관련하여 벌금 등을 완납할 때까지 노역장에 유치하여 작업에 복무하게 하는 환형처분이며, 이는 과잉금지원칙에 반하여 신체의 자유를 침해한다.

② 형벌불소급원칙에서 의미하는 '처벌'은 단지 형법에 규정되어 있는 형식적 의미의 형벌 유형에 국한되지 않는다.

③ 노역장유치는 벌금형에 부수적으로 부과되는 환형처분으로서, 그 실질은 신체의 자유를 박탈하여 징역형과 유사한 형벌적 성격을 가지고 있으므로, 형벌불소급원칙의 적용대상이 된다.

④ 부칙 조항은 노역장유치조항의 시행 전에 행해진 범죄행위에 대해서도 공소제기의 시기가 노역장유치조항의 시행 이후이면 이를 적용하도록 하고 있으므로, 이는 범죄행위 당시보다 불이익한 법률을 소급적용하도록 하는 것으로서 헌법상 형벌불소급원칙에 위반된다.

문 12. 변호인의 조력을 받을 권리에 대한 설명으로 적절하지 않은 것은? (다툼이 있는 경우 판례에 의함)

① 구속된 사람의 변호인과의 자유로운 접견권은 국가안전보장·질서유지·공공복리 등 어떠한 명분으로도 제한될 수 없는 권리이고, 법률로써 제한될 수 없는 권리이기 때문에 수용자의 접견시간을 평일에 한정한 형의 집행 및 수용자의 처우에 관한 법률 시행령은 변호인의 조력을 받을 권리를 침해한다.

② 피의자 및 피고인을 조력할 변호인의 권리 중 그것이 보장되지 않으면 그들이 변호인의 조력을 받는다는 것이 유명무실하게 되는 핵심적인 부분은 헌법상 기본권인 피의자 및 피고인이 가지는 변호인의 조력을 받을 권리와 표리의 관계에 있다 할 수 있어 헌법상 기본권으로 보호되어야 한다.

③ 변호인이 피의자신문에 자유롭게 참여할 수 있는 권리는 피의자가 가지는 변호인의 조력을 받을 권리를 실현하는 수단이라고 할 수 있어 헌법상 기본권인 변호인의 변호권으로 보호되어야 하므로, 피의자신문시 변호인에 대한 수사기관의 후방착석요구행위는 헌법상 기본권인 변호인의 변호권을 침해한다.

④ 형사절차가 종료되어 교정시설에 수용 중인 수형자나 미결수용자가 형사사건의 변호인이 아닌 민사재판, 행정재판, 헌법재판 등에서 변호사와 접견할 경우에는 원칙적으로 헌법상 변호인의 조력을 받을 권리의 주체가 될 수 없다.

문 13. 적법절차에 대한 설명으로 적절하지 않은 것은? (다툼이 있는 경우 판례에 의함)

① 적법절차의 원칙은 법률이 정한 형식적 절차와 실체적 내용이 모두 합리성과 정당성을 갖춘 적정한 것이어야 한다는 실질적 의미를 지니고 있다.

② 판결선고 전 구금일수의 산입을 규정한 형법 제57조 제1항 중 "또는 일부" 부분은 헌법상 적법절차의 원칙을 위배한다.

③ 특정공무원범죄의 범인에 대한 추징판결을 범인 외의 자가 그 정황을 알면서 취득한 불법재산 및 그로부터 유래한 재산에 대하여 그 범인 외의 자를 상대로 집행할 수 있도록 한 공무원범죄에 관한 몰수 특례법 제9조의2는 적법절차원칙에 위배된다.

④ 수뢰죄를 범하여 금고 이상의 형의 선고유예를 받은 국가공무원은 별도의 징계절차를 거치지 아니하고 당연퇴직되도록 한 국가공무원법 조항은 적법절차원리에 위반되지 않는다.

문 14. 사생활의 자유 또는 개인정보자기결정권을 침해하는 것을 모두 고른 것은? (다툼이 있는 경우 대법원 판례 및 헌법재판소 결정에 의함)

ㄱ 4급 이상 공무원들의 병역 면제사유인 질병명을 관보와 인터넷을 통해 공개하도록 하는 것

ㄴ 보험회사 직원이 보험회사를 상대로 손해배상청구소송을 제기한 교통사고 피해자들의 장해 정도에 관한 증거자료를 수집할 목적으로 피해자들의 일상생활을 촬영하는 행위

ㄷ 엄중격리대상자의 수용거실에 CCTV를 설치하여 24시간 감시하는 행위

ㄹ 주민등록번호 유출 또는 오·남용으로 인하여 발생할 수 있는 피해 등에 대한 아무런 고려 없이 주민등록번호 변경을 일률적으로 허용하지 않은 것

ㅁ 공직선거에 후보자로 등록하고자 하는 자는 금고 이상의 형의 범죄경력에 관한 증명서류를 제출하여야 하는데, 위 금고 이상의 형의 범죄경력에 실효된 형을 포함시키고 있는 공직선거법 제49조 제4항 제5호의 규정

① ㄱ, ㄴ, ㄹ
② ㄱ, ㄹ, ㅁ
③ ㄴ, ㄷ, ㄹ
④ ㄱ, ㄴ, ㄹ, ㅁ

문 15. 甲은 산부인과 의사로서, 2013.11.1.경부터 2015.7.3.경까지 69회에 걸쳐 임신한 부녀 乙 등의 촉탁 또는 승낙을 받아 낙태하였다는 공소사실(업무상 승낙낙태) 등으로 기소되었다. 甲은 제1심 재판 계속 중, 형법 제269조 제1항, 제270조 제1항이 헌법에 위반된다고 주장하면서 위헌법률심판제청신청을 하였으나 그 신청이 기각되자, 2017.2.8. 위 조항들의 위헌확인을 구하는 헌법소원심판을 청구하였다. 이에 관한 내용으로 적절하지 않은 것은? (다툼이 있는 경우 헌법재판소 결정에 의함)

① 태아의 생명을 보호하기 위하여 낙태를 금지하고 형사처벌하는 것 자체가 모든 경우에 헌법에 위반된다고 볼 수는 없다.

② 자기낙태죄 조항은 입법목적을 달성하기 위하여 필요한 최소한의 정도를 넘어 임신한 여성의 자기결정권을 제한하고 있어 침해의 최소성을 갖추지 못하였고, 태아의 생명 보호라는 공익에 대하여만 일방적이고 절대적인 우위를 부여함으로써 법익균형성의 원칙도 위반하였다고 할 것이므로, 과잉금지원칙을 위반하여 임신한 여성의 자기결정권을 침해하는 위헌적인 규정이다.

③ 낙태는 대부분 낙태에 관한 지식이 있는 의료업무 종사자를 통해 이루어지며, 태아의 생명을 보호해야 하는 업무에 종사하는 자가 태아의 생명을 박탈하는 시술을 한다는 점에서 비난가능성 또한 크므로, 동의낙태죄(제269조 제2항)와 달리 책임과 형벌 간의 비례원칙에 위배되지 아니한다.

④ 자기낙태죄 조항에 대하여 단순위헌결정을 하는 대신 각각 헌법불합치결정을 선고하되, 다만 입법자의 개선입법이 이루어질 때까지 계속적용을 명하는 것이 타당하다.

문 16. 헌법상 언론·출판의 자유에 대한 설명으로 적절하지 않은 것은? (다툼이 있는 경우 헌법재판소 결정에 의함)

① 엄격한 의미의 음란표현은 헌법 제21조가 규정하는 언론·출판의 자유의 보호영역 내에 있다.

② 교원 및 교원노조에게 '일체의 정치활동'을 금지하는 노동조합 설립 및 운영 등에 관한 법률 조항은 교원 및 교원노조의 특성상 교원 등의 정치활동이 일부 제한될 수는 있지만, 정치활동이 제한되는 장소·대상·내용이 학교 내에서의 학생에 대한 당파적 선전교육과 정치선전, 선거운동에 한정되지 않고, 그밖의 정치활동까지 일률적으로 금지한다는 점에서 명확성의 원칙과 정치적 표현의 자유를 침해한다.

③ 선거운동기간 전에 공직선거법에 규정된 방법을 제외하고 인쇄물 등의 배부를 금지한 공직선거법 조항은 정치적 표현의 자유를 침해하지 않는다.

④ 선거운동기간을 제한하고 이를 위반한 사전선거운동을 형사처벌하도록 규정한 구 공직선거법 제59조 중 선거운동기간 전에 개별적으로 대면하여 말로 하는 선거운동에 관한 부분 등은 정치적 표현의 자유를 침해한다.

문 17. 직업의 자유에 대한 설명으로 적절한 것을 모두 고른 것은? (다툼이 있는 경우 헌법재판소 결정에 의함)

⊙ 성적목적공공장소침입죄로 형을 선고받아 확정된 자로 하여금 그 형의 집행을 종료한 날부터 10년 동안 의료기관을 제외한 아동·청소년 관련기관 등을 개설하거나 그에 취업할 수 없도록 하는 것은 직업선택의 자유를 침해한다.
ⓛ 20년 이상 관세행정분야에서 근무한 자에게 일정한 절차를 거쳐 관세사 자격을 부여한 구 관세사법 규정은 헌법에 위반되지 않는다.
ⓒ 초등학교, 중학교, 고등학교의 학교환경위생정화구역 내에서의 당구장시설을 제한하면서 예외적으로 학습과 학교보건위생에 나쁜 영향을 주지 않는다고 인정하는 경우에 한하여 당구장시설을 허용하도록 하는 것은 과도하게 직업의 자유를 침해한다.
ⓡ 마약류 관리에 관한 법률을 위반하여 금고 이상의 실형을 선고받고 그 집행이 끝나거나 면제된 날부터 20년이 지나지 아니한 것을 택시운송사업의 운전업무 종사자격의 결격사유 및 취소사유로 정한 구 여객자동차 운수사업법 조항은 직업선택의 자유를 침해한다.
ⓜ 국가기술자격증을 다른 자로부터 빌려 건설업의 등록기준을 충족시킨 경우 그 건설업 등록을 필요적으로 말소하도록 한 건설산업기본법 제83조 단서 중 제6호 부분은 건설업자의 직업의 자유를 침해한다.

① ⊙, ⓡ
② ⓒ, ⓜ
③ ⊙, ⓛ, ⓡ
④ ⊙, ⓛ, ⓡ, ⓜ

문 18. 다음 사안에 대한 헌법재판소의 결정 내용으로 적절하지 않은 것은?

청구인 甲은 2018.6.13. 실시된 제7회 전국동시지방선거에서 ○○도지사 후보로 출마하기 위하여 예비후보자로 등록한 사람이고, 청구인 乙은 □□ △△구 지방의회의원 후보로 각 출마하기 위하여 예비후보자로 등록한 사람이다. 청구인 丙은 청구인 甲이 후원회를 둘 경우 이에 후원하고자 하는 사람이다. 그런데 정치자금법 제6조에서 광역자치단체의 장 선거의 예비후보자와 자치구의 지역구의회의원 선거의 예비후보자를 후원회지정권자로 하고 있지 않아 청구인들을 위한 후원회를 구성할 수 없게 되자, 위 청구인들은 위 법률조항이 자신들의 기본권을 침해한다고 주장하면서, 2018. 3.22. 헌법소원심판을 청구하였다.

① 예비후보자가 되려는 사람(비례대표국회의원선거 및 비례대표지방의회의원선거 제외)은 대통령선거는 선거일 전 240일, 시·도지사선거는 선거일 전 120일, 자치구·시의 지역구의원 및 장 선거는 선거기간 개시일 전 90일부터 각 관할 선거구 선거관리위원회에 서면으로 예비후보자등록을 신청하여야 한다.
② 정치자금법이 여러 차례 개정되어 후원회지정권자의 범위가 지속적으로 확대되어 왔음에도 불구하고, 국회의원선거의 예비후보자 및 그 예비후보자에게 후원금을 기부하고자 하는 자와 광역자치단체장선거의 예비후보자 및 이들 예비후보자에게 후원금을 기부하고자 하는 자를 계속하여 달리 취급하는 것은, 불합리한 차별에 해당하고 입법재량을 현저히 남용하거나 한계를 일탈한 것이다.
③ 국회의원선거의 예비후보자와 자치구의회의원선거의 예비후보자를 달리 취급하는 것은, 불합리한 차별에 해당하고 입법재량을 현저히 남용하거나 한계를 일탈한 것이며, 자치구의회의원선거의 예비후보자 및 이들 예비후보자에게 후원금을 기부하고자 하는 자의 평등권을 침해한다.
④ 예비후보자에게 기탁금을 반환하는 사유에 당헌·당규에 따라 정당에 후보자로 추천하여 줄 것을 신청하였으나 해당 정당의 추천을 받지 못하여 후보자로 등록하지 않은 경우도 포함된다.

문 19. 선거운동에 대한 설명으로 적절한 것은? (다툼이 있는 경우 판례에 의함)

① 배우자의 선거범죄로 후보자의 당선을 무효로 하는 조항 및 기탁금과 선거비용을 반환하도록 하는 조항은 연좌제금지에 위배되지 않고 공무담임권, 재산권 등을 침해한다고 볼 수도 없다.

② 예비후보자의 배우자가 함께 다니는 사람 중에서 지정한 자도 선거운동을 위하여 명함교부 및 지지호소를 할 수 있도록 한 공직선거법 관련 조항 중 '배우자' 관련 부분이 배우자가 없는 예비후보자의 평등권을 침해하는 것은 아니다.

③ 공무원이 선거운동의 기획행위를 하는 모든 경우를 금지하는 것은 공무원의 정치적 중립성에서 나오는 공익이 정치적 표현의 자유보다 크기 때문에 헌법에 위반되지 아니한다.

④ 지방의회의원선거에서 선거권을 갖는 외국인은 누구라도 해당 선거에서 선거운동을 할 수 없다.

문 20. 기본권의 제한·침해에 대한 헌법재판소의 결정 내용으로 적절하지 않은 것은?

① 2015.1.1.부터 모든 일반음식점영업소를 금연구역으로 지정하여 운영하도록 한 국민건강증진법 시행규칙 조항은 청구인의 직업수행의 자유를 침해하지 않는다.

② 방송사업자가 구 방송법상 심의규정을 위반한 경우 방송통신위원회로 하여금 전문성과 독립성을 갖춘 방송통신심의위원회의 심의를 거쳐 '시청자에 대한 사과'를 명할 수 있도록 규정한 것은 침해의 최소성 원칙에 위배되지 않는다.

③ 수용자가 작성한 집필문의 외부반출을 불허하고 이를 영치할 수 있도록 규정한 형의 집행 및 수용자의 처우에 관한 법률 조항은 수용자의 통신의 자유를 침해하지 않는다.

④ 통계청장이 2015 인구주택총조사의 방문 면접조사를 실시하면서, 담당 조사원을 통해 청구인에게 2015 인구주택총조사 조사표의 조사항목들에 응답할 것을 요구한 행위는 청구인의 개인정보자기결정권을 침해하지 않는다.

문 1. 관습헌법에 대한 설명으로 적절하지 않은 것은? (다툼이 있는 경우 헌법재판소 결정에 의함)

① 우리나라는 성문헌법을 가진 나라로서 기본적으로 우리 헌법전(憲法典)이 헌법의 법원(法源)이 되나, 형식적 헌법전에는 기재되지 아니한 사항이라도 이를 관습헌법으로 인정할 소지가 있다.

② 헌법사항에 관하여 형성되는 관행 내지 관례가 전부 관습헌법이 되는 것은 아니고 강제력이 있는 헌법규범으로서 인정되려면 엄격한 요건들이 충족되어야만 하며, 이러한 요건이 충족된 관습만이 관습헌법으로서 성문의 헌법과 동일한 법적 효력을 가진다.

③ 우리나라와 같은 성문의 경성헌법 체제에서 인정되는 관습헌법사항은 하위규범형식인 법률에 의하여 개정될 수 없다.

④ 관습헌법사항은 헌법개정의 방법에 의하여 개정될 수 있을 뿐, 이러한 방법 이외에 관습헌법이 자연히 사멸하게 되는 등 그 법적 효력이 상실되는 경우는 있을 수 없다.

문 2. 헌법개정에 대한 설명으로 적절한 것은?

① 헌법개정의 한계를 벗어난 경우, 헌법의 개별규정은 헌법재판소법 제41조 제1항의 위헌법률심판의 대상은 아니지만, 헌법재판소법 제68조 제1항의 공권력 행사의 결과에는 해당한다.

② 헌법개정안에 대한 국민투표권은 헌법개정기관인 국민 전체에게 부여된 권한으로서, 국민의 기본권이 아니다.

③ 헌법개정안은 국회가 의결한 후 30일 이내에 국민투표에 부쳐 국회의원선거권자 과반수의 투표와 선거권자 과반수의 찬성을 얻어야 한다.

④ 국민투표의 효력에 관하여 이의가 있는 투표인은 투표인 10만인 이상의 찬성을 얻어 중앙선거관리위원회위원장을 피고로 하여 투표일로부터 20일 이내에 대법원에 제소할 수 있다.

문 3. 헌정사에 대한 설명으로 적절하지 않은 것을 모두 고른 것은?

㉠ 제헌헌법(1948년 헌법)은 대통령과 부통령을 국회에서 무기명 투표로 선출하도록 규정하였다.

㉡ 제2차 개정헌법(1954년 헌법)은 국무총리제를 폐지하고 국무원에 대한 개별적 불신임제를 채택했다.

㉢ 제3차 개정헌법(1960년 헌법)에서는 3·15 부정선거에 대한 반성으로 중앙선거관리위원회와 각급선거관리위원회를 처음 규정하였다.

㉣ 제8차 개정헌법(1980년 헌법)에서는 행복추구권, 사생활의 비밀과 자유 등을 기본권으로 새로이 규정하였으며, 언론·출판에 대한 허가나 검열이 인정되지 않는다는 조항을 부활하였다.

㉤ 정당해산심판조항은 제3차 개정헌법(1960년 헌법)에서 최초로 규정된 이래 제7차 개정헌법(1972년 헌법)에서 삭제되었다가 현행헌법에서 부활되었다.

① ㉠, ㉡, ㉣   ② ㉠, ㉢, ㉤
③ ㉡, ㉢, ㉣   ④ ㉢, ㉣, ㉤

문 4. 신뢰보호의 원칙에 대한 설명으로 적절하지 않은 것은? (다툼이 있는 경우 판례에 의함)

① 입법자가 반복하여 음주운전을 하는 자를 총포소지 허가의 결격사유로 규제하지 않을 것이라는 데 대한 신뢰가 보호가치 있는 신뢰라고 보기 어렵다.

② 전부개정 법률 시행 당시 아직 공소시효가 완성되지 아니한 성폭력범죄에 대하여 공소시효의 정지·배제 조항을 적용하도록 부진정소급효를 규정한 것은 13세 미만의 사람에 대한 강제추행이 갖는 범죄의 중대성, 미성년자에 대한 성폭력 범죄의 특수성을 고려하였을 때 신뢰보호원칙에 위반되지 않는다.

③ 공기총의 소지허가를 받은 자는 그 공기총을 허가관청이 지정하는 곳에 보관하도록 하고 개정법 시행 당시 이미 공기총의 소지허가를 받은 자도 이 사건 법률조항에 따라 시행일부터 1개월 이내에 그 공기총을 허가관청이 지정하는 곳에 보관하도록 규정한 '총포·도검·화약류 등의 안전관리에 관한 법률' 조항은 과잉금지원칙에 반하거나 신뢰보호원칙에 반하지 않는다.

④ 위법건축물에 대하여 이행강제금을 부과하도록 하면서 이행강제금제도 도입 전의 위법건축물에 대하여도 적용의 예외를 두지 아니한 건축법 부칙 규정은 신뢰보호의 원칙에 위반된다.

문 5. 헌법상 경제질서에 대한 설명으로 적절하지 않은 것은? (다툼이 있는 경우 헌법재판소 판례에 의함)

① 헌법 제119조 이하의 경제에 관한 장은 국가가 경제정책을 통하여 달성하여야 할 '공익'을 구체화하고, 동시에 헌법 제37조 제2항의 기본권제한을 위한 법률유보에서의 '공공복리'를 구체화하고 있다.

② 특정한 사회, 경제적 또는 정치적 대의나 가치를 주장·옹호하거나 이를 진작시키기 위한 수단으로 선택한 소비자불매운동은 헌법상 보호를 받을 수 없다.

③ 특정의료기관이나 특정의료인의 기능·진료방법에 관한 광고를 금지하는 것은 새로운 의료인들에게 자신의 기능이나 기술 혹은 진단 및 치료방법에 관한 광고와 선전을 할 기회를 배제함으로써 기존의 의료인과의 경쟁에서 불리한 결과를 초래하므로, 자유롭고 공정한 경쟁을 추구하는 헌법상의 시장경제질서에 부합되지 않는다.

④ 헌법 제119조 제1항은 사유재산제도와 사적자치의 원칙을 기초로 하는 자유시장경제질서를 기본으로 하고 있다.

문 6. 제도적 보장에 대한 설명으로 적절한 것은? (다툼이 있는 경우 판례에 의함)

① 제도적 보장은 주관적 권리가 아닌 객관적 법규범이라는 점에서 기본권과 구별되며, 헌법에 의하여 일정한 제도가 보장되더라도 입법자는 그 제도를 설정하고 유지할 입법의무를 지는 것은 아니다.

② 기본권이 입법권·집행권·사법권을 구속하는 법규범인 데 반하여, 제도적 보장은 프로그램적 규정으로서 재판규범으로서의 기능을 하지 못한다.

③ 방송의 자유는 주관적 권리로서의 성격과 함께 신문의 자유와 마찬가지로 자유로운 의견형성이나 여론형성을 위해 필수적인 기능을 행하는 객관적 규범질서로서 제도적 보장의 성격을 함께 가진다.

④ 전래의 어떤 가족제도가 헌법 제36조 제1항이 요구하는 양성평등에 반한다고 할지라도, 헌법 제9조의 전통문화와 규범조화적으로 해석하여 그 헌법적 정당성이 인정될 수도 있다.

문 7. 정당제도와 선거제도에 대한 설명으로 적절한 것은 모두 몇 개인가? (다툼이 있는 경우 판례에 의함)

⊙ 정당설립의 자유를 최대한으로 보호하려는 헌법 제8조의 정신에 비추어 볼 때, 정당의 설립 및 가입을 금지하는 법률조항은 이를 정당화하는 사유의 중대성에 있어서 적어도 민주적 기본질서에 대한 위반에 버금가는 것이어야 하므로, 지방공무원의 정당가입을 금지하는 입법은 헌법에 위반된다.

⊙ 정당의 자유는 개개인의 자유로운 정당설립 및 정당가입의 자유, 조직형식 내지 법형식 선택의 자유, 정당해산의 자유, 합당의 자유, 분당의 자유뿐만 아니라, 개인이 정당 일반 또는 특정 정당에 가입하지 아니할 자유, 가입했던 정당으로부터 탈퇴할 자유 등 소극적 자유도 포함한다.

⊙ 정당은 후보자를 추천하는 때에는 당헌 또는 당규로 정한 민주적인 절차를 거쳐 대의원·당원 등으로 구성된 선거인단의 민주적 투표절차에 따라 추천할 후보자를 결정한다.

⊙ 지역구국회의원선거는 1천 500만원의 기탁금을, 비례대표국회의원선거는 500만원의 기탁금을 기탁하여야 한다.

① 1개　　　　　　② 2개
③ 3개　　　　　　④ 4개

문 8. 선거제도에 대한 설명으로 적절하지 않은 것은?

① 선거기간 중 선거에 영향을 미치게 하기 위한 집회나 모임을 금지하는 것은 정치적 표현의 자유를 침해한다.

② 임기만료에 따른 비례대표국회의원선거에서 전국 유효투표총수의 100분의 5 이상을 득표하였거나 임기만료에 따른 지역구국회의원선거에서 3 이상의 의석을 차지한 정당에 대하여 비례대표국회의원의석이 배분된다.

③ 국회의원지역구의 공정한 획정을 위하여 임기만료에 따른 국회의원선거의 선거일 전 18개월부터 해당 국회의원선거에 적용되는 국회의원지역구의 명칭과 그 구역이 확정되어 효력을 발생하는 날까지 국회의원선거구획정위원회를 설치·운영한다.

④ 국회는 국민의 보통·평등·직접·비밀선거에 의하여 선출된 국회의원으로 구성한다.

문 9. 지방자치제도에 대한 설명으로 적절하지 않은 것은? (다툼이 있는 경우 판례에 의함)

① 조례제정·개폐청구권을 주민들의 지역에 관한 의사결정에 참여에 관한 권리 내지 주민발안권으로 이해하더라도 이러한 권리를 헌법이 보장하는 기본권인 참정권이라고 할 수는 없다.

② 지방자치단체의 장은 주민에게 과도한 부담을 주거나 중대한 영향을 미치는 지방자치단체의 주요 결정사항 등에 대하여 주민투표에 부칠 수 있다.

③ 지방자치단체의 18세 이상의 주민은 지방자치단체의 조례로 정하는 일정 수 이상의 18세 이상 주민이 연대서명하여 그 지방자치단체와 그 장의 권한에 속하는 사무의 처리가 법령에 위반되거나 공익을 현저히 해친다고 인정되면 감사원장에게 감사를 청구할 수 있다.

④ 국가사무로서 지방자치단체의 장에 위임된 이른바 기관위임사무에 관한 사항은 조례제정의 범위 밖이라고 할 것이다.

문 10. 인간의 존엄과 가치 및 인격권 등에 관한 판례의 내용으로 적절하지 않은 것을 모두 고른 것은?

㉠ 구치소 내 과밀수용행위가 지나치게 협소하더라도 국가 예산의 문제 등 제반 사정상 신체적·정신적 건강이 악화되거나 인격체로서의 기본 활동에 필요한 조건을 박탈당하는 정도는 아니기 때문에 수형자인 인간의 존엄과 가치를 침해하는 것은 아니다.

㉡ 초·중등학교에서 한자교육을 선택적으로 받도록 한 '초·중등학교 교육과정'의 'Ⅱ 학교 급별 교육과정 편성과 운영' 중 한자 교육 및 한문 관련 부분은 학생의 자유로운 인격발현권을 침해하지 않는다.

㉢ 사자(死者)에 대한 사회적 명예와 평가의 훼손은 사자와의 관계를 통하여 스스로의 인격상을 형성하고 명예를 지켜온 그 후손의 인격권을 제한한다.

㉣ 중혼을 혼인취소의 사유로 정하면서 그 취소청구권의 제척기간 또는 소멸사유를 규정하지 않은 민법 규정은 입법재량의 한계를 일탈하여 후혼 배우자의 인격권 및 행복추구권을 침해하지 않는다.

㉤ 방송사업자의 의사에 반한 사과행위를 강제하는 구 방송법 규정은 방송사업자의 인격권을 침해하지 않는다.

① ㉠, ㉡   ② ㉠, ㉤
③ ㉡, ㉣   ④ ㉢, ㉤

문 11. 일반적 행동자유권에 대한 설명으로 적절한 것은? (다툼이 있는 경우 헌법재판소 결정에 의함)

① 누구든지 금융회사 등에 종사하는 자에게 거래정보 등의 제공을 요구하는 것을 금지하고, 위반시 형사처벌하는 금융실명법 조항은 일반적 행동자유권을 침해한다.

② 비어업인이 잠수용 스쿠버장비를 사용하여 수산자원을 포획·채취하는 것을 금지하는 수산자원관리법 시행규칙 조항은 비어업인의 일반적 행동의 자유를 침해한다.

③ 협의상 이혼을 하고자 하는 사람은 부부가 함께 관할 가정법원에 직접 출석하여 협의이혼의사확인신청서를 제출하여야 한다고 규정한 가족관계의 등록 등에 관한 규칙 조항은 일반적 행동자유권을 침해한다.

④ 이동통신단말장치 유통구조 개선에 관한 법률상 이동통신단말장치 구매지원금 상한조항은 이동통신단말장치를 구입하고, 이동통신서비스의 이용에 관한 계약을 체결하고자 하는 자의 일반적 행동자유권에서 파생하는 계약의 자유를 침해한다.

문 12. 생명권에 대한 설명으로 적절한 것은? (다툼이 있는 경우 판례에 의함)

① 낙태죄 조항은 임부의 자기결정권과 태아의 생명권이 대립관계에 있으며 기본권 충돌 사안 중 하나이다.

② 국가가 생명을 보호하는 입법적 조치를 취함에 있어 인간생명의 발달단계에 따라 그 보호정도나 보호수단을 달리하는 것은 불가능하지 않다.

③ 헌법재판소는 임신 제1삼분기(임신 14주 무렵까지)에는 사유를 불문하고 낙태가 허용되어야 하므로 자기낙태죄 규정에 대하여 단순위헌결정을 하였다.

④ 생명권의 제한은 곧 생명권의 본질적 내용에 대한 침해를 의미하며, 생명권은 헌법 제37조 제2항에 의한 일반적 법률유보의 대상이라 할 수 없다.

문 13. 평등권 또는 평등원칙 위반인 것을 모두 고른 것은? (다툼이 있는 경우 헌법재판소 결정에 의함)

⊙ 산업재해보상보험법 조항이 근로자가 사업주의 지배관리 아래 출퇴근하던 중 사고가 발생하였을 경우에만 이를 업무상 재해로 인정하고 통상의 출퇴근 재해는 업무상 재해로 인정하지 아니한 것

ⓒ 현역병 및 사회복무요원과 달리 공무원의 초임호봉 획정에 인정되는 경력에 산업기능요원의 경력을 제외하도록 한 공무원보수규정의 조항

ⓒ 초·중등교육법 시행령 조항이 자사고 지원자에게 평준화지역 후기학교의 중복지원을 금지하고, 평준화지역 자사고 불합격자들에 대하여 일반고 배정절차를 마련하지 아니한 것

ⓐ 학교폭력예방 및 대책에 관한 법률 조항이 학교폭력의 가해학생에 대한 모든 조치에 대해 피해학생 측에는 재심을 허용하면서 가해학생 측에는 퇴학과 전학의 경우에만 재심을 허용하고 나머지 조치에 대해서는 재심을 허용하지 않도록 한 것

ⓜ 주민투표법 조항이 주민투표권 행사를 위한 요건으로 주민등록을 요구함으로써 국내거소신고만 할 수 있고 주민등록을 할 수 없는 국내거주 재외국민에 대하여 주민투표권을 인정하지 아니한 것

① ㉠, ㉡, ㉢
② ㉠, ㉢, ㉤
③ ㉡, ㉢, ㉣
④ ㉡, ㉣, ㉤

문 14. 형벌과 책임주의원칙에 대한 설명으로 적절하지 않은 것은? (다툼이 있는 경우 판례에 의함)

① 형법 제129조 제1항의 수뢰죄를 범한 사람에게 수뢰액의 2배 이상 5배 이하의 벌금을 병과하도록 규정한 특정범죄 가중처벌 등에 관한 법률 조항은 책임과 형벌의 비례원칙에 위반되지 않는다.

② 음주운항 전력이 있는 사람이 다시 음주운항을 한 경우 2년 이상 5년 이하의 징역이나 2천만원 이상 3천만원 이하의 벌금에 처하도록 규정한 해사안전법 제104조의2 제2항 중 '제41조 제1항을 위반하여 2회 이상 술에 취한 상태에서 선박의 조타기를 조작한 운항자'에 관한 부분은 책임과 형벌간의 비례원칙에 위반된다.

③ 선박소유자가 고용한 선장이 선박소유자의 업무에 관하여 범죄행위를 하면 그 선박소유자에게도 동일한 벌금형을 과하도록 규정하고 있는 구 선박안전법 제84조 제2항 중 "선장이 선박소유자의 업무에 관하여 제1항 제1호의 위반행위를 한 때에는 선박소유자에 대하여도 동항의 벌금형에 처한다."는 부분은 책임주의원칙에 반하여 헌법에 위반된다고 할 수 없다.

④ 법인의 대표자 등이 법인의 재산을 국외로 도피한 경우 행위자를 벌하는 외에 그 법인에도 도피액의 2배 이상 10배 이하에 상당하는 벌금형을 과하는 특정경제범죄 가중처벌 등에 관한 법률 제4조 제4항 본문 중 '법인에 대한 처벌'에 관한 부분은 책임주의에 위반되지 않는다.

문 15. 명확성원칙에 대한 설명으로 적절하지 않은 것을 모두 고른 것은? (다툼이 있는 경우 판례에 의함)

㉠ 국가공무원법 제65조 제1항 중 "국가공무원법 제2조 제2항 제2호의 교육공무원 가운데 초·중등교육법 제19조 제1항의 교원은 그 밖의 정치단체의 결성에 관여하거나 이에 가입할 수 없다." 부분은 명확성원칙에 위배되어 나머지 청구인들의 정치적 표현의 자유, 결사의 자유를 침해한다.

㉡ 공공수역에 다량의 토사를 유출하거나 버려 상수원 또는 하천·호소를 현저히 오염되게 한 자를 처벌하는 수질 및 수생태계 보전에 관한 법률 제78조 제4호는 명확성원칙에 위배되지 않는다.

㉢ 구 군형법 조항에서 금지하는 연설, 문서 또는 그 밖의 방법으로 '정치적 의견을 공표'하는 행위는 법집행 당국의 자의적인 해석과 집행을 가능하게 한다고 보기 어려우므로 명확성원칙에 위배되지 않는다.

㉣ 군사기밀 보호법 조항 중 "외국인을 위하여 제12조 제1항에 규정된 죄를 범한 경우에는 그 죄에 해당하는 형의 2분의 1까지 가중처벌한다."는 부분 중 '외국인을 위하여'라는 의미는 '외국인 가중처벌조항'에 의하여 금지된 행위가 무엇인지 명확하다고 볼 수 없기 때문에 명확성원칙에 위배된다.

① ㉡
② ㉣
③ ㉠, ㉢
④ ㉡, ㉣

문 16. 양심적 병역거부에 대한 최근 헌법재판소의 결정 내용으로 적절하지 않은 것은?

① 양심적 병역거부자에 대한 관용은 결코 병역의무의 면제와 특혜의 부여에 대한 관용이 아니며, 대체복무제는 병역의무의 일환으로 도입되는 것이므로 현역복무와의 형평을 고려하여 최대한 등가성을 가지도록 설계되어야 한다.

② 양심적 병역거부자에 대한 대체복무제를 규정하지 아니한 병역종류조항과 양심상의 결정에 따라 입영을 거부하거나 소집에 불응하는 자에 대하여 형벌을 부과하는 처벌조항은 '양심에 반하는 행동을 강요당하지 아니할 자유', 즉 '부작위에 의한 양심실현의 자유'를 제한한다.

③ 양심적 병역거부자에 대한 대체복무는 다른 대체복무제와 달리 군사훈련까지 거부하는 일체의 군 관련 복무 배제로 볼 수 있고, 국방의 의무 및 병역의무의 범주에 포섭될 수 없기 때문에 양심적 병역거부자에 대한 대체복무제를 규정하고 있지 않음을 다투는 헌법소원심판청구는 진정입법부작위를 다투는 청구이다.

④ 대체복무제를 도입함으로써 병역자원을 확보하고 병역부담의 형평을 기할 수 있음에도 불구하고, 양심적 병역거부자에 대한 처벌의 예외를 인정하지 않고 일률적으로 형벌을 부과하는 처벌조항은 양심적 병역거부자의 양심의 자유를 침해하지 않는다.

문 17. 집회 및 시위에 관한 법률에 대한 헌법재판소의 결정 내용으로 적절하지 않은 것은?

① 국무총리 공관의 출입이나 안전에 위협을 가할 위험성이 낮은 소규모 옥외집회·시위라고 하더라도 일반 대중의 합세로 인하여 대규모 집회·시위로 확대될 우려나 폭력집회·시위로 변질될 위험이 있으므로, 국무총리 공관 경계지점으로부터 100미터 이내의 장소에서 옥외집회·시위를 전면적으로 금지하는 것은 집회의 자유를 침해하지 않는다.

② 재판에 영향을 미칠 염려가 있거나 미치게 하기 위한 집회 또는 시위를 금지하고 이를 위반한 자를 형사처벌하는 것은 어떠한 집회·시위가 규제대상에 해당하는지를 판단할 수 있는 아무런 기준도 제시하지 아니함으로써 사실상 재판과 관련된 집단적 의견표명 일체가 불가능하게 되어 집회의 자유를 실질적으로 박탈하는 결과를 초래하므로 집회의 자유를 침해한다.

③ 대통령 관저 인근에서 집회를 금지하고 이를 위반하여 집회를 주최한 자를 처벌하는 집시법 제11조 제3호는 집회의 자유를 침해한다.

④ '일출시간 전, 일몰시간 후'라는 광범위하고 가변적인 시간대의 옥외집회 또는 시위를 금지하는 것은 오늘날 직장인이나 학생들의 근무·학업 시간, 도시화·산업화가 진행된 현대사회의 생활형태 등을 고려하지 아니하고 목적 달성을 위해 필요한 정도를 넘는 지나친 제한을 가하는 것이어서 집회의 자유를 침해한다.

문 18. 직업의 자유에 대한 설명으로 적절한 것을 모두 고른 것은? (다툼이 있는 경우 헌법재판소 결정에 의함)

> ㉠ 대통령의 개성공단 운영 전면중단 결정과 통일부 장관의 개성공단 철수계획 마련 등이 관련 기업인들의 영업의 자유를 침해하는 것은 아니다.
> ㉡ 청원경찰이 법원에서 자격정지의 형을 선고받은 경우 국가공무원법을 준용하여 당연퇴직하도록 한 조항은 청원경찰의 직업의 자유를 침해한다.
> ㉢ 법률로 국가보조 연구기관을 통·폐합함에 있어 재산상의 권리·의무만 승계시키고, 근로관계의 당연 승계조항을 두지 아니한 것이 근로관계의 존속보호를 위하여 최소한의 보호조치마저 제공하고 있지 않다고 보기 어렵다.
> ㉣ 품목허가를 받지 아니한 의료기기를 수리·판매·임대·수여 또는 사용의 목적으로 수입한 자를 처벌하는 조항은 의료기기 수입업자의 직업수행의 자유를 침해하지 않는다.
> ㉤ 의료기기 수입업자가 의료기관 개설자에게 리베이트를 제공하는 경우를 처벌하는 조항은 의료기기 수입업자의 직업의 자유를 침해한다.

① ㉠, ㉣
② ㉡, ㉤
③ ㉠, ㉢, ㉣
④ ㉡, ㉢, ㉤

문 19. 1년 이상의 징역형 선고를 받고 그 집행이 종료되지 아니한 사람의 선거권을 제한하는 공직선거법 조항이 청구인들의 선거권을 침해하는지 여부에 대한 설명으로 적절하지 않은 것을 모두 고른 것은? (다툼이 있는 경우 헌법재판소 결정에 의함)

> ㉠ 이 사건 법률조항에 의한 선거권 박탈은 범죄자에 대해 가해지는 형사적 제재의 연장으로 범죄에 대한 응보적 기능을 갖는다.
> ㉡ 범죄의 종류나 침해된 법익을 기준으로 선거권이 제한되는 수형자의 범위를 일반적으로 정하는 것은 실질적으로 곤란하기 때문에 1년 이상의 징역의 형을 선고받았다는 사정만으로 공동체에 상당한 위해를 가하였다고 판단하기는 힘들다.
> ㉢ 형 집행 중에 가석방을 받았다고 하여, 형의 선고 당시 법관에 의하여 인정된 범죄의 중대성이 감쇄되었다고 보기 어려운 점을 고려하면, 입법자가 가석방 처분을 받았다는 후발적 사유를 고려하지 아니하고 1년 이상 징역의 형을 선고받은 사람의 선거권을 일률적으로 제한하였다고 하여 불필요한 제한이라고 보기는 어렵다.
> ㉣ 1년 이상의 징역형을 선고받은 사람의 범죄행위가 국가적·사회적 법익이 아닌 개인적 법익을 침해하는 경우라면 사회적·법률적 비난가능성의 정도는 달리 판단할 수 있다.

① ㉠, ㉢
② ㉠, ㉡
③ ㉡, ㉣
④ ㉢, ㉣

문 20. 재판청구권에 대한 설명으로 적절하지 않은 것은? (다툼이 있는 경우 판례에 의함)

① 배당기일에 이의한 사람이 배당이의의 소의 첫 변론기일에 출석하지 아니한 경우 소를 취하한 것으로 보도록 한 민사집행법 제158조는 이의한 사람의 재판청구권을 침해한다.

② 행정심판을 전심절차가 아니라 종심절차로 규정함으로써 정식재판의 기회를 배제하거나 어떤 행정심판을 필요적 전심절차로 규정하면서도 그 절차에 사법절차가 준용되지 않는다면 이는 헌법 제107조 제3항, 나아가 재판청구권을 보장하고 있는 헌법 제27조에도 위반된다.

③ 법관기피신청이 소송의 지연을 목적으로 함이 명백한 경우에 신청을 받은 법원 또는 법관은 결정으로 이를 기각할 수 있도록 규정한 형사소송법 제20조 제1항이 헌법상 보장되는 공정한 재판을 받을 권리를 침해하는 것은 아니다.

④ 심의위원회의 배상금 등 지급결정에 신청인이 동의한 때에는 국가와 신청인 사이에 민사소송법에 따른 재판상 화해가 성립된 것으로 보는 4·16세월호참사 피해구제 및 지원 등을 위한 특별법 규정은 신청인의 재판청구권을 침해하지 않는다.

소요시간: _____ / 15분   맞힌 답의 개수: _____ / 20

문 1. 관습헌법에 대한 설명으로 적절하지 않은 것은? (다툼이 있는 경우 헌법재판소 결정에 의함)

① 우리나라는 성문헌법을 가진 나라로서 기본적으로 우리 헌법전(憲法典)이 헌법의 법원(法源)이 되나, 형식적 헌법전에는 기재되지 아니한 사항이라도 이를 관습헌법으로 인정할 소지가 있다.

② 관습헌법은 일반적인 헌법사항에 해당하는 내용 중에서도 특히 국가의 기본적이고 핵심적인 사항으로서 법률에 의하여 규율하는 것이 적합하지 아니한 사항을 대상으로 한다.

③ 관습헌법의 성립요건으로 기본적 헌법사항에 관한 관행의 존재, 반복·계속성, 항상성, 명료성, 국민적 합의 등 다섯 가지를 충족해야 한다.

④ 관습헌법도 성문헌법과 마찬가지로 주권자인 국민의 헌법적 결단의 의사표현이나, 성문헌법과 동등한 효력을 가진다고 볼 수는 없고, 보충적으로 효력을 가진다고 보아야 한다.

문 2. 대한민국 헌정사에 대한 설명으로 적절한 것은?

① 1954년 제2차 개정헌법은 국무총리제를 폐지하고, 헌법개정안에 대한 국민발안제도와 주권제약·영토변경에 대한 국민투표제도를 두었다.

② 1960년 제3차 개정헌법은 공무원의 정치적 중립성 조항과 헌법재판소 조항을 처음으로 규정하였고, 1962년 제5차 개정헌법은 인간의 존엄과 가치에 대한 규정과 기본권의 본질적 내용 침해금지에 관한 규정을 처음으로 두었다.

③ 1972년 제7차 개정헌법은 대통령에게 국회의원 3분의 1의 추천권을 부여하였고 헌법개정절차를 이원화하였으며, 대통령의 임기를 1980년 제8차 개정헌법 때의 대통령의 임기보다 더 길게 규정하였다.

④ 1987년 제9차 개정헌법은 재외국민보호를 의무화하고 국군의 정치적 중립성 준수규정을 두었으며, 국정조사권 및 국정감사권을 부활하였다.

문 3. 대한민국 국적의 취득에 대한 설명으로 적절하지 않은 것은? (다툼이 있는 경우 판례에 의함)

① 국적법상 귀화허가를 받기 위한 요건 중 '품행이 단정할 것'은 귀화신청자를 대한민국의 새로운 구성원으로 받아들이는 데 지장이 없을 만한 품성과 행실을 갖춘 것을 의미한다.

② 대한민국 국적을 취득한 외국인으로서 외국 국적을 가지고 있는 자는 대한민국 국적을 취득한 날부터 1년 내에 그 외국 국적을 포기하여야 한다.

③ 외국인이 대한민국의 국민인 배우자와 혼인한 후 3년이 지나고 혼인한 상태로 대한민국에 1년 이상 계속하여 주소가 있는 경우 간이귀화허가를 받을 수 있다.

④ 법무부장관은 귀화신청인이 법률이 정하는 귀화요건을 갖추었을 경우 귀화를 허가하여야 한다.

문 4. 적법절차원칙에 대한 설명으로 적절하지 않은 것을 모두 고른 것은? (다툼이 있는 경우 판례에 의함)

> ㉠ 치료감호 청구권자를 검사로 한정한 구 치료감호법(2008.6.13. 법률 제9111호로 개정되기 전의 것) 제4조 제1항이 청구인의 재판청구권을 침해하거나 적법절차의 원칙에 위배된다고 볼 수 없다.
> ㉡ 상당한 의무이행기간을 부여하지 아니한 대집행계고처분 후에 대집행영장으로써 대집행의 시기를 늦춘 경우 그 계고처분은 적법절차에 위배한 것으로 위법한 처분이다.
> ㉢ 교도소·구치소의 수용자가 교정시설 외부로 나갈 경우 도주방지를 위하여 해당 수용자의 발목에 전자장치를 부착하도록 한 수용자 도주방지를 위한 위치추적전자장치 운영방안에 따른 전자장치 부착행위는 적법절차원칙에 위반된다.
> ㉣ 피의자를 긴급체포하여 조사한 결과 구금을 계속할 필요가 없다고 판단하여 48시간 이내에 석방하는 경우까지도 수사기관이 반드시 체포영장발부절차를 밟게 하는 것은 인권침해적 상황을 예방하는 적절한 방법이다.

① ㉠
② ㉡, ㉢
③ ㉢, ㉣
④ ㉠, ㉡, ㉢, ㉣

문 5. 헌법상 민주주의원리에 대한 설명으로 적절하지 않은 것은? (다툼이 있는 경우 판례에 의함)

① 당내 경선에 참가한 정당 소속 예비후보자는 불출마더라도 기탁금을 반환받을 수 있으나, 무소속 예비후보자가 후보자등록을 하지 않는 경우에 기탁금을 반환받지 못하게 하는 것은 평등의 원칙에 위배되지 않는다.
② 지역구국회의원선거 예비후보자의 기탁금 반환사유로 예비후보자가 당의 공천심사에서 탈락하고 후보자등록을 하지 않았을 경우를 규정하지 않은 것은 헌법에 위배된다.
③ 국회의원 선거권이 있는 자만 정당의 발기인 및 당원이 될 수 있도록 규정하고 있는 정당법 규정은 선거권 없는 사람의 정당의 자유를 침해하지 않는다.
④ 민주주의 국가에서 국민주권과 대의제 민주주의의 실현수단으로서 선거권이 갖는 중요성으로 인해 입법자는 선거권을 최대한 보장하는 방향으로 입법을 하여야 하는 반면, 헌법재판소가 선거권을 제한하는 법률의 합헌성을 심사하는 경우 그 심사 강도는 완화하여야 한다.

문 6. 문화국가원리에 대한 설명으로 적절한 것은? (다툼이 있는 경우 판례에 의함)

① 국가의 문화육성의 대상에는 원칙적으로 모든 사람에게 문화창조의 기회를 부여한다는 의미에서 모든 문화가 포함되므로 엘리트문화뿐만 아니라 서민문화, 대중문화도 그 가치를 인정하고 정책적인 배려의 대상으로 하여야 한다.
② 헌법 제9조의 규정취지와 민족문화유산의 본질에 비추어 볼 때, 국가가 민족문화유산을 보호하고자 하는 경우 이에 관한 헌법적 보호법익은 '민족문화유산의 존속' 그 자체를 보장하는 것에 그치지 않고, 민족문화유산의 훼손 등에 관한 가치보상이 있는지 여부도 이러한 헌법적 보호법익과 직접적인 관련이 있다.
③ 문화창달을 위하여 문화예술 공연관람자 등에게 예술감상에 의한 정신적 풍요의 대가로 문화예술진흥기금을 납입하게 하는 것은 헌법의 문화국가이념에 반하는 것이 아니다.
④ 공동체 구성원들 사이에 관습화된 문화요소라 하더라도 종교적인 의식, 행사에서 유래된 경우에까지 국가가 지원하는 것은 문화국가원리와 정교분리원칙에 위반된다.

문 7. 선거제도에 대한 설명으로 적절한 것은? (다툼이 있는 경우 판례에 의함)

① 누구든지 일정기간 동안 선거에 영향을 미치게 하기 위한 광고물 설치·진열·게시, 표시물 착용을 할 수 없도록 하고, 이에 위반한 경우 처벌하도록 한 공직선거법은 위헌이 아니다.

② 지역농협은 사법인에서 볼 수 없는 공법인적 특성을 많이 갖고 있으므로 지역농협의 조합장선거에서 조합장을 선출하거나 조합장으로 선출될 권리, 조합장선거에서 선거운동을 하는 것도 헌법에 의해 보호되는 선거권의 범위이다.

③ 정당에 대한 선거로서의 성격을 가지는 비례대표국회의원선거는 인물에 대한 선거로서의 성격을 가지는 지역구국회의원선거와 근본적으로 그 성격이 다르고, 공직선거법상 허용된 선거운동을 통하여 선거의 혼탁이나 과열을 초래할 여지가 지역구국회의원선거보다 훨씬 적다고 볼 수 있다. 그럼에도 불구하고 비례대표 기탁금조항은 이러한 차이를 전혀 반영하지 않고 지역구국회의원선거에서의 기탁금과 동일한 금액을 기탁금으로 설정하고 있는 바, 이는 후보자 추천의 진지성이나 선거관리업무의 효율성 확보 등의 입법목적을 달성하기 위해 필요한 최소한의 액수보다 지나치게 과다한 액수라 하지 않을 수 없다.

④ 국내에 3년 이상 체류하고 있는 18세 이상의 외국인은 모두 지방자치단체장선거에서 선거권을 행사할 수 있다.

문 8. 평등권에 대한 설명으로 적절하지 않은 것은? (다툼이 있는 경우 헌법재판소 결정에 의함)

① 집행유예보다 무거운 실형을 선고받고 집행이 종료되거나 면제된 경우에는 자격에 제한을 두지 않으면서 집행유예를 선고받은 경우에 대해서는 이러한 특례조항을 두지 아니한 소년법 제67조는 평등원칙에 위반된다.

② 피고인이 무죄판결을 받지는 않았으나 원판결보다 가벼운 형으로 유죄판결이 확정됨에 따라 원판결에 따른 구금형 집행이 재심판결에서 선고된 형을 초과하게 된 경우, 초과 구금에 대한 형사보상을 규정하지 않은 형사보상법은 평등권을 침해한다.

③ 서울대학교가 법인이 되면서, 서울대 교직원들은 그동안 담당해 왔던 공무가 사라져 유휴 인력이 되는 반면, 새로 설립된 법인 서울대는 교육, 학사지원 등을 그대로 이어받게 되어 이를 담당할 교직원이 필요하게 되었으므로, 교직원들을 각자 희망에 따라 공무원에서 퇴직시키고 법인 교직원으로 새로 임용하거나, 일정기간만 공무원 신분을 보유하도록 한 것은 합리적 차별이다.

④ 근로자의 날을 법정유급휴일로 할 것인지에 있어서 공무원과 일반근로자를 다르게 취급할 이유가 없으므로 근로자의 날을 공무원의 법정유급휴일로 정하지 않은 것은 공무원과 일반근로자를 자의적으로 차별하는 것에 해당하여 평등권을 침해한다.

문 9. 형의 집행 및 수용자의 처우에 대한 설명으로 적절하지 않은 것은? (다툼이 있는 경우 판례에 의함)

① 미결수용자의 변호인 아닌 '타인'과의 접견교통권은 헌법상 기본권이다.

② 군에서의 형의 집행 및 군수용자의 처우에 관한 법률의 적용을 받은 미결수용자의 면회횟수 제한은 과잉금지원칙을 위반하여 접견교통권을 침해한다.

③ 미결수용자와 변호인이 되려고 하는 자와의 접견에는 교도관이 참여하지 못한다. 다만, 형사법령에 저촉되는 행위를 할 우려가 있는 경우에는 그러하지 아니하다.

④ 청구인인 금치처분을 받은 사람이 최장 30일 이내의 기간 동안 의사가 치료를 위하여 처방한 의약품을 제외한 자비구매물품의 사용을 제한받았다 하더라도, 소장이 지급하는 물품을 통하여 건강을 유지하기 위한 필요최소한의 생활을 영위할 수 있도록 하였다면 청구인의 일반적 행동의 자유를 침해하였다고 할 수 없다.

문 10. 다음 중 사생활의 자유를 침해하는 것이 아닌 것은? (다툼이 있는 경우 판례에 의함)

① 게시판 이용자로 하여금 본인확인절차를 거쳐야만 게시판을 이용할 수 있도록 하는 본인확인제
② 소년에 대한 수사경력자료의 삭제와 보존기간에 대하여 규정하면서 법원에서 불처분결정된 소년부송치 사건에 대하여 규정하지 않은 것
③ 수용자가 없는 상태에서 교도소장이 비밀리에 거실 및 작업장에서 개인물품 등을 검사하는 행위
④ 국군보안사령부가 군과 관련된 첩보 수집 등 법령에 규정된 직무범위를 벗어나 민간인들을 대상으로 평소의 동향을 감시·파악할 목적으로 지속적으로 개인의 사생활에 관한 정보를 미행, 망원활용 등의 방법으로 비밀리에 수집·관리하는 행위

문 11. 개인정보자기결정권에 대한 설명으로 적절하지 않은 것은? (다툼이 있는 경우 헌법재판소 결정에 의함)

① 형제자매에게 가족관계등록부 등의 기록사항에 관한 증명서 교부청구권을 부여하는 가족관계의 등록 등에 관한 법률 조항은 과잉금지원칙을 위반하여 청구인의 개인정보자기결정권을 침해한다.
② 국민건강보험공단이 서울용산경찰서장에게 청구인들의 요양급여내역을 제공한 행위는 검거 목적에 필요한 최소한의 정보에 해당하는 '급여일자와 요양기관명'만을 제공하였기 때문에, 과잉금지원칙에 위배되지 않아 청구인들의 개인정보자기결정권을 침해하지 않는다.
③ 가축전염병의 발생 예방 및 확산 방지를 위해 축산관계시설 출입차량에 차량무선인식장치를 설치하여 이동경로를 파악할 수 있도록 한 구 가축전염병예방법 조항은 축산관계시설에 출입하는 청구인들의 개인정보자기결정권을 침해하지 않는다.
④ 이 사건 법률 시행 당시 디엔에이감식시료 채취 대상범죄로 이미 징역이나 금고 이상의 실형을 선고받아 그 형이 확정되어 수용 중인 사람에게 디엔에이감식시료 채취 및 디엔에이확인정보의 수집·이용에 있어서 디엔에이신원확인정보의 이용 및 보호에 관한 법률을 적용할 수 있도록 규정한 동 법률 부칙 조항은 개인정보자기결정권을 과도하게 침해하지 않는다.

문 12. 집회의 자유에 대한 설명으로 적절하지 않은 것은? (다툼이 있는 경우 헌법재판소 결정에 의함)

① 집단적인 폭행·협박·손괴·방화 등으로 공공의 안녕질서에 직접적인 위협을 가할 것이 명백한 집회 또는 시위의 주최를 금지하고, 이에 위반한 집회 또는 시위에 그 정을 알면서 참가한 자를 처벌하는 규정은 죄형법정주의의 명확성원칙에 위반된다고 볼 수 없다.
② 누구든지 국회의사당의 경계지점으로부터 100미터 이내의 장소에서는 옥외집회 또는 시위를 하여서는 아니 된다는 규정은 국회의 기능 보호 등을 위한 것이지만, 과잉금지의 원칙에 위배하여 집회의 자유를 침해한다고 볼 수 있다.
③ 미신고 시위에 대한 해산명령에 불응하는 자를 처벌하도록 규정한 집회 및 시위에 관한 법률 제24조 제5호 등은 집회의 자유를 침해하는 것이다.
④ 경찰서장이 이미 접수된 옥외집회 신고서를 반려하는 행위는 기본권 침해가능성이 있는 공권력의 행사에 해당한다.

문 13. 집회의 자유에 대한 설명으로 적절하지 않은 것은? (다툼이 있는 경우 판례에 의함)

① 집회의 자유는 개인의 사회생활과 여론형성 및 민주정치의 토대를 이루고 소수자의 집단적 의사표현을 가능하게 하는 중요한 기본권이기 때문에 단순히 위법행위의 개연성이 있다는 예상만으로 집회의 자유를 제한할 수는 없다.
② 미신고 옥외집회의 주최는 신고제의 행정목적을 침해하고 공공의 안녕질서에 위험을 초래할 개연성이 높으므로, 이에 대하여 행정형벌을 과하도록 하는 것이 집회의 자유를 침해한다고 할 수 없고, 그 법정형이 입법재량의 한계를 벗어난 과중한 처벌이라고 볼 수 없으므로, 과잉형벌에 해당하지 아니한다.
③ 집회의 자유는 다수인이 집단적 형태로 의사를 표현하는 것이므로 공공의 질서 내지 법적 평화와 마찰을 일으킬 가능성이 상당히 높은 것이어서, 집회의 자유에 대한 일정 범위 내의 제한은 불가피하다.
④ 집회에 대한 사전신고제도는 행정부의 판단에 의해 집회에 대한 금지와 통제가 허용되므로 헌법 제21조 제2항의 사전허가금지에 위배된다.

문 14. 언론·출판의 자유에 대한 설명으로 적절한 것을 모두 고른 것은? (다툼이 있는 경우 판례에 의함)

> ㉠ 헌법상 사전검열은 예외 없이 금지되는 것으로 보아야 하므로 의료광고 역시 사전검열금지원칙의 적용대상이 된다.
>
> ㉡ 여론조사 실시행위에 대한 신고의무를 부과하고 있는 공직선거법 조항은 여론조사결과의 보도나 공표행위를 규제하는 것이 아니라 여론조사의 실시행위에 대한 신고의무를 부과하는 것으로, 허가받지 아니한 것의 발표를 금지하는 헌법 제21조 제2항의 사전검열과 관련이 있다고 볼 수 없으므로 검열금지원칙에 위반되지 아니한다.
>
> ㉢ 시·군·구를 보급지역으로 하는 신문사업자 및 일일 평균 이용자 수 10만명 미만인 인터넷언론사가 선거일 전 180일부터 선거일의 투표마감시각까지 선거여론조사를 실시하려면 여론조사의 주요 사항을 사전에 관할 선거관리위원회에 신고하도록 한 공직선거법은 청구인들의 언론·출판의 자유를 침해하지 아니한다.
>
> ㉣ 방영금지가처분은 비록 제작 또는 방영되기 이전, 즉 사전에 그 내용을 심사하여 금지하는 것이기는 하나, 이는 행정권에 의한 사전심사나 금지처분이 아니라 개별 당사자간의 분쟁에 관하여 사법부가 사법절차에 의하여 심리·결정하는 것이므로, 헌법에서 금지하는 사전검열에 해당하지 아니한다.

① ㉠, ㉢
② ㉠, ㉡, ㉢
③ ㉡, ㉢, ㉣
④ ㉠, ㉡, ㉢, ㉣

문 15. 직업의 자유에 대한 설명으로 적절하지 않은 것은? (다툼이 있는 경우 판례에 의함)

① 제조업의 직접생산공정업무를 근로자 파견의 대상 업무에서 제외하는 법률조항은 근로자 파견을 허용하되 파견기간을 제한하는 방법도 고려해 볼 수 있으므로, 제조업의 직접생산공정업무에 관하여 근로자 파견의 역무를 제공받고자 하는 사업주의 직업수행의 자유를 침해한다.

② 수상레저안전법상 조종면허를 받은 사람이 동력수상레저기구를 이용하여 범죄행위를 하는 경우에 조종면허를 필요적으로 취소하도록 규정한 법률조항은 그 입법목적의 정당성이 인정된다 할지라도 범죄의 경중이나 위법성의 정도, 동력수상레저기구의 당해 범죄행위에 대한 기여도 등 제반사정을 전혀 고려하지 않고 필요적으로 면허를 취소하게 하여 직업의 자유를 침해한다.

③ 이미 국내에서 치과의사면허를 취득하고 외국의 의료기관에서 치과전문의 과정을 이수한 사람들에게 국내에서 전문의 과정을 다시 이수할 것을 요구하는 것은 치과의사의 직업수행의 자유를 침해한다.

④ 아동학대 관련 범죄전력자가 아동 관련 기관인 체육시설 등을 운영하거나 학교에 취업하는 것을 형이 확정된 때부터 형의 집행이 종료되거나 집행을 받지 아니하기로 확정된 후 10년까지의 기간 동안 제한하는 것은 직업의 자유를 침해한다.

문 16. 선거권에 대한 설명으로 적절하지 않은 것은? (다툼이 있는 경우 판례에 의함)

① 대통령선거·지역구국회의원선거 및 지방자치단체의 장 선거에서, 점자형 선거공보를 책자형 선거공보의 면수 이내에서 의무적으로 작성하도록 하면서, 책자형 선거공보에 내용이 음성으로 출력되는 전자적 표시가 있는 경우에는 점자형 선거공보의 작성을 생략할 수 있도록 규정한 공직선거법 제65조 제4항 중 '대통령선거·지역구국회의원선거 및 지방자치단체의 장 선거' 부분은 시각장애청구인들의 선거권 및 평등권을 침해하지 않는다.

② 안성시시설관리공단의 상근직원이 당내경선에서 경선운동을 할 수 없도록 하고 이를 위반할 경우 처벌하는 공직선거법은 정치적 표현의 자유를 침해한다.

③ 범죄자에게 형벌의 내용으로 선거권을 제한하는 경우에는 선거권 제한 여부 및 적용범위의 타당성에 관하여 보통선거원칙에 입각한 선거권 보장과 그 제한의 관점에서 엄격한 비례심사를 하여야 한다.

④ 공직선거법에서는 일정한 요건을 구비한 외국인에게 지방선거의 선거권을 인정하나, 재외선거인에게 국회의원의 재·보궐선거권을 부여하지 않은 것은 재외선거인의 선거권을 침해한다.

문 17. 공무담임권에 대한 설명으로 적절하지 않은 것은? (다툼이 있는 경우 판례에 의함)

① 순경 공채시험 응시연령의 상한을 '30세 이하'로 규정하고 있는 것은 합리적이라고 볼 수 없으므로 침해의 최소성원칙에 위배되어 공무담임권을 침해한다.

② 수뢰죄를 범하여 금고 이상의 형의 선고유예를 받은 국가공무원을 당연퇴직하도록 한 국가공무원법 조항은 과잉금지원칙에 반하여 공무담임권을 침해하지 아니한다.

③ 후보자의 직계존비속이 공직선거법을 위반하여 300만원 이상의 벌금형의 선고를 받은 때에는 그 후보자의 당선을 무효로 한다.

④ 청원경찰이 금고 이상의 형의 선고유예를 받은 경우 당연퇴직되도록 규정한 청원경찰법 규정은 공무담임권을 침해하는 것이다.

문 18. 다음 사안과 관련된 검사의 불기소처분에 대한 헌법재판소의 결정 주문에서 괄호 안에 들어갈 내용으로 적절한 것은?

【사안】
甲은 2016.1.15.경 甲의 페이스북 계정에 인터넷매체 뉴스타파 한국탐사저널리즘센터가 작성한 '용산 참사 당시 서울경찰청장이었던 김○○ 예비후보가 거짓말을 한다'는 내용의 글과 동영상 게시물을 공유하여 게시하였다.
피청구인(서울북부지방검찰청 검사)은 공립학교 교사인 甲의 행위가 제20대 국회의원 선거를 앞둔 '선거운동'에 해당하는 것으로 보고 甲의 공직선거법 위반 혐의를 인정하여 甲에 대하여 기소유예처분을 하였고, 甲은 이 사건 헌법소원심판을 청구하였다.

【결정주문】
피청구인이 2016.9.13. 서울북부지방검찰청 2016년 형제45546호 사건에서 청구인 甲에 대하여 한 기소유예처분은 청구인의 (   )과 (   )을/를 침해한 것이므로 이를 취소한다.

① 평등권, 재판절차진술권
② 행복추구권, 신체의 자유
③ 평등권, 행복추구권
④ 평등권, 인격권

문 19. 재판청구권에 대한 설명으로 적절하지 않은 것은? (다툼이 있는 경우 판례에 의함)

① 형사보상의 청구에 대하여 한 보상의 결정에 대하여는 불복을 신청할 수 없도록 하여 형사보상의 결정을 단심재판으로 규정한 것은 보상제도의 성격상 재판청구권을 침해하지 않는다.

② 사법경찰관이 위험발생의 염려가 없음에도 불구하고 소유권 포기가 있다는 이유로 사건종결 전에 압수물을 폐기한 행위는 적법절차원칙에 반하고, 공정한 재판을 받을 권리를 침해한다.

③ 검사가 법원의 증인으로 채택된 수감자를 그 증언에 이르기까지 거의 매일 검사실로 하루 종일 소환하여 피고인 측 변호인이 접근하는 것을 차단하고, 검찰에서의 진술을 번복하는 증언을 하지 않도록 회유·압박하는 한편, 때로는 검사실에서 그에게 편의를 제공하기도 한 행위는 청구인의 공정한 재판을 받을 권리를 침해한다.

④ 인신보호법에서 피수용자인 구제청구자의 즉시항고 제기기간을 3일로 정한 것은 피수용자의 재판청구권을 침해한다.

문 20. 환경권에 대한 설명으로 적절하지 않은 것은? (다툼이 있는 경우 판례에 의함)

① 헌법상 환경권 규정을 근거로 구체적인 사법상의 권리가 인정되지는 않는다.

② 공직선거의 선거운동 과정에서 후보자들이 확성장치를 사용할 수 있도록 허용하면서도 그로 인한 소음의 규제기준을 정하지 아니한 공직선거법 제79조 제3항 제2호는 환경권을 침해하여 위헌이다.

③ 헌법이 환경권에 대하여 국가의 보호의무를 인정한 것은, 환경피해가 생명·신체의 보호와 같은 중요한 기본권적 법익 침해로 이어질 수 있다는 점 등을 고려한 것이므로, 환경권 침해 내지 환경권에 대한 국가의 보호의무 위반도 궁극적으로는 생명·신체의 안전에 대한 침해로 귀결된다.

④ 국민의 생명·신체의 안전이 질병 등으로부터 위협받거나 받게 될 우려가 있는 경우, 국가는 국민의 생명·신체의 안전을 보호하기 위하여 필요한 적절하고 효율적인 입법·행정상의 조치를 취함으로써 침해의 위험을 방지하고 이를 유지할 구체적이고 직접적인 의무를 진다.

MEMO

4회 실전동형모의고사

소요시간: _____ / 15분   맞힌 답의 개수: _____ / 20

문 1. 헌법개정 등에 대한 설명으로 적절하지 않은 것은 모두 몇 개인가? (다툼이 있는 경우 판례에 의함)

> ㉠ 대통령제를 폐지하고 의원내각제로 헌법을 개정하는 것은 가능하지만 복수정당제를 폐지하는 것은 불가능하다고 본다.
> ㉡ 현행헌법은 전문에서 제정일자와 개정횟수를 명문으로 밝히고 있다.
> ㉢ 헌법개정안은 국회가 의결한 후 60일 이내에 국민투표에 부쳐 국회의원선거권자 과반수의 투표와 투표자 과반수의 찬성을 얻어야 한다.
> ㉣ 현행헌법은 제9차 개정헌법으로 국회의 의결을 거친 다음 국민투표에 의하여 확정되었고, 대통령이 즉시 이를 공포함으로써 그 효력이 발생하였다.

① 1개   ② 2개
③ 3개   ④ 4개

문 2. 국적법상 국적에 대한 설명으로 적절한 것을 모두 고른 것은?

> ㉠ 부 또는 모가 대한민국의 국민이었던 외국인은 대한민국에 3년 이상 계속하여 주소가 있는 경우 간이귀화허가를 받을 수 있다.
> ㉡ 국적에 관한 특별귀화 허가에 관한 사항을 심의하기 위하여 법무부장관 소속으로 국적심의위원회를 둔다.
> ㉢ 귀화신청을 한 자는 법무부장관이 귀화허가를 한 때 대한민국 국적을 취득한다.
> ㉣ 대한민국에서 발견된 기아(棄兒)는 대한민국에서 출생한 것으로 간주한다.

① ㉠   ② ㉠, ㉡
③ ㉡, ㉢   ④ ㉠, ㉡, ㉢

문 3. 조약에 대한 설명으로 적절한 것을 모두 고른 것은? (다툼이 있는 경우 판례에 의함)

> ㉠ '대한민국과 일본국 간의 어업에 관한 협정'은 우리나라 정부가 일본 정부와의 사이에서 어업에 관해 체결·공포한 조약으로서 헌법 제6조 제1항에 의하여 국내법과 같은 효력을 가진다.
> ㉡ 특정 지방자치단체의 초·중·고등학교에서 실시하는 학교급식을 위해 위 지방자치단체에서 생산되는 우수농산물을 우선적으로 사용하도록 한 위 지방자치단체의 조례안은 내국민대우원칙을 규정한 '1994년 관세 및 무역에 관한 일반협정'(GATT)에 위반되어 무효이다.
> ㉢ '대한민국과 아메리카합중국 간의 상호방위조약 제4조에 의한 시설과 구역 및 대한민국에서의 합중국군대의 지위에 관한 협정'(SOFA)은 그 명칭에도 불구하고 내용상 국회의 동의를 요하는 조약이다.
> ㉣ 마라케쉬협정은 적법하게 체결되어 공포된 조약이므로 국내법과 같은 효력을 갖는 것이어서 마라케쉬협정에 의하여 관세법 위반자의 처벌이 가중된다고 하더라도 이를 들어 법률에 의하지 아니한 형사처벌이라거나 행위시의 법률에 의하지 아니한 형사처벌이라고 할 수 없다.

① ㉠, ㉡, ㉢   ② ㉠, ㉡, ㉣
③ ㉡, ㉢, ㉣   ④ ㉠, ㉡, ㉢, ㉣

문 4. 다음 사례에서 헌법재판소 결정으로 적절하지 않은 것은?

> 甲은 21세 여성에 대해 2011.12.15. 준강제추행죄를 범하여 300만원의 벌금형이 2012.12.23. 확정된 후 공중보건의사로 임용되어 근무를 하고 있었다. 이후 甲의 근무지 관할 경찰서장은 甲과 관할 지방자치단체장에게 甲이 2012.2.1. 시행된 아동·청소년의 성보호에 관한 법률에 따라 형의 집행을 종료한 때로부터 10년간 의료기관 취업제한대상자에 해당된다는 통보를 하였다. 이에 관할 지방자치단체장은 甲의 근무지를 비의료기관인 ○○소방안전본부로 변경하는 근무시설 변경조치를 하였다. 이에 甲은 위 법률이 '아동·청소년대상 성범죄'뿐만 아니라 '성인대상 성범죄'를 범한 경우도 취업제한의 대상으로 규율하고 있는 것이 자신의 기본권을 침해한다고 주장하면서 헌법소원심판을 청구하였다.

① '성인대상 성범죄'의 의미에 대해서는 아동·청소년의 성보호에 관한 법률에 규정되어 있지 않아, 甲의 범죄가 취업제한의 대상인 성범죄에 해당하는지가 불명확하여 명확성원칙에 위배된다.

② 甲에 대한 취업제한은 형벌이 아니므로 헌법 제13조 제1항 전단의 형벌불소급원칙이 적용되지 않는다.

③ 甲이 의료기관에 취업할 수 없게 된 것은 일정한 직업을 선택함에 있어 기본권 주체의 능력과 자질에 따른 제한이므로 이른바 '주관적 요건에 의한 좁은 의미의 직업선택의 자유'에 대한 제한에 해당한다.

④ 재범의 위험성 여부를 불문하고 10년간 일률적으로 취업제한을 부과하는 것은 침해의 최소성과 법익의 균형성원칙에 위반되어 甲의 직업선택의 자유를 침해한다.

문 5. 국제질서의 기본원리에 대한 설명으로 적절한 것은? (다툼이 있는 경우 판례에 의함)

① 지급거절될 것을 예견하고 수표를 발행한 사람이 그 수표의 지급제시기일에 수표금이 지급되지 아니하게 한 경우 수표의 발행인을 처벌하도록 규정한 부정수표 단속법 조항은 국제법존중주의에 위반된다.

② 오늘날 전쟁과 테러 혹은 무력행위로부터 자유로워야 하는 것은 인간의 존엄과 가치를 실현하고 행복을 추구하기 위한 기본 전제가 되므로, 달리 이를 보호하는 명시적 기본권이 없다면 헌법 제10조와 제37조 제1항으로부터 평화적 생존권을 도출할 수 있다.

③ 대한민국과 일본국 간의 어업에 관한 협정은 선언적인 의미를 가지고 있을 뿐 법적 구속력을 가지고 있지 못하기 때문에 대한민국과 일본국 간의 어업에 관한 협정체결행위가 헌법소원심판의 대상이 되는 공권력의 행사라고 보기 어렵다.

④ 국제통화기금 임직원의 공적(公的) 행위에 대한 재판권 면제를 규정한 국제통화기금협정 조항은 성질상 국내에 바로 적용될 수 있는 법규범으로 볼 수 있다.

문 6. 정당에 대한 설명으로 적절한 것은? (다툼이 있는 경우 판례에 의함)

① 정당해산제도의 취지 등에 비추어 볼 때 헌법재판소의 정당해산결정이 있는 경우 그 정당 소속 국회의원의 의원직은 당선 방식을 불문하고 모두 상실되어야 한다.

② 정당에 국고보조금을 배분함에 있어 교섭단체의 구성 여부에 따라 차등을 두는 것은 평등원칙에 위배된다.

③ 정당제 민주주의하에서 정당에 대한 재정적 후원이 전면적으로 금지되더라도 정당이 스스로 재정을 충당하고자 하는 정당활동의 자유와 국민의 정치적 표현의 자유에 대한 제한이 크지 아니하므로, 이를 규정한 법률조항은 정당의 정당활동의 자유와 국민의 정치적 표현의 자유를 침해하지 않는다.

④ 임기만료에 의한 국회의원선거에 참여하여 의석을 얻지 못하고 유효투표총수의 100분의 2 이상을 득표하지 못한 정당의 등록을 취소하도록 하는 것은 정당설립의 자유를 침해하지 않는다.

문 7. 지방자치제도에 대한 설명으로 적절하지 않은 것은? (다툼이 있는 경우 판례에 의함)

① 지방의회의 의장선거는 행정처분의 일종으로서 항고소송의 대상이 된다.

② 일정 지역 내의 지방자치단체인 시·군을 모두 폐지하여 지방자치단체의 중층구조를 단층화하는 것이 헌법상 지방자치제도의 보장에 위배되는 것은 아니다.

③ 조례안이 지방의회에서 의결되면 의장은 의결된 날부터 5일 이내에 그 지방자치단체의 장에게 이를 이송하여야 한다.

④ 지방자치단체의 장으로부터 조례안에 대한 재의요구를 받은 지방의회가 재의에 부쳐 재적의원 과반수의 출석과 출석의원 과반수의 찬성으로 전과 같은 의결을 하면 그 조례안은 조례로서 확정된다.

문 8. 기본권의 제한에 대한 설명으로 적절한 것은? (다툼이 있는 경우 판례에 의함)

① 생명권의 경우, 다른 일반적인 기본권 제한의 구조와는 달리, 생명의 일부 박탈이라는 것을 상정할 수 없기 때문에 생명권에 대한 제한은 필연적으로 생명권의 완전한 박탈을 의미하게 되는 바, 사형제도는 기본권의 본질적인 내용을 침해한다.

② 현역병으로 입대한 군인이 그 신분취득 전 저지른 범죄에 대하여 군사법원의 재판을 받도록 하는 것은 입법재량의 범위를 일탈해 합리성원칙 내지 자의금지원칙에 위배된 것이라고 볼 수 없다.

③ 종교적 행위의 자유는 신앙의 자유와 마찬가지로 절대적 자유의 영역이기 때문에, 사법시험의 시행일을 일요일로 정하는 것은 종국적으로 일요일에 예배행사를 참여하는 청구인의 종교의 자유의 본질적 내용을 침해한 것이다.

④ 정식재판 청구기간을 약식명령의 고지를 받은 날로부터 7일 이내로 정하고 있는 형사소송법 제453조 제1항 중 피고인에 관한 부분은 합리적인 입법재량의 범위를 벗어난 것이다.

문 9. 인간으로서의 존엄과 가치 및 행복추구권에서 도출되는 권리들에 대한 설명으로 적절하지 않은 것은? (다툼이 있는 경우 판례에 의함)

① 한일 어업에 관한 협정은 조업 수역의 제한으로 인해 우리 어민들의 행복추구권을 침해하지 아니한다.

② 헌법 제10조로부터 도출되는 일반적 인격권에는 개인의 명예에 관한 권리도 포함되며, 사자(死者)에 대한 사회적 명예와 평가의 훼손은 사자와의 관계를 통하여 스스로의 인격상을 형성하고 명예를 지켜온 그 후손의 인격권을 제한한다.

③ 장래 가족의 구성원이 될 태아의 성별 정보에 대한 접근을 국가로부터 방해받지 않을 부모의 권리는 일반적 인격권에 의하여 보호된다.

④ 전동킥보드의 최고속도는 25km/h를 넘지 않아야 한다고 규정한 '안전확인대상 생활용품의 안전기준'은 소비자의 자기결정권 및 일반적 행동자유권을 침해한다.

문 10. 일반적 행동자유권에 대한 설명으로 적절한 것은? (다툼이 있는 경우 판례에 의함)

① 강제추행죄로 유죄판결이 확정된 신상정보 등록대상자에 대해 관할경찰관서의 장은 등록기간 중 반기 1회 등록대상자와 직접 대면 등의 방법으로 등록정보의 진위 및 변경 여부를 확인하여야 한다고 규정한 성폭력범죄의 처벌 등에 관한 특례법 제45조 제4항의 대면확인조항은 일반적 행동자유권을 침해하는 것이다.

② 계약자유의 원칙은 헌법상의 행복추구권 속에 함축된 일반적 행동자유권으로부터 파생되는 것이 아니다.

③ 도로교통법상 주취 중 운전금지규정을 3회 위반한 경우 운전면허를 필요적으로 취소하도록 규정한 것은 과잉금지원칙에 반하여 일반적 행동자유권을 침해하는 것이다.

④ 공직선거법상 기부행위 제한의 적용을 받는 자에 '후보자가 되고자 하는 자'까지 포함하면서 기부행위의 제한기간을 폐지하여 상시 제한하도록 한 것이 일반적 행동자유권 등을 침해하는 것은 아니다.

문 11. 다음 중 헌법재판소의 결정 내용으로 적절한 것은?

① 보호의무자 2인의 동의와 정신건강의학과 전문의 1인의 진단으로 정신질환자에 대한 보호입원이 가능하도록 한 정신보건법 조항은 보호입원 대상자의 신체의 자유를 과도하게 제한하는 등 과잉금지원칙을 위배하여 신체의 자유를 침해한다.

② 인터넷회선 감청은 서버에 저장된 정보가 아니라, 인터넷상에서 발신되어 수신되기까지의 과정 중에 수집되는 정보, 즉 전송 중인 정보의 수집을 위한 수사이므로, 압수·수색과 구별되지 않는다.

③ 지역농협 이사 선거의 경우 전화·문자메시지·컴퓨터통신·전자우편을 이용한 지지 호소의 선거운동방법을 금지하고, 이를 위반한 자를 처벌하는 농업협동조합법 조항은 표현의 자유를 침해하지 않는다.

④ 영업으로 성매매를 알선하는 행위를 처벌하는 성매매알선 등 행위의 처벌에 관한 법률 조항은 과잉금지원칙에 위배되어 이를 업으로 하고자 하는 사람들의 직업선택의 자유를 침해한다.

문 12. 개인정보자기결정권에 대한 설명으로 적절한 것은? (다툼이 있는 경우 판례에 의함)

① 검사 또는 사법경찰관이 수사를 위하여 필요한 경우에 전기통신사업자에게 위치정보추적자료의 열람이나 제출을 요청할 수 있도록 하는 규정은 수사기관에 수사대상자의 민감한 개인정보인 위치정보추적자료 제공을 허용하여 수사대상자의 기본권을 과도하게 제한하면서도 절차적 통제가 제대로 이루어지고 있지 않으므로 개인정보자기결정권을 침해한다.

② 건강에 관한 정보는 민감정보에 해당하지만, 국민건강보험공단 이사장이 경찰서장의 요청에 따라 질병명이 기재되지 않은 수사대상자의 요양급여내역만을 제공한 행위 자체만으로는 수사대상자의 개인정보자기결정권이 침해되었다고 볼 수는 없다.

③ 국민기초생활 보장법에 따라 급여를 신청할 때 금융거래정보자료 제공동의서를 제출하도록 하는 것은 개인정보자기결정권을 침해한다.

④ 채무자와 이해관계가 없는 일반 국민도 누구나 제약 없이 채무불이행자명부를 열람·복사할 수 있도록 한 것은 채무자의 개인정보자기결정권을 침해한다.

문 13. 양심의 자유에 대한 설명으로 적절하지 않은 것은? (다툼이 있는 경우 판례에 의함)

① 누구라도 자신이 비행을 저질렀다고 믿지 않는 자에게 본심에 반하여 사죄 내지 사과를 강요한다면 이는 윤리적·도의적 판단을 강요하는 것으로서 양심의 자유를 침해하는 행위에 해당하므로, 사업자단체의 독점규제 및 공정거래에 관한 법률 위반행위가 있을 때 공정거래위원회가 당해 사업자단체에 대하여 '법위반사실의 공표'를 명할 수 있도록 하는 법률조항은 양심의 자유를 침해한다.

② 양심은 그 대상이나 내용 또는 동기에 의하여 판단될 수 없으며, 특히 양심상의 결정이 이성적·합리적인가, 타당한가 또는 법질서나 사회규범·도덕률과 일치하는가 하는 관점은 양심의 존재를 판단하는 기준이 될 수 없다.

③ 양심적 병역거부자에 대한 대체복무제를 규정하지 아니한 병역종류조항은 과잉금지원칙에 위배하여 양심적 병역거부자의 양심의 자유를 침해한다.

④ 병역종류조항에 대체복무제가 마련되지 아니한 상황에서, 양심상의 결정에 따라 입영을 거부하거나 소집에 불응하는 국민이 기존 대법원 판례에 따라 처벌조항에 의하여 형벌을 부과받음으로써 양심에 반하는 행동을 강요받게 되는 것은 '양심에 반하는 행동을 강요당하지 아니할 자유', 즉 '부작위에 의한 양심실현의 자유'를 제한하는 것이다.

문 14. 집회 및 시위의 자유에 대한 설명으로 적절하지 않은 것은? (다툼이 있는 경우 헌법재판소 결정 및 대법원 판례에 의함)

① 집회의 자유는 개인의 인격발현의 요소이자 민주주의를 구성하는 요소라는 이중적인 헌법적 기능을 가지고 있다.

② 각급 법원 인근에 집회·시위금지장소를 설정하는 것은 입법목적 달성을 위한 적합한 수단으로 볼 수 없다.

③ 외교기관 인근의 옥외집회나 시위를 원칙적으로 금지하고 외교기관의 기능이나 안녕을 침해할 우려가 없다고 인정되는 구체적인 경우에만 예외적으로 옥외집회나 시위를 허용하는 것을 위헌이라 볼 수 없다.

④ 법원을 대상으로 한 집회라도 사법행정과 관련된 의사표시 전달을 목적으로 한 집회 등 법관의 독립이나 구체적 사건의 재판에 영향을 미칠 우려가 없는 집회도 있다.

문 15. 직업의 자유에 대한 설명으로 적절하지 않은 것은? (다툼이 있는 경우 헌법재판소 결정에 의함)

① 약사들로 구성된 법인의 약국개설을 금지하는 것은, 구성원 전원이 약사인 법인 및 그러한 법인을 구성하여 약국업을 운영하려고 하는 약사 개인들의 직업의 자유를 침해하는 것이다.

② 성매매를 한 자를 형사처벌하도록 규정한 성매매알선 등 행위의 처벌에 관한 법률 제21조 제1항이 성판매자의 직업선택의 자유를 침해하는 것은 아니다.

③ 변호사시험 응시자격으로서 법학전문대학원 석사학위를 취득하도록 한 변호사시험법 제5조 제1항이 청구인들의 직업선택의 자유를 침해한다고 볼 수 없다.

④ 마약류관리법을 위반하여 금고 이상의 형을 받은 경우에 일률적으로 20년간 택시운송사업의 운전업무에 종사할 수 없도록 하는 것이 직업의 자유를 침해하는 것은 아니다.

문 16. 국민투표권에 대한 설명으로 적절하지 않은 것은? (다툼이 있는 경우 판례에 의함)

① 정당법상의 당원의 자격이 없는 자는 국민투표에 관한 운동을 할 수 없다.

② 출입국관리 관계 법령에 따라 대한민국에 계속 거주할 수 있는 자격을 갖춘 외국인으로서 지방자치단체의 조례로 정한 사람은 국민투표권을 가진다.

③ 국회의원선거권자인 재외선거인에게 국민투표권을 인정하지 않은 것은 국회의원선거권자의 헌법개정안 국민투표 참여를 전제하고 있는 헌법 제130조 제2항의 취지에 부합하지 않는다.

④ 특정의 국가정책에 대하여 다수의 국민들이 국민투표를 원하고 있음에도 불구하고 대통령이 이러한 희망과는 달리 국민투표에 회부하지 아니한다고 하여도 이를 헌법에 위반된다고 할 수 없고, 국민에게 특정의 국가정책에 관하여 국민투표에 회부할 것을 요구할 권리가 인정된다고 할 수도 없다.

문 17. 선거권과 선거의 원칙에 대한 설명으로 적절한 것은? (다툼이 있는 경우 헌법재판소 결정 및 대법원 판례에 의함)

① 외국인은 대통령선거 및 국회의원선거에서는 선거권이 없으나, 지방선거권이 조례에 의해서 인정되고 있다.

② 병영 내 기거하는 현역병의 주민등록을 그가 속한 세대의 거주지에서 하도록 한 것은 선거권을 침해한다.

③ 비례대표제를 채택하는 경우 직접선거의 원칙은 의원의 선출뿐만 아니라 정당의 비례적인 의석확보도 선거권자의 투표에 의하여 직접 결정될 것을 요구하는 바, 비례대표의원의 선거는 지역구의원의 선거와는 별도의 선거이므로 이에 관한 유권자의 별도의 의사표시, 즉 정당명부에 대한 별도의 투표가 있어야 한다.

④ 농협조합장선거에서 조합장을 선출하거나 조합장으로 선출될 권리 등은 헌법에 의하여 보호되는 선거권의 일종이다.

문 18. 선거권에 대한 설명으로 적절하지 않은 것은? (다툼이 있는 경우 판례에 의함)

① 주민등록과 국내거소신고를 기준으로 지역구국회의원선거권을 인정하는 것은 해당 국민의 지역적 관련성을 확인하는 합리적인 방법으로, 주민등록이 되어 있지 않고 국내거소신고도 하지 않은 재외국민의 임기만료 지역구국회의원선거권을 인정하지 않은 것은 선거권을 침해한다고 볼 수 없다.

② 헌법재판소는 주민투표권은 헌법상의 기본권성이 부정된다고 판시하였다.

③ 육군훈련소에서 군사교육을 받고 있었던 훈련병에 대하여 제19대 대통령선거 대담·토론회의 시청을 금지한 행위는 훈련병의 선거권을 침해한다.

④ 보통선거의 원칙에 따라 연령에 의하여 선거권을 제한하는 것은, 국정 참여 수단으로서의 선거권 행사는 일정한 수준의 정치적인 판단능력이 전제되어야 하기 때문이다.

문 19. 교육을 받을 권리에 대한 헌법재판소의 결정 내용으로 적절하지 않은 것은?

① 초등학교 1·2학년의 정규교과에 영어를 배제하고, 3~6학년의 영어교육을 일정한 시수로 제한하는 부분이 학부모들의 자녀교육권을 침해하는 것은 아니다.

② 의무교육에 필요한 학교용지의 부담금을 개발사업 지역 내 주택의 수분양자들에게 부과·징수하는 것은 의무교육의 무상원칙에 위배되어 위헌이다.

③ 검정고시로 고등학교 졸업학력을 취득한 사람들의 수시모집 지원을 제한하는 내용의 피청구인 국립교육대학교 등의 '2017학년도 신입생 수시모집 입시요강'은 균등하게 교육을 받을 권리를 침해하는 것이다.

④ 지방교육자치에 관한 법률 등을 개정하여 의무교육 관련 경비를 국가뿐만 아니라 지방자치단체에도 부담하게 하는 것은 지방자치단체의 자치재정권을 침해한다.

문 20. 근로의 권리 등에 대한 설명으로 적절하지 않은 것은? (다툼이 있는 경우 헌법재판소 결정에 의함)

① 국가는 헌법 제32조의 근로의 권리, 사회국가원리 등에 근거하여 실업방지 및 부당한 해고로부터 근로자를 보호하여야 할 의무가 있다. 그리고 우리 헌법상 국가는 근로관계의 존속보호를 위하여 최소한의 보호를 제공하여야 할 의무를 지고 있다. 그러므로 국가가 법률로 국가보조연구기관을 통·폐합함에 있어 재산상의 권리·의무만 승계시키고, 근로관계의 당연승계조항을 두고 있지 아니한 것은 위헌이다.

② 근로자가 퇴직급여를 청구할 수 있는 권리도 헌법상 바로 도출되는 것이 아니라 퇴직급여법 등 관련 법률이 구체적으로 정하는 바에 따라 비로소 인정될 수 있는 것이므로 계속근로기간 1년 미만인 근로자가 퇴직급여를 청구할 수 있는 권리가 헌법 제32조 제1항에 의하여 보장된다고 보기 어렵다.

③ 4주간을 평균하여 1주간의 소정근로시간이 15시간 미만인 근로자, 즉 이른바 '초단시간근로자'를 퇴직급여제도의 적용대상에서 제외하고 있는 '근로자퇴직급여 보장법'이 근로의 권리를 침해하는 것은 아니다.

④ 형법상 업무방해죄는 모든 쟁의행위에 대하여 무조건 적용되는 것이 아니라, 단체행동권의 내재적 한계를 넘어 정당성이 없다고 판단되는 쟁의행위에 대하여만 적용되는 조항임이 명백하다고 할 것이므로, 그 목적이나 방법 및 절차상 한계를 넘어 업무방해의 결과를 야기시키는 쟁의행위에 대하여만 이 사건 법률조항을 적용하여 형사처벌하는 것은 헌법상 단체행동권을 침해하였다고 볼 수 없다.

5회 실전동형모의고사

문 1. 우리 헌정사에 대한 설명으로 적절한 것은?

① 제헌헌법은 헌법재판기관을 헌법위원회와 탄핵재판소로 이원화하여 규정하였으며, 헌법위원회의 위원장과 탄핵재판소의 재판장은 부통령이 된다고 규정하였다.

② 1952년 헌법에는 국무총리제를 폐지하고 국무위원에 대한 개별적 불신임제를 채택하였다.

③ 1962년의 제5차 개헌은 헌법재판소를 폐지하고 위헌법률심판·권한쟁의심판·선거소송을 대법원에서 담당하게 하였다.

④ 1987년 제9차 개헌에서는 근로자의 적정임금 보장, 재외국민보호의무 규정을 신설하고 형사보상청구권을 피의자까지 확대 인정하였다.

문 2. 국적에 대한 설명으로 적절한 것은? (다툼이 있는 경우 판례에 의함)

① 외국인이 귀화허가를 받기 위해서는 '품행이 단정할 것'의 요건을 갖추도록 한 국적법 조항은 명확성원칙에 위배된다.

② 공무원이 그 직무상 대한민국 국적을 상실한 자를 발견하면 3개월 이내에 법무부장관에게 그 사실을 통보하여야 한다.

③ 헌법 제2조 제1항은 "대한민국의 국민이 되는 요건은 법률로 정한다."고 하여 대한민국 국적의 취득에 관하여 위임하고 있으나, 국적의 유지나 상실을 둘러싼 전반적인 법률관계를 법률에 규정하도록 위임하고 있는 것으로 풀이할 수는 없다.

④ 외국인의 자(子)로서 대한민국의 민법상 미성년인 사람은 부 또는 모가 귀화허가를 신청할 때 함께 국적 취득을 신청할 수 있고, 이에 따라 국적 취득을 신청한 사람은 부 또는 모가 대한민국 국적을 취득한 때에 함께 대한민국 국적을 취득한다.

문 3. 신뢰보호원칙에 대한 설명으로 적절하지 않은 것은? (다툼이 있는 경우 판례에 의함)

① 기존 국세 관련 경력공무원 중 일부에게만 구법 규정을 적용하여 세무사 자격이 부여되도록 규정한 세무사법 부칙조항은 신뢰보호원칙에 위배된다.

② 신뢰보호원칙은 법치국가원리에 근거를 두고 있는 헌법상 원칙으로서, 특정한 법률에 의하여 발생한 법률관계는 그 법에 따라 파악되고 판단되어야 하고 과거의 사실관계가 그 뒤에 생긴 새로운 법률의 기준에 따라 판단되지 않는다는 국민의 신뢰를 보호하기 위한 것이다.

③ 군인연금법상 퇴역연금 수급권자가 사립학교교직원 연금법 제3조의 학교기관으로부터 보수 기타 급여를 지급받는 경우에는 대통령령이 정하는 바에 따라 퇴역연금의 전부 또는 일부의 지급을 정지할 수 있도록 하는 것은 신뢰보호원칙에 위반되지 않는다.

④ 무기징역의 집행 중에 있는 자의 가석방 요건을 종전의 '10년 이상'에서 '20년 이상' 형 집행 경과로 강화한 개정형법 조항을 형법 개정시에 이미 수용 중인 사람에게도 적용하는 것은 신뢰보호원칙에 위배된다.

문 4. 지방자치에 대한 설명으로 적절하지 않은 것은? (다툼이 있는 경우 판례에 의함)

① 지방자치단체의 장이 '공소제기된 후 구금상태에 있는 경우' 부단체장이 그 권한을 대행하도록 하는 것은 자치단체장의 공무담임권을 침해하지 않는다.

② 헌법은 지역 주민들이 자신들이 선출한 자치단체의 장과 지방의회를 통하여 자치사무를 처리할 수 있는 대의제 또는 대표제 지방자치를 보장하고 있을 뿐, 주민투표에 대하여는 명시적으로 규정하고 있지 않다.

③ 헌법 제117조 제1항의 "지방자치단체는 법령의 범위 안에서 자치에 관한 규정을 제정할 수 있다."는 규정 중의 '법령'에는 법규명령으로서 기능하는 행정규칙이 포함된다.

④ 지방의회는 주민청구조례안이 수리된 날부터 6개월 이내에 주민청구조례안을 의결하여야 한다. 다만, 필요한 경우에는 본회의 의결로 6개월 이내의 범위에서 한 차례만 그 기간을 연장할 수 있다.

문 5. 사회적 기본권에 대한 설명으로 적절하지 않은 것은? (다툼이 있는 경우 헌법재판소 결정 및 대법원 판례에 의함)

① 대학원재학생과 '고아'에 대하여 자활사업 참가조건 부과 유예사유를 두지 않은 국민기초생활 보장법 시행령 제8조 제2항 제1호는 인간다운 생활을 할 권리를 침해하지 않는다.

② 공무원이 직무와 관련 없는 과실로 인한 경우 및 소속상관의 정당한 직무상의 명령에 따르다가 과실로 인한 경우를 제외하고 재직 중의 사유로 금고 이상의 형을 받은 경우, 퇴직급여 등을 감액하도록 규정한 공무원연금법 제64조 제1항 제1호는 인간다운 생활을 할 권리를 침해하지 않는다.

③ 인간다운 생활을 보장하기 위한 객관적인 내용의 최소한을 보장하고 있는지 여부는 심판대상조항만을 가지고 판단하여서는 안 되고, 다른 법령에 의거하여 국가가 최저생활보장을 위하여 지급하는 각종 급여나 각종 부담의 감면 등도 함께 고려하여 판단하여야 한다.

④ 보건복지부장관이 고시한 생계보호기준에 따른 생계보호의 수준이 일반 최저생계비에 못 미친다면, 인간다운 생활을 보장하기 위하여 국가가 실현해야 할 객관적 내용의 최소한도의 보장에도 이르지 못한 것이므로 청구인들의 행복추구권과 인간다운 생활을 할 권리를 침해한 것이다.

문 6. 사회보장수급권에 대한 설명으로 적절하지 않은 것은? (다툼이 있는 경우 판례에 의함)

① 법률에 의하여 구체적으로 형성된 의료보험수급권은 공법상의 권리로서 헌법상 사회적 기본권의 성격과 재산권의 성격을 아울러 지니고 있다.

② 60세 이상의 국민에 대하여 국민연금제도 가입을 제한하는 것은 노후를 편안하고 안락하게 살아갈 권리를 부여하고 있는 헌법상의 인간다운 생활을 할 권리를 침해하지 아니한다.

③ 참전명예수당은 국가보훈적 성격과 수급자의 생활보호를 위한 사회보장적 의미를 동시에 가지는 바, 참전유공자 중 70세 이상자에게만 참전명예수당을 지급하는 규정은 헌법상 평등권, 인간다운 생활을 할 권리, 행복추구권 등을 침해한다.

④ 장애인가구의 추가지출비용을 반영한 별도의 최저생계비를 결정하지 않은 채 가구별 인원수만을 기준으로 최저생계비를 결정한 보건복지부장관의 최저생계비 고시가 인간다운 생활을 할 권리를 침해하지 않는다.

문 7. 변호인의 조력을 받을 권리에 대한 설명으로 적절하지 않은 것은? (다툼이 있는 경우 판례에 의함)

① 피의자·피고인의 구속 여부를 불문하고 변호인과 상담하고 조언을 구할 권리는 변호인의 조력을 받을 권리의 내용 중 구체적인 입법형성이 필요한 다른 절차적 권리의 필수적인 전제요건으로서 변호인의 조력을 받을 권리 그 자체에서 막바로 도출되는 것이다.

② 검찰수사관이 피의자신문에 참여한 변호인에게 피의자 후방에 앉으라고 요구한 행위는 변호인의 피의자신문참여권 행사에 어떠한 지장도 초래하지 않으므로 변호인의 변호권을 침해하지 아니한다.

③ 형사절차가 종료되어 교정시설에 수용 중인 수형자나 미결수용자가 형사사건의 변호인이 아닌 민사재판, 행정재판, 헌법재판 등에서 변호사와 접견할 경우에는 원칙적으로 변호인의 조력을 받을 권리의 주체가 될 수 없다.

④ 피의자 등이 가지는 '변호인이 되려는 자'의 조력을 받을 권리가 실질적으로 확보되기 위해서는 '변호인이 되려는 자'의 접견교통권 역시 헌법상 기본권으로서 보장되어야 한다.

문 8. 보안처분에 대한 설명으로 적절하지 않은 것은? (다툼이 있는 경우 헌법재판소 결정 및 대법원 판례에 의함)

① 전자장치 부착명령은 범죄행위를 한 사람에 대한 응보를 주된 목적으로 그 책임을 추궁하는 사후적 처분인 형벌과 구별되는 비형벌적 보안처분으로서 소급효금지원칙이 적용되지 아니한다.

② 노역장유치조항은 과잉금지원칙에 반하여 청구인들의 신체의 자유를 침해한다.

③ 노역장유치조항의 부칙조항은 노역장유치조항의 시행 전에 행해진 범죄행위에 대해서도 공소제기의 시기가 노역장유치조항의 시행 이후이면 이를 적용하도록 하고 있으므로, 이는 범죄행위 당시보다 불이익한 법률을 소급적용하도록 하는 것으로서 헌법상 형벌불소급원칙에 위반된다.

④ 디엔에이감식시료의 채취행위 및 디엔에이신원확인정보의 수집·수록·검색·회보라는 일련의 행위는 보안처분으로서의 성격을 지닌다.

문 9. 개인정보 보호에 대한 설명으로 적절하지 않은 것은? (다툼이 있는 경우 판례에 의함)

① 개별 교원의 교원단체 및 노동조합 가입 정보는 개인정보 보호법 제23조의 노동조합의 가입·탈퇴에 관한 정보로서 민감정보에 해당한다.

② 개인정보 보호법상 개인정보란 살아 있는 개인 또는 사자(死者)에 관한 정보로서 성명, 주민등록번호 및 영상 등을 통하여 개인을 알아볼 수 있는 정보를 말한다.

③ 통계청장이 인구주택총조사의 방문 면접조사를 실시하면서, 담당 조사원을 통해 조사대상자에게 통계청장이 작성한 인구주택총조사 조사표의 조사항목들에 응답할 것을 요구한 행위는 조사대상자의 개인정보자기결정권을 침해하지 않는다.

④ 통신매체이용음란죄로 유죄판결이 확정된 자는 신상정보등록대상자가 된다고 규정한 성폭력범죄의 처벌 등에 관한 특례법 조항은 신상정보 등록대상자의 개인정보자기결정권을 침해한다.

문 10. 거주·이전의 자유에 대한 설명으로 적절한 것은? (다툼이 있는 경우 헌법재판소 결정 및 대법원 판례에 의함)

① 국적을 가지고 이를 변경할 수 있는 권리는 그 본질상 인간의 존엄과 가치 및 행복추구권을 규정하고 있는 헌법 제10조에서 도출되는 것으로 보아야 하고, 따라서 복수국적자가 대한민국 국적을 버릴 수 있는 자유도 마찬가지로 헌법 제10조에서 나오는 것이지 거주·이전의 자유에 포함되어 있는 것이 아니다.

② 주거로 사용하던 건물이 수용될 경우 그 효과로 거주지도 이전하여야 하는 것은 사실이나 이는 토지 및 건물 등의 수용에 따른 부수적 효과로서 간접적·사실적 제약에 해당하므로, 정비사업조합에 수용권한을 부여하여 주택재개발사업에 반대하는 청구인의 토지 등을 강제로 취득할 수 있도록 한 도시 및 주거환경정비법 조항이 청구인의 재산권을 침해하였는지 여부를 판단하는 이상 거주·이전의 자유 침해 여부는 별도로 판단하지 않는다.

③ 생활의 근거지에 이르지 못하는 일시적인 이동을 위한 장소의 선택과 변경도 거주·이전의 자유의 보호영역에 속한다.

④ 대도시 내의 법인부동산등기에 대하여 통상세율의 5배를 중과세하는 것은 법인의 거주·이전의 자유를 침해하는 것이다.

문 11. 종교의 자유에 대한 설명으로 적절하지 않은 것은? (다툼이 있는 경우 판례에 의함)

① 종교의 자유에 관한 헌법 제20조 제1항은 표현의 자유에 관한 헌법 제21조 제1항에 대하여 특별규정의 성격을 갖는다 할 것이므로 종교적 목적을 위한 언론·출판의 경우에는 그 밖의 일반적인 언론·출판에 비하여 고도의 보장을 받게 된다.

② 종교의 자유에는 종교전파의 자유가 포함되며, 종교전파의 자유는 국민에게 그가 선택한 임의의 장소에서 자유롭게 행사할 수 있는 권리까지 보장한다.

③ 육군훈련소 내 종교행사에 참석하도록 한 행위는 정교분리원칙에 위배된다.

④ 종립학교가 가지는 종교교육의 자유 및 운영의 자유와 학생들이 가지는 소극적 종교행위의 자유 및 소극적 신앙고백의 자유 사이에 충돌이 생기게 되는 경우 구체적인 사안에서의 사정을 종합적으로 고려한 이익형량과 함께 양 기본권 사이의 실제적인 조화를 꾀하는 해석 등을 통하여 이를 해결하여야 한다.

문 12. 표현의 자유에 대한 설명으로 적절하지 않은 것은? (다툼이 있는 경우 판례에 의함)

① 건강기능식품의 기능성 광고는 인체의 구조 및 기능에 대하여 보건용도에 유용한 효과를 준다는 기능성 등에 관한 정보를 널리 알려 해당 건강기능식품의 소비를 촉진시키기 위한 상업광고로서 헌법 제21조 제1항의 표현의 자유의 보호대상이 됨과 동시에 같은 조 제2항의 사전검열금지 대상도 된다.

② 인터넷신문을 발행하려는 사업자가 취재인력 3명 이상을 포함하여 취재 및 편집인력 5명 이상을 상시 고용하지 않는 경우 인터넷신문으로 등록할 수 없도록 하는 것은 사전허가금지원칙에 위배되지 않는다.

③ 교원노조법 규정의 취지는 교원 및 교원노동조합에게 '일체의 정치활동'을 금지하는 것인데, 교육의 정치적 중립성으로 인하여 교원의 정치활동이 일부 제한될 수는 있지만, 정치활동이 제한되는 장소·대상·내용은 학교 내에서의 학생에 대한 당파적 선전교육과 정치선전, 선거운동에 국한하여야 하고, 그 밖의 정치활동은 정치적 기본권으로서 교원에게도 보장되어야 한다는 점에서 일체의 정치활동을 금지하는 교원노조법 규정은 표현의 자유를 침해한다.

④ 공포심이나 불안감을 유발하는 부호·문언·음향·화상 또는 영상을 반복적으로 상대방에게 도달하게 한 자를 1년 이하의 징역 또는 1,000만원 이하의 벌금으로 처벌하는 것은 과잉금지원칙에 위배되지 않는다.

문 13. 재산권에 대한 설명으로 적절하지 않은 것은? (다툼이 있는 경우 헌법재판소 결정에 의함)

① 영업권이란 오랜 기간에 걸쳐 확고하게 형성되거나 획득된 고객관계, 입지조건, 영업상 비결, 신용, 영업능력, 사업연락망 등을 포함하는 영업재산이나 영업조직으로서 경제적으로 유용하면서 처분에 의한 환가가 가능한 재산적 가치를 말한다.

② 피상속인에 대한 부양의무를 이행하지 않은 직계존속의 경우를 상속결격사유로 규정하지 않은 민법 제1004조는 재산권을 침해한다고 볼 수 없다.

③ 우편법에 의한 우편물의 지연배달에 따른 손해배상청구권은 헌법상 보호되는 재산권이 아니다.

④ 지방의회의원으로서 받게 되는 보수가 연금에 미치지 못하는 경우에도 연금 전액의 지급을 정지하는 것은 재산권을 과도하게 제한하여 헌법에 위반된다.

문 14. 직업의 자유에 대한 설명으로 적절하지 않은 것은? (다툼이 있는 경우 헌법재판소 결정에 의함)

① 임원이 금고 이상의 형을 선고받은 경우 법인의 건설업 등록을 필요적으로 말소하도록 규정한 구 건설산업기본법 제83조 단서 제3호 본문 중 제13조 제1항 제4호 가운데 법인에 관한 부분은 직업수행의 자유를 침해하는 것이다.

② 어떤 직업의 수행을 위한 전제요건으로서 일정한 주관적 요건을 갖춘 자에게만 그 직업에 종사할 수 있도록 직업선택의 자유를 제한하는 경우에는, 주관적 요건 자체가 그 제한목적과 합리적인 관계가 있어야 한다.

③ 입법자는 어떠한 직업분야에 관한 자격제도를 만들면서 그 자격요건 내지 결격사유를 어떻게 설정할 것인지에 관하여 폭넓은 입법재량을 갖는다.

④ 금융감독원의 4급 이상 직원에 대하여 퇴직일부터 3년간 퇴직 전 5년 동안 소속하였던 부서 또는 기관의 업무와 밀접한 관련성이 있는 취업심사대상기관에의 취업을 제한하는 공직자윤리법은 직업의 자유를 침해하는 것이다.

문 15. 선거에 대한 설명으로 적절하지 않은 것은? (다툼이 있는 경우 판례에 의함)

① 한국철도공사의 상근직원은 상근임원과 달리 그 직을 유지한 채 공직선거에 입후보하여 자신을 위한 선거운동을 할 수 있음에도, 상근직원이 타인을 위한 선거운동을 할 수 없도록 전면적으로 금지하는 공직선거법 규정은 상근직원의 선거운동의 자유를 침해한다.

② 비례대표국회의원에 입후보하기 위하여 기탁금으로 1,500만원을 납부하도록 한 규정은 그 액수가 고액이라 거대정당에게 일방적으로 유리하고, 다양해진 국민의 목소리를 제대로 대표하지 못하여 사표를 양산하는 다수대표제의 단점을 보완하기 위하여 도입된 비례대표제의 취지에도 반하는 것이다.

③ 선거범으로서 100만원 이상의 벌금형의 선고를 받고 그 형이 확정된 후 5년을 경과하지 아니한 자 또는 형의 집행유예의 선고를 받고 그 형이 확정된 후 10년을 경과하지 아니한 자의 선거권을 제한하는 규정은 국민주권과 대의제 민주주의의 실현수단으로서 선거권이 가지는 의미와 보통선거원칙의 중요성을 감안하면, 필요최소한을 넘어 과도한 제한으로서 이들 선거범의 선거권을 침해한다.

④ 1년 이상의 징역형을 선고받고 그 집행이 종료되지 아니한 사람의 선거권을 제한하는 공직선거법 규정은 형사적·사회적 제재를 부과하고 준법의식을 강화한다는 공익이, 형 집행기간 동안 선거권을 행사하지 못하는 수형자 개인의 불이익보다 작다고 할 수 없어 수형자의 선거권을 침해하지 아니한다.

문 16. 재판청구권에 대한 설명으로 적절하지 않은 것은? (다툼이 있는 경우 헌법재판소 결정에 의함)

① 형사소송법 제405조의 즉시항고는 당사자의 중대한 이익에 관련된 사항이나 소송절차의 원활한 진행을 위해 신속한 결론이 필요한 사항을 대상으로 하는 것으로서 제기기간을 단기로 정할 필요성이 인정되는 바, 그 기간을 3일로 제한한 것이 재판청구권 침해라고 볼 수 없다.

② 형의 집행 및 수용자의 처우에 관한 법률 시행령에서 수형자와 소송대리인인 변호사의 접견을 일반접견에 포함시켜 시간은 30분 이내로, 횟수는 월 4회로 제한하는 것은 수형자의 재판청구권을 침해한다.

③ 형사보상의 청구에 대하여 한 보상의 결정에 대하여는 불복을 신청할 수 없도록 하여 형사보상의 결정을 단심재판으로 규정한 것은, 재판청구권 침해에 해당한다.

④ 도로교통법상 주취운전을 이유로 한 운전면허 취소처분에 대하여 행정심판의 재결을 거치지 아니하면 행정소송을 제기할 수 없도록 한 것은, 국민의 재판청구권을 과도하게 침해하는 위헌적인 규정이라 할 수 없다.

문 17. 국가배상청구권에 대한 설명으로 적절한 것은?

① 5·18민주화운동과 관련하여 보상금 지급결정에 동의하면 '정신적 손해'에 관한 부분도 재판상 화해가 성립된 것으로 보는 구 광주민주화운동 관련자 보상 등에 관한 법률 제16조 제2항 등이 국가배상청구권을 침해하는 것은 아니다.

② 국가배상 성립요건의 직무집행판단은 행위자의 주관적 의사를 고려하여 실질적으로 직무집행행위인지에 따라 판단해야 한다.

③ 국가배상 성립요건의 공무원 개념은 국가공무원과 지방공무원의 신분을 가진 자에 한하고, 공무를 수탁받은 사인(私人)은 해당하지 않는다.

④ 국가배상청구에 있어서도 오랜 기간의 경과로 인한 과거사실 증명의 곤란으로부터 채무자를 구제하고 또 권리행사를 게을리한 자에 대한 제재 및 장기간 불안정한 상태에 놓이게 되는 가해자를 보호하기 위하여 소멸시효제도의 적용은 필요하므로 헌법에 위반되지 아니한다.

문 18. 범죄피해자구조청구권에 대한 설명으로 적절한 것은? (다툼이 있는 경우 판례에 의함)

① 범죄피해구조금은 국가의 재정에 기반을 두고 있는 바, 구조금청구권의 행사대상을 우선적으로 대한민국의 영역 안의 범죄피해에 한정하고, 향후 구조금의 확대에 따라서 해외에서 발생한 범죄피해의 경우에도 구조를 하는 방향으로 운영하는 것은 입법형성의 재량의 범위 내라고 할 수 있다.

② 대한민국의 영역 안에서 과실에 의한 행위로 사망하거나 장해 또는 중상해를 입은 경우에도 범죄피해자구조청구권이 인정된다.

③ 범죄행위 당시 구조피해자와 가해자 사이에 사실상의 혼인관계가 있는 경우에도 구조피해자에게 구조금을 지급한다.

④ 구조금을 받으려는 사람은 법무부령이 정하는 바에 따라 지구심의회에 지급신청을 해야 하며, 구조대상 범죄피해의 발생을 안 날로부터 5년, 범죄피해가 발생한 날로부터 10년이 지나면 지급신청을 할 수 없다.

문 19. 사회적 기본권에 대한 설명으로 적절하지 않은 것은? (다툼이 있는 경우 판례에 의함)

① 보건복지부장관이 장애인 차량 엘피지 보조금 지원사업과 관련하여 4~6급 장애인에 대한 지원을 중단하기로 하는 정책결정을 내리고, 이에 따라 일선 공무원들에 대한 지침을 변경한 것은 헌법소원의 대상인 공권력 행사에 해당한다.

② 국가가 장애인의 복지를 향상해야 할 의무가 있다고 하여, '장애인을 위한 저상버스의 도입'과 같은 구체적인 국가의 행위의무를 도출할 수는 없다.

③ 사회연대의 원칙은 사회보험체계 내에서의 소득의 재분배를 정당화하는 근거이며, 사회보험에의 강제가입의무를 정당화하고 재정구조가 취약한 보험자와 재정구조가 건전한 보험자 사이의 재정조정을 가능하게 한다.

④ 자본주의 경제질서하에서 근로자가 기본적 생활수단을 확보하고 인간의 존엄성을 보장받기 위하여 최소한의 근로조건을 요구할 수 있는 권리는 자유권적 기본권의 성격도 아울러 가지므로 이러한 경우 외국인 근로자에게도 그 기본권 주체성을 인정함이 타당하다.

문 20. 근로의 권리에 대한 설명으로 적절한 것은? (다툼이 있는 경우 헌법재판소 결정에 의함)

① 매월 1회 이상 정기적으로 지급하는 상여금 등 및 복리후생비의 일부를 최저임금에 산입하도록 한 최저임금법 제6조 제4항 제2호 등은 근로의 권리를 침해한다.

② 근로자뿐만 아니라, 근로자의 모임인 노동조합도 근로의 권리의 주체가 된다.

③ 계속근로기간 1년 이상인 근로자가 근로연도 중도에 퇴직한 경우 중도퇴직 전 1년 미만의 근로에 대하여 유급휴가를 보장하지 않는 근로기준법 제60조 제2항의 '계속하여 근로한 기간이 1년 미만인 근로자' 부분이 근로의 권리를 침해하는 것은 아니다.

④ 근로자가 최저임금을 청구할 수 있는 권리는 헌법에서 직접 도출된다.

MEMO

소요시간: _____ / 15분   맞힌 답의 개수: _____ / 20

문 1. 현행헌법상 헌법개정에 대한 설명으로 적절하지 않은 것을 모두 고른 것은? (다툼이 있는 경우 판례에 의함)

> ㉠ 제안된 헌법개정안은 대통령이 30일 이상의 기간 이를 공고하여야 한다.
> ㉡ 헌법개정안은 대통령이 공고한 후 30일 이내에 국민투표에 부쳐 국회의원선거권자 과반수의 투표와 투표자 과반수의 찬성을 얻어야 한다.
> ㉢ 국민투표의 효력에 관하여 이의가 있는 투표인은 투표인 10만인 이상의 찬성을 얻어 국회의장을 피고로 하여 투표일로부터 20일 이내에 대법원에 제소할 수 있다.
> ㉣ 개정된 헌법의 발효시기에 대해 헌법 부칙은 헌법 개정안의 공포시부터 헌법이 시행된다고 규정하고 있다.

① ㉠, ㉣   ② ㉠, ㉡, ㉢
③ ㉡, ㉢, ㉣   ④ ㉠, ㉡, ㉢, ㉣

문 2. 역대 헌법에 대한 설명으로 적절하지 않은 것은?

① 1969년 개정헌법은 대통령에게 헌법 개정권한을 부여하지 않았다.
② 1962년 개정헌법은 국회재적의원 3분의 1 이상 또는 국회의원선거권자 50만인 이상의 찬성으로 헌법개정의 제안을 하도록 규정함으로써, 1948년 헌법부터 유지되고 있던 대통령의 헌법개정제안권을 삭제했다.
③ 헌법개정금지규정은 건국헌법부터 1962년 개정헌법까지 존재하였다.
④ 1987년 개정헌법은 여야합의에 의해 제안된 헌법개정안을 국회가 의결한 후 국민투표로 확정된 것이다.

문 3. 국적에 대한 설명으로 적절하지 않은 것은? (다툼이 있는 경우 판례에 의함)

① 외국인이 대한민국 국민인 배우자와 적법하게 혼인한 후 3년이 지나더라도 혼인한 상태로 대한민국에 1년 이상 계속하여 주소가 없는 경우에는 간이귀화의 요건을 충족하지 못한다.
② 외국 국적 포기의무를 이행하지 아니하여 대한민국 국적을 상실한 자가 1년 내에 그 외국 국적을 포기한 때에는 법무부장관의 허가를 얻어 대한민국 국적을 재취득할 수 있다.
③ 귀화허가를 받은 사람은 법무부장관 앞에서 국민선서를 하고 귀화증서를 수여받은 때에 대한민국 국적을 취득한다.
④ 외국인이 귀화허가를 받기 위해서는 원칙적으로 대한민국에서 영주할 수 있는 체류자격을 가지고 있으면서 5년 이상 계속하여 대한민국에 주소가 있어야 한다.

문 4. 법치국가원리에 대한 설명으로 적절한 것은? (다툼이 있는 경우 판례에 의함)

① 세무당국에 사업자등록을 하고 운전교습에 종사해 왔음에도 불구하고, 자동차운전학원으로 등록한 경우에만 자동차운전교습업을 영위할 수 있도록 법률을 개정하는 것은 관련자들의 정당한 신뢰를 침해하는 것이다.

② 법적 안정성의 객관적 측면은 한번 제정된 법규범은 원칙적으로 존속력을 갖고 자신의 행위기준으로 작용하리라는 개인의 신뢰를 보호하는 것이다.

③ 기본권 제한입법에 있어서 규율대상이 지극히 다양하거나 수시로 변화하는 성질의 것이어서 입법기술상 일의적으로 규정할 수 없는 경우라도 명확성의 요건이 강화되어야 한다.

④ 종합생활기록부에 의하여 절대평가와 상대평가를 병행·활용하도록 한 교육부장관 지침(종합생활기록부제도개선보완시행지침, 1996.8.7.)은 교육개혁위원회의 교육개혁방안에 따라 절대평가가 이루어질 것으로 믿고 특수목적고등학교에 입학한 학생들의 신뢰이익을 침해하였다고 볼 수 없다.

문 5. 신뢰보호원칙에 대한 설명으로 적절하지 않은 것은? (다툼이 있는 경우 판례에 의함)

① 공무원연금법상 퇴직연금수급자가 지방의회의원에 취임한 경우 그 재직기간 중 퇴직연금 전부의 지급을 정지하도록 하는 것은 신뢰보호원칙에 위배되지 않는다.

② 신뢰보호원칙은 법치국가원리에 근거를 두고 있는 헌법상 원칙으로서, 특정한 법률에 의하여 발생한 법률관계는 그 법에 따라 파악되고 판단되어야 하고 과거의 사실관계가 그 뒤에 생긴 새로운 법률의 기준에 따라 판단되지 않는다는 국민의 신뢰를 보호하기 위한 것이다.

③ 군인연금법상 퇴역연금 수급권자가 사립학교교직원 연금법 제3조의 학교기관으로부터 보수 기타 급여를 지급받는 경우에는 대통령령이 정하는 바에 따라 퇴역연금의 전부 또는 일부의 지급을 정지할 수 있도록 하는 것은 신뢰보호원칙에 위반되지 않는다.

④ 외국에서 치과대학을 졸업한 대한민국 국민이 국내 치과의사면허시험에 응시하기 위해서는 기존의 응시요건에 추가하여 새로이 예비시험에 합격할 것을 요건으로 규정한 의료법의 '예비시험' 조항은 외국에서 치과대학을 졸업한 국민들이 가지는 합리적 기대를 저버리는 것으로서 신뢰보호의 원칙상 허용되지 아니한다.

문 6. 정당제도에 대한 설명으로 적절한 것(○)과 적절하지 않은 것(×)을 올바르게 조합한 것은? (다툼이 있는 경우 판례에 의함)

○ 정당해산심판절차에 민사소송에 관한 법령을 준용할 수 있도록 한 헌법재판소법 제40조 제1항 전문은 정당의 설립과 활동의 자유 및 정당의 공정한 재판을 받을 권리를 침해하는 규정이다.

○ 헌법 제8조 제1항은 국민 누구나 국가의 간섭을 받지 아니하고 정당을 설립할 권리를 기본권으로 보장하고 있는 바, 입법자는 정당설립의 자유를 최대한 보장하는 방향으로 입법하여야 하고, 헌법재판소가 정당설립의 자유를 제한하는 법률의 합헌성을 심사할 때에는 헌법 제37조 제2항에 따라 엄격한 비례심사를 하여야 한다.

○ 정당해산심판절차에서는 재심을 허용하지 아니함으로써 얻을 수 있는 법적 안정성의 이익보다 재심을 허용함으로써 얻을 수 있는 구체적 타당성의 이익이 더 크므로 재심을 허용하여야 한다. 한편, 이 재심절차에서는 원칙적으로 민사소송법의 재심에 관한 규정이 준용된다.

○ 국회의원선거에 참여하여 의석을 얻지 못하고 유효투표총수의 100분의 2 이상을 득표하지 못한 정당에 대해 그 등록을 취소하도록 한 구 정당법 조항은 군소정당 난립으로 인한 정치질서의 혼란을 방지하기 위한 것으로서 정당설립의 자유를 침해하지 않는다.

○ 정당이 헌법재판소의 결정으로 해산된 때에는 해산된 정당의 강령과 동일하거나 유사한 것으로 정당을 창당하지 못하며, 해산된 정당의 명칭과 같거나 유사한 명칭 역시 다시 사용하지 못한다.

	㉠	㉡	㉢	㉣	㉤
①	○	○	○	×	×
②	○	×	○	○	×
③	×	○	○	○	×
④	×	○	○	×	×

문 7. 평등권 및 평등원칙에 대한 설명으로 적절하지 않은 것을 모두 고른 것은? (다툼이 있는 경우 판례에 의함)

> ㉠ 혼인한 남성 등록의무자와 달리 혼인한 여성 등록 의무자의 경우에만 본인이 아닌 배우자의 직계존·비속의 재산을 등록하도록 하는 것은 평등원칙에 위배된다.
>
> ㉡ 국가를 상대로 한 당사자소송에는 가집행선고를 할 수 없도록 규정하고 있는 행정소송법 제43조는 평등원칙에 위반된다.
>
> ㉢ 중혼의 취소청구권자로 직계존속과 4촌 이내의 방계혈족을 규정하면서도 직계비속을 제외하는 민법 규정에 대한 평등원칙 위반 여부는 엄격한 심사척도를 적용함이 상당하다.
>
> ㉣ 자의심사의 경우 차별을 정당화하는 합리적인 이유가 있는지를 심사하기 때문에 그에 해당하는 비교대상간의 사실상의 차이나 입법목적(차별목적)의 발견·확인에 그친다.
>
> ㉤ 남자에 한하여 병역의무를 부과하는 법률조항이 평등권을 침해하는지 여부는 엄격한 심사척도에 따라 비례원칙 위반 여부에 의하여 판단하여야 한다.

① ㉠, ㉡   ② ㉠, ㉣
③ ㉢, ㉣   ④ ㉢, ㉤

문 8. 장기간 불법체류를 해 온 외국인 甲에 대해 서울출입국관리사무소장 乙은 출입국관리법에 따라 긴급보호 및 강제퇴거집행을 하여 출국시켰다. 이에 대해 甲은 자신의 기본권이 침해되었다고 주장하면서 헌법소원심판을 청구하였다. 이 사례에 대한 설명으로 적절하지 않은 것을 모두 고른 것은? (다툼이 있는 경우 판례에 의함)

> ㉠ 甲이 불법체류 중인 외국인이라 하더라도, 침해받았다고 주장하는 기본권이 주거의 자유, 재판청구권이라면 두 기본권은 그 성질상 인간의 권리에 해당하므로 甲의 기본권 주체성이 인정된다.
>
> ㉡ 甲에 대한 긴급보호 및 강제퇴거는 이미 집행이 모두 종료하였으므로 이 사건 심판청구가 인용되더라도 청구인의 주관적 권리구제에는 도움이 되지 못하기 때문에 권리보호이익이 인정되지 않는다.
>
> ㉢ 불법체류 외국인에 대한 긴급보호의 경우에도 출입국관리법이 정한 요건에 해당하지 않거나 법률이 정한 절차를 위반하는 때에는 적법절차원칙에 반하여 신체의 자유 등 기본권을 침해하게 된다.
>
> ㉣ 취소소송의 제기는 처분 등의 효력이나 그 집행 또는 그 절차의 속행에 영향을 주지 아니하므로, 청구인들의 취소소송이나 집행정지신청에 관한 법원의 판단이 있기 전에 피청구인이 이 사건 강제퇴거명령을 집행하였다고 하여 이를 위법하다고 할 수 없다.
>
> ㉤ 만약 甲의 진정에 의한 국가인권위원회의 조사가 완료되기도 전에 甲을 강제퇴거시켰다면, 이는 헌법 제10조와 제37조 제1항에서 도출되는 '국가인권위원회의 공정한 조사를 받을 권리'를 침해하는 것이다.

① ㉠, ㉢   ② ㉡, ㉤
③ ㉣, ㉤   ④ ㉠, ㉢, ㉣

문 9. 신체의 자유 및 피의자·피고인의 권리에 대한 설명으로 적절한 것은? (다툼이 있는 경우 판례에 의함)

① 강제퇴거명령을 받은 사람을 즉시 대한민국 밖으로 송환할 수 없으면 송환할 수 있을 때까지 보호시설에 보호할 수 있도록 규정한 출입국관리법 제63조 제1항은 과잉금지원칙에 위배되어 피보호자의 신체의 자유를 침해한다.

② 병(兵)에 대한 징계처분으로 일정기간 부대나 함정 내의 영창, 그 밖의 구금장소에 감금하는 영창처분이 가능하도록 규정한 조항은 병(兵)의 신체의 자유를 침해하지 않는다.

③ 변호인의 수사서류 열람·등사권은 피고인의 신속·공정한 재판을 받을 권리 및 변호인의 조력을 받을 권리라는 헌법상 기본권의 중요한 내용이자 구성요소이며 이를 실현하는 구체적인 수단이 된다.

④ 검찰수사관이 피의자신문에 참여한 변호인에게 피의자 후방에 앉으라고 요구한 행위가 과잉금지원칙에 위배되어 변호인의 변호권을 침해하는 것은 아니다.

문 10. 명확성원칙에 대한 설명으로 적절하지 않은 것은? (다툼이 있는 경우 판례에 의함)

① 외국인이 귀화허가를 받기 위해서는 품행이 단정할 것의 요건을 갖추도록 한 국적법 제5조 제3호는 명확성원칙에 위배되지 않는다.

② 혈액투석 정액수가에 포함되는 비용의 범위를 정한 '의료급여수가의 기준 및 일반기준' 제7조 제2항 본문의 정액범위조항에 사용된 '등'은 열거된 항목 외에 같은 종류의 것이 더 있음을 나타내는 의미로 해석할 수 있으나, 다른 조항과의 유기적·체계적 해석을 통해 그 적용범위를 합리적으로 파악할 수는 없으므로 명확성원칙에 위배된다.

③ 어린이집이 시·도지사가 정한 수납한도액을 초과하여 보호자로부터 필요경비를 수납한 경우, 해당 시·도지사는 영유아보육법에 근거하여 시정 또는 변경 명령을 발할 수 있는데, 이 시정 또는 변경 명령 조항의 내용으로 환불명령을 명시적으로 규정하지 않았다고 하여 명확성원칙에 위배된다고 볼 수 없다.

④ 정당한 이유 없이 이 법에 규정된 범죄에 공용(供用)될 우려가 있는 흉기나 그 밖의 위험한 물건을 휴대한 사람을 처벌하도록 규정한 폭력행위 등 처벌에 관한 법률 조항에서 '공용(供用)될 우려가 있는'은 흉기나 그 밖의 위험한 물건이 '사용될 위험성이 있는'의 뜻으로 해석할 수 있으므로 죄형법정주의의 명확성원칙에 위배되지 않는다.

문 11. 사생활의 비밀과 자유에 대한 설명으로 적절하지 않은 것은? (다툼이 있는 경우 판례에 의함)

① 엄중격리대상자의 수용거실에 CCTV를 설치하여 24시간 감시하는 행위는 교도관의 계호활동 중 육안에 의한 시선계호를 CCTV 장비에 의한 시선계호로 대체한 것에 불과하므로, 특별한 법적 근거가 없더라도 일반적인 계호활동을 허용하는 법률규정에 의하여 허용되고, 엄중격리대상자의 사생활의 비밀 및 자유를 침해하였다고 볼 수 없다.

② 흡연자들이 자유롭게 흡연할 권리를 흡연권이라고 한다면, 이러한 흡연권은 인간의 존엄과 행복추구권을 규정한 헌법 제10조와 사생활의 자유를 규정한 헌법 제17조에 의하여 뒷받침된다.

③ 금융감독원의 4급 이상 직원에 대하여 공직자윤리법상 재산등록의무를 부과하는 조항은 해당 업무에 대한 권한과 책임이 부여되지 아니한 3급 또는 4급 직원까지 재산등록의무자로 규정하여 재산등록의무자의 범위를 지나치게 확대하고, 등록대상 재산의 범위도 지나치게 광범위하며, 직원 본인뿐 아니라 배우자, 직계존비속의 재산까지 등록하도록 하는 등 이들의 사생활의 비밀과 자유를 침해한다.

④ 교도소장이 수용자가 없는 상태에서 실시한 거실 및 작업장 검사행위는 교도소의 안전과 질서를 유지하고, 수형자의 교화·개선에 지장을 초래할 수 있는 물품을 차단하기 위한 것으로서 그 목적이 정당하고, 수단도 적절하며, 검사의 실효성을 확보하기 위한 최소한의 조치로 보이고, 달리 덜 제한적인 대체수단을 찾기 어려운 점 등에 비추어 보면 사생활의 비밀 및 자유를 침해하였다고 할 수 없다.

문 12. 집회 및 결사의 자유에 대한 설명으로 적절한 것은? (다툼이 있는 경우 판례에 의함)

① 집회는 일정한 장소를 전제로 하여 특정 목적을 가진 다수인이 일시적으로 회합하는 것을 의미하여, 그 공동의 목적은 '내적인 유대 관계'뿐만 아니라 공동의 의사표현을 전제로 한다.

② 집회의 자유는 개인이 집회에 참가하는 것을 방해하거나 집회에 참가할 것을 강요하는 국가행위를 금지할 뿐만 아니라, 집회장소로 여행하는 것을 방해하거나, 집회장소로부터 귀가하는 것을 방해하거나, 집회 참가자에 대한 검문의 방법으로 시간을 지연시킴으로써 집회장소에 접근하는 것을 방해하는 등 집회의 자유 행사에 영향을 미치는 모든 조치를 금지한다.

③ 헌법 제21조 제1항에 의해 보호되는 결사의 개념에는 공공목적에 의해 구성원의 자격이 정해진 특수단체나 공법상의 결사도 포함된다.

④ 입법자가 법률로써 일반적으로 집회를 제한하는 것도 원칙적으로 헌법 제21조 제2항에서 금지하는 '사전허가'에 해당한다.

문 13. 양심의 자유와 종교의 자유에 대한 설명으로 적절하지 않은 것을 모두 고른 것은? (다툼이 있는 경우 판례에 의함)

○ 양심의 자유가 보장하고자 하는 '양심'은 민주적 다수의 사고나 가치관과 일치하는 것이 아니라, 개인적 현상으로서 지극히 주관적인 것이고, 그 대상이나 내용 또는 동기에 의하여 판단될 수 없으며, 양심상의 결정이 이성적 · 합리적인지, 타당한지 또는 법질서나 사회규범, 도덕률과 일치하는지 여부는 양심의 존재를 판단하는 기준이 될 수 없다.

○ 육군훈련소장이 훈련병들에 대하여 육군훈련소 내 종교 시설에서 개최되는 개신교, 불교, 천주교, 원불교 종교행사 중 하나에 참석하도록 한 행위는 종교의 자유를 침해하지 않는다.

○ 종교적 신앙에 따른 병역거부자를 처벌하는 병역법 조항에 대해서는, 헌법이 양심의 자유와 별개로 종교의 자유를 보장하고 있으며 종교적 신앙은 윤리적 양심과는 구별되는 내면적 세계의 핵심적 가치이므로 양심의 자유의 침해와는 별도로 종교의 자유의 침해 여부를 심사해야 한다.

○ 사업자단체의 독점규제 및 공정거래에 관한 법률 위반행위가 있을 때 공정거래위원회가 사업자단체에 대하여 법 위반사실의 공표를 명할 수 있도록 한 독점규제 및 공정거래에 관한 법률 조항은 양심의 자유를 침해하지 않는다.

① ㉠, ㉡
② ㉠, ㉢
③ ㉡, ㉢
④ ㉢, ㉣

문 14. 표현의 자유 및 언론 · 출판의 자유에 대한 설명으로 가장 적절하지 않은 것은?

① 정치자금법상 회계보고된 자료의 열람기간을 3월간으로 정한 정치자금법 제42조 제2항 본문 중 '3월간' 부분은 알 권리를 침해한다.

② 민사소송법에 근거한 법원의 방영금지가처분은 행정기관이 주체가 되는 심사절차가 아니기 때문에 헌법이 금지하는 사전검열에 해당하지 않는다.

③ 제한상영가 등급의 영화를 '상영 및 광고 · 선전에 있어서 일정한 제한이 필요한 영화'라고 정의하고 있는 법률규정은 관련 규정들을 통해서도 제한상영가 등급의 영화가 어떤 영화인지를 예측할 수 없으므로 명확성원칙에 위배된다.

④ 금치처분을 받은 미결수용자라 할지라도 금치처분 기간 중 집필을 금지하면서 예외적인 경우에만 교도소장이 집필을 허가할 수 있도록 한 형의 집행 및 수용자의 처우에 관한 법률상의 규정은 미결수용자의 표현의 자유를 침해한다.

문 15. 재산권에 대한 설명으로 적절하지 않은 것을 모두 고른 것은? (다툼이 있는 경우 판례에 의함)

> ㉠ 대구교육대학교 총장임용후보자선거에서 후보자가 제1차 투표에서 최종 환산득표율의 100분의 15 이상을 득표한 경우에만 기탁금의 반액을 반환하도록 하고 나머지 기탁금은 발전기금에 귀속되도록 규정한 '대구교육대학교 총장임용후보자 선정규정'은 재산권을 침해한다.
> ㉡ 배우자의 상속공제를 인정받기 위한 요건으로 배우자 상속재산 분할기한까지 배우자의 상속재산을 분할하여 신고할 것을 요구하면서 위 기한이 경과하면 일률적으로 배우자의 상속공제를 부인하고 있는 구 상속세 및 증여세법(2002.12.18. 법률 제6780호로 개정되고, 2010.1.1. 법률 제9916호로 개정되기 전의 것) 제19조 제2항은 배우자인 상속인의 재산권을 침해한다고 볼 수 없다.
> ㉢ 헌법이 보장하는 재산권의 내용과 한계를 정하는 법률이 재산권을 형성한다는 의미를 갖는다 하더라도, 이러한 법률이 사유재산제도나 사유재산을 부인하는 것은 재산권 보장규정의 침해를 의미하고 결코 재산권 형성적 법률유보라는 이유로 정당화될 수 없다.
> ㉣ 토지의 강한 사회성 내지 공공성으로 말미암아 토지재산권에는 다른 재산권에 비하여 보다 강한 제한과 의무가 부과되고 이에 대한 제한입법에는 입법자의 광범위한 입법형성권이 인정되므로, 과잉금지원칙에 의한 심사는 부적절하다.

① ㉠, ㉢ ② ㉠, ㉣
③ ㉡, ㉢ ④ ㉡, ㉣

문 16. 재산권에 대한 설명으로 적절하지 않은 것은? (다툼이 있는 경우 판례에 의함)

① 부당환급받은 세액을 징수하는 근거규정인 개정조항을 개정된 법 시행 후 최초로 환급세액을 징수하는 분부터 적용하도록 규정한 법인세법 부칙 제9조는 진정소급입법으로서 재산권을 침해한다.

② 환매권의 발생기간을 '토지의 협의취득일 또는 수용의 개시일부터 10년 이내'로 제한한 공익사업을 위한 토지 등의 취득 및 보상에 관한 법률 제91조 제1항 부분이 재산권을 침해하는 것은 아니다.

③ 의료급여수급권은 공공부조의 일종으로서 순수하게 사회정책적 목적에서 주어지는 권리이므로 개인의 노력과 금전적 기여를 통하여 취득되는 재산권의 보호대상에 포함된다고 보기 어렵다.

④ 종합소득세의 납부의무 위반에 대하여 미납기간을 고려하지 않고 일률적으로 미납세액의 100분의 10에 해당하는 가산세를 부과하도록 한 구 소득세법 제81조 제3항이 평등원칙에 반하여 납세의무자의 재산권을 침해하지 않는다.

문 17. 직업의 자유에 대한 설명으로 적절하지 않은 것은?

① 약사 또는 한약사가 아니면 약국을 개설할 수 없다고 규정한 약사법은 법인을 구성하여 약국을 개설·운영하려고 하는 약사들 및 이들 약사들로 구성된 법인의 직업선택의 자유를 침해한 것이다.

② 유치원 주변 학교환경위생정화구역에서 성 관련 청소년유해물건을 제작·생산·유통하는 청소년유해업소를 예외 없이 금지하는 학교보건법은 직업의 자유를 침해한 것이다.

③ 일반택시운송사업자로 하여금 운수종사자가 이용자에게 받은 운송수입금 전액을 받도록 규정하고 있는 여객자동차운수사업법 규정은 운송사업자의 직업의 자유를 침해하지 않는다.

④ 운전면허를 받은 사람이 자동차 등을 이용하여 살인 또는 강간 등의 범죄행위를 한 때 필요적으로 운전면허를 취소하도록 규정한 도로교통법은 직업의 자유를 침해한 것이다.

공무담임권에 대한 설명으로 적절하지 않은 것은? (다툼이 있는 경우 판례에 의함)

① 국가공무원이 피성년후견인이 된 경우 당연퇴직되도록 한 국가공무원법 제69조 제1호 중 제33조 제1호 가운데 '피성년후견인'에 관한 부분은 공무담임권을 침해한다.

② 지방자치단체의 장은 국가의 존립과 헌법 기본질서의 유지를 위한 국가안보 분야로서 대통령령으로 정하는 분야에는 복수국적자(대한민국 국적과 외국 국적을 함께 가진 사람)의 임용을 제한할 수 있다.

③ 지역구국회의원 예비후보자에게 지역구국회의원이 납부할 기탁금의 100분의 20에 해당하는 금액을 기탁금으로 납부하도록 하는 것은 예비후보자의 공무담임권을 침해하고, 비례대표 기탁금조항은 비례대표국회의원후보자가 되어 국회의원에 취임하고자 하는 자의 공무담임권을 침해한다.

④ 공무원의 재임기간 동안 충실한 공무수행을 담보하기 위하여 공무원의 퇴직급여 및 공무상 재해보상을 보장할 것까지 공무담임권의 보호영역에 포함된다고 보기는 어렵다.

문 19. 국가배상청구권에 대한 설명으로 적절하지 않은 것을 모두 고른 것은? (다툼이 있는 경우 판례에 의함)

⊙ 생명·신체 및 재산의 침해로 인한 국가배상을 받을 권리는 양도하거나 압류하지 못한다.

⊙ 국가배상법 제8조가 국가배상청구권에도 소멸시효제도를 적용하도록 하여 국가배상청구권의 행사를 일정한 경우에 제한하고 있다 하더라도 이는 위와 같은 불가피한 필요성에 기인하는 것이고, 나아가 그 소멸시효기간을 정함에 있어서 민법상의 규정을 준용하도록 함으로써 결과에 있어서 민법상의 소멸시효기간과 같도록 규정하였다 하더라도 그것은 국가배상청구권의 성격과 책임의 본질, 소멸시효제도의 존재이유 등을 종합적으로 고려한 결과로서의 입법자의 결단의 산물인 것이다.

⊙ 국가배상법이 정한 손해배상청구의 요건인 '공무원의 직무'에는 국가나 지방자치단체의 권력적 작용뿐만 아니라 비권력적 작용도 포함되지만, 단순한 사경제의 주체로서 하는 작용은 포함되지 않는다.

⊙ 헌법재판소는 국가배상법상의 배상결정전치주의가 법관에 의한 재판을 받을 권리와 신속한 재판을 받을 권리를 침해한다고 하였고, 이에 따라 국가배상법상의 배상결정전치주의가 폐지되었다.

① ⊙, ⊙　　　　② ⊙, ⊙
③ ⊙, ⊙　　　　④ ⊙, ⊙

문 20. 근로의 권리 및 근로3권에 대한 설명으로 적절하지 않은 것은? (다툼이 있는 경우 판례에 의함)

① 근로의 권리는 개인 근로자가 주체이며, 노동조합은 그 주체가 될 수 없다.

② 교육공무원에게 근로3권을 일체 허용하지 않고 전면적으로 부정하는 것은 입법형성권의 범위를 벗어난다.

③ '65세 이후 고용된 자'에게 실업급여에 관한 고용보험법의 적용을 배제하는 것은 근로의 의사와 능력의 존부에 대한 합리적인 판단을 결여한 것이다.

④ 자본주의 경제질서하에서 근로자가 기본적 생활수단을 확보하고 인간의 존엄성을 보장받기 위하여 최소한의 근로조건을 요구할 수 있는 권리는 자유권적 기본권의 성격도 아울러 가지므로 이러한 경우 외국인 근로자에게도 그 기본권 주체성을 인정함이 타당하다.

문 1. 관습헌법 및 헌법해석에 대한 설명으로 적절하지 않은 것은? (다툼이 있는 경우 판례에 의함)

① 대통령과 국무총리가 서울이라는 하나의 도시에 소재하고 있어야 한다는 것은 관습헌법으로 인정될 수 없다.

② 관습헌법은 이와 같은 일반적인 헌법사항에 해당하는 내용 중에서도 특히 국가의 기본적이고 핵심적인 사항으로서 법률에 의하여 규율하는 것이 적합하지 아니한 사항을 대상으로 한다.

③ 국명(國名)을 정하는 것, 우리말을 국어(國語)로 하고 우리글을 한글로 하는 것, 영토를 획정하고 국가주권의 소재를 밝히는 것 등은 국가의 정체성에 관한 기본적 헌법사항이라고 할 수 없다.

④ 합헌적 법률해석이란 어떤 법률이 한 가지 해석방법에 의하면 헌법에 위배되는 것처럼 보이더라도 다른 해석방법에 의하면 헌법에 합치되는 것으로 볼 수 있다면 합헌으로 해석하여야 한다는 사법소극주의적인 법률해석기술이다.

문 2. 헌법개정에 대한 설명으로 적절하지 않은 것은? (다툼이 있는 경우 판례에 의함)

① 대통령의 발의로 제안된 헌법개정안은 국회의장이 20일 이상의 기간 이를 공고하여야 하며, 국회는 헌법개정안이 공고된 날로부터 60일 이내에 의결하여야 한다.

② 헌법재판의 수요를 감당하기 위하여 헌법재판관의 수를 늘리기 위해서는 헌법개정이 필요하다.

③ 헌법개정의 한계에 관한 규정을 두지 아니하고 헌법의 개정을 법률의 개정과는 달리 국민투표로 확정하는 현행헌법상 과연 어떤 규정이 헌법핵 내지는 헌법제정규범으로서 상위규범이고 어떤 규정이 단순한 헌법개정규범으로서 하위규범인지를 구별하는 것이 가능하지 아니하다.

④ 1972년 헌법은 헌법의 개정절차를 대통령이 제안한 헌법개정안과 국회의원이 제안한 헌법개정안으로 이원화하여 규정했으며, 대통령이 제안한 헌법개정안의 경우 국회의 의결을 거치지 않고 국민투표만으로 확정된다고 규정하고 있다.

문 3. 헌법 전문(前文)에 대한 설명으로 적절한 것은? (다툼이 있는 경우 판례에 의함)

① 1948년 헌법 전문에는 3·1운동으로 건립된 대한민국임시정부의 법통과 독립정신을 규정하고 있으며, 안으로는 국민생활의 균등한 향상을 기하고 밖으로는 국제평화의 유지에 노력할 것을 언급하고 있다.

② 현행헌법 전문은 "1948년 7월 12일에 제정되고 9차에 걸쳐 개정된 헌법을 이제 국회의 의결을 거쳐 국민투표에 의하여 개정한다."라고 규정하고 있다.

③ 헌법 전문에 기재된 3·1정신은 우리나라 헌법의 연혁적·이념적 기초로서 헌법이나 법률해석에서의 해석기준으로 작용할 뿐만 아니라 곧바로 국민의 개별적 기본권성을 도출해내어, 예컨대 '영토권'을 헌법상 보장된 기본권으로 인정할 수 있다.

④ '3·1운동으로 건립된 대한민국임시정부의 법통을 계승'한다는 것은 대한민국이 일제에 항거한 독립운동가의 공헌과 희생을 바탕으로 이룩된 것임을 선언한 것으로, 국가는 자주독립을 위하여 공헌한 독립유공자와 그 유족에 대해 응분의 예우를 해야 할 헌법적 의무를 지닌다.

문 4. 헌법상 법치국가원리에 대한 설명으로 적절하지 않은 것을 모두 고른 것은? (다툼이 있는 경우 판례에 의함)

㉠ 법관이 형사재판의 양형에 있어 법률에 기속되는 것은 헌법 제103조의 규정에 따른 것으로서 헌법이 요구하는 법치국가원리의 당연한 귀결이며, 법관의 양형판단재량권, 특히 집행유예 여부에 관한 재량권은 어떠한 경우에도 제한될 수 없다고 볼 성질의 것이 아니다.

㉡ 선박소유자가 고용한 선장이 선박소유자의 업무에 관하여 범죄행위를 하면 그 선박소유자에게도 동일한 벌금형을 과하도록 한 것은 책임주의에 위배되지 않는다.

㉢ 미군정청법령이 1945.9.25, 1945.12.6. 각 공포되었음에도 1945.8.9.을 기준으로 하여 일본인 소유의 재산에 대한 거래를 전부 무효로 하고, 그 재산을 전부 1945.9.25.로 소급하여 미군정청의 소유가 되도록 한 것은 진정소급입법이지만 예외적으로 허용되는 경우에 해당한다.

㉣ 종전의 '친일반민족행위자'의 유형을 개정하면서 '일제로부터 작위를 받거나 계승한 자'까지 친일반민족행위자의 범위에 포함시켜 그 재산을 국가귀속의 대상으로 하면 헌법에 위배된다.

㉤ 전문과목을 표시한 치과의원은 그 표시한 전문과목에 해당하는 환자만을 진료하여야 한다고 규정한 의료법 제77조 제3항은 신뢰보호원칙에 위배되어 청구인들의 직업수행의 자유를 침해하지 않는다.

① ㉠, ㉣
② ㉡, ㉣
③ ㉡, ㉤
④ ㉢, ㉣

문 5. 기본권 침해 여부의 심사에서 과잉금지원칙(비례원칙)이 적용된 경우가 아닌 것은? (다툼이 있는 경우 판례에 의함)

① 임대차존속기간을 20년으로 제한하는 민법 제651조 제1항이 계약의 자유를 침해하는지 여부
② 교육공무원인 대학교원을 교원의 노동조합 설립 및 운영 등에 관한 법률의 적용대상에서 배제한 것이 교육공무원인 대학교원의 단결권을 침해하는지 여부
③ 경찰청장이 서울광장을 차벽으로 둘러싸고 광장의 통행을 제지한 행위가 일반적 행동자유권을 침해하는지 여부
④ 자율형 사립고등학교를 지원한 학생에게 평준화지역 후기학교 주간부에 중복 지원하는 것을 금지한 것이 자율형 사립고등학교에 진학하고자 하는 학생의 평등권을 침해하는지 여부

문 6. 법률의 일반성에 대한 설명으로 적절하지 않은 것은? (다툼이 있는 경우 판례에 의함)

① 특정구역 안에서 업소별로 표시할 수 있는 광고물의 총 수량을 1개로 제한한 옥외광고물 표시제한 특정구역 지정고시는 처분적 고시에 해당하고, 처분적 고시는 항고소송의 대상이 되는 행정처분의 실질을 가지기 때문에 이에 대한 헌법소원청구는 보충성의 원칙에 따라 부적법하다.
② 헌법은 처분적 법률로서의 개인대상법률 또는 개별사건법률의 정의를 따로 두고 있지 않음은 물론, 이러한 처분적 법률의 제정을 금하는 명문의 규정도 두고 있지 않다.
③ 개별사건법률의 위헌 여부는 그 형식만으로 가려지는 것이 아니라 나아가 평등의 원칙이 추구하는 실질적 내용이 정당한지 아닌지를 따져야 비로소 가려진다.
④ 폐지대상인 세무대학설치법 자체가 이미 처분법률에 해당하는 것이므로, 이를 폐지하는 법률도 당연히 그에 상응하여 처분법률의 형식을 띨 수밖에 없다.

문 7. 선거제도에 대한 설명으로 적절하지 않은 것은? (다툼이 있는 경우 판례에 의함)

① 대통령이 궐위된 때 또는 대통령 당선자가 사망하거나 판결 기타의 사유로 그 자격을 상실한 때에는 70일 이내에 후임자를 선거한다.
② 국회의원이 지방자치단체의 장의 선거에 입후보하는 경우 선거일 30일 전까지 사직하여야 한다.
③ 대통령의 임기는 전임대통령의 임기만료일의 다음 날 0시부터 개시된다. 다만, 전임자의 임기가 만료된 후에 실시하는 선거와 궐위로 인한 선거에 의한 대통령의 임기는 당선이 결정된 때부터 개시된다.
④ 대통령선거 및 국회의원선거에 있어서 선거의 효력에 관하여 이의가 있는 선거인·후보자를 추천한 정당 또는 후보자는 선거일부터 30일 이내에 당해 선거구 선거관리위원회위원장을 피고로 하여 대법원에 소를 제기할 수 있다.

문 8. 평등권에 대한 설명으로 적절하지 않은 것은? (다툼이 있는 경우 판례에 의함)

① 법관의 정년을 직위에 따라 순차적으로 낮게 차등하게 설정한 것은 법관 업무의 성격과 특수성, 평균수명, 조직체 내의 질서 등을 고려하여 정한 것으로 그 차별에 합리적인 이유가 있다고 할 것이므로 평등권을 침해하였다고 볼 수 없다.

② 사립학교 교원이 '직무와 관련 없는 과실로 인한 경우' 및 '소속상관의 정당한 직무상의 명령에 따르다가 과실로 인한 경우'를 제외하고 재직 중의 사유로 금고 이상의 형을 받은 경우, 퇴직급여 등을 감액하도록 규정한 사립학교법 규정은 일반 국민이나 근로자와 비교하여 지나친 차별을 한 것이고, 평등원칙에 위배된다.

③ 특정범죄 가중처벌 등에 관한 법률의 해당 조항이 별도의 가중적 구성요건표지를 규정하지 않은 채 형법 조항과 똑같은 구성요건을 규정하면서 법정형만 상향조정하여 어느 조항으로 기소하는지에 따라 벌금형의 선고 여부가 결정되고, 선고형에 있어서도 심각한 형의 불균형을 초래하게 함으로써 형사특별법으로서 갖추어야 할 형벌체계상의 정당성과 균형을 잃어 인간의 존엄성과 가치를 보장하는 헌법의 기본원리에 위배될 뿐만 아니라 그 내용에 있어서도 평등원칙에 위반된다.

④ 직장가입자와 지역가입자의 재정통합을 명하는 국민건강보험법의 재정통합조항은 재정통합을 통하여 경제적 계층의 형성을 방지하고 소득재분배와 국민연대의 기능을 높이고자 하는 것으로서 입법형성권의 범위를 벗어났다고 보기 어려우므로 직장가입자들의 평등권을 침해하지 않는다.

문 9. 개인정보 보호에 대한 설명으로 적절하지 않은 것은? (다툼이 있는 경우 판례에 의함)

① 개별 교원의 교원단체 및 노동조합 가입 정보는 개인정보 보호법 제23조의 노동조합의 가입·탈퇴에 관한 정보로서 민감정보에 해당한다.

② 개인정보 보호법상 개인정보란 살아 있는 개인에 관한 정보로서 성명, 주민등록번호 및 영상 등을 통하여 개인을 알아 볼 수 있는 정보를 말하며 사자(死者)에 관한 정보는 포함하지 아니한다.

③ 통계청장이 인구주택총조사의 방문 면접조사를 실시하면서, 담당 조사원을 통해 조사대상자에게 통계청장이 작성한 인구주택총조사 조사표의 조사항목들에 응답할 것을 요구한 행위는 조사대상자의 개인정보자기결정권을 침해하지 않는다.

④ 성적목적공공장소침입죄로 형을 선고받아 확정된 자는 신상정보 등록대상자가 된다고 규정한 성폭력범죄의 처벌 등에 관한 특례법은 신상정보 등록대상자의 개인정보자기결정권을 침해한다.

문 10. 집회·결사의 자유에 대한 설명으로 적절하지 않은 것은? (다툼이 있는 경우 판례에 의함)

① 재판에 영향을 미칠 염려가 있거나 미치게 하기 위한 집회 또는 시위를 금지하고 이를 위반한 자를 형사처벌하는 규정은 과잉금지원칙에 위배되지 않는다.

② 사립학교의 설립·경영자들은 교원노조와 개별적으로 단체교섭을 할 수 없고 반드시 연합하여 단체교섭에 응하도록 규정한 교원의 노동조합 설립 및 운영 등에 관한 법률 제6조 제1항 후문은 비례의 원칙에 어긋나 사립학교의 설립·경영자인 청구인들의 결사의 자유를 침해하지 아니한다.

③ 야간시위를 금지하는 내용의 집회 및 시위에 관한 법률은 이미 보편화된 야간의 일상적인 생활의 범주에 속하는 '해가 진 후부터 같은 날 24시까지의 시위'에 적용하는 한 헌법에 위반된다.

④ 상공회의소 또한 결사의 자유의 주체이다.

문 11. 집회의 자유에 대한 설명으로 적절한 것은? (다툼이 있는 경우 헌법재판소 판례에 의함)

① 우발적 집회는 군중이 어떤 사건을 계기로 현장에서 공동의 의사를 형성하여 표현하기에 이른 집회로서 사전신고가 불가능하므로 헌법의 보호범위에 포함되지 않는다.

② 집회 및 시위에 관한 법률상의 시위는 반드시 일반인이 자유로이 통행할 수 있는 장소에서 이루어져야 하며, 행진 등 장소 이동을 동반해야만 성립하는 것이다.

③ 신고범위를 뚜렷이 벗어난 집회·시위에 대한 해산명령에 불응하는 자를 처벌하도록 규정한 집회 및 시위에 관한 법률은 집회의 자유를 침해하지 아니한다.

④ 학문, 예술, 체육, 종교, 의식, 국경행사에 관한 집회는 시간·장소의 제한을 받지는 않지만, 일반집회와 마찬가지로 사전신고를 해야 한다.

문 12. 사전검열금지의 원칙에 대한 헌법재판소의 결정 내용으로 적절한 것은?

① 영상물등급위원회는 행정권과 독립된 민간 자율기관이므로, 영화에 대한 사전심의는 헌법이 금지하는 사전검열금지의 원칙에 반하지 아니한다.

② 구 영화진흥법에 따른 등급분류보류제도는 사전검열에 해당한다.

③ 청소년 등에게 부적절한 내용의 음반에 대하여 청소년에게 판매할 수 없도록 미리 등급을 심사하는 등급심사제도는 사전검열에 해당한다.

④ 건강기능식품의 기능성 광고의 사전심의는 한국건강기능식품협회에서 수행하고 있고, 한국건강기능식품협회는 행정기관이라고 보기 어려우므로 사전심의를 받지 않은 건강기능식품의 기능성 광고를 금지하고 이를 어길 경우 형사처벌하도록 규정한 건강기능식품에 관한 법률이 사전검열금지원칙에 위배된다고 보기는 힘들다.

문 13. 재산권에 대한 설명으로 적절하지 않은 것은? (다툼이 있는 경우 판례에 의함)

① 시혜적 입법의 시혜대상이 될 경우 얻을 수 있는 재산상 이익의 기대가 성취되지 않았다고 하여도 그러한 단순한 재산상 이익의 기대는 헌법이 보호하는 재산권의 영역에 포함되지 않는다.

② 공무원연금은 기여금 납부를 통해 공무원 자신도 재원의 형성에 일부 기여한다는 점에서 후불임금의 성격도 가지고 있으므로 공무원연금법상 연금수급권은 사회적 기본권의 하나인 사회보장수급권의 성격과 재산권의 성격을 아울러 지니고 있다.

③ 행정기관이 개발촉진지구 지역개발사업으로 실시계획을 승인하고 이를 고시하기만 하면 고급골프장 사업과 같이 공익성이 낮은 사업에 대해서까지도 시행자인 민간개발자에게 수용권한을 부여하는 것은 헌법 제23조 제3항에 위배된다.

④ 토지등소유자가 도시환경정비사업을 시행할 수 있도록 한 도시 및 주거환경정비법 규정은 사업시행에 동의하지 않는 토지등소유자의 재산권을 침해한다.

문 14. 직업의 자유에 대한 설명으로 적절하지 않은 것은? (다툼이 있는 경우 판례에 의함)

① 승차정원 11인승 이상 15인승 이하인 승합자동차의 경우, 관광을 목적으로 6시간 이상 대여하거나, 대여 또는 반납 장소가 공항 또는 항만인 경우에 한정하여 자동차대여사업자로 하여금 승합자동차의 임차인에게 운전자를 알선할 수 있도록 하는 '여객자동차 운수사업법'이 직업의 자유를 침해하는 것은 아니다.

② 법인의 임원이 학원의 설립·운영 및 과외교습에 관한 법률을 위반하여 벌금형을 선고받은 경우, 법인의 등록이 효력을 잃도록 규정하는 것은 과잉금지원칙을 위배하여 법인의 직업수행의 자유를 침해한다.

③ 헌법 제15조에서 보장하는 직업이란 생활의 기본적 수요를 충족시키기 위하여 행하는 계속적인 소득활동을 의미하고, 성매매는 그것이 가지는 사회적 유해성과는 별개로 성판매자의 입장에서 생활의 기본적 수요를 충족하기 위한 소득활동에 해당함을 부인할 수 없으나, 성매매자를 처벌하는 것은 과잉금지원칙에 반하지 않는다.

④ 변호사시험의 응시기회를 법학전문대학원의 석사학위 취득자의 경우 석사학위를 취득한 달의 말일부터 또는 석사학위 취득 예정자의 경우 그 예정기간 내 시행된 시험일부터 5년 내에 5회로 제한한 변호사시험법 규정은 응시기회의 획일적 제한으로 청구인들의 직업선택의 자유를 침해한다.

문 15. 참정권에 대한 설명으로 적절한 것을 모두 고른 것은? (다툼이 있는 경우 판례에 의함)

㉠ 승진가능성이라는 것은 공직신분의 유지나 업무수행과 같은 법적 지위에 직접 영향을 미치는 것이 아니고 간접적·사실적 또는 경제적 이해관계에 영향을 미치는 것에 불과하여 공무담임권의 보호영역에 포함된다고 보기는 어렵다.

㉡ 주민투표법 제8조에 따른 국가정책에 대한 주민투표는 주민의 의견을 묻는 의견수렴으로서의 성격을 갖는 것이고, 주민투표권의 일반적 성격을 보더라도 이는 법률이 보장하는 참정권이라고 할 수 있을지언정 헌법이 보장하는 참정권이라고 할 수는 없다.

㉢ 선거권을 제한하는 입법은 헌법 제24조에 의해서 곧바로 정당화될 수는 없고, 헌법 제37조 제2항의 규정에 따라 국가안전보장·질서유지 또는 공공복리를 위하여 필요하고 불가피한 예외적인 경우에만 그 제한이 정당화될 수 있으며, 그 경우에도 선거권의 본질적인 내용을 침해할 수 없다.

㉣ 사법인적인 성격을 지니는 농협·축협의 조합장선거에서 조합장을 선출하거나 선거운동을 하는 것은 헌법에 의하여 보호되는 선거권의 범위에 포함된다.

① ㉠, ㉡
② ㉢, ㉣
③ ㉠, ㉡, ㉢
④ ㉡, ㉢, ㉣

문 16. 공무담임권에 대한 설명으로 적절하지 않은 것은? (다툼이 있는 경우 판례에 의함)

① 공무담임권이란 입법부·집행부·사법부는 물론 지방자치단체 등 국가, 공공단체의 구성원으로서 그 직무를 담당할 수 있는 권리를 말한다.

② 지방자치단체의 장은 국가의 존립과 헌법 기본질서의 유지를 위한 국가안보 분야로서 대통령령으로 정하는 분야에는 복수국적자(대한민국 국적과 외국 국적을 함께 가진 사람)의 임용을 제한할 수 있다.

③ 군의 특수성을 고려하여 부사관으로 최초로 임용되는 사람의 최고연령을 27세로 정한 군인사법 조항은 부사관임용을 원하는 사람들의 공무담임권을 침해한다.

④ 지방자치단체의 장으로 하여금 당해 지방자치단체의 관할구역과 같거나 겹치는 선거구역에서 실시되는 지역구 국회의원선거에 입후보하고자 하는 경우 선거일 전 180일까지 그 직을 사퇴하도록 규정하고 있는 공직선거법 규정은 지방자치단체의 장으로서 해당 관할구역에서 국회의원의 되고자 하는 자의 공무담임권을 침해한다.

문 17. 재판을 받을 권리에 대한 설명으로 적절하지 않은 것은? (다툼이 있는 경우 판례에 의함)

① 헌법은 재판의 전심절차로서 행정심판을 할 수 있다고 규정하고 있다.

② 국가의 안전보장 또는 안녕질서를 방해하거나 선량한 풍속을 해할 염려가 있을 때에는 당사자의 청구가 있어야만 법원의 결정에 의해서 심리를 공개하지 않을 수 있다.

③ 형사소송법 제165조의2 제3호 중 '피고인 등'에 대하여 차폐시설을 설치하고 신문할 수 있도록 한 부분은 청구인의 공정한 재판을 받을 권리 및 변호인의 조력을 받을 권리를 침해하지 않는다.

④ 군인 또는 군무원이 아닌 국민은 대한민국의 영역 안에서는 중대한 군사상 기밀·초병·초소·유독음식물공급·포로·군용물에 관한 죄 중 법률이 정한 경우와 비상계엄이 선포된 경우를 제외하고는 군사법원의 재판을 받지 아니한다.

문 18. 인간다운 생활을 할 권리에 대한 설명으로 적절하지 않은 것은? (다툼이 있는 경우 판례에 의함)

① 국가에게 헌법 제34조에 의하여 장애인의 복지를 위하여 노력을 해야 할 의무가 있다는 것은, 장애인도 인간다운 생활을 누릴 수 있는 정의로운 사회질서를 형성해야 할 국가의 일반적인 의무를 뜻하는 것이지, 장애인을 위하여 저상버스를 도입해야 한다는 구체적 내용의 의무가 헌법으로부터 나오는 것은 아니다.

② 구치소·치료감호시설에 수용 중인 자에 대하여 국민기초생활 보장법에 의한 중복적인 보장을 피하기 위하여 개별가구에서 제외하기로 한 입법자의 판단이 헌법상 용인될 수 있는 재량의 범위를 일탈하여 인간다운 생활을 할 권리와 보건권을 침해한다고 볼 수 없다.

③ 인간다운 생활을 보장하기 위한 객관적인 내용의 최소한을 보장하고 있는지 여부는 특정한 법률에 의한 생계급여만을 가지고 판단하면 되고, 여타 다른 법령에 의해 국가가 최저생활보장을 위하여 지급하는 각종 급여나 각종 부담의 감면 등을 총괄한 수준으로 판단할 것을 요구하지는 않는다.

④ 국가가 인간다운 생활을 보장하기 위한 헌법적 의무를 다하였는지의 여부가 사법적 심사의 대상이 된 경우에는, 국가가 최저생활보장에 관한 입법을 전혀 하지 아니하였다든가 그 내용이 현저히 불합리하여 헌법상 용인될 수 있는 재량의 범위를 명백히 일탈한 경우에 한하여 헌법에 위반된다고 할 수 있다.

문 19. 교육의 권리에 대한 침해가 인정되는 것은?

① 학원의 종류 중 '유아를 대상으로 교습하는 학원'을 학교교과교습학원으로 분류한 것
② 검정고시로 고등학교 졸업학력을 취득한 사람들의 수시모집 지원을 제한하는 내용의 국립교육대학교의 신입생 수시모집 입시요강
③ 특정지역에 대하여 우선적으로 중학교 의무교육을 실시한 것
④ 고교평준화지역에서 일반계 고등학교에 진학하는 학생을 교육감이 학교군별로 추첨에 의하여 배정한 것

문 20. 근로3권에 대한 설명으로 적절하지 않은 것은? (다툼이 있는 경우 판례에 의함)

① 교섭창구단일화제도는 노동조합의 교섭력을 담보하여 교섭의 효율성을 높이고 통일적인 근로조건을 형성하기 위한 불가피한 제도라는 점에서 노동조합의 조합원들이 향유할 단체교섭권을 침해한다고 볼 수 없다.
② 단결권은 '사회적 보호기능을 담당하는 자유권' 또는 '사회권적 성격을 띤 자유권'으로서의 성격을 가지고 있다.
③ 청원경찰의 복무에 관하여 국가공무원법 제66조 제1항을 준용함으로써 노동운동을 금지하는 청원경찰법 제5조 제4항 중 국가공무원법 제66조 제1항 가운데 '노동운동' 부분을 준용하는 부분은 국가기관이나 지방자치단체 이외의 곳에서 근무하는 청원경찰의 근로3권을 침해한다.
④ 교원의 노동조합 설립 및 운영 등에 관한 법률에 의하면 사립학교 교원은 단결권과 단체교섭권이 인정되고 단체행동권이 금지되지만, 국·공립학교 교원은 근로3권이 모두 부인된다.

소요시간: _____ / 15분   맞힌 답의 개수: _____ / 20

문 1. 헌법개정에 대한 설명으로 적절하지 않은 것은?

① 헌법의 안정성과 헌법에 대한 존중이라는 요청 때문에 우리 헌법의 개정은 제한적으로 인정되며, 일반법률과는 다른 엄격한 요건과 절차가 요구된다.

② 제1차 헌법개정은 정부안과 야당안을 발췌·절충한 개헌안을 대상으로 하여 헌법개정절차인 공고절차를 그대로 따랐다.

③ 1972년 개정헌법에 따르면, 대통령이 제안한 헌법개정안은 국회의 의결을 거치지 않고 국민투표를 통하여 확정된다.

④ 헌법개정안은 국회가 의결한 후 30일 이내에 국민투표에 부쳐 국회의원선거권자 과반수의 투표와 투표자 과반수의 찬성을 얻어야 하고, 이 찬성을 얻은 때에 헌법개정은 확정되며, 대통령은 즉시 이를 공포하여야 한다.

문 2. 헌정사에 대한 설명으로 적절하지 않은 것은?

① 1954년 헌법은 대한민국의 주권의 제약 또는 영토의 변경을 가져올 국가안위에 관한 중대사항은 국회의 가결을 거친 후에 국민투표에 부하여 민의원의원선거권자 3분의 2 이상의 투표와 유효투표 3분의 2 이상의 찬성을 얻어야 한다고 규정하였다.

② 1962년 헌법은 인간의 존엄과 가치를 명시하고, 행복추구권을 기본권으로 신설하였다.

③ 1972년 헌법은 헌법위원회를 설치하여 위헌법률심사, 탄핵심판, 정당의 해산심판을 담당하게 하였다.

④ 1987년 헌법은 체포·구속시 이유고지 및 가족통지제도를 추가하였고, 범죄피해자구조청구권을 기본권으로 새로 규정하였다.

문 3. 조약의 헌법적 규율에 대한 설명으로 적절하지 않은 것을 모두 고른 것은? (다툼이 있는 경우 헌법재판소 결정에 의함)

> ㉠ 국회는 상호원조 또는 안전보장에 관한 조약, 중요한 국제조직에 관한 조약, 우호통상항해조약, 어업조약, 주권의 제약에 관한 조약, 강화조약, 국가나 국민에게 중대한 재정적 부담을 지우는 조약 또는 입법사항에 관한 조약의 체결·비준에 대한 동의권을 가진다.
>
> ㉡ 특정의 외국 농산물의 긴급수입제한조치를 더 이상 연장하지 않겠다는 취지의 대한민국 정부와 외국과의 합의는 헌법 제6조 제1항의 조약에 해당하므로 조약 공포의 방법으로 국민에게 공개되어야 한다.
>
> ㉢ 지방자치단체가 제정한 조례가 1994년 관세 및 무역에 관한 일반협정이나 정부조달에 관한 협정에 위반되는 경우, 그 조례의 효력은 무효이다.
>
> ㉣ 대한민국과 아메리카합중국 간의 상호방위조약 제4조에 의한 시설과 구역 및 대한민국에서의 합중국 군대의 지위에 관한 협정은 국회의 관여 없이 체결되는 행정협정이므로 국회의 동의를 요하지 않는다.

① ㉠, ㉡   ② ㉡, ㉣

③ ㉢, ㉣   ④ ㉠, ㉡, ㉣

문 4. 헌법의 기본원리에 대한 설명으로 적절하지 않은 것은? (다툼이 있는 경우 판례에 의함)

① 규범 상호간의 구조와 내용 등이 모순됨이 없이 체계와 균형을 유지하도록 입법자를 기속하는 체계정당성의 원리는 입법자의 자의를 금지하여 규범의 명확성, 예측가능성 및 규범에 대한 신뢰와 법적 안정성을 확보하기 위한 것으로 법치주의원리로부터 도출되는 것이다.

② 신뢰보호원칙은 법률이나 그 하위법규뿐만 아니라 국가관리의 입시제도와 같이 국·공립대학의 입시전형을 구속하여 국민의 권리에 직접 영향을 미치는 제도운영지침의 개폐에도 적용된다.

③ 문화풍토를 조성하는 데 초점을 두고 있는 문화국가원리의 특성은 문화의 개방성 내지 다원성의 표지와 연결되는데, 국가의 문화육성의 대상에는 원칙적으로 모든 사람에게 문화창조의 기회를 부여한다는 의미에서 모든 문화가 포함된다.

④ 헌법 제119조 제2항에 규정된 '경제주체간의 조화를 통한 경제 민주화' 이념은 경제영역에서 정의로운 사회질서를 형성하기 위하여 추구할 수 있는 국가목표일 뿐 개인의 기본권을 제한하는 국가행위를 정당화하는 헌법규범은 아니다.

문 5. 다음 설명 중 적절하지 않은 것은? (다툼이 있는 경우 판례에 의함)

① 고용노동부의 최저임금 고시는 헌법소원의 대상이 되는 공권력의 행사에 해당하지 아니한다.

② 피해학생의 보호에만 치중하여 가해학생에 대하여 무기한 내지 지나치게 장기간의 출석정지조치가 취해질 수 있는, 즉 출석정지기간의 상한을 두지 아니한 징계조치조항은 침해의 최소성원칙에 위배된다.

③ 아동·청소년대상 성범죄 전과자라는 이유만으로 이들이 다시 성범죄를 저지를 것이라는 전제하에 취업제한의 제재를 예외 없이 관철하는 법률조항은 어떠한 예외도 없이 재범가능성을 당연시하는 것으로서 침해의 최소성에 위배된다.

④ 대체복무제라는 대안이 있음에도 불구하고 군사훈련을 수반하는 병역의무만을 규정한 병역종류조항은 침해의 최소성원칙에 어긋난다.

문 6. 법치주의원리의 파생원칙에 대한 설명으로 적절하지 않은 것은? (다툼이 있는 경우 판례에 의함)

① 신뢰보호원칙의 위반 여부는 한편으로는 침해받은 신뢰이익의 보호가치, 침해의 중한 정도, 신뢰침해의 방법 등과 다른 한편으로는 새 입법을 통해 실현하고자 하는 공익목적을 종합적으로 비교형량하여 판단하여야 한다.

② 범죄행위 당시에 없었던 위치추적 전자장치 부착명령을 출소예정자에게 소급적용할 수 있도록 한 특정 범죄자에 대한 위치추적 전자장치 부착 등에 관한 법률 규정은 소급처벌금지원칙에 위배되지 아니한다.

③ 법치주의원리로부터 도출되는 체계정당성의 원리에 대한 위반 자체가 바로 위헌이 되는 것은 아니고 이는 비례의 원칙이나 평등원칙 위반 내지 입법의 자의금지 위반 등의 위헌성을 시사하는 하나의 징후일 뿐이다.

④ 공무원연금법상 퇴직연금을 수령하고 있던 자가 지방의회의원에 취임한 경우, 지방의회의원에 취임할 당시의 연금제도가 그대로 유지되어 그 임기 동안 퇴직연금을 계속 지급받을 수 있을 것이라는 신뢰의 보호가치는 크므로 지방의회의원의 재직기간 중 연금 전부의 지급을 정지하는 것은 신뢰보호원칙에 위반된다.

문 7. 혼인과 가족생활에 대한 설명으로 적절하지 않은 것은? (다툼이 있는 경우 판례에 의함)

① 법적으로 승인되지 아니한 사실혼은 헌법 제36조 제1항의 보호범위에 포함된다고 보기 어렵다.

② 부모가 자녀의 이름을 지을 자유는 혼인과 가족생활을 보장하는 헌법 제36조 제1항과 행복추구권을 보장하는 헌법 제10조에 의하여 보호받는다.

③ 혼인 종료 후 300일 이내에 출생한 자를 전남편의 친생자로 추정하는 것은 모가 가정생활과 신분관계에서 누려야 할 혼인과 가족생활에 관한 기본권을 침해한다.

④ 특수관계자간의 공동사업에 있어 특수관계자의 소득금액을 공동사업에 있어 지분 또는 손익분배의 비율이 큰 공동사업자의 소득금액에 합산하고, 특수관계자의 범위에 배우자와 가족을 포함하는 소득세법 규정은 혼인이나 가족관계를 특별히 차별취급하는 규정으로서 헌법 제36조 제1항에 위반된다.

문 8. 평등권에 대한 설명으로 적절하지 않은 것을 모두 고른 것은? (다툼이 있는 경우 판례에 의함)

> ㉠ 판단누락을 이유로 든 재심의 제기기간을 판결이 확정된 뒤 그 사유를 안 날부터 30일 이내로 제한한 민사소송법 제456조 제1항 중 제451조 제1항 제9호에 관한 부분은 민사소송 당사자의 재판청구권 및 평등권을 침해한다.
> ㉡ 입법자가 세무관청과 관련된 실무적 업무에 필요한 세무회계 및 세법 지식이 검증된 공인회계사에게 세무대리업무등록부에 등록을 하면 세무조정업무를 할 수 있도록 허용하면서도, 세무사 자격 보유 변호사의 세무조정업무 수행을 일체 제한하는 것은 평등권을 침해하지 아니한다.
> ㉢ 수혜적 법률의 경우에는 수혜범위에서 제외된 자라고 하더라도 그 법률에 의하여 평등권이 침해되었다고 주장하는 당사자에 해당되고, 당해 법률에 대한 위헌결정에 따라 수혜집단과의 관계에서 평등권 침해 상태가 회복될 가능성이 있다면 기본권 침해성이 인정된다.
> ㉣ 친고죄의 고소를 제1심 판결선고 전까지만 취소할 수 있도록 한 것은 항소심에서 고소취소를 받은 피고인의 평등권을 침해한다.
> ㉤ 평등원칙은 본질적으로 '같은 것은 같게, 다른 것은 다르게' 취급할 것을 요구하는 것으로서, 입법과 법의 적용에 있어서 합리적인 근거가 없는 차별을 배제하는 상대적 평등을 뜻한다 할 것이다.

① ㉠, ㉡, ㉢
② ㉠, ㉡, ㉣
③ ㉠, ㉢, ㉣
④ ㉡, ㉣, ㉤

문 9. 변호인의 조력을 받을 권리에 대한 설명으로 적절하지 않은 것은? (다툼이 있는 경우 판례에 의함)

① 형사소송법 제165조의2 제3호 중 '피고인 등'에 대하여 차폐시설을 설치하고 신문할 수 있도록 한 부분은 청구인의 공정한 재판을 받을 권리 및 변호인의 조력을 받을 권리를 침해하지 않는다.
② 변호사와 접견하는 경우에도 수용자의 접견은 원칙적으로 접촉차단시설이 설치된 장소에서 하도록 규정하고 있는 형의 집행 및 수용자의 처우에 관한 법률 시행령 제58조 제4항은 변호인의 조력을 받을 권리를 침해하여 위헌이다.
③ 변호인과의 자유로운 접견은 신체구속을 당한 사람에게 보장된 변호인의 조력을 받을 권리의 가장 중요한 내용이어서 국가안전보장, 질서유지, 공공복리 등 어떠한 명분으로도 제한될 수 없다.
④ 가사소송에서는 헌법 제12조 제4항의 변호인의 조력을 받을 권리가 보장되지 않는다.

문 10. 적법절차와 영장주의에 대한 설명으로 적절하지 않은 것은? (다툼이 있는 경우 판례에 의함)

① 헌법 제12조 제3항과는 달리 헌법 제16조 후문은 "주거에 대한 압수나 수색을 할 때에는 검사의 신청에 의하여 법관이 발부한 영장을 제시하여야 한다." 라고 규정하고 있을 뿐 영장주의에 대한 예외를 명문화하고 있지 않으므로 영장주의가 예외 없이 반드시 관철되어야 함을 의미하는 것이다.
② 수사기관이 전기통신사업자에게 통신사실 확인자료 제공을 요청함에 있어 관할 지방법원 또는 지원의 허가를 받도록 규정하고 있는 통신비밀보호법 규정은 영장주의에 위배되지 아니한다.
③ 체포영장을 집행하는 경우 필요한 때에는 타인의 주거 등에서 피의자 수사를 할 수 있도록 한 형사소송법 규정은 헌법 제16조의 영장주의에 위반된다.
④ 법원이 피고인의 구속 또는 그 유지 여부의 필요성에 관하여 한 재판의 효력이 검사나 다른 기관의 이견이나 불복이 있다 하여 좌우되거나 제한받는다면 이는 영장주의에 위반된다고 할 것이다.

문 11. 개인정보자기결정권에 대한 설명으로 적절하지 않은 것은? (다툼이 있는 경우 판례에 의함)

① 통신매체이용음란죄로 유죄판결이 확정된 자는 신상정보 등록대상자가 된다고 규정한 성폭력범죄의 처벌 등에 관한 특례법 조항은 법관의 판단 등 별도의 절차 없이 필요적으로 신상정보 등록대상자가 되도록 규정하고 있기 때문에 침해의 최소성원칙에 반해 개인정보자기결정권을 침해한다.

② 구치소장이 검사의 요청에 따라 미결수용자와 그 배우자의 접견녹음파일을 미결수용자의 동의 없이 제공하더라도, 이러한 제공행위는 형사사법의 실체적 진실을 발견하고 이를 통해 형사사법의 적정한 수행을 도모하기 위한 것으로 미결수용자의 개인정보자기결정권을 침해하는 것은 아니다.

③ 아동·청소년대상 성폭력범죄를 저지른 자에 대한 신상정보 고지제도는 성범죄자가 거주하는 읍·면·동에 사는 지역주민 중 아동·청소년 자녀를 둔 가구 및 교육기관의 장 등을 상대로 이루어져, 고지대상자와 그 가족을 경계하고 외면하도록 하므로 고지대상자와 그 가족의 개인정보자기결정권을 침해한다.

④ 영유아보육법은 CCTV 열람의 활용목적을 제한하고 있고, 어린이집 원장은 열람시간 지정 등을 통해 보육활동에 지장이 없도록 보호자의 열람 요청에 적절히 대응할 수 있으므로 동법의 CCTV 열람조항으로 보육교사의 개인정보자기결정권이 필요 이상으로 과도하게 제한된다고 볼 수 없다.

문 12. 양심의 자유에 대한 헌법재판소의 결정 내용으로 적절하지 않은 것은?

① 병역종류조항에 대체복무제를 규정하지 않은 것이 '부작위에 의한 양심실현의 자유'의 제한은 아니라고 보았다.

② 양심적 병역거부는 당사자의 양심에 따른 병역거부를 가리킬 뿐 병역거부가 도덕적이고 정당하다는 것을 의미하지는 않는다.

③ 국가보안법상의 불고지죄 사건에서는 양심의 자유를 내심의 자유와 양심실현의 자유로 나누고, 양심실현의 자유에 적극적 양심실현의 자유와 소극적 양심실현의 자유가 포함된다고 하였다.

④ 사죄광고 사건에서는 양심의 자유에 내심의 자유와 침묵의 자유가 포함되며, 침묵의 자유에서 양심에 반하는 행위의 강제금지가 파생된다고 보았다.

문 13. 집회의 자유에 대한 설명으로 적절하지 않은 것은? (다툼이 있는 경우 판례에 의함)

① 집회의 자유는 집회의 시간, 장소, 방법과 목적을 스스로 결정하는 것을 보장하는 것으로, 구체적으로 보호되는 주요행위는 집회의 준비 및 조직, 지휘, 참가, 집회장소·시간의 선택이라고 할 수 있다.

② 집회의 자유에는 집회를 통하여 형성된 의사를 집단적으로 표현하는 데 그치고, 이를 통하여 불특정 다수인의 의사에 영향을 줄 자유까지를 포함하지는 않는다.

③ 옥외집회에 대한 사전신고는 행정관청에 집회에 관한 구체적인 정보를 제공함으로써 공공질서의 유지에 협력하도록 하는 데에 그 의의가 있는 것이지 집회의 허가를 구하는 신청으로 변질되어서는 아니 되므로, 신고를 하지 아니하였다는 이유만으로 그 옥외집회 또는 시위를 헌법의 보호범위를 벗어나 개최가 허용되지 않는 집회 내지 시위라고 단정할 수 없다.

④ 민주적 기본질서에 위배되는 집회·시위를 금지하고 위반시 처벌하는 것은 민주적 기본질서에 실질적·구체적인 위험을 초래할 수 있는 다수인의 결집과 집단적 의사표명을 사전에 배제한다는 범위 내에서는 위와 같은 입법목적 달성을 위하여 필요하고 적절한 수단이 될 수 있다.

문 14. 집회의 자유에 대한 설명으로 적절하지 않은 것은? (다툼이 있는 경우 판례에 의함)

① 재판에 영향을 미칠 염려가 있거나 미치게 하기 위한 집회 또는 시위와 헌법의 민주적 기본질서에 위배되는 집회 또는 시위를 금지하고 위반시 처벌하도록 한 구 '집회 및 시위에 관한 법률' 제3조 제1항 제2호 등은 집회의 자유를 침해한다.

② 집회의 금지와 해산은 집회를 금지하는 가능성을 모두 소진한 후에 비로소 고려될 수 있는 최종적인 수단이다.

③ 집회·시위 등 현장에서 집회·시위 참가자에 대한 사진이나 영상촬영 등의 행위는 집회·시위 참가자들에게 심리적 부담으로 작용하여 여론형성 및 민주적 토론절차에 영향을 주고 집회의 자유를 전체적으로 위축시키는 결과를 가져올 수 있으므로 집회의 자유를 제한한다.

④ 집회 및 시위에 관한 법률에서 옥외집회란 천장이 없거나 사방이 폐쇄되지 아니한 장소에서 여는 집회를 말한다.

문 15. 사회보장수급권에 대한 설명으로 적절하지 않은 것은?

① 산업재해보상보험법에서 업무상 질병으로 인한 업무상 재해에 있어 업무와 재해 사이의 상당인과관계에 대한 입증책임을 이를 주장하는 근로자나 그 유족에게 부담시키는 것은 사회보장수급권을 위헌적으로 침해한다.

② 사립학교 교원에 대한 명예퇴직수당은 장기근속자의 조기퇴직을 유도하기 위한 특별장려금이라고 할 것이고 사회보장수급권에 해당하지 않는다.

③ 공무원연금법에서 다른 법령에 따라 국가나 지방자치단체의 부담으로 공무원연금법에 따른 급여와 같은 종류의 급여를 받는 자에게는 그 급여에 상당하는 금액을 공제하여 지급한다고 규정하고 있는 것은 사회보장수급권의 위헌적 침해로 볼 수 없다.

④ 산재보험수급권은 이른바 '사회보장수급권'의 하나로서 국가에 대하여 적극적으로 급부를 요구하는 것이지만 국가가 재정부담능력과 전체적 사회보장 수준 등을 고려하여 그 내용과 범위를 정하는 것이므로 입법부에 폭넓은 입법형성의 자유가 인정된다.

문 16. 직업의 자유에 대한 설명으로 적절하지 않은 것은? (다툼이 있는 경우 헌법재판소 결정에 의함)

① 약사들로 구성된 법인의 약국개설을 금지하는 것은, 구성원 전원이 약사인 법인 및 그러한 법인을 구성하여 약국업을 운영하려고 하는 약사 개인들의 직업의 자유를 침해하는 것이다.

② 입법자가 변리사제도를 형성하면서 변리사의 업무범위에 특허침해소송의 소송대리를 포함하지 않은 것이 변리사의 직업의 자유를 침해하는 것은 아니다.

③ 사법시험제도의 폐지로 인하여 법학전문대학원에 진학할 경제적 능력이 부족한 사람들이 입게 되는 불이익은 사법시험제도의 폐지를 통하여 달성하고자 하는 공익에 못지 않게 중대하므로 과잉금지원칙에 위배하여 직업선택의 자유를 침해한다.

④ 변호사 광고의 내용, 방법 등을 규제하는 대한변호사협회의 '변호사 광고에 관한 규정'은 직업의 자유를 침해한다.

문 17. 공무담임권에 대한 설명으로 적절한 것은? (다툼이 있는 경우 판례에 의함)

① 금고 이상의 형의 선고유예를 받고 그 기간 중에 있는 자를 임용결격사유로 삼고, 위 사유에 해당하는 자가 임용되더라도 이를 당연무효로 하는 것은 금고 이상의 형의 선고유예의 판결을 받아 그 기간 중에 있는 자의 공무담임권을 침해하는 것이다.

② 순경 공개경쟁채용시험의 응시연령 상한을 30세 이하로 규정한 경찰공무원임용령 조항은 공무담임권을 침해하지 않는다.

③ 사립대학 교원이 국회의원으로 당선된 경우 임기개시일 전까지 그 직을 사직하도록 하는 것은 사립대학 교원의 직업선택의 자유를 제한하는 것이지 공무담임권을 제한하는 것은 아니다.

④ '아동에게 성적 수치심을 주는 성희롱 등의 성적 학대행위로 형을 선고받아 그 형이 확정된 사람은 부사관으로 임용될 수 없도록 한 것'은 공무담임권을 침해한다.

문 18. 범죄피해자구조청구권에 대한 설명으로 적절한 것은? (다툼이 있는 경우 판례에 의함)

① 범죄피해구조금은 국가의 재정에 기반을 두고 있는바, 구조금청구권의 행사대상을 우선적으로 대한민국의 영역 안의 범죄피해에 한정하고, 향후 구조금의 확대에 따라서 해외에서 발생한 범죄피해의 경우에도 구조를 하는 방향으로 운영하는 것은 입법형성의 재량의 범위 내라고 할 수 있다.

② 대한민국의 영역 안에서 과실에 의한 행위로 사망하거나 장해 또는 중상해를 입은 경우에도 범죄피해자구조청구권이 인정된다.

③ 범죄행위시 구조피해자와 가해자간에 사실상의 혼인관계가 있는 경우에도 구조피해자에게 구조금을 지급한다.

④ 범죄피해구조금을 받을 권리는 그 구조결정이 해당 신청인에게 송달된 날부터 1년간 행사하지 아니하면 시효로 인하여 소멸된다.

문 19. 사회적 기본권에 대한 설명으로 적절한 것을 모두 고른 것은? (다툼이 있는 경우 판례에 의함)

> ㉠ 보건복지부장관이 고시한 생활보호사업지침상의 생계보호급여의 수준이 일반 최저생계비에 못 미친다고 하더라도 그 사실만으로 국민의 인간다운 생활을 보장하기 위하여 국가가 실현해야 할 객관적 내용의 최소한도의 보장에 이르지 못하였다거나 헌법상 용인될 수 있는 재량의 범위를 명백히 일탈하였다고 볼 수 없다.
> ㉡ 이름(성명)은 개인의 정체성과 개별성을 나타내는 인격의 상징으로서 개인이 사회 속에서 자신의 생활영역을 형성하고 발현하는 기초가 되므로, 부모가 자녀의 이름을 지을 자유는 혼인과 가족생활을 보장하는 헌법 제36조 제1항이 아니라 일반적 인격권 및 행복추구권을 보장하는 헌법 제10조에 의하여 보호받는다.
> ㉢ 장애인가구의 추가지출비용이 반영되지 않은 보건복지부장관의 최저생계비 고시는 생활능력 없는 장애인가구의 구성원에게 최소한도의 인간다운 생활을 보장할 정도에 못 미치는 적은 액수의 생계급여를 받게 하였으므로 인간으로서의 존엄과 가치 및 행복추구권, 인간다운 생활을 할 권리를 침해한다.
> ㉣ 부모의 자녀에 대한 교육권은 비록 헌법에 명문으로 규정되어 있지는 않지만, 모든 인간이 누리는 불가침의 인권으로서 혼인과 가족생활을 보장하는 헌법 제36조 제1항, 행복추구권을 보장하는 헌법 제10조 및 "국민의 자유와 권리는 헌법에 열거되지 아니한 이유로 경시되지 아니한다."고 규정하는 헌법 제37조 제1항에서 도출되는 중요한 기본권이다.
> ㉤ 국민기초생활 보장법 시행령상 '대학원에 재학 중인 사람'과 '부모에게 버림받아 부모를 알 수 없는 사람'을 조건 부과 유예의 대상자에 포함시키지 않았다는 사정만으로 국가가 인간다운 생활을 보장하기 위한 조치를 취함에 있어서 실현해야 할 객관적 내용의 최소한도 보장에 이르지 못하였다거나 헌법상 용인될 수 있는 재량의 범위를 명백히 일탈하였다고는 보기 어렵다.

① ㉠, ㉡
② ㉠, ㉤
③ ㉠, ㉣, ㉤
④ ㉡, ㉢, ㉣

문 20. 근로3권에 대한 설명으로 적절하지 않은 것은? (다툼이 있는 경우 판례에 의함)

① 국가의 행정관청이 사법상 근로계약을 체결한 경우 국가는 사업주로서 단체교섭의 당사자의 지위에 있는 사용자에 해당한다.
② 사용자가 '노동조합의 대표자 또는 노동조합으로부터 위임을 받은 자와의 단체협약체결 기타의 단체교섭을 정당한 이유 없이 거부하거나 해태'하지 못하도록 한 노동조합 및 노동관계조정법 제81조 제3호는 계약의 자유, 기업활동의 자유 등을 침해하지 아니한다.
③ 사용자의 성실교섭의무 위반에 대한 형사처벌은 계약의 자유와 기업의 자유를 침해하여 위헌이다.
④ 교원노조를 설립하거나 가입하여 활동할 수 있는 자격을 초·중등교원으로 한정함으로써 교육공무원이 아닌 대학교원에 대해서 근로기본권의 핵심인 단결권조차 전면적으로 부정한 법률조항은 그 입법목적의 정당성을 인정하기 어렵고, 수단의 적합성 역시 인정할 수 없다.

소요시간: _____ / 15분   맞힌 답의 개수: _____ / 20

문   1. 우리나라 헌정사에 대한 설명으로 적절한 것은?

① 구속적부심사제도는 제헌헌법에서부터 인정되었으며, 폐지되지 않고 현행헌법까지 유지되어 왔다.

② 제헌헌법에서 국회는 양원제였으며, 4년 임기의 직선으로 선출된 198명의 의원으로 구성되었다.

③ 헌법개정에 대한 국민투표권을 최초로 규정한 것은 1962년 제5차 개헌 때였다.

④ 1960년 제4차 개헌에서는 헌법 전문과 본문을 개정하여 3·15부정선거관련자 처벌을 위한 헌법적 근거 조항을 마련하였다.

문   2. 우리나라 헌법의 기본원리에 대한 설명으로 적절하지 않은 것은? (다툼이 있는 경우 헌법재판소 결정에 의함)

① 국제통화기금협정 제9조 제3항 및 제8항 등은 각 국회의 동의를 얻어 체결된 것으로서 헌법 제6조 제1항에 따라 국내법적·법률적 효력을 가지나, 가입국의 재판권 면제에 관한 것이므로 성질상 국내에 바로 적용될 수 없는 법규범으로서 위헌법률심판의 대상이 될 수 없다.

② 헌법상의 여러 통일 관련 조항들은 국가의 통일의무를 선언한 것이기는 하지만, 그로부터 국민 개개인의 통일에 대한 기본권, 특히 국가기관에 대하여 통일과 관련된 구체적인 행동을 요구하거나 일정한 행동을 할 수 있는 권리가 도출된다고 볼 수 없다.

③ 대한민국과 아메리카합중국 간의 상호방위조약 제4조에 의한 시설과 구역 및 대한민국에서의 합중국군대의 지위에 관한 협정은 그 명칭이 협정으로 되어 있어 국회의 관여 없이 체결되는 행정협정처럼 보이기도 하나 우리나라의 입장에서 볼 때에는 외국군대의 지위에 관한 것이고, 국가에게 재정적 부담을 지우는 내용과 입법사항을 포함하고 있으므로 국회의 동의를 요하는 조약으로 취급되어야 한다.

④ 역사적 전승으로서 오늘의 헌법이념에 반하는 것은 헌법 전문에서 타파의 대상으로 선언한 '사회적 폐습'이 될 수 있을지언정 헌법 제9조가 '계승·발전' 시키라고 한 전통문화에는 해당하지 않는다고 보는 것이 우리 헌법의 조화적 헌법해석이라 할 것이다.

문 3. 다음 중 적절하지 않은 것은? (다툼이 있는 경우 헌법재판소 결정에 의함)

① 현역병의 군대 입대 전 범죄에 대한 군사법원의 재판권을 규정하고 있는 군사법원법 제2조 제2항 중 제1항 제1호의 '군형법 제1조 제2항의 현역에 복무하는 병' 부분은 재판청구권을 침해한다고 볼 수 없다.

② 전투경찰순경에 대한 징계처분으로 영창제도를 규정하고 있는 구 전투경찰대 설치법 제5조는 적법절차원칙에 위배된다.

③ 심의위원회의 배상금 등 지급결정에 신청인이 동의한 때에는 국가와 신청인 사이에 민사소송법에 따른 재판상 화해가 성립된 것으로 보는 4·16세월호참사 피해구제 및 지원 등을 위한 특별법 규정이 신청인의 재판청구권을 침해한다고 볼 수는 없다.

④ SK케미칼이 제조하고 애경산업이 판매하였던 가습기살균제 제품인 '홈클리닉 가습기메이트'의 표시·광고와 관련하여 공정거래위원회가 2016년에 행한 사건처리 중, 위 제품 관련 인터넷 신문기사 3건을 심사대상에서 제외한 행위는 청구인의 재판절차진술권을 침해한다.

문 4. 정당제도 및 정당해산심판에 대한 설명으로 적절한 것(○)과 적절하지 않은 것(×)을 올바르게 조합한 것은? (다툼이 있는 경우 판례에 의함)

> ㉠ 외국인인 국립대학교 교수는 정당의 당원이 될 수 있다.
>
> ㉡ 헌법 제8조 제1항은 국민 누구나 국가의 간섭을 받지 아니하고 정당을 설립할 권리를 기본권으로 보장하고 있는 바, 입법자는 정당설립의 자유를 최대한 보장하는 방향으로 입법하여야 하고, 헌법재판소가 정당설립의 자유를 제한하는 법률의 합헌성을 심사할 때에는 헌법 제37조 제2항에 따라 엄격한 비례심사를 하여야 한다.
>
> ㉢ 정당해산심판절차에 민사소송에 관한 법령을 준용할 수 있도록 한 헌법재판소법 제40조 제1항 전문은 정당의 설립과 활동의 자유 및 정당의 공정한 재판을 받을 권리를 침해하는 규정이다.
>
> ㉣ 정당해산심판절차에서는 재심을 허용하지 아니함으로써 얻을 수 있는 법적 안정성의 이익이 재심을 허용함으로써 얻을 수 있는 구체적 타당성의 이익보다 더 중하다고 할 것이므로, 그 성질상 재심에 의한 불복이 허용될 수 없다.
>
> ㉤ 정당이 헌법재판소의 결정으로 해산된 때에는 해산된 정당의 강령과 동일하거나 유사한 것으로 정당을 창당하지 못하며, 해산된 정당의 명칭과 같거나 유사한 명칭 역시 다시 사용하지 못한다.

	㉠	㉡	㉢	㉣	㉤
①	○	○	×	×	×
②	○	×	○	○	×
③	×	○	○	○	×
④	×	○	×	×	×

문 5. 정당에 대한 설명으로 적절하지 않은 것은? (다툼이 있는 경우 판례에 의함)

① 정당설립의 자유는 자신들이 원하는 명칭을 사용하여 정당을 설립하거나 정당활동을 할 자유도 포함하고, 정당설립의 자유를 제한하는 법률의 합헌성을 심사할 때에는 헌법 제37조 제2항에 따라 엄격한 비례심사를 하여야 한다.

② 국회의원선거에 참여하여 의석을 얻지 못하고 유효투표총수의 100분의 2 이상을 득표하지 못한 정당에 대해 그 등록을 취소하도록 한 정당등록취소조항은 정당설립의 자유를 침해하지 않는다.

③ 국민의 정치적 의사형성에 참여하는 한 정당의 목적이나 활동이 자유민주적 기본질서를 부정하고 이를 적극적으로 제거하려는 정당도 헌법재판소의 해산결정이 있기까지는 두터운 정당설립의 자유의 보호를 받는 정당이다.

④ 정당이 그 소속 국회의원을 제명하기 위해서는 당헌이 정하는 절차를 거치는 외에 그 소속 국회의원 전원의 2분의 1 이상의 찬성이 있어야 한다.

문 6. 일반적 행동자유권에 대한 설명으로 적절하지 않은 것은? (다툼이 있는 경우 판례에 의함)

① 형의 집행유예와 동시에 사회봉사명령을 선고받는 경우, 일반적 행동자유권이 제한될 뿐이지 신체의 자유가 제한되는 것은 아니다.

② 일반적 행동자유권의 보호대상으로서 행동이란 국가가 간섭하지 않으면 자유롭게 할 수 있는 행위를 의미하므로 병역의무 이행으로서 현역병 복무도 국가가 간섭하지 않으면 자유롭게 할 수 있는 행위에 속한다는 점에서, 현역병으로 복무할 권리도 일반적 행동자유권에 포함된다.

③ 비어업인이 잠수용 스쿠버장비를 사용하여 수산자원을 포획·채취하는 것을 금지하는 수산자원관리법 시행규칙 조항은 비어업인이 일반적 행동의 자유를 침해하지 않는다.

④ 헌법 제10조가 정하고 있는 행복추구권에서 파생하는 자기결정권 내지 일반적 행동자유권은 이성적이고 책임감 있는 사람의 자기 운명에 대한 결정·선택을 존중하되 그에 대한 책임은 스스로 부담함을 전제로 한다.

문 7. 인격권에 대한 설명으로 적절하지 않은 것은? (다툼이 있는 경우 헌법재판소 및 대법원 판례에 의함)

① 수용시설 밖으로 나가는 수형자에게 고무신의 착용을 강제하는 것은, 도주의 방지를 위한 불가피한 수단이라고 보기 어렵고 효과적인 도주 방지 수단이 될 수도 없으며, 오히려 수형자의 신분을 일반인에게 노출시켜 모욕감과 수치심을 갖게 할 뿐으로서 이는 행형의 정당한 목적에는 포함되지 아니하므로, 기본권 제한의 한계를 벗어나 수형자의 인격권과 행복추구권을 침해한다.

② 변호사 정보 제공 웹사이트 운영자가 변호사들의 개인신상정보를 기반으로 변호사들의 '인맥지수'를 산출하여 공개하는 서비스를 제공하는 행위는 인맥지수의 사적·인격적 성격, 산출과정에서 왜곡가능성, 인맥지수 이용으로 인한 변호사들의 이익 침해와 공적 폐해의 우려, 이용으로 달성될 공적인 가치의 보호필요성 정도 등을 종합적으로 고려하면, 변호사들의 개인정보에 관한 인격권을 침해하여 위법하다.

③ 선거기사심의위원회가 불공정한 선거기사를 보도하였다고 인정한 언론사에 대하여 언론중재위원회를 통하여 사과문을 게재할 것을 명하도록 하고 불이행시 형사처벌하도록 한 공직선거법 규정은 언론사의 인격권을 침해한다.

④ 사람은 누구나 자신의 얼굴 기타 사회통념상 특정인임을 식별할 수 있는 신체적 특징에 관하여 함부로 촬영 또는 그림묘사되거나 공표되지 아니하며 영리적으로 이용당하지 않을 권리를 가지는데, 이러한 초상권은 우리 헌법 제10조 제1문에 의하여 헌법적으로 보장되는 권리이다.

문 8. 평등원칙 및 평등권에 대한 설명으로 적절한 것을 모두 고른 것은? (다툼이 있는 경우 판례에 의함)

> ㉠ 1978.6.14.부터 1998.6.13. 사이에 태어난 특례의 적용을 받는 모계출생자가 대한민국 국적을 취득하기 위해서 2004.12.31.까지 법무부장관에게 국적취득신고를 하도록 한 국적법 부칙 제7조 제1항은 특례의 적용을 받는 모계출생자와 개정 국적법 시행 이후에 태어난 모계출생자를 합리적 이유 없이 차별하고 있다고 볼 수 없다.
>
> ㉡ 자율형 사립고(이하 '자사고'라 함)의 도입목적은 고교평준화 제도의 기본 틀을 유지하면서 고교평준화 제도의 문제점으로 지적된 획일성을 보완하기 위해 고교 교육의 다양화를 추진하고, 학습자의 소질·적성 및 창의성 개발을 지원하며, 학생·학부모의 다양한 요구 및 선택기회 확대에 부응하는 것이어서 과학고의 경우와 같이 재능이나 소질을 가진 학생을 후기학교보다 먼저 선발할 필요성이 있음에도 불구하고 자사고를 후기학교로 규정함으로써 과학고와 달리 취급하고, 일반고와 같이 취급하는 것은 자사고 학교법인의 평등권을 침해한다.
>
> ㉢ 교수·연구 분야에 전문성이 뛰어난 교사들로서 교사의 교수·연구활동을 지원하는 임무를 부여받고 있는 수석교사를 성과상여금 등의 지급과 관련하여 교장이나 장학관 등과 달리 취급하고 있지만 이는 이들의 직무 및 직급이 다른 것에서 기인하는 합리적인 차별이다.
>
> ㉣ 일반택시운송사업에서 운전업무에 종사하는 근로자(택시기사)의 최저임금에 산입되는 임금의 범위는 생산고에 따른 임금을 제외한 대통령령으로 정하는 임금으로 하는 최저임금법 제6조 제5항은 평등권을 침해한다.

① ㉠, ㉡
② ㉠, ㉢
③ ㉡, ㉣
④ ㉠, ㉢, ㉣

문 9. 다음 중 적절하지 않은 것은? (다툼이 있는 경우 헌법재판소 결정에 의함)

① 중혼의 취소청구권자를 규정하면서 직계비속을 제외한 민법 제818조(2005.3.31. 법률 제7427호로 개정된 것)는 합리적인 이유 없이 직계비속을 차별하고 있어, 평등원칙에 위반된다.

② 중혼을 혼인취소의 사유로 정하면서 그 취소청구권의 제척기간 또는 소멸사유를 규정하지 않은 민법(2005.3.31. 법률 제7427호로 개정된 것) 제816조 제1호 중 '제810조의 규정에 위반한 때' 부분은 중혼의 당사자를 언제든지 혼인의 취소를 당할 수 있는 불안정한 지위로 만들고, 그로 인해 후혼배우자의 인격권과 행복추구권을 침해하며, 다른 혼인취소사유와 달리 취급하여 평등원칙에 반한다.

③ 헌법 제36조 제1항에서 규정하는 '혼인'이란 법적으로 승인받은 것을 말하므로, 법적으로 승인되지 아니한 사실혼은 헌법 제36조 제1항의 보호범위에 포함된다고 말하기 어렵고, 따라서 사실혼 배우자에게 상속권을 인정하지 않는 민법 조항은 청구인의 헌법 제36조 제1항에 위반된다고 보기 어렵다.

④ 친생부인의 소의 제척기간을 규정한 민법(2005.3.31. 법률 제7427호로 개정된 것) 제847조 제1항 중 '부(夫)가 그 사유가 있음을 안 날부터 2년 내' 부분은 친생부인의 소의 제척기간에 관한 입법재량의 한계를 일탈하지 않은 것으로서 헌법에 위반되지 아니한다.

문 10. 평등권에 대한 설명으로 적절하지 않은 것은? (다툼이 있는 경우 헌법재판소 결정에 의함)

① 평등의 원칙은 국민의 기본권 보장에 관한 우리 헌법의 최고원리로서 국가가 입법을 하거나 법을 해석 및 집행함에 있어 따라야 할 기준인 동시에, 국가에 대하여 합리적 이유 없이 불평등한 대우를 하지 말 것과, 평등한 대우를 요구할 수 있는 국민의 권리이다.

② 금융기관 임직원이 직무에 관하여 금품 기타 이익을 1억원 이상 받으면 무기 또는 10년 이상의 징역에 처하는 구 특정경제범죄 가중처벌 등에 관한 법률 제5조 제4항 제1호가 평등의 원칙에 위반되는 것은 아니다.

③ 국회의원을 후원회지정권자로 정하면서 '지방의원'을 후원회지정권자에서 제외하고 있는 정치자금법 제6조 제2호는 지방의원의 평등권을 침해한다.

④ 헌법에서 특별히 평등을 요구하고 있는 경우나, 차별적 취급으로 인하여 관련 기본권에 대한 중대한 제한을 초래하게 되는 경우에는 입법형성권은 축소되어 보다 엄격한 심사척도가 적용되어야 하며, 합리적 이유의 유무를 기준으로 심사한다.

문 11. 죄형법정주의에 대한 설명으로 적절하지 않은 것은? (다툼이 있는 경우 판례에 의함)

① 처벌을 규정하고 있는 법률조항이 구성요건이 되는 행위를 같은 법률조항에서 직접 규정하지 않고 다른 법률조항에서 이미 규정한 내용을 원용하였다거나 그 내용 중 일부를 괄호 안에 규정하였다는 사실만으로 명확성원칙에 위반된다고 할 수는 없다.

② 여러 사람의 눈에 뜨이는 곳에서 공공연하게 알몸을 지나치게 내놓거나 가려야 할 곳을 내놓아 다른 사람에게 부끄러운 느낌이나 불쾌감을 준 사람을 처벌하는 경범죄처벌법 조항은 죄형법정주의의 명확성원칙에 위반된다고 할 수는 없다.

③ 선거운동을 위한 호별방문금지 규정에도 불구하고 '관혼상제의 의식이 거행되는 장소와 도로·시장·점포·다방·대합실 기타 다수인이 왕래하는 공개된 장소'에서의 지지호소를 허용하는 공직선거법 제106조 제2항 중 '지역구국회의원선거에서의 선거운동'에 관한 부분은 죄형법정주의 명확성원칙에 위배되지 않는다.

④ 공중도덕상 유해한 업무에 취업시킬 목적으로 근로자를 파견한 사람을 형사처벌하도록 규정한 파견근로자보호 등에 관한 법률 조항은 죄형법정주의의 명확성원칙에 위배된다.

문 12. 낙태죄에 관한 헌법재판소의 결정 내용으로 적절하지 않은 것은?

① 임신·출산·육아는 여성의 삶에 근본적이고 결정적인 영향을 미칠 수 있는 중요한 문제이므로, 임신한 여성이 임신을 유지 또는 종결할 것인지를 결정하는 것은 스스로 선택한 인생관·사회관을 바탕으로 자신이 처한 신체적·심리적·사회적·경제적 상황에 대한 깊은 고민을 한 결과를 반영하는 전인적 결정이다.

② 태아가 비록 그 생명의 유지를 위하여 모에게 의존해야 하지만, 그 자체로 모와 별개의 생명체이고 특별한 사정이 없는 한 인간으로 성장할 가능성이 크므로 태아에게도 생명권이 인정되어야 하며, 태아가 독자적 생존능력을 갖추었는지 여부를 그에 대한 낙태 허용의 판단기준으로 삼을 수는 없다.

③ 자기낙태죄 조항은 입법목적을 달성하기 위하여 필요한 최소한의 정도를 넘어 임신한 여성의 자기결정권을 제한하고 있어 침해의 최소성을 갖추지 못하였고, 태아의 생명보호라는 공익에 대하여만 일방적이고 절대적인 우위를 부여함으로써 법익균형성의 원칙도 위반하였다.

④ 자기낙태죄 조항의 존재와 역할을 간과한 채 임신한 여성의 자기결정권과 태아의 생명권의 직접적인 충돌을 해결해야 하는 사안으로 보는 것은 적절하지 않다.

문 13. 헌법재판소가 사전검열에 해당되는 것으로 판단하여 위헌결정한 것은 모두 몇 개인가?

┌───┐
│ ㉠ 민사소송법 제714조 제2항에 의한 방영금지가처분 │
│ ㉡ 영상물등급위원회에 의한 등급분류보류제도   │
│ ㉢ 의사협회의 의료광고의 사전심의   │
│ ㉣ 방송위원회로부터 위탁을 받은 한국광고자율심의   │
│   기구의 텔레비전 방송광고의 사전심의   │
│ ㉤ 건강기능식품 기능성 광고 사전심의   │
└───┘

① 2개　　　　　　　② 3개
③ 4개　　　　　　　④ 5개

문 14. 집회의 자유에 대한 설명으로 적절하지 않은 것은? (다툼이 있는 경우 헌법재판소 결정에 의함)

① 집회의 주최자는 신고한 옥외집회 또는 시위를 하지 아니하게 된 경우에는 신고서에 적힌 집회 일시 24시간 전에 그 철회사유 등을 적은 철회신고서를 관할 경찰관서장에게 제출하여야 한다.

② 누구든지 각급 법원의 경계지점으로부터 100미터 이내의 장소에서는 옥외집회 또는 시위를 하여서는 아니 된다는 규정은 법원의 기능 보호 등을 위한 것이지만, 과잉금지의 원칙에 위배되어 집회의 자유를 침해한다.

③ 관할 경찰관서장은 집회 또는 시위의 시간과 장소가 중복되는 2개 이상의 신고가 있는 경우 그 목적으로 보아 서로 상반되거나 방해가 된다고 인정되면 각 옥외집회 또는 시위간에 시간을 나누거나 장소를 분할하여 개최하도록 권유하는 등 집회가 평화적으로 개최·진행될 수 있도록 노력하여야 한다.

④ 해가 뜨기 전이나 해가 진 후의 옥외집회와 시위를 금지하는 집회 및 시위에 관한 법률 제10조 본문에는 위헌적인 부분과 합헌적인 부분이 공존하고 있으므로, 합헌적인 영역에 대한 결정은 입법자의 몫이므로 헌법불합치결정을 한 바 있다.

문 15. 재산권에 대한 설명으로 적절하지 않은 것은? (다툼이 있는 경우 판례에 의함)

① 도로 등 영조물 주변 일정 범위에서 관할 관청 또는 소유자 등의 허가나 승낙하에서만 광업권자의 채굴행위를 허용하는 것은 광업권자의 재산권을 침해하지 아니한다.

② 공무원 퇴직연금수급권은 국가의 재정상황, 국민 전체의 소득 및 생활수준 기타 여러 가지 사회·경제적인 여건 등을 종합하여 합리적인 수준에서 결정할 수 있는 광범위한 입법형성의 재량이 인정되기 때문에 법정요건을 갖춘 후 발생하는 공무원 퇴직연금수급권은 경제적·재산적 가치가 있는 공법상의 권리로서 헌법 제23조 제1항이 보장하고 있는 재산권에 포함된다.

③ 국군포로의 송환 및 대우 등에 관한 법률이 국군포로의 예우의 신청, 기준, 방법 등에 필요한 사항을 대통령령에 위임하고 있으나, 대통령이 이에 대한 대통령령을 제정하지 아니한 행정입법부작위는 청구인의 재산권을 침해한다.

④ 헌법이 보장하고 있는 재산권은 '경제적 가치가 있는 모든 공법상·사법상의 권리'이고, 이때 재산권 보장에 의하여 보호되는 재산권은 '사적 유용성 및 그에 대한 원칙적 처분권을 내포하는 재산가치가 있는 구체적 권리'를 의미한다.

문 16. 직업선택의 자유에 대한 설명으로 적절한 것은 모두 몇 개인가? (다툼이 있는 경우 대법원 판례 및 헌법재판소 결정에 의함)

> ㉠ 직업의 자유는 개인의 주관적 공권임과 동시에 사회적 시장경제질서라고 하는 객관적 법질서의 구성요소이다.
> ㉡ 당사자의 능력이나 자격과 상관없는 객관적 사유에 의하여 직업선택의 자유를 제한하는 경우에 엄격한 비례의 원칙이 심사척도로서 적용된다.
> ㉢ 직장선택의 자유는 단순히 국민의 권리가 아닌 인간의 권리로 보아야 하므로 외국인도 제한적으로라도 직장선택의 자유를 향유할 수 있다.
> ㉣ 일반적으로 직업선택의 자유에 대해서는 직업행사의 자유와는 달리 공익목적을 위하여 상대적으로 폭넓은 입법적 규제가 가능한 것이지만, 그렇다고 하더라도 그 수단은 목적달성에 적절한 것이어야 하고 또한 필요한 정도를 넘는 지나친 것이어서는 아니 된다.

① 1개
② 2개
③ 3개
④ 4개

문 17. 재판의 공개에 대한 설명으로 적절하지 않은 것은? (다툼이 있는 경우 대법원 판례 및 헌법재판소 결정에 의함)

① 공개금지사유가 없음에도 불구하고 재판의 심리에 관한 공개를 금지하기로 결정하였다면 그러한 공개금지결정은 피고인의 공개재판을 받을 권리를 침해한 것으로서 그 절차에 의하여 이루어진 증인의 증언은 증거능력이 없고, 변호인의 반대신문권이 보장되었더라도 달리 볼 수 없다.

② 법원이 법정의 규모, 질서의 유지, 심리의 원활한 진행 등을 고려하여 방청을 희망하는 피고인들의 가족·친지 기타 일반 국민에게 미리 방청권을 발행하게 하고 그 소지자에 한하여 방청을 허용하는 등의 방법으로 방청인의 수를 제한하는 조치를 취하는 것이 공개재판주의의 취지에 반하는 것은 아니다.

③ 재판의 심리와 판결은 국가의 안전보장·안녕질서 또는 선량한 풍속을 해할 우려가 있을 때에는 법원의 결정으로 공개하지 아니할 수 있고, 그 경우에도 재판장은 적당하다고 인정되는 자의 재정을 허가할 수 있다.

④ 헌법 제109조의 재판공개의 원칙은 검사의 공소제기절차에는 적용되지 않고, 공소가 제기되기 전까지 피고인이 그 내용이나 공소제기 여부를 알 수 없었다거나 피고인의 소송기록 열람·등사권이 제한되어 있었다고 하더라도 그 공소제기절차가 재판공개의 원칙을 위반하였다고는 할 수 없다.

문 18. 변호인의 조력을 받을 권리 및 재판청구권에 대한 설명으로 적절하지 않은 것은? (다툼이 있는 경우 헌법재판소 결정에 의함)

① 변호인의 조력을 받을 권리는 '형사사건'에서의 변호인의 조력을 받을 권리에 국한되는 것은 아니므로, 수형자가 형사사건의 변호인이 아닌 민사사건, 행정사건, 헌법소원사건 등에서 변호사와 접견할 경우에도 헌법상 변호인의 조력을 받을 권리의 주체가 될 수 있다.

② 변호사와 접견하는 경우에도 수용자의 접견은 원칙적으로 접촉차단시설이 설치된 장소에서 하도록 규정하고 있는 형의 집행 및 수용자의 처우에 관한 법률 시행령 규정은 청구인의 재판청구권을 지나치게 제한하고 있으므로 헌법에 위반된다.

③ 수형자와 그 수형자의 헌법소원사건의 국선대리인인 변호사의 접견내용을 녹음·기록한 행위는 청구인의 재판을 받을 권리를 침해한다.

④ 피수용자인 구제청구자의 즉시항고 제기기간을 3일로 정한 인신보호법 규정은 피수용자의 재판청구권을 침해한다.

문 19. 다음 중 적절하지 않은 것은? (다툼이 있는 경우 헌법
재판소 결정에 의함)

① 자신이 속한 부분사회의 자치적 운영에 참여하는
것은 사회공동체의 유지, 발전을 위하여 필요한 행
위로서 특정한 기본권의 보호범위에 들어가지 않는
경우에는 일반적 행동자유권의 보호대상이 될 수
있다.

② 해가 뜨기 전이나 해가 진 후의 시위를 금지하고 있
는 집회와 시위에 관한 법률 조항은 '해가 진 후부터
같은 날 24시까지의 시위'에 적용하는 한 헌법에 위
반된다.

③ 음주운전 금지규정 위반 또는 음주측정거부 전력이
있는 사람이 다시 음주운전 금지규정 위반행위를
한 경우 또는 음주운전 금지규정 위반 전력이 있는
사람이 다시 음주측정거부행위를 한 경우를 가중처
벌하는 도로교통법은 책임과 형벌간의 비례원칙에
위반된다.

④ 사립학교 교원의 신분보장 필요성과 재심결정은 일
반 행정처분과는 달리 행정심판의 재결과 유사한
성격을 가진다는 점을 고려했을 때 교원징계재심위
원회의 재심결정에 대하여 교원에게만 행정소송을
제기할 수 있도록 한 교원지위법 규정이 사립학교
법인의 재판청구권을 침해한다고 보기는 어렵다.

문 20. 환경권에 대한 설명으로 적절하지 않은 것은? (다툼이
있는 경우 대법원 판례 및 헌법재판소 결정에 의함)

① 환경권은 명문의 법률규정이나 관계 법령의 규정
취지 및 조리에 비추어 권리의 주체, 대상, 내용, 행
사방법 등이 구체적으로 정립될 수 있어야만 인정
되는 것이므로, 사법상의 권리로서의 환경권을 인
정하는 명문의 규정이 없으면 환경권에 기하여 직
접 방해배제청구권을 인정할 수는 없다.

② 환경영향평가 대상지역 밖의 주민이라 할지라도 환
경영향평가 대상사업으로 인해 수인한도를 넘는 환
경피해를 받거나 받을 우려가 있는 경우에는, 환경
상 이익에 대한 침해 또는 침해우려가 있다는 것을
입증함으로써 사업을 허용하는 허가나 승인처분 등
의 취소를 구할 원고적격을 인정받을 수 있다.

③ 환경에는 자연환경뿐 아니라 생활환경까지도 포함
된다.

④ 수형자의 독거실 내의 일조, 조망, 채광, 통풍 등은
환경권의 내용에 포함되지 않는다.

10회 실전동형모의고사

문   1. 헌정사에 대한 설명으로 적절하지 않은 것은?

① 제헌헌법에서 국무총리는 대통령이 임명하되 국회의 승인을 얻도록 하였으며, 대통령과 부통령은 국회에서 선출하고 임기는 4년으로 하였다.

② 제3차 헌법개정(1960년 헌법)에서는 위헌법률심판 및 헌법소원심판을 위한 헌법재판소를 설치하였다.

③ 제5차 헌법개정(1962년 헌법)에서는 헌법 전문(前文)을 최초로 개정하여 4.19 이념을 명문화하였다.

④ 제8차 개정헌법(1980년)에서는 깨끗한 환경에서 생활할 권리인 환경권을 처음으로 규정하였다.

문   2. 국적과 재외동포에 대한 설명으로 적절하지 않은 것은? (다툼이 있는 경우 판례에 의함)

① 외국인 산업기술 연수생의 보호 및 관리에 관한 지침(노동부 예규 제369호)은 헌법소원의 대상이 되는 공권력의 행사에 해당하지 아니하다.

② 대일항쟁기 강제동원 피해조사 및 국외강제동원 희생자 등 지원에 관한 특별법은 국민이 부담하는 세금을 재원으로 하여 국외강제동원 희생자와 그 유족에게 위로금 등을 지급함으로써 그들의 고통과 희생을 위로해 주기 위한 법으로서 국가가 유족에게 일방적인 시혜를 베푸는 것이므로, 그 수혜 범위에서 외국인인 유족을 배제하고 대한민국 국민인 유족만을 대상으로 한 것은 평등원칙에 위배되지 않는다.

③ 주민등록만을 요건으로 주민투표권의 행사 여부가 결정되도록 함으로써 '주민등록을 할 수 없는 국내거주 재외국민'을 '주민등록이 된 국민인 주민'에 비해 차별하고, 나아가 '주민투표권이 인정되는 외국인'과의 관계에서도 차별을 하는 것은 국내거주 재외국민의 평등권을 침해하는 것으로 위헌이다.

④ 단순한 단기체류가 아니라 국내에 거주하는 재외국민, 특히 외국의 영주권을 보유하고 있으나 상당한 기간 국내에서 계속 거주하고 있는 자들은 일반 국민과 실질적으로 동일하므로, 국내에 거주하는 대한민국 국민을 대상으로 하는 보육료·양육수당 지원에 있어 양자를 달리 취급할 아무런 이유가 없다.

문 3. 조례에 대한 설명으로 적절하지 않은 것은? (다툼이 있는 경우 판례에 의함)

① 지방자치단체가 자치조례를 제정할 수 있는 사항은 지방자치단체의 고유사무인 자치사무와 개별법령에 의하여 지방자치단체에 위임된 단체위임사무에 한하는 것이고, 국가사무가 지방자치단체의 장에게 위임된 기관위임사무는 원칙적으로 자치조례의 제정범위에 속하지 않는다. 다만, 기관위임사무에 있어서도 그에 관한 개별법령에서 일정한 사항을 조례로 정하도록 위임하고 있는 경우에는 위임받은 사항에 관하여 개별법령의 취지에 부합하는 범위 내에서 이른바 위임조례를 정할 수 있다.

② 주민의 권리제한 또는 의무부과에 관한 사항이나 벌칙에 해당하는 조례를 제정할 경우에는 그 조례의 성질을 묻지 아니하고 법률의 위임이 있어야 하고 그러한 위임 없이 제정된 조례는 효력이 없다.

③ 위법건축물에 대하여 부과되는 이행강제금에 관한 부과의 요건, 대상, 금액, 회수 등과 그 부과의 전제가 되는 시정명령의 요건은 조례로써 정해질 수 있다.

④ 조례에 의한 규제가 지역의 여건이나 환경 등 그 특성에 따라 다르게 나타나는 것은 헌법이 지방자치단체의 자치입법권을 인정한 이상 당연히 예상되는 불가피한 결과이므로, 조례로 인하여 해당 지역 주민이 다른 지역의 주민들에 비하여 더한 규제를 받게 되었다 하더라도 평등권이 침해되었다고 볼 수 없다.

문 4. 적법절차원칙에 대한 설명으로 적절하지 않은 것은? (다툼이 있는 경우 헌법재판소 결정에 의함)

① 대법원장이 특별검사후보자를 대통령에게 추천하도록 한 것은, 특별검사가 수사하고 기소한 사건을 대법원장의 인사권 아래 있는 법관으로 하여금 재판하도록 할 뿐만 아니라 그 사건이 대법원 전원합의체의 재판을 받게 되는 경우 대법원장이 재판장을 맡게 되는 불합리한 결과를 초래하는 것으로서, 실질적으로 소추기관과 심판기관의 분리원칙에 어긋나고 실질적 적법절차원칙에 위배된다.

② 법원의 구속집행정지결정에 대하여 검사가 즉시항고할 수 있도록 한 형사소송법 규정은 헌법상 영장주의 및 적법절차에 위배된다.

③ 보안처분에도 적법절차의 원칙이 적용되어야 함은 당연한 것이지만 보안처분에는 다양한 형태와 내용이 존재하므로 각 보안처분에 적용되어야 할 적법절차의 범위 내지 한계에도 차이가 있어야 할 것이다.

④ 전기통신사업법 제83조 제3항 중 '검사 또는 수사관서의 장, 정보수사기관의 장의 수사, 형의 집행 또는 국가안전보장에 대한 위해 방지를 위한 정보수집을 위한 통신자료 제공요청'에 관한 부분에 대하여 사후통지절차를 마련하지 않은 것은 적법절차원칙에 위배된다.

문 5. 헌법상 경제질서에 대한 설명으로 적절하지 않은 것은?

① 우리 헌법은 경제주체의 경제상의 자유와 창의를 존중함을 기본으로 하므로 국민경제상 긴절한 필요가 있어 법률로 규정하더라도 사영기업을 국유 또는 공유로 이전하는 것은 인정되지 않는다.

② 자경농지의 양도소득세 면제대상자를 '농지소재지에 거주하는 거주자'로 제한하는 것은 외지인의 농지투기를 방지하고 조세부담을 덜어주어 농업과 농촌을 활성화하기 위한 것이므로 경자유전의 원칙에 위배되지 않는다.

③ 국민연금제도는 상호부조의 원리에 입각한 사회연대성에 기초하여 소득재분배의 기능을 함으로써 사회적 시장경제질서에 부합하는 제도이므로, 국민연금에 가입을 강제하는 법률조항은 헌법의 시장경제질서에 위배되지 않는다.

④ 신문판매업자가 독자에게 1년 동안 제공하는 무가지와 경품류를 합한 가액이 같은 기간 당해 독자로부터 받는 유료신문대금의 20%를 초과하는 경우 무가지 및 경품류 제공행위를 독점규제 및 공정거래에 관한 법률상 불공정거래행위에 해당하는 것으로 규정하는 공정거래위원회의 고시는 우리 헌법의 경제질서조항에 위배되지 않는다.

문 6. 공직선거법상 선거소송에 대한 설명으로 적절한 것을 모두 고른 것은?

┌───┐
│ ㉠ 국회의원선거에 있어서 선거의 효력에 관하여 이 │
│ 의가 있는 선거인·정당(후보자를 추천한 정당에 │
│ 한한다) 또는 후보자는 선거일부터 30일 이내에 대 │
│ 법원에 소를 제기할 수 있다. │
│ ㉡ 국회의원선거의 효력에 관하여 소를 제기할 때에 │
│ 는 당해 선거구 선거관리위원회위원장을 피고로 │
│ 한다. 다만, 피고로 될 위원장이 궐위된 때에는 해 │
│ 당 선거관리위원회 위원 전원을 피고로 한다. │
│ ㉢ 대법원이나 고등법원은 선거쟁송에서 선거에 관한 │
│ 규정에 위반된 사실이 있으면 선거 전부나 일부의 │
│ 무효 또는 당선의 무효를 판결한다. │
│ ㉣ 대통령선거와 국회의원선거에서는 선거소청이 불 │
│ 가하다. │
└───┘

① ㉠, ㉡, ㉢   ② ㉠, ㉡, ㉣
③ ㉠, ㉢, ㉣   ④ ㉡, ㉢, ㉣

문 7. 기본권의 경합과 충돌에 대한 설명으로 적절하지 않은 것은? (다툼이 있는 경우 판례에 의함)

① 상하의 위계질서가 있는 기본권끼리 충돌하는 경우에는 상위기본권우선의 원칙에 따라 하위기본권이 제한될 수 있으므로, 흡연권은 혐연권을 침해하지 않는 한에서 인정되어야 한다.

② 헌법재판소는 노동조합의 적극적 단결권은 근로자 개인의 단결하지 않을 자유보다 중시된다고 보아, 당해 사업장에 종사하는 근로자의 3분의 2 이상을 대표하는 노동조합의 경우 단체협약을 매개로 한 조직강제[이른바 유니언 샵(Union Shop) 협정의 체결]를 용인하고 있는 노동조합 및 노동관계 조정법 조항을 합헌이라고 판단하였다.

③ 보도기관이 누리는 언론의 자유에 대한 제약의 문제는 결국 피해자의 반론권과 서로 충돌하는 관계에 있고, 이와 같이 두 기본권이 서로 충돌하는 경우에는 헌법의 통일성을 유지하기 위하여 상충하는 기본권 모두가 최대한으로 그 기능과 효력을 나타낼 수 있도록 하는 조화로운 방법이 모색되어야 한다.

④ 헌법재판소는 채권자의 재산권과 채무자의 일반적 행동의 자유권 중에서 채권자의 재산권이 상위의 기본권이라고 보아, 채권자취소권을 정한 민법 조항이 합헌이라고 판단하였다.

문 8. 행복추구권에 대한 설명으로 적절한 것은? (다툼이 있는 경우 헌법재판소 결정에 의함)

① 제9차 개정헌법에서 인간의 존엄과 가치와 행복추구권을 처음 규정하였다.

② 행복추구권은 국민이 행복을 추구하기 위하여 필요한 급부를 국가에 대하여 적극적으로 요구할 수 있는 것을 기본적인 내용으로 한다.

③ 소비자가 자신의 의사에 따라 자유롭게 상품을 선택할 수 있는 소비자의 자기결정권은 행복추구권과는 무관하다.

④ 비어업인이 잠수용 스쿠버장비를 사용하여 수산자원을 포획·채취하는 것을 금지하는 수산자원관리법 시행규칙 제6조 중 '잠수용 스쿠버장비 사용'에 관한 부분이 비어업인의 일반적 행동의 자유를 침해하는 것은 아니다.

문 9. 신체의 자유에 대한 설명으로 적절하지 않은 것은? (다툼이 있는 경우 헌법재판소 결정에 의함)

① 형벌은 범행의 경중과 행위자의 책임, 즉 형벌 사이에 비례성을 갖추어야 한다.

② 징역형 수형자에게 정역의무를 부과하는 형법 제67조는 신체의 자유를 침해하지 않는다.

③ 범죄에 대한 형벌권은 대한민국에 있기 때문에 범죄를 저지르고 외국에서 형의 전부 혹은 일부의 집행을 받은 경우라도 형을 감경 혹은 면제할 것인가의 여부를 법원이 임의로 판단할 수 있도록 한 것은 헌법에 위반되지 않는다.

④ 금치기간 중 실외운동을 원칙적으로 제한하는 형집행법 규정은 수용자의 신체의 자유를 침해한다.

문 10. 법률의 명확성원칙에 대한 설명으로 적절하지 않은 것은?

① 법치국가원리의 한 표현인 명확성의 원칙은 기본적으로 모든 기본권 제한입법에 대하여 요구된다. 규범의 의미내용으로부터 무엇이 금지되는 행위이고 무엇이 허용되는 행위인지를 수범자가 알 수 없다면 법적 안정성과 예측가능성은 확보될 수 없게 될 것이고, 또한 법집행 당국에 의한 자의적 집행을 가능하게 할 것이기 때문이다.

② 형벌규정에 대한 예측가능성의 유무는 당해 특정조항 하나만으로 판단할 것이 아니라, 관련 법조항 전체를 유기적·체계적으로 종합 판단하여야 하고, 그것도 각 대상법률의 성질에 따라 구체적·개별적으로 검토하여야 하며, 일반적이거나 불확정된 개념이 사용된 경우에는 당해 법률의 입법목적과 당해 법률의 다른 규정들을 원용하거나 다른 규정과의 상호관계를 고려하여 합리적으로 해석할 수 있는지 여부에 따라 가려야 한다.

③ 처벌법규나 조세법규와 같이 국민의 기본권을 직접적으로 제한하거나 침해할 소지가 있는 법규에 대해서는 명확성의 원칙이 적용되지만, 국민에게 수익적인 급부행정영역이나 규율대상이 지극히 다양하거나 수시로 변화하는 성질의 것일 때에는 명확성원칙이 적용되지 않는다.

④ 모든 법규범의 문언을 순수하게 기술적 개념만으로 구성하는 것은 입법기술적으로 불가능하고 또 바람직하지도 않기 때문에 어느 정도 가치개념을 포함한 일반적·규범적 개념을 사용하지 않을 수 없으므로, 명확성의 원칙이란 기본적으로 최대한이 아닌 최소한의 명확성을 요구하는 것이다.

문 11. 영장주의에 대한 설명으로 적절하지 않은 것은? (다툼이 있는 경우 판례에 의함)

① 헌법 제12조 제3항이 정한 영장주의는 수사기관이 강제처분을 함에 있어 중립적 기관인 법원의 허가를 얻어야 함을 의미하는 것 외에 법원에 의한 사후 통제까지 마련되어야 함을 의미한다.

② 수사기관이 피의자로 입건된 자에 대하여 신원을 확인하기 위한 방법으로 지문을 채취하려고 할 때, 피의자가 이를 거부하는 경우에 지문채취에 응하지 않는 자는 형사처벌을 받게 되므로 이는 지문채취를 간접강제하는 것이고, 따라서 피의자의 신체의 자유를 침해하는 강제처분의 성격을 가지므로 영장주의에 의하여 규제받아야 할 영역에 해당한다.

③ 기지국 수사를 허용하는 통신사실 확인자료 제공요청은 법원의 허가를 받으면, 해당 가입자의 동의나 승낙을 얻지 아니하고도 제3자인 전기통신사업자에게 해당 가입자에 관한 통신사실 확인자료의 제공을 요청할 수 있도록 하는 수사방법으로, 통신비밀보호법이 규정하는 강제처분에 해당하므로 헌법상 영장주의가 적용된다.

④ 수사기관이 공사단체 등에 범죄수사에 관련된 사실을 조회하는 행위는 강제력이 개입되지 아니한 임의수사에 해당하므로, 이에 응하여 이루어진 국민건강보험공단의 개인정보제공행위에는 영장주의가 적용되지 않는다.

문 12. 양심의 자유에 대한 설명으로 적절하지 않은 것은? (다툼이 있는 경우 판례에 의함)

① 양심의 자유는 내심에서 우러나오는 윤리적 확신과 이에 반하는 외부적 법질서의 요구가 서로 회피할 수 없는 상태로 충돌할 때에만 침해될 수 있다.

② 양심적 병역거부사건에서 진정한 양심의 의미와 증명방법 및 정당한 사유의 부존재에 대한 책임은 검사에게 있다고 판시하였다.

③ 양심의 자유의 내용에 양심실현의 자유도 포함된다.

④ 특정한 내적인 확신 또는 신념이 양심으로 형성된 이상 그 내용 여하를 떠나 양심의 자유에 의해 보호되는 양심이 될 수 있으므로, 헌법상 양심의 자유에 의해 보호받는 양심으로 인정할 것인지의 판단은 그것이 깊고, 확고하며, 진실된 것인지 여부와 관계없다.

문 13. 병역법 제88조 제1항 등의 위헌소송 등에 관한 헌법재판소 2018.6.28. 선고 2011헌바379 등 결정에 대한 설명으로 적절하지 않은 것은? (다툼이 있는 경우 판례에 의함)

① 대체복무제는 그 개념상 병역종류조항과 밀접한 관련을 갖는다. 따라서 병역종류조항에 대한 이 사건 심판청구는 입법자가 아무런 입법을 하지 않은 진정입법부작위를 다투는 것이 아니라, 입법자가 병역의 종류에 관하여 입법은 하였으나 그 내용이 양심적 병역거부자를 위한 대체복무제를 포함하지 아니하여 불완전·불충분하다는 부진정입법부작위를 다투는 것이라고 봄이 상당하다.

② 병역종류조항이 대체복무제를 포함하고 있지 않다는 이유로 위헌으로 결정된다면, 양심적 병역거부자가 현역입영 또는 소집 통지서를 받은 후 3일 내에 입영하지 아니하거나 소집에 불응하더라도 대체복무의 기회를 부여받지 않는 한 당해 형사사건을 담당하는 법원이 무죄를 선고할 가능성이 있으므로, 병역종류조항은 재판의 전제성이 인정된다.

③ 양심적 병역거부자에 대한 대체복무제를 규정하지 아니한 병역종류조항은 과잉금지원칙에 위배하여 양심적 병역거부자의 양심의 자유를 침해한다.

④ 병역종류조항에 대해 단순위헌결정을 할 경우 병역의 종류와 각 병역의 구체적인 범위에 관한 근거규정이 사라지게 되어 일체의 병역의무를 부과할 수 없게 되므로, 용인하기 어려운 법적 공백이 생기게 된다. 입법자는 대체복무제를 형성함에 있어 그 신청절차, 심사주체 및 심사방법, 복무분야, 복무기간 등을 어떻게 설정할지 등에 관하여 광범위한 입법재량을 가진다. 따라서 병역종류조항에 대하여 한정위헌결정을 선고한다.

문 14. 헌법이 금지하는 사전검열에 대한 설명으로 적절하지 않은 것은? (다툼이 있는 경우 헌법재판소 결정에 의함)

① 사전검열로 인정되려면 사상이나 의견이 발표되기 전에 일반적으로 허가를 받기 위한 표현물의 제출 의무가 있어야 한다.

② 행정권이 주체가 된 사전심사절차도 사전검열의 인정요소이다.

③ 정기간행물 자료의 납본만을 요구하는 경우에는 검열에 해당하지 않는다.

④ 옥외광고물 등의 모양, 크기, 색깔 등을 규제하는 것도 검열에 해당한다.

문 15. 재산권에 대한 설명으로 적절한 것은? (다툼이 있는 경우 헌법재판소 결정에 의함)

① 공무원연금법 제32조 본문 중 공무원연금법상의 급여를 받을 권리에 대한 압류금지 부분은 채권자의 재산권을 침해하거나 헌법상의 경제질서에 위반되지 않는다.

② 재건축사업 진행단계에 상관없이 임대인이 갱신거절권을 행사할 수 있도록 한 구 상가건물 임대차보호법 제10조 제1항 단서 제7호는 상가임차인의 재산권을 침해한다.

③ 제대혈의 매매행위를 금지하고 있는 제대혈 관리 및 연구에 관한 법률 제5조 제1항 제1호는 재산권을 침해한다.

④ 지방의회의원에 대한 퇴직연금의 전액에 대해 지급을 정지하는 공무원연금법 조항은 공무원으로서의 보수와 퇴직공무원으로서의 연금이라는 이중수혜를 받는 것을 방지하기 위한 것이므로 재산권을 침해하는 것은 아니다.

문 16. 공무원의 연금청구권에 대한 설명으로 적절하지 않은 것은? (다툼이 있는 경우 판례에 의함)

① 공무원연금제도는 공무원을 대상으로 퇴직 또는 사망과 공무로 인한 부상·질병 등에 대하여 적절한 급여를 실시함으로써 공무원 및 그 유족의 생활안정과 복리향상에 기여하는 데 그 목적이 있으며, 사회적 위험이 발생한 때에 국가의 책임 아래 보험기술을 통하여 공무원의 구제를 도모하는 사회보험제도의 일종이다.

② 공무원연금법상의 퇴직급여 등 각종 급여를 받을 권리, 즉 연금수급권은 재산권의 성격과 사회보장 수급권의 성격이 불가분적으로 혼재되어 있는데, 입법자로서는 연금수급권의 구체적 내용을 정함에 있어 어느 한 쪽의 요소에 보다 중점을 둘 수 있다.

③ 명예퇴직 공무원이 재직 중의 사유로 금고 이상의 형을 받은 때에는 명예퇴직수당을 필요적으로 환수하도록 한 국가공무원법 제74조의2 제3항 제1호는 명예퇴직 공무원들의 재산권을 침해하고 평등원칙에도 위배된다.

④ 공무원 퇴직연금의 수급요건을 재직기간 20년에서 10년으로 완화한 개정 공무원연금법 제46조 제1항의 적용대상을 법 시행일 당시 재직 중인 공무원으로 한정한 공무원연금법 부칙(2015.6.22. 법률 제13387호) 제6조 중 제46조 제1항에 관한 부분(이하 '심판대상조항'이라 한다)은 청구인의 평등권을 침해하지 않는다.

2023 해커스경찰 신동욱 경찰헌법 실전동형모의고사 2

문 17. 직업의 자유에 대한 설명으로 적절하지 않은 것은? (다툼이 있는 경우 판례에 의함)

① 주취 중 운전 금지규정을 2회 이상 위반한 사람이 다시 이를 위반한 때에는 운전면허를 필요적으로 취소하도록 규정하고 있는 도로교통법 조항은 직업의 자유 및 일반적 행동의 자유를 침해하지 않는다.

② 택시운전자격을 취득한 사람이 강제추행 등 성범죄를 범하여 금고 이상의 형의 집행유예를 선고받은 경우 그 자격을 취소하도록 하는 것은 직업의 자유를 침해한다.

③ 아동학대관련범죄로 벌금형이 확정된 날부터 10년이 지나지 아니한 사람은 어린이집을 설치·운영하거나 어린이집에 근무할 수 없도록 한 것은 직업의 자유를 침해한다.

④ 변호인선임서 등을 공공기관에 제출할 때 소속 지방변호사회를 경유하도록 한 법률규정은 변호사의 직업수행의 자유를 침해하지 않는다.

문 18. 선거에 대한 설명으로 적절하지 않은 것은? (다툼이 있는 경우 판례에 의함)

① 한국철도공사의 상근직원은 상근임원과 달리 그 직을 유지한 채 공직선거에 입후보하여 자신을 위한 선거운동을 할 수 있음에도, 상근직원이 타인을 위한 선거운동을 할 수 없도록 전면적으로 금지하는 공직선거법 규정은 상근직원의 선거운동의 자유를 침해한다.

② 비례대표국회의원에 입후보하기 위하여 기탁금으로 1,500만원을 납부하도록 한 규정은 그 액수가 고액이라 거대정당에게 일방적으로 유리하고, 다양해진 국민의 목소리를 제대로 대표하지 못하여 사표를 양산하는 다수대표제의 단점을 보완하기 위하여 도입된 비례대표제의 취지에도 반하는 것이다.

③ 선거범으로서 100만원 이상의 벌금형의 선고를 받고 그 형이 확정된 후 5년을 경과하지 아니한 자 또는 형의 집행유예의 선고를 받고 그 형이 확정된 후 10년을 경과하지 아니한 자의 선거권을 제한하는 규정은 국민주권과 대의제 민주주의의 실현수단으로서 선거권이 가지는 의미와 보통선거원칙의 중요성을 감안하면, 필요최소한을 넘어 과도한 제한으로서 이들 선거범의 선거권을 침해한다.

④ 대통령선거경선후보자가 당내경선 과정에서 탈퇴함으로써 후원회를 둘 수 있는 자격을 상실한 때에는 후원회로부터 후원받은 후원금 전액을 국고에 귀속하도록 하고 있는 정치자금법 규정은 정당한 사유도 없이 후원금을 선거운동비용으로 사용하는 것을 제한하는 것이고, 그로 인하여 선거운동의 자유 및 선거과정에서 탈퇴할 자유 등 국민의 참정권을 침해하는 것이다.

문 19. 청원권에 대한 설명으로 적절한 것은? (다툼이 있는 경우 헌법재판소 결정에 의함)

① 모든 국민은 법률이 정하는 바에 의하여 국가기관에 문서로 청원할 권리를 가지고, 국가는 청원에 대하여 심사할 의무를 지므로 청원인이 기대한 바에 미치지 못하는 처리 내용은 헌법소원의 대상이 되는 공권력의 불행사이다.

② 청원권의 보호범위에는 청원사항의 처리결과에 심판서나 재결서에 준하여 이유를 명시할 것까지를 요구하는 것을 포함하는 것은 아니다.

③ 청원권은 특히 국회와 국민의 유대를 지속시켜 주는 수단이기 때문에 국회의 경우에는 국회의원의 소개를 받아서 청원을 하여야 하지만, 지방의회의 경우에는 지방의회의원의 소개를 얻지 않고서 가능하다.

④ 청원을 관장하는 기관이 청원을 접수한 때에는 특별한 사유가 없는 한 90일 이내에 그 처리결과를 청원인에게 통지하여야 하며, 부득이한 사유로 90일 이내에 청원을 처리하기 곤란하다고 인정되는 경우에는 90일의 범위 내에서 2회에 한하여 그 처리기간을 연장할 수 있다.

문 20. 재판청구권에 대한 설명으로 적절하지 않은 것은?

① 19세 미만 성폭력범죄 피해자의 진술이 수록된 영상물에 관하여 조사 과정에 동석하였던 신뢰관계인 등이 그 성립의 진정함을 인정한 경우 이를 증거로 할 수 있도록 정한, 성폭력범죄의 처벌 등에 관한 특례법 제30조 제6항은 공정한 재판을 받을 권리를 침해한다.

② 국민이 재판을 통하여 권리보호를 받기 위해서는 그 전에 최소한 법원조직법에 의하여 법원이 설립되고 민사소송법 등 절차법에 의하여 재판관할이 확정되는 등 입법자에 의한 재판청구권의 구체적 형성이 불가피하므로, 재판청구권에 대해서는 입법자의 입법재량이 인정된다.

③ 군인 또는 군무원이 아닌 국민은 대한민국의 영역 안에서는 중대한 군사상 기밀·초병·초소·유독음식물공급·포로·군용물에 관한 죄 중 법률이 정한 경우와 비상계엄이 선포된 경우를 제외하고는 군사법원의 재판을 받지 아니한다.

④ 우리나라의 배심재판은 국민주권에 근거하여 배심원의 심의와 평결에 법원이 구속되는 재판으로서 국민의 재판을 받을 권리를 침해하는 것이 아니다.

11회 실전동형모의고사

소요시간: _____ / 15분   맞힌 답의 개수: _____ / 20

문 1. 관습헌법에 대한 설명으로 적절하지 않은 것은? (다툼이 있는 경우 헌법재판소 결정에 의함)

① 형식적 헌법전에 기재되지 않은 사항이라도 이를 불문헌법 내지 관습헌법으로 인정할 수 있다.

② 국가를 대표하는 대통령과 민주주의적 통치원리에 핵심적 역할을 하는 의회의 소재지 및 대법원의 소재지를 정하는 수도 문제는 국가의 정체성을 표현하는 형식적 헌법사항이다.

③ 관습헌법이 성립하기 위해서는 기본적 헌법사항에 관한 관행 내지 관례가 존재하고, 그 관행의 반복성·계속성이 있어야 하며, 그 관행이 항상성과 명료성을 가진 것이어야 하며, 그 관행에 대한 국민적 합의가 있어야 한다.

④ 관습헌법도 헌법의 일부로서 성문헌법의 경우와 동일한 효력을 가지기 때문에 그 법규범은 최소한 헌법에 의거한 헌법개정의 방법에 의하여만 개정될 수 있고, 따라서 재적의원 3분의 2 이상의 찬성에 의한 국회의 의결을 얻은 다음 국민투표에 붙여 국회의원선거권자 과반수의 투표와 투표자 과반수의 찬성을 얻어야 한다.

문 2. 헌법의 역사에 대한 설명으로 적절하지 않은 것은?

① 1948년 제헌헌법은 근로자의 단결, 단체교섭과 단체행동의 자유를 법률의 범위 내에서 보장하도록 하였으며, 노령, 질병 기타 근로능력의 상실로 인하여 생활유지의 능력이 없는 자는 법률의 정하는 바에 의하여 국가의 보호를 받도록 하였다.

② 1960년 헌법(제3차 개정헌법)은 대법원장과 대법관을 법관의 자격이 있는 자로 조직되는 선거인단이 선거하고 대통령이 이를 확인하며, 그 외의 법관은 대법관회의의 결의에 따라 대법원장이 임명하도록 하였다.

③ 1972년 헌법(제7차 개정헌법)은 대통령의 탄핵소추 요건이 국회의원 50인 이상의 발의와 국회재적의원 3분의 2 이상의 찬성이 필요한 것으로 강화되었다.

④ 1962년 헌법(제5차 개정헌법)은 국회의원의 하한선·상한선이 모두 명시되어 있었다.

문 3. 대한민국 국적(國籍)에 대한 설명으로 적절한 것은 모두 몇 개인가? (다툼이 있는 경우 헌법재판소 결정에 의함)

> ㉠ 대한민국의 국민이 아닌 자로서 대한민국의 국민인 부 또는 모에 의하여 인지(認知)된 자가 대한민국의 민법상 미성년이고 출생 당시에 부 또는 모가 대한민국의 국민이었다는 요건을 모두 갖추면 법무부장관의 허가를 받아 대한민국 국적을 취득할 수 있다.
> ㉡ 외국인인 개인이 특정한 국가의 국적을 선택할 권리가 우리 헌법상 당연히 인정된다고는 할 수 없다.
> ㉢ 과학·경제·문화·체육 등 특정 분야에서 매우 우수한 능력을 보유한 자로서 대한민국의 국익에 기여할 것으로 인정되는 자는 대한민국에 주소가 없어도 특별귀화에 의한 국적 취득이 가능하다.
> ㉣ 외국인이 복수국적을 누릴 자유는 헌법상 행복추구권에 의하여 보호되는 기본권에 해당하지 않는다.

① 1개
② 2개
③ 3개
④ 4개

문 4. 헌법상 신뢰보호의 원칙에 대한 설명으로 적절한 것을 모두 고른 것은? (다툼이 있는 경우 헌법재판소 결정에 의함)

> ㉠ 조세에 관한 법규·제도의 개정과 관련하여, 납세의무자로서는 특별한 사정이 있는지와 관계없이 원칙적으로 세율 등 현재의 세법이 변함없이 유지되리라고 신뢰할 수 있다.
> ㉡ 개정된 법규·제도의 존속에 대해 국민이 가지는 모든 기대 내지 신뢰는 헌법상 권리로서 보호된다.
> ㉢ 국가가 입법행위를 통하여 개인에게 신뢰의 근거를 제공한 경우, 법률의 존속에 대한 개인의 신뢰가 어느 정도로 보호되는지 여부에 대한 주요한 판단 기준은 '법령개정의 예측성'과 '국가에 의하여 일정 방향으로 유인된 신뢰의 행사인지 여부'이다.
> ㉣ 법률의 제정이나 개정시 구법질서에 대한 당사자의 신뢰가 합리적이고도 정당하며 법률의 제정이나 개정으로 야기되는 당사자의 손해가 극심하여 새로운 입법으로 달성하고자 하는 공익적 목적이 그러한 당사자의 신뢰의 파괴를 정당화할 수 없다면, 그러한 새로운 입법은 신뢰보호원칙상 허용될 수 없다.
> ㉤ 신뢰보호원칙의 위반 여부는 한편으로는 침해받은 신뢰이익의 보호가치, 침해의 정도, 침해의 방법 등과 다른 한편으로는 새 입법을 통해 실현코자 하는 공익목적을 종합적으로 비교형량하여 판단하여야 한다.

① ㉠, ㉡, ㉢
② ㉠, ㉡, ㉣
③ ㉡, ㉢, ㉤
④ ㉢, ㉣, ㉤

문 5. 다음 중 헌법재판소 결정이 과잉금지원칙의 개별적 요소로서 침해최소성에 위배된다고 보지 않은 것은? (다툼이 있는 경우 판례에 의함)

① 운전면허를 받은 사람이 자동차 등을 이용하여 살인 또는 강간 등 행정안전부령이 정하는 범죄행위를 한 때 필요적으로 운전면허를 취소하도록 규정한 도로교통법 조항

② 형사사건으로 기소된 사립학교 교원에 대하여 당해 교원의 임명권자로 하여금 필요적으로 직위해제처분을 하도록 규정한 사립학교법 조항

③ 의료법에 따라 개설된 의료기관이 당연히 국민건강보험 요양기관이 되도록 규정한 국민건강보험법 조항

④ 아동학대 관련 범죄로 형을 선고받아 확정된 자로 하여금 그 형이 확정된 때부터 형의 집행이 종료되거나 집행을 받지 아니하기로 확정된 후 10년 동안 체육시설 및 초·중등교육법 제2조 각 호의 학교를 운영하거나 이에 취업 또는 사실상 노무를 제공할 수 없도록 한 아동복지법 조항

문 6. 다음 중 적절하지 않은 것은? (다툼이 있는 경우 헌법재판소 결정에 의함)

① 정당해산심판제도는 정부의 일방적인 행정처분에 의해 진보적 야당이 등록취소되어 사라지고 말았던 우리 현대사에 대한 반성의 산물로서 도입된 것으로서, 발생사적 측면에서 정당을 보호하기 위한 절차로서의 성격이 부각된다.

② 모든 정당의 존립과 활동은 최대한 보장되며, 설령 어떤 정당이 민주적 기본질서를 부정하고 이를 적극적으로 공격하는 것으로 보인다 하더라도 국민의 정치적 의사형성에 참여하는 정당으로서 존재하는 한 헌법에 의해 최대한 두텁게 보호된다.

③ 강제적 정당해산은 헌법상 핵심적인 정치적 기본권인 정당활동의 자유에 대한 근본적 제한이므로, 이에 관한 결정을 할 때 헌법 제37조 제2항이 규정하고 있는 비례원칙을 준수해야 한다.

④ 국회의원선거에 참여하여 의석을 얻지 못하고 유효투표총수의 100분의 2 이상을 득표하지 못한 정당에 대해 그 등록을 취소하도록 한 정당법(2005.8.4. 법률 제7683호로 개정된 것) 제44조 제1항 제3호는 정당설립의 자유를 침해한다고 볼 수 없다.

문 7. 정당제도에 대한 설명으로 적절하지 않은 것은? (다툼이 있는 경우 판례에 의함)

① 헌법재판소는 청구인의 신청이 있거나 그 직권으로 위헌정당으로 제소된 정당의 활동을 정지시키는 가처분결정을 할 수 있다.

② 정당은 자발적인 조직이기는 하지만 다른 집단과는 달리 그 자유로운 지도력을 통하여 무정형적이고 무질서적인 개인의 정치적 의사를 집약하여 정리하고, 구체적인 진로와 방향을 제시하고 매개적 기능을 수행하기 때문에 헌법소원을 제기할 수 있다.

③ 정당의 당원협의회 사무소 설치를 금지하고 위반 시 처벌하는 내용의 정당법 제37조 제3항 단서 등이 정당활동의 자유를 침해하는 것은 아니다.

④ 정치자금의 수입·지출에 관한 내역을 회계장부에 허위 기재하거나 관할 선거관리위원회에 허위 보고한 정당의 회계책임자를 형사처벌하는 구 정치자금에 관한 법률의 규정은 헌법 제12조 제2항이 보장하는 진술거부권을 침해하여 헌법에 위반된다.

문 8. 지방자치단체의 자치사무에 대한 설명으로 적절하지 않은 것은? (다툼이 있는 경우 판례에 의함)

① 감사원은 지방자치단체의 위임사무나 자치사무의 구별 없이 합법성 감사뿐만 아니라 합목적성 감사도 할 수 있다.

② 행정안전부장관이나 시·도지사는 지방자치단체의 자치사무에 관하여 보고를 받거나 서류·장부 또는 회계를 감사할 수 있다. 이 경우 감사는 법령 위반사항에 대하여만 실시한다.

③ 중앙행정기관이 지방자치법에 따라 지방자치단체의 자치사무에 관하여 감사에 착수하기 위해서는 자치사무에 관하여 특정한 법령 위반행위가 확인되었거나 위법행위가 있었으리라는 합리적 의심이 가능한 경우이어야 하고, 또한 그 감사대상을 특정해야 한다.

④ 지방자치단체의 자치사무에 관한 명령이나 처분에 대한 중앙행정기관의 시정명령은 법령을 위반하는 것에 한하고, 법령 위반에 재량권 일탈·남용은 포함되지 않는다.

문 9. 행복추구권에 대한 설명으로 적절하지 않은 것을 모두 고른 것은? (다툼이 있는 경우 헌법재판소 결정에 의함)

> ㉠ 부모의 분묘를 가꾸고 봉제사를 하고자 하는 권리는 행복추구권의 내용이 된다.
> ㉡ 지역방언을 자신의 언어로 선택하여 공적 또는 사적인 의사소통과 교육의 수단으로 사용하는 것은 행복추구권에서 파생되는 일반적 행동의 자유 내지 개성의 자유로운 발현의 내용이 된다.
> ㉢ 평화적 생존권은 인간의 존엄과 가치를 실현하고 행복을 추구하기 위한 기본전제가 되는 것이므로 행복추구권의 내용이 된다.
> ㉣ 일반적 행동자유권의 보호영역에는 개인의 생활방식과 취미에 관한 사항은 포함되나, 위험한 스포츠를 즐길 권리는 포함되지 않는다.
> ㉤ 사적 자치의 원칙이란 자신의 일을 자신의 의사로 결정하고 행하는 자유뿐만 아니라 원치 않으면 하지 않을 자유로서 행복추구권에서 파생된다.

① ㉠, ㉡
② ㉡, ㉢
③ ㉢, ㉣
④ ㉢, ㉤

문 10. 헌법상 평등권 및 평등원칙에 대한 설명으로 적절하지 않은 것은? (다툼이 있는 경우 헌법재판소 결정에 의함)

① 헌법상 평등의 원칙은 국가가 언제 어디에서 어떤 계층을 대상으로 하여 기본권에 관한 사항이나 제도의 개선을 시작할 것인지를 선택하는 것을 방해하지 않는다.

② 자의심사의 경우에는 차별을 정당화하는 합리적인 이유가 있는지만을 심사하기 때문에 그에 해당하는 비교대상간의 사실상의 차이나 입법목적(차별목적)의 발견·확인에 그친다.

③ 헌법에서 특별히 평등을 요구하고 있는 경우와 차별적 취급으로 인하여 관련 기본권에 대한 중대한 제한을 초래하게 되는 경우에는 엄격한 심사척도(비례성원칙)를 적용하여야 한다.

④ 2회 이상 음주운전 금지규정을 위반한 사람을 2년 이상 5년 이하의 징역이나 1천만원 이상 2천만원 이하의 벌금에 처하도록 규정한 구 도로교통법 제148조의2 제1항 중 '제44조 제1항을 2회 이상 위반한 사람'에 관한 부분이 책임과 형벌간의 비례원칙과 평등원칙에 위배되는 것은 아니다.

문 11. 평등권에 대한 헌법재판소의 결정 내용으로 적절한 것은?

① 자기 또는 배우자의 직계존속을 고소하지 못하도록 규정한 형사소송법 제224조는 비속을 차별취급하여 평등권을 침해하므로 위헌이다.

② 변호사시험의 응시기회를 법학전문대학원 석사학위를 취득한 달의 말일부터 5년 내에 5회로 제한한 변호사시험법 제7조 제1항은 다른 자격시험 내지 사법시험 응시자와 변호사시험 응시자를 본질적으로 동일한 비교집단으로 볼 수 없으므로 평등권을 침해하지 않는다.

③ 숙박업을 하고자 하는 자에게 신고의무를 부과하고 이를 이행하지 아니한 자를 형사처벌하도록 규정하고 있는 공중위생관리법 제2조 제1항 등은 평등원칙을 침해하는 것이다.

④ 국가는 성질상 집행불능의 상태가 생길 수 없어 국가에 대한 가집행을 불허하더라도 집행불능의 문제가 생길 수 없으므로, 국가를 상대로 하는 재산권 청구의 경우에는 가집행선고를 할 수 없도록 한 것은 합헌이다.

문 12. 죄형법정주의의 명확성원칙에 대한 설명으로 적절한 것을 모두 고른 것은? (다툼이 있는 경우 판례에 의함)

> ㉠ 건전한 상식과 통상적인 법감정을 가진 사람은 군복 및 군용장구의 단속에 관한 법률상 판매목적 소지가 금지되는 '유사군복'에 어떠한 물품이 해당하는지 예측할 수 있고, 유사군복을 정의한 조항에서 법 집행자에게 판단을 위한 합리적 기준이 제시되고 있으므로 '유사군복' 부분은 명확성원칙에 위반되지 아니한다.
>
> ㉡ '운전면허를 받은 사람이 자동차 등을 이용하여 범죄행위를 한 때'를 필요적 운전면허 취소사유로 규정하고 있는 바, 일반적으로 '범죄행위'란 형벌법규에 의하여 형벌을 과하는 행위로서 사회적 유해성 내지 법익을 침해하는 반사회적 행위를 의미한다 할 것이므로 명확성의 원칙에 위반되지 않는다.
>
> ㉢ 선거운동을 위한 호별방문금지 규정에도 불구하고 '관혼상제의 의식이 거행되는 장소와 도로·시장·점포·다방·대합실 기타 다수인이 왕래하는 공개된 장소'에서의 지지 호소를 허용하는 공직선거법 조항 중 '기타 다수인이 왕래하는 공개된 장소' 부분은, 해당 장소의 구조와 용도, 외부로부터의 접근성 및 개방성의 정도 등을 종합적으로 고려할 때 '관혼상제의 의식이 거행되는 장소와 도로·시장·점포·다방·대합실'과 유사하거나 이에 준하여 일반인의 자유로운 출입이 가능한 개방된 곳을 의미한다고 충분히 해석할 수 있으므로 명확성원칙에 위반된다고 할 수 없다.
>
> ㉣ '관계 중앙행정기관의 장이 소관 분야의 산업경쟁력 제고를 위하여 법령에 따라 지정 또는 고시·공고한 기술'을 범죄구성요건인 '산업기술'의 요건으로 하고 있는 구 산업기술의 유출방지 및 보호에 관한 법률 제36조 제2항 중 제14조 제1호 가운데 '부정한 방법에 의한 산업기술 취득행위'에 관한 부분이 죄형법정주의의 명확성원칙에 위반된다.

① ㉠, ㉡
② ㉠, ㉢
③ ㉡, ㉣
④ ㉠, ㉢, ㉣

문 13. 사생활의 비밀과 자유에 대한 설명으로 적절하지 않은 것은? (다툼이 있는 경우 헌법재판소 결정에 의함)

① 배우자 있는 자의 간통행위 및 그와의 상간행위를 2년 이하의 징역에 처하도록 규정한 법률조항은 사생활의 비밀과 자유를 침해한다.

② 어린이집에 폐쇄회로 텔레비전(CCTV)을 원칙적으로 설치하도록 정한 법률조항은 어린이집 보육교사의 사생활의 비밀과 자유를 침해하지 않는다.

③ 4급 이상 공무원들의 병역 면제사유인 질병명을 관보와 인터넷을 통해 공개하도록 하는 것은 '부정한 병역면탈의 방지'와 '병역의무의 자진이행에 기여'라는 입법목적을 달성하기 위한 것으로서 사생활의 비밀과 자유를 침해하는 것이 아니다.

④ 전자장치 부착을 통한 위치추적 감시제도가 처음 시행될 때 부착명령 대상에서 제외되었던 사람들 중 구 특정 범죄자에 대한 위치추적 전자장치 부착 등에 관한 법률 시행 당시 징역형 등의 집행 중이거나 집행이 종료, 가종료·가출소·가석방 또는 면제된 후 3년이 경과하지 아니한 자에 대해서도 위치추적 전자장치를 부착할 수 있도록 규정하고 있는 법률의 부칙 조항은 과잉금지원칙에 위배되지 않는다.

문 14. 공공기관의 정보공개에 관한 법률(이하 '정보공개법'이라고 한다)에 대한 설명으로 적절하지 않은 것은? (다툼이 있는 경우 판례에 의함)

① 공공기관이 보유·관리하는 모든 정보는 공개대상이 된다.

② 공개청구자는 그가 공개를 구하는 정보를 공공기관이 보유·관리하고 있을 상당한 개연성이 있다는 점에 대하여 입증할 책임이 있으나, 공개를 구하는 정보를 공공기관이 한때 보유·관리하였으나 후에 그 정보가 담긴 문서들이 폐기되어 존재하지 않게 된 것이라면 그 정보를 더 이상 보유·관리하고 있지 않다는 점에 대한 증명책임은 공공기관에 있다.

③ 불기소처분 기록이나 내사기록 중 피의자신문조서 등 조서에 기재된 피의자 등의 인적사항 이외의 진술내용은 개인의 사생활의 비밀 또는 자유를 침해할 우려가 인정되는 경우에는 정보공개법 제9조 제1항 제6호 본문의 비공개대상정보에 해당한다.

④ 정보공개법 제9조 제1항 제6호 단서 다목은 '공공기관이 작성하거나 취득한 정보로서 공개하는 것이 공익이나 개인의 권리구제를 위하여 필요하다고 인정되는 정보'를 비공개대상정보에서 제외하고 있는데, 여기에서 '공개하는 것이 개인의 권리구제를 위하여 필요하다고 인정되는 정보'에 해당하는지는 비공개에 의하여 보호되는 개인의 사생활의 비밀 등의 이익과 공개에 의하여 보호되는 개인의 권리구제 등의 이익을 비교·교량하여 구체적 사안에 따라 신중히 판단하여야 한다.

문 15. 언론·출판의 자유에 대한 설명으로 적절하지 않은 것은? (다툼이 있는 경우 헌법재판소 결정에 의함)

① 인터넷게시판을 설치·운영하는 정보통신서비스 제공자에게 본인확인조치의무를 부과하여 게시판 이용자로 하여금 본인확인절차를 거쳐야만 게시판을 이용할 수 있도록 하는 본인확인제를 규정한 법률 조항 및 같은 법 시행령 조항은 과잉금지원칙에 위배하여 인터넷게시판 이용자의 표현의 자유를 침해한다.

② 신문의 편집인·발행인, 방송사의 편집책임자 등으로 하여금 아동보호사건에 관련된 '아동학대행위자'를 특정하여 파악할 수 있는 인적 사항이나 사진 등을 신문 등 출판물에 싣거나 방송매체를 통하여 방송할 수 없게 금지하는 것은 언론·출판의 자유를 침해하지 않는다.

③ 건강기능식품의 기능성 광고와 같은 상업적 광고표현은 사상·지식·정보 등을 불특정다수인에게 전파하는 것으로서 언론·출판의 자유의 보호대상이 된다.

④ 국회의 정보위원회 회의를 비공개하도록 규정한 국회법 조항은 국가안전보장에 기여하고자 하는 공익을 위한 정당한 제한이므로 알 권리를 침해하는 것은 아니다.

문 16. 헌법상 재산권으로 인정되는 것을 모두 고른 것은? (다툼이 있는 경우 헌법재판소 결정에 의함)

┌─────────────────────────────────┐
│ ㉠ 장기미집행 도시계획시설결정의 실효제도 │
│ ㉡ 공무원연금법상 연금수급권   │
│ ㉢ 환매권 소멸 후의 우선매수권   │
│ ㉣ 개인택시면허   │
└─────────────────────────────────┘

① ㉠, ㉡   ② ㉡, ㉢

③ ㉡, ㉣   ④ ㉢, ㉣

문 17. 직업의 자유에 대한 설명으로 적절한 것(○)과 적절하지 않은 것(×)을 올바르게 조합한 것은? (다툼이 있는 경우 헌법재판소 결정에 의함)

㉠ 직업의 개념표지들 중 '계속성'과 관련하여 객관적으로도 그러한 활동이 일정기간 계속성을 띠어야 하므로, 휴가기간 중에 하는 일이나 수습직으로서의 활동은 이에 포함되지 않는다.
㉡ 직업의 자유에 '해당 직업에 합당한 보수를 받을 권리'까지 포함되어 있다고 보기 어렵다.
㉢ 성인대상 성범죄로 형을 선고받아 확정된 자에게 그 형의 집행을 종료한 날부터 10년 동안 의료기관을 개설하거나 의료기관에 취업할 수 없도록 한 법률조항은 그의 재범의 위험성이 소멸하지 않았으므로 직업선택의 자유를 침해하지 않는다.
㉣ 시·도지사의 재량으로 행정사의 수급상황을 조사하여 행정사 시험실시계획을 수립하도록 한 시행령 조항은 행정사가 되는 기회를 절대적으로 박탈하는 것이 아닌 행정사법 입법목적에 맞는 입법재량에 속하는 사항이기 때문에 행정사 자격시험을 통해 행정사가 되고자 하는 자의 직업선택의 자유를 침해하지 않는다.

	㉠	㉡	㉢	㉣
①	○	×	×	○
②	○	×	○	×
③	×	○	×	○
④	×	○	×	×

문 18. 재판청구권에 대한 설명으로 적절하지 않은 것은? (다툼이 있는 경우 판례에 의함)

① 심의위원회의 배상금 등 지급결정에 신청인이 동의한 때에는 국가와 신청인 사이에 민사소송법에 따른 재판상 화해가 성립된 것으로 보는 4·16세월호참사 피해구제 및 지원 등을 위한 특별법 제16조는 과잉금지원칙을 위반하여 청구인들의 재판청구권을 침해한다.
② 교원에 대한 징계처분에 관하여 재심청구를 거치지 아니하고서는 행정소송을 제기할 수 없도록 한 법률규정은 교원징계처분의 전문성과 자주성을 고려한 것으로 재판청구권을 침해하지 않는다.
③ 수형자가 출정하기 이전에 여비를 납부하지 않았거나 출정 비용과 영치금과의 상계에 미리 동의하지 않았다는 이유로, 교도소장이 위 수형자의 행정소송 변론기일에 그의 출정을 제한한 것은, 형벌의 집행을 위하여 필요한 한도를 벗어나서 수형자의 재판청구권을 과도하게 침해한 것이다.
④ 재판 당사자가 재판에 참석하는 것은 재판청구권의 기본적 내용이라고 할 것이므로 수형자도 형의 집행과 도망의 방지라는 구금의 목적을 반하지 않는 범위에서는 재판청구권이 보장되어야 한다.

문 19. 인간다운 생활을 할 권리에 대한 설명으로 적절하지 않은 것은? (다툼이 있는 경우 판례에 의함)

① 국가에게 헌법 제34조에 의하여 장애인의 복지를 위하여 노력을 해야 할 의무가 있다는 것은, 장애인도 인간다운 생활을 누릴 수 있는 정의로운 사회질서를 형성해야 할 국가의 일반적인 의무를 뜻하는 것이지, 장애인을 위하여 저상버스를 도입해야 한다는 구체적 내용의 의무가 헌법으로부터 나오는 것은 아니다.

② 구치소·치료감호시설에 수용 중인 자에 대하여 국민기초생활 보장법에 의한 중복적인 보장을 피하기 위하여 개별가구에서 제외하기로 한 입법자의 판단이 헌법상 용인될 수 있는 재량의 범위를 일탈하여 인간다운 생활을 할 권리와 보건권을 침해한다고 볼 수 없다.

③ 인간다운 생활을 보장하기 위한 객관적인 내용의 최소한을 보장하고 있는지 여부는 특정한 법률에 의한 생계급여만을 가지고 판단하면 되고, 여타 다른 법령에 의해 국가가 최저생활보장을 위하여 지급하는 각종 급여나 각종 부담의 감면 등을 총괄한 수준으로 판단할 것을 요구하지는 않는다.

④ 국가가 인간다운 생활을 보장하기 위한 헌법적 의무를 다하였는지의 여부가 사법적 심사의 대상이 된 경우에는, 국가가 최저생활보장에 관한 입법을 전혀 하지 아니하였다든가 그 내용이 현저히 불합리하여 헌법상 용인될 수 있는 재량의 범위를 명백히 일탈한 경우에 한하여 헌법에 위반된다고 할 수 있다.

문 20. 근로기본권에 대한 설명으로 적절하지 않은 것은? (다툼이 있는 경우 헌법재판소 결정에 의함)

① 근로의 권리는 사회적 기본권으로서 국가에 대하여 직접 일자리를 청구하거나 일자리에 갈음하는 생계비의 지급청구권을 의미한다.

② 근로자에 대하여 임금의 최저수준을 보장하기 위하여 헌법에는 최저임금제가 명시적으로 규정되어 있다.

③ 근로자는 쟁의행위기간 중에는 현행범 외에는 노동조합 및 노동관계조정법 위반을 이유로 구속되지 아니한다.

④ 국회는 공무원인 근로자에게 단결권·단체교섭권·단체행동권을 인정할 것인가의 여부, 어떤 형태의 행위를 어느 범위에서 인정할 것인가 등에 대하여 광범위한 입법형성의 자유를 가진다.

소요시간: _____ / 15분   맞힌 답의 개수: _____ / 20

문 1. 헌정사에 대한 설명으로 적절하지 않은 것은?

① 1954년 헌법은 주권의 제약 또는 영토의 변경을 가져올 국가안위에 관한 중대사항은 곧바로 국민투표에 부쳐 결정하도록 하였다.

② 1960년 헌법은 대법원장과 대법관의 선거제 및 지방자치단체장의 직선제를 채택하고, 헌법재판소를 우리나라 헌정사상 최초로 규정하였다.

③ 제5차 헌법개정에서는 헌법 전문을 최초로 개정하여 4·19 이념을 명문화하였다.

④ 1972년 헌법은 구속적부심 및 국정감사제를 폐지하였고, 국회의 회기를 단축하였으며 대법원장을 비롯한 모든 법관을 대통령이 임명하도록 규정하였다.

문 2. 신뢰보호의 원칙과 소급입법금지원칙에 대한 설명으로 적절하지 않은 것은? (다툼이 있는 경우 판례에 의함)

① 상가건물 임차인의 계약갱신요구권 행사기간을 10년으로 연장한 개정법 조항의 시행 이전에 체결되었더라도 개정법 시행 이후 갱신되는 임대차의 경우에 개정법 조항의 연장된 기간을 적용하는 상가건물 임대차보호법 부칙조항은 신뢰보호원칙에 위반되지 않는다.

② 법률 시행 당시 디엔에이감식시료 채취 대상범죄로 이에 징역이나 금고 이상의 실형을 선고받아 그 형이 확정되어 수용 중인 사람에게 디엔에이감식시료 채취 및 디엔에이확인정보의 수집·이용 등 디엔에이신원확인정보의 이용 및 보호에 관한 법률을 적용할 수 있도록 규정한 것은 헌법 위반이 아니다.

③ 신상정보 공개·고지명령을 소급적용하는 성폭력범죄의 처벌 등에 관한 특례법 부칙은 형벌과는 구분되는 비형벌적 보안처분으로서 소급처벌금지원칙이 적용되지 아니한다.

④ 신법이 피적용자에게 유리하게 개정된 경우 이른바 시혜적인 소급입법이 가능하므로 이를 피적용자에게 유리하게 적용하는 것은 입법자의 의무이다.

문 3. 헌법상 경제질서에 대한 설명으로 적절한 것은? (다툼이 있는 경우 헌법재판소 결정에 의함)

① 헌법상의 경제질서인 사회적 시장경제질서는 헌법의 지도원리로서 모든 국민·국가기관이 헌법을 존중하고 수호하도록 하는 지침이 되며, 기본권의 해석 및 기본권 제한입법의 합헌성 심사에 있어 해석기준의 하나로서 작용함은 물론 구체적 기본권을 도출하는 근거도 될 수 있다.

② 헌법 제119조 제2항은 국가가 경제영역에서 실현하여야 할 목표의 하나로서 '적정한 소득의 분배'를 들고 있으므로, 이로부터 소득에 대하여 누진세율에 따른 종합과세를 시행하여야 할 구체적인 헌법적 의무가 입법자에게 부과된다.

③ 헌법 제119조 제2항에 규정된 '경제주체간의 조화를 통한 경제의 민주화'의 이념은 경제영역에서 정의로운 사회질서를 형성하기 위하여 추구할 수 있는 국가목표로서 작용하지만, 개인의 기본권을 제한하는 국가행위를 정당화하는 규범으로 작용할 수는 없다.

④ 헌법 제121조는 국가에 대해 '경자유전원칙의 달성'을 요청하는 한편 '불가피한 사정으로 발생하는 농지의 임대차와 위탁경영'을 허용하고 있는 바, 농지법상 상속으로 농지를 취득하여 소유하는 경우 자기의 농업경영에 이용하지 아니할지라도 농지를 소유할 수 있다.

문 4. 헌법상 경제조항에 대한 설명으로 적절하지 않은 것은? (다툼이 있는 경우 판례에 의함)

① 국가는 균형 있는 국민경제의 성장과 안정, 적정한 소득의 분배를 유지하기 위하여 경제에 관한 규제와 조정을 할 수 있다.

② 국가는 농지에 관하여 경자유전의 원칙이 달성될 수 있도록 노력하여야 하며, 농지의 소작제도는 금지되나, 농업생산성의 제고와 농지의 합리적인 이용을 위하거나 불가피한 사정으로 발생하는 농지의 임대차와 위탁경영은 허용될 수 있다.

③ 국가는 국민 모두의 생산 및 생활의 기반이 되는 국토의 효율적이고 균형 있는 이용·개발과 보전을 위하여 법률이 정하는 바에 의하여 그에 관한 필요한 제한과 의무를 과할 수 있다.

④ 국가는 농업 및 어업을 보호·육성하기 위하여 농·어촌종합개발과 그 지원 등 필요한 계획을 수립·시행할 수 있다.

문 5. 정당에 대한 설명으로 적절하지 않은 것은? (다툼이 있는 경우 판례에 의함)

① 국회의원선거에 참여하여 의석을 얻지 못하고 유효투표총수의 100분의 2 이상을 득표하지 못한 정당에 대해 그 등록을 취소하도록 한 구 정당법의 정당등록취소조항은 정당설립의 자유를 침해한다.

② 정당이 새로운 당명으로 합당하거나 다른 정당에 합당될 때에는 합당을 하는 정당들의 대의기관이나 그 수임기관의 합동회의의 결의로써 합당할 수 있다.

③ 헌법 제8조 제4항의 "정당의 목적이나 활동이 민주적 기본질서에 위배될 때에는 정부는 헌법재판소에 그 해산을 제소할 수 있고, 정당은 헌법재판소의 심판에 의해 해산된다."에서 민주적 기본질서란 현행 헌법이 규정한 민주적 기본질서와 동일한 것을 의미한다.

④ 창당준비위원회는 중앙당의 경우에는 200명 이상의, 시·도당의 경우에는 100명 이상의 발기인으로 구성한다.

문 6. 직업공무원제도에 대한 설명으로 적절하지 않은 것은 모두 몇 개인가? (다툼이 있는 경우 판례에 의함)

⊙ 헌법 제7조 제2항이 "공무원의 신분과 정치적 중립성은 법률이 정하는 바에 의하여 보장된다."라고 규정한 것은, 공무원이 정치과정에서 승리한 정당원에 의하여 충원되는 엽관제를 지양하고, 정권교체에 따른 국가작용의 중단과 혼란을 예방하며 일관성 있는 공무수행의 독자성과 영속성을 유지하기 위하여 공직구조에 관한 제도적 보장으로서의 직업공무원제도를 마련해야 함을 의미한다.

ⓛ 입법자는 헌법상 직업공무원제도를 최대한 보장하는 방향으로 구체화할 의무가 있다.

ⓒ 총장후보자에 지원하려는 사람에게 접수시 1,000만원의 기탁금을 납부하도록 하고, 지원서 접수시 기탁금 납입 영수증을 제출하도록 한 '전북대학교 총장임용후보자 선정에 관한 규정'은 총장후보자에 지원하려는 교원 등 학내 인사와 일반 국민의 공무담임권을 침해한다.

ⓔ 제도적 보장은 주관적 권리가 아닌 객관적 법규범이라는 점에서 기본권과 구별되기는 하지만 헌법에 의하여 일정한 제도가 보장되면 입법자는 그 제도를 설정하고 유지할 입법의무를 지게 될 뿐만 아니라 헌법에 규정되어 있기 때문에 법률로써 이를 폐지할 수 없고, 비록 내용을 제한한다고 하더라도 그 본질적 내용을 침해할 수는 없다.

① 0개   ② 1개
③ 2개   ④ 3개

문 7. 평등권에 대한 설명으로 적절하지 않은 것은? (다툼이 있는 경우 판례에 의함)

① 선거기간 동안 언론기관이 지지율을 기반으로 초청 대상 후보자의 수를 제한하여 대담토론회를 개최하고 보도하는 것은 평등권 위반이 아니다.

② 협의수용을 '양도'로 보고 양도소득세를 부과하는 것은 환지처분을 '양도'로 보지 않고 양도소득세를 부과하지 않는 것에 비해 불합리하게 차별하는 것이다.

③ 동일한 월급근로자임에도 불구하고 해고예고제를 적용할 때, 근무기간 6개월 미만 월급근로자를 그 이상 근무한 월급근로자와 달리 취급하는 규정은 헌법에 위배된다.

④ 국민연금법상 유족연금에서 유족의 범위에 25세 이상의 자녀 혹은 사망한 국민연금 가입자 등에 의하여 생계를 유지하고 있지 않은 자녀를 포함시키지 않는 법률조항은 헌법에 위반되지 않는다.

문 8. 헌법재판소의 결정 내용으로 적절하지 않은 것을 모두 고른 것은?

> ㉠ 의료인 등으로 하여금 거짓이나 과장된 내용의 의료광고를 하지 못하도록 하고 이를 위반한 자를 1년 이하의 징역이나 500만원 이하의 벌금에 처하도록 규정한 의료법 제56조 제3항 등이 평등권을 침해하는 것은 아니다.
>
> ㉡ 경찰공무원은 교육훈련 또는 직무수행 중 사망한 경우 국가유공자 등 예우 및 지원에 관한 법률상 순직군경으로 예우받을 수 있는 것과는 달리, 소방공무원은 화재진압, 구조·구급 업무수행 또는 이와 관련된 교육훈련 중 사망한 경우에 한하여 순직군경으로서 예우를 받을 수 있도록 하는 소방공무원법 규정은 소방공무원에 대한 합리적인 이유없는 차별에 해당한다.
>
> ㉢ 공직자윤리법 시행령에 경찰공무원 중 경사 이상의 계급에 해당하는 자를 재산등록의무자로 규정한 것은 평등권을 침해한다.
>
> ㉣ 일반 형사소송절차와 달리 소년심판절차에서 검사에게 상소권이 인정되지 않는 것은 객관적이고 합리적인 이유가 있어 피해자의 평등권을 침해한다고 볼 수 없다.
>
> ㉤ 제3자 개입금지에 관한 노동쟁의조정법 제13조의2는 실제로 조력을 구하기 위한 능력의 차이를 무시한 것으로, 근로자와 사용자를 실질적으로 차별하는 불합리한 규정이다.

① ㉠, ㉡
② ㉡, ㉣
③ ㉡, ㉢, ㉤
④ ㉢, ㉣, ㉤

문 9. 변호인의 조력을 받을 권리에 대한 설명으로 적절한 것은? (다툼이 있는 경우 판례에 의함)

① 변호인의 조력을 받을 권리는 형사절차에서 피의자 또는 피고인의 방어권 보장을 위한 것으로서 출입국관리법상 보호 또는 강제퇴거의 절차에도 적용된다고 보기 어렵다.

② 난민인정심사불회부결정을 받은 외국인을 인천국제공항 송환대기실에 수개월째 수용하고 환승구역으로 출입을 막으면서 변호인접견신청을 거부한 것은, 변호인의 조력을 받을 권리를 침해한 것은 아니다.

③ 법정 옆 피고인 대기실에서 대기 중인 14인 중 11인이 강력범들이고 교도관이 2인인 상황에서, 재판대기 중인 피고인이 재판 시작 20분 전에 교도관에게 변호인접견을 신청하였으나 변호인접견신청이 거부된 것은 변호인의 조력을 받을 권리를 침해한 것은 아니다.

④ 구치소장이 변호인접견실에 CCTV를 설치하여 미결수용자와 변호인간의 접견을 관찰한 행위는 미결수용자와 변호인간의 접견내용의 비밀이 침해될 위험성이 높고 미결수용자로 하여금 심리적으로 위축되게 함으로써 변호인과의 자유롭고 충분한 접견을 제한하고 있으므로 미결수용자의 변호인의 조력을 받을 권리를 침해한다.

문 10. 거주·이전의 자유에 대한 설명으로 적절하지 않은 것은? (다툼이 있는 경우 판례에 의함)

① 헌법 제14조가 보장하는 거주·이전의 자유는 대한민국 영토 안에서 국가의 간섭이나 방해를 받지 않고 생활의 근거지와 거주지를 임의로 선택할 수 있는 자유를 뜻하므로, 이로부터 자신이 소속된 국적을 버리거나 변경할 자유가 파생된다고 볼 수는 없다.

② 법무부장관으로 하여금 거짓이나 그 밖의 부정한 방법으로 귀화허가를 받은 자에 대하여 그 허가를 취소할 수 있도록 규정하고 그 취소권의 행사기간을 따로 정하지 아니한 국적법 조항은 거주·이전의 자유를 침해하지 않는다.

③ 형사재판에 계속 중인 사람에 대하여 출국을 금지할 수 있다고 규정한 출입국관리법 조항은 거주·이전의 자유를 침해하지 않는다.

④ 주택 등의 재산권에 대한 수용이 헌법 제23조 제3항이 정하고 있는 정당보상의 원칙에 부합하는 이상, 그러한 수용만으로 거주·이전의 자유를 침해한다고는 할 수 없다.

문 11. 출입국에 대한 설명으로 적절하지 않은 것은? (다툼이 있는 경우 판례에 의함)

① 형사재판에 계속 중인 사람에 대하여 출국을 금지할 수 있다고 규정한 출입국관리법 조항에 따른 법무부장관의 출국금지결정은 형사재판에 계속 중인 국민의 출국의 자유를 제한하는 행정처분일 뿐이고, 영장주의가 적용되는 신체에 대하여 직접적으로 물리적 강제력을 수반하는 강제처분이라고 할 수는 없다.

② 외교부장관의 허가 없이 여행금지국가를 방문한 사람을 처벌하는 여권법 제26조 제3호는 거주·이전의 자유를 침해하지 않는다.

③ 출입국관리법상 조세 미납을 이유로 한 출국금지는 조세 미납자의 출국의 자유를 제한하여 심리적 압박을 가함으로써 미납 세금을 자진납부하도록 하기 위한 것이므로, 재산을 해외로 도피할 우려가 있는지 여부를 확인하지 않은 채 출국금지처분을 하더라도 과잉금지의 원칙에 어긋나지 아니한다.

④ 체류자격 변경허가는 신청인에게 당초의 체류자격과 다른 체류자격에 해당하는 활동을 할 수 있는 권한을 부여하는 일종의 설권적 처분의 성격을 가지므로, 허가권자는 신청인이 관계 법령에서 정한 요건을 충족하였다고 하더라도, 허가 여부에 관하여 재량권을 가진다.

문 12. 헌법재판소 결정에 의할 때 집회·시위의 자유가 침해되지 않은 것은?

① 국무총리공관 인근에서 옥외집회·시위의 전면적 금지

② 24시 이후부터 해가 뜨기 전까지의 시위의 금지

③ 민주적 기본질서에 위배되는 집회·시위의 금지

④ 국내 주재 외교기관의 경계지점으로부터 청사의 100m 이내의 장소에서 옥외집회의 전면적 금지

문 13. 방송의 자유에 대한 설명으로 적절하지 않은 것은 모두 몇 개인가? (다툼이 있는 경우 판례에 의함)

㉠ 헌법 제21조 제1항에 의하여 보장되는 언론·출판의 자유에는 방송의 자유가 포함된다.

㉡ 방송의 자유는 주관적인 자유권으로서의 특성을 가질 뿐 아니라 다양한 정보와 견해의 교환을 가능하게 함으로써 민주주의의 존립·발전을 위한 기초가 되는 언론의 자유의 실질적 보장에 기여한다는 특성을 가지고 있다.

㉢ 일간신문과 뉴스통신·방송사업의 겸영을 금지하는 구 신문법 제15조 제2항은 신문사업자간 신문의 자유를 침해한다.

㉣ 방송의 자유는 주관적 권리로서의 성격과 함께 자유로운 의견형성이나 여론형성을 위해 필수적인 기능을 행하는 객관적 규범질서로서 제도적 보장의 성격을 가진다.

㉤ 정보유통 통로의 유한성, 강한 호소력과 대중조작의 가능성, 강한 사회적 영향력과 같은 방송매체의 특수성을 고려하면, 방송의 기능을 보장하기 위한 규율의 필요성은 신문 등 인쇄매체보다 높다.

① 0개 ② 1개
③ 2개 ④ 3개

문 14. 표현의 자유에 대한 설명으로 적절하지 않은 것은? (다툼이 있는 경우 판례에 의함)

① 인터넷언론사에 대하여 선거일 전 90일부터 선거일까지 후보자 명의의 칼럼이나 저술을 게재하는 보도를 제한하는 구 인터넷선거보도 심의기준 등에 관한 규정 제8조 제2항 본문과 인터넷선거보도 심의기준 등에 관한 규정 제8조 제2항은 인터넷언론사 홈페이지에 청구인 명의의 칼럼을 게재한 자의 표현의 자유를 침해한다.

② 지역농협 이사 선거의 경우 전화·컴퓨터통신을 이용한 지지·호소의 선거운동방법을 금지하고, 이를 위반한 자를 처벌하는 구 농업협동조합법 조항은 해당 선거 후보자의 표현의 자유를 침해한다.

③ 숙취해소용 천연차를 개발하여 특허권을 획득한 자로 하여금 '음주 전후, 숙취해소'라는 표시광고를 하지 못하도록 하는 것은 직업의 자유, 재산권을 침해하나, 표현의 자유는 침해하지 않는다.

④ 금치기간 중 집필을 금지하도록 한 '형의 집행 및 수용자의 처우에 관한 법률' 제112조 제3항 본문은 표현의 자유를 침해하지 않는다.

문 15. 표현의 자유에 대한 설명으로 적절하지 않은 것은? (다툼이 있는 경우 판례에 의함)

① 학교 구성원으로 하여금 성별 등의 사유를 이유로 차별적 언사나 행동, 혐오적 표현 등을 통해 다른 사람의 인권을 침해하지 못하도록 한 서울특별시 학생인권조례 규정은 학교 구성원들의 표현의 자유를 침해한 것이라고 볼 수 없다.

② 사회복무요원이 정당이나 그 밖의 정치단체에 가입하는 등 정치적 목적을 지닌 행위를 금지한 병역법 제33조 제2항 본문 제2호 중 '그 밖의 정치단체에 가입하는 등 정치적 목적을 지닌 행위'에 관한 부분은 명확성의 원칙에 위배된다.

③ 선거운동기간 중에 인터넷언론사 홈페이지 게시판 등 이용자로 하여금 실명확인조치를 강제하는 것이 익명표현의 자유와 언론의 자유를 침해하는 것은 아니다.

④ 상업광고에 대한 규제에 의한 표현의 자유 내지 직업수행의 자유의 제한은 헌법 제37조 제2항에서 도출되는 비례의 원칙(과잉금지원칙)을 준수하여야 하지만, 이때 위헌심사의 기준은 완화되는 것이 상당하다.

문 16. 직업의 자유에 대한 설명으로 적절한 것은? (다툼이 있는 경우 판례에 의함)

① 소송사건의 대리인인 변호사가 수형자를 접견하고자 하는 경우 소송계속 사실을 소명할 수 있는 자료를 제출하도록 규정하고 있는 형의 집행 및 수용자의 처우에 관한 법률 시행규칙 중 '수형자 접견'에 관한 부분은 변호사의 직업수행의 자유를 침해하지 않는다.

② 사립유치원의 공통적인 세입·세출 자료가 없는 경우 관할청의 지도·감독에는 한계가 존재할 수밖에 없다는 이유로 사립유치원의 회계를 국가가 관리하는 공통된 회계시스템을 이용하여 처리하도록 하는 것은 개인사업자인 사립유치원의 자유로운 회계처리방법 선택권을 과도하게 침해한다.

③ 청원경찰이 금고 이상의 형의 선고유예를 받은 경우 당연퇴직되도록 규정한 청원경찰법 관련 조항은 청원경찰이 저지른 범죄의 종류나 내용에 따른 적절한 제재로서 청원경찰의 직업의 자유를 침해하는 것이 아니다.

④ 성적목적공공장소침입죄로 형을 선고받아 확정된 사람은 그 형의 집행을 종료한 날부터 10년 동안 의료기관을 제외한 아동·청소년 관련 기관 등을 운영하거나 위 기관에 취업할 수 없도록 한 아동·청소년의 성보호에 관한 법률 관련 조항은 성적목적공공장소침입죄 전과자의 직업선택의 자유를 침해하는 것이다.

문 17. 직업의 자유에 대한 설명으로 적절한 것은? (다툼이 있는 경우 판례에 의함)

① 의료인의 중복운영 허용 여부는 입법정책적인 문제이나 1인의 의료인에 대하여 운영할 수 있는 의료기관의 수를 제한하는 입법자의 판단은 그 목적에 비해 입법자에게 부여된 입법재량을 명백히 일탈하였다.

② 온라인서비스제공자가 자신이 관리하는 정보통신망에서 아동·청소년이용음란물을 발견하기 위하여 대통령령으로 정하는 조치를 취하지 아니하거나 발견된 아동·청소년이용음란물을 즉시 삭제하고, 전송을 방지 또는 중단하는 기술적인 조치를 취하지 아니한 경우 처벌하는 '아동·청소년의 성보호에 관한 법률' 규정은 직업의 자유를 제한하지 않는다.

③ 음란물출판사 등록취소 사건은 청구인의 직업의 자유를 침해한다.

④ 감차 사업구역 내에 있는 일반택시운송사업자에게 택시운송사업 양도를 금지하고 감차 계획에 따른 감차 보상만 신청할 수 있도록 하는 조항은 일반택시운송사업자의 직업수행의 자유를 과도하게 제한한다고 볼 수 없다.

문 18. 재외국민의 선거권에 대한 설명으로 적절하지 않은 것은? (다툼이 있는 경우 판례에 의함)

① 국내거주 재외국민은 주민등록을 할 수 없을 뿐이지 '국민인 주민'이라는 점에서는 '주민등록이 되어 있는 국민인 주민'과 실질적으로 동일하므로, 지방선거 선거권 부여에 있어 양자에 대한 차별을 정당화할 어떠한 사유도 존재하지 않는다.

② 입법자가 재외선거인을 위하여 인터넷투표방법이나 우편투표방법을 채택하지 아니하고 원칙적으로 공관에 설치된 재외투표소에 직접 방문하여 투표하는 방법을 채택하는 것은 현저히 불합리하거나 불공정하다고 할 수 없다.

③ 공직선거법상 재외선거인 등록신청조항에서 재외선거권자로 하여금 선거를 실시할 때마다 재외선거인 등록신청을 하도록 규정한 것은 재외선거인의 선거권을 침해한다.

④ 주민등록이 되어 있지 않고 국내거소신고도 하지 않은 재외국민에게 국회의원 재·보궐선거의 선거권을 인정하지 않은 재외선거인 등록신청조항이 재외선거인의 선거권을 침해하거나 보통선거원칙에 위배된다고 볼 수 없다.

문 19. 청구권적 기본권에 대한 설명으로 적절하지 않은 것은? (다툼이 있는 경우 판례에 의함)

① 형사재판에 피고인으로 출석하는 수형자에 대하여 사복착용을 불허하는 것은 공정한 재판을 받을 권리를 침해하는 것이다.

② 형사피해자의 재판절차진술권의 형사피해자는 범죄피해자구조청구권의 범죄피해자보다 넓은 개념이다.

③ 범죄피해자구조청구권의 대상이 되는 범죄피해에 해외에서 발생한 범죄피해의 경우를 포함하지 아니한 것은 현저하게 불합리한 자의적인 차별이라고 볼 수 없어 평등원칙에 위배되지 아니한다.

④ 형사피의자와 형사피고인이 형사보상청구권을 주장하기 위해서는 무죄판결을 받아야 한다.

문 20. 형사보상청구권에 대한 설명으로 적절하지 않은 것은? (다툼이 있는 경우 판례에 의함)

① 형사보상의 청구기간을 '무죄판결이 확정된 때로부터 1년'으로 규정한 것은 형사보상청구권의 행사를 어렵게 할 정도로 지나치게 짧다고 할 수 없으므로 합리적인 입법재량을 행사한 것으로 볼 수 있다.

② 형사보상청구권과 직접적인 이해관계를 가진 당사자는 형사피고인과 국가밖에 없는데, 국가가 무죄판결을 선고받은 형사피고인에게 넓게 형사보상청구권을 인정함으로써 감수해야 할 공익은 경제적인 것에 불과하다.

③ 형사피고인에만 인정되었던 형사보상청구권을 형사피의자까지 확대 적용한 것은 현행헌법부터이다.

④ 형사보상의 청구에 대한 보상결정에 대하여는 불복을 신청할 수 없도록 하여 형사보상의 결정을 단심재판으로 제한한 것은 형사보상청구권 및 재판청구권을 침해한다.

2023 해커스경찰 신동욱 경찰헌법 실전동형모의고사 2

실전동형모의고사
정답 및 해설

정답

p.8

01	①	02	④	03	②	04	④	05	②
06	④	07	③	08	③	09	④	10	④
11	①	12	①	13	③	14	①	15	③
16	②	17	③	18	③	19	①	20	②

01
답 ①

❶ [×] 건국헌법은 위헌법률심사와 탄핵재판을 담당하는 헌법위원회를 신설하였다.
⇨ 건국헌법에서는 위헌법률심판은 헌법위원회가, 탄핵재판은 탄핵재판소가 각각 담당하였다.

> **건국헌법(1948년) 제47조** 탄핵사건을 심판하기 위하여 법률로써 탄핵재판소를 설치한다.
> **제81조** 대법원은 법률의 정하는 바에 의하여 명령, 규칙과 처분이 헌법과 법률에 위반되는 여부를 최종적으로 심사할 권한이 있다.
> 법률이 헌법에 위반되는 여부가 재판의 전제가 되는 때에는 법원은 헌법위원회에 제청하여 그 결정에 의하여 재판한다.

② [○] 1960년 제3차 개정헌법에서는 대법원장과 대법관을 선거로 선출하도록 규정하였다.
⇨ 제3차 개정헌법(1960년) 제78조에 대한 옳은 설명이다.

> **제3차 개정헌법(1960년) 제78조** 대법원장과 대법관은 법관의 자격이 있는 자로써 조직되는 선거인단이 이를 선거하고 대통령이 확인한다.

③ [○] 구속적부심사규정은 건국헌법 때 신설되어, 제7차 개정헌법 때 폐지된 후, 제8차 개정헌법 때 부활하였다.
⇨ 제8차 개정헌법(1980년) 제11조 제5항에 대한 옳은 설명이다.

> **제8차 개정헌법(1980년) 제11조** ⑤ 누구든지 체포·구금을 당한 때에는 법률이 정하는 바에 의하여 적부의 심사를 법원에 청구할 권리를 가진다.

④ [○] 1980년 제8차 개정헌법에서는 적정임금 보장에 대해 규정하였다.
⇨ 1980년 제8차 개정헌법에서 적정임금의 보장에 대해 처음 규정하였다.

> **제8차 개정헌법(1980년) 제30조** ① 모든 국민은 근로의 권리를 가진다. 국가는 사회적·경제적 방법으로 근로자의 고용의 증진과 적정임금의 보장에 노력하여야 한다.

02
답 ④

① [○] 대한민국 국적을 취득한 사실이 없는 외국인은 법무부장관의 귀화허가를 받아 대한민국 국적을 취득할 수 있다.
⇨ 국적법 제4조 제1항에 대한 옳은 설명이다.

> **국적법**
> **제4조 【귀화에 의한 국적 취득】** ① 대한민국 국적을 취득한 사실이 없는 외국인은 법무부장관의 귀화허가(歸化許可)를 받아 대한민국 국적을 취득할 수 있다.

② [○] 법무부장관은 귀화신청인이 귀화요건을 갖추었다 하더라도 귀화를 허가할 것인지 여부에 관하여 재량권을 가진다.
⇨ 귀화허가는 외국인에게 대한민국 국적을 부여함으로써 국민으로서의 법적 지위를 포괄적으로 설정하는 행위에 해당한다. 한편, 국적법 등 관계 법령 어디에도 외국인에게 대한민국의 국적을 취득할 권리를 부여하였다고 볼 만한 규정이 없다. 이와 같은 귀화허가의 근거 규정의 형식과 문언, 귀화허가의 내용과 특성 등을 고려해 보면, 법무부장관은 귀화신청인이 귀화요건을 갖추었다 하더라도 귀화를 허가할 것인지 여부에 관하여 재량권을 가진다고 보는 것이 타당하다(대판 2010.10. 28, 2010두6496).

③ [○] 국적법에 따라 귀화허가를 받은 사람은 법무부장관 앞에서 국민선서를 하고 귀화증서를 수여받은 때에 대한민국 국적을 취득하며, 법무부장관은 연령, 신체적·정신적 장애 등으로 국민선서의 의미를 이해할 수 없거나 이해한 것을 표현할 수 없다고 인정되는 사람에게는 국민선서를 면제할 수 있다.
⇨ 국적법 제4조 제3항에 대한 옳은 설명이다.

> **국적법**
> **제4조 【귀화에 의한 국적 취득】** ③ 제1항에 따라 귀화허가를 받은 사람은 법무부장관 앞에서 국민선서를 하고 귀화증서를 수여받은 때에 대한민국 국적을 취득한다. 다만, 법무부장관은 연령, 신체적·정신적 장애 등으로 국민선서의 의미를 이해할 수 없거나 이해한 것을 표현할 수 없다고 인정되는 사람에게는 국민선서를 면제할 수 있다.

❹ [×] 법무부장관은 거짓이나 그 밖의 부정한 방법으로 귀화허가를 받은 자에 대하여 그 허가를 취소할 수 있으며, 법무부장관의 취소권 행사기간은 귀화허가를 한 날로부터 6개월 이내이다.

⇨ 법무부장관은 거짓이나 그 밖의 부정한 방법으로 귀화허가를 받은 자에 대하여 그 허가를 취소할 수 있으며, **법무부장관의 취소권 행사기간에 대한 제한규정은 없다.** 헌법재판소는 귀화허가취소권의 행사기간을 제한하지 않은 것은 합헌이라는 입장이다.

국적법

제21조【허가 등의 취소】① 법무부장관은 거짓이나 그 밖의 부정한 방법으로 귀화허가, 국적회복허가, 국적의 이탈 허가 또는 국정보유판정을 받은 자에 대하여 그 허가 또는 판정을 취소할 수 있다.

참고 판례 🖊

부정한 방법으로 귀화허가를 받았음에도 상당기간이 경과하였다고 하여 귀화허가의 효력을 그대로 둔 채 행정형벌이나 행정질서벌 등으로 제재를 가하는 것은 부정한 방법에 의한 국적취득을 용인하는 결과가 된다. 이 사건 법률조항의 위임을 받은 시행령은 귀화허가취소사유를 구체적이고 한정적으로 규정하고 있을 뿐 아니라, 법무부장관의 재량으로 위법의 정도, 귀화허가 후 형성된 생활관계, 귀화허가취소시 받게 될 당사자의 불이익 등은 물론 귀화허가시부터 취소시까지의 시간의 경과 정도 등을 고려하여 취소권 행사 여부를 결정하도록 하고 있으며, 귀화허가가 취소된다고 하더라도 외국인으로서 체류허가를 받아 계속 체류하거나 종전의 하자를 치유하여 다시 귀화허가를 받을 수 있으므로, 이 사건 법률조항이 귀화허가취소권의 행사기간을 제한하지 않았다고 하더라도 침해의 최소성원칙에 위배되지 아니한다. 한편, 귀화허가가 취소되는 경우 국적을 상실하게 됨에 따른 불이익을 받을 수 있으나, 국적 관련 행정의 적법성 확보보다는 공익이 훨씬 더 크므로 법익균형성의 원칙에도 위배되지 아니한다. 따라서 이 사건 법률조항은 거주·이전의 자유 및 행복추구권을 침해하지 아니한다(헌재 2015.9.24, 2015헌바26).

---

03 답 ②

적절한 것은 ㉠, ㉢, ㉣이다.

㉠ [O] 헌법재판소는 독도 등을 중간수역으로 정한 '대한민국과 일본국 간의 어업에 관한 협정'은 배타적 경제수역을 직접 규정한 것이 아니고, 독도의 영유권 문제나 영해 문제와는 직접적인 관련을 가지지 아니하기 때문에 헌법상 영토조항에 위반되지 않는다고 하였다.

⇨ 대한민국과 일본국 간의 어업에 관한 협정은 배타적 경제수역을 직접 규정한 것이 아닐 뿐만 아니라 배타적 경제수역이 설정된다 하더라도 영해를 제외한 수역을 의미하며, 이러한 점들은 이 사건 협정에서의 이른바 중간수역에 대해서도 동일하다고 할 것이므로 독도가 중간수역에 속해 있다 할지라도 독도의 영유권 문제나 영해 문제와는 직접적인 관련을 가지지 아니한 것임은 명백하다 할 것이다(헌재 2001.3.21, 99헌마139).

㉡ [×] 북한이탈주민의 보호 및 정착지원에 관한 법률에 따르면 북한을 벗어난 후 외국의 국적을 취득한 자는 '북한이탈주민'으로 보호된다.

⇨ '북한이탈주민'이란 군사분계선 이북지역(이하 '북한'이라 한다)에 주소, 직계가족, 배우자, 직장 등을 두고 있는 사람으로서 **북한을 벗어난 후 외국 국적을 취득하지 아니한 사람을 말한다**(북한이탈주민의 보호 및 정착지원에 관한 법률 제2조 제1호).

㉢ [O] 헌법재판소는 남북합의서를 한민족공동체 내부의 특수관계를 기초로 하여 합의된 공동성명이나 신사협정에 준하는 것으로 보아, 남북합의서의 채택·발효가 북한을 하나의 국가로 인정한 것으로 볼 수 없다고 하였다.

⇨ 남북합의서는 남북관계를 '나라와 나라 사이의 관계가 아닌 통일을 지향하는 과정에서 잠정적으로 형성되는 특수관계'임을 전제로 하여 이루어진 합의문서인바, 이는 한민족공동체 내부의 특수관계를 바탕으로 한 당국간의 합의로서 남북당국의 성의 있는 이행을 상호 약속하는 일종의 공동성명 또는 신사협정에 준하는 성격을 가짐에 불과하다. 따라서 남북합의서의 채택·발효 후에도 북한이 여전히 적화통일의 목표를 버리지 않고 각종 도발을 자행하고 있으며 남·북한의 정치, 군사적 대결이나 긴장관계가 조금도 해소되지 않고 있음이 엄연한 현실인 이상, 북한의 반국가단체성이나 국가보안법의 필요성에 관하여는 아무런 상황변화가 있었다고 할 수 없다(헌재 1997.1.16, 92헌바6).

㉣ [O] 헌법의 인적 적용범위와 관련하여 우리나라는 부모양계혈통주의에 기초한 속인주의를 원칙으로 하면서 속지주의를 보충적으로 채택하고 있다.

⇨ 국적법 제2조는 속인주의(혈통주의)를 원칙으로 하면서 속지주의를 가미하고 있으며, 부모양계혈통주의를 원칙으로 채택하고 있다.

㉤ [×] 헌법재판소는 우리 헌법이 대한민국의 국민이 되는 요건은 법률로서 정한다고 규정하고 있기 때문에, 국적은 국가의 생성으로 당연히 발생하는 성질의 것이 아니라, 별도의 입법을 통해서만 비로소 그 실체를 인정받을 수 있다고 하였다.

⇨ 국적은 국가의 생성과 더불어 발생하고 국가의 소멸은 바로 국적의 상실사유인 것이다. **국적은 성문의 법령을 통해서가 아니라 국가의 생성과 더불어 존재하는 것이므로,** 헌법의 위임에 따라 국적법이 제정되나 그 내용은 국가의 구성요소인 국민의 범위를 구체화·현실화하는 헌법사항을 규율하고 있는 것이다(헌재 2000.8.31, 97헌가12).

---

04 답 ④

① [O] 특정의료기관이나 특정의료인의 기능·진료방법에 관한 광고를 금지하는 것은 새로운 의료인들에게 자신의 기능이나 기술 혹은 진단 및 치료방법에 관한 광고와 선전을 할 기회를 배제함으로써, 기존의 의료인과의 경쟁에서 불리한 결과를 초래할 수 있는데, 이는 자유롭고 공정한 경쟁을 추구하는 헌법상의 시장경제질서에 부합되지 않는다.

⇨ 비약적으로 증가되는 의료인 수를 고려할 때, 이 사건 조항에 의한 의료광고의 금지는 새로운 의료인들에게 자신의 기능이나 기술 혹은 진단 및 치료방법에 관한 광고와 선전을 할 기회

를 배제함으로써, 기존의 의료인과의 경쟁에서 불리한 결과를 초래할 수 있는데, 이는 자유롭고 공정한 경쟁을 추구하는 헌법상의 시장경제질서에 부합되지 않는다(헌재 2005.10.27, 2003헌가3).

② [O] 금고 이상의 실형을 선고받고 그 형의 집행이 종료되거나 면제되지 아니한 자는 농산물도매시장의 중도매업 허가를 받을 수 없다고 규정한 것은 직업선택의 자유를 침해한 것으로 볼 수 없다.

⇨ 이 사건 법률조항은 금고 이상의 실형의 선고를 받은 자가 사적으로 농수산물 유통과 관련된 업종에 종사하는 것을 막고 있는 것은 아니고, 금고 이상의 실형의 집행이 종료되거나 면제된 이후에는 다시 중도매인 허가를 신청할 수 있으며, 달성하려는 공익이 중대하므로, 직업선택의 자유에 대한 제한을 통하여 얻는 공익적 성과와 제한의 정도가 합리적인 비례관계를 현저하게 일탈하고 있다고 볼 수 없다. 따라서 이 사건 법률조항의 기본권 제한이 입법재량을 일탈하여 제한의 방법이 부적절하거나 그 정도가 과도하여 헌법상의 한계를 넘었다고는 할 수 없으므로, 직업선택의 자유를 침해하는 것이 아니다(헌재 2005.5.26, 2002헌바67).

③ [O] 우리 헌법은 제123조 제3항에서 중소기업이 국민경제에서 차지하는 중요성 때문에 중소기업의 보호를 국가경제정책적 목표로 명문화하고 있는데, 중소기업의 보호는 넓은 의미의 경쟁정책의 한 측면을 의미하므로 중소기업의 보호는 원칙적으로 경쟁질서의 범주 내에서 경쟁질서의 확립을 통하여 이루어져야 한다.

⇨ 우리 헌법은 제123조 제3항에서 중소기업이 국민경제에서 차지하는 중요성 때문에 '중소기업의 보호'를 국가경제정책적 목표로 명문화하고, 대기업과의 경쟁에서 불리한 위치에 있는 중소기업의 지원을 통하여 경쟁에서의 불리함을 조정하고, 가능하면 균등한 경쟁조건을 형성함으로써 대기업과의 경쟁을 가능하게 해야 할 국가의 과제를 담고 있다. 중소기업의 보호는 넓은 의미의 경쟁정책의 한 측면을 의미하므로 중소기업의 보호는 원칙적으로 경쟁질서의 범주 내에서 경쟁질서의 확립을 통하여 이루어져야 한다(헌재 1996.12.26, 96헌가18).

❹ [X] 사회국가란 사회정의의 이념을 헌법에 수용한 국가로 경제·사회·문화의 모든 영역에서 사회현상에 관여하고 간섭하고 분배하고 조정하는 국가를 말하지만, 국가에게 국민 각자가 실제로 자유를 행사할 수 있는 그 실질적 조건을 마련해 줄 의무까지 부여하는 것은 아니다.

⇨ 우리 헌법은 사회국가원리를 명문으로 규정하고 있지는 않지만, 헌법의 전문, 사회적 기본권의 보장(제31조 내지 제36조), 경제영역에서 적극적으로 계획·유도하고 재분배하여야 할 국가의 의무를 규정하는 경제에 관한 조항(제119조 제2항 이하) 등과 같이 사회국가원리의 구체화된 여러 표현을 통하여 사회국가원리를 수용하였다. 사회국가란 한마디로 사회정의의 이념을 헌법에 수용한 국가·사회현상에 대하여 방관적인 국가가 아니라 경제·사회·문화의 모든 영역에서 정의로운 사회질서의 형성을 위하여 사회현상에 간섭하고 분배하고 조정하는 국가이며, **궁극적으로는 국민 각자가 실제로 자유를 행사할 수 있는 그 실질적 조건을 마련해 줄 의무가 있는 국가이다**(헌재 2002.12.18, 2002헌마52).

① [O] 월급근로자로서 6개월이 되지 못한 자를 해고예고제도의 적용 예외사유로 규정하고 있는 근로기준법 제35조 제3호는 근무기간이 6개월 미만인 월급근로자의 근로의 권리를 침해하고 평등원칙에 위배된다.

⇨ '월급근로자로서 6월이 되지 못한 자'는 대체로 기간의 정함이 없는 근로계약을 한 자들로서 근로관계의 계속성에 대한 기대가 크다고 할 것이므로, 이들에 대한 해고 역시 예기치 못한 돌발적 해고에 해당한다. 따라서 6개월 미만 근무한 월급근로자 또한 전직을 위한 시간적 여유를 갖거나 실직으로 인한 경제적 곤란으로부터 보호받아야 할 필요성이 있다. 그런데 심판대상조항은 근로관계의 성질과 관계없이 '월급근로자로서 6개월이 되지 못한 자'를 해고예고제도의 적용대상에서 제외하고 있으므로, 근무기간이 6개월 미만인 월급근로자의 근로의 권리를 침해한다. 또한 심판대상조항은 합리적 이유 없이 근무기간이 6개월 미만인 월급근로자를 6개월 이상 근무한 월급근로자 및 다른 형태로 보수를 지급받는 근로자와 차별하고 있으므로 평등원칙에도 위배된다(헌재 2015.12.23, 2014헌바3).

❷ [X] 아동·청소년대상 성범죄의 재범을 방지하고 재범시 수사의 효율성을 제고하기 위하여 등록대상자로 하여금 1년마다 사진을 제출하도록 형사처벌로 강제하는 것은 일반적 행동자유권을 과도하게 제한하는 것이다.

⇨ 아동·청소년대상 성범죄의 재범을 방지하고 재범시 수사의 효율성을 제고하기 위하여 등록대상자로 하여금 1년마다 사진을 제출하도록 형사처벌로 강제하는 것은 정당한 목적을 위한 적합한 수단이고, 입법자가 등록대상자의 사진제출의무 위반행위에 대해 형벌을 부과하는 것은 원칙적으로 입법재량의 범위 내이며, 구법 조항들은 '정당한 사유 없이' 사진제출의무를 위반한 경우에만 적용되고 법정형은 1년 이하의 징역 또는 500만원 이하의 벌금으로 경미하므로 법관은 등록대상자의 구체적 사정을 심리하여 책임에 부합하는 양형을 할 수 있다. 따라서 구법 조항들은 **일반적 행동의 자유를 침해하지 아니한다**(헌재 2016.7.28, 2016헌마109).

③ [O] 민법 제809조 제1항을 위반한 혼인을 무효로 하는 민법 제815조 제2호는 헌법에 합치되지 아니한다.

⇨ 이 사건 무효조항은 이 사건 금혼조항의 실효성을 보장하기 위한 것으로서 정당한 입법목적 달성을 위한 적합한 수단에 해당한다. 다만, 이미 근친혼이 이루어져 당사자 사이에 부부간의 권리와 의무의 이행이 이루어지고 있고, 자녀를 출산하거나 가족 내 신뢰와 협력에 대한 기대가 발생하였다고 볼 사정이 있는 때에 일률적으로 그 효력을 소급하여 상실시킨다면, 이는 가족제도의 기능 유지라는 본래의 입법목적에 반하는 결과를 초래할 가능성이 있다. 이 사건 무효조항의 입법목적은 근친혼이 가까운 혈족 사이의 신분관계 등에 현저한 혼란을 초래하고 가족제도의 기능을 심각하게 훼손하는 경우에 한정하여 무효로 하더라도 충분히 달성 가능하고, 위와 같은 경우에 해당하는지 여부가 명백하지 않다면 혼인의 취소를 통해 장래를 향하여 혼인을 해소할 수 있도록 규정함으로써 가족의 기능을 보호하는 것이 가능하므로, 이 사건 무효조항은 입법목적 달성에 필요한 범위를 넘는 과도한 제한으로서 침해의 최소성을 충족하지 못한다. 나아가 이 사건 무효조항을 통하여 달성되는 공익은 결코 적지 아니하나, 이 사건 무효조항으로 인하여

제한되는 사익 역시 중대함을 고려하면, 이 사건 무효조항은 법익균형성을 충족하지 못한다. 그렇다면, 이 사건 무효조항은 과잉금지원칙에 위배하여 혼인의 자유를 침해한다(헌재 2022.10.27, 2018헌바115).

④ [O] 입법자가 변리사제도를 형성하면서 변리사의 업무범위에 특허침해소송의 소송대리를 포함하지 않은 것이 변리사의 직업의 자유를 침해하는 것은 아니다.

⇨ 특허침해소송은 고도의 법률지식 및 공정성과 신뢰성이 요구되는 소송으로, 변호사 소송대리원칙(민사소송법 제87조)이 적용되어야 하는 일반 민사소송의 영역이므로, 소송당사자의 권익을 보호하기 위해 변호사에게만 특허침해소송의 소송대리를 허용하는 것은 그 합리성이 인정되며 입법재량의 범위 내라고 할 수 있다. 그러므로 이 사건 법률조항이 특허침해소송을 변리사가 예외적으로 소송대리를 할 수 있도록 허용된 범위에 포함시키지 아니한 것은 청구인들의 직업의 자유를 침해하지 아니한다(헌재 2012.8.23, 2010헌마740).

06
답 ④

① [O] 변호사에 대한 징계결정정보를 인터넷 홈페이지에 공개하도록 한 변호사법 조항과 징계결정정보의 공개범위와 시행방법을 정한 변호사법 시행령 조항은 청구인의 인격권을 침해하지 않는다.

⇨ 징계결정 공개조항은 전문적인 법률지식, 윤리적 소양, 공정성 및 신뢰성을 갖추어야 할 변호사가 징계를 받은 경우 국민이 이러한 사정을 쉽게 알 수 있도록 하여 변호사를 선택할 권리를 보장하고, 변호사의 윤리의식을 고취시킴으로써 법률사무에 대한 전문성, 공정성 및 신뢰성을 확보하여 국민의 기본권을 보호하며 사회정의를 실현하기 위한 것으로서 입법목적의 정당성이 인정된다. 또 대한변호사협회 홈페이지에 변호사에 대한 징계정보를 공개하여 국민으로 하여금 징계정보를 검색할 수 있도록 하는 것은 그 입법목적을 달성하는 데 있어서 유효·적절한 수단이다. 또한 징계정보 공개조항은 공개되는 정보의 범위, 공개기간, 공개영역, 공개방식 등을 필요한 범위로 제한하고 있고, 입법목적의 달성에 동일한 효과가 있으면서 덜 침해적인 다른 대체수단이 존재하지 아니하므로, 침해최소성의 원칙에 위배되지 않는다. 나아가 징계결정 공개조항으로 인하여 징계대상 변호사가 입게 되는 불이익이 공익에 비하여 크다고 할 수 없으므로, 법익의 균형성에 위배되지도 아니한다. 따라서 징계결정 공개조항은 과잉금지원칙에 위배되지 아니하므로 청구인의 인격권을 침해하지 아니한다(헌재 2018.7.26, 2016헌마1029).

② [O] 범죄행위 당시에 없었던 위치추적 전자장치 부착명령을 출소예정자에게 소급적용할 수 있도록 한 특정 범죄자에 대한 위치추적 전자장치 부착 등에 관한 법률 부칙 경과조항은 과잉금지원칙에 위반되지 않아 피부착자의 인격권을 침해하지 않는다.

⇨ 전자장치 부착명령의 소급적용은 성폭력범죄의 재범 방지 및 사회 보호에 있어 실질적인 효과를 나타내고 있는 점, 장래의 재범 위험성으로 인한 보안처분의 판단시기는 범죄의 행위시가 아닌 재판시가 될 수밖에 없으므로 부착명령 청구 당시 형집행 종료일까지 6개월 이상 남은 출소예정자가 자신이 부착명령 대상자가 아니라는 기대를 가졌더라도 그 신뢰의 보호가

치는 크지 아니한 점, 피부착자의 기본권 제한을 최소화하기 위하여 법률은 피부착자에 대한 수신자료의 열람·조회를 엄격히 제한하고 부착명령의 탄력적 집행을 위한 가해제 제도를 운영하고 있는 점 등을 고려할 때, 부칙 경과조항은 과잉금지원칙에 반하여 피부착자의 인격권 등을 침해하지 아니한다(헌재 2015.9.24, 2015헌바35).

③ [O] 수형자가 법정에 출석하기까지 도주예방과 교정사고의 방지를 위해 운동화 착용을 불허하는 행위는 수형자의 인격권을 침해하지 않는다.

⇨ 이 사건 운동화착용불허행위는 시설 바깥으로의 외출이라는 기회를 이용한 도주를 예방하기 위한 것으로서 그 목적이 정당하고, 위와 같은 목적을 달성하기 위한 적합한 수단이라 할 것이다. 또한 신발의 종류를 제한하는 것에 불과하여 법익침해의 최소성과 균형성도 갖추었다 할 것이므로, 이 사건 운동화착용불허행위가 기본권 제한에 있어서의 과잉금지원칙에 반하여 청구인의 인격권과 행복추구권을 침해하였다고 볼 수 없다(헌재 2011.2.24, 2009헌마209).

❹ [×] 상체승의 포승과 수갑을 채우고 별도의 포승으로 다른 수용자와 연승한 행위는 과잉금지원칙에 반하여 청구인의 인격권을 침해한다.

⇨ 이 사건 호송행위는 교정시설 안에서보다 높은 수준의 계호가 요구되는 호송과정에서 교정사고와 타인에 대한 위해를 예방하기 위한 것이다. 교도인력만으로 수형자를 호송한다면 많은 인력을 필요로 하고, 그것이 교정사고 예방에 효과적이라 단정할 수도 없으며, 이 사건에서 보호장비가 사용된 시간과 일반에 공개된 시간이 최소한도로 제한되었으며, 최근 그 동선이 일반에의 공개를 최소화하는 구조로 설계되는 추세에 있다. 교정사고의 예방 등을 통한 공익이 수형자가 입게 되는 자유 제한보다 훨씬 크므로, 이 사건 호송행위는 청구인의 인격권 내지 신체의 자유를 침해하지 아니한다(헌재 2014.5.29, 2013헌마280).

07
답 ③

① [O] 국내통화를 위조 또는 변조하거나 이를 행사하는 등의 행위를 가중처벌하는 특정범죄 가중처벌 등에 관한 법률 제10조 중 형법 제207조 제1항 및 제4항에 관한 부분은 형법 제207조 제1항 및 제4항 부분과의 관계에서 형벌체계상의 균형을 잃어 평등원칙에 위반된다.

⇨ 이 사건과 같이 국내통화를 위조하고 위조한 국내통화를 행사한 경우, 검사는 특정범죄에 대한 가중처벌을 통하여 건전한 사회질서를 유지하고 국민경제의 발전에 기여한다는 특가법의 입법목적(제1조)에 따라 심판대상조항을 적용하여 기소하는 것이 특별법 우선의 법리에 부합한다. 그러나 범인의 성행, 범행의 경위, 범죄 전력, 결과발생의 정도 등 여러 사정을 고려하여 이 사건 형법 조항을 적용하여 기소할 수도 있는데, 이러한 기소가 적법함은 물론 이 경우 법원은 공소장의 변경 없이는 형이 더 무거운 심판대상조항을 적용할 수 없다. 그런데 이 사건 형법 조항이 행사할 목적으로 국내통화를 위조 또는 변조하거나 위조 또는 변조한 국내통화를 행사하거나 행사할 목적으로 수입 또는 수출한 경우 '무기 또는 2년 이상의 징역'에 처하고 있는 것과는 달리, 심판대상조항은 법정 최고형에 사형

을 추가하고 징역형의 하한도 두 배 이상 가중하고 있으므로 어느 법률조항이 적용되는지 여부에 따라서 심각한 형의 불균형이 초래된다(헌재 2014.11.27, 2014헌바224 등).

② [O] 사실혼 배우자에게 상속권을 인정하지 않는 민법 제1003조 제1항 중 '배우자' 부분이 상속권에 관하여 사실혼 배우자와 법률혼 배우자를 차별하고 있다고 하더라도, 그러한 취급에는 수긍할 만한 합리적인 이유가 있으므로 이를 두고 자의적인 차별로서 사실혼 배우자의 평등권을 침해한다고 보기는 어렵다.

⇨ 사실혼 부부는 법률에 규정되어 있는 혼인의 효과를 배제하고 부부공동생활의 내용에 관하여 스스로 결정하기 위하여 법률혼 대신 사실혼을 선택한 것이다. 그런데 사실혼 부부에 대하여 획일적으로 법률이 정한 상속권을 인정하게 되면 경우에 따라 당사자들의 의사에 반하게 될 수 있고, 사실혼관계인지 여부는 공시가 이루어지지 않아 당사자 이외의 자가 쉽게 알 수 없으므로, 이에 관하여 다툼이 생겨 상속을 둘러싼 법적 분쟁이 발생할 가능성이 매우 높다. 또한 사실혼 배우자는 혼인신고를 함으로써 상속권을 가질 수 있고, 증여나 유증을 받는 방법으로 상속에 준하는 효과를 얻을 수 있으며, 피상속인 명의의 재산을 취득함에 있어 대가를 부담한 경우에는 소유권 또는 공유지분을 주장할 수 있다. 그뿐만 아니라 사실혼 배우자는 상속인이 없는 경우에는 민법상 특별연고자에 대한 분여를 받을 수 있고, 피상속인이 상속인 없이 사망한 경우 또는 사망 당시 상속인이 주택에서 가정공동생활을 하고 있지 아니한 경우 일정한 범위 내에서 주택임대차보호법에 따라 임차권을 승계할 수 있으며, 근로기준법, 산업재해보상보험법, 공무원연금법, 군인연금법, 사립학교교직원 연금법, 국민연금법, 독립유공자예우에 관한 법률 등에 따라 유족급여 등을 받을 권리가 인정된다. 이러한 사정들을 종합하여 볼 때, 사실혼 배우자에게 상속권을 인정하지 않는 것이 현저히 자의적이어서 기본권 제한의 한계를 벗어난 것이라고 할 수는 없다. 따라서 이 사건 법률조항이 사실혼 배우자인 청구인의 상속권을 침해한다고 할 수 없다(헌재 2014.8.28, 2013헌바119).

❸ [×] '수사가 진행 중이거나 형사재판이 계속 중이었다가 그 사유가 소멸한 경우'에는 잔여 퇴직급여 등에 대해 이자를 가산하는 규정을 두면서, '재심으로 무죄판결을 받아 그 사유가 소멸한 경우'에는 이자 가산 규정을 두지 않은 군인연금법 제33조 제2항이 평등원칙에 위반되는 것은 아니다.

⇨ '금고 이상의 형을 받았다가 재심으로 무죄판결을 받은 사람'은 군 복무 중 급여제한사유에 해당함이 없이 직무상 의무를 다한 성실한 군인이라는 점에서 '수사 중이거나 형사재판 계속 중이었다가 불기소처분 등을 받은 사람'과 차이가 없다. 단지 전자는 '당해 형사절차에서는 금고 이상의 형이 확정되었다가 사후에 이에 해당하지 아니함이 밝혀진 사람'인 데 반해, 후자는 '당해 형사절차에서 금고 이상의 형에 해당하는 범죄를 저지르지 않았다는 사실이 밝혀진 사람'이라는 점에서 차이가 있을 뿐이다. 그러나 급여제한사유에 해당하지 않는 사람임이 뒤늦게라도 밝혀졌다면, 수사 중이거나 형사재판 계속 중이어서 잠정적·일시적으로 지급을 유보하였던 경우인지, 아니면 당해 형사절차가 종료되어 확정적으로 지급을 제한하였던 경우인지에 따라 잔여 퇴직급여에 대한 이자 가산 여부를 달리할 이유가 없다. 경제적 측면에서 보아도, 두 집단은 "퇴직급여 등을 본래 지급받을 수 있었던 때 지급받지 못하고 일정한 기간이 경과한 후에 지급받는다."는 점에서 차이가 없다. 수사

진행 중이거나 형사재판 계속 중이라는 이유로 퇴직급여 등의 지급을 유보하였다가 사후에 지급하는 경우 이자를 가산하도록 한 취지는, 본래 지급했어야 하는 금전을 제때에 지급하는 것과 사후에 지급하는 것은 그 금전적 가치가 같을 수 없으므로 원금만 지급하여서는 수급권자에 대한 정당한 권리 회복이 되지 않는다는 점을 고려한 것이다. 이러한 판단은 '금고 이상의 형이 확정되어 퇴직급여 등을 제한받았던 사람에게 잔여 퇴직급여를 지급하는 경우'에도 달라진다고 볼 수 없다. 이들은 재심에서 무죄판결을 받음으로써 처음부터 유죄판결이 없었던 것과 같은 상태가 되었으므로 '유죄판결을 받지 않았다면 본래 퇴직급여 등을 받을 수 있었던 날'에 퇴직급여를 지급받을 수 있었던 사람들이다. 따라서 미지급기간 동안 잔여 퇴직급여에 발생하였을 경제적 가치의 증가를 전혀 반영하지 않고 잔여 퇴직급여 원금만을 지급하는 것은 애초에 지급제한사유가 없었던 사람들에 대한 제대로 된 권리 회복이라고 볼 수 없으며, 오랜 기간 잘못된 유죄판결로 인해 불이익을 받아온 수급권자에게 또 다른 피해를 가하는 것이다. 이러한 점들을 종합하면, 잔여 퇴직급여에 대한 이자 지급 여부에 있어 양자를 달리 취급하는 것은 합리적 이유 없는 차별로서 평등원칙에 위반된다(헌재 2016.7.28, 2015헌바20).

④ [O] 행정심판청구를 인용하는 재결이 행정청을 기속하도록 규정한 행정심판법 제49조 제1항이 평등원칙에 위배되는 것은 아니다.

⇨ 이 사건 법률조항은 행정청의 자율적 통제와 국민 권리의 신속한 구제라는 행정심판의 취지에 맞게 행정청으로 하여금 행정심판을 통하여 스스로 내부적 판단을 종결시키고자 하는 것으로서 그 합리성이 인정되고, 반면 국민이 행정청의 행위를 법원에서 다툴 수 없도록 한다면 재판받을 권리를 제한하는 것이 되므로 국민은 행정심판의 재결에도 불구하고 행정소송을 제기할 수 있도록 한 것일 뿐이므로, 평등원칙에 위배되지 아니한다(헌재 2014.6.26, 2013헌바122).

08 답 ③

① [×] 국민참여재판 배심원의 자격을 만 20세 이상으로 정한 것은 민법상 성년연령이 만 19세로 개정된 점이나 선거권 연령이 만 18세로 개정된 점을 고려해 볼 때, 만 19세 및 만 18세의 국민을 합리적인 이유 없이 차별취급하는 것이다.

⇨ 심판대상조항이 우리나라 국민참여재판제도의 취지와 배심원의 권한 및 의무 등 여러 사정을 종합적으로 고려하여 만 20세에 이르기까지 교육 및 경험을 쌓은 자로 하여금 배심원의 책무를 담당하도록 정한 것은 입법형성권의 한계 내의 것으로 자의적인 차별이라고 볼 수 없다(헌재 2021.5.27, 2019헌가19).

② [×] 자율형 사립고등학교를 후기학교로 정하여 신입생을 일반고와 동시에 선발하도록 한 것은 자율형 사립고등학교 법인의 평등권을 침해한다.

⇨ 과학고는 '과학분야의 인재 양성'이라는 설립 취지나 전문적인 교육과정의 측면에서 과학분야에 재능이나 소질을 가진 학생을 후기학교보다 먼저 선발할 필요성을 인정할 수 있으나, 자사고의 경우 교육과정 등을 고려할 때 후기학교보다 먼저 특정한 재능이나 소질을 가진 학생을 선발할 필요성은 적다.

따라서 이 사건 동시선발조항이 자사고를 후기학교로 규정함으로써 과학고와 달리 취급하고, 일반고와 같이 취급하는 데에는 합리적인 이유가 있으므로 청구인 학교법인의 평등권을 침해하지 아니한다(헌재 2019.4.11, 2018헌마221).

❸ [○] 주민소환투표가 발의되어 공고되었다는 이유만으로 곧바로 주민소환투표대상자의 권한행사를 정지되도록 한 주민소환법 제21조 제1항은 과잉금지원칙에 위반하여 청구인의 공무담임권을 침해하거나 평등권을 침해하지 않는다.

⇨ 주민소환법 제21조 제1항의 입법목적은 행정의 정상적인 운영과 공정한 선거관리라는 정당한 공익을 달성하려는 데 있고, 주민소환투표가 공고된 날로부터 그 결과가 공표될 때까지 주민소환투표 대상자의 권한행사를 정지하는 것은 위 입법목적을 달성하기 위한 상당한 수단이 되는 점, 위 기간 동안 권한행사를 일시 정지한다 하더라도 이로써 공무담임권의 본질적인 내용이 침해된다고 보기 어려운 점, 권한행사의 정지기간은 통상 20일 내지 30일의 비교적 단기간에 지나지 아니하므로, 이 조항이 달성하려는 공익과 이로 인하여 제한되는 주민소환투표 대상자의 공무담임권이 현저한 불균형 관계에 있지 않은 점 등을 고려하면, 위 조항이 과잉금지의 원칙에 반하여 과도하게 공무담임권을 제한하는 것으로 볼 수 없다. 또 대통령 등 탄핵소추대상 공무원의 권한행사 정지와 주민소환대상 공무원의 권한행사 정지는 성격과 차원을 달리하여, 양자를 평등권 침해 여부 판단에 있어 비교의 대상으로 삼을 수 없으므로, 탄핵소추대상 공무원과 비교하여 평등권이 침해된다는 청구인의 주장도 이유 없다(헌재 2009.3.26, 2007헌마843).

④ [×] 일반택시운송사업에서 운전업무에 종사하는 근로자(택시기사)의 최저임금에 산입되는 임금의 범위는 생산고에 따른 임금을 제외한 대통령령으로 정하는 임금으로 하는 최저임금법 제6조 제5항은 계약의 자유 및 평등권을 침해한다.

⇨ 우선 일반택시운송사업은 대중교통의 한 축을 이룬다는 측면에서 다른 산업에 비하여 공공성이 강한 업종이기 때문에 서비스제공의 계속성을 보장하기 위하여 이에 종사하는 근로자들의 생활의 안정과 근로조건 향상을 위해 노력해야 할 필요성이 보다 강하다. 그리고 택시운전근로자들은 근로계약상의 근로시간 이후에도 생산수단이 되는 차량을 계속 가지고 있는 경우가 적지 않고, 사용자에 의하여 거래상대방이나 그 수가 지정되는 것도 아니라서 생활의 안정이 보장되지 못하는 경우에는 무리한 운행으로 인한 사고의 증가, 서비스의 저하 등 사회적 폐해를 낳을 수도 있다. 택시운전근로자들의 경우 일정한 고정급이란 사납금의 완납을 전제로 하며, 운송수입금이 사납금에 미치지 못하는 경우에는 가불금 등의 형식으로 부족액만큼의 고정급이 줄어드는 것이 일반적이므로 택시운전근로자들은 임금의 불안정성이 더 크다고 볼 여지도 있다. 이 사건 법률조항은 이러한 사정들을 두루 고려하여 택시운전근로자들에 관하여만 생활안정을 위한 규율을 둔 것으로서, 이는 차별의 합리적인 이유가 있는 경우에 해당하므로, 청구인들의 평등권을 침해한다고 할 수 없다(헌재 2016.12.29, 2015헌바327).

① [○] 변호인이 되려는 자의 피의자 접견교통권은 헌법상 기본권이다.

⇨ 변호인 선임을 위하여 피의자·피고인(이하 '피의자 등'이라 한다)이 가지는 '변호인이 되려는 자'와의 접견교통권은 헌법상 기본권으로 보호되어야 하고, '변호인이 되려는 자'의 접견교통권은 피의자 등이 변호인을 선임하여 그로부터 조력을 받을 권리를 공고히 하기 위한 것으로서, 그것이 보장되지 않으면 피의자 등이 변호인 선임을 통하여 변호인으로부터 충분한 조력을 받는다는 것이 유명무실하게 될 수밖에 없다. 이와 같이 '변호인이 되려는 자'의 접견교통권은 피의자 등을 조력하기 위한 핵심적인 부분으로서, 피의자 등이 가지는 헌법상의 기본권인 '변호인이 되려는 자'와의 접견교통권과 표리의 관계에 있다. 따라서 피의자 등이 가지는 '변호인이 되려는 자'의 조력을 받을 권리가 실질적으로 확보되기 위해서는 '변호인이 되려는 자'의 접견교통권 역시 헌법상 기본권으로서 보장되어야 한다(헌재 2019.2.28, 2015헌마1204).

② [○] 인천국제공항출입국·외국인청장이 인천국제공항 송환대기실에 수용된 '난민인정신청을 하였으나 난민인정심사 불회부결정을 받은 자'에 대한 변호인 접견신청을 거부한 행위는 변호인의 조력을 받을 권리를 침해하는 것이다.

⇨ 이 사건 변호인 접견신청 거부는 현행법상 아무런 법률상 근거가 없이 청구인의 변호인의 조력을 받을 권리를 제한한 것이므로, 청구인의 변호인의 조력을 받을 권리를 침해한 것이다. 또한 청구인에게 변호인 접견신청을 허용한다고 하여 국가안전보장, 질서유지, 공공복리에 어떠한 장애가 생긴다고 보기는 어렵고, 필요한 최소한의 범위 내에서 접견 장소 등을 제한하는 방법을 취한다면 국가안전보장이나 환승구역의 질서유지 등에 별다른 지장을 주지 않으면서도 청구인의 변호인 접견권을 제대로 보장할 수 있다. 따라서 이 사건 변호인 접견신청 거부는 국가안전보장이나 질서유지, 공공복리를 위해 필요한 기본권 제한조치로 볼 수도 없다(헌재 2018.5.31, 2014헌마346).

③ [○] 무기징역의 집행 중에 있는 자의 가석방요건을 종전의 '10년 이상'에서 '20년 이상' 형 집행 경과로 강화한 개정형법 제72조 제1항을, 형법 개정 당시에 이미 수용 중인 사람에게도 적용하는 형법 부칙 제2항은 신체의 자유를 침해하지 않는다.

⇨ 수형자가 형법에 규정된 형 집행 경과기간 요건을 갖춘 것만으로 가석방을 요구할 권리를 취득하는 것은 아니므로, 10년간 수용되어 있으면 가석방 적격심사 대상자로 선정될 수 있었던 구 형법(1953.9.18. 법률 제293호로 제정되고, 2010.4.15. 법률 제10259호로 개정되기 전의 것, 이하 '구 형법'이라 한다) 제72조 제1항에 대한 청구인의 신뢰를 헌법상 권리로 보호할 필요성이 있다고 할 수 없다. 가석방제도의 실제 운용에 있어서도 구 형법 제72조 제1항이 정한 10년보다 장기간의 형 집행 이후에 가석방을 해 왔고, 무기징역형을 선고받은 수형자에 대하여 가석방을 한 예가 많지 않으며, 2002년 이후에는 20년 미만의 집행기간을 경과한 무기징역형 수형자가 가석방된 사례가 없으므로, 청구인의 신뢰가 손상된 정도도 크지 아니하다. 그렇다면 죄질이 더 무거운 무기징역형을 선고받은 수형자를 가석방할 수 있는 형 집행 경과기간이 개정형법 시행 후에 유기징역형을 선고받은 수형자의 경우와 같거나 오히려

더 짧게 되는 불합리한 결과를 방지하고, 사회를 방위하기 위한 이 사건 부칙조항이 신뢰보호원칙에 위배되어 청구인의 신체의 자유를 침해한다고 볼 수 없다(헌재 2013.8.29, 2011헌마408).

❹ [×] 보호의무자 2인의 동의와 정신건강의학과 전문의 1인의 진단으로 정신질환자에 대한 보호입원이 가능하도록 한 것은 신체의 자유를 침해하지 않는다.

⇨ 현행 보호입원제도가 입원치료·요양을 받을 정도의 정신질환이 어떤 것인지에 대해서는 구체적인 기준을 제시하지 않고 있는 점, 보호의무자 2인의 동의를 보호입원의 요건으로 하면서 보호의무자와 정신질환자 사이의 이해충돌을 적절히 예방하지 못하고 있는 점, 입원의 필요성이 인정되는지 여부에 대한 판단권한을 정신과전문의 1인에게 전적으로 부여함으로써 그의 자의적 판단 또는 권한의 남용가능성을 배제하지 못하고 있는 점 … 등을 종합하면, 심판대상조항은 침해의 최소성원칙에 위배된다. 심판대상조항이 정신질환자를 신속·적정하게 치료하고, 정신질환자 본인과 사회의 안전을 도모한다는 공익을 위한 것임은 인정되나, **정신질환자의 신체의 자유침해를 최소화할 수 있는 적절한 방안을 마련하지 아니함으로써 지나치게 기본권을 제한하고 있다.** 따라서 심판대상조항은 법익의 균형성 요건도 충족하지 못한다. 그렇다면 **심판대상조항은 과잉금지원칙을 위반하여 신체의 자유를 침해한다**(헌재 2016.9.29, 2014헌가9).

10 답 ④

① [×] 강제퇴거명령을 받은 사람을 즉시 대한민국 밖으로 송환할 수 없으면 송환할 수 있을 때까지 보호시설에 보호할 수 있도록 규정한 출입국관리법 제63조 제1항은 과잉금지원칙에 반하여 신체의 자유를 침해한다.

⇨ 심판대상조항은 외국인의 출입국과 체류를 적절하게 통제하고 조정하여 국가의 안전보장·질서유지 및 공공복리를 도모하기 위한 것으로 입법목적이 정당하다. 강제퇴거대상자를 출국 요건이 구비될 때까지 보호시설에 보호하는 것은 강제퇴거명령의 신속하고 효율적인 집행과 외국인의 출입국·체류관리를 위한 효과적인 방법이므로 수단의 적정성도 인정된다. … 그러므로 **심판대상조항은 과잉금지원칙에 위배되어 신체의 자유를 침해하지 아니한다**(헌재 2018.2.22, 2017헌가29).

② [×] 밀양경찰서장이 철거대집행이 실시되는 동안 청구인들을 철거대상시설인 움막들 밖으로 강제 이동시킨 행위 및 그 움막들로 접근을 막은 행위는 신체의 자유를 침해한다.

⇨ 이 사건 강제조치는 2014.6.11. 이미 종료하였으므로 이 사건 심판청구는 주관적 권리보호이익이 인정되지 않는다. 이 사건 강제조치의 위헌 여부를 판단하기 위해서는 구체적인 사실관계의 확정이 선행되어야 하고, 당시의 개별적이고 구체적인 상황을 고려하여야 하므로 원칙적으로 당해 사건에 국한하여서만 그 의미를 가질 수밖에 없다. 이 사건 강제조치로부터 위헌적인 경찰권 행사로 판단될 수 있는 일반적인 징표를 찾을 수 없으므로 이 사건 강제조치에 대한 위헌 여부의 판단이 일반적인 헌법적 의미를 부여할 수 있는 경우에 해당한다고 볼 수 없다. 그렇다면 **이 사건 강제조치는 특정한 상황에서의 개별적 특성이 강한 공권력행사로서 앞으로도 구체적으로 반**

복될 위험성이 있다고 보기 어렵고, 헌법재판소가 헌법적으로 해명할 필요가 있다고 볼 수 없어 이 사건 심판청구는 예외적으로 심판의 이익도 인정되지 않는다(헌재 2018.8.30, 2014헌마681). 지문은 반대의견의 결론이다.

③ [×] 헌법 제12조 제4항 본문에 규정된 '구속'은 행정절차에서 이루어진 구속까지 포함하는 개념은 아니므로 헌법 제12조 제4항 본문에 규정된 변호인의 조력을 받을 권리는 행정절차에서 구속을 당한 사람에게도 즉시 보장되는 것은 아니다.

⇨ 헌법 제12조 제4항 본문의 문언 및 헌법 제12조의 조문 체계, 변호인 조력권의 속성, 헌법이 신체의 자유를 보장하는 취지를 종합하여 보면 헌법 제12조 제4항 본문에 규정된 "구속"은 사법절차에서 이루어진 구속뿐 아니라, 행정절차에서 이루어진 구속까지 포함하는 개념이다. 따라서 **헌법 제12조 제4항 본문에 규정된 변호인의 조력을 받을 권리는 행정절차에서 구속을 당한 사람에게도 즉시 보장된다**(헌재 2018.5.31, 2014헌마346).

❹ [○] 병(兵)에 대한 징계처분으로 일정기간 부대나 함정(艦艇) 내의 영창, 그 밖의 구금장소에 감금하는 영창처분이 가능하도록 규정한 구 군인사법 제57조 제2항 중 '영창'에 관한 부분은 신체의 자유를 침해한다.

⇨ 심판대상조항은 병의 복무규율 준수를 강화하고, 복무기강을 엄정히 하기 위하여 제정된 것으로 군의 지휘명령체계의 확립과 전투력 제고를 목적으로 하는바, 그 입법목적은 정당하고, 심판대상조항은 병에 대하여 강력한 위하력을 발휘하므로 수단의 적합성도 인정된다. 심판대상조항에 의한 영창처분은 징계처분임에도 불구하고 신분상 불이익 외에 신체의 자유를 박탈하는 것까지 그 내용으로 삼고 있어 징계의 한계를 초과한 점, 심판대상조항에 의한 영창처분은 그 실질이 구류형의 집행과 유사하게 운영되므로 극히 제한된 범위에서 형사상 절차에 준하는 방식으로 이루어져야 하는데, 영창처분이 가능한 징계사유는 지나치게 포괄적이고 기준이 불명확하여 영창처분의 보충성이 담보되고 있지 아니한 점, 심판대상조항은 징계위원회의 심의·의결과 인권담당 군법무관의 적법성 심사를 거치지만, 모두 징계권자의 부대 또는 기관에 설치되거나 소속된 것으로 형사절차에 견줄만한 중립적이고 객관적인 절차라고 보기 어려운 점, 심판대상조항으로 달성하고자 하는 목적은 인신구금과 같이 징계를 중하게 하는 것으로 달성되는 데 한계가 있고, 병의 비위행위를 개선하고 행동을 교정할 수 있도록 적절한 교육과 훈련을 제공하는 것 등으로 가능한 점, 이와 같은 점은 일본, 독일, 미국 등 외국의 입법례를 살펴보더라도 그러한 점 등에 비추어 심판대상조항은 침해의 최소성원칙에 어긋난다. 군대 내 지휘명령체계를 확립하고 전투력을 제고한다는 공익은 매우 중요한 공익이나, **심판대상조항으로 과도하게 제한되는 병의 신체의 자유가 위 공익에 비하여 결코 가볍다고 볼 수 없어, 심판대상조항은 법익의 균형성 요건도 충족하지 못한다. 이와 같은 점을 종합할 때, 심판대상조항은 과잉금지원칙에 위배된다**(헌재 2020.9.24, 2017헌바157 등).

11 답 ①

❶ [×] 노역장유치조항은 벌금형 및 과료형의 집행과 관련하여 벌금 등을 완납할 때까지 노역장에 유치하여 작업에 복무하게 하는 환형처분이며, 이는 과잉금지원칙에 반하여 신체의 자유를 침해한다.

⇨ 노역장유치조항은 고액 벌금형을 단기의 노역장유치로 무력화시키지 못하도록 하고, 1일 환형유치금액 사이에 지나친 차이가 발생하지 않게 함으로써 노역장유치제도의 공정성과 형평성을 제고하기 위한 것으로, 이러한 공익은 매우 중대하다. 반면, 그로 인하여 청구인들이 입게 되는 불이익은 선고된 벌금을 납입하지 아니한 경우에 일정기간 이상 노역장에 유치되어 신체의 자유를 제한받게 되는 것이다. 노역장유치는 벌금을 납입하지 않는 경우를 대비한 것으로 벌금을 납입한 때에는 집행될 여지가 없고, 노역장유치로 벌금형이 대체되는 점 등을 고려하면, 청구인들이 입게 되는 불이익이 노역장유치조항으로 달성하고자 하는 공익에 비하여 크다고 할 수 없다. 따라서 노역장유치조항은 법익균형성 요건을 충족한다. 그렇다면 **노역장유치조항은 과잉금지원칙에 반하여 청구인들의 신체의 자유를 침해한다고 볼 수 없다**(헌재 2017.10.26, 2015헌바239).

② [○] 형벌불소급원칙에서 의미하는 '처벌'은 단지 형법에 규정되어 있는 형식적 의미의 형벌 유형에 국한되지 않는다.

⇨ 형벌불소급원칙에서 의미하는 '처벌'은 단지 형법에 규정되어 있는 형식적 의미의 형벌 유형에 국한되지 않으며, 범죄행위에 따른 제재의 내용이나 실제적 효과가 형벌적 성격이 강하여 신체의 자유를 박탈하거나 이에 준하는 정도로 신체의 자유를 제한하는 경우에는 법적 안정성, 예측가능성 및 국민의 신뢰를 보호하기 위하여 형벌불소급원칙이 적용되어야 한다(헌재 2017.10.26, 2015헌바239).

③ [○] 노역장유치는 벌금형에 부수적으로 부과되는 환형처분으로서, 그 실질은 신체의 자유를 박탈하여 징역형과 유사한 형벌적 성격을 가지고 있으므로, 형벌불소급원칙의 적용대상이 된다.

⇨ 노역장유치는 벌금형에 부수적으로 부과되는 환형처분으로서, 그 실질은 신체의 자유를 박탈하여 징역형과 유사한 형벌적 성격을 가지고 있으므로, 형벌불소급원칙의 적용대상이 된다. 따라서 법률 개정으로 동일한 벌금형을 선고받은 사람에게 노역장유치기간이 장기화되는 등 불이익이 가중된 때에는, 범죄행위시의 법률에 따라 유치기간을 정하여 선고하여야 한다(헌재 2017.10.26, 2015헌바239).

④ [○] 부칙 조항은 노역장유치조항의 시행 전에 행해진 범죄행위에 대해서도 공소제기의 시기가 노역장유치조항의 시행 이후이면 이를 적용하도록 하고 있으므로, 이는 범죄행위 당시보다 불이익한 법률을 소급적용하도록 하는 것으로서 헌법상 형벌불소급원칙에 위반된다.

⇨ 노역장유치조항은 1억원 이상의 벌금을 선고받는 자에 대하여 유치기간의 하한을 중하게 변경시킨 것이므로, 이 조항 시행 전에 행한 범죄행위에 대해서는 범죄행위 당시에 존재하였던 법률을 적용하여야 한다. 그런데 부칙 조항은 노역장유치조항의 시행 전에 행해진 범죄행위에 대해서도 공소제기의 시기가 노역장유치조항의 시행 이후이면 이를 적용하도록 하고 있으므로, 이는 범죄행위 당시보다 불이익한 법률을 소급적용하도록 하는 것으로서 헌법상 형벌불소급원칙에 위반된다(헌재 2017.10.26, 2015헌바239).

12 답 ①

❶ [×] 구속된 사람의 변호인과의 자유로운 접견권은 국가안전보장·질서유지·공공복리 등 어떠한 명분으로도 제한될 수 없는 권리이고, 법률로써 제한될 수 없는 권리이기 때문에 수용자의 접견시간을 평일에 한정한 형의 집행 및 수용자의 처우에 관한 법률 시행령은 변호인의 조력을 받을 권리를 침해한다.

⇨ 헌법재판소가 '헌재 1992.1.28, 91헌마111' 결정에서 미결수용자와 변호인과의 접견에 대해 어떠한 명분으로도 제한할 수 없다고 한 것은 구속된 자와 변호인간의 접견이 실제로 이루어지는 경우에 있어서의 '자유로운 접견', 즉 '대화 내용에 대하여 비밀이 완전히 보장되고 어떠한 제한, 영향, 압력 또는 부당한 간섭 없이 자유롭게 대화할 수 있는 접견'을 제한할 수 없다는 것이지, 변호인과의 접견 자체에 대해 아무런 제한도 가할 수 없다는 것을 의미하는 것이 아니므로 **미결수용자의 변호인 접견권 역시 국가안전보장·질서유지 또는 공공복리를 위해 필요한 경우에는 법률로써 제한될 수 있음은 당연하다.** 수용자처우법 제84조 제2항에 의해 금지되는 접견시간 제한의 의미는 접견에 관한 일체의 시간적 제한이 금지된다는 것으로 볼 수는 없고, 수용자와 변호인의 접견이 현실적으로 실시되는 경우, 그 접견이 미결수용자와 변호인의 접견인 때에는 미결수용자의 방어권 행사로서의 중요성을 감안하여 자유롭고 충분한 변호인의 조력을 보장하기 위해 접견시간을 양적으로 제한하지 못한다는 의미로 이해하는 것이 타당하므로, 수용자처우법 제84조 제2항에도 불구하고 같은 법 제41조 제4항의 위임에 따라 **수용자의 접견이 이루어지는 일반적인 시간대를 대통령령으로 규정하는 것은 가능하다**(헌재 2011.5.26, 2009헌마341).

② [○] 피의자 및 피고인을 조력할 변호인의 권리 중 그것이 보장되지 않으면 그들이 변호인의 조력을 받는다는 것이 유명무실하게 되는 핵심적인 부분은 헌법상 기본권인 피의자 및 피고인이 가지는 변호인의 조력을 받을 권리와 표리의 관계에 있다 할 수 있어 헌법상 기본권으로 보호되어야 한다.

⇨ 헌법 제12조 제4항은 "누구든지 체포 또는 구속을 당한 때에는 즉시 변호인의 조력을 받을 권리를 가진다."라고 규정함으로써 변호인의 조력을 받을 권리를 헌법상의 기본권으로 격상하여 이를 특별히 보호하고 있거니와 변호인의 '조력을 받을' 피구속자의 권리는 피구속자를 '조력할' 변호인의 권리가 보장되지 않으면 유명무실하게 된다. 그러므로 피구속자를 조력할 변호인의 권리 중 그것이 보장되지 않으면 피구속자가 변호인으로부터 조력을 받는다는 것이 유명무실하게 되는 핵심적인 부분은, '조력을 받을 피구속자의 기본권'과 표리의 관계에 있기 때문에 이러한 핵심부분에 관한 변호인의 조력할 권리 역시 헌법상의 기본권으로서 보호되어야 한다(헌재 2003.3.27, 2000헌마474).

③ [○] 변호인이 피의자신문에 자유롭게 참여할 수 있는 권리는 피의자가 가지는 변호인의 조력을 받을 권리를 실현하는 수단이라고 할 수 있어 헌법상 기본권인 변호인의 변호권으로 보호되어야 하므로, 피의자신문시 변호인에 대한 수사기관의 후방착석 요구행위는 헌법상 기본권인 변호인의 변호권을 침해한다.

⇨ 피의자신문에 참여한 변호인이 피의자 옆에 앉는다고 하여 피의자 뒤에 앉는 경우보다 수사를 방해할 가능성이 높아진다거나 수사기밀을 유출할 가능성이 높아진다고 볼 수 없으므로,

이 사건 후방착석요구행위의 목적의 정당성과 수단의 적절성을 인정할 수 없다. 이 사건 후방착석요구행위로 인하여 위축된 피의자가 변호인에게 적극적으로 조언과 상담을 요청할 것을 기대하기 어렵고, 변호인이 피의자의 뒤에 앉게 되면 피의자의 상태를 즉각적으로 파악하거나 수사기관이 피의자에게 제시한 서류 등의 내용을 정확하게 파악하기 어려우므로, 이 사건 후방착석요구행위는 변호인인 청구인의 피의자신문참여권을 과도하게 제한한다. 그런데 이 사건에서 변호인의 수사방해나 수사기밀의 유출에 대한 우려가 없고, 조사실의 장소적 제약 등과 같이 이 사건 후방착석요구행위를 정당화할 그외의 특별한 사정도 없으므로, 이 사건 후방착석요구행위는 침해의 최소성 요건을 충족하지 못한다. 이 사건 후방착석요구행위로 얻어질 공익보다는 변호인의 피의자신문참여권 제한에 따른 불이익의 정도가 크므로, 법익의 균형성 요건도 충족하지 못한다. 따라서 이 사건 후방착석요구행위는 변호인인 청구인의 변호권을 침해한다(헌재 2017.11.30, 2016헌마503).

④ [O] 형사절차가 종료되어 교정시설에 수용 중인 수형자나 미결수용자가 형사사건의 변호인이 아닌 민사재판, 행정재판, 헌법재판 등에서 변호사와 접견할 경우에는 원칙적으로 헌법상 변호인의 조력을 받을 권리의 주체가 될 수 없다.
  ⇨ 변호인의 조력을 받을 권리에 대한 헌법과 법률의 규정 및 취지에 비추어 보면, '형사사건에서 변호인의 조력을 받을 권리'를 의미한다고 보아야 할 것이므로 형사절차가 종료되어 교정시설에 수용 중인 수형자나 미결수용자가 형사사건의 변호인이 아닌 민사재판, 행정재판, 헌법재판 등에서 변호사와 접견할 경우에는 원칙적으로 헌법상 변호인의 조력을 받을 권리의 주체가 될 수 없다. … 교정시설 내 수용자와 변호사 사이의 접견교통권의 보장은 헌법상 보장되는 재판청구권의 한 내용 또는 그로부터 파생되는 권리로 볼 수 있다(헌재 2013.8.29, 2011헌마122).

의사를 위축시킴으로써 남상소를 방지하려 하는 것은 입법목적 달성을 위한 적절한 수단이라고 할 수 없고, 남상소를 방지한다는 명목으로 오히려 구속 피고인의 재판청구권이나 상소권의 적정한 행사를 저해한다. 더욱이 구속 피고인이 고의로 재판을 지연하거나 부당한 소송행위를 하였다고 하더라도 이를 이유로 미결구금기간 중 일부를 형기에 산입하지 않는 것은 처벌되지 않는 소송상의 태도에 대하여 형벌적 요소를 도입하여 제재를 가하는 것으로서 적법절차의 원칙 및 무죄추정의 원칙에 반한다(헌재 2009.6.25, 2007헌바25).

❸ [X] 특정공무원범죄의 범인에 대한 추징판결을 범인 외의 자가 그 정황을 알면서 취득한 불법재산 및 그로부터 유래한 재산에 대하여 그 범인 외의 자를 상대로 집행할 수 있도록 한 '공무원범죄에 관한 몰수 특례법' 제9조의2는 적법절차원칙에 위배된다.
  ⇨ 제3자는 심판대상조항에 의한 집행에 관한 검사의 처분이 부당함을 이유로 재판을 선고한 법원에 재판의 집행에 관한 이의신청을 할 수 있다(형사소송법 제489조). 또한 제3자는 각 집행절차에서 소송을 통해 불복하는 등 사후적으로 심판대상조항에 의한 집행에 대하여 다툴 수 있다. 따라서 심판대상조항은 적법절차원칙에 위배된다고 볼 수 없다(헌재 2020.2.27, 2015헌가4).

④ [O] 수뢰죄를 범하여 금고 이상의 형의 선고유예를 받은 국가공무원은 별도의 징계절차를 거치지 아니하고 당연퇴직되도록 한 국가공무원법 조항은 적법절차원리에 위반되지 않는다.
  ⇨ 범죄행위로 인하여 형사처벌을 받은 공무원에 대하여 신분상 불이익처분을 하는 법률을 제정함에 있어 어느 방법을 선택할 것인가는 원칙적으로 입법자의 재량에 속한다. 일정한 사항이 법정 당연퇴직사유에 해당하는지 여부만이 문제되는 당연퇴직의 성질상 그 절차에서 당사자의 진술권이 반드시 보장되어야 하는 것은 아니고, 심판대상조항이 청구인의 공무담임권 등을 침해하지 아니하는 이상 적법절차원칙에 위반되지 아니한다(헌재 2013.7.25, 2012헌바409).

13 답 ③

① [O] 적법절차의 원칙은 법률이 정한 형식적 절차와 실체적 내용이 모두 합리성과 정당성을 갖춘 적정한 것이어야 한다는 실질적 의미를 지니고 있다.
  ⇨ 우리 헌법 제12조 제1항 후문은 "누구든지 법률에 의하지 아니하고는 체포·구속·압수·수색 또는 심문을 받지 아니하며, 법률과 적법한 절차에 의하지 아니하고는 처벌·보안처분 또는 강제노역을 받지 아니한다."고 규정하여 적법절차의 원칙을 헌법원리로 수용하고 있는 바, 이 적법절차의 원칙은 법률이 정한 형식적 절차와 실체적 내용이 모두 합리성과 정당성을 갖춘 적정한 것이어야 한다는 실질적 의미를 지니고 있는 것으로서 특히 형사소송절차와 관련시켜 적용함에 있어서는 형사소송절차의 전반을 기본권 보장의 측면에서 규율하여야 한다는 기본원리를 천명하고 있는 것으로 이해하여야 한다(헌재 1996.12.26, 94헌바1).

② [O] 판결선고 전 구금일수의 산입을 규정한 형법 제57조 제1항 중 "또는 일부" 부분은 헌법상 적법절차의 원칙을 위배한다.
  ⇨ 형법 제57조 제1항 중 "또는 일부" 부분이 상소제기 후 미결구금일수의 일부가 산입되지 않을 수 있도록 하여 피고인의 상소

14 답 ①

사생활의 자유 또는 개인정보자기결정권을 침해하는 것은 ㉠, ㉡, ㉣이다.
㉠ [침해 O] 4급 이상 공무원들의 병역 면제사유인 질병명을 관보와 인터넷을 통해 공개하도록 하는 것
  ⇨ 이 사건 법률조항이 공적 관심의 정도가 약한 4급 이상의 공무원들까지 대상으로 삼아 모든 질병명을 아무런 예외 없이 공개하도록 한 것은 입법목적 실현에 치중한 나머지 사생활 보호의 헌법적 요청을 현저히 무시한 것이고, 이로 인하여 청구인들을 비롯한 해당 공무원들의 헌법 제17조가 보장하는 기본권인 사생활의 비밀과 자유를 침해하는 것이다(헌재 2007.5.31, 2005헌마1139).
㉡ [침해 O] 보험회사 직원이 보험회사를 상대로 손해배상청구소송을 제기한 교통사고 피해자들의 장해 정도에 관한 증거자료를 수집할 목적으로 피해자들의 일상생활을 촬영하는 행위
  ⇨ 대법원은 보험회사 직원이 보험회사를 상대로 손해배상청구소송을 제기한 교통사고 피해자들의 장해 정도에 관한 증거자료를 수집할 목적으로 피해자들의 일상생활을 촬영한 행위가

초상권 및 사생활의 비밀과 자유를 침해하는 불법행위에 해당한다고 보았다(대판 2006.10.13, 2004다16280).

ⓒ [침해 ×] 엄중격리대상자의 수용거실에 CCTV를 설치하여 24시간 감시하는 행위
　⇨ 이 사건 CCTV 설치행위는 행형법 및 교도관직무규칙 등에 규정된 교도관의 계호활동 중 육안에 의한 시선계호를 CCTV 장비에 의한 시선계호로 대체한 것에 불과하므로, 이 사건 CCTV 설치행위에 대한 특별한 법적 근거가 없더라도 일반적인 계호활동을 허용하는 법률규정에 의하여 허용된다고 보아야 한다. 한편 CCTV에 의하여 감시되는 엄중격리대상자에 대하여 지속적이고 부단한 감시가 필요하고 자살·자해나 흉기 제작 등의 위험성 등을 고려하면, 제반사정을 종합하여 볼 때 기본권 제한의 최소성 요건이나 법익균형성의 요건도 충족하고 있다(헌재 2008.5.29, 2005헌마137 등).

ⓔ [침해 ○] 주민등록번호 유출 또는 오·남용으로 인하여 발생할 수 있는 피해 등에 대한 아무런 고려 없이 주민등록번호 변경을 일률적으로 허용하지 않은 것
　⇨ 주민등록번호 유출 또는 오·남용으로 인하여 발생할 수 있는 피해 등에 대한 아무런 고려 없이 주민등록번호 변경을 일률적으로 허용하지 않은 것은 그 자체로 개인정보자기결정권에 대한 과도한 침해가 될 수 있다. 비록 국가가 개인정보 보호법 등의 입법을 통하여 주민등록번호 처리 등을 제한하고, 유출이나 오·남용을 예방하는 조치를 취하였다고 해도, 여전히 주민등록번호를 처리하거나 수집·이용할 수 있는 경우가 적지 않고, 이미 유출되어 발생되는 피해에 대해서는 뚜렷한 해결책을 제시하지 못하므로, 이러한 조치는 국민의 개인정보자기결정권에 대한 충분한 보호가 된다고 보기 어렵다. 한편, 주민등록번호 변경을 허용하더라도 변경 전 주민등록번호와의 연계시스템을 구축하여 활용한다면 개인식별기능과 본인 동일성 증명기능이 충분히 이루어질 것이고, 입법자가 정하는 일정한 요건을 구비한 경우에 객관성과 공정성을 갖춘 기관의 심사를 거쳐 변경할 수 있도록 한다면 주민등록번호 변경절차를 악용하려는 경우를 차단할 수 있으며, 사회적으로 큰 혼란을 불러일으키지도 않을 것이다. 따라서 주민등록번호 변경에 관한 규정을 두고 있지 않은 심판대상조항은 과잉금지원칙을 위반하여 청구인들의 개인정보자기결정권을 침해한다(헌재 2015.12.23, 2013헌바68).

ⓜ [침해 ×] 공직선거에 후보자로 등록하고자 하는 자는 금고 이상의 형의 범죄경력에 관한 증명서류를 제출하여야 하는데, 위 금고 이상의 형의 범죄경력에 실효된 형을 포함시키고 있는 공직선거법 제49조 제4항 제5호의 규정
　⇨ 공직선거에 있어서 후보자의 실효된 형까지 포함한 금고 이상의 형의 범죄경력을 공개하도록 하여 국민의 알 권리를 충족하고 공정하고 정당한 선거권 행사를 보장하기 위한 것으로 그 입법목적이 정당하고, 이러한 입법목적을 달성하기 위해서는 선거권자가 후보자의 모든 범죄경력을 인지한 후 그 공직 적합성을 판단하도록 하는 것이 효과적이므로 그 방법 또한 적절하며, 공개대상 금고 이상의 범죄경력에 실효된 형을 포함시킨 것은 선거권자가 공직후보자의 자질과 적격성을 판단할 수 있도록 하기 위한 것인 점, 전과기록은 통상 공개재판에서 이루어진 국가의 사법작용의 결과라는 점, 제출·공개되는 전과기록의 범위와 공개시기 등이 한정되어 있는 점 등을 종합하면, 이 사건 법률조항이 피해최소성의 원칙에 반한다고 볼 수 없고,

공익적 목적을 위하여 공직선거 후보자의 사생활의 비밀과 자유를 한정적으로 제한하는 것이어서 법익균형성의 원칙도 충족한다 할 것이므로, 이 사건 법률조항은 청구인의 사생활의 비밀과 자유를 침해한다고 볼 수 없다(헌재 2013.12.26, 2013헌마385).

15 　　　　　　　　　　　　　　　　　　　　　답 ③

① [○] 태아의 생명을 보호하기 위하여 낙태를 금지하고 형사처벌하는 것 자체가 모든 경우에 헌법에 위반된다고 볼 수는 없다.
　⇨ 태아의 생명을 보호하기 위하여 낙태를 금지하고 형사처벌하는 것 자체가 모든 경우에 헌법에 위반된다고 볼 수는 없다. 그런데 자기낙태죄 조항과 의사낙태죄 조항에 대하여 각각 단순위헌결정을 할 경우, 임신기간 전체에 걸쳐 행해진 모든 낙태를 처벌할 수 없게 됨으로써 용인하기 어려운 법적 공백이 생기게 된다(헌재 2019.4.11, 2017헌바127).

② [○] 자기낙태죄 조항은 입법목적을 달성하기 위하여 필요한 최소한의 정도를 넘어 임신한 여성의 자기결정권을 제한하고 있어 침해의 최소성을 갖추지 못하였고, 태아의 생명 보호라는 공익에 대하여만 일방적이고 절대적인 우위를 부여함으로써 법익균형성의 원칙도 위반하였다고 할 것이므로, 과잉금지원칙을 위반하여 임신한 여성의 자기결정권을 침해하는 위헌적인 규정이다.
　⇨ 자기낙태죄 조항은 모자보건법에서 정한 사유에 해당하지 않는다면 결정가능기간 중에 다양하고 광범위한 사회적·경제적 사유를 이유로 낙태갈등 상황을 겪고 있는 경우까지도 예외 없이 전면적·일률적으로 임신의 유지 및 출산을 강제하고, 이를 위반한 경우 형사처벌하고 있다. 따라서, 자기낙태죄 조항은 입법목적을 달성하기 위하여 필요한 최소한의 정도를 넘어 임신한 여성의 자기결정권을 제한하고 있어 침해의 최소성을 갖추지 못하였고, 태아의 생명 보호라는 공익에 대하여만 일방적이고 절대적인 우위를 부여함으로써 법익균형성의 원칙도 위반하였다고 할 것이므로, 과잉금지원칙을 위반하여 임신한 여성의 자기결정권을 침해하는 위헌적인 규정이다(헌재 2019.4.11, 2017헌바127).

❸ [×] 낙태는 대부분 낙태에 관한 지식이 있는 의료업무종사자를 통해 이루어지며, 태아의 생명을 보호해야 하는 업무에 종사하는 자가 태아의 생명을 박탈하는 시술을 한다는 점에서 비난가능성 또한 크므로, 동의낙태죄(제269조 제2항)와 달리 책임과 형벌간의 비례원칙에 위배되지 아니한다.
　⇨ 자기낙태죄 조항은 모자보건법에서 정한 사유에 해당하지 않는다면, 결정가능기간 중에 다양하고 광범위한 사회적·경제적 사유로 인하여 낙태갈등 상황을 겪고 있는 경우까지도 예외 없이 임신한 여성에게 임신의 유지 및 출산을 강제하고, 이를 위반한 경우 형사처벌한다는 점에서 위헌이므로, 동일한 목표를 실현하기 위하여 임신한 여성의 촉탁 또는 승낙을 받아 낙태하게 한 의사를 처벌하는 의사낙태죄 조항도 같은 이유에서 위헌이라고 보아야 한다(헌재 2019.4.11, 2017헌바127).

④ [○] 자기낙태죄 조항에 대하여 단순위헌결정을 하는 대신 각각 헌법불합치결정을 선고하되, 다만 입법자의 개선입법이 이루어질 때까지 계속적용을 명하는 것이 타당하다.

⇨ 자기낙태죄 조항과 의사낙태죄 조항에 대하여 각각 단순위헌
결정을 할 경우, 임신기간 전체에 걸쳐 행해진 모든 낙태를 처
벌할 수 없게 됨으로써 용인하기 어려운 법적 공백이 생기게
된다. … 따라서 자기낙태죄 조항과 의사낙태죄 조항에 대하
여 단순위헌결정을 하는 대신 각각 헌법불합치결정을 선고하
되, 다만 입법자의 개선입법이 이루어질 때까지 계속적용을
명하는 것이 타당하다. 입법자는 늦어도 2020.12.31.까지는
개선입법을 이행하여야 하고, 그때까지 개선입법이 이루어지
지 않으면 위 조항들은 2021.1.1.부터 효력을 상실한다(헌재
2019.4.11, 2017헌바127).

16 답 ②

① [O] 엄격한 의미의 음란표현은 헌법 제21조가 규정하는 언론·출
판의 자유의 보호영역 내에 있다.
⇨ 음란표현이 언론·출판의 자유의 보호영역에 해당하지 아니한
다고 해석할 경우 음란표현에 대하여는 언론·출판의 자유의
제한에 대한 헌법상의 기본원칙, 예컨대 명확성의 원칙, 검열
금지의 원칙 등에 입각한 합헌성 심사를 하지 못하게 될 뿐만
아니라, 기본권 제한에 대한 헌법상의 기본원칙, 예컨대 법률
에 의한 제한, 본질적 내용의 침해금지원칙 등도 적용하기 어
렵게 되는 결과, 모든 음란표현에 대하여 사전검열을 받도록
하고 이를 받지 않은 경우 형사처벌을 하거나, 유통목적이 없
는 음란물의 단순소지를 금지하거나, 법률에 의하지 아니하고
음란물출판에 대한 불이익을 부과하는 행위 등에 대한 합헌성
심사도 하지 못하게 됨으로써, 결국 음란표현에 대한 최소한
의 헌법상 보호마저도 부인하게 될 위험성이 농후하게 된다는
점을 간과할 수 없다. 이 사건 법률조항의 음란표현은 헌법 제
21조가 규정하는 언론·출판의 자유의 보호영역 내에 있다고
볼 것인 바, 종전에 이와 견해를 달리하여 음란표현은 헌법 제
21조가 규정하는 언론·출판의 자유의 보호영역에 해당하지
아니한다는 취지로 판시한 우리 재판소의 의견(헌재 1998.4.
30, 95헌가16)을 변경한다(헌재 2009.5.28, 2006헌바109 등).
❷ [×] 교원 및 교원노조에게 '일체의 정치활동'을 금지하는 노동조
합 설립 및 운영 등에 관한 법률 조항은 교원 및 교원노조의 특
성상 교원 등의 정치활동이 일부 제한될 수는 있지만, 정치활
동이 제한되는 장소·대상·내용이 학교 내에서의 학생에 대
한 당파적 선전교육과 정치선전, 선거운동에 한정되지 않고,
그 밖의 정치활동까지 일률적으로 금지한다는 점에서 명확성
의 원칙과 정치적 표현의 자유를 침해한다.
⇨ 교원노조법 규정의 의미를 정치적 중립성을 훼손하지 않고
학생들의 학습권을 침해하지 않을 정도의 범위 내라면 허용
된다고 한정하여 해석하는 것이 가능하므로 명확성원칙에
위반되지 않으며, 학교 내에서의 학생에 대한 당파적 선전교
육과 정치선전, 선거운동을 금지하는 것은 과잉금지원칙에
반하지 않아 정치적 표현의 자유를 침해하지 않는다.

1. **명확성원칙**: 이 사건 교원노조법 규정이 비록 '일체의' 정
치활동을 금지하는 형태로 규정되어 있지만, 교육의 정치
적 중립성을 선언한 헌법과 교육기본법의 규정 및 교원노
조법의 입법목적, 교원노조의 인정취지, 그리고 관련 규
범들과의 관계 등을 종합적으로 고려할 때, 이 규정에 의
하더라도 교원의 경제적·사회적 지위 향상을 위한 활동
은 노조활동의 일환으로서 당연히 허용되고, 교원노조는
교육 전문가 집단이라는 점에서 초·중등교육 교육정책
과 관련된 정치적 의견표명 역시 그것이 정치적 중립성을
훼손하지 않고 학생들의 학습권을 침해하지 않을 정도의
범위 내라면 허용된다고 보아야 한다. 이와 같이 이 사건
교원노조법 규정의 의미 내용을 한정하여 해석하는 것이
가능한 이상, 명확성원칙에 위반된다고 볼 수는 없다(헌
재 2014.8.28, 2011헌바32).
2. **과잉금지원칙**: 교원의 행위는 교육을 통해 건전한 인격
체로 성장해 가는 과정에 있는 미성숙한 학생들의 인격형
성에 지대한 영향을 미칠 수 있는 점, 교원의 정치적 표현
행위가 교원노조와 같은 단체의 이름으로 교원의 지위를
전면에 드러낸 채 대규모로 행해지는 경우 다양한 가치관
을 조화롭게 소화하여 건전한 세계관·인생관을 형성할
능력이 미숙한 학생들에게 편향된 가치관을 갖게 할 우려
가 있는 점, 교원노조에게 일반적인 정치활동을 허용할
경우 교육을 통해 책임감 있고 건전한 인격체로 성장해가
야 할 학생들의 교육을 받을 권리는 중대한 침해를 받을
수 있는 점 등에 비추어 보면, 교원노조라는 집단성을 이
용하여 행하는 정치활동을 금지하는 것이 과잉금지원칙
에 위반된다고 볼 수 없다(헌재 2014.8.28, 2011헌바
32).

③ [O] 선거운동기간 전에 공직선거법에 규정된 방법을 제외하고 인
쇄물 등의 배부를 금지한 공직선거법 조항은 정치적 표현의 자
유를 침해하지 않는다.
⇨ 인쇄물배부금지조항에서 '선거에 영향을 미치게 하기 위하여'
라는 개념은 후보자나 정당이 선거에서 승리하기 위한 계획을
수립하고 준비를 시작할 것으로 예상되는 '선거일 전 180일'
부터 '선거일'까지 사이에 선거의 준비과정 및 선거운동, 선거
결과 등에 실질적으로 선거운동에 준하는 작용을 하려는 의도
를 가리키는 것으로, 인쇄물배부금지조항은 명확성원칙에 위
배되지 않는다. 현행 공직선거법은 예비후보자제도를 두어 예
비후보자에게만 선거운동기간 전에 선거운동을 허용하되 명
함배부 등 소정의 방법만을 제한적으로 허용하고 있다. 문서
및 인쇄물의 배부·게시가 전면적으로 허용된다면, 공직선거
법상의 규제들은 사실상 무의미해지고 선거의 공정성을 훼손
할 위험이 있다. 우리나라 선거문화의 특성을 고려하여 이미
사실상 선거운동의 계획 및 준비가 시작되는 시점인 선거일 전
180일부터 선거일까지 선거에 영향을 미칠 목적으로 이루어
지는 '선거운동에 준하는 내용의 표현행위'만을 규제하고 있
다는 점 등을 고려하면, 인쇄물배부금지조항이 선거운동 등
정치적 표현의 자유를 침해한다고 볼 수 없다(헌재 2015.4.30,
2011헌바163).

④ [○] 선거운동기간을 제한하고 이를 위반한 사전선거운동을 형사처벌하도록 규정한 구 공직선거법 제59조 중 선거운동기간 전에 개별적으로 대면하여 말로 하는 선거운동에 관한 부분 등은 정치적 표현의 자유를 침해한다.

⇨ 심판대상조항은 입법목적을 달성하는 데 지장이 없는 선거운동방법, 즉 돈이 들지 않는 방법으로서 '후보자간 경제력 차이에 따른 불균형 문제'나 '사회·경제적 손실을 초래할 위험성'이 낮은, 개별적으로 대면하여 말로 지지를 호소하는 선거운동까지 금지하고 처벌함으로써, 과잉금지원칙에 반하여 선거운동 등 정치적 표현의 자유를 과도하게 제한하고 있다. 결국 이 사건 선거운동기간조항 중 선거운동기간 전에 개별적으로 대면하여 말로 하는 선거운동에 관한 부분, 이 사건 처벌조항 중 '그 밖의 방법'에 관한 부분 가운데 개별적으로 대면하여 말로 하는 선거운동을 한 자에 관한 부분은 과잉금지원칙에 반하여 선거운동 등 정치적 표현의 자유를 침해한다(헌재 2022.2.24, 2018헌바146).

17 답 ③

적절한 것은 ㉠, ㉡, ㉣이다.

㉠ [○] 성적목적공공장소침입죄로 형을 선고받아 확정된 자로 하여금 그 형의 집행을 종료한 날부터 10년 동안 의료기관을 제외한 아동·청소년 관련 기관 등을 개설하거나 그에 취업할 수 없도록 하는 것은 직업선택의 자유를 침해한다.

⇨ 취업제한조항은 피해자가 존재하지 않거나 피해자의 성적자기결정권을 침해하지 아니하는 경우에도 발생할 수 있는 성적목적공공장소침입행위를 범죄화함과 동시에 취업제한대상 성범죄로 규정하였다. 취업제한조항이 성적목적공공장소침입죄 전력만으로 그가 장래에 동일한 유형의 범죄를 저지를 것을 당연시하고, 형의 집행이 종료된 때부터 10년이 경과하기 전에는 결코 재범의 위험성이 소멸하지 않는다고 보아, 각 행위의 죄질에 따른 상이한 제재의 필요성을 간과함으로써, 위 범죄 전력자 중 재범의 위험성이 없는 자, 위 범죄 전력이 있지만 10년의 기간 안에 재범의 위험성이 해소될 수 있는 자, 범행의 정도가 가볍고 재범의 위험성이 상대적으로 크지 않은 자에게까지 10년 동안 일률적인 취업제한을 하고 있는 것은 침해의 최소성원칙과 법익의 균형성원칙에 위배된다. 따라서 취업제한조항은 청구인의 직업선택의 자유를 침해한다(헌재 2016.10.27, 2014헌마709).

🖊 위 범죄로 유죄판결이 확정된 자의 신상정보 등록조항은 개인정보자기결정권을 침해하지 않는다.

㉡ [○] 20년 이상 관세행정분야에서 근무한 자에게 일정한 절차를 거쳐 관세사 자격을 부여한 구 관세사법 규정은 헌법에 위반되지 않는다.

⇨ 입법부는 일정한 전문분야에 관한 자격제도를 마련함에 있어서 그 제도를 마련한 목적을 고려하여 정책적인 판단에 따라 자유롭게 제도의 내용을 구성할 수 있고, 그 내용이 명백히 불합리하고 불공정하지 아니하는 한 원칙적으로 입법부의 정책적 판단은 존중되어야 한다. 구 관세사법 제4조 제3호 소정의 특별전형제도로 인하여 청구인들이 일반 공개경쟁시험절차를 통하여 관세사라는 직업을 선택할 자유가 봉쇄되어 있는 것이 아니다. 따라서 관세사 자격을 부여함에 있어 공개경쟁시험제도를 통한 자격부여 이외에 20년 이상을 관세행정분야에서 근무한 자라면 관세사로서의 직무수행을 위한 전문지식이 있다고 보아 위와 같은 특별전형제도도 아울러 택한 입법자의 정책적 판단은 입법목적의 정당성과 수단의 합리성이 인정되므로 전문분야 자격제도에 대한 입법형성권의 범위를 넘는 명백히 불합리한 것이라고 볼 수 없다(헌재 2001.1.18, 2000헌마364).

㉢ [×] 초등학교, 중학교, 고등학교의 학교환경위생정화구역 내에서의 당구장시설을 제한하면서 예외적으로 학습과 학교보건위생에 나쁜 영향을 주지 않는다고 인정하는 경우에 한하여 당구장시설을 허용하도록 하는 것은 과도하게 직업의 자유를 침해한다.

⇨ 초등학교, 중학교, 고등학교 기타 이와 유사한 교육기관의 학생들은 아직 변별력 및 의지력이 미약하여 당구의 오락성에 빠져 학습을 소홀히 하고 당구장의 유해환경으로부터 나쁜 영향을 받을 위험성이 크므로 이들을 이러한 위험으로부터 보호할 필요가 있는 바, 이를 위하여 위 각 학교 경계선으로부터 200미터 이내에 설정되는 학교환경위생정화구역 내에서의 당구장시설을 제한하면서 예외적으로 학습과 학교보건위생에 나쁜 영향을 주지 않는다고 인정하는 경우에 한하여 당구장시설을 허용하도록 하는 것은 **기본권 제한의 입법목적, 기본권 제한의 정도, 입법목적 달성의 효과 등에 비추어 필요한 정도를 넘어 과도하게 직업(행사)의 자유를 침해하는 것이라 할 수 없다**(헌재 1997.3.27, 94헌마196 등).

🖊 대학, 유치원 주변의 학교환경위생정화구역에서 당구장시설을 제한하는 것은 위헌이다.

㉣ [○] 마약류 관리에 관한 법률을 위반하여 금고 이상의 실형을 선고받고 그 집행이 끝나거나 면제된 날부터 20년이 지나지 아니한 것을 택시운송사업의 운전업무 종사자격의 결격사유 및 취소사유로 정한 구 여객자동차 운수사업법 조항은 직업선택의 자유를 침해한다.

⇨ 일정한 자격제도의 일부를 형성하고 있는 법령에서 결격사유 또는 취소사유의 적용기간을 얼마로 할 것인지에 대해서는 기본적으로 입법자의 입법재량이 인정되는 부분임을 감안하더라도, 20년이라는 기간은 좁게는 여객자동차운송사업과 관련된 결격사유 또는 취소사유를 규정하는 법률에서, 넓게는 기타 자격증 관련 직업의 결격사유 또는 취소사유를 규율하는 법률에서도 쉽게 찾아보기 어려운 긴 기간으로, 택시운송사업 운전업무 종사자의 일반적인 취업 연령이나 취업 실태에 비추어볼 때 실질적으로 해당 직업의 진입 자체를 거의 영구적으로 막는 것에 가까운 효과를 나타내며, 타 운송수단 대비 택시의 특수성을 고려하더라도 지나치게 긴 기간이라 할 수 있다. 또한 택시운송사업의 운전자격 제한기간을 기존의 2년에서 20년으로 늘리는 것이 관련 범죄를 예방하기 위한 필요최소한의 기간인지에 대한 실증적 뒷받침이 없고, 이러한 장기간의 연장에 대한 필요성이나 효과에 대한 특정한 근거를 찾기 어렵다. 심판대상조항은 구체적 사안의 개별성과 특수성을 고려할 수 있는 여지를 일체 배제하고 그 위법의 정도나 비난가능성의 정도가 미약한 경우까지도 획일적으로 20년이라는 장기간 동안 택시운송사업의 운전업무 종사자격을 제한하는 것이므로 침해의 최소성원칙에 위배되며, 법익의 균형성원칙에도 반한다. 따라서 심판대상조항은 청구인들의 직업선택의 자유를 침해한다(헌재 2015.12.23, 2014헌바446 등).

ⓔ [×] 국가기술자격증을 다른 자로부터 빌려 건설업의 등록기준을 충족시킨 경우 그 건설업 등록을 필요적으로 말소하도록 한 건설산업기본법 제83조 단서 중 제6호 부분은 건설업자의 직업의 자유를 침해한다.

⇨ 건설업 등록제도는 일정한 기술능력을 갖춘 자에 한하여 건설업을 영위할 수 있도록 하는 제도인데, 이는 적정한 시공을 담보할 수 있는 최소한의 요건을 갖춘 건설업자로 하여금 건설공사를 하게 함으로써 부실공사를 방지하고 국민의 생명과 안전을 보호하기 위한 것이다. 그런데 법이 정하는 등록요건인 기술능력을 충족하지 못하게 된 자가 타인의 국가기술자격증을 빌려 건설업 등록을 유지하는 행위는 이러한 등록제도의 취지를 형해화하는 것이고, 그 결과 건설공사의 적정한 시공과 시설물의 안전에 위험을 야기하여 국민의 생명·재산에 돌이킬 수 없는 손해를 초래할 수 있기 때문에, 임의적 등록말소만으로 이러한 위험을 방지하기에 충분하다고 단정하기 어렵다. 한편 건설산업기본법은 기술인력의 퇴직 등으로 일시적으로 건설업 등록기준에 미달한 경우 50일의 유예기간을 부여하여 등록말소의 예외를 허용하고 있고, 등록말소 후 1년 6개월이 경과하면 다시 건설업 등록이 가능하도록 하며, 등록말소 전 도급계약을 체결하거나 이미 착공한 건설공사는 등록말소에도 불구하고 계속 시공할 수 있도록 함으로써, 심판대상조항으로 인한 직업의 자유 제한을 최소화하고 있다. 따라서 심판대상조항은 과잉금지원칙에 위배되어 직업의 자유를 침해하지 아니한다(헌재 2016.12.29, 2015헌바429).

18 답 ③

① [○] 예비후보자가 되려는 사람(비례대표국회의원선거 및 비례대표지방의회의원선거 제외)은 대통령선거는 선거일 전 240일, 시·도지사선거는 선거일 전 120일, 자치구·시의 지역구의회의원 및 장 선거는 선거기간 개시일 전 90일부터 각 관할 선거구 선거관리위원회에 서면으로 예비후보자등록을 신청하여야 한다.

⇨ 예비후보자가 되려는 사람(비례대표국회의원선거 및 비례대표지방의회의원선거 제외)은 선거유형에 따라 대통령선거는 선거일 전 240일, 지역구국회의원선거 및 시·도지사선거는 선거일 전 120일, 지역구 시·도의회 의원선거, 자치구·시의 지역구의회의원 및 장 선거는 선거기간 개시일 전 90일, 군의 지역구 의회의원 및 장의 선거는 선거기간 개시일 전 60일부터 각 관할 선거구 선거관리위원회에 서면으로 예비후보자등록을 신청하여야 한다(공직선거법 제60조의2 제1항).

② [○] 정치자금법이 여러 차례 개정되어 후원회지정권자의 범위가 지속적으로 확대되어 왔음에도 불구하고, 국회의원선거의 예비후보자 및 그 예비후보자에게 후원금을 기부하고자 하는 자와 광역자치단체장선거의 예비후보자 및 이들 예비후보자에게 후원금을 기부하고자 하는 자를 계속하여 달리 취급하는 것은, 불합리한 차별에 해당하고 입법재량을 현저히 남용하거나 한계를 일탈한 것이다.

⇨ 그동안 정치자금법이 여러 차례 개정되어 후원회지정권자의 범위가 지속적으로 확대되어 왔음에도 불구하고, 국회의원선거의 예비후보자 및 그 예비후보자에게 후원금을 기부하고자 하는 자와 광역자치단체장선거의 예비후보자 및 이들 예비후

보자에게 후원금을 기부하고자 하는 자를 계속하여 달리 취급하는 것은, 불합리한 차별에 해당하고 입법재량을 현저히 남용하거나 한계를 일탈한 것이다. 따라서 심판대상조항 중 광역자치단체장선거의 예비후보자에 관한 부분은 청구인들 중 광역자치단체장선거의 예비후보자 및 이들 예비후보자에게 후원금을 기부하고자 하는 자의 평등권을 침해한다(헌재 2019.12.27, 2018헌마301 등).

③ [×] 국회의원선거의 예비후보자와 자치구의회의원선거의 예비후보자를 달리 취급하는 것은, 불합리한 차별에 해당하고 입법재량을 현저히 남용하거나 한계를 일탈한 것이며, 자치구의회의원선거의 예비후보자 및 이들 예비후보자에게 후원금을 기부하고자 하는 자의 평등권을 침해한다.

⇨ 자치구의회의원의 경우 선거비용 이외에 정치자금의 필요성이 크지 않으며 선거비용 측면에서도 대통령선거나 국회의원선거에 비하여 선거운동기간이 비교적 단기여서 상대적으로 선거비용이 적게 드는 점 등에 비추어 보면, 국회의원선거의 예비후보자와 달리 자치구의회의원선거의 예비후보자에게 후원회를 통한 정치자금의 조달을 불허하는 것에는 합리적인 이유가 있다. 따라서 심판대상조항 중 자치구의회의원선거의 예비후보자에 관한 부분은 청구인들 중 자치구의회의원선거의 예비후보자 및 이들 예비후보자에게 후원금을 기부하고자 하는 자의 평등권을 침해한다고 볼 수 없다(헌재 2019.12.27, 2018헌마301 등).

④ [○] 예비후보자에게 기탁금을 반환하는 사유에 당헌·당규에 따라 정당에 후보자로 추천하여 줄 것을 신청하였으나 해당 정당의 추천을 받지 못하여 후보자로 등록하지 않은 경우도 포함된다.

⇨ 헌법재판소 헌법불합치결정의 취지에 따라 예비후보자 기탁금 반환사유를 추가하였다.

> **공직선거법**
> 제57조【기탁금의 반환 등】① 관할 선거구 선거관리위원회는 다음 각 호의 구분에 따른 금액을 선거일 후 30일 이내에 기탁자에게 반환한다. 이 경우 반환하지 아니하는 기탁금은 국가 또는 지방자치단체에 귀속한다.
> 1. 대통령선거, 지역구국회의원선거, 지역구지방의회의원선거 및 지방자치단체의 장 선거
>   가. 후보자가 당선되거나 사망한 경우와 유효투표총수의 100분의 15 이상을 득표한 경우에는 기탁금 전액
>   나. 후보자가 유효투표총수의 100분의 10 이상 100분의 15 미만을 득표한 경우에는 기탁금의 100분의 50에 해당하는 금액
>   다. 예비후보자가 사망하거나, 당헌·당규에 따라 소속 정당에 후보자로 추천하여 줄 것을 신청하였으나 해당 정당의 추천을 받지 못하여 후보자로 등록하지 않은 경우에는 제60조의2 제2항에 따라 납부한 기탁금 전액

19
답 ①

❶ [○] 배우자의 선거범죄로 후보자의 당선을 무효로 하는 조항 및 기탁금과 선거비용을 반환하도록 하는 조항은 연좌제금지에 위배되지 않고 공무담임권, 재산권 등을 침해한다고 볼 수도 없다.
➡ 선거의 공정성을 해치는 선거법령 위반행위에 대해서는 주권자인 국민의 정치적 의사형성과 표현의 과정인 참정권의 행사를 공명하게 담보하기 위하여 일정한 제재를 가함으로써 부정선거의 소지를 차단할 필요가 있다. 부정선거의 소지를 차단하고 선거범죄를 억제하려는 반환조항의 입법목적은 정당하고, 기탁금과 선거비용을 모두 반환하도록 하는 것은 그러한 입법목적 달성에 적절한 수단이 될 수 있다. 공정한 선거문화를 정착시키기 위하여 선거부정에 대한 제재를 강화하는 것이 지나친 규제라 보기 어렵고, 후보자의 가족 등이 선거의 이면에서 불법·부정을 자행하는 경우가 많은 우리 선거의 현실에 비추어 배우자의 선거범죄로 후보자의 당선이 무효로 되기에 이르렀다면 감독상의 주의의무 이행이라는 면책사유를 별도로 인정하지 않고 곧바로 기탁금 및 선거비용을 반환하도록 하는 것이 필요 이상의 지나친 규제라 단정할 수 없다. 배우자의 형사재판에서 양형판단을 통하여 구체적 사정을 고려할 수 있으며, 후보자의 당선무효로 기왕의 선거가 무용하게 된 것에 따른 국고 낭비를 막을 필요성도 인정되므로 침해의 최소성도 인정된다. 선거의 공정성 확보라는 공익이 제한되는 사익보다 크기 때문에 법익의 균형성도 인정된다. 따라서 반환조항은 과잉금지원칙을 위반하여 청구인의 재산권을 침해하지 않는다(헌재 2016.9.29, 2015헌마548).
② [×] 예비후보자의 배우자가 함께 다니는 사람 중에서 지정한 자도 선거운동을 위하여 명함교부 및 지지호소를 할 수 있도록 한 공직선거법 관련 조항 중 '배우자' 관련 부분이 배우자가 없는 예비후보자의 평등권을 침해하는 것은 아니다.
➡ 배우자가 그와 함께 다니는 1명을 지정함에 있어 아무런 범위의 제한을 두지 아니하여, 배우자가 있는 예비후보자는 독자적으로 선거운동을 할 수 있는 선거운동원 1명을 추가로 지정하는 효과를 누릴 수 있게 된다. 이것은 명함 본래의 기능에 부합하지 아니할 뿐만 아니라, 선거운동 기회균등의 원칙에 반하고, 예비후보자의 선거운동의 강화에만 치우친 나머지, 배우자의 유무라는 우연한 사정에 근거하여 합리적 이유 없이 배우자 없는 예비후보자를 차별취급하는 것이므로, 이 사건 3호 법률조항은 청구인의 평등권을 침해한다(헌재 2013.11.28, 2011헌마267).
🖉 예비후보자의 '배우자와 직계존·비속'이 독자적으로 명함을 교부하거나 지지를 호소할 수 있도록 한 것은 합헌이다(헌재 2011.8.30, 2010헌마259 등).
③ [×] 공무원이 선거운동의 기획행위를 하는 모든 경우를 금지하는 것은 공무원의 정치적 중립성에서 나오는 공익이 정치적 표현의 자유보다 크기 때문에 헌법에 위반되지 아니한다.
➡ 이 사건 법률조항은 공무원의 정치적 표현의 자유를 침해하나, 다만 위와 같은 위헌성은 공무원이 '그 지위를 이용하여' 하는 선거운동의 기획행위 외에 사적인 지위에서 하는 선거운동의 기획행위까지 포괄적으로 금지하는 것에서 비롯된 것이므로, 이 사건 법률조항은 공무원의 지위를 이용하지 아니한 행위에까지 적용하는 한 헌법에 위반된다(헌재 2008.5.29, 2006헌마1096).

④ [×] 지방의회의원선거에서 선거권을 갖는 외국인은 누구라도 해당 선거에서 선거운동을 할 수 없다.
➡ 외국인은 원칙적으로 선거운동을 할 수 없으나 외국인에게 선거권이 인정되는 지방의회의원선거나 지방자치단체의 장 선거에서는 해당 선거에서 선거운동을 할 수 있다고 규정하고 있다(공직선거법 제60조 제1항 제1호).

20
답 ②

① [○] 2015.1.1.부터 모든 일반음식점영업소를 금연구역으로 지정하여 운영하도록 한 국민건강증진법 시행규칙 조항은 청구인의 직업수행의 자유를 침해하지 않는다.
➡ 국민건강증진법에 따라 영업장의 넓이가 150제곱미터 이상인 음식점이 금연구역 지정대상으로 추가된 이후 금연정책은 꾸준히 강화되어 온 점, 심판대상 법률조항이 음식점의 경우 학원, 교통수단, 사무용 건축물 등과는 달리 금연구역 지정대상이 되는 면적의 범위 자체를 보건복지부령에 위임하고 있는 취지, 간접흡연의 폐해를 방지한다는 공익의 중대성 등에 비추어 볼 때, 심판대상 시행규칙 조항이 영업장의 넓이를 불문하고 모든 음식점을 금연구역으로 지정하도록 정한 것이 위임입법의 한계를 벗어나 청구인의 직업수행의 자유를 침해한다고 할 수 없다(헌재 2016.6.30, 2015헌마813).
❷ [×] 방송사업자가 구 방송법상 심의규정을 위반한 경우 방송통신위원회로 하여금 전문성과 독립성을 갖춘 방송통신심의위원회의 심의를 거쳐 '시청자에 대한 사과'를 명할 수 있도록 규정한 것은 침해의 최소성원칙에 위배되지 않는다.
➡ 심의규정을 위반한 방송사업자에게 '주의 또는 경고'만으로도 반성을 촉구하고 언론사로서의 공적 책무에 대한 인식을 제고시킬 수 있고, 위 조치만으로도 심의규정에 위반하여 '주의 또는 경고'의 제재조치를 받은 사실을 공표하게 되어 이를 다른 방송사업자나 일반 국민에게 알리게 됨으로써 여론의 왜곡형성 등을 방지하는 한편, 해당 방송사업자에게는 해당 프로그램의 신뢰도 하락에 따른 시청률 하락 등의 불이익을 줄 수 있다. 또한 '시청자에 대한 사과'에 대하여는 '명령'이 아닌 '권고'의 형태를 취할 수도 있다. 이와 같이 기본권을 보다 덜 제한하는 다른 수단에 의하더라도 이 사건 심판대상조항이 추구하는 목적을 달성할 수 있으므로 이 사건 심판대상조항은 침해의 최소성원칙에 위배된다(헌재 2012.8.23, 2009헌가27).
③ [○] 수용자가 작성한 집필문의 외부반출을 불허하고 이를 영치할 수 있도록 규정한 형의 집행 및 수용자의 처우에 관한 법률 조항은 수용자의 통신의 자유를 침해하지 않는다.
➡ 형집행법상 수용자들의 집필활동은 특별한 사정이 없는 한 자유롭게 허용되고, 작성된 집필문의 외부반출도 원칙적으로 허용되며, 예외적으로 금지되는 사유도 구체적이고 한정되어 있으므로 그 제한의 정도도 최소한에 그치고 있다. 또한 집필문의 외부반출이 불허되고 영치처분이 내려진 경우에도 수용자는 행정소송 등을 통해 이러한 처분의 취소를 구할 수 있는 등의 불복수단도 마련되어 있으므로, 심판대상조항은 수용자의 통신의 자유를 침해하지 않는다(헌재 2016.5.26, 2013헌바98).

④ [○] 통계청장이 2015 인구주택총조사의 방문 면접조사를 실시하면서, 담당 조사원을 통해 청구인에게 2015 인구주택총조사 조사표의 조사항목들에 응답할 것을 요구한 행위는 청구인의 개인정보자기결정권을 침해하지 않는다.

⇨ 인구주택총조사의 조사항목은 시의성을 가지고 시대와 상황에 따라 변경될 수 있는 사항이므로, 인구주택총조사의 모든 조사항목을 입법자가 반드시 법률로 규율하여야 한다고 볼 수 없다. 나아가 심판대상행위는 통계법 제5조의3에 근거하여 이루어졌으므로, 법률유보원칙에 위배되어 청구인의 개인정보자기결정권을 침해하지 않는다(헌재 2017.7.27, 2015헌마1094).

정답

p.16

01	④	02	④	03	④	04	④	05	②
06	③	07	③	08	②	09	③	10	②
11	①	12	②	13	②	14	③	15	④
16	③	17	①	18	③	19	③	20	①

01

답 ④

① [○] 우리나라는 성문헌법을 가진 나라로서 기본적으로 우리 헌법전(憲法典)이 헌법의 법원(法源)이 되나, 형식적 헌법전에는 기재되지 아니한 사항이라도 이를 관습헌법으로 인정할 소지가 있다.

➡ 우리나라는 성문헌법을 가진 나라로서 기본적으로 우리 헌법전(憲法典)이 헌법의 법원(法源)이 된다. 그러나 성문헌법이라고 하여도 그 속에 모든 헌법사항을 빠짐없이 완전히 규율하는 것은 불가능하고 또한 헌법은 국가의 기본법으로서 간결성과 함축성을 추구하기 때문에 형식적 헌법전에는 기재되지 아니한 사항이라도 이를 불문헌법(不文憲法) 내지 관습헌법으로 인정할 소지가 있다(헌재 2004.10.21, 2004헌마554·566).

② [○] 헌법사항에 관하여 형성되는 관행 내지 관례가 전부 관습헌법이 되는 것은 아니고 강제력이 있는 헌법규범으로서 인정되려면 엄격한 요건들이 충족되어야만 하며, 이러한 요건이 충족된 관습만이 관습헌법으로서 성문의 헌법과 동일한 법적 효력을 가진다.

➡ 헌법제정 당시 자명(自明)하거나 전제(前提)된 사항 및 보편적 헌법원리와 같은 것은 반드시 명문의 규정을 두지 아니하는 경우도 있다. 그렇다고 해서 헌법사항에 관하여 형성되는 관행 내지 관례가 전부 관습헌법이 되는 것은 아니고 강제력이 있는 헌법규범으로서 인정되려면 엄격한 요건들이 충족되어야만 하며, 이러한 요건이 충족된 관습만이 관습헌법으로서 성문의 헌법과 동일한 법적 효력을 가진다(헌재 2004.10.21, 2004헌마554·566).

③ [○] 우리나라와 같은 성문의 경성헌법 체제에서 인정되는 관습헌법사항은 하위규범형식인 법률에 의하여 개정될 수 없다.

➡ 우리나라와 같은 성문의 경성헌법 체제에서 인정되는 관습헌법사항은 하위규범형식인 법률에 의하여 개정될 수 없다. 영국과 같이 불문의 연성헌법 체제에서는 법률에 대하여 우위를 가지는 헌법전이라는 규범형식이 존재하지 아니하므로 헌법사항의 개정은 일반적으로 법률개정의 방법에 의할 수밖에 없을 것이다. 그러나 우리 헌법의 경우 헌법 제10장 제128조 내지 제130조는 일반법률의 개정절차와는 다른 엄격한 헌법개정절차를 정하고 있으며, 동 헌법개정절차의 대상을 단지 '헌법'이라고만 하고 있다. 따라서 관습헌법도 헌법에 해당하는 이상 여기서 말하는 헌법개정의 대상인 헌법에 포함된다고 보아야 한다. 이와 같이 헌법의 개정절차와 법률의 개정절차를 준별하고 헌법의 개정절차를 엄격히 한 우리 헌법의 체제 내에서 만약 관습헌법을 법률에 의하여 개정할 수 있다고 한다면 이는 관습헌법을 더 이상 '헌법'으로 인정한 것이 아니고 단지 관습'법률'로 인정하는 것이며, 결국 관습헌법의 존재를 부정하는 것이 된다. 이러한 결과는 성문헌법체제하에서도 관습헌법을 인정하는 대전제와 논리적으로 모순된 것이므로 우리 헌법체제상 수용될 수 없다(헌재 2004.10.21, 2004헌마554·566).

❹ [×] 관습헌법사항은 헌법개정의 방법에 의하여 개정될 수 있을 뿐, 이러한 방법 이외에 관습헌법이 자연히 사멸하게 되는 등 그 법적 효력이 상실되는 경우는 있을 수 없다.

➡ 어느 법규범이 관습헌법으로 인정된다면 그 필연적인 결과로서 개정가능성을 가지게 된다. 관습헌법도 헌법의 일부로서 성문헌법의 경우와 동일한 효력을 가지기 때문에 그 법규범은 최소한 헌법 제130조에 의거한 헌법개정의 방법에 의하여만 개정될 수 있는 것이다. 다만, 이 경우 관습헌법규범은 헌법전에 그에 상반하는 법규범을 첨가함에 의하여 폐지하게 되는 점에서, 헌법전으로부터 관계되는 헌법조항을 삭제함으로써 폐지되는 성문헌법규범과는 구분되는 것이다. 한편 이러한 형식적인 헌법개정 외에도, 관습헌법은 그것을 지탱하고 있는 국민적 합의성을 상실함에 의하여 법적 효력을 상실할 수도 있다. 관습헌법은 주권자인 국민에 의하여 유효한 헌법규범으로 인정되는 동안에만 존속하는 것이며, 관습법의 존속요건의 하나인 국민적 합의성이 소멸되면 관습헌법으로서의 법적 효력도 상실하게 된다. 관습헌법의 요건들은 그 성립의 요건일 뿐만 아니라 효력 유지의 요건인 것이다(헌재 2004.10.21, 2004헌마554·566).

답 ④

① [×] 헌법개정의 한계를 벗어난 경우, 헌법의 개별규정은 헌법재판소법 제41조 제1항의 위헌법률심판의 대상은 아니지만, 헌법재판소법 제68조 제1항의 공권력 행사의 결과에는 해당한다.
⇨ 헌법 및 헌법재판소의 규정상 위헌심사의 대상이 되는 법률은 국회의 의결을 거친 이른바 형식적 의미의 법률을 의미하는 것이므로, 헌법의 개별규정 자체는 헌법소원에 의한 위헌심사의 대상이 아니다(헌재 2001.2.22, 2000헌바38). 국민투표에 의하여 확정된 현행헌법의 성립과정과 헌법 제130조 제2항이 헌법의 개정을 국민투표에 의하여 확정하도록 하고 있음에 비추어, **헌법은 그 전체로서 주권자인 국민의 결단 내지 국민적 합의의 결과라고 보아야 할 것으로, 헌법의 규정을 헌법재판소법 제68조 제1항 소정의 공권력 행사의 결과라고 볼 수도 없다**(헌재 1995.12.28, 95헌바3).

② [×] 헌법개정안에 대한 국민투표권은 헌법개정기관인 국민 전체에게 부여된 권한으로서, 국민의 기본권이 아니다.
⇨ 신행정수도건설이나 수도이전의 문제가 정치적 성격을 가지고 있는 것은 인정할 수 있지만, 그 자체로 고도의 정치적 결단을 요하여 사법심사의 대상으로 하기에는 부적절한 문제라고까지는 할 수 없다. 다만, 대통령의 의사결정이 사법심사의 대상이 될 경우 위 의사결정은 고도의 정치적 결단을 요하는 문제여서 사법심사를 자제함이 바람직하다고는 할 수 있다. 그러나 대통령의 의사결정이 국민의 국민투표권을 침해한다면, 가사 위 의사결정이 고도의 정치적 결단을 요하는 행위라고 하더라도 이는 국민의 기본권 침해와 직접 관련되는 것으로서 헌법재판소의 심판대상이 될 수 있다. 이 사건 법률은 헌법개정사항인 수도의 이전을 헌법개정의 절차를 밟지 아니하고 단지 단순법률의 형태로 실현시킨 것으로서 결국 **헌법 제130조에 따라 헌법개정에 있어서 국민이 가지는 참정권적 기본권인 국민투표권의 행사를 배제한 것이므로 동 권리를 침해하여 헌법에 위반된다**(헌재 2004.10.21, 2004헌마554 등).

③ [×] 헌법개정안은 국회가 의결한 후 30일 이내에 국민투표에 부쳐 국회의원선거권자 과반수의 투표와 선거권자 과반수의 찬성을 얻어야 한다.
⇨ 헌법개정안은 국회가 의결한 후 30일 이내에 국민투표에 부쳐 **국회의원선거권자 과반수의 투표와 '투표자' 과반수의 찬성**을 얻어야 한다고 규정하고 있다(헌법 제130조 제2항).

❹ [○] 국민투표의 효력에 관하여 이의가 있는 투표인은 투표인 10만인 이상의 찬성을 얻어 중앙선거관리위원회위원장을 피고로 하여 투표일로부터 20일 이내에 대법원에 제소할 수 있다.
⇨ 국민투표의 효력에 관하여 이의가 있는 투표인은 투표인 10만인 이상의 찬성을 얻어 중앙선거관리위원회위원장을 피고로 하여 투표일로부터 20일 이내에 대법원에 제소할 수 있다(국민투표법 제92조).

답 ④

적절하지 않은 것은 ㉢, ㉣, ㉤이다.
㉠ [○] 제헌헌법(1948년 헌법)은 대통령과 부통령을 국회에서 무기명 투표로 선출하도록 규정하였다.
⇨ 제헌헌법(1948년 헌법)은 대통령과 부통령은 직접선거가 아닌 국회에서 무기명 투표로 각각 선출하였다.

㉡ [○] 제2차 개정헌법(1954년 헌법)은 국무총리제를 폐지하고 국무원에 대한 개별적 불신임제를 채택했다.
⇨ 제2차 개정헌법은 국무총리제를 폐지했고, 국무원연대책임제를 폐지하고 국무원에 대한 개별적 불신임제를 채택했다.

㉢ [×] 제3차 개정헌법(1960년 헌법)에서는 3·15 부정선거에 대한 반성으로 중앙선거관리위원회와 각급선거관리위원회를 처음 규정하였다.
⇨ **중앙선거관리위원회는 제3차 개정헌법(1960년 헌법), 각급선거관리위원회는 제5차 개정헌법(1962년 헌법)에서 각각 처음 규정하였다.**

㉣ [×] 제8차 개정헌법(1980년 헌법)에서는 행복추구권, 사생활의 비밀과 자유 등을 기본권으로 새로이 규정하였으며, 언론·출판에 대한 허가나 검열이 인정되지 않는다는 조항을 부활하였다.
⇨ 제8차 개정헌법(1980년 헌법)에서는 행복추구권, 사생활의 비밀과 자유 등을 기본권으로 새로이 규정하였다. 언론·출판에 대한 **허가나 검열금지조항은 제3차 개정헌법(1960년 헌법)에서 처음으로 규정하였고, 제7차 개정헌법(1972년 헌법)에서 삭제되었다가 현행헌법(1987년 헌법)에서 부활하였다.**

㉤ [×] 정당해산심판조항은 제3차 개정헌법(1960년 헌법)에서 최초로 규정된 이래 제7차 개정헌법(1972년 헌법)에서 삭제되었다가 현행헌법에서 부활되었다.
⇨ 정당해산심판조항은 **제3차 개정헌법(1960년 헌법)에서 최초로 규정된 이래로 현행헌법까지 삭제된 바 없이 계속되고 있다.**

답 ④

① [○] 입법자가 반복하여 음주운전을 하는 자를 총포소지허가의 결격사유로 규제하지 않을 것이라는 데 대한 신뢰가 보호가치 있는 신뢰라고 보기 어렵다.
⇨ 총포의 소지는 원칙적으로 금지되고 예외적으로 허가되는 것이므로, 그 결격사유 또한 새로이 규정, 시행될 수 있다. 따라서 이에 대한 청구인의 신뢰는 보호가치 있는 신뢰라고 보기 어려운 반면, 총기 안전사고를 예방하여 공공의 안전을 확보하는 것은 가능한 조속히 달성해야 하는 것으로서 그 공익적 가치가 중대하다. 심판대상조항은 신뢰보호원칙에 반하여 직업의 자유 및 일반적 행동의 자유를 침해한다고 할 수 없다(헌재 2018.4.26, 2017헌바341).

② [○] 전부개정 법률 시행 당시 아직 공소시효가 완성되지 아니한 성폭력범죄에 대하여 공소시효의 정지·배제 조항을 적용하도록 부진정소급효를 규정한 것은 13세 미만의 사람에 대한 강제추행이 갖는 범죄의 중대성, 미성년자에 대한 성폭력 범죄의 특수성을 고려하였을 때 신뢰보호원칙에 위반되지 않는다.
⇨ 형사소송법의 공소시효에 관한 조항이 적용된다는 신뢰는, 제2심판대상조항을 통해 전부개정 법률 시행 전에 행하여졌으나 아직 공소시효가 완성되지 아니한 성폭력범죄에 대해서도 공소시효의 정지·배제 조항을 적용하여 범죄자를 처벌할 수 있도록 함으로써 훼손된 법질서를 회복하고 실체적 정의를 구현하고자 하는 공익에 우선하여 특별히 헌법적으로 보호할 만한 필요성이 있다고 보기 어려우므로, 제2심판대상조항은 신뢰보호원칙에 반한다고 할 수 없다(헌재 2021.6.24, 2018헌바457).

③ [○] 공기총의 소지허가를 받은 자는 그 공기총을 허가관청이 지정하는 곳에 보관하도록 하고 개정법 시행 당시 이미 공기총의 소지허가를 받은 자도 이 사건 법률조항에 따라 시행일부터 1개월 이내에 그 공기총을 허가관청이 지정하는 곳에 보관하도록 규정한 '총포·도검·화약류 등의 안전관리에 관한 법률' 조항은 과잉금지원칙에 반하거나 신뢰보호원칙에 반하지 않는다.
⇨ 총포소지허가를 받은 사람이 해당 공기총을 직접 보관할 수 있을 것이라는 데에 대한 신뢰는 헌법상 보호가치 있는 신뢰라고 보기 어렵다. 설령 헌법상 보호가치 있는 신뢰라고 하더라도 총포 보관방법을 비롯하여 총포의 안전관리에 관한 사항들은 사회환경이나 정책의 변화에 따라 구법질서가 더 이상 적절하지 아니하다는 입법자의 판단 아래 언제든지 새로이 규정될 수 있으므로, 그 보호가치가 크다고 할 수 없는 반면에 총포의 직접보관을 제한하여 공공의 안전을 보호해야 할 공익적 가치는 중대하다. 따라서 이 사건 부칙조항은 신뢰보호원칙에 반하지 않는다(헌재 2019.6.28, 2018헌바400).
❹ [×] 위법건축물에 대하여 이행강제금을 부과하도록 하면서 이행강제금제도 도입 전의 위법건축물에 대하여도 적용의 예외를 두지 아니한 건축법 부칙 규정은 신뢰보호의 원칙에 위반된다.
⇨ 위법건축물에 대하여 종전처럼 과태료만이 부과될 것이라고 기대한 신뢰는 제도상의 공백에 따른 반사적인 이익에 불과하여 그 보호가치가 그리 크지 않은 데다가, 이미 이행강제금 도입으로 인한 국민의 혼란이나 부담도 많이 줄어든 상태인 반면, 이행강제금제도 도입 전의 위법건축물이라 하더라도 이행강제금을 부과함으로써 위법상태를 치유하여 건축물의 안전, 기능, 미관을 증진하여야 한다는 공익적 필요는 중대하다 할 것이다. 따라서 이 사건 부칙조항은 신뢰보호원칙에 위배된다고 볼 수 없다(헌재 2015.10.21, 2013헌바248).

① [○] 헌법 제119조 이하의 경제에 관한 장은 국가가 경제정책을 통하여 달성하여야 할 '공익'을 구체화하고, 동시에 헌법 제37조 제2항의 기본권제한을 위한 법률유보에서의 '공공복리'를 구체화하고 있다.
⇨ 우리 헌법은 헌법 제119조 이하의 경제에 관한 장에서 "균형 있는 국민경제의 성장과 안정, 적정한 소득의 분배, 시장의 지배와 경제력남용의 방지, 경제주체간의 조화를 통한 경제의 민주화, 균형있는 지역경제의 육성, 중소기업의 보호육성, 소비자보호 등"의 경제영역에서의 국가목표를 명시적으로 언급함으로써 국가가 경제정책을 통하여 달성하여야 할 '공익'을 구체화하고, 동시에 헌법 제37조 제2항의 기본권제한을 위한 법률유보에서의 '공공복리'를 구체화하고 있다(헌재 2003.11.27, 2001헌바35).
❷ [×] 특정한 사회, 경제적 또는 정치적 대의나 가치를 주장·옹호하거나 이를 진작시키기 위한 수단으로 선택한 소비자불매운동은 헌법상 보호를 받을 수 없다.
⇨ 일반 시민들이 특정한 사회, 경제적 또는 정치적 대의나 가치를 주장·옹호하거나 이를 진작시키기 위한 수단으로서 소비자불매운동을 선택하는 경우도 있을 수 있고, 이러한 소비자불매운동 역시 반드시 헌법 제124조는 아니더라도 헌법 제21조에 따라 보장되는 정치적 표현의 자유나 헌법 제10조에 내

재된 일반적 행동의 자유의 관점 등에서 보호받을 가능성이 있으므로, 단순히 소비자불매운동이 헌법 제124조에 따라 보장되는 소비자보호운동의 요건을 갖추지 못하였다는 이유만으로 이에 대하여 아무런 헌법적 보호도 주어지지 아니한다거나 소비자불매운동에 본질적으로 내재되어 있는 집단행위로서의 성격과 대상 기업에 대한 불이익 또는 피해의 가능성만을 들어 곧바로 형법 제314조 제1항의 업무방해죄에서 말하는 위력의 행사에 해당한다고 단정하여서는 아니 된다(대판 2013.3.14, 2010도410).
③ [○] 특정의료기관이나 특정의료인의 기능·진료방법에 관한 광고를 금지하는 것은 새로운 의료인들에게 자신의 기능이나 기술 혹은 진단 및 치료방법에 관한 광고와 선전을 할 기회를 배제함으로써 기존의 의료인과의 경쟁에서 불리한 결과를 초래하므로, 자유롭고 공정한 경쟁을 추구하는 헌법상의 시장경제질서에 부합되지 않는다.
⇨ 이 사건 조항에 의한 의료광고의 금지는 새로운 의료인들에게 자신의 기능이나 기술 혹은 진단 및 치료방법에 관한 광고와 선전을 할 기회를 배제함으로써, 기존의 의료인과의 경쟁에서 불리한 결과를 초래할 수 있는데, 이는 자유롭고 공정한 경쟁을 추구하는 헌법상의 시장경제질서에 부합되지 않는다(헌재 2005.10.27, 2003헌가3).
④ [○] 헌법 제119조 제1항은 사유재산제도와 사적자치의 원칙을 기초로 하는 자유시장경제질서를 기본으로 하고 있다.
⇨ 헌법 제23조 제1항 전문은 "모든 국민의 재산권은 보장된다."라고 규정하고, 제119조 제1항은 "대한민국의 경제질서는 개인과 기업의 경제상의 자유와 창의를 존중함을 기본으로 한다."고 규정함으로써, 우리 헌법이 사유재산제도와 경제활동에 관한 사적자치의 원칙을 기초로 하는 자본주의 시장경제질서를 기본으로 하고 있음을 선언하고 있는 것이다(헌재 1997.8.21, 94헌바19 등).

① [×] 제도적 보장은 주관적 권리가 아닌 객관적 법규범이라는 점에서 기본권과 구별되며, 헌법에 의하여 일정한 제도가 보장되더라도 입법자는 그 제도를 설정하고 유지할 입법의무를 지는 것은 아니다.
⇨ 제도적 보장은 객관적 제도를 헌법에 규정하여 당해 제도의 본질을 유지하려는 것으로서 헌법제정권자가 특히 중요하고도 가치가 있다고 인정되고 헌법적으로도 보장할 필요가 있다고 생각하는 국가제도를 헌법에 규정함으로써 장래의 법발전, 법형성의 방침과 범주를 미리 규율하려는 데 있다. 이러한 제도적 보장은 주관적 권리가 아닌 객관적 범규범이라는 점에서 기본권과 구별되기는 하지만 헌법에 의하여 일정한 제도가 보장되면 입법자는 그 제도를 설정하고 유지할 입법의무를 지게 될 뿐만 아니라 헌법에 규정되어 있기 때문에 법률로써 이를 폐지할 수 없고, 비록 내용을 제한하더라도 그 본질적 내용을 침해할 수 없다. 그러나 기본권 보장은 '최대한 보장의 원칙'이 적용됨에 반하여, 제도적 보장은 그 본질적 내용을 침해하지 아니하는 범위 안에서 입법자에게 제도의 구체적 내용과 형태의 형성권을 폭넓게 인정한다는 의미에서 '최소한 보장의 원칙'이 적용될 뿐이다(헌재 1997.4.24, 95헌바48).

② [×] 기본권이 입법권·집행권·사법권을 구속하는 법규범인 데 반하여, 제도적 보장은 프로그램적 규정으로서 재판규범으로서의 기능을 하지 못한다.
　⇨ 제도적 보장은 기본권은 아니지만, 재판규범의 기능을 한다는 점에서는 기본권과 동일하다.
❸ [O] 방송의 자유는 주관적 권리로서의 성격과 함께 신문의 자유와 마찬가지로 자유로운 의견형성이나 여론형성을 위해 필수적인 기능을 행하는 객관적 규범질서로서 제도적 보장의 성격을 함께 가진다.
　⇨ 방송의 자유는 주관적 권리로서의 성격과 함께 자유로운 의견형성이나 여론형성을 위해 필수적인 기능을 행하는 객관적 규범질서로서 제도적 보장의 성격을 함께 가진다(헌재 2003. 12.18, 2002헌바49).
④ [×] 전래의 어떤 가족제도가 헌법 제36조 제1항이 요구하는 양성평등에 반한다고 할지라도, 헌법 제9조의 전통문화와 규범조화적으로 해석하여 그 헌법적 정당성이 인정될 수도 있다.
　⇨ 헌법 전문과 헌법 제9조에서 말하는 '전통', '전통문화'란 역사성과 시대성을 띤 개념으로서 헌법의 가치질서, 인류의 보편가치, 정의와 인도정신 등을 고려하여 오늘날의 의미로 포착하여야 하며, 가족제도에 관한 전통·전통문화란 적어도 그것이 가족제도에 관한 헌법이념인 개인의 존엄과 양성의 평등에 반하는 것이어서는 안 된다는 한계가 도출되므로, 전래의 어떤 가족제도가 헌법 제36조 제1항이 요구하는 개인의 존엄과 양성평등에 반한다면 헌법 제9조를 근거로 그 헌법적 정당성을 주장할 수는 없다(헌재 2005.2.3, 2001헌가9 등).

07　　　　　　　　　　　　　　　　　　　답 ③

적절한 것은 3개(ⓒ, ⓒ, ⓔ)이다.
㉠ [×] 정당설립의 자유를 최대한으로 보호하려는 헌법 제8조의 정신에 비추어 볼 때, 정당의 설립 및 가입을 금지하는 법률조항은 이를 정당화하는 사유의 중대성에 있어서 적어도 민주적 기본질서에 대한 위반에 버금가는 것이어야 하므로, 지방공무원의 정당가입을 금지하는 입법은 헌법에 위반된다.
　⇨ 심판대상조항은 지방공무원이 정당에 가입하는 것을 금지함으로써, 공무원의 정치적 중립성을 확보하여 공무원의 국민 전체에 대한 봉사자로서의 근무기강을 확립하고, 나아가 정치와 행정의 분리를 통하여 공무집행에서의 혼란의 초래를 예방하고 국민의 신뢰를 확보하여 헌법상 직업공무원제도를 수호하려는 목적을 가진다. … **심판대상조항이 헌법상의 과잉금지원칙에 위배되거나 기본권의 본질적 내용을 제한하여 정당가입의 자유를 침해한다고 볼 수 없다**(헌재 2014.3.27, 2011헌바43).
ⓒ [O] 정당의 자유는 개개인의 자유로운 정당설립 및 정당가입의 자유, 조직형식 내지 법형식 선택의 자유, 정당해산의 자유, 합당의 자유, 분당의 자유뿐만 아니라, 개인이 정당 일반 또는 특정 정당에 가입하지 아니할 자유, 가입했던 정당으로부터 탈퇴할 자유 등 소극적 자유도 포함한다.
　⇨ 헌법 제8조 제1항 전단의 정당설립의 자유는 정당설립의 자유만이 아니라 누구나 국가의 간섭을 받지 아니하고 자유롭게 정당에 가입하고 정당으로부터 탈퇴할 수 있는 자유를 함께 보장한다. 구체적으로 정당의 자유는 개개인의 자유로운 정당설립

및 정당가입의 자유, 조직형식 내지 법형식 선택의 자유를 포함한다. 또한 정당설립의 자유는 설립에 대응하는 정당해산의 자유, 합당의 자유, 분당의 자유도 포함한다. 뿐만 아니라 정당설립의 자유는 개인이 정당 일반 또는 특정 정당에 가입하지 아니할 자유, 가입했던 정당으로부터 탈퇴할 자유 등 소극적 자유도 포함한다(헌재 2006.3.30, 2004헌마246).
ⓒ [O] 정당은 후보자를 추천하는 때에는 당헌 또는 당규로 정한 민주적인 절차를 거쳐 대의원·당원 등으로 구성된 선거인단의 민주적 투표절차에 따라 추천할 후보자를 결정한다.
　⇨ 공직선거법 제47조에 대한 옳은 설명이다.

> **공직선거법**
> 제47조【정당의 후보자추천】① 정당은 선거에 있어 선거구별로 선거할 정수 범위 안에서 그 소속당원을 후보자(이하 "정당추천후보자"라 한다)로 추천할 수 있다. 다만, 비례대표자치구·시·군의원의 경우에는 그 정수 범위를 초과하여 추천할 수 있다.
> ② 정당이 제1항에 따라 후보자를 추천하는 때에는 민주적인 절차에 따라야 한다.

ⓔ [O] 지역구국회의원선거는 1천 500만원의 기탁금을, 비례대표국회의원선거는 500만원의 기탁금을 기탁하여야 한다.
　⇨ 공직선거법 제56조 제1항에 대한 옳은 설명이다.

> **공직선거법**
> 제56조【기탁금】① 후보자등록을 신청하는 자는 등록신청시에 후보자 1명마다 다음 각 호의 기탁금을 중앙선거관리위원회규칙으로 정하는 바에 따라 관할 선거구선거관리위원회에 납부하여야 한다. 이 경우 예비후보자가 해당 선거의 같은 선거구에 후보자등록을 신청하는 때에는 제60조의2 제2항에 따라 납부한 기탁금을 제외한 나머지 금액을 납부하여야 한다.
> 1. 대통령선거는 3억원
> 2. 지역구국회의원선거는 1천 500만원
> 2의2. 비례대표국회의원선거는 500만원
> 3. 시·도의회의원선거는 300만원
> 4. 시·도지사선거는 5천만원
> 5. 자치구·시·군의 장 선거는 1천만원
> 6. 자치구·시·군의원선거는 200만원

08　　　　　　　　　　　　　　　　　　　답 ②

① [O] 선거기간 중 선거에 영향을 미치게 하기 위한 집회나 모임을 금지하는 것은 정치적 표현의 자유를 침해한다.
　⇨ 심판대상조항의 입법목적은 '집회 및 시위에 관한 법률', 선거비용 제한·보전 제도, 기부행위 금지, 과도한 비용이 발생하거나 금전적 이익이 집회 참여의 대가로 수수되는 집회나 모임의 개최만을 한정적으로 금지하는 방법, 허위사실유포 등을 직접 처벌하는 공직선거법 규정 등으로 달성할 수 있다. 심판대상조항은 정치적 의사표현이 활발하게 교환되어야 할 선거기간 중에, 오히려 특정 후보자나 정당이 특정한 정책에 대한 찬성이나 반대를 하고 있다는 언급마저도 할 수 없는 범위 내에서만 집회나 모임의 방법으로 정치적 의사를 표현하도록 하여, 평소보다 일반 유권자의 정치적 표현의 자유를 더 제한하

고 있다. 선거의 공정이나 평온에 대한 구체적인 위험이 없어, 규제가 불필요하거나 또는 예외적으로 허용하는 것이 가능한 경우에도, 선거기간 중 선거에 영향을 미칠 염려가 있거나 미치게 하기 위한 일반 유권자의 집회나 모임을 전면적으로 금지하고 위반시 처벌하는 것은 침해의 최소성에 반한다. 선거기간 중 선거와 관련된 집단적 의견표명 일체가 불가능하게 됨으로써 일반 유권자가 받게 되는 집회의 자유, 정치적 표현의 자유에 대한 제한 정도는 매우 중대하므로, 심판대상조항은 집회의 자유, 정치적 표현의 자유를 침해한다(헌재 2022.7.21, 2018헌바164).

❷ [×] 임기만료에 따른 비례대표국회의원선거에서 전국 유효투표총수의 100분의 5 이상을 득표하였거나 임기만료에 따른 지역구국회의원선거에서 3 이상의 의석을 차지한 정당에 대하여 비례대표국회의원의석이 배분된다.

⇨ 임기만료에 따른 비례대표국회의원선거에서 **전국 유효투표총수의 100분의 3 이상을 득표하였거나** 임기만료에 따른 지역구국회의원선거에서 5 이상의 의석을 차지한 정당에 대하여 비례대표국회의원의석이 배분된다.

> **공직선거법**
> 제189조【비례대표국회의원의석의 배분과 당선인의 결정·공고·통지】① 중앙선거관리위원회는 다음 각 호의 어느 하나에 해당하는 정당(이하 이 조에서 "의석할당정당"이라 한다)에 대하여 비례대표국회의원의석을 배분한다.
> 1. 임기만료에 따른 비례대표국회의원선거에서 전국 유효투표총수의 100분의 3 이상을 득표한 정당
> 2. 임기만료에 따른 지역구국회의원선거에서 5 이상의 의석을 차지한 정당

③ [O] 국회의원지역구의 공정한 획정을 위하여 임기만료에 따른 국회의원선거의 선거일 전 18개월부터 해당 국회의원선거에 적용되는 국회의원지역구의 명칭과 그 구역이 확정되어 효력을 발생하는 날까지 국회의원선거구획정위원회를 설치·운영한다.

⇨ 공직선거법 제24조 제1항에 대한 옳은 설명이다.

> **공직선거법**
> 제24조【국회의원선거구획정위원회】① 국회의원지역구의 공정한 획정을 위하여 임기만료에 따른 국회의원선거의 선거일 전 18개월부터 해당 국회의원선거에 적용되는 국회의원지역구의 명칭과 그 구역이 확정되어 효력을 발생하는 날까지 국회의원선거구획정위원회를 설치·운영한다.

④ [O] 국회는 국민의 보통·평등·직접·비밀선거에 의하여 선출된 국회의원으로 구성한다.

⇨ 헌법 제41조 제1항에 대한 옳은 설명이다.

✎. 자유선거는 명문화되어 있지 않다.

> **헌법 제41조** ① 국회는 국민의 보통·평등·직접·비밀선거에 의하여 선출된 국회의원으로 구성한다.

09 답 ③

① [O] 조례제정·개폐청구권을 주민들의 지역에 관한 의사결정에 참여에 관한 권리 내지 주민발안권으로 이해하더라도 이러한 권리를 헌법이 보장하는 기본권인 참정권이라고 할 수는 없다.

⇨ 지방자치제도를 보완하기 위하여 주민발안, 주민투표, 주민소환 등의 제도가 도입될 수도 있고, 실제로 구 지방자치법은 주민에게 주민투표권(제13조의2)과 조례의 제정 및 개폐청구권(제13조의3) 및 감사청구권(제13조의4)을 부여함으로써 주민이 지방자치사무에 직접 참여할 수 있는 길을 열어 놓고 있다. 그렇지만 이러한 제도는 어디까지나 입법에 의하여 채택된 것일 뿐, 헌법이 이러한 제도의 도입을 보장하고 있는 것은 아니고, 조례제정·개폐청구권을 주민들의 지역에 관한 의사결정에 참여에 관한 권리 내지 주민발안권으로 이해하더라도 이러한 권리를 헌법이 보장하는 기본권인 참정권이라고 할 수는 없으며, 입법자에게는 지방자치제도의 본질적 내용을 침해하지 않는 한도에서 제도의 구체적인 내용과 형태의 형성권이 폭넓게 인정된다(헌재 2009.7.30, 2007헌바75).

② [O] 지방자치단체의 장은 주민에게 과도한 부담을 주거나 중대한 영향을 미치는 지방자치단체의 주요 결정사항 등에 대하여 주민투표에 부칠 수 있다.

⇨ 주민에게 과도한 부담을 주거나 중대한 영향을 미치는 지방자치단체의 주요 결정사항 등은 주민투표대상이다.

❸ [×] 지방자치단체의 18세 이상의 주민은 지방자치단체의 조례로 정하는 일정 수 이상의 18세 이상 주민이 연대 서명하여 그 지방자치단체와 그 장의 권한에 속하는 사무의 처리가 법령에 위반되거나 공익을 현저히 해친다고 인정되면 감사원장에게 감사를 청구할 수 있다.

⇨ 지방자치단체의 18세 이상의 주민은 시·도는 300명, 제198조에 따른 인구 50만 이상 대도시는 200명, 그 밖의 시·군 및 자치구는 150명 이내에서 그 지방자치단체의 조례로 정하는 수 이상의 18세 이상의 주민이 연대서명하여, 시·도의 경우에는 주무부장관에게, 시·군 및 자치구의 경우에는 시·도지사에게 그 지방자치단체와 그 장의 권한에 속하는 사무의 처리가 법령에 위반되거나 공익을 현저히 해친다고 인정되면 감사를 청구할 수 있다(지방자치법 제21조 제1항 본문).

④ [O] 국가사무로서 지방자치단체의 장에 위임된 이른바 기관위임사무에 관한 사항은 조례제정의 범위 밖이라고 할 것이다.

⇨ 지방자치단체가 조례를 제정할 수 있는 사항은 지방자치단체의 고유사무인 자치사무와 개별 법령에 의하여 자치단체에 위임된 이른바 단체위임사무에 한하고, 국가사무로서 지방자치단체의 장에 위임된 이른바 기관위임사무에 관한 사항은 조례제정의 범위 밖이라고 할 것이다(대판 1992.7.28, 92추31).

10 답 ②

적절하지 않은 것은 ㉠, ㉢이다.

㉠ [×] 구치소 내 과밀수용행위가 지나치게 협소하더라도 국가 예산의 문제 등 제반 사정상 신체적·정신적 건강이 악화되거나 인격체로서의 기본 활동에 필요한 조건을 박탈당하는 정도는 아니기 때문에 수형자인 인간의 존엄과 가치를 침해하는 것은 아니다.

⇨ 수형자가 인간 생존의 기본조건이 박탈된 교정시설에 수용되어 인간의 존엄과 가치를 침해당하였는지 여부를 판단함에 있어서는 1인당 수용면적뿐만 아니라 수형자 수와 수용거실 현황 등 수용시설 전반의 운영 실태와 수용기간, 국가 예산의 문제 등 제반 사정을 종합적으로 고려할 필요가 있다. 그러나 교정시설의 1인당 수용면적이 수형자의 인간으로서의 기본 욕구에 따른 생활조차 어렵게 할 만큼 지나치게 협소하다면, 이는 그 자체로 국가형벌권 행사의 한계를 넘어 수형자의 인간의 존엄과 가치를 침해하는 것이다. 이 사건의 경우, 성인 남성인 청구인이 이 사건 방실에 수용된 기간 동안 1인당 실제 개인사용 가능면적은, 2일 16시간 동안에는 1.06m², 6일 5시간 동안에는 1.27m²였다. 이러한 1인당 수용면적은 우리나라 성인 남성의 평균 신장인 사람이 팔다리를 마음껏 뻗기 어렵고, 모로 누워 '칼잠'을 자야 할 정도로 매우 협소한 것이다. 그렇다면 청구인이 이 사건 방실에 수용된 기간, 접견 및 운동으로 이 사건 방실 밖에서 보낸 시간 등 제반 사정을 참작하여 보더라도, 청구인은 이 사건 방실에서 신체적·정신적 건강이 악화되거나 인격체로서의 기본 활동에 필요한 조건을 박탈당하는 등 극심한 고통을 경험하였을 가능성이 크다. 따라서 청구인이 인간으로서 최소한의 품위를 유지할 수 없을 정도로 과밀한 공간에서 이루어진 이 사건 수용행위는 청구인의 인간으로서의 존엄과 가치를 침해한다(헌재 2016.12.29, 2013헌마142).

© [○] 초·중등학교에서 한자교육을 선택적으로 받도록 한 '초·중등학교 교육과정'의 ' Ⅱ 학교 급별 교육과정 편성과 운영' 중 한자 교육 및 한문 관련 부분은 학생의 자유로운 인격발현권을 침해하지 않는다.

⇨ 현재 한글전용이 보편화되어 있어 대부분의 문서와 책, 언론기사 등이 한글 위주로 작성되어 있고, 한자는 한글만으로 뜻의 구별이 안 되거나 생소한 단어의 경우 그 정확한 이해를 돕기 위해 부기하는 정도로만 표기되고 있다. 한자어는 굳이 한자로 쓰지 않더라도 앞뒤 문맥으로 그 뜻을 이해할 수 있는 경우가 대부분이고, 특정 낱말이 한자로 어떻게 표기되는지를 아는 것이 어휘능력이나 독해력, 사고력 향상에 결정적인 요소가 된다고 보기 어렵다. 특히 요즘에는 인터넷이 상용화되어 한글만 사용하더라도 지식과 정보 습득에 아무런 문제가 없다. 이러한 점들을 종합하면, 한자를 국어과목의 일환이 아닌 독립과목으로 편제하고 학교 재량에 따라 선택적으로 가르치도록 하였다고 하여 학생들의 자유로운 인격발현권이나 부모의 자녀교육권을 침해한다고 볼 수 없다(헌재 2016.11.24, 2012헌마854).

© [○] 사자(死者)에 대한 사회적 명예와 평가의 훼손은 사자와의 관계를 통하여 스스로의 인격상을 형성하고 명예를 지켜온 그 후손의 인격권을 제한한다.

⇨ 친일반민족행위반민규명위원회의 조사대상자 선정 및 친일반민족행위결정이 이루어지면, 조사대상자의 사회적 평가에 영향을 미치므로 헌법 제10조에서 유래하는 일반적 인격권이 제한받는다. 다만 이러한 결정에 있어서 대부분의 조사대상자는 이미 사망하였을 것이 분명하나, 조사대상자가 사자(死者)의 경우에도 인격적 가치에 대한 중대한 왜곡으로부터 보호되어야 한다. 사자(死者)에 대한 사회적 명예와 평가의 훼손은 사자(死者)와의 관계를 통하여 스스로의 인격상을 형성하고 명예를 지켜온 그들의 후손의 인격권, 즉 유족의 명예 또는 유족의 사자(死者)에 대한 경애추모의 정을 제한하는 것이다(헌재 2010.10.28, 2007헌가23).

ⓔ [○] 중혼을 혼인취소의 사유로 정하면서 그 취소청구권의 제척기간 또는 소멸사유를 규정하지 않은 민법 규정은 입법재량의 한계를 일탈하여 후혼 배우자의 인격권 및 행복추구권을 침해하지 않는다.

⇨ 이 사건 법률조항은 우리 사회의 중대한 공익이며 헌법 제36조 제1항으로부터 도출되는 일부일처제를 실현하기 위한 것이다. 이 사건 법률조항은 중혼을 혼인무효사유가 아니라 혼인취소사유로 정하고 있는데, 혼인취소의 효력은 기왕에 소급하지 아니하므로 중혼이라 하더라도 법원의 취소판결이 확정되기 전까지는 유효한 법률혼으로 보호받는다. 후혼의 취소가 가혹한 결과가 발생하는 경우에는 구체적 사건에서 법원이 권리남용의 법리 등으로 해결하고 있다. 따라서 중혼취소청구권의 소멸에 관하여 아무런 규정을 두지 않았다 하더라도, 이 사건 법률조항이 현저히 입법재량의 범위를 일탈하여 후혼 배우자의 인격권 및 행복추구권을 침해하지 아니한다(헌재 2014. 7.24, 2011헌바275).

ⓜ [✕] 방송사업자의 의사에 반한 사과행위를 강제하는 구 방송법 규정은 방송사업자의 인격권을 침해하지 않는다.

⇨ 법인도 법인의 목적과 사회적 기능에 비추어 볼 때 그 성질에 반하지 않는 범위 내에서 인격권의 한 내용인 사회적 신용이나 명예 등의 주체가 될 수 있고 법인이 이러한 사회적 신용이나 명예 유지 내지 법인격의 자유로운 발현을 위하여 의사결정이나 행동을 어떻게 할 것인지를 자율적으로 결정하는 것도 법인의 인격권의 한 내용을 이룬다고 할 것이다. 그렇다면 이 사건 심판대상조항은 방송사업자의 의사에 반한 사과행위를 강제함으로써 방송사업자의 인격권을 제한한다. 이 사건 심판대상조항은 시청자의 권익보호와 민주적 여론 형성 및 국민문화의 향상을 도모하고 방송의 발전에 이바지하기 위하여, 공정하고 객관적인 보도를 할 책무를 부담하는 방송사업자가 심의규정을 위반한 경우 방송통신위원회로 하여금 전문성과 독립성을 갖춘 방송통신심의위원회의 심의를 거쳐 '시청자에 대한 사과'를 명할 수 있도록 규정한 것이므로, 입법목적의 정당성이 인정되고, 이러한 제재수단을 통해 방송의 공적 책임을 높이는 등 입법목적에 기여하는 점을 인정할 수 있으므로 방법의 적절성도 인정된다. 그러나 심의규정을 위반한 방송사업자에게 '주의 또는 경고'만으로도 반성을 촉구하고 언론사로서의 공적 책무에 대한 인식을 제고시킬 수 있고, 위 조치만으로도 심의규정에 위반하여 '주의 또는 경고'의 제재조치를 받은 사실을 공표하게 되어 이를 다른 방송사업자나 일반 국민에게 알리게 됨으로써 여론의 왜곡 형성 등을 방지하는 한편, 해당 방송사업자에게는 해당 프로그램의 신뢰도 하락에 따른 시청률 하락 등의 불이익을 줄 수 있다. 또한, '시청자에 대한 사과'에 대하여는 '명령'이 아닌 '권고'의 형태를 취할 수도 있다. 이와 같이 기본권을 보다 덜 제한하는 다른 수단에 의하더라도 이 사건 심판대상조항이 추구하는 목적을 달성할 수 있으므로 이 사건 심판대상조항은 침해의 최소성원칙에 위배된다. 또한 이 사건 심판대상조항은 시청자 등 국민들로 하여금 방송사업자가 객관성이나 공정성 등 저버린 방송을 했다는 점을 스스로 인정한 것으로 생각하게 만듦으로써 방송에 대한 신뢰가 무엇보다 중요한 방송사업자에 대하여 그 사회적 신용이나 명예를 저하시키고 법인격의 자유로운 발현을 저해하는

것인 바, 방송사업자의 인격권에 대한 제한의 정도가 이 사건 심판대상조항이 추구하는 공익에 비해 결코 작다고 할 수 없으므로 이 사건 심판대상조항은 법익의 균형성원칙에도 위배된다(헌재 2012.8.23, 2009헌가27).

11   답 ①

❶ [○] 누구든지 금융회사 등에 종사하는 자에게 거래정보 등의 제공을 요구하는 것을 금지하고, 위반시 형사처벌하는 금융실명법 조항은 일반적 행동자유권을 침해한다.

⇨ 금융거래의 비밀보장에 실질적인 위협이 되지 않는 행위도 충분히 있을 수 있고, 명의인의 동의를 받을 수 없는 상황에서 타인의 금융거래정보가 필요하여 금융기관 종사자에게 그 제공을 요구하는 경우가 있을 수 있는 등 금융거래정보 제공요구행위는 구체적인 사안에 따라 죄질과 책임을 달리한다고 할 것임에도, 심판대상조항은 정보제공요구의 사유나 경위, 행위 태양, 요구한 거래정보의 내용 등을 전혀 고려하지 아니하고 일률적으로 금지하고, 그 위반시 형사처벌을 하도록 하고 있다. 나아가, 금융거래의 비밀보장이 중요한 공익이라는 점은 인정할 수 있으나, 심판대상조항이 정보제공요구를 하게 된 사유나 행위의 태양, 요구한 거래정보의 내용을 고려하지 아니하고 일률적으로 일반 국민들이 거래정보의 제공을 요구하는 것을 금지하고 그 위반시 형사처벌을 하는 것은 그 공익에 비하여 지나치게 일반 국민의 일반적 행동자유권을 제한하는 것이다. 따라서 심판대상조항은 과잉금지원칙에 반하여 일반적 행동자유권을 침해한다(헌재 2022.2.24, 2020헌가5).

② [×] 비어업인이 잠수용 스쿠버장비를 사용하여 수산자원을 포획·채취하는 것을 금지하는 수산자원관리법 시행규칙 조항은 비어업인의 일반적 행동의 자유를 침해한다.

⇨ 여가생활 또는 오락으로 잠수용 스쿠버다이빙을 즐기면서 수산자원을 포획하거나 채취하지 못함으로 인하여 청구인이 입는 불이익에 비해 수산자원을 보호해야 할 공익은 현저히 크다고 할 것이므로, 이 사건 규칙조항은 침해의 최소성과 법익의 균형성도 갖추었다. 따라서 이 사건 규칙조항은 청구인의 일반적 행동의 자유를 침해하지 아니한다(헌재 2016.10.27, 2013헌마450).

③ [×] 협의상 이혼을 하고자 하는 사람은 부부가 함께 관할 가정법원에 직접 출석하여 협의이혼의사확인신청서를 제출하여야 한다고 규정한 가족관계의 등록 등에 관한 규칙 조항은 일반적 행동자유권을 침해한다.

⇨ 이 사건 규칙조항에서 협의이혼의사확인신청을 할 때 부부 쌍방으로 하여금 직접 법원에 출석하여 신청서를 제출하도록 한 것은, 일시적 감정이나 강압에 의한 이혼을 방지하고 협의상 이혼이 그 절차가 시작될 때부터 당사자 본인의 의사로 진지하고 신중하게 이루어지도록 하기 위한 것이므로, 목적의 정당성 및 수단의 적합성이 인정된다. 당사자의 진정한 이혼의사를 확인하기 위하여는 양 당사자로 하여금 이혼의사확인신청서를 직접 제출하도록 하는 것이 보다 확실한 방법이고, 일정한 경우에는 부부 한 쪽만 출석할 수 있도록 예외가 인정되고 있으며, 법원 출석이 곤란하거나 불편한 경우 재판상 이혼절차를 이용할 수도 있으므로, 침해의 최소성도 인정된다. 한편, 이 사건 규칙조항은 협의상 이혼의 사유 자체를 제한하거나

당사자에게 과도한 부담이 되는 절차를 요구하는 것이 아닌 반면에, 이 사건 규칙조항을 통해 협의상 이혼이 당사자의 자유롭고 진지한 의사에 기하도록 함으로써 달성될 수 있는 공익은 결코 작지 않으므로, 법익의 균형성도 인정된다. 따라서 이 사건 규칙조항은 과잉금지원칙에 반하여 일반적 행동자유권을 침해하지 않는다(헌재 2016.6.30, 2015헌마894).

④ [×] 이동통신단말장치 유통구조 개선에 관한 법률상 이동통신단말장치 구매지원금 상한조항은 이동통신단말장치를 구입하고, 이동통신서비스의 이용에 관한 계약을 체결하고자 하는 자의 일반적 행동자유권에서 파생하는 계약의 자유를 침해한다.

⇨ 지원금 상한조항으로 인하여 일부 이용자들이 종전보다 적은 액수의 지원금을 지급받게 될 가능성이 있다고 할지라도, 이러한 불이익에 비해 이동통신산업의 건전한 발전과 이용자의 권익을 보호한다는 공익이 매우 중대하다고 할 것이므로, 지원금 상한조항은 법익의 균형성도 갖추었다. 따라서 지원금 상한조항은 청구인들의 계약의 자유를 침해하지 아니한다(헌재 2017.5.25, 2014헌마844).

12   답 ②

① [×] 낙태죄 조항은 임부의 자기결정권과 태아의 생명권이 대립관계에 있으며 기본권 충돌 사안 중 하나이다.

⇨ 낙태죄 조항은 임신한 여성의 자기결정권을 제한한다. 이러한 임부의 자기결정권은 태아의 생명권과 일응 대립관계에 있으나 직접적인 충돌을 해결해야 하는 사안은 아니다(헌재 2019.4.11, 2017헌바127).

❷ [○] 국가가 생명을 보호하는 입법적 조치를 취함에 있어 인간생명의 발달단계에 따라 그 보호정도나 보호수단을 달리하는 것은 불가능하지 않다.

⇨ 생명의 전체적 과정에 대해 법질서가 언제나 동일한 법적 보호 내지 효과를 부여하고 있는 것은 아니다. 따라서 국가가 생명을 보호하는 입법적 조치를 취함에 있어 인간생명의 발달단계에 따라 그 보호정도나 보호수단을 달리하는 것은 불가능하지 않다(헌재 2019.4.11, 2017헌바127).

③ [×] 헌법재판소는 임신 제1삼분기(임신 14주 무렵까지)에는 사유를 불문하고 낙태가 허용되어야 하므로 자기낙태죄 규정에 대하여 단순위헌결정을 하였다.

⇨ 자기낙태죄 조항과 의사낙태죄 조항에 대하여 각각 단순위헌결정을 할 경우, 임신기간 전체에 걸쳐 행해진 모든 낙태를 처벌할 수 없게 됨으로써 용인하기 어려운 법적 공백이 생기게 된다. 더욱이 입법자는 결정가능기간을 어떻게 정하고 결정가능기간의 종기를 언제까지로 할 것인지, 결정가능기간 중 일정한 시기까지는 사회적·경제적 사유에 대한 확인을 요구하지 않을 것인지 여부까지를 포함하여 결정가능기간과 사회적·경제적 사유를 구체적으로 어떻게 조합할 것인지, 상담요건이나 숙려기간 등과 같은 일정한 절차적 요건을 추가할 것인지 여부 등에 관하여 앞서 헌법재판소가 설시한 한계 내에서 입법재량을 가진다. 따라서 자기낙태죄 조항과 의사낙태죄 조항에 대하여 단순위헌결정을 하는 대신 각각 헌법불합치결정을 선고하되, 다만 입법자의 개선입법이 이루어질 때까지 계속적용을 명함이 타당하다(헌재 2019.4.11, 2017헌바127).

✎ 낙태죄 사건은 단순위헌의견이 3인, 헌법불합치의견이 4인
이었으며, 헌법재판소의 법정의견은 헌법불합치결정이다.
④ [×] 생명권의 제한은 곧 생명권의 본질적 내용에 대한 침해를 의미
하며, 생명권은 헌법 제37조 제2항에 의한 일반적 법률유보의
대상이라 할 수 없다.

⇨ 헌법은 절대적 기본권을 명문으로 인정하고 있지 아니하며,
헌법 제37조 제2항에서는 국민의 모든 자유와 권리는 국가안
전보장·질서유지 또는 공공복리를 위하여 필요한 경우에 한
하여 법률로써 제한할 수 있도록 규정하고 있어, 비록 생명이
이념적으로 절대적 가치를 지닌 것이라 하더라도 생명에 대한
법적 평가가 예외적으로 허용될 수 있다고 할 것이므로, **생명
권 역시 헌법 제37조 제2항에 의한 일반적 법률유보의 대상
이 될 수밖에 없다.** 나아가 생명권의 경우, 다른 일반적인 기본
권 제한의 구조와는 달리, 생명의 일부 박탈이라는 것을 상정
할 수 없기 때문에 생명권에 대한 제한은 필연적으로 생명권의
완전한 박탈을 의미하게 되는 바, 위와 같이 생명권의 제한이
정당화될 수 있는 예외적인 경우에는 생명권의 박탈이 초래된
다 하더라도 곧바로 기본권의 본질적인 내용을 침해하는 것이
라 볼 수는 없다(헌재 2010.2.25, 2008헌가23).

13

답 ②

평등권 또는 평등원칙 위반인 것은 ㉠, ㉢, ㉤이다.
㉠ [위반 ○] 산업재해보상보험법 조항이 근로자가 사업주의 지배관리
아래 출퇴근하던 중 사고가 발생하였을 경우에만 이를 업무상
재해로 인정하고 통상의 출퇴근 재해는 업무상 재해로 인정하
지 아니한 것

⇨ 사업장 규모나 재정여건의 부족 또는 사업주의 일방적 의사나
개인 사정 등으로 출퇴근용 차량을 제공받지 못하거나 그에 준
하는 교통수단을 지원받지 못하는 비혜택근로자는 비록 산재
보험에 가입되어 있다 하더라도 출퇴근 재해에 대하여 보상을
받을 수 없는데, 이러한 차별을 정당화할 수 있는 합리적 근거
를 찾을 수 없다. 통상의 출퇴근 재해를 산재보험법상 업무상
재해로 인정할 경우 산재보험 재정상황이 악화되거나 사업주
부담 보험료가 인상될 수 있다는 문제점은 보상대상을 제한하
거나 근로자에게도 해당 보험료의 일정 부분을 부담시키는 방
법 등으로 어느 정도 해결할 수 있다. 반면에 통상의 출퇴근 중
재해를 입은 비혜택근로자는 가해자를 상대로 불법행위책임
을 물어도 충분한 구제를 받지 못하는 것이 현실이고, 심판대
상조항으로 초래되는 비혜택근로자와 그 가족의 정신적·신체
적 혹은 경제적 불이익은 매우 중대하다. 따라서 심판대상조
항은 합리적 이유 없이 비혜택근로자를 자의적으로 차별하는
것이므로, 헌법상 **평등원칙에 위배된다**(헌재 2016.9.29,
2014헌바254).

㉡ [위반 ×] 현역병 및 사회복무요원과 달리 공무원의 초임호봉 획정
에 인정되는 경력에 산업기능요원의 경력을 제외하도록 한 공
무원보수규정의 조항

⇨ 심판대상조항은 병역의무로 인하여 본인의 의사와 관계없이
징집·소집되어 적정한 보수를 받지 못하고 공무수행으로 복
무한 기간을 공무원 초임호봉에 반영함으로써, 상대적으로 열
악한 환경에서 병역의무를 이행한 공로를 금전적으로 보상하
고자 함에 그 취지가 있다. 그런데 사회복무요원은 공익 수행

을 목적으로 한 제도로 그 직무가 공무수행으로 인정되고, 본
인의사에 관계없이 소집되며 현역병에 준하는 최소한의 보수
만 지급됨에 반하여, 산업기능요원은 국가산업 육성을 목적으
로 한 제도로 그 직무가 공무수행으로 인정되지 아니하고, 본
인의사에 따라 편입 가능하며 근로기준법 및 최저임금법의 적
용을 받는다. 심판대상조항은 이와 같은 실질적 차이를 고려
하여 상대적으로 열악한 환경에서 병역의무를 이행한 것으로
평가되는 현역병 및 사회복무요원의 공로를 보상하도록 한 것
으로 산업기능요원과의 차별취급에 합리적 이유가 있으므로,
청구인의 평등권을 침해하지 아니한다(헌재 2016.6.30, 2014
헌마192).

㉢ [위반 ○] 초·중등교육법 시행령 조항이 자사고 지원자에게 평준화
지역 후기학교의 중복지원을 금지하고, 평준화지역 자사고 불
합격자들에 대하여 일반고 배정절차를 마련하지 아니한 것

⇨ 이 사건 중복지원금지조항은 고등학교 진학 기회에 있어서의
평등이 문제된다. 비록 고등학교 교육이 의무교육은 아니지만
매우 보편화된 일반교육임을 고려할 때 고등학교 진학 기회의
제한은 당사자에게 미치는 제한의 효과가 커 엄격히 심사하여
야 하므로 차별 목적과 차별 정도가 비례원칙을 준수하는지 살
펴야 한다. 자사고를 지원하는 학생과 일반고를 지원하는 학
생은 모두 전기학교에 지원하지 않았거나, 전기학교에 불합격
한 학생들로서 고등학교에 진학하기 위해서는 후기 입학전형
1번의 기회만 남아있다는 점에서 같다. 시·도별로 차이는 있
을 수 있으나 대체로 평준화지역 후기학교의 입학전형은 중학
교 학교생활기록부를 기준으로 매긴 순위가 평준화지역 후기
학교의 총 정원 내에 들면 평준화지역 후기학교 배정이 보장된
다. 반면 자사고에 지원하였다가 불합격한 평준화지역 소재
학생들은 이 사건 중복지원금지조항으로 인하여 원칙적으로
평준화지역 일반고에 지원할 기회가 없고, 지역별 해당 교육
감의 재량에 따라 배정·추가배정 여부가 달라진다. 이에 따라
일부 지역의 경우 평준화지역 자사고 불합격자들에 대하여 일
반고 배정절차를 마련하지 아니하여 자신의 학교군에서 일반
고에 진학할 수 없고, 통학이 힘든 먼 거리의 비평준화지역의
학교에 진학하거나 학교의 장이 입학전형을 실시하는 고등학
교에 정원미달이 발생할 경우 추가선발에 지원하여야 하고 그
조차 곤란한 경우 고등학교 재수를 하여야 하는 등 고등학교
진학 자체가 불투명하게 되기도 한다. 고등학교 교육의 의미,
현재 우리나라의 고등학교 진학률에 비추어 자사고에 지원하
였었다는 이유로 이러한 불이익을 주는 것이 적절한 조치인지
의문이 아닐 수 없다. 자사고와 평준화지역 후기학교의 입학
전형 실시권자가 달라 자사고 불합격자에 대한 평준화지역 후
기학교 배정에 어려움이 있다면 이를 해결할 다른 제도를 마련
하였어야 함에도, 이 사건 중복지원금지조항은 중복지원금지
원칙만을 규정하고 자사고 불합격자에 대하여 아무런 고등학
교 진학 대책을 마련하지 않았다. 결국 이 사건 **중복지원금지
조항은 고등학교 진학 기회에 있어서 자사고 지원자들에 대
한 차별을 정당화할 수 있을 정도로 차별 목적과 차별 정도간
에 비례성을 갖춘 것이라고 볼 수 없다**(헌재 2019.4.11, 2018
헌마221).

㉣ [위반 ×] 학교폭력예방 및 대책에 관한 법률 조항이 학교폭력의 가
해학생에 대한 모든 조치에 대해 피해학생 측에는 재심을 허용
하면서 가해학생 측에는 퇴학과 전학의 경우에만 재심을 허용
하고 나머지 조치에 대해서는 재심을 허용하지 않도록 한 것

⇨ 학교폭력에 대해 가해학생에게 내려진 조치는 피해학생에게도 중대한 영향을 미치는데, 가해학생은 자신에 대한 모든 조치에 대해 당사자로서 소송을 제기할 수 있지만, 피해학생은 그 조치의 당사자가 아니므로 결과에 불만이 있더라도 소송을 통한 권리구제를 도모할 수 없다. 따라서 가해학생에 대한 모든 조치에 대해 피해학생 측에는 재심을 허용하면서, 소송으로 다툴 수 있는 가해학생 측에는 퇴학과 전학의 경우에만 재심을 허용하고 나머지 조치에 대해서는 재심을 허용하지 않더라도 가해학생과 그 보호자의 평등권을 침해한다고 볼 수 없다(헌재 2013.10.24, 2012헌마832).

ⓜ [위반 ○] 주민투표법 조항이 주민투표권 행사를 위한 요건으로 주민등록을 요구함으로써 국내거소신고만 할 수 있고 주민등록을 할 수 없는 국내거주 재외국민에 대하여 주민투표권을 인정하지 아니한 것

⇨ 이 사건 법률조항 부분은 주민등록만을 요건으로 주민투표권의 행사 여부가 결정되도록 함으로써 '주민등록을 할 수 없는 국내거주 재외국민'을 '주민등록이 된 국민인 주민'에 비해 차별하고 있고, 나아가 '주민투표권이 인정되는 외국인'과의 관계에서도 차별을 행하고 있는 바, 그와 같은 차별에 아무런 합리적 근거도 인정될 수 없으므로 국내거주 재외국민의 헌법상 기본권인 **평등권을 침해하는 것으로 위헌이다**(헌재 2007.6.28, 2004헌마643).

14
답 ③

① [○] 형법 제129조 제1항의 수뢰죄를 범한 사람에게 수뢰액의 2배 이상 5배 이하의 벌금을 병과하도록 규정한 특정범죄 가중처벌 등에 관한 법률 조항은 책임과 형벌의 비례원칙에 위반되지 않는다.

⇨ 수뢰액은 죄의 경중을 가늠하는 중요한 기준 가운데 하나이며, 불법의 정도를 드러낼 수 있는 가장 보편적인 징표인 바, 수뢰액이 증가하면 범죄에 대한 비난가능성도 일반적으로 높아진다고 할 수 있으므로 수뢰액을 기준으로 벌금을 산정하는 것 역시 책임을 벗어난 형벌이라고 보기 어렵다. … 심판대상조항이 그 범죄의 죄질 및 이에 따른 행위자의 책임에 비하여 지나치게 가혹한 것이어서 형벌과 책임간의 비례원칙에 위배되었다고 볼 수 없다(헌재 2017.7.27, 2016헌바42).

② [○] 음주운항 전력이 있는 사람이 다시 음주운항을 한 경우 2년 이상 5년 이하의 징역이나 2천만원 이상 3천만원 이하의 벌금에 처하도록 규정한 해사안전법 제104조의2 제2항 중 '제41조 제1항을 위반하여 2회 이상 술에 취한 상태에서 선박의 조타기를 조작한 운항자'에 관한 부분은 책임과 형벌간의 비례원칙에 위반된다.

⇨ 심판대상조항은 가중요건이 되는 과거의 위반행위와 처벌대상이 되는 재범 음주운항 사이에 시간적 제한을 두지 않고 있다. 그런데 과거의 위반행위가 상당히 오래 전에 이루어져 그 이후 행해진 음주운항을 '해상교통법규에 대한 준법정신이나 안전의식이 현저히 부족한 상태에서 이루어진 반규범적 행위' 또는 '반복적으로 사회구성원에 대한 생명·신체 등을 위협하는 행위'라고 평가하기 어렵다면, 이를 가중처벌할 필요성이 인정된다고 보기 어렵다. 또한 심판대상조항은 과거 위반 전력의 시기 및 내용이나 음주운항 당시의 혈중알코올농도 수준

등을 고려할 때 비난가능성이 상대적으로 낮은 재범행위까지도 법정형의 하한인 2년 이상의 징역 또는 2천만원 이상의 벌금을 기준으로 처벌하도록 하고 있어, 책임과 형벌 사이의 비례성을 인정하기 어렵다. 따라서 심판대상조항은 책임과 형벌 간의 비례원칙에 위반된다(헌재 2022.8.31, 2022헌가10).

❸ [×] 선박소유자가 고용한 선장이 선박소유자의 업무에 관하여 범죄행위를 하면 그 선박소유자에게도 동일한 벌금형을 과하도록 규정하고 있는 구 선박안전법 제84조 제2항 중 "선장이 선박소유자의 업무에 관하여 제1항 제1호의 위반행위를 한 때에는 선박소유자에 대하여도 동항의 벌금형에 처한다."는 부분은 책임주의원칙에 반하여 헌법에 위반된다고 할 수 없다.

⇨ 이 사건 법률조항은 선장의 범죄행위에 관하여 비난할 근거가 되는 선박소유자의 의사결정 및 행위구조, 즉 선장이 저지른 행위의 결과에 대한 선박소유자의 독자적인 책임에 관하여 전혀 규정하지 않은 채, 단순히 선박소유자가 고용한 선장이 업무에 관하여 범죄행위를 하였다는 이유만으로 선박소유자에 대하여 형사처벌을 과하고 있는 바, **이는 다른 사람의 범죄에 대하여 그 책임 유무를 묻지 않고 형벌을 부과하는 것으로서, 헌법상 법치국가의 원리 및 죄형법정주의로부터 도출되는 책임주의원칙에 반하여 헌법에 위반된다**(헌재 2011.11.24, 2011헌가15).

④ [○] 법인의 대표자 등이 법인의 재산을 국외로 도피한 경우 행위자를 벌하는 외에 그 법인에도 도피액의 2배 이상 10배 이하에 상당하는 벌금형을 과하는 특정경제범죄 가중처벌 등에 관한 법률 제4조 제4항 본문 중 '법인에 대한 처벌'에 관한 부분은 책임주의에 위반되지 않는다.

⇨ [1] 법인 대표자의 법규 위반행위에 대한 법인의 책임은 법인 자신의 법규 위반행위로 평가될 수 있는 행위에 대한 법인의 직접책임이므로, 대표자의 고의에 의한 위반행위에 대하여는 법인이 고의책임을, 대표자의 과실에 의한 위반행위에 대하여는 법인이 과실책임을 부담한다. 따라서 청구인이 대표자가 범한 횡령행위의 피해자로서 손해만을 입고 아무런 이익을 얻지 못한 경우라도, 법인이 대표자를 통하여 재산국외도피를 하였다면 그 자체로 법인 자신의 법규 위반행위로 평가할 수 있다. 심판대상조항 중 법인의 대표자 관련 부분은 법인의 직접책임을 근거로 하여 법인을 처벌하므로 책임주의원칙에 반하지 아니한다.

[2] 종업원 등이 재산국외도피행위를 함에 있어 법인이 그 위반행위를 방지하기 위하여 해당 업무에 관하여 상당한 주의와 감독을 게을리 한 경우라면, 법인이 설령 종업원 등이 범한 횡령행위의 피해자의 지위에 있다 하더라도, 종업원 등의 범죄행위에 대한 관리감독책임을 물어 법인에도 형벌을 부과할 수 있다. 따라서 심판대상조항 중 법인의 종업원 등 관련 부분은 법인의 과실책임에 기초하여 법인을 처벌하므로 책임주의원칙에 반하지 아니한다(헌재 2019.4.11, 2015헌바443).

15
답 ④

적절하지 않은 것은 ⓛ, ⓡ이다.

ⓖ [○] 국가공무원법 제65조 제1항 중 "국가공무원법 제2조 제2항 제2호의 교육공무원 가운데 초·중등교육법 제19조 제1항의 교원은 그 밖의 정치단체의 결성에 관여하거나 이에 가입할 수

없다." 부분은 명확성원칙에 위배되어 나머지 청구인들의 정치적 표현의 자유, 결사의 자유를 침해한다.

⇨ '명확성원칙 위배 여부' 부분에서 판단하는 바와 같이, 나머지 청구인들이 그 결성에 관여하거나 가입하는 것을 금지하고 있는 '정치단체'가 무엇인지, 결성에 관여하거나 가입을 해도 되는 '비정치단체'와 어떻게 구별할 것인지에 대한, 구체적이고 유용한 기준을 국가공무원법 조항 중 '그 밖의 정치단체'에 관한 부분으로부터 도출해낼 수 없다. '정치단체'를 '특정 정당이나 특정 정치인을 지지·반대하는 단체로서 그 결성에 관여하거나 가입하는 경우 공무원 및 교육의 정치적 중립성을 훼손할 가능성이 높은 단체' 등으로 한정하여 해석할 근거도 없다. 어떠한 행위자가 가입 등을 할 수 있는 단체와 가입 등을 할 수 없는 단체를 법률조항으로부터 명확하게 구별할 수 없다면, 이 법률조항의 불명확한 적용대상의 경계 부근에 있는 단체에 가입 등을 하려는 위험을 감수할 사람은 매우 적다. 이러한 불명확한 규정은 그 자체로 매우 효과적인 위협 기제가 되어 정치적 표현의 자유, 결사의 자유에 심대한 위축효과를 초래한다(헌재 2020.4.23, 2018헌마551).

ⓛ [×] 공공수역에 다량의 토사를 유출하거나 버려 상수원 또는 하천·호소를 현저히 오염되게 한 자를 처벌하는 수질 및 수생태계 보전에 관한 법률 제78조 제4호는 명확성원칙에 위배되지 않는다.

⇨ 이 사건 벌칙규정이나 관련 법령 어디에도 '토사'의 의미나 '다량'의 정도, '현저히 오염'되었다고 판단할 만한 기준에 대하여 아무런 규정도 하지 않고 있으므로, 일반 국민으로서는 자신의 행위가 처벌대상인지 여부를 예측하기 어렵고, 감독행정관청이나 법관의 자의적인 법해석과 집행을 초래할 우려가 매우 크므로 이 사건 벌칙규정은 죄형법정주의의 명확성원칙에 위배된다[헌재 2013.7.25, 2011헌가26·2013헌가14(병합)].

ⓒ [○] 구 군형법 조항에서 금지하는 연설, 문서 또는 그 밖의 방법으로 '정치적 의견을 공표'하는 행위는 법집행 당국의 자의적인 해석과 집행을 가능하게 한다고 보기 어려우므로 명확성원칙에 위배되지 않는다.

⇨ 심판대상조항에서 금지하는 "정치적 의견을 공표"하는 행위는 '군무원이 그 지위를 이용하여 특정 정당이나 특정 정치인 또는 그들의 정책이나 활동 등에 대한 지지나 반대 의견 등을 공표하는 행위로서 군조직의 질서와 규율을 무너뜨리거나 민주헌정체제에 대한 국민의 신뢰를 훼손할 수 있는 의견을 공표하는 행위'로 한정할 수 있다. … 심판대상조항은 수범자의 예측가능성을 해한다거나 법집행 당국의 자의적인 해석과 집행을 가능하게 한다고 보기는 어렵다. 이상을 종합하여 보면, 심판대상조항이 죄형법정주의의 명확성원칙에 위반된다고 할 수 없다(헌재 2018.7.26, 2016헌바139).

ⓔ [×] 군사기밀 보호법 조항 중 "외국인을 위하여 제12조 제1항에 규정된 죄를 범한 경우에는 그 죄에 해당하는 형의 2분의 1까지 가중처벌한다."는 부분 중 '외국인을 위하여'라는 의미는 '외국인 가중처벌조항'에 의하여 금지된 행위가 무엇인지 명확하다고 볼 수 없기 때문에 명확성원칙에 위배된다.

⇨ 건전한 상식과 통상적인 법 감정을 가진 사람이라면 외국인 가중처벌조항 중 "외국인을 위하여"의 의미는 '외국인에게 군사적이거나 경제적이거나를 불문하고 일체의 유·무형의 이익 내지는 도움이 될 수 있다는, 즉 외국인을 이롭게 할 수 있다

는 인식 내지는 의사'를 의미한다고 충분히 알 수 있으므로, 외국인 가중처벌조항에 의하여 금지된 행위가 무엇인지 불명확하다고 볼 수 없다. 따라서 외국인 가중처벌조항은 죄형법정주의의 명확성원칙에 위반되지 아니한다(헌재 2018.1.25, 2015헌바367).

16 답 ③

① [○] 양심적 병역거부자에 대한 관용은 결코 병역의무의 면제와 특혜의 부여에 대한 관용이 아니며, 대체복무제는 병역의무의 일환으로 도입되는 것이므로 현역복무와의 형평을 고려하여 최대한 등가성을 가지도록 설계되어야 한다.

⇨ 대체복무가 병역의무에 비해 가벼워서는 아니 된다. 반대로 그것이 지나치게 무거운 부담이 되는 것은 또 다른 양심의 자유의 침해 및 형평성 논란을 불러올 수 있으므로, 병역의무와 대체복무 사이에 등가성이 확보되어야 한다(헌재 2018.6.28, 2011헌바379 등).

② [○] 양심적 병역거부자에 대한 대체복무제를 규정하지 아니한 병역종류조항과 양심상의 결정에 따라 입영을 거부하거나 소집에 불응하는 자에 대하여 형벌을 부과하는 처벌조항은 '양심에 반하는 행동을 강요당하지 아니할 자유', 즉 '부작위에 의한 양심실현의 자유'를 제한한다.

⇨ 병역종류조항에 대체복무제가 마련되지 아니한 상황에서, 양심상의 결정에 따라 입영을 거부하거나 소집에 불응하는 이 사건 청구인 등이 현재의 대법원 판례에 따라 처벌조항에 의하여 형벌을 부과받음으로써 양심에 반하는 행동을 강요받고 있으므로, 이 사건 법률조항은 '양심에 반하는 행동을 강요당하지 아니할 자유', 즉 '부작위에 의한 양심실현의 자유'를 제한하고 있다(헌재 2018.6.28, 2011헌바379 등).

❸ [×] 양심적 병역거부자에 대한 대체복무는 다른 대체복무제와 달리 군사훈련까지 거부하는 일체의 군 관련 복무 배제로 볼 수 있고, 국방의 의무 및 병역의무의 범주에 포섭될 수 없기 때문에 양심적 병역거부자에 대한 대체복무제를 규정하고 있지 않음을 다투는 헌법소원심판청구는 진정입법부작위를 다투는 청구이다.

⇨ 비군사적 성격을 갖는 복무도 입법자의 형성에 따라 병역의무의 내용에 포함될 수 있고, 대체복무제는 그 개념상 병역종류조항과 밀접한 관련을 갖는다. 따라서 병역종류조항에 대한 이 사건 심판청구는 입법자가 아무런 입법을 하지 않은 진정입법부작위를 다투는 것이 아니라, 입법자가 병역의 종류에 관하여 입법은 하였으나 그 내용이 양심적 병역거부자를 위한 대체복무제를 포함하지 아니하여 불완전·불충분하다는 부진정입법부작위를 다투는 것이라고 봄이 상당하다(헌재 2018. 6.28, 2011헌바379).

④ [○] 대체복무제를 도입함으로써 병역자원을 확보하고 병역부담의 형평을 기할 수 있음에도 불구하고, 양심적 병역거부자에 대한 처벌의 예외를 인정하지 않고 일률적으로 형벌을 부과하는 처벌조항은 양심적 병역거부자의 양심의 자유를 침해하지 않는다.

⇨ 처벌조항에 의하여 달성되는 공익은 국가공동체의 안전보장과 국토방위를 수호함으로써, 헌법의 핵심적 가치와 질서를 확보하고 국민의 생명과 자유, 안전과 행복을 지키는 것이다.

따라서 처벌조항에 의하여 제한되는 사익이 달성하려는 공익에 비하여 우월하다고 할 수 없으므로, 처벌조항은 법익의 균형성 요건을 충족한다. 그렇다면 처벌조항은 과잉금지원칙을 위반하여 양심의 자유를 침해하지 아니한다(헌재 2018.6.28, 2011헌바379 등).

17 답 ①

❶ [×] 국무총리 공관의 출입이나 안전에 위협을 가할 위험성이 낮은 소규모 옥외집회·시위라고 하더라도 일반 대중의 합세로 인하여 대규모 집회·시위로 확대될 우려나 폭력집회·시위로 변질될 위험이 있으므로, 국무총리 공관 경계지점으로부터 100미터 이내의 장소에서 옥외집회·시위를 전면적으로 금지하는 것은 집회의 자유를 침해하지 않는다.

⇨ 국무총리는 대통령의 권한대행자, 대통령의 보좌기관 및 행정부 제2인자로서의 지위를 가지는 바, 이러한 국무총리의 헌법상 지위를 고려하면 이 사건 금지장소조항은 국무총리의 생활공간이자 직무수행장소인 공관의 기능과 안녕을 보호하기 위한 것으로서 그 입법목적이 정당하다. 그리고 국무총리 공관 인근에서 행진을 제외한 옥외집회·시위를 금지하는 것은 입법목적 달성을 위한 적합한 수단이다. 이 사건 금지장소조항은 국무총리 공관의 기능과 안녕을 직접 저해할 가능성이 거의 없는 '소규모 옥외집회·시위의 경우', '국무총리를 대상으로 하는 옥외집회·시위가 아닌 경우'까지도 예외 없이 옥외집회·시위를 금지하고 있는 바, 이는 입법목적 달성에 필요한 범위를 넘는 과도한 제한이다. 또한 이 사건 금지장소조항은 국무총리 공관 인근에서의 '행진'을 허용하고 있으나, 집회 및 시위에 관한 법률(이하 '집시법'이라 한다)상 '행진'의 개념이 모호하여 기본권 제한을 완화하는 효과는 기대하기 어렵다. 또한 집시법은 이 사건 금지장소조항 외에도 집회의 성격과 양상에 따른 다양한 규제수단들을 규정하고 있으므로, 국무총리 공관 인근에서의 옥외집회·시위를 예외적으로 허용한다 하더라도 국무총리 공관의 기능과 안녕을 충분히 보장할 수 있다. 이러한 사정들을 종합하여 볼 때, 이 사건 금지장소조항은 그 입법목적을 달성하는 데 필요한 최소한도의 범위를 넘어, 규제가 불필요하거나 또는 예외적으로 허용하는 것이 가능한 집회까지도 이를 일률적·전면적으로 금지하고 있다고 할 것이므로 침해의 최소성원칙에 위배된다. 이 사건 금지장소조항을 통한 국무총리 공관의 기능과 안녕 보장이라는 목적과 집회의 자유에 대한 제약 정도를 비교할 때, 이 사건 금지장소조항으로 달성하려는 공익이 제한되는 집회의 자유 정도보다 크다고 단정할 수는 없으므로 이 사건 금지장소조항은 법익의 균형성원칙에도 위배된다. 따라서 이 사건 금지장소조항은 과잉금지원칙을 위반하여 집회의 자유를 침해한다(헌재 2018. 6.28, 2015헌가28 등).

② [○] 재판에 영향을 미칠 염려가 있거나 미치게 하기 위한 집회 또는 시위를 금지하고 이를 위반한 자를 형사처벌하는 것은 어떠한 집회·시위가 규제대상에 해당하는지를 판단할 수 있는 아무런 기준도 제시하지 아니함으로써 사실상 재판과 관련된 집단적 의견표명 일체가 불가능하게 되어 집회의 자유를 실질적으로 박탈하는 결과를 초래하므로 집회의 자유를 침해한다.

⇨ 이 사건 제2호 부분은 재판에 영향을 미칠 염려가 있거나 미치게 하기 위한 집회·시위를 사전적·전면적으로 금지하고 있을 뿐 아니라, 어떠한 집회·시위가 규제대상에 해당하는지를 판단할 수 있는 아무런 기준도 제시하지 아니함으로써 사실상 재판과 관련된 집단적 의견표명 일체가 불가능하게 되어 집회의 자유를 실질적으로 박탈하는 결과를 초래하므로 최소침해성원칙에 반한다. 더욱이 이 사건 제2호 부분으로 인하여 달성하고자 하는 공익 실현 효과는 가정적이고 추상적인 반면, 이 사건 제2호 부분으로 인하여 침해되는 집회의 자유에 대한 제한 정도는 중대하므로 법익균형성도 상실하였다. 따라서 이 사건 제2호 부분은 과잉금지원칙에 위배되어 집회의 자유를 침해한다(헌재 2016.9.29, 2014헌가3 등).

③ [○] 대통령 관저 인근에서 집회를 금지하고 이를 위반하여 집회를 주최한 자를 처벌하는 집시법 제11조 제3호는 집회의 자유를 침해한다.

⇨ 대통령 관저 인근에서의 일부 집회를 예외적으로 허용한다고 하더라도 위와 같은 수단들을 통하여 심판대상조항이 달성하려는 대통령의 헌법적 기능은 충분히 보호될 수 있다. 따라서 개별적인 경우에 구체적인 위험 상황이 발생하였는지를 고려하지 않고, 막연히 폭력·불법적이거나 돌발적인 상황이 발생할 위험이 있다는 가정만을 근거로 하여 대통령 관저 인근이라는 특정한 장소에서 열리는 모든 집회를 금지하는 것은 헌법적으로 정당화되기 어렵다. 이러한 사정들을 종합하여 볼 때, 심판대상조항은 그 입법목적을 달성하는 데 필요한 최소한도의 범위를 넘어, 규제가 불필요하거나 또는 예외적으로 허용하는 것이 가능한 집회까지도 이를 일률적·절대적으로 금지하고 있으므로, 침해의 최소성에 위배된다. 따라서 심판대상조항은 과잉금지원칙에 위배되어 집회의 자유를 침해한다(헌재 2022. 12.22, 2018헌바48).

④ [○] '일출시간 전, 일몰시간 후'라는 광범위하고 가변적인 시간대의 옥외집회 또는 시위를 금지하는 것은 오늘날 직장인이나 학생들의 근무·학업 시간, 도시화·산업화가 진행된 현대사회의 생활형태 등을 고려하지 아니하고 목적 달성을 위해 필요한 정도를 넘는 지나친 제한을 가하는 것이어서 집회의 자유를 침해한다.

⇨ 이 사건 법률조항은 사회의 안녕질서를 유지하고 시민들의 주거 및 사생활의 평온을 보호하기 위한 것으로서 정당한 목적 달성을 위한 적합한 수단이 된다. 그러나 '일출시간 전, 일몰시간 후'라는 광범위하고 가변적인 시간대의 옥외집회 또는 시위를 금지하는 것은 오늘날 직장인이나 학생들의 근무·학업 시간, 도시화·산업화가 진행된 현대사회의 생활형태 등을 고려하지 아니하고 목적 달성을 위해 필요한 정도를 넘는 지나친 제한을 가하는 것이어서 최소침해성 및 법익균형성원칙에 반한다. 헌법재판소는, 2010헌가2 결정으로 집회 및 시위에 관한 법률 제10조 중 '시위' 부분 등에 대하여 한정위헌결정을 한 바 있고, 이 사건에 있어서 가능한 한 심판대상조항들 중 위헌인 부분을 가려내야 할 필요성은 2010헌가2 결정에서와 마찬가지로 인정되므로, 심판대상조항들은 '일몰시간 후부터 같은 날 24시까지의 옥외집회 또는 시위'에 적용되는 한 헌법에 위반된다[헌재 2014.4.24, 2011헌가29(한정위헌)].

야간시위를 금지하는 집시법 제10조 본문에는 위헌적인 부분과 합헌적인 부분이 공존하고 있으며, 위 조항 전부의 적용이 중지될 경우 공공의 질서 내지 법적 평화에 대한 침해의 위험이 높아, 일반적인 옥외집회나 시위에 비하여 높은 수준의 규제가 불가피한 경우에도 대응하기 어려운 문제가 발생할 수 있으므로, 현행 집시법의 체계 내에서 시간을 기준으로 한 규율의 측면에서 볼 때 규제가 불가피하다고 보기 어려움에도 시위를 절대적으로 금지하여 위헌성이 명백한 부분에 한하여 위헌결정을 한다. 심판대상조항들은, 이미 보편화된 야간의 일상적인 생활의 범주에 속하는 '해가 진 후부터 같은 날 24시까지의 시위'에 적용하는 한 헌법에 위반된다(헌재 2014.3.27, 2010헌가2 등).

18   답 ③

적절한 것은 ㉠, ㉢, ㉣이다.

㉠ [O] 대통령의 개성공단 운영 전면중단 결정과 통일부장관의 개성공단 철수계획 마련 등이 관련 기업인들의 영업의 자유를 침해하는 것은 아니다.

⇨ 이 사건 중단조치는 그러한 법령에 따른 피해지원을 전제로 한 조치였고, 실제 그 예정된 방식에 따라 상당 부분 지원이 이루어졌다. 이 사건 중단조치로 투자기업인 청구인들이 입은 피해가 적지 않지만, 그럼에도 불구하고 북한의 핵개발에 맞서 개성공단의 운영 중단이라는 경제적 제재조치를 통해, 대한민국의 존립과 안전 및 계속성을 보장할 필요가 있다는 피청구인 대통령의 판단이 명백히 잘못된 것이라 보기도 어려운바, 이는 헌법이 대통령에게 부여한 권한 범위 내에서 정치적 책임을 지고 한 판단과 선택으로 존중되어야 한다. 따라서 이 사건 중단조치는 법익의 균형성 요건도 충족하는 것으로 보아야 한다. 따라서 이 사건 중단조치는 과잉금지원칙에 위반되어 투자기업인 청구인들의 영업의 자유와 재산권을 침해하지 아니한다(헌재 2022.1.27, 2016헌마364).

㉡ [X] 청원경찰이 법원에서 자격정지의 형을 선고받은 경우 국가공무원법을 준용하여 당연퇴직하도록 한 조항은 청원경찰의 직업의 자유를 침해한다.

⇨ 이 사건 법률조항은 자격정지의 형을 선고받은 자를 청원경찰직에서 당연퇴직시킴으로써 청원경찰의 사회적 책임 및 청원경찰직에 대한 국민의 신뢰를 제고하고, 청원경찰로서의 성실하고 공정한 직무수행을 담보하기 위한 법적 조치이므로, 그 입법목적의 정당성이 인정되고, 범죄행위로 인하여 형사처벌을 받은 청원경찰은 청원경찰로서의 자질에 심각한 흠결이 생겼다고 볼 수 있고, 그 자질에 심각한 흠결이 생긴 청원경찰에 대하여 경비 및 공안업무 수행의 위임을 거두어들여 그에 상응하는 신분상의 불이익을 과하는 것은 국민 전체의 이익을 위해 적절한 수단이 될 수 있으므로, 이 사건 법률조항이 범죄행위로 자격정지의 형을 선고받은 자를 청원경찰직에서 배제하도록 한 것은 위와 같은 입법목적을 달성하기 위해 효과적이고 적절한 수단이 될 수 있다. 또한 이 사건 법률조항이 정한 바와 같이 자격정지의 형을 선고받은 자를 청원경찰직에서 당연퇴직시키는 것은 위와 같은 입법목적을 달성하면서도 기본권 침해를 최소화하는 수단이라고 할 것이어서 기본권 침해

의 최소성원칙을 준수하였고, 자격정지의 형을 선고받은 청원경찰이 이 사건 법률조항에 따라 당연퇴직되어 입게 되는 직업의 자유에 대한 제한이라는 불이익이 자격정지의 형을 선고받은 자를 청원경찰직에서 당연퇴직시킴으로써 청원경찰에 대한 국민의 신뢰를 제고하고 청원경찰로서의 성실하고 공정한 직무수행을 담보하려는 공익에 비하여 더 중하다고 볼 수는 없으므로, 법익균형성도 지켜지고 있다. 따라서 이 사건 법률조항은 **과잉금지원칙을 위반하여 청구인의 직업의 자유를 침해하지 아니한다**(헌재 2011.10.25, 2011헌마85).

㉢ [O] 법률로 국가보조 연구기관을 통·폐합함에 있어 재산상의 권리·의무만 승계시키고, 근로관계의 당연승계조항을 두지 아니한 것이 근로관계의 존속보호를 위하여 최소한의 보호조치마저 제공하고 있지 않다고 보기 어렵다.

⇨ 헌법상 국가에 대한 직접적인 직장존속보장청구권을 인정할 근거는 없으므로 근로관계의 당연승계를 보장하는 입법을 반드시 하여야 할 헌법상의 의무를 인정할 수 없다. 따라서 한국보건산업진흥원법 부칙 제3조가 기존 연구기관의 재산상의 권리·의무만을 새로이 설립되는 한국보건산업진흥원에 승계시키고, 직원들의 근로관계가 당연히 승계되는 것으로 규정하지 않았다 하여 위헌이라 할 수 없다. 다만, 우리 헌법상 국가(입법자)는 근로관계의 존속보호를 위하여 최소한의 보호를 제공하여야 할 의무를 지고 있다고 할 것이며, 따라서 위 부칙 제3조가 그러한 최소한의 보호의무마저 저버린 것이 아닌지 문제될 수 있겠으나, 국가가 근로관계의 존속을 보호하기 위한 최소한의 보호조치를 취하고 있는지의 여부는 당해 법률조항만에 의할 것이 아니라, 노사관계에 관한 법체계 전반을 통하여 판단하여야 할 것인 바, 헌법 제33조에서 노동기본권을 보장하고 있는 점, 법원이 재판을 통하여 고용승계 여부에 관한 당사자의 의사와 태도를 합리적으로 해석함으로써 근로관계 존속보호의 기능을 수행할 가능성이 열려 있는 점, 고용보험제도를 비롯하여 고용안정, 취업기회의 제공, 직업능력의 개발을 위한 부수적 법제가 마련되어 있는 점 등을 고려할 때, 현행법제상 국가는 근로관계의 존속보호를 위한 최소한의 보호조치마저 제공하고 있지 않다고 보기 어렵다(헌재 2002.11. 28, 2001헌바50).

㉣ [O] 품목허가를 받지 아니한 의료기기를 수리·판매·임대·수여 또는 사용의 목적으로 수입한 자를 처벌하는 조항은 의료기기 수입업자의 직업수행의 자유를 침해하지 않는다.

⇨ 의료기기는 불특정 다수의 환자에게 반복 사용될 수 있고, 직접 인체에 접촉하거나 침습을 일으키는 특성이 있어 유통·사용하기 전에 안전성과 유효성을 검증하는 절차가 반드시 필요할 뿐만 아니라, 의료기기를 시험용으로 수입하는 경우에는 식품의약품안전청에 등록된 시험검사기관장으로부터 확인서를 발급받아 제출함으로써 품목별 수입허가절차를 면제받을 수 있으므로 침해의 최소성원칙에 반하는 것이라 할 수 없고, 의료기기의 효율적인 관리를 통한 국민의 생명권과 건강권의 보호라는 공익은 의료기기 수입업자가 위 금지로 인하여 제한받는 사익보다 훨씬 중요하므로 법익균형성의 원칙에 반하지 아니한다. 따라서 심판대상조항은 과잉금지원칙에 위배되어 의료기기 수입업자의 직업수행의 자유를 침해하지 아니한다(헌재 2015.7.30, 2014헌바6).

㉤ [X] 의료기기 수입업자가 의료기관 개설자에게 리베이트를 제공하는 경우를 처벌하는 조항은 의료기기 수입업자의 직업의 자유를 침해한다.

⇨ 의료기기법 금지조항과 의료기기법 처벌조항, 의료법 금지조항과 의료법 처벌조항은 국민건강보험의 재정건전성 확보와 국민건강의 증진이라는 정당한 입법목적을 달성하기 위하여 형벌이라는 적절한 수단을 사용하고 있으며, 형벌을 대체할 규제수단의 존재 여부와 위 처벌조항들의 법정형 수준을 종합하여 보면 침해의 최소성원칙에 위배된다고 할 수 없고, 의료기기 수입업자나 의료인이 직업수행의 자유를 부분적으로 제한받아 입게 되는 불이익이 위 조항들이 추구하는 공익에 비해 결코 크다고 하기 어려워 법익의 균형성도 인정되므로 직업의 자유를 침해하지 아니한다(헌재 2018.1.25, 2016헌바201 등).

19 답 ③

적절하지 않은 것은 ㉡, ㉣이다.

㉠ [O] 이 사건 법률조항에 의한 선거권 박탈은 범죄자에 대해 가해지는 형사적 제재의 연장으로 범죄에 대한 응보적 기능을 갖는다.
⇨ 이 사건 법률조항은 공동체 구성원으로서 반드시 지켜야 할 기본적 의무를 저버린 범죄자에게 그 공동체의 운용을 주도하는 통치조직의 구성에 참여하도록 하는 것은 바람직하지 않다는 기본적 인식과 이러한 반사회적 행위에 대한 사회적 제재의 의미를 가지고 있다. 또한 이 사건 법률조항에 의한 선거권 박탈은 범죄자에 대해 가해지는 형사적 제재의 연장으로서 범죄에 대한 응보적 기능도 갖는다(헌재 2017.5.25, 2016헌마292 등).

㉡ [X] 범죄의 종류나 침해된 법익을 기준으로 선거권이 제한되는 수형자의 범위를 일반적으로 정하는 것은 실질적으로 곤란하기 때문에 1년 이상의 징역의 형을 선고받았다는 사정만으로 공동체에 상당한 위해를 가하였다고 판단하기는 힘들다.
⇨ 공직선거법에서 범죄의 종류나 침해된 법익을 기준으로 선거권이 제한되는 수형자의 범위를 일반적으로 정하는 것은 실질적으로 곤란하다. 대신 선거권이 제한되는 수형자의 범위를 정함에 있어서 선고형이 중대한 범죄 여부를 결정하는 합리적인 기준이 될 수 있다. 선고형에는 범인의 연령, 성행, 지능과 환경, 피해자에 대한 관계, 범행의 동기, 수단과 결과, 범행 후의 정황 등의 양형조건이 참작되기 때문이다. 이 사건 법률조항은 범죄의 중대성과 선고형의 관계를 고려하여 1년 이상의 징역의 형을 선거권 제한 여부를 결정하는 기준으로 정하고, 그 이상의 형을 선고받아 그 형의 집행 중에 있는 수형자의 선거권을 제한하고 있다. 법원의 양형관행을 고려할 때 1년 이상의 징역의 형을 선고받은 사람은 공동체에 상당한 위해를 가하였다는 점이 재판 과정에서 인정된 자이므로, 이들에 한해서는 범죄의 중대성 및 그에 따른 사회적 비난가능성을 고려하여 사회적·형사적 제재를 가하고 준법의식을 제고할 필요가 있다 할 것이다(헌재 2017.5.25, 2016헌마292).

㉢ [O] 형 집행 중에 가석방을 받았다고 하여, 형의 선고 당시 법관에 의하여 인정된 범죄의 중대성이 감쇄되었다고 보기 어려운 점을 고려하면, 입법자가 가석방 처분을 받았다는 후발적 사유를 고려하지 아니하고 1년 이상 징역의 형을 선고받은 사람의 선거권을 일률적으로 제한하였다고 하여 불필요한 제한이라고 보기는 어렵다.
⇨ 형 집행 중에 가석방을 받았다고 하여, 형의 선고 당시 법관에 의하여 인정된 범죄의 중대성이 감쇄되었다고 보기 어려운 점

을 고려하면, 입법자가 가석방 처분을 받았다는 후발적 사유를 고려하지 아니하고 1년 이상 징역의 형을 선고받은 사람의 선거권을 일률적으로 제한하였다고 하여 불필요한 제한이라고 보기는 어렵다(헌재 2017.5.25, 2016헌마292 등).

㉣ [X] 1년 이상의 징역형을 선고받은 사람의 범죄행위가 국가적·사회적 법익이 아닌 개인적 법익을 침해하는 경우라면 사회적·법률적 비난가능성의 정도도 달리 판단할 수 있다.
⇨ 이 사건 법률조항은 1년 이상의 징역의 형을 선고받았는지 여부만을 기준으로 할 뿐, 과실범과 고의범 등 범죄의 종류를 불문하고, 범죄로 인하여 침해된 법익이 국가적 법익인지, 사회적 법익인지, 개인적 법익인지 그 내용 또한 불문한다. 그러나 재판을 통하여 1년 이상의 징역의 형을 선고받았다면, 범죄자의 사회적·법률적 비난가능성이 결코 작지 아니함은 앞서 본 바와 같으며, 이러한 사정은 당해 범죄자가 저지른 범죄행위가 과실에 의한 것이라거나 국가적·사회적 법익이 아닌 개인적 법익을 침해하는 것이라도 마찬가지이다. 이 사건 법률조항은 침해의 최소성원칙에도 위반되지 아니한다(헌재 2017.5.25, 2016헌마292 등).

20 답 ①

❶ [X] 배당기일에 이의한 사람이 배당이의의 소의 첫 변론기일에 출석하지 아니한 경우 소를 취하한 것으로 보도록 한 민사집행법 제158조는 이의한 사람의 재판청구권을 침해한다.
⇨ 최초변론기일 불출석시 소취하 의제라는 수단은 원고의 적극적 소송수행을 유도하므로 입법목적의 달성에 효과적이고 적절한 것이고, 원고가 최초의 변론기일에만 출석한다면 그 이후의 불출석으로 인하여 다른 사건에 비하여 특별히 불리한 처우를 받게 되지 않으므로 재판청구권에 대한 과도한 제한이라고 할 수 없다(헌재 2005.3.31, 2003헌바92).

❷ [O] 행정심판을 전심절차가 아니라 종심절차로 규정함으로써 정식재판의 기회를 배제하거나 어떤 행정심판을 필요적 전심절차로 규정하면서도 그 절차에 사법절차가 준용되지 않는다면 이는 헌법 제107조 제3항, 나아가 재판청구권을 보장하고 있는 헌법 제27조에도 위반된다.
⇨ 행정심판을 전심절차가 아니라 종심절차로 규정함으로써 정식재판의 기회를 배제하거나 어떤 행정심판을 필요적 전심절차로 규정하면서도 그 절차에 사법절차가 준용되지 않는다면 이는 헌법 제107조 제3항, 나아가 재판청구권을 보장하고 있는 헌법 제27조에도 위반된다고 할 것이다(헌재 2001.6.28, 2000헌바30).

❸ [O] 법관기피신청이 소송의 지연을 목적으로 함이 명백한 경우에 신청을 받은 법원 또는 법관은 결정으로 이를 기각할 수 있도록 규정한 형사소송법 제20조 제1항이 헌법상 보장되는 공정한 재판을 받을 권리를 침해하는 것은 아니다.
⇨ 구체적인 재판을 담당하는 법관에 대하여 기피신청이 있는 경우 당해 법관을 배제시키고 새로운 재판부를 구성하여 기피신청에 대한 재판을 하게 하면서 그 재판이 확정될 때까지 소송절차의 진행을 정지시키는 것은 공정한 재판을 받을 권리를 보장하기 위하여 필요하고 적절한 조치라고 할 수 있다. 그러나 형사소송절차에서 당사자 일방의 기피신청이 소송의 지연을 목적으로 하는 것이 분명한 경우에도 위와 같이 재판절차를

진행할 경우에는 그로 인하여 소송절차가 지연될 것이고, 재판을 지연시킬 목적으로 기피신청을 남용하는 것을 방지하기 어려울 것이다. 그래서 기피신청이 소송절차 지연을 목적으로 하는 것임이 명백한 경우에는 소송절차를 그대로 진행시키고 당해 법관이 포함된 합의부 또는 당해 법관으로 하여금 기피신청을 기각할 수 있는 간이기각제도를 채택한 것이다. 따라서 심판대상조항의 입법목적은 정당하고, 그러한 입법목적을 달성하기 위하여 채택한 방법도 필요하고도 적절하다고 할 수 있다. 따라서 심판대상조항은 헌법 제27조 제1항, 제37조 제2항에 위반된다고 할 수 없다(헌재 2021.2.25, 2019헌바551).

④ [○] 심의위원회의 배상금 등 지급결정에 신청인이 동의한 때에는 국가와 신청인 사이에 민사소송법에 따른 재판상 화해가 성립된 것으로 보는 4 · 16세월호참사 피해구제 및 지원 등을 위한 특별법 규정은 신청인의 재판청구권을 침해하지 않는다.

⇨ 4 · 16세월호참사 피해구제 및 지원 등을 위한 특별법(이하 '세월호피해지원법'이라 한다) 제16조는 지급절차를 신속히 종결함으로써 세월호 참사로 인한 피해를 신속하게 구제하기 위한 것이다. … 따라서 심의위원회의 배상금 등 지급결정에 동의한 때 재판상 화해가 성립한 것으로 간주하더라도 이것이 재판청구권 행사에 대한 지나친 제한이라고 보기 어렵다. 세월호피해지원법 제16조가 지급결정에 재판상 화해의 효력을 인정함으로써 확보되는 배상금 등 지급을 둘러싼 분쟁의 조속한 종결과 이를 통해 확보되는 피해구제의 신속성 등의 공익은 그로 인한 신청인의 불이익에 비하여 작다고 보기는 어려우므로, 법익의 균형성도 갖추고 있다. 따라서 세월호피해지원법 제16조는 청구인들의 재판청구권을 침해하지 않는다(헌재 2017.6.29, 2015헌마654).

정답

p.24

01	④	02	①	03	④	04	③	05	④
06	①	07	③	08	④	09	③	10	③
11	②	12	③	13	④	14	④	15	①
16	④	17	④	18	③	19	①	20	④

01

답 ④

① [○] 우리나라는 성문헌법을 가진 나라로서 기본적으로 우리 헌법전(憲法典)이 헌법의 법원(法源)이 되나, 형식적 헌법전에는 기재되지 아니한 사항이라도 이를 관습헌법으로 인정할 소지가 있다.

⇨ 우리나라는 성문헌법을 가진 나라로서 기본적으로 우리 헌법전(憲法典)이 헌법의 법원(法源)이 된다. 그러나 성문헌법이라고 하여도 그 속에 모든 헌법사항을 빠짐없이 완전히 규율하는 것은 불가능하고 또한 헌법은 국가의 기본법으로서 간결성과 함축성을 추구하기 때문에 형식적 헌법전에는 기재되지 아니한 사항이라도 이를 불문헌법(不文憲法) 내지 관습헌법으로 인정할 소지가 있다. 특히 헌법 제정 당시 자명(自明)하거나 전제(前提)된 사항 및 보편적 헌법원리와 같은 것은 반드시 명문의 규정을 두지 아니하는 경우도 있다. 그렇다고 해서 헌법사항에 관하여 형성되는 관행 내지 관례가 전부 관습헌법이 되는 것은 아니고 강제력이 있는 헌법규범으로서 인정되려면 엄격한 요건들이 충족되어야만 하며, 이러한 요건이 충족된 관습만이 관습헌법으로서 성문의 헌법과 동일한 법적 효력을 가진다(헌재 2004.10.21, 2004헌마554 등).

② [○] 관습헌법은 일반적인 헌법사항에 해당하는 내용 중에서도 특히 국가의 기본적이고 핵심적인 사항으로서 법률에 의하여 규율하는 것이 적합하지 아니한 사항을 대상으로 한다.

⇨ 관습헌법이 성립하기 위하여서는 관습이 성립하는 사항이 단지 법률로 정할 사항이 아니라 반드시 헌법에 의하여 규율되어 법률에 대하여 효력상 우위를 가져야 할 만큼 헌법적으로 중요한 기본적 사항이 되어야 한다. 일반적으로 실질적인 헌법사항이라고 함은 널리 국가의 조직에 관한 사항이나 국가기관의 권한 구성에 관한 사항 혹은 개인의 국가권력에 대한 지위를 포함하여 말하는 것이지만, 관습헌법은 이와 같은 일반적인 헌법사항에 해당하는 내용 중에서도 특히 국가의 기본적이고 핵심적인 사항으로서 법률에 의하여 규율하는 것이 적합하지 아니한 사항을 대상으로 한다. 일반적인 헌법사항 중 과연 어디까지가 이러한 기본적이고 핵심적인 헌법사항에 해당하는지 여부는 일반추상적인 기준을 설정하여 재단할 수는 없고, 개별적 문제사항에서 헌법적 원칙성과 중요성 및 헌법원리를 통하여 평가하는 구체적 판단에 의하여 확정하여야 한다(헌재 2004.10.21, 2004헌마554 등).

③ [○] 관습헌법의 성립요건으로 기본적 헌법사항에 관한 관행의 존재, 반복·계속성, 항상성, 명료성, 국민적 합의 등 다섯 가지를 충족해야 한다.

⇨ 관습헌법이 성립하기 위하여서는 관습법의 성립에서 요구되는 일반적 성립요건이 충족되어야 한다. 첫째, 기본적 헌법사항에 관하여 어떠한 관행 내지 관례가 존재하고, 둘째, 그 관행은 국민이 그 존재를 인식하고 사라지지 않을 관행이라고 인정할 만큼 충분한 기간 동안 반복 내지 계속되어야 하며(반복·계속성), 셋째, 관행은 지속성을 가져야 하는 것으로서 그 중간에 반대되는 관행이 이루어져서는 아니 되고(항상성), 넷째, 관행은 여러 가지 해석이 가능할 정도로 모호한 것이 아닌 명확한 내용을 가진 것이어야 한다(명료성). 또한 다섯째, 이러한 관행이 헌법관습으로서 국민들의 승인 내지 확신 또는 폭넓은 컨센서스를 얻어 국민이 강제력을 가진다고 믿고 있어야 한다(국민적 합의)(헌재 2004.10.21, 2004헌마554 등).

❹ [×] 관습헌법도 성문헌법과 마찬가지로 주권자인 국민의 헌법적 결단의 의사표현이나, 성문헌법과 동등한 효력을 가진다고 볼 수는 없고, 보충적으로 효력을 가진다고 보아야 한다.

⇨ 헌법 제1조 제2항은 '대한민국의 주권은 국민에게 있고, 모든 권력은 국민으로부터 나온다.'고 규정한다. 이와 같이 국민이 대한민국의 주권자이며, 국민은 최고의 헌법제정권력이기 때문에 성문헌법의 제·개정에 참여할 뿐만 아니라 헌법전에 포함되지 아니한 헌법사항을 필요에 따라 관습의 형태로 직접 형성할 수 있다. 그렇다면 **관습헌법도 성문헌법과 마찬가지로 주권자인 국민의 헌법적 결단의 의사의 표현이며 성문헌법과 동등한 효력을 가진다고 보아야 한다**(헌재 2004.10.21, 2004헌마554).

❶ [○] 1954년 제2차 개정헌법은 국무총리제를 폐지하고, 헌법개정안에 대한 국민발안제도와 주권제약·영토변경에 대한 국민투표제도를 두었다.
⇨ 1954년 제2차 개정헌법은 한국헌법사에서 국무총리제도를 폐지한 유일한 헌법이다. 또한 1954년 제2차 개정헌법은 주권의 제약 또는 영토의 변경을 가져올 국가안위에 관한 중대사항은 국민투표에 의하도록 하였다.

> **제2차 개정헌법(1954년) 제7조의2** 대한민국의 주권의 제약 또는 영토의 변경을 가져올 국가안위에 관한 중대사항은 국회의 가결을 거친 후에 국민투표에 부하여 민의원의원선거권자 3분지 2 이상의 투표와 유효투표 3분지 2 이상의 찬성을 얻어야 한다.

② [×] 1960년 제3차 개정헌법은 공무원의 정치적 중립성조항과 헌법재판소 조항을 처음으로 규정하였고, 1962년 제5차 개정헌법은 인간의 존엄과 가치에 대한 규정과 기본권의 본질적 내용 침해금지에 관한 규정을 처음으로 두었다.
⇨ 1960년 제3차 개정헌법은 기본권 제한에 대한 일반적 법률유보조항 및 기본권의 본질적 내용 침해금지규정을 처음으로 규정하였다. 또한 공무원의 신분 및 정치적 중립성을 보장하였고, 경찰의 중립을 보장하는 규정을 두었다. 그리고 헌법재판소 조항을 처음으로 규정하였다. 1962년 제5차 개정헌법에서 인간의 존엄성 존중조항을 신설하였다.

③ [×] 1972년 제7차 개정헌법은 대통령에게 국회의원 3분의 1의 추천권을 부여하였고 헌법개정절차를 이원화하였으며, 대통령의 임기를 1980년 제8차 개정헌법 때의 대통령의 임기보다 더 길게 규정하였다.
⇨ 1972년 제7차 개정헌법은 대통령의 임기가 6년이었으며, 1980년 제8차 개정헌법은 대통령의 임기가 7년 단임제였다. 따라서 제7차 개정헌법은 제8차 개정헌법의 대통령 임기보다 짧게 규정하였다.

> **제7차 개정헌법(1972년) 제40조** ① 통일주체국민회의는 국회의원 정수의 3분의 1에 해당하는 수의 국회의원을 선거한다.
> ② 제1항의 국회의원의 후보자는 대통령이 일괄 추천하며, 후보자 전체에 대한 찬반을 투표에 붙여 재적대의원 과반수의 출석과 출석대의원 과반수의 찬성으로 당선을 결정한다.
> **제41조** ① 통일주체국민회의는 국회가 발의·의결한 헌법개정안을 최종적으로 의결·확정한다.
> **제47조** 대통령의 임기는 6년으로 한다.
> **제124조** ① 헌법의 개정은 대통령 또는 국회재적의원 과반수의 발의로 제안된다.
> ② 대통령이 제안한 헌법개정안은 국민투표로 확정되며, 국회의원이 제안한 헌법개정안은 국회의 의결을 거쳐 통일주체국민회의의 의결로 확정된다.
> **제8차 개정헌법(1980년) 제45조** 대통령의 임기는 7년으로 하며, 중임할 수 없다.

④ [×] 1987년 제9차 개정헌법은 재외국민보호를 의무화하고 국군의 정치적 중립성 준수규정을 두었으며, 국정조사권 및 국정감사권을 부활하였다.

⇨ '재외국민보호'는 1980년 제8차 개정헌법에서 신설하였고, 재외국민보호 '의무'까지 추가한 것은 1987년 제9차 개정헌법이다. 국군의 정치적 중립성 준수규정도 제9차 개정헌법에서 규정하였다. 국정감사권은 건국헌법에서 도입한 후에 제7차 개정헌법에서 폐지되었으며, 제9차 개정헌법에서 부활하였다. 반면, 국정조사권은 제8차 개정헌법에서 처음으로 신설하였다.

① [○] 국적법상 귀화허가를 받기 위한 요건 중 '품행이 단정할 것'은 귀화신청자를 대한민국의 새로운 구성원으로 받아들이는 데 지장이 없을 만한 품성과 행실을 갖춘 것을 의미한다.
⇨ 심판대상조항은 외국인에게 대한민국 국적을 부여하는 '귀화'의 요건을 정한 것인데, '품행', '단정' 등 용어의 사전적 의미가 명백하고, 심판대상조항의 입법취지와 용어의 사전적 의미 및 법원의 일반적인 해석 등을 종합해 보면, '품행이 단정할 것'은 '귀화신청자를 대한민국의 새로운 구성원으로서 받아들이는 데 지장이 없을 만한 품성과 행실을 갖춘 것'을 의미하고, 구체적으로 이는 귀화신청자의 성별, 연령, 직업, 가족, 경력, 전과관계 등 여러 사정을 종합적으로 고려하여 판단될 것임을 예측할 수 있다. 따라서 심판대상조항은 명확성원칙에 위배되지 아니한다(헌재 2016.7.28, 2014헌바421).

② [○] 대한민국 국적을 취득한 외국인으로서 외국 국적을 가지고 있는 자는 대한민국 국적을 취득한 날부터 1년 내에 그 외국 국적을 포기하여야 한다.
⇨ 국적법 제10조 제1항에 대한 옳은 설명이다.

> **국적법**
> **제10조 【국적 취득자의 외국 국적 포기 의무】** ① 대한민국 국적을 취득한 외국인으로서 외국 국적을 가지고 있는 자는 대한민국 국적을 취득한 날부터 1년 내에 그 외국 국적을 포기하여야 한다.
> ② 제1항에도 불구하고 다음 각 호의 어느 하나에 해당하는 자는 대한민국 국적을 취득한 날부터 1년 내에 외국 국적을 포기하거나 법무부장관이 정하는 바에 따라 대한민국에서 외국 국적을 행사하지 아니하겠다는 뜻을 법무부장관에게 서약하여야 한다.
> 1. 귀화허가를 받은 때에 제6조 제2항 제1호·제2호 또는 제7조 제1항 제2호·제3호의 어느 하나에 해당하는 사유가 있는 자
> 2. 제9조에 따라 국적회복허가를 받은 자로서 제7조 제1항 제2호 또는 제3호에 해당한다고 법무부장관이 인정하는 자
> 3. 대한민국의 민법상 성년이 되기 전에 외국인에게 입양된 후 외국 국적을 취득하고 외국에서 계속 거주하다가 제9조에 따라 국적회복허가를 받은 자
> 4. 외국에서 거주하다가 영주할 목적으로 만 65세 이후에 입국하여 제9조에 따라 국적회복허가를 받은 자
> 5. 본인의 뜻에도 불구하고 외국의 법률 및 제도로 인하여 제1항을 이행하기 어려운 자로서 대통령령으로 정하는 자
> ③ 제1항 또는 제2항을 이행하지 아니한 자는 그 기간이 지난 때에 대한민국 국적을 상실(喪失)한다.

③ [○] 외국인이 대한민국의 국민인 배우자와 혼인한 후 3년이 지나고 혼인한 상태로 대한민국에 1년 이상 계속하여 주소가 있는 경우 간이귀화허가를 받을 수 있다.

⇨ 국적법 제6조 제2항에 대한 옳은 설명이다.

> **국적법**
>
> 제6조【간이귀화 요건】② 배우자가 대한민국의 국민인 외국인으로서 다음 각 호의 어느 하나에 해당하는 사람은 제5조 제1호 및 제1호의2의 요건을 갖추지 아니하여도 귀화허가를 받을 수 있다.
> 1. 그 배우자와 혼인한 상태로 대한민국에 2년 이상 계속하여 주소가 있는 사람
> 2. 그 배우자와 혼인한 후 3년이 지나고 혼인한 상태로 대한민국에 1년 이상 계속하여 주소가 있는 사람

❹ [✕] 법무부장관은 귀화신청인이 법률이 정하는 귀화요건을 갖추었을 경우 귀화를 허가하여야 한다.

⇨ 국적은 국민의 자격을 결정짓는 것이고, 이를 취득한 사람이 국가의 주권자가 되는 동시에 국가의 속인적 통치권의 대상이 되므로, 귀화허가는 외국인에게 대한민국 국적을 부여함으로써 국민으로서의 법적 지위를 포괄적으로 설정하는 행위에 해당한다. 한편 국적법 등 관계 법령 어디에도 외국인에게 대한민국의 국적을 취득할 권리를 부여하였다고 볼 만한 규정이 없다. 이와 같은 귀화허가의 근거규정의 형식과 문언, 귀화허가의 내용과 특성 등을 고려하여 보면, 법무부장관은 귀화신청인이 법률이 정하는 귀화요건을 갖추었다고 하더라도 귀화를 허가할 것인지 여부에 관하여 재량권을 가진다(대판 2010. 7.15, 2009두19069).

04
답 ③

적절하지 않은 것은 ㉢, ㉣이다.

㉠ [○] 치료감호 청구권자를 검사로 한정한 구 치료감호법(2008.6. 13. 법률 제9111호로 개정되기 전의 것) 제4조 제1항이 청구인의 재판청구권을 침해하거나 적법절차의 원칙에 위배된다고 볼 수 없다.

⇨ '피고인 스스로 치료감호를 청구할 수 있는 권리'가 헌법상 재판청구권의 보호범위에 포함된다고 보기는 어렵고, 검사뿐만 아니라 피고인에게까지 치료감호청구권을 주어야만 절차의 적법성이 담보되는 것도 아니므로, 이 사건 법률조항이 청구인의 재판청구권을 침해하거나 적법절차의 원칙에 반한다고 볼 수 없다(헌재 2010.4.29, 2008헌마622).

㉡ [○] 상당한 의무이행기간을 부여하지 아니한 대집행계고처분 후에 대집행영장으로써 대집행의 시기를 늦춘 경우 그 계고처분은 적법절차에 위배한 것으로 위법한 처분이다.

⇨ 행정대집행법 제3조 제1항은 행정청이 의무자에게 대집행영장으로써 대집행할 시기 등을 통지하기 위하여는 그 전제로서 대집행계고처분을 함에 있어서 의무이행을 할 수 있는 상당한 기간을 부여할 것을 요구하고 있으므로, 행정청인 피고가 의무이행기한이 1988.5.24.까지로 된 이 사건 대집행계고서를 5.19. 원고에게 발송하여 원고가 그 이행종기인 5.24. 이를 수령하였다면, 설사 피고가 대집행영장으로써 대집행의 시기를 1988.5.27. 15:00로 늦추었더라도 위 대집행계고처분은 상

당한 이행기한을 정하여 한 것이 아니어서 대집행의 적법절차에 위배한 것으로 위법한 처분이라고 할 것이다(대판 1990.9. 14, 90누2048).

㉢ [✕] 교도소·구치소의 수용자가 교정시설 외부로 나갈 경우 도주방지를 위하여 해당 수용자의 발목에 전자장치를 부착하도록 한 수용자 도주방지를 위한 위치추적전자장치 운영방안에 따른 전자장치 부착행위는 적법절차원칙에 위반된다.

⇨ 수용자에 대해서는 교정시설의 안전과 구금생활의 질서유지를 위하여 신체의 자유 등 기본권 제한이 어느 정도 불가피한 점, 행형 관계 법령에 따라 행하는 사항에 대하여는 의견청취·의견제출 등에 관한 행정절차법 조항이 적용되지 않는 점(행정절차법 제3조 제2항 제6호), 전자장치 부착은 도주 우려 등의 사유가 있어 관심대상수용자로 지정된 수용자를 대상으로 하는 점, 형집행법상 소장에 대한 면담 신청이나 법무부장관 등에 대한 청원 절차가 마련되어 있는 점(제116조, 제117조)을 종합해 보면, 이 사건 부착행위는 적법절차원칙에 위반되어 수용자인 청구인들의 인격권과 신체의 자유를 침해하지 아니한다(헌재 2018.5.31, 2016헌마191 등).

㉣ [✕] 피의자를 긴급체포하여 조사한 결과 구금을 계속할 필요가 없다고 판단하여 48시간 이내에 석방하는 경우까지도 수사기관이 반드시 체포영장발부절차를 밟게 하는 것은 인권침해적 상황을 예방하는 적절한 방법이다.

⇨ 이 사건 영장청구조항은 수사기관이 긴급체포한 피의자를 사후 영장청구 없이 석방할 수 있도록 규정하고 있다. 피의자를 긴급체포하여 조사한 결과 구금을 계속할 필요가 없다고 판단하여 48시간 이내에 석방하는 경우까지도 수사기관이 반드시 체포영장발부절차를 밟게 한다면, 이는 피의자, 수사기관 및 법원 모두에게 비효율을 초래할 가능성이 있고, 경우에 따라서는 오히려 인권침해적인 상황을 발생시킬 우려도 있다. 형사소송법은 긴급체포를 예외적으로만 허용하고 있고 피의자 석방시 석방의 사유 등을 법원에 통지하도록 하고 있으며 긴급체포된 피의자도 체포적부심사를 청구할 수 있어 긴급체포제도의 남용을 예방하고 있다. … 따라서 이 사건 영장청구조항은 헌법상 영장주의에 위반되지 아니한다(헌재 2021.3. 25, 2018헌바212).

05
답 ④

① [○] 당내 경선에 참가한 정당 소속 예비후보자는 불출마하더라도 기탁금을 반환받을 수 있으나, 무소속 예비후보자가 후보자등록을 하지 않는 경우에 기탁금을 반환받지 못하게 하는 것은 평등의 원칙에 위배되지 않는다.

⇨ 당내 경선에 참가한 정당 소속 예비후보자는 경선에서 후보자로 선출되지 않으면 공직선거법 제57조의2 제2항에 따라 후보자로 등록될 수 없지만, 청구인과 같은 무소속 예비후보자는 후보자로 등록하는 데 아무런 법률상 장애가 없으므로, 법률상 장애로 인하여 후보자로 등록하지 못하는 자에 대해서는 기탁금을 반환하는 한편, 법률상 장애가 없음에도 스스로 후보자등록을 하지 않은 자에 대해서는 기탁금을 반환하지 않도록 하는 것이 불합리한 차별이라고 보기 어려우므로 청구인의 평등권을 침해하지 아니한다(헌재 2010.12.28, 2010헌마79).

② [○] 지역구국회의원선거 예비후보자의 기탁금 반환사유로 예비후
보자가 당의 공천심사에서 탈락하고 후보자등록을 하지 않았
을 경우를 규정하지 않은 것은 헌법에 위배된다.
⇨ 예비후보자가 본선거에서 정당후보자로 등록하려 하였으나
자신의 의사와 관계없이 정당 공천관리위원회의 심사에서 탈
락하여 본선거의 후보자로 등록하지 아니한 것은 후보자 등록
을 하지 못할 정도에 이르는 객관적이고 예외적인 사유에 해당
한다. 따라서 이러한 사정이 있는 예비후보자가 납부한 기탁
금은 반환되어야 함에도 불구하고, 심판대상조항이 이에 관한
규정을 두지 아니한 것은 입법형성권의 범위를 벗어난 과도한
제한이라고 할 수 있다. … 그러므로 심판대상조항은 과잉금
지원칙에 반하여 청구인의 재산권을 침해한다(헌재 2018.1.
25, 2016헌마541).
③ [○] 국회의원 선거권이 있는 자만 정당의 발기인 및 당원이 될 수
있도록 규정하고 있는 정당법 규정은 선거권 없는 사람의 정당
의 자유를 침해하지 않는다.
⇨ 정당원 등 자격조항이 18세 미만인 사람에 대해 정당의 발기
인 및 당원이 될 수 없도록 하는 것은 정치적 판단능력이 미약
한 사람들이 정당의 발기인 및 당원이 되는 것을 제한하여 정
당의 헌법상 기능을 보호하기 위한 것으로 입법목적의 정당성
및 방법의 적절성이 인정된다. 정당의 중요 공적 기능을 고려
하면 정당설립의 자유만을 제한하거나 일정한 형태의 정당활
동의 자유만을 제한하는 것으로는 입법목적을 달성하기 어렵
고, 정당 외에 일반적 결사체 설립을 제한하는 것은 아니며,
18세가 될 때까지의 기간만 이를 유예하는 취지라는 점, 미성
년자는 정신적 · 신체적 자율성이 불충분하고 가치중립적인 교
육을 받아야 한다는 점 등을 고려하면 침해최소성원칙에 반하
지 않고, 이 조항으로 인하여 18세 미만인 사람들이 정당의 자
유를 제한받는 것보다 정치적 판단능력이 미약한 사람이 정당
을 설립하고 가입함으로 인하여 정당의 기능이 침해될 위험성
은 크다고 할 것이므로 법익균형성도 충족된다. 따라서 정당
원 등 자격조항이 청구인들의 정당의 자유를 침해한다고 할 수
없다(헌재 2014.4.24, 2012헌마287).
❹ [×] 민주주의 국가에서 국민주권과 대의제 민주주의의 실현수단
으로서 선거권이 갖는 중요성으로 인해 입법자는 선거권을 최
대한 보장하는 방향으로 입법을 하여야 하는 반면, 헌법재판
소가 선거권을 제한하는 법률의 합헌성을 심사하는 경우 그 심
사 강도는 완화하여야 한다.
⇨ 민주주의 국가에서 국민주권과 대의제 민주주의의 실현수단
으로서 선거권이 갖는 중요성으로 인해 한편으로 입법자는 선
거권을 최대한 보장하는 방향으로 입법을 하여야 하며, 또 다
른 한편에서 **선거권을 제한하는 법률의 합헌성을 심사하는
경우에는 그 심사의 강도도 엄격하여야 한다**(헌재 2007.6.28,
2004헌마644).

06 답 ①

❶ [○] 국가의 문화육성의 대상에는 원칙적으로 모든 사람에게 문화
창조의 기회를 부여한다는 의미에서 모든 문화가 포함되므로
엘리트문화뿐만 아니라 서민문화, 대중문화도 그 가치를 인정
하고 정책적인 배려의 대상으로 하여야 한다.
⇨ 문화국가원리의 이러한 특성은 문화의 개방성 내지 다원성의

표지와 연결되는데, 국가의 문화육성의 대상에는 원칙적으로
모든 사람에게 문화창조의 기회를 부여한다는 의미에서 모든
문화가 포함된다. 따라서 엘리트문화뿐만 아니라 서민문화,
대중문화도 그 가치를 인정하고 정책적인 배려의 대상으로 하
여야 한다(헌재 2004.5.27, 2003헌가1).
② [×] 헌법 제9조의 규정취지와 민족문화유산의 본질에 비추어 볼
때, 국가가 민족문화유산을 보호하고자 하는 경우 이에 관한
헌법적 보호법익은 '민족문화유산의 존속' 그 자체를 보장하
는 것에 그치지 않고, 민족문화유산의 훼손 등에 관한 가치보
상이 있는지 여부도 이러한 헌법적 보호법익과 직접적인 관련
이 있다.
⇨ 헌법 제9조의 규정취지와 민족문화유산의 본질에 비추어 볼
때, 국가가 민족문화유산을 보호하고자 하는 경우 이에 관한
**헌법적 보호법익은 '민족문화유산의 존속' 그 자체를 보장하
는 것이고, 원칙적으로 민족문화유산의 훼손 등에 관한 가치
보상이 있는지 여부는 이러한 헌법적 보호법익과 직접적인
관련이 없다**(헌재 2003.1.30, 2001헌바64).
③ [×] 문화창달을 위하여 문화예술 공연관람자 등에게 예술감상에
의한 정신적 풍요의 대가로 문화예술진흥기금을 납입하게 하
는 것은 헌법의 문화국가이념에 반하는 것이 아니다.
⇨ 공연 등을 보는 국민이 예술적 감상의 기회를 가진다고 하여
이것을 집단적 효용성으로 평가하는 것도 무리이다. 공연관람
자 등이 예술감상에 의한 정신적 풍요를 느낀다면 그것은 헌법
상의 문화국가원리에 따라 국가가 적극 장려할 일이지, **이것
을 일정한 집단에 의한 수익으로 인정하여 그들에게 경제적
부담을 지우는 것은 헌법의 문화국가이념(제9조)에 역행하
는 것이다**(헌재 2003.12.18, 2002헌가2).
④ [×] 공동체 구성원들 사이에 관습화된 문화요소라 하더라도 종교
적인 의식, 행사에서 유래된 경우에까지 국가가 지원하는 것
은 문화국가원리와 정교분리원칙에 위반된다.
⇨ 오늘날 종교적인 의식 또는 행사가 하나의 사회공동체의 문화
적인 현상으로 자리잡고 있으므로, 어떤 의식, 행사, 유형물 등
이 비록 종교적인 의식, 행사 또는 상징에서 유래되었다고 하
더라도 그것이 **이미 우리 사회공동체 구성원들 사이에서 관
습화된 문화요소로 인식되고 받아들여질 정도에 이르렀다
면, 이는 정교분리원칙이 적용되는 종교의 영역이 아니라 헌
법적 보호가치를 지닌 문화의 의미를 갖게 된다.** 그러므로 이
와 같이 이미 문화적 가치로 성숙한 종교적인 의식, 행사, 유형
물에 대한 국가 등의 지원은 일정 범위 내에서 전통문화의 계
승 · 발전이라는 **문화국가원리에 부합하며 정교분리원칙에
위배되지 않는다**(대판 2009.5.28, 2008두16933).

07 답 ③

① [×]누구든지 일정기간 동안 선거에 영향을 미치게 하기 위한 광고
물 설치 · 진열 · 게시, 표시물 착용을 할 수 없도록 하고, 이에
위반한 경우 처벌하도록 한 공직선거법은 위헌이 아니다.
⇨ 심판대상조항은 선거에서의 균등한 기회를 보장하고 선거의
공정성을 확보하기 위한 것으로서 정당한 목적 달성을 위한 적
합한 수단에 해당한다. 그러나 선거비용 제한 · 보전 제도 및
일반 유권자가 과도한 비용을 들여 물건을 설치 · 진열 · 게시
하거나 착용하는 행위를 제한하는 수단을 통해서 선거에서의

기회 균등이라는 심판대상조항의 입법목적의 달성이 가능하며, 공직선거법상 후보자 비방 금지 규정 등을 통해 무분별한 흑색선전 등의 방지도 가능한 점을 종합하면, 심판대상조항은 목적 달성에 필요한 범위를 넘어 장기간 동안 선거에 영향을 미치게 하기 위한 광고물의 설치·진열·게시나 표시물의 착용을 금지·처벌하는 것으로서 침해의 최소성에 반한다. 또한 심판대상조항으로 인하여 일반 유권자나 후보자가 받는 정치적 표현의 자유에 대한 제약이 달성되는 공익보다 중대하므로 심판대상조항은 법익의 균형성에도 위배된다. 따라서 **심판대상조항은 과잉금지원칙에 반하여 정치적 표현의 자유를 침해한다**(헌재 2022.7.21. 2017헌가1).

② [×] 지역농협은 사법인에서 볼 수 없는 공법인적 특성을 많이 갖고 있으므로 지역농협의 조합장선거에서 조합장을 선출하거나 조합장으로 선출될 권리, 조합장선거에서 선거운동을 하는 것도 헌법에 의해 보호되는 선거권의 범위이다.

⇨ **사법적인 성격을 지니는 농협의 조합장선거에서 조합장을 선출하거나 조합장으로 선출될 권리, 조합장선거에서 선거운동을 하는 것은 헌법에 의하여 보호되는 선거권의 범위에 포함되지 않는다**(헌재 2012.2.23. 2011헌바154).

❸ [○] 정당에 대한 선거로서의 성격을 가지는 비례대표국회의원선거는 인물에 대한 선거로서의 성격을 가지는 지역구국회의원선거와 근본적으로 그 성격이 다르고, 공직선거법상 허용된 선거운동을 통하여 선거의 혼탁이나 과열을 초래할 여지가 지역구국회의원선거보다 훨씬 적다고 볼 수 있다. 그럼에도 불구하고 비례대표 기탁금조항은 이러한 차이를 전혀 반영하지 않고 지역구국회의원선거에서의 기탁금과 동일한 금액을 기탁금으로 설정하고 있는 바, 이는 후보자 추천의 진지성이나 선거관리업무의 효율성 확보 등의 입법목적을 달성하기 위해 필요한 최소한의 액수보다 지나치게 과다한 액수라 하지 않을 수 없다.

⇨ 비례대표 기탁금조항을 통하여 달성하고자 하는, 정당의 후보자 추천에 있어서의 진지성 내지 선거관리업무의 효율성 확보, 선거과정에서 발생한 불법행위에 대한 과태료 및 행정대집행 비용의 사전 확보 등의 공익에 비하여, 비례대표 기탁금조항으로 인하여 비례대표국회의원후보자를 추천하는 정당이나 비례대표국회의원후보자가 받게 되는 정당활동의 자유 및 공무담임권에 대한 제한의 불이익은 매우 크다고 할 것이므로, 비례대표 기탁금조항은 법익의 균형성원칙에도 위반된다(헌재 2016.12.29. 2015헌마1160 등).

④ [×] 국내에 3년 이상 체류하고 있는 18세 이상의 외국인은 모두 지방자치단체장선거에서 선거권을 행사할 수 있다.

⇨ **18세 이상으로서 출입국관리법 제10조에 따른 영주의 체류자격 취득일 후 3년이 경과한 외국인으로서 해당 지방자치단체의 외국인등록대장에 올라 있는 사람**은 그 구역에서 선거하는 지방자치단체의 의회의원 및 장의 선거권이 있다(공직선거법 제15조 제2항 제3호).

08
답 ④

① [○] 집행유예보다 무거운 실형을 선고받고 집행이 종료되거나 면제된 경우에는 자격에 제한을 두지 않으면서 집행유예를 선고받은 경우에 대해서는 이러한 특례조항을 두지 아니한 소년법

제67조는 평등원칙에 위반된다.

⇨ 집행유예는 실형보다 죄질이나 범정이 더 가벼운 범죄에 대하여 선고하는 것이 보통인데, 이 조항은 집행유예보다 중한 실형을 선고받고 집행이 종료되거나 면제된 경우에는 자격에 제한을 두지 않으면서 집행유예를 선고받은 경우에 대해서는 이러한 특례조항을 두지 아니하였으므로, 합리적인 이유가 없다. 또한 집행유예기간은 실형의 2배로 정해지는 것이 법원의 실무례이므로, 이 기간 동안 집행유예 중이라는 이유로 공무원 임용 등 자격을 제한한다면 실형보다 오히려 긴 기간 동안 자격을 제한하게 되어 범죄에 대한 책임과 자격의 제한이 비례하지 않을 가능성이 높다. 더욱이 집행유예기간을 경과한 자의 경우에는 원칙적으로 형의 선고에 의한 법적 효과가 장래를 향하여 소멸하고 향후 자격제한 등의 불이익을 받지 아니하는데, 이 조항에 따르면 집행유예를 선고받은 자의 자격제한을 완화하지 아니하여 집행유예기간이 경과하였더라도 그 후 일정기간 자격제한을 받게 되었으므로, 명백히 자의적인 차별에 해당하여 평등원칙에 위반된다(헌재 2018.1.25. 2017헌가7).

② [○] 피고인이 무죄판결을 받지는 않았으나 원판결보다 가벼운 형으로 유죄판결이 확정됨에 따라 원판결에 따른 구금형 집행이 재심판결에서 선고된 형을 초과하게 된 경우, 초과 구금에 대한 형사보상을 규정하지 않은 형사보상법은 평등권을 침해한다.

⇨ 원판결의 근거가 된 가중처벌규정에 대하여 헌법재판소의 위헌결정이 있었음을 이유로 개시된 재심절차에서, 공소장의 교환적 변경을 통해 위헌결정된 가중처벌규정보다 법정형이 가벼운 처벌규정으로 적용법조가 변경되어 피고인이 무죄판결을 받지는 않았으나 원판결보다 가벼운 형으로 유죄판결이 확정됨에 따라 원판결에 따른 구금형 집행이 재심판결에서 선고된 형을 초과하게 된 이 사건과 같은 경우, 소송법상 이유로 무죄재판을 받을 수는 없으나 그러한 사유가 없었다면 무죄재판을 받았을 것임이 명백하고 원판결의 형 가운데 재심절차에서 선고된 형을 초과하는 부분의 전부 또는 일부에 대해서는 결과적으로 부당한 구금이 이루어진 것으로 볼 수 있다는 점에서 심판대상조항이 형사보상 대상으로 규정하고 있는 경우들과 본질적으로 다르다고 보기 어렵다. 다만 무죄재판을 받을 수 없었던 사유가 '적용법조에 대한 공소장의 교환적 변경'이라는 점에 차이가 있다. 그런데 형사사법기관이 피고인을 위한 비상구제절차인 재심절차에 이르러 공소장의 교환적 변경 등을 통해 무죄재판을 피하였다고 하더라도, 피고인이 그러한 형사사법절차 속에서 이미 신체의 자유에 관한 중대한 피해를 입었다면, 피고인 개인으로 하여금 그 피해를 부담하도록 하는 것은 헌법상 형사보상청구권의 취지에 어긋난다. 결과적으로 부당한 구금으로 이미 피고인의 신체의 자유에 관한 중대한 피해가 발생한 이상, 공소장의 교환적 변경을 통하여 무죄재판을 피하였다는 사정은 피고인에 대한 형사보상청구권 인정 여부를 달리할 합리적인 근거가 될 수 없다. 그럼에도 불구하고 심판대상조항이 이 사건에서 문제되는 경우를 형사보상 대상으로 규정하지 아니한 것은 현저히 자의적인 차별로서 평등원칙을 위반하여 청구인들의 평등권을 침해한다(헌재 2022.2.24. 2018헌마998).

③ [○] 서울대학교가 법인이 되면서, 서울대 교직원들은 그동안 담당해 왔던 공무가 사라져 유휴 인력이 되는 반면, 새로 설립된 법인 서울대는 교육, 학사지원 등을 그대로 이어받게 되어 이를 담당할 교직원이 필요하게 되었으므로, 교직원들을 각자 희망

에 따라 공무원에서 퇴직시키고 법인 교직원으로 새로 임용하거나, 일정기간만 공무원 신분을 보유하도록 한 것은 합리적 차별이다.

⇨ 서울대의 법인화 필요성과 그 효과가 클 것으로 판단하여 서울대를 법인으로 전환하면서, 서울대에 재직 중이던 교직원의 신분에 변동이 생겼다 하더라도 이러한 차별에는 합리적인 이유가 인정되며, 일반행정 업무를 담당해 왔던 직원이 다른 부처로의 전출이 비교적 용이하다는 점을 고려하여 교원에게 직원보다 공무원 신분을 장기간 유지시켜 주는 것에도 합리적인 이유가 인정되므로, 청구인들의 평등권을 침해하지 아니한다(헌재 2014.4.24, 2011헌마612).

❹ [×] 근로자의 날을 법정유급휴일로 할 것인지에 있어서 공무원과 일반근로자를 다르게 취급할 이유가 없으므로 근로자의 날을 공무원의 법정유급휴일로 정하지 않은 것은 공무원과 일반근로자를 자의적으로 차별하는 것에 해당하여 평등권을 침해한다.

⇨ 공무원과 일반근로자는 그 직무 성격의 차이로 인하여 근로조건을 정하는 방식이나 내용에 있어서 차이가 있을 뿐만 아니라 근로자의 날을 법정유급휴일로 정할 필요성에 있어서도 차이가 있다. 따라서 **심판대상조항이 근로자의 날을 공무원의 법정유급휴일에 해당하는 관공서 공휴일로 규정하지 않은 데에는 합리적인 이유가 있다 할 것이므로, 심판대상조항이 청구인들의 평등권을 침해한다고 볼 수 없다**(헌재 2015.11.26, 2015헌마756).

09　　　　　　　　　　　　　　　　　답 ③

① [O] 미결수용자의 변호인 아닌 '타인'과의 접견교통권은 헌법상 기본권이다.

⇨ 구속된 피의자 또는 피고인이 갖는 변호인 아닌 자와의 접견교통권은 가족 등 타인과 교류하는 인간으로서의 기본적인 생활관계가 인신의 구속으로 인하여 완전히 단절되어 파멸에 이르는 것을 방지하고, 또한 피의자 또는 피고인의 방어를 준비하기 위해서도 반드시 보장되지 않으면 안 되는 인간으로서의 기본적인 권리에 해당하므로 이는 성질상 헌법상의 기본권에 속한다고 보아야 할 것이다(헌재 2003.11.27, 2002헌마193).

② [O] 군에서의 형의 집행 및 군수용자의 처우에 관한 법률의 적용을 받은 미결수용자의 면회횟수 제한은 과잉금지원칙을 위반하여 접견교통권을 침해한다.

⇨ 이 사건 시행령 규정은, 행형법 시행령이 미결수용자의 접견횟수를 매일 1회로 하고 있는 것과는 달리, 미결수용자의 면회횟수를 매주 2회로 제한하고 있는 바, 수용기관은 면회에 교도관을 참여시켜 감시를 철저히 한다거나, 필요한 경우에는 면회를 일시 불허하는 것과 같이 청구인들의 기본권을 보다 적게 침해하면서도 '도주나 증거인멸 우려의 방지 및 수용시설 내의 질서유지'라는 입법목적을 달성할 수 있는 똑같이 효과적인 다른 방법이 존재하므로, 이것은 기본권 제한이 헌법상 정당화되기 위하여 필요한 피해의 최소성 요건을 충족시키지 못한다. 따라서 이 사건 시행령 규정은 청구인들의 접견교통권을 과도하게 제한하는 위헌적인 규정이다(헌재 2003.11.27, 2002헌마193).

❸ [×] 미결수용자와 변호인이 되려고 하는 자와의 접견에는 교도관이 참여하지 못한다. 다만, 형사법령에 저촉되는 행위를 할 우려가 있는 경우에는 그러하지 아니하다.

⇨ 교정시설의 장은 형사법령에 저촉되는 행위를 할 우려가 있는 때에 교도관으로 하여금 수용자의 접견내용을 청취·기록·녹음 또는 녹화하게 할 수 있으나, **미결수용자와 변호인(변호인이 되려고 하는 사람을 포함)의 접견에는 교도관이 참여하지 못한다.**

> **형의 집행 및 수용자의 처우에 관한 법률**
>
> **제84조【변호인과의 접견 및 편지수수】** ① 제41조(접견) 제4항에도 불구하고 미결수용자와 변호인과의 접견에는 교도관이 참여하지 못하며 그 내용을 청취 또는 녹취하지 못한다. 다만, 보이는 거리에서 미결수용자를 관찰할 수 있다.
>
> **제41조【접견】** ④ 소장은 다음 각 호의 어느 하나에 해당하는 사유가 있으면 교도관으로 하여금 수용자의 접견내용을 청취·기록·녹음 또는 녹화하게 할 수 있다.
> 　1. 범죄의 증거를 인멸하거나 형사법령에 저촉되는 행위를 할 우려가 있는 때
> 　2. 수형자의 교화 또는 건전한 사회복귀를 위하여 필요한 때
> 　3. 시설의 안전과 질서유지를 위하여 필요한 때

④ [O] 청구인인 금치처분을 받은 사람이 최장 30일 이내의 기간 동안 의사가 치료를 위하여 처방한 의약품을 제외한 자비구매물품의 사용을 제한받았다 하더라도, 소장이 지급하는 물품을 통하여 건강을 유지하기 위한 필요최소한의 생활을 영위할 수 있도록 하였다면 청구인의 일반적 행동의 자유를 침해하였다고 할 수 없다.

⇨ 형집행법 제112조 제3항 본문 중 제108조 제7호의 신문·도서·잡지 외 자비구매물품에 관한 부분은 금치의 징벌을 받은 사람에 대해 금치기간 동안 자비로 구매한 음식물, 의약품 및 의료용품 등 자비구매물품을 사용할 수 없는 불이익을 가함으로써, 규율의 준수를 강제하여 수용시설 내의 안전과 질서를 유지하기 위한 것으로서 목적의 정당성 및 수단의 적합성이 인정된다. 금치처분을 받은 사람은 소장이 지급하는 음식물, 의류·침구, 그 밖의 생활용품을 통하여 건강을 유지하기 위한 필요최소한의 생활을 영위할 수 있고, 의사가 치료를 위하여 처방한 의약품은 여전히 사용할 수 있다. 또한, 위와 같은 불이익은 규율 준수를 통하여 수용질서를 유지한다는 공익에 비하여 크다고 할 수 없다. 따라서 위 조항은 청구인의 일반적 행동의 자유를 침해하지 아니한다(헌재 2016.5.26, 2014헌마45).

10　　　　　　　　　　　　　　　　　답 ③

① [침해 O] 게시판 이용자로 하여금 본인확인절차를 거쳐야만 게시판을 이용할 수 있도록 하는 본인확인제

⇨ 이 사건 법령조항들이 표방하는 건전한 인터넷 문화의 조성 등 입법목적은, 인터넷 주소 등의 추적 및 확인, 당해 정보의 삭제·임시조치, 손해배상, 형사처벌 등 인터넷 이용자의 표현의 자유나 개인정보자기결정권을 제약하지 않는 다른 수단에 의해서도 충분히 달성할 수 있음에도, 인터넷의 특성을 고려하지

아니한 채 본인확인제의 적용범위를 광범위하게 정하여 법집행자에게 자의적인 집행의 여지를 부여하고, 목적달성에 필요한 범위를 넘는 과도한 기본권 제한을 하고 있으므로 침해의 최소성이 인정되지 아니한다.....따라서 **본인확인제를 규율하는 이 사건 법령조항들은 과잉금지원칙에 위배하여 인터넷게시판 이용자의 표현의 자유, 개인정보자기결정권 및 인터넷게시판을 운영하는 정보통신서비스 제공자의 언론의 자유를 침해한다**(헌재 2012.8.23, 2010헌마47).

② [침해 ○] 소년에 대한 수사경력자료의 삭제와 보존기간에 대하여 규정하면서 법원에서 불처분결정된 소년부송치 사건에 대하여 규정하지 않은 것

⇨ 어떤 범죄가 행해진 후 시간이 흐를수록 수사의 단서로서나 상습성 판단자료, 양형자료로서의 가치는 감소하므로, 모든 소년부송치 사건의 수사경력자료를 해당 사건의 경중이나 결정 이후 경과한 시간 등에 대한 고려 없이 일률적으로 당사자가 사망할 때까지 보존할 필요가 있다고 보기는 어렵고, 불처분결정된 소년부송치 사건의 수사경력자료가 조회 및 회보되는 경우에도 이를 통해 추구하는 실체적 진실발견과 형사사법의 정의 구현이라는 공익에 비해, 당사자가 입을 수 있는 실질적 또는 심리적 불이익과 그로 인한 재사회화 및 사회복귀의 어려움이 더 크다. 따라서 **심판대상조항은 과잉금지원칙을 위반하여 소년부송치 후 불처분결정을 받은 자의 개인정보자기결정권을 침해한다**(헌재 2021.6.24, 2018헌가2).

❸ [침해 ×] 수용자가 없는 상태에서 교도소장이 비밀리에 거실 및 작업장에서 개인물품 등을 검사하는 행위

⇨ 이 사건 검사행위는 교도소의 안전과 질서를 유지하고, 수형자의 교화·개선에 지장을 초래할 수 있는 물품을 차단하기 위한 것으로서 그 목적이 정당하고, 수단도 적절하며, 검사의 실효성을 확보하기 위한 최소한의 조치로 보이고, 달리 덜 제한적인 대체수단을 찾기 어려운 점 등에 비추어 보면 이 사건 검사행위가 과잉금지원칙에 위배하여 사생활의 비밀 및 자유를 침해하였다고 할 수 없다(헌재 2011.10.25, 2009헌마691).

④ [침해 ○] 국군보안사령부가 군과 관련된 첩보 수집 등 법령에 규정된 직무범위를 벗어나 민간인들을 대상으로 평소의 동향을 감시·파악할 목적으로 지속적으로 개인의 사생활에 관한 정보를 미행, 망원활용 등의 방법으로 비밀리에 수집·관리하는 행위

⇨ 구 국군보안사령부가 군과 관련된 첩보 수집, 특정한 군사법원 관할 범죄의 수사 등 법령에 규정된 직무범위를 벗어나 민간인들을 대상으로 평소의 동향을 감시·파악할 목적으로 지속적으로 개인의 집회·결사에 관한 활동이나 사생활에 관한 정보를 미행, 망원활용, 탐문채집 등의 방법으로 비밀리에 수집·관리한 경우, 이는 헌법에 의하여 보장된 기본권을 침해한 것으로서 불법행위를 구성한다(대판 1998.7.24, 96다42789).

11 답 ②

① [○] 형제자매에게 가족관계등록부 등의 기록사항에 관한 증명서 교부청구권을 부여하는 가족관계의 등록 등에 관한 법률 조항은 과잉금지원칙을 위반하여 청구인의 개인정보자기결정권을 침해한다.

⇨ 이 사건 법률조항은 본인이 스스로 증명서를 발급받기 어려운 경우 형제자매를 통해 증명서를 간편하게 발급받게 하고, 친

족·상속 등과 관련된 자료를 수집하려는 형제자매가 본인에 대한 증명서를 편리하게 발급받을 수 있도록 하기 위한 것으로, 목적의 정당성 및 수단의 적합성이 인정된다. 그러나 가족관계등록법상 각종 증명서에 기재된 개인정보가 유출되거나 오남용될 경우 정보의 주체에게 가해지는 타격은 크므로 증명서 교부청구권자의 범위는 가능한 한 축소하여야 하는데, 형제자매는 언제나 이해관계를 같이 하는 것은 아니므로 형제자매가 본인에 대한 개인정보를 오남용 또는 유출할 가능성은 얼마든지 있다. 그런데 이 사건 법률조항은 증명서 발급에 있어 형제자매에게 정보주체인 본인과 거의 같은 지위를 부여하고 있으므로, 이는 증명서 교부청구권자의 범위를 필요한 최소한도로 한정한 것이라고 볼 수 없다. 본인은 인터넷을 이용하거나 위임을 통해 각종 증명서를 발급받을 수 있으며, 가족관계등록법 제14조 제1항 단서 각 호에서 일정한 경우에는 제3자도 각종 증명서의 교부를 청구할 수 있으므로 형제자매는 이를 통해 각종 증명서를 발급받을 수 있다. 따라서 이 사건 법률조항은 침해의 최소성에 위배된다. 또한, 이 사건 법률조항을 통해 달성하려는 공익에 비해 초래되는 기본권 제한의 정도가 중대하므로 법익의 균형성도 인정하기 어려워, 이 사건 법률조항은 청구인의 개인정보자기결정권을 침해한다(헌재 2016.6.30, 2015헌마924).

❷ [×] 국민건강보험공단이 서울용산경찰서장에게 청구인들의 요양급여내역을 제공한 행위는 검거 목적에 필요한 최소한의 정보에 해당하는 '급여일자와 요양기관명'만을 제공하였기 때문에, 과잉금지원칙에 위배되지 않아 청구인들의 개인정보자기결정권을 침해하지 않는다.

⇨ 이 사건 정보제공행위에 의하여 제공된 청구인 김○환의 약 2년 동안의 총 44회 요양급여내역 및 청구인 박○만의 약 3년 동안의 총 38회 요양급여내역은 건강에 관한 정보로서 개인정보 보호법 제23조 제1항이 규정한 민감정보에 해당한다. 개인정보 보호법상 공공기관에 해당하는 국민건강보험공단은 이 사건 정보제공조항, 개인정보 보호법 제23조 제1항 제2호, 경찰관 직무집행법 시행령 제8조 등에 따라 범죄의 수사를 위하여 불가피한 경우 정보주체 또는 제3자의 이익을 부당하게 침해할 우려가 있을 때를 제외하고 민감정보를 서울용산경찰서장에게 제공할 수 있다. 서울용산경찰서장은 청구인들을 검거하기 위해서 국민건강보험공단에게 청구인들의 요양급여내역을 요청한 것인데, 서울용산경찰서장은 그와 같은 요청을 할 당시 전기통신사업자로부터 위치추적자료를 제공받는 등으로 청구인들의 위치를 확인하였거나 확인할 수 있는 상태였다. 따라서 서울용산경찰서장이 청구인들을 검거하기 위하여 청구인들의 약 2년 또는 3년이라는 장기간의 요양급여내역을 제공받는 것이 불가피하였다고 보기 어렵다. 한편 급여일자와 요양기관명은 피의자의 현재 위치를 곧바로 파악할 수 있는 정보는 아니므로, 이 사건 정보제공행위로 얻을 수 있는 수사상의 이익은 없었거나 미약한 정도였다. 반면 서울용산경찰서장에게 제공된 요양기관명에는 전문의의 병원도 포함되어 있어 청구인들의 질병의 종류를 예측할 수 있는 점, 2년 내지 3년 동안의 요양급여정보는 청구인들의 건강 상태에 대한 총체적인 정보를 구성할 수 있는 점 등에 비추어 볼 때, 이 사건 정보제공행위로 인한 청구인들의 개인정보자기결정권에 대한 침해는 매우 중대하다. 그렇다면 이 사건 정보제공행위는 이 사건 정보제공조항 등이 정한 요건을 충족한 것으로 볼 수 없

고, 침해의 최소성 및 법익의 균형성에 위배되어 청구인들의 **개인정보자기결정권을 침해하였다**(헌재 2018.8.30, 2014헌마368).

③ [O] 가축전염병의 발생 예방 및 확산 방지를 위해 축산관계시설 출입차량에 차량무선인식장치를 설치하여 이동경로를 파악할 수 있도록 한 구 가축전염병 예방법 조항은 축산관계시설에 출입하는 청구인들의 개인정보자기결정권을 침해하지 않는다.
  ⇨ 심판대상조항은 축산관계시설 출입차량의 출입 정보를 국가가축방역통합정보시스템으로 송신하여 차량의 이동경로를 신속하게 파악함으로써 구제역과 같은 가축전염병이 발생한 경우 신속한 역학조사를 통해 가축전염병의 확산을 방지하고 효과적으로 대응하고자 하는 것으로 입법목적의 정당성과 수단의 적절성이 인정된다. 예방접종만으로는 감염 자체를 완전히 방지하기 어렵고, 축산관계시설 운영자에게 시설출입차량 정보를 기록하게 하더라도 현실적으로 이를 철저하게 작성하기 어려울 뿐만 아니라 설사 철저하게 작성되었다 하더라도 시설출입차량의 출입기록만으로는 전후 이동경로까지 파악할 수는 없으며, 가축전염병 예방법상의 이동중지명령은 원칙적으로 48시간을 초과할 수 없고 1회 연장될 수 있을 뿐이어서 확산 방지에는 한계가 있다. 또한 차량무선인식장치 장착대상 차량의 범위를 최소한으로 한정하고 차량출입정보의 수집 범위와 용도를 제한하는 등 심판대상조항으로 인한 기본권 침해를 최소화하기 위한 조치들이 마련되어 있고, 이로 인해 제한되는 청구인들의 개인정보자기결정권에 비하여 가축전염병의 확산 방지를 통해 달성하고자 하는 공익이 결코 작다고 할 수 없으므로, 심판대상조항은 청구인들의 개인정보자기결정권을 침해하지 아니한다(헌재 2015.4.30, 2013헌마81).

④ [O] 이 사건 법률 시행 당시 디엔에이감식시료 채취 대상범죄로 이미 징역이나 금고 이상의 실형을 선고받아 그 형이 확정되어 수용 중인 사람에게 디엔에이감식시료 채취 및 디엔에이확인정보의 수집·이용에 있어서 디엔에이신원확인정보의 이용 및 보호에 관한 법률을 적용할 수 있도록 규정한 동 법률 부칙 조항은 개인정보자기결정권을 과도하게 침해하지 않는다.
  ⇨ 전과자 중 수용 중인 사람에 대하여만 이 사건 법률을 소급 적용하는 것은 입법형성권의 범위 내에 있으며, 법률 시행 전 이미 형이 확정되어 수용 중인 사람의 신뢰가치는 낮은 반면 재범의 가능성, 데이터베이스 제도의 실효성 추구라는 공익은 상대적으로 더 크다. 따라서 이 사건 부칙 조항이 이 사건 법률 시행 전 형이 확정되어 수용 중인 사람의 신체의 자유 및 개인정보자기결정권을 과도하게 침해한다고 볼 수 없다(헌재 2014.8.28, 2011헌마28 등).

12   답 ③

① [O] 집단적인 폭행·협박·손괴·방화 등으로 공공의 안녕질서에 직접적인 위협을 가할 것이 명백한 집회 또는 시위의 주최를 금지하고, 이에 위반한 집회 또는 시위에 그 정을 알면서 참가한 자를 처벌하는 규정은 죄형법정주의 명확성원칙에 위반된다고 볼 수 없다.
  ⇨ '공공의 안녕질서에 직접적인 위협을 가할 것이 명백한 집회 또는 시위'란 법과 제도, 개인의 생명·자유·재산 등 기본권 및 국가와 사회의 존속을 위해 필수적인 것으로 인정되는 가치

와 규준 등에 대해 사회통념상 수인할 수 있는 혼란이나 불편을 넘는 위험을 직접 초래할 것이 명백한 집회 또는 시위를 말하고, 이에 해당하는지 여부는 법 운영자의 주관적·자의적인 심증에 맡길 것이 아니라, 구체적인 사안을 놓고 집회 또는 시위의 장소·목적·태양·내용 등 모든 정황을 종합해 객관적으로 예측하고 판단해야 하는 것이다. … 이 사건 법률조항들은 그 의미가 문언상으로나, 구 집시법의 체계적인 해석에 비추어 그 의미를 분명히 할 수 있으므로 불명확하다 할 수 없고, 건전한 상식과 통상적인 법감정을 가진 일반인이라면 금지되는 행위가 무엇인지를 예측하는 것이 현저히 곤란하다고 보이지 않으며, 나아가 어떤 행위가 법적인 구성요건을 충족시키는지는 법원이 개개의 구체적인 사안에서 통상적인 법률의 해석·적용을 통해 해결할 문제라 할 것이다. 따라서 이 사건 법률조항들은 죄형법정주의 명확성원칙에 위배되지 않는다(헌재 2010.4.29, 2008헌바118).

② [O] 누구든지 국회의사당의 경계지점으로부터 100미터 이내의 장소에서는 옥외집회 또는 시위를 하여서는 아니 된다는 규정은 국회의 기능 보호 등을 위한 것이지만, 과잉금지의 원칙에 위배하여 집회의 자유를 침해한다고 볼 수 있다.
  ⇨ 심판대상조항은 그 입법목적을 달성하는 데 필요한 최소한도의 범위를 넘어, 규제가 불필요하거나 또는 예외적으로 허용하는 것이 가능한 집회까지도 이를 일률적·전면적으로 금지하고 있다고 할 것이므로 침해의 최소성원칙에 위배된다. … 심판대상조항을 통한 국회의 헌법적 기능 보호라는 목적과 집회의 자유에 대한 제약 정도를 비교할 때, 심판대상조항으로 달성하려는 공익이 제한되는 집회의 자유 정도보다 크다고 단정할 수는 없다고 할 것이므로 심판대상조항은 법익의 균형성원칙에도 위배된다(헌재 2018.5.31, 2013헌바322 등).

❸ [X] 미신고 시위에 대한 해산명령에 불응하는 자를 처벌하도록 규정한 집회 및 시위에 관한 법률 제24조 제5호 등은 집회의 자유를 침해하는 것이다.
  ⇨ 미신고 시위에 대한 해산명령에 불응하는 자를 처벌하도록 한 심판대상조항이 과잉금지원칙을 위반하여 **집회의 자유를 침해한다고 볼 수 없다.**

> **─ 참고 판례 ✎ ─**
> 해산명령은 미신고 시위라는 이유만으로 발할 수 있는 것이 아니라 미신고 시위로 인하여 타인의 법익이나 공공의 안녕질서에 대한 직접적인 위험이 명백하게 발생한 경우에만 발할 수 있고, 공공의 안녕질서에 대한 위험이 발생한 경우에도 먼저 자진해산을 요청한 후 참가자들이 자진해산요청에 따르지 아니하는 경우에 해산명령을 내리도록 하고 이에 불응한 경우에만 처벌하는 점 등을 고려하면 심판대상조항은 집회의 자유에 대한 제한을 최소화하고 있다. 해산명령에 불응하는 행위는 단순히 행정질서에 장해를 줄 위험성이 있는 정도의 의무태만 내지 의무위반이 아니고 직접적으로 행정목적을 침해하고 나아가 공익을 침해할 고도의 개연성을 띤 행위라고 볼 수 있다. 따라서 심판대상조항이 미신고 시위에 참가하여 해산명령에 불응한 자에 대하여 6개월 이하 징역이나 50만원 이하의 벌금, 구류 또는 과료라는 행정형벌에 처하도록 한 것이 법정형의 종류 및 범위의 선택에 관한 입법재량의 한계를 벗어난 과중한 처벌이라고도 볼 수 없다.

… 따라서 심판대상조항이 달성하려는 공공의 안녕질서 유지 및 회복이라는 공익과 심판대상조항으로 인하여 제한되는 청구인의 기본권 사이의 균형을 상실하였다고 보기 어렵다. 그렇다면 심판대상조항은 과잉금지원칙을 위반하여 집회의 자유를 침해한다고 볼 수 없다(헌재 2016.9.29, 2014헌바492).

④ [○] 경찰서장이 이미 접수된 옥외집회 신고서를 반려하는 행위는 기본권 침해가능성이 있는 공권력의 행사에 해당한다.
⇨ 서울남대문경찰서장은 옥외집회의 관리책임을 맡고 있는 행정기관으로서 이미 접수된 청구인들의 옥외집회 신고서에 대하여 법률상 근거 없이 이를 반려하였는 바, 청구인들의 입장에서는 이 반려행위를 옥외집회신고에 대한 접수거부 또는 집회의 금지통고로 보지 않을 수 없었고, 그 결과 형사적 처벌이나 집회의 해산을 받지 않기 위하여 집회의 개최를 포기할 수밖에 없었다고 할 것이므로 서울남대문경찰서장의 이 사건 반려행위는 주무 행정기관에 의한 행위로서 기본권 침해가능성이 있는 공권력의 행사에 해당한다(헌재 2008.5.29, 2007헌마712).

13

답 ④

① [○] 집회의 자유는 개인의 사회생활과 여론형성 및 민주정치의 토대를 이루고 소수자의 집단적 의사표현을 가능하게 하는 중요한 기본권이기 때문에 단순히 위법행위의 개연성이 있다는 예상만으로 집회의 자유를 제한할 수는 없다.
⇨ 집회의 자유는 개인의 사회생활과 여론형성 및 민주정치의 토대를 이루고 소수자의 집단적 의사표현을 가능하게 하는 중요한 기본권이기 때문에 단순히 위법행위의 개연성이 있다는 예상만으로 집회의 자유를 제한할 수는 없는 것이다(헌재 2009.9.24, 2008헌가25).

② [○] 미신고 옥외집회의 주최는 신고제의 행정목적을 침해하고 공공의 안녕질서에 위험을 초래할 개연성이 높으므로, 이에 대하여 행정형벌을 과하도록 하는 것이 집회의 자유를 침해한다고 할 수 없고, 그 법정형이 입법재량의 한계를 벗어난 과중한 처벌이라고 볼 수 없으므로, 과잉형벌에 해당하지 아니한다.
⇨ 심판대상조항의 옥외집회·시위에 대한 사전신고는 집회·시위가 공공질서에 주는 영향력을 예측하는 자료가 되는데, 미신고 옥외집회·시위의 경우 행정관청으로서는 해당 옥외집회·시위가 공공질서에 미치는 영향을 예측하기 어렵고, 이 경우 사전에 옥외집회·시위의 개최로 인한 관련 이익의 조정이 불가능하게 되어 신고제의 행정목적을 직접 침해하고, 공공의 안녕질서에 위험을 초래할 개연성이 높으므로, 이에 대하여 행정제재가 아닌 형사처벌을 통하여 엄정한 책임을 묻겠다는 입법자의 결단이 부당하다고 볼 수 없다(헌재 2014.1.28, 2011헌바174).

③ [○] 집회의 자유는 다수인이 집단적 형태로 의사를 표현하는 것이므로 공공의 질서 내지 법적 평화와 마찰을 일으킬 가능성이 상당히 높은 것이어서, 집회의 자유에 대한 일정 범위 내의 제한은 불가피하다.
⇨ 집회의 자유는 다수인이 집단적 형태로 의사를 표현하는 것이므로 공공의 질서 내지 법적 평화와 마찰을 일으킬 가능성이 상당히 높은 것이어서, 집회의 자유에 대한 일정 범위 내의

제한은 불가피할 것인 바, 그러한 경우에는 헌법이 직접 금지하고 있는 허가제 이외의 방법으로 관련 법익들을 비교형량하여 그러한 법익들이 실제적 조화의 원칙에 따라 모두 동시에 최대한 실현될 수 있도록 정리·정돈되어야 할 것이다(헌재 2009.9.24, 2008헌가25).

❹ [×] 집회에 대한 사전신고제도는 행정부의 판단에 의해 집회에 대한 금지와 통제가 허용되므로 헌법 제21조 제2항의 사전허가금지에 위배된다.
⇨ **집회 및 시위에 관한 법률(이하 '집회시위법'이라 한다)의 사전신고는 경찰관청 등 행정관청으로 하여금 집회의 순조로운 개최와 공공의 안전보호를 위하여 필요한 준비를 할 수 있는 시간적 여유를 주기 위한 것으로서, 협력의무로서의 신고이다. 집회시위법 전체의 규정 체제에서 보면 집회시위법은 일정한 신고절차만 밟으면 일반적·원칙적으로 옥외집회 및 시위를 할 수 있도록 보장하고 있으므로, 집회에 대한 사전신고제도는 헌법 제21조 제2항의 사전허가금지에 위배되지 않는다(헌재 2014.1.28, 2011헌바174 등).**

14

답 ④

㉠, ㉡, ㉢, ㉣ 모두 적절한 설명이다.

㉠ [○] 헌법상 사전검열은 예외 없이 금지되는 것으로 보아야 하므로 의료광고 역시 사전검열금지원칙의 적용대상이 된다.
⇨ 헌법이 특정한 표현에 대해 예외적으로 검열을 허용하는 규정을 두지 않은 점, 이러한 상황에서 표현의 특성이나 규제의 필요성에 따라 언론·출판의 자유의 보호를 받는 표현 중에서 사전검열금지원칙의 적용이 배제되는 영역을 따로 설정할 경우 그 기준에 대한 객관성을 담보할 수 없다는 점 등을 고려하면, 헌법상 사전검열은 예외 없이 금지되는 것으로 보아야 하므로 의료광고 역시 사전검열금지원칙의 적용대상이 된다(헌재 2015.12.23, 2015헌바75).

㉡ [○] 여론조사 실시행위에 대한 신고의무를 부과하고 있는 공직선거법 조항은 여론조사결과의 보도나 공표행위를 규제하는 것이 아니라 여론조사의 실시행위에 대한 신고의무를 부과하는 것으로, 허가받지 아니한 것의 발표를 금지하는 헌법 제21조 제2항의 사전검열과 관련이 있다고 볼 수 없으므로 검열금지원칙에 위반되지 아니한다.
⇨ 심판대상조항은 여론조사결과의 보도나 공표행위를 규제하는 것이 아니라 여론조사의 실시행위에 대한 신고의무를 부과하는 것이므로, 허가받지 아니한 것의 발표를 금지하는 헌법 제21조 제2항의 사전검열과 관련이 있다고 볼 수 없다. 따라서 심판대상조항은 헌법 제21조 제2항의 검열금지원칙에 위반되지 아니한다(헌재 2015.4.30, 2014헌마360).

㉢ [○] 시·군·구를 보급지역으로 하는 신문사업자 및 일일 평균 이용자 수 10만명 미만인 인터넷언론사가 선거일 전 180일부터 선거일의 투표마감시각까지 선거여론조사를 실시하려면 여론조사의 주요 사항을 사전에 관할 선거관리위원회에 신고하도록 한 공직선거법은 청구인들의 언론·출판의 자유를 침해하지 아니한다.
⇨ 심판대상조항은 선거여론조사의 실시에 대한 효과적인 관리 및 감독을 가능하도록 함으로써 선거여론조사가 특정 후보자의 선거운동 수단으로 악용되는 것을 방지하고 선거여론조사

의 공정성, 정확성 및 신뢰성을 확보하고자 하는 것으로서, 그 입법목적의 정당성이 인정된다. 심판대상조항에 따라 신고하여야 하는 사항은 여론조사의 공정성, 정확성 및 신뢰성을 판단할 수 있는 기초적이고 필수적인 자료이다. 신고를 받은 선거관리위원회가 보완요구권을 갖는 점을 감안하더라도, 신고의무의 부과가 청구인들에게 큰 부담이 된다고 보기는 어렵다. 선거여론조사결과를 등록하는 것만으로는 여론조사 실시단계에서 발생하는 문제들을 예방할 수 없다. 여론조사결과가 공표·보도된 이후에는 선거여론조사공정심의위원회가 사후심의를 할 수 있고, 형벌, 과태료의 사후적 제재도 가능하나, 여론조사결과가 일단 공표·보도되면 매우 빠른 속도로 유권자의 의사에 영향을 미쳐 선거를 왜곡할 수 있으므로, 위와 같은 사후적 조치만으로는 불공정·부정확한 여론조사의 폐해를 실효적으로 제거하기 어렵다. 따라서 심판대상조항은 청구인들의 언론·출판의 자유를 침해하지 아니한다(헌재 2015.4.30, 2014헌마360).

ⓔ [O] 방영금지가처분은 비록 제작 또는 방영되기 이전, 즉 사전에 그 내용을 심사하여 금지하는 것이기는 하나, 이는 행정권에 의한 사전심사나 금지처분이 아니라 개별 당사자간의 분쟁에 관하여 사법부가 사법절차에 의하여 심리·결정하는 것이므로, 헌법에서 금지하는 사전검열에 해당하지 아니한다.

⇨ 헌법 제21조 제2항에서 규정한 검열금지의 원칙은 모든 형태의 사전적인 규제를 금지하는 것이 아니고 단지 의사표현의 발표 여부가 오로지 행정권의 허가에 달려 있는 사전심사만을 금지하는 것을 뜻하므로, 이 사건 법률조항에 의한 방영금지가처분은 행정권에 의한 사전심사나 금지처분이 아니라 개별 당사자간의 분쟁에 관하여 사법부가 사법절차에 의하여 심리·결정하는 것이어서 헌법에서 금지하는 사전검열에 해당하지 아니한다(헌재 2001.8.30, 2000헌바36).

15   답 ①

❶ [X] 제조업의 직접생산공정업무를 근로자 파견의 대상 업무에서 제외하는 법률조항은 근로자 파견을 허용하되 파견기간을 제한하는 방법도 고려해 볼 수 있으므로, 제조업의 직접생산공정업무에 관하여 근로자 파견의 역무를 제공받고자 하는 사업주의 직업수행의 자유를 침해한다.

⇨ 심판대상조항은 입법목적의 정당성 및 수단의 적합성이 인정되고 침해의 최소성 및 법익의 균형성도 충족하였으므로 사업주의 직업수행의 자유를 침해한다고 볼 수 없다.

┌─ **참고 판례** ✎ ─
심판대상조항은 제조업의 핵심 업무인 직접생산공정업무의 적정한 운영을 기하고 근로자에 대한 직접고용 증진 및 적정임금 지급을 보장하기 위한 것으로 입법목적의 정당성 및 수단의 적합성이 인정된다. 심판대상조항은 제조업의 직접생산공정업무에 관한 근로자 파견 자체를 금지하고 위반시 처벌하고 있으나, 현재로서는 근로자 파견의 확대로 인한 사회·경제적 부작용을 충분히 방지할 수 있다고 보기 어렵고, 제조업의 특성상 숙련되지 못한 근로자의 파견 또는 근로자의 잦은 변동을 방지할 필요성이 크며, 제조업의 직접생산공정업무의 경우에도 일정한 경우에는 예외적으로 근로자 파견이 허용되고, 행정상의 제재수단만으로 입법목적을 실효적

으로 달성할 수 있다고 보기 어려운 점 등에 비추어 보면, 침해의 최소성을 위반하였다고 보기 어렵다. 또한, 제조업의 직접생산공정업무의 적정한 운영, 근로자의 직접고용 증진 및 적정임금 보장이라는 공익이 사용사업주가 제조업의 직접생산공정업무에 관하여 근로자 파견의 역무를 제공받지 못하는 직업수행의 자유 제한에 비하여 작다고 볼 수 없으므로, 법익의 균형성도 충족된다. 따라서 심판대상조항이 제조업의 직접생산공정업무에 관하여 근로자 파견의 역무를 제공받고자 하는 사업주의 직업수행의 자유를 침해한다고 볼 수 없다(헌재 2017.12.28, 2016헌바346).

② [O] 수상레저안전법상 조종면허를 받은 사람이 동력수상레저기구를 이용하여 범죄행위를 하는 경우에 조종면허를 필요적으로 취소하도록 규정한 법률조항은 그 입법목적의 정당성이 인정된다 할지라도 범죄의 경중이나 위법성의 정도, 동력수상레저기구의 당해 범죄행위에 대한 기여도 등 제반사정을 전혀 고려하지 않고 필요적으로 면허를 취소하게 하여 직업의 자유를 침해한다.

⇨ 동력수상레저기구를 범죄 수단으로 이용하여 수상활동의 위험과 장해를 유발하고 국민의 생명과 재산에 위협을 초래하는 행위를 방지·제거하여 수상활동의 안전과 질서를 확보하고, 동력수상레저기구를 이용한 범죄의 발생을 방지하기 위한 심판대상조항은 그 입법목적이 정당하고, 이를 이용한 범죄행위 시 조종면허를 취소하도록 하는 것은 입법목적 달성에 적정한 수단이다. 그러나 수상에서 일어날 수 있는 범죄행위의 종류는 매우 다양하고, 이러한 모든 범죄행위에 동력수상레저기구가 이용될 수 있으므로, 입법자로서는 동력수상레저기구가 이용된 범죄의 경중 등에 따라 그 제재의 정도를 달리할 수 있도록 임의적 면허취소사유로 규정하거나 반드시 조종면허를 취소할 필요가 인정되는 일정한 범죄를 한정하여 조종면허를 취소하도록 규정하였어야 함에도, 범죄행위의 유형·경중이나 위법성의 정도, 동력수상레저기구의 당해 범죄행위에 대한 기여도 등 제반사정을 전혀 고려하지 않고 필요적으로 조종면허를 취소하도록 규정하였으므로 심판대상조항은 침해의 최소성원칙에 위배되고, 심판대상조항에 따라 조종면허가 취소되면 면허가 취소된 날부터 1년 동안은 조종면허를 다시 받을 수 없게 되어 법익의 균형성원칙에도 위배된다. 따라서 심판대상조항은 직업의 자유 및 일반적 행동의 자유를 침해한다(헌재 2015.7.30, 2014헌가13).

③ [O] 이미 국내에서 치과의사면허를 취득하고 외국의 의료기관에서 치과전문의 과정을 이수한 사람들에게 국내에서 전문의 과정을 다시 이수할 것을 요구하는 것은 치과의사의 직업수행의 자유를 침해한다.

⇨ 이미 국내에서 치과의사면허를 취득하고 외국의 의료기관에서 치과전문의 과정을 이수한 사람들에게 다시 국내에서 전문의 과정을 다시 이수할 것을 요구하는 것은 지나친 부담을 지우는 것이므로, 심판대상조항은 침해의 최소성원칙에 위배되고 법익의 균형성도 충족하지 못한다. 따라서 심판대상조항은 과잉금지원칙에 위배되어 청구인들의 직업수행의 자유를 침해한다(헌재 2015.9.24, 2013헌마197).

④ [O] 아동학대 관련 범죄전력자가 아동 관련 기관인 체육시설 등을 운영하거나 학교에 취업하는 것을 형이 확정된 때부터 형의 집행이 종료되거나 집행을 받지 아니하기로 확정된 후 10년까지의 기간 동안 제한하는 것은 직업의 자유를 침해한다.

⇨ 이 사건 법률조항은 아동학대 관련 범죄전력자를 10년 동안 아동 관련 기관인 체육시설 및 초·중등교육법 제2조 각 호의 학교에 취업을 제한하는 방법으로 아동학대를 예방함으로써, 아동들이 행복하고 안전하게 자라나게 하는 동시에 체육시설 및 학교에 대한 윤리성과 신뢰성을 높여 아동 및 그 보호자가 이들 기관을 믿고 이용할 수 있도록 하는 입법목적을 지니는 바 이러한 입법목적은 정당하다. 그러나 이 사건 법률조항은 아동학대 관련 범죄전력만으로 그가 장래에 동일한 유형의 범죄를 다시 저지를 것을 당연시하고, 형의 집행이 종료된 때부터 10년이 경과하기 전에는 결코 재범의 위험성이 소멸하지 않는다고 보며, 각 행위의 죄질에 따른 상이한 제재의 필요성을 간과함으로써, 아동학대 관련 범죄전력자 중 재범의 위험성이 없는 자, 아동학대 관련 범죄전력이 있지만 10년의 기간 안에 재범의 위험성이 해소될 수 있는 자, 범행의 정도가 가볍고 재범의 위험성이 상대적으로 크지 않은 자에게까지 10년 동안 일률적인 취업제한을 부과하고 있는데, 이는 침해의 최소성원칙과 법익의 균형성원칙에 위배된다. 따라서 이 사건 법률조항은 청구인들의 직업선택의 자유를 침해한다(헌재 2018.6.28, 2017헌마130 등).

① [O] 대통령선거·지역구국회의원선거 및 지방자치단체의 장 선거에서, 점자형 선거공보를 책자형 선거공보의 면수 이내에서 의무적으로 작성하도록 하면서, 책자형 선거공보에 내용이 음성으로 출력되는 전자적 표시가 있는 경우에는 점자형 선거공보의 작성을 생략할 수 있도록 규정한 공직선거법 제65조 제4항 중 '대통령선거·지역구국회의원선거 및 지방자치단체의 장 선거' 부분은 시각장애청구인들의 선거권 및 평등권을 침해하지 않는다.

⇨ 심판대상조항은 점자형 선거공보의 작성을 후보자의 재량사항으로 규정함으로써 점자형 선거공보를 제작하는 후보자나 정당이 적어 시각장애선거인들이 선거정보를 파악하기 어려웠다는 점을 감안하여, 후보자가 의무적으로 점자형 선거공보를 작성·제출하도록 개정된 조항이다. 입법자는 그와 같은 입법 개선의 과정에서 발생할 수 있는 인쇄기술상·비용상의 어려움 등을 고려하여 선거정보 접근권을 보장하기 위한 조화롭고 다양한 방법을 모색할 수 있는 입법형성의 자유를 가진다. 현행 공직선거법상 선거공보 외에 시각장애선거인이 선거정보를 습득할 수 있는 다른 다양한 수단들도 존재하므로, 심판대상조항이 입법재량의 한계를 벗어나 시각장애선거인의 선거권을 침해한다고 보기 어렵다(헌재 2016.12.29, 2016헌마548).

② [O] 안성시시설관리공단의 상근직원이 당내경선에서 경선운동을 할 수 없도록 하고 이를 위반할 경우 처벌하는 공직선거법은 정치적 표현의 자유를 침해한다.

⇨ 심판대상조항이 당원이 아닌 자에게도 투표권을 부여하여 실시하는 당내경선에서 이 사건 공단의 상근직원 모두에 대하여 일률적으로 경선운동을 금지하는 것은 정치적 표현의 자유를 중대하게 제한하는 것이다. 반면 이 사건 공단의 상근직원이 수행하는 직무의 성격에 비추어 볼 때 이들에게 공무원에 준하는 정치적 중립성이 요구된다고 할 수 없을 뿐만 아니라 직무

에 공익적 성격이 있다고 하더라도 그 지위를 이용한 경선운동을 금지하는 것만으로 당내경선의 형평성과 공정성을 확보할 수 있다는 점을 고려하면, 심판대상조항이 당내경선의 형평성과 공정성의 확보라는 공익에 기여하는 바가 크다고 보기 어렵다. 따라서 심판대상조항은 법익의 균형성을 충족하지 못하였다. 심판대상조항은 과잉금지원칙에 반하여 정치적 표현의 자유를 침해하는 것이다(헌재 2022.12.22, 2021헌가36).

③ [O] 범죄자에게 형벌의 내용으로 선거권을 제한하는 경우에는 선거권 제한 여부 및 적용범위의 타당성에 관하여 보통선거원칙에 입각한 선거권 보장과 그 제한의 관점에서 엄격한 비례심사를 하여야 한다.

⇨ 선거권을 제한하는 입법은 선거의 결과로 선출된 입법자들이 스스로 자신들을 선출하는 주권자의 범위를 제한하는 것이므로 신중해야 한다. 범죄자에게 형벌의 내용으로 선거권을 제한하는 경우에도 선거권 제한 여부 및 적용범위의 타당성에 관하여 보통선거원칙에 입각한 선거권 보장과 그 제한의 관점에서 헌법 제37조 제2항에 따라 엄격한 비례심사를 하여야 한다(헌재 2014.1.28, 2012헌마409 등).

❹ [X] 공직선거법에서는 일정한 요건을 구비한 외국인에게 지방선거의 선거권을 인정하나, 재외선거인에게 국회의원의 재·보궐선거권을 부여하지 않은 것은 재외선거인의 선거권을 침해한다.

⇨ 입법자는 재외선거제도를 형성하면서, 잦은 재·보궐선거는 재외국민으로 하여금 상시적인 선거체제에 직면하게 하는 점, 재외 재·보궐선거의 투표율이 높지 않을 것으로 예상되는 점, 재·보궐선거사유가 확정될 때마다 전 세계 해외 공관을 가동하여야 하는 등 많은 비용과 시간이 소요된다는 점을 종합적으로 고려하여 재외선거인에게 국회의원의 재·보궐선거권을 부여하지 않았다고 할 것이고, 이와 같은 선거제도의 형성이 현저히 불합리하거나 불공정하다고 볼 수 없다. 따라서 재외선거인 등록신청조항은 재외선거인의 선거권을 침해하거나 보통선거원칙에 위배된다고 볼 수 없다(헌재 2014.7.24, 2009헌마256 등).

> **공직선거법**
>
> 제15조【선거권】② 18세 이상으로서 제37조 제1항에 따른 선거인명부작성기준일 현재 다음 각 호의 어느 하나에 해당하는 사람은 그 구역에서 선거하는 지방자치단체의 의회의원 및 장의 선거권이 있다.
>
> 3. 출입국관리법 제10조에 따른 영주의 체류자격 취득일 후 3년이 경과한 외국인으로서 같은 법 제34조에 따라 해당 지방자치단체의 외국인등록대장에 올라 있는 사람

① [O] 순경 공채시험 응시연령의 상한을 '30세 이하'로 규정하고 있는 것은 합리적이라고 볼 수 없으므로 침해의 최소성원칙에 위배되어 공무담임권을 침해한다.

⇨ 획일적으로 30세까지는 순경과 소방사·지방소방사 및 소방간부후보생의 직무수행에 필요한 최소한도의 자격요건을 갖추고, 30세가 넘으면 그러한 자격요건을 상실한다고 보기 어

렵고, 이 점은 순경을 특별 채용하는 경우 응시연령을 40세 이하로 제한하고, 소방사·지방소방사와 마찬가지로 화재현장 업무 등을 담당하는 소방교·지방소방교의 경우 특채시험의 응시연령을 35세 이하로 제한하고 있는 점만 보아도 분명하다. 따라서 이 사건 심판대상조항들이 순경 공채시험, 소방사 등 채용시험, 그리고 소방간부 선발시험의 응시연령의 상한을 '30세 이하'로 규정하고 있는 것은 합리적이라고 볼 수 없으므로 침해의 최소성원칙에 위배되어 청구인들의 공무담임권을 침해한다. 그렇다고 하여, 순경 공채시험, 소방사 등 채용시험, 소방간부 선발시험에서 응시연령의 상한을 제한하는 것이 전면적으로 허용되지 않는다고 단정하기 어렵고, 경찰 또는 소방공무원의 채용 및 공무수행의 효율성을 도모하여 국민의 생명과 재산을 보호하기 위하여 필요한 최소한도의 제한은 허용되어야 할 것인 바, 그 한계는 경찰 및 소방업무의 특성 및 인사제도 그리고 인력수급 등의 상황을 고려하여 입법기관이 결정할 사항이다(헌재 2012.5.31, 2010헌마278).

② [O] 수뢰죄를 범하여 금고 이상의 형의 선고유예를 받은 국가공무원을 당연퇴직하도록 한 국가공무원법 조항은 과잉금지원칙에 반하여 공무담임권을 침해하지 아니한다.
  ⇨ 심판대상조항은 공무원 직무수행에 대한 국민의 신뢰 및 직무의 정상적 운영의 확보, 공무원범죄의 예방, 공직사회의 질서 유지를 위한 것으로서 목적이 정당하고, 형법 제129조 제1항의 수뢰죄를 범하여 금고 이상 형의 선고유예를 받은 국가공무원을 공직에서 배제하는 것은 적절한 수단에 해당한다. 수뢰죄는 수수액의 다과에 관계없이 공무원 직무의 불가매수성과 염결성을 치명적으로 손상시키고, 직무의 공정성을 해치며 국민의 불신을 초래하므로 일반 형법상 범죄와 달리 엄격하게 취급할 필요가 있다. 수뢰죄를 범하더라도 자격정지형의 선고유예를 받은 경우 당연퇴직하지 않을 수 있으며, 당연퇴직의 사유가 직무 관련 범죄로 한정되므로 심판대상조항은 침해의 최소성원칙에 위반되지 않고, 이로써 달성되는 공익이 공무원 개인이 입는 불이익보다 훨씬 크므로 법익균형성원칙에도 반하지 아니한다. 따라서 심판대상조항은 과잉금지원칙에 반하여 청구인의 공무담임권을 침해하지 아니한다(헌재 2013.7.25, 2012헌바409).

③ [O] 후보자의 직계존비속이 공직선거법을 위반하여 300만원 이상의 벌금형의 선고를 받은 때에는 그 후보자의 당선을 무효로 한다.
  ⇨ 이 사건 법률조항은 후보자 본인의 범죄로 인한 것이 아니므로 그 하한을 상향 조정하여 300만원으로 규정한 점, 배우자에 대한 형사재판에서 법관이 여러 가지 사정을 종합하여 합리적으로 양형을 할 수 있는 점 등에 비추어 보면, 당선무효의 효과를 가져오는 배우자의 선고형의 하한을 벌금 300만원으로 정한 것이 입법재량의 범위를 현저히 일탈한 것이라고 할 수도 없다(헌재 2011.9.29, 2010헌마68).

❹ [X] 청원경찰이 금고 이상의 형의 선고유예를 받은 경우 당연퇴직되도록 규정한 청원경찰법 규정은 공무담임권을 침해하는 것이다.
  ⇨ 청원경찰이 금고 이상의 형의 선고유예를 받은 경우 당연퇴직되도록 한 청원경찰법 규정은 **직업의 자유를 침해한다.**

─ 참고 판례 🖊 ─

심판대상조항은 청원경찰이 저지른 범죄의 종류나 내용을 불문하고 금고 이상의 형의 선고유예를 받게 되면 당연히 퇴직되도록 규정함으로써 청원경찰에게 공무원보다 더 가혹한 제재를 가하고 있으므로, 침해의 최소성원칙에 위배된다. 심판대상조항을 통하여 청원경찰의 사회적 책임 및 청원경찰직에 대한 국민의 신뢰를 제고하고, 청원경찰로서의 성실하고 공정한 직무수행을 담보할 수 있을 것이나, 심판대상조항은 청원경찰이 저지른 범죄의 종류나 내용을 불문하고 범죄행위로 금고 이상의 형의 선고유예를 받게 되면 당연히 퇴직되도록 규정함으로써 그것이 달성하려는 공익의 비중에도 불구하고 청원경찰의 직업의 자유를 과도하게 제한하고 있다. 따라서 심판대상조항은 법익의 균형성원칙에도 위배된다. 심판대상조항은 과잉금지원칙에 반하여 직업의 자유를 침해하므로 헌법에 위반된다(헌재 2018.1.25, 2017헌가26).

---

18 답 ③

❸ [O] 평등권, 행복추구권
  ⇨ 평등권과 행복추구권을 침해한 것에 해당한다.

─ 참고 판례 🖊 ─

[1] 결정주문
피청구인이 2016.9.13. 서울북부지방검찰청 2016년 형제45546호 사건에서 청구인에 대하여 한 기소유예처분은 청구인의 **평등권**과 **행복추구권**을 침해한 것이므로 이를 취소한다.

[2] 이유의 요지
청구인은 특정 국회의원 예비후보자가 거짓말을 하고 있다는 내용의 인터넷매체의 게시물(게시글 및 동영상)을 공유하였으나, 그 글에 대한 자신의 의견은 부기하지 않았다. 따라서 특별한 사정이 없는 한 그 게시행위만으로는 특정 후보자의 낙선을 도모하기 위한 목적의사가 명백한 행위로 보기 부족하고, 그 외 청구인이 선거일에 임박하여 페이스북 계정을 개설하고 페이스북 친구를 과다하게 추가하면서 비슷한 내용의 게시물을 이례적으로 연달아 작성·공유하였다는 등 그 목적의사를 추단할 수 있는 사정에 대한 증거는 확보되지 않았다. 이 사건 게시물의 내용과 수사과정에서 확인된 청구인의 페이스북 친구의 규모(4,583명) 및 청구인이 이 사건 게시행위 이외에 페이스북에 같은 날 같은 특정 예비후보자에 관한 게시물을 1건 더 게시한 사실만으로는 청구인의 이 사건 게시행위가 '선거운동'에 해당한다고 인정하기 어렵다. 그럼에도 불구하고 청구인의 행위가 '선거운동'에 해당함을 전제로 내려진 기소유예처분은 자의적인 증거판단, 수사미진, 법리오해의 잘못에 의한 것이라고 볼 수밖에 없다(헌재 2020.2.27, 2016헌마1071).

19

답 ①

❶ [×] 형사보상의 청구에 대하여 한 보상의 결정에 대하여는 불복을 신청할 수 없도록 하여 형사보상의 결정을 단심재판으로 규정한 것은 보상제도의 성격상 재판청구권을 침해하지 않는다.

⇨ 보상액의 산정에 기초되는 사실인정이나 보상액에 관한 판단에서 오류나 불합리성이 발견되는 경우에도 그 시정을 구하는 불복신청을 할 수 없도록 하는 것은 재판청구권의 본질적 내용을 침해한다.

참고 판례 ✏

보상액의 산정에 기초되는 사실인정이나·보상액에 관한 판단에서 오류나 불합리성이 발견되는 경우에도 그 시정을 구하는 불복신청을 할 수 없도록 하는 것은 형사보상청구권 및 그 실현을 위한 기본권으로서의 재판청구권의 본질적 내용을 침해하는 것이라 할 것이고, 나아가 법적 안정성만을 지나치게 강조함으로써 재판의 적정성과 정의를 추구하는 사법제도의 본질에 부합하지 아니하는 것이다. 또한, 불복을 허용하더라도 즉시항고는 절차가 신속히 진행될 수 있고 사건 수도 과다하지 아니한 데다 그 재판내용도 비교적 단순하므로 불복을 허용한다고 하여 상급심에 과도한 부담을 줄 가능성은 별로 없다고 할 것이어서, 이 사건 불복금지조항은 형사보상청구권 및 재판청구권을 침해한다고 할 것이다(헌재 2010.10.28, 2008헌마514).

② [○] 사법경찰관이 위험발생의 염려가 없음에도 불구하고 소유권 포기가 있다는 이유로 사건종결 전에 압수물을 폐기한 행위는 적법절차원칙에 반하고, 공정한 재판을 받을 권리를 침해한다.

⇨ 이 사건 압수물을 보관하는 것 자체가 위험하다고 볼 수 없을 뿐만 아니라 이를 보관하는 데 아무런 불편이 없는 물건임이 명백함에도 압수물에 대하여 소유권포기가 있다는 이유로 이를 사건종결 전에 폐기하였는바, 위와 같은 사법경찰관의 행위는 적법절차의 원칙을 위반하고, 청구인의 공정한 재판을 받을 권리를 침해한 것이다(헌재 2012.12.27, 2011헌마351).

③ [○] 검사가 법원의 증인으로 채택된 수감자를 그 증언에 이르기까지 거의 매일 검사실로 하루 종일 소환하여 피고인 측 변호인이 접근하는 것을 차단하고, 검찰에서의 진술을 번복하는 증언을 하지 않도록 회유·압박하는 한편, 때로는 검사실에서 그에게 편의를 제공하기도 한 행위는 청구인의 공정한 재판을 받을 권리를 침해한다.

⇨ 이 사건에서, 검사가 정당한 수사를 위하여 증인으로 채택된 자를 소환한 것 이외에 그가 검찰진술을 번복하지 않도록 회유·압박하거나 청구인(피고인) 측이 그의 검찰진술을 번복시키려고 접근하는 것을 예방·차단하기 위하여 또는 그에게 면회·전화 등의 편의를 제공하는 기회로 이용하기 위하여 그를 자주 소환한 사실이 인정되는 바, 법원에 의하여 채택된 증인은 비록 검사 측 증인이라고 하더라도 검사만을 위하여 증언하는 것이 아니며 오로지 그가 경험한 사실대로 증언하여야 하는 것이고 검사든 피고인이든 공평하게 증인에 접근할 기회가 보장되어야 할 것이므로, 검사와 피고인 쌍방 중 어느 한편에게만 증인과의 접촉을 독점하거나 상대방의 접근을 차단하는 것을 허용한다면 상대방의 '공정한 재판을 받을 권리'를 침해하게 된다(헌재 2001.8.20, 99헌마496).

④ [○] 인신보호법에서 피수용자인 구제청구자의 즉시항고 제기기간을 3일로 정한 것은 피수용자의 재판청구권을 침해한다.

⇨ 인신보호법에서 피수용자인 구제청구자의 즉시항고 제기기간을 3일로 정한 것은 피수용자의 재판청구권을 침해한다(헌재 2015.9.24, 2013헌가21).

20

답 ④

① [○] 헌법상 환경권 규정을 근거로 구체적인 사법상의 권리가 인정되지는 않는다.

⇨ 헌법 제35조 제1항은 환경권을 기본권의 하나로 승인하고 있으므로, 사법의 해석과 적용에 있어서도 이러한 기본권이 충분히 보장되도록 배려하여야 하나, 헌법상의 기본권으로서의 환경권에 관한 위 규정만으로서는 그 보호대상인 환경의 내용과 범위, 권리의 주체가 되는 권리자의 범위 등이 명확하지 못하여 이 규정이 개개의 국민에게 직접으로 구체적인 사법상의 권리를 부여한 것이라고 보기는 어렵고, 사법적 권리인 환경권을 인정하면 그 상대방의 활동의 자유와 권리를 불가피하게 제약할 수밖에 없으므로, 사법상의 권리로서의 환경권이 인정되려면 그에 관한 명문의 법률규정이 있거나 관계 법령의 규정 취지나 조리에 비추어 권리의 주체, 대상, 내용, 행사방법 등이 구체적으로 정립될 수 있어야 한다(대결 1995.5.23, 94마2218).

② [○] 공직선거의 선거운동 과정에서 후보자들이 확성장치를 사용할 수 있도록 허용하면서도 그로 인한 소음의 규제기준을 정하지 아니한 공직선거법 제79조 제3항 제2호는 환경권을 침해하여 위헌이다.

⇨ 심판대상조항이 선거운동의 자유를 감안하여 선거운동을 위한 확성장치를 허용할 공익적 필요성이 인정된다고 하더라도 정온한 생활환경이 보장되어야 할 주거지역에서 출근 또는 등교 이전 및 퇴근 또는 하교 이후 시간대에 확성장치의 최고출력 내지 소음을 제한하는 등 사용시간과 사용지역에 따른 수인한도 내에서 확성장치의 최고출력 내지 소음 규제기준에 관한 규정을 두지 아니한 것은, 국민이 건강하고 쾌적하게 생활할 수 있는 양호한 주거환경을 위하여 노력하여야 할 국가의 의무를 부과한 헌법 제35조 제3항에 비추어 보면, 적절하고 효율적인 최소한의 보호조치를 취하지 아니하여 국가의 기본권 보호의무를 과소하게 이행한 것으로서, 청구인의 건강하고 쾌적한 환경에서 생활할 권리를 침해하므로 헌법에 위반된다(헌재 2019.12.27, 2018헌마730).

③ [○] 헌법이 환경권에 대하여 국가의 보호의무를 인정한 것은, 환경피해가 생명·신체의 보호와 같은 중요한 기본권적 법익 침해로 이어질 수 있다는 점 등을 고려한 것이므로, 환경권 침해 내지 환경권에 대한 국가의 보호의무 위반도 궁극적으로는 생명·신체의 안전에 대한 침해로 귀결된다.

⇨ 생명·신체의 안전에 관한 권리는 인간의 존엄과 가치의 근간을 이루는 기본권으로서, 헌법은 "모든 국민은 보건에 관하여 국가의 보호를 받는다."고 규정하여(제36조 제3항) 질병으로부터 생명·신체의 보호 등 보건에 관하여 특별히 국가의 보호의무를 강조하고 있고, 그 외에도 "모든 국민은 건강하고 쾌적한 환경에서 생활할 권리를 가지며, 국가와 국민은 환경보전을 위하여 노력하여야 한다."고 규정하여(제35조 제1항) 국가

에게 환경보전을 위하여 노력하여야 할 의무도 부여하고 있다. 그런데 후자와 같이 환경권에 대하여 국가의 보호의무를 인정한 것은, 환경피해는 생명·신체의 보호와 같은 중요한 기본권적 법익 침해로 이어질 수 있다는 점 등을 고려한 것이므로, 환경권 침해 내지 환경권에 대한 국가의 보호의무위반도 궁극적으로는 생명·신체의 안전에 대한 침해로 귀결된다(헌재 2015. 9.24, 2013헌마384).

❹ [×] 국민의 생명·신체의 안전이 질병 등으로부터 위협받거나 받게 될 우려가 있는 경우, 국가는 국민의 생명·신체의 안전을 보호하기 위하여 필요한 적절하고 효율적인 입법·행정상의 조치를 취함으로써 침해의 위험을 방지하고 이를 유지할 구체적이고 직접적인 의무를 진다.

⇨ 생명·신체의 안전에 관한 권리는 인간의 존엄과 가치의 근간을 이루는 기본권일 뿐만 아니라, 헌법은 "모든 국민은 보건에 관하여 국가의 보호를 받는다."고 규정하여 질병으로부터 생명·신체의 보호 등 보건에 관하여 특별히 국가의 보호의무를 강조하고 있으므로(제36조 제3항), 국민의 생명·신체의 안전이 질병 등으로부터 위협받거나 받게 될 우려가 있는 경우 국가로서는 그 위험의 원인과 정도에 따라 사회·경제적인 여건 및 재정사정 등을 감안하여 국민의 생명·신체의 안전을 보호하기에 필요한 적절하고 효율적인 입법·행정상의 조치를 취하여 그 침해의 위험을 방지하고 이를 유지할 '포괄적'인 의무를 진다 할 것이다(헌재 2008.12.26, 2008헌마419 등).

정답

p.32

01	②	02	②	03	④	04	①	05	④
06	①	07	④	08	②	09	④	10	④
11	①	12	①	13	①	14	②	15	④
16	②	17	③	18	③	19	④	20	①

01

답 ②

적절하지 않은 것은 2개(ⓒ, ⓔ)이다.

ⓐ [O] 대통령제를 폐지하고 의원내각제로 헌법을 개정하는 것은 가능하지만, 복수정당제를 폐지하는 것은 불가능하다고 본다.

⇨ 정부형태나 통치기구를 개정하는 것은 가능하지만 자유민주적 기본질서의 핵심이라고 할 수 있는 기본권 폐지, 권력분립 폐지, 복수정당제 폐지 등은 불가능하다는 것이 통설적 견해이다.

ⓑ [O] 현행헌법은 전문에서 제정일자와 개정횟수를 명문으로 밝히고 있다.

⇨ 현행헌법 전문에서 "1948년 7월 12일에 제정되고 8차에 걸쳐 개정된 헌법을 이제 국회의 의결을 거쳐 국민투표에 의하여 개정한다."고 밝히고 있다.

ⓒ [×] 헌법개정안은 국회가 의결한 후 60일 이내에 국민투표에 부쳐 국회의원선거권자 과반수의 투표와 투표자 과반수의 찬성을 얻어야 한다.

⇨ 헌법개정안은 국회가 의결한 후 **30일** 이내에 국민투표에 부쳐 국회의원선거권자 과반수의 투표와 투표자 과반수의 찬성을 얻어야 한다(헌법 제130조 제2항).

ⓔ [×] 현행헌법은 제9차 개정헌법으로 **국회의 의결을 거친 다음 국민투표에 의하여 확정**되었고, 대통령이 즉시 이를 공포함으로써 그 효력이 발생하였다.

⇨

> **헌법 제130조** ③ 헌법개정안이 제2항의 찬성을 얻은 때에는 헌법개정은 확정되며, 대통령은 즉시 이를 공포하여야 한다.

02

답 ②

적절한 것은 ⓐ, ⓑ이다.

ⓐ [O] 부 또는 모가 대한민국의 국민이었던 외국인은 대한민국에 3년 이상 계속하여 주소가 있는 경우 간이귀화허가를 받을 수 있다.

⇨ 국적법 제6조 제1항에 대한 옳은 설명이다.

> **국적법**
>
> **제6조 【간이귀화 요건】** ① 다음 각 호의 어느 하나에 해당하는 외국인으로서 대한민국에 3년 이상 계속하여 주소가 있는 사람은 제5조 제1호 및 제1호의2의 요건을 갖추지 아니하여도 귀화허가를 받을 수 있다.
> 1. 부 또는 모가 대한민국의 국민이었던 사람
> 2. 대한민국에서 출생한 사람으로서 부 또는 모가 대한민국에서 출생한 사람
> 3. 대한민국 국민의 양자(養子)로서 입양 당시 대한민국의 민법상 성년이었던 사람

ⓑ [O] 국적에 관한 특별귀화 허가에 관한 사항을 심의하기 위하여 법무부장관 소속으로 국적심의위원회를 둔다.

⇨ 국적법 제22조 제1항에 대한 옳은 설명이다.

> **국적법**
>
> **제22조【국적심의위원회】** ① 국적에 관한 다음 각 호의 사항을 심의하기 위하여 법무부장관 소속으로 국적심의위원회(이하 "위원회"라 한다)를 둔다.
> 1. 제7조 제1항 제3호에 해당하는 특별귀화 허가에 관한 사항
> 2. 제14조의2에 따른 대한민국 국적의 이탈 허가에 관한 사항
> 3. 제14조의4에 따른 대한민국 국적의 상실 결정에 관한 사항
> 4. 그 밖에 국적업무와 관련하여 법무부장관이 심의를 요청하는 사항

ⓒ [×] 귀화신청을 한 자는 법무부장관이 귀화허가를 한 때 대한민국 국적을 취득한다.

⇨ 법무부장관의 귀화허가를 받고 귀화증서를 수여받은 때에 국적을 취득한다.

> **국적법**
>
> **제4조 【귀화에 의한 국적 취득】** ① 대한민국 국적을 취득한 사실이 없는 외국인은 법무부장관의 귀화허가(歸化許可)를 받아 대한민국 국적을 취득할 수 있다.

② 법무부장관은 귀화허가 신청을 받으면 제5조부터 제7조까지의 귀화요건을 갖추었는지를 심사한 후 그 요건을 갖춘 사람에게만 귀화를 허가한다.
③ 제1항에 따라 귀화허가를 받은 사람은 법무부장관 앞에서 국민선서를 하고 귀화증서를 수여받은 때에 대한민국 국적을 취득한다. 다만, 법무부장관은 연령, 신체적·정신적 장애 등으로 국민선서의 의미를 이해할 수 없거나 이해한 것을 표현할 수 없다고 인정되는 사람에게는 국민선서를 면제할 수 있다.

② [×] 대한민국에서 발견된 기아(棄兒)는 대한민국에서 출생한 것으로 간주한다.
➡ '간주'가 아니라 대한민국에서 출생한 것으로 '추정'하는 것이다.

국적법
제2조【출생에 의한 국적 취득】② 대한민국에서 발견된 기아(棄兒)는 대한민국에서 출생한 것으로 추정한다.

03 ‍ ‍ ‍ ‍ ‍ ‍ ‍ ‍ ‍ ‍ 답 ④

㉠, ㉡, ㉢, ㉣ 모두 적절한 설명이다.
㉠ [O] '대한민국과 일본국 간의 어업에 관한 협정'은 우리나라 정부가 일본 정부와의 사이에서 어업에 관해 체결·공포한 조약으로서 헌법 제6조 제1항에 의하여 국내법과 같은 효력을 가진다.
➡ '대한민국과 일본국 간의 어업에 관한 협정'은 우리나라 정부가 일본 정부와의 사이에서 어업에 관해 체결·공포한 조약으로서 헌법 제6조 제1항에 의하여 국내법과 같은 효력을 가지므로, 그 체결행위는 고권적 행위로서 '공권력의 행사'에 해당한다(헌재 2001.3.21, 99헌마139).
㉡ [O] 특정 지방자치단체의 초·중·고등학교에서 실시하는 학교급식을 위해 위 지방자치단체에서 생산되는 우수농산물을 우선적으로 사용하도록 한 위 지방자치단체의 조례안은 내국민대우원칙을 규정한 '1994년 관세 및 무역에 관한 일반협정'(GATT)에 위반되어 무효이다.
➡ 1994년 관세 및 무역에 관한 일반협정(GATT) 제3조 제1항·제4항에 의하면, 수입산품의 국내판매에 불리한 영향을 주는 법률, 규칙 및 요건 등이 국내생산을 보호하기 위하여 수입산품 또는 국내산품에 적용되어서는 아니 되고, 수입국이 법률, 규칙 및 요건에 의하여 수입산품에 대하여 국내의 동종물품에 비해 경쟁관계에 불리한 영향을 미칠 수 있는 차별적인 대우를 하여서는 안 된다고 해석된다. 학교급식을 위해 우수농산물, 즉 전라북도에서 생산되는 우수농산물 등을 우선적으로 사용하도록 하고 그러한 우수농산물을 사용하는 자를 선별하여 식재료나 식재료 구입비의 일부를 지원하며 지원을 받은 학교는 지원금을 반드시 우수농산물을 구입하는 데 사용하도록 하는 것을 내용으로 하고 있는 전라북도 급식조례는 위 각 조항에 위반된다(대판 2005.9.9, 2004추10).
㉢ [O] '대한민국과 아메리카합중국 간의 상호방위조약 제4조에 의한 시설과 구역 및 대한민국에서의 합중국군대의 지위에 관한 협정'(SOFA)은 그 명칭에도 불구하고 내용상 국회의 동의를 요하는 조약이다.

➡ '대한민국과 아메리카합중국 간의 상호방위조약 제4조에 의한 시설과 구역 및 대한민국에서의 합중국군대의 지위에 관한 협정'은 그 명칭이 '협정'으로 되어 있어 국회의 관여 없이 체결되는 행정협정처럼 보이기도 하나 우리나라의 입장에서 볼 때에는 외국군대의 지위에 관한 것이고, 국가에게 재정적 부담을 지우는 내용과 근로자의 지위, 미군에 대한 형사재판권, 민사청구권 등 입법사항을 포함하고 있으므로 국회의 동의를 요하는 조약으로 취급되어야 한다(헌재 1999.4.29, 97헌가14).
㉣ [O] 마라케쉬협정은 적법하게 체결되어 공포된 조약이므로 국내법과 같은 효력을 갖는 것이어서 마라케쉬협정에 의하여 관세법 위반자의 처벌이 가중된다고 하더라도 이를 들어 법률에 의하지 아니한 형사처벌이라거나 행위시의 법률에 의하지 아니한 형사처벌이라고 할 수 없다.
➡ '마라케쉬협정'도 적법하게 체결되어 공포된 조약이므로 국내법과 같은 효력을 갖는 것이어서 그로 인하여 새로운 범죄를 구성하거나 범죄자에 대한 처벌이 가중된다고 하더라도 이것은 국내법에 의하여 형사처벌을 가중한 것과 같은 효력을 갖게 되는 것이다. 따라서 마라케쉬협정에 의하여 관세법 위반자의 처벌이 가중된다고 하더라도 이를 들어 법률에 의하지 아니한 형사처벌이라거나 행위시의 법률에 의하지 아니한 형사처벌이라고 할 수 없다(헌재 1998.11.26, 97헌바65).

04 ‍ ‍ ‍ ‍ ‍ ‍ ‍ ‍ ‍ ‍ 답 ①

❶ [×] '성인대상 성범죄'의 의미에 대해서는 아동·청소년의 성보호에 관한 법률에 규정되어 있지 않아, 甲의 범죄가 취업제한의 대상인 성범죄에 해당하는지가 불명확하여 명확성원칙에 위배된다.
➡ '성인대상 성범죄'는 그 문언에 비추어 성인 피해자를 범죄대상으로 한 성에 관련된 범죄로서 타인의 성적 자기결정권을 침해하여 가해지는 위법행위 혹은 성인이 연루되어 있는 사회의 건전한 성풍속을 침해하는 위법행위를 일컫는 것으로 보이고, 이러한 범죄들 중에서도 이 사건 법률조항의 입법목적에 비추어, 의료기관 취업을 제한할 필요가 있는 범죄로 해석된다. 또한, 청소년성보호법에 이미 규정된 '아동·청소년대상 성범죄'의 내용들을 살펴봄으로써 '성인대상 성범죄'의 내용도 '아동·청소년대상 성범죄'와 유사하게 규율될 것임을 어느 정도 예상할 수 있고, 성범죄를 예방하고 피해자를 보호한다는 측면에서 청소년성보호법과 긴밀한 법적 연관성이 있는 '성폭력범죄의 처벌 등에 관한 특례법'의 내용들도 '성인대상 성범죄'의 내용을 파악하는 데에 도움이 된다. 이상의 내용을 종합하면 '성인대상 성범죄' 부분은 불명확하다고 볼 수 없어 헌법상 명확성원칙에 위배되지 않는다(헌재 2016.3.31, 2013헌마585 등).
② [O] 甲에 대한 취업제한은 형벌이 아니므로 헌법 제13조 제1항 전단의 형벌불소급원칙이 적용되지 않는다.
➡ 이 사건 부칙 조항은 의료인의 취업제한제도가 시행된 후 형이 확정된 자부터 적용되도록 규정하였는데, 취업제한은 형벌이 아니므로 헌법 제13조 제1항 전단의 형벌불소급원칙이 적용되지 않는다(헌재 2016.3.31, 2013헌마585 등).
③ [O] 甲이 의료기관에 취업할 수 없게 된 것은 일정한 직업을 선택함에 있어 기본권 주체의 능력과 자질에 따른 제한이므로 이른

바 '주관적 요건에 의한 좁은 의미의 직업선택의 자유'에 대한 제한에 해당한다.

⇨ 헌법 제15조는 "모든 국민은 직업선택의 자유를 가진다."고 규정하여, 개인이 원하는 직업을 자유롭게 선택하는 '좁은 의미의 직업선택의 자유'와 그가 선택한 직업을 자기가 원하는 방식으로 자유롭게 수행할 수 있는 '직업수행의 자유'를 보장하고 있다. 청구인들은 이 사건 법률조항에 의하여 형의 집행을 종료한 때부터 10년간 의료기관에 취업할 수 없게 되었는바, 이는 일정한 직업을 선택함에 있어 기본권 주체의 능력과 자질에 따른 제한이므로 이른바 '주관적 요건에 의한 좁은 의미의 직업선택의 자유'에 대한 제한에 해당한다(헌재 2016.3.31, 2013헌마585 등).

④ [O] 재범의 위험성 여부를 불문하고 10년간 일률적으로 취업제한을 부과하는 것은 침해의 최소성과 법익의 균형성원칙에 위반되어 甲의 직업선택의 자유를 침해한다.

⇨ 이 사건 법률조항은 의료기관의 운영자나 종사자의 자질을 일정 수준으로 담보하도록 함으로써, 아동·청소년을 잠재적 성범죄로부터 보호하고, 의료기관의 윤리성과 신뢰성을 높여 아동·청소년 및 그 보호자가 이들 기관을 믿고 이용할 수 있도록 하는 입법목적을 지니는 바, 이러한 입법목적은 정당하다. 그러나 이 사건 법률조항이 성범죄 전력만으로 그가 장래에 동일한 유형의 범죄를 다시 저지를 것을 당연시하고, 형의 집행이 종료된 때부터 10년이 경과하기 전에는 결코 재범의 위험성이 소멸하지 않는다고 보며, 각 행위의 죄질에 따른 상이한 제재의 필요성을 간과함으로써, 성범죄 전력자 중 재범의 위험성이 없는 자, 성범죄 전력이 있지만 10년의 기간 안에 재범의 위험성이 해소될 수 있는 자, 범행의 정도가 가볍고 재범의 위험성이 상대적으로 크지 않은 자에게까지 10년 동안 일률적인 취업제한을 부과하고 있는 것은 침해의 최소성원칙과 법익의 균형성원칙에 위배된다. 따라서 이 사건 법률조항은 청구인들의 직업선택의 자유를 침해한다(헌재 2016.3.31, 2013헌마585 등).

05
답 ④

① [X] 지급거절될 것을 예견하고 수표를 발행한 사람이 그 수표의 지급제시기일에 수표금이 지급되지 아니하게 한 경우 수표의 발행인을 처벌하도록 규정한 부정수표 단속법 조항은 국제법존중주의에 위반된다.

⇨ 지급거절될 것을 예견하고 수표를 발행한 사람이 그 수표의 지급제시기일에 수표금이 지급되지 아니하게 한 경우 수표의 발행인을 처벌하도록 규정한 이 사건 법률조항에서 규정하고 있는 부정수표 발행행위는 지급제시될 때에 지급거절될 것을 예견하면서도 수표를 발행하여 지급거절에 이르게 하는 것으로 그 보호법익은 수표거래의 공정성이며 결코 '계약상 의무의 이행불능만을 이유로 구금'되는 것이 아니므로 국제법존중주의에 입각한다 하더라도 국제연합 인권규약 제11조의 명문에 정면으로 배치되는 것이 아니다(헌재 2001.4.26, 99헌가13).

② [X] 오늘날 전쟁과 테러 혹은 무력행위로부터 자유로워야 하는 것은 인간의 존엄과 가치를 실현하고 행복을 추구하기 위한 기본전제가 되므로, 달리 이를 보호하는 명시적 기본권이 없다면

헌법 제10조와 제37조 제1항으로부터 평화적 생존권을 도출할 수 있다.

⇨ 평화적 생존권이란 이름으로 주장하고 있는 평화란 헌법의 이념 내지 목적으로서 추상적인 개념에 지나지 아니하고, 평화적 생존권은 이를 헌법에 열거되지 아니한 기본권으로서 특별히 새롭게 인정할 필요성이 있다거나 그 권리내용이 비교적 명확하여 구체적 권리로서의 실질에 부합한다고 보기 어려워 헌법상 보장된 기본권이라고 할 수 없다(헌재 2009.5.28, 2007헌마369).

③ [X] 대한민국과 일본국 간의 어업에 관한 협정은 선언적인 의미를 가지고 있을 뿐 법적 구속력을 가지고 있지 못하기 때문에 대한민국과 일본국 간의 어업에 관한 협정체결행위가 헌법소원심판의 대상이 되는 공권력의 행사라고 보기 어렵다.

⇨ 대한민국과 일본국 간의 어업에 관한 협정은 우리나라 정부가 일본정부와의 사이에서 어업에 관하여 체결·공포한 조약으로서 헌법 제6조 제1항에 의하여 국내법과 같은 효력을 가지므로, 그 체결행위는 고권적 행위로서 '공권력의 행사'에 해당한다.

❹ [O] 국제통화기금 임직원의 공적(公的) 행위에 대한 재판권 면제를 규정한 국제통화기금협정 조항은 성질상 국내에 바로 적용될 수 있는 법규범으로 볼 수 있다.

⇨ 헌법재판소법 제68조 제2항은 심판대상을 '법률'로 규정하고 있으나, 여기서의 '법률'에는 '조약'이 포함된다고 볼 것이다. 이 사건 조항은 각 국회의 동의를 얻어 체결된 것이므로 헌법 제6조 제1항에 따라 국내법적 효력을 가지며, 그 효력의 정도는 법률에 준하는 효력이라고 이해된다. 한편 이 사건 조항은 재판권 면제에 관한 것이므로 성질상 국내에 바로 적용될 수 있는 법규범으로서 위헌법률심판의 대상이 된다고 할 것이다(헌재 2001.9.27, 2000헌바20).

06
답 ①

❶ [O] 정당해산제도의 취지 등에 비추어 볼 때 헌법재판소의 정당해산결정이 있는 경우 그 정당 소속 국회의원의 의원직은 당선 방식을 불문하고 모두 상실되어야 한다.

⇨ 헌법재판소의 해산결정으로 정당이 해산되는 경우에 그 정당 소속 국회의원이 의원직을 상실하는지에 대하여 명문의 규정은 없으나, 정당해산심판제도의 본질은 민주적 기본질서에 위배되는 정당을 정치적 의사형성과정에서 배제함으로써 국민을 보호하는 데에 있는데 해산정당 소속 국회의원의 의원직을 상실시키지 않는 경우 정당해산결정의 실효성을 확보할 수 없게 되므로, 이러한 정당해산제도의 취지 등에 비추어 볼 때 헌법재판소의 정당해산결정이 있는 경우 그 정당 소속 국회의원의 의원직은 당선 방식을 불문하고 모두 상실되어야 한다(헌재 2014.12.19, 2013헌다1).

② [X] 정당에 국고보조금을 배분함에 있어 교섭단체의 구성 여부에 따라 차등을 두는 것은 평등원칙에 위배된다.

⇨ 입법자는 정당에 대한 보조금의 배분기준을 정함에 있어 입법 정책적인 재량권을 가지므로, 그 내용이 현재의 각 정당들 사이의 경쟁상태를 현저하게 변경시킬 정도가 아니면 합리성을 인정할 수 있다. 정당의 공적 기능의 수행에 있어 교섭단체의 구성 여부에 따라 차이가 나타날 수밖에 없고, 이 사건 법률조

항이 교섭단체의 구성 여부만을 보조금 배분의 유일한 기준으로 삼은 것이 아니라 정당의 의석수 비율과 득표수 비율도 함께 고려함으로써 현행의 보조금 배분비율이 정당이 선거에서 얻은 결과를 반영한 득표수 비율과 큰 차이를 보이지 않고 있는 점 등을 고려하면, 교섭단체를 구성할 정도의 다수 정당과 그에 미치지 못하는 소수 정당 사이에 나타나는 차등지급의 정도는 정당간의 경쟁상태를 현저하게 변경시킬 정도로 합리성을 결여한 차별이라고 보기 어렵다(헌재 2006.7.27, 2004헌마655).

③ [×] 정당제 민주주의하에서 정당에 대한 재정적 후원이 전면적으로 금지되더라도 정당이 스스로 재정을 충당하고자 하는 정당활동의 자유와 국민의 정치적 표현의 자유에 대한 제한이 크지 아니하므로, 이를 규정한 법률조항은 정당의 정당활동의 자유와 국민의 정치적 표현의 자유를 침해하지 않는다.

⇨ 정당제 민주주의하에서 정당에 대한 재정적 후원이 전면적으로 금지됨으로써 정당이 스스로 재정을 충당하고자 하는 정당활동의 자유와 국민의 정치적 표현의 자유에 대한 제한이 매우 크다고 할 것이므로, 이 사건 법률조항은 정당의 정당활동의 자유와 국민의 정치적 표현의 자유를 침해한다(헌재 2015.12.23, 2013헌바168).

④ [×] 임기만료에 의한 국회의원선거에 참여하여 의석을 얻지 못하고 유효투표총수의 100분의 2 이상을 득표하지 못한 정당의 등록을 취소하도록 하는 것은 정당설립의 자유를 침해하지 않는다.

⇨ 정당등록취소조항은 어느 정당이 대통령선거나 지방자치선거에서 아무리 좋은 성과를 올리더라도 국회의원선거에서 일정 수준의 지지를 얻는 데 실패하면 등록이 취소될 수밖에 없어 불합리하고, 신생·군소정당으로 하여금 국회의원선거에의 참여 자체를 포기하게 할 우려도 있어 법익의 균형성 요건도 갖추지 못하였다. 따라서 정당등록취소조항은 과잉금지원칙에 위반되어 청구인들의 정당설립의 자유를 침해한다(헌재 2014.1.28, 2012헌마431 등).

07
답 ④

① [○] 지방의회의 의장선거는 행정처분의 일종으로서 항고소송의 대상이 된다.

⇨ 지방의회의 의장선거는 행정처분의 일종으로서 항고소송의 대상이 된다(대판 1995.1.12, 94누2602).

② [○] 일정 지역 내의 지방자치단체인 시·군을 모두 폐지하여 지방자치단체의 중층구조를 단층화하는 것이 헌법상 지방자치제도의 보장에 위배되는 것은 아니다.

⇨ 지방자치단체의 중층구조를 단층화하는 것이 헌법상 지방자치제도의 보장에 위배되는 것은 아니다(헌재 2006.4.27, 2005헌마1190).

③ [○] 조례안이 지방의회에서 의결되면 의장은 의결된 날부터 5일 이내에 그 지방자치단체의 장에게 이를 이송하여야 한다.

⇨ 조례안이 지방의회에서 의결되면 의장은 의결된 날부터 5일 이내에 그 지방자치단체의 장에게 이를 이송하여야 한다(지방자치법 제32조 제1항).

❹ [×] 지방자치단체의 장으로부터 조례안에 대한 재의요구를 받은 지방의회가 재의에 부쳐 재적의원 과반수의 출석과 출석의원

과반수의 찬성으로 전과 같은 의결을 하면 그 조례안은 조례로서 확정된다.

⇨ 지방자치단체의 장으로부터 조례안에 대한 재의요구를 받은 지방의회가 재의에 부쳐 재적의원 과반수의 출석과 출석의원 3분의 2 이상의 찬성으로 전과 같은 의결을 하면 조례안은 조례로서 확정된다(지방자치법 제32조 제4항).

08
답 ②

① [×] 생명권의 경우, 다른 일반적인 기본권 제한의 구조와는 달리, 생명의 일부 박탈이라는 것을 상정할 수 없기 때문에 생명권에 대한 제한은 필연적으로 생명권의 완전한 박탈을 의미하게 되는 바, 사형제도는 기본권의 본질적인 내용을 침해한다.

⇨ 생명권의 경우, 다른 일반적인 기본권 제한의 구조와는 달리, 생명의 일부 박탈이라는 것을 상정할 수 없기 때문에 생명권에 대한 제한은 필연적으로 생명권의 완전한 박탈을 의미하게 되는 바, 위와 같이 생명권의 제한이 정당화될 수 있는 예외적인 경우에는 생명권의 박탈이 초래된다 하더라도 곧바로 기본권의 본질적인 내용을 침해하는 것이라 볼 수는 없다. 사형제도는 생명권을 침해하지 않는다(헌재 2010.2.25, 2008헌가23).

❷ [○] 현역병으로 입대한 군인이 그 신분취득 전 저지른 범죄에 대하여 군사법원의 재판을 받도록 하는 것은 입법재량의 범위를 일탈해 합리성원칙 내지 자의금지원칙에 위배된 것이라고 볼 수 없다.

⇨ 현역병의 군대 입대 전 범죄에 대한 군사법원의 재판권을 규정하고 있는 것은 군사법원의 재판권과 군인의 재판청구권을 형성함에 있어 그 재량의 헌법적 한계를 벗어났다고 볼 수 없다(헌재 2009.7.30, 2008헌바162).

③ [×] 종교적 행위의 자유는 신앙의 자유와 마찬가지로 절대적 자유의 영역이기 때문에, 사법시험의 시행일을 일요일로 정하는 것은 종국적으로 일요일에 예배행사를 참여하는 청구인의 종교의 자유의 본질적 내용을 침해한 것이다.

⇨ 매년 반복하여 시행되는 사법시험의 시행일을 일요일로 정하는 것이 청구인의 일요일에 예배행사에 참석할 종교적 행위의 자유를 제한하는 것으로 볼 수 있는지가 문제이나, 종교적 행위의 자유는 신앙의 자유와는 달리 절대적 자유가 아니라 질서유지, 공공복리 등을 위하여 제한할 수 있는 것으로서 사법시험 제1차 시험과 같은 대규모 응시생들이 응시하는 시험의 경우 그 시험장소는 중·고등학교 건물을 임차하는 것 이외에 특별한 방법이 없고 또한 시험관리를 위한 2,000여 명의 공무원이 동원되어야 하며 일요일 아닌 평일에 시험이 있을 경우 직장인 또는 학생 신분인 사람들은 결근, 결석을 하여야 하고 그 밖에 시험당일의 원활한 시험관리에도 상당한 지장이 있는 사정이 있는 바, 이러한 사정을 참작한다면 피청구인이 사법시험 제1차 시험 시행일을 일요일로 정하여 공고한 것은 국가공무원법 제35조에 의하여 다수 국민의 편의를 위한 것이므로 이로 인하여 청구인의 종교의 자유가 어느 정도 제한된다 하더라도 이는 공공복리를 위한 부득이한 제한으로 보아야 할 것이고 그 정도를 보더라도 비례의 원칙에 벗어난 것으로 볼 수 없고 청구인의 종교의 자유의 본질적 내용을 침해한 것으로 볼 수도 없다(헌재 2001.9.27, 2000헌마159).

④ [×] 정식재판 청구기간을 약식명령의 고지를 받은 날로부터 7일 이내로 정하고 있는 형사소송법 제453조 제1항 중 피고인에 관한 부분은 합리적인 입법재량의 범위를 벗어난 것이다.
➪ 정식재판 청구기간을 '약식명령의 고지를 받은 날로부터 7일 이내'로 정하고 있는 것은 합리적인 입법재량의 범위를 벗어나 약식명령 피고인의 재판청구권을 침해한다고 볼 수 없다(헌재 2013.10.24, 2012헌바428).

반면, 자전거도로에서 통행하는 다른 자전거보다 속도가 더 높아질수록 사고위험이 증가할 수 있는 측면을 고려한 기준 설정으로서, 전동킥보드 소비자의 자기결정권 및 일반적 행동자유권을 박탈할 정도로 지나치게 느린 정도라고 보기 어렵다. 심판대상조항은 과잉금지원칙을 위반하여 소비자의 자기결정권 및 일반적 행동자유권을 침해하지 아니한다(헌재 2020.2.27, 2017헌마1339).

09 답 ④

① [○] 한일 어업에 관한 협정은 조업 수역의 제한으로 인해 우리 어민들의 행복추구권을 침해하지 아니한다.
➪ 한일 양국의 마주보는 수역이 400해리에 미치지 못하여 서로 중첩되는 부분이 생겨나게 되었고, 이로 인해 양국간의 어로활동에 있어서의 충돌은 명약관화한 것이었으므로 이러한 사태는 피하여야 한다는 양국의 공통된 인식에 입각하여 협상이 이루어진 결과 성립된 것이 이 사건 협정이라 할 것이며, 이 사건 협정은 어업에 관한 한일 양국의 이해를 타협·절충함에 있어서 현저히 균형을 잃은 것으로는 보이지 않는다고 일응 평가할 수 있으므로, 청구인들의 헌법상 보장된 행복추구권, 직업선택의 자유, 재산권, 평등권, 보건권은 침해되었다고 볼 수 없다(헌재 2001.3.21, 99헌마139·142·156·160).
② [○] 헌법 제10조로부터 도출되는 일반적 인격권에는 개인의 명예에 관한 권리도 포함되며, 사자(死者)에 대한 사회적 명예와 평가의 훼손은 사자와의 관계를 통하여 스스로의 인격상을 형성하고 명예를 지켜온 그 후손의 인격권을 제한한다.
➪ 헌법 제10조로부터 도출되는 일반적 인격권에는 개인의 명예에 관한 권리도 포함되는 바, … 조사대상자가 사자(死者)인 경우에도 인격적 가치에 대한 중대한 왜곡으로부터 보호되어야 하고, 사자(死者)에 대한 사회적 명예와 평가의 훼손은 사자와의 관계를 통하여 스스로의 인격상을 형성하고 명예를 지켜온 그들 후손의 인격권, 즉 유족의 명예 또는 유족의 사자(死者)에 대한 경애추모의 정을 침해한다고 할 것이다. 따라서 심판대상조항은 조사대상자의 사회적 평가와 아울러 이를 토대로 인격상을 형성하여 온 그 유족들의 인격권을 제한한다(헌재 2013.5.30, 2012헌바19).
③ [○] 장래 가족의 구성원이 될 태아의 성별 정보에 대한 접근을 국가로부터 방해받지 않을 부모의 권리는 일반적 인격권에 의하여 보호된다.
➪ 헌법 제10조로부터 도출되는 일반적 인격권에는 각 개인이 그 삶을 사적으로 형성할 수 있는 자율영역에 대한 보장이 포함되어 있음을 감안할 때, 장래 가족의 구성원이 될 태아의 성별 정보에 대한 접근을 국가로부터 방해받지 않을 부모의 권리는 이와 같은 일반적 인격권에 의하여 보호된다고 보아야 할 것인바, 이 사건 규정은 일반적 인격권으로부터 나오는 부모의 태아 성별 정보에 대한 접근을 방해받지 않을 권리를 제한하고 있다고 할 것이다(헌재 2008.7.31, 2004헌마1010 등).
❹ [×] 전동킥보드의 최고속도는 25km/h를 넘지 않아야 한다고 규정한 '안전확인대상 생활용품의 안전기준'은 소비자의 자기결정권 및 일반적 행동자유권을 침해한다.
➪ 전동킥보드가 낼 수 있는 최고속도가 시속 25km라는 것은, 자전거보다 빨라 출근통행의 수요를 일정 부분 흡수할 수 있는

10 답 ④

① [×] 강제추행죄로 유죄판결이 확정된 신상정보 등록대상자에 대해 관할경찰관서의 장은 등록기간 중 반기 1회 등록대상자와 직접 대면 등의 방법으로 등록정보의 진위 및 변경 여부를 확인하여야 한다고 규정한 성폭력범죄의 처벌 등에 관한 특례법 제45조 제4항의 대면확인조항은 일반적 행동자유권을 침해하는 것이다.
➪ 대면확인조항은 범죄 수사 및 예방을 위하여 등록대상자들이 관할경찰관서의 장과 정기적으로 직접 대면하여 신상정보의 진위 및 변경 여부를 확인받도록 하는 것인데, 연 1회 등록정보의 변경 여부만을 확인하도록 한 구 성폭력범죄의 처벌 등에 관한 특례법 제35조 제3항과 제출조항만으로는 신상정보의 최신성을 확보하는 데 한계가 있고, 등록대상자가 대면확인을 거부하더라도 처벌받지 않으므로 등록대상자는 국가의 신상정보 등록제도 운영에 협력하는 정도의 부담만을 지게 되는 것이어서 그로 인하여 등록대상자가 입는 불이익이 크다고 할 수 없다. 따라서 대면확인조항은 청구인의 일반적 행동자유권 및 개인정보자기결정권을 침해하지 않는다(헌재 2016.3.31, 2014헌마457).
② [×] 계약자유의 원칙은 헌법상의 행복추구권 속에 함축된 일반적 행동자유권으로부터 파생되는 것이 아니다.
➪ 이른바 계약자유의 원칙이란 계약을 체결할 것인가의 여부, 체결한다면 어떠한 내용의, 어떠한 상대방과의 관계에서, 어떠한 방식으로 계약을 체결하느냐 하는 것도 당사자 자신이 자기의사로 결정하는 자유뿐만 아니라, 원치 않으면 계약을 체결하지 않을 자유를 말하여, 이는 헌법상의 행복추구권 속에 함축된 일반적 행동자유권으로부터 파생되는 것이라 할 것이다(헌재 1991.6.3, 89헌마204).
③ [×] 도로교통법상 주취 중 운전금지규정을 3회 위반한 경우 운전면허를 필요적으로 취소하도록 규정한 것은 과잉금지원칙에 반하여 일반적 행동자유권을 침해하는 것이다.
➪ 주취 중 운전금지규정을 3회 위반한 경우 운전면허를 필요적으로 취소하도록 규정한 것은 과잉금지의 원칙에 반하여 직업의 자유 내지 일반적 행동의 자유를 침해하지 아니한다(헌재 2006.5.25, 2005헌바91).
❹ [○] 공직선거법상 기부행위 제한의 적용을 받는 자에 '후보자가 되고자 하는 자'까지 포함하면서 기부행위의 제한기간을 폐지하여 상시 제한하도록 한 것이 일반적 행동자유권 등을 침해하는 것은 아니다.
➪ 기부행위의 제한은 부정한 경제적 이익을 제공함으로써 유권자의 자유의사를 왜곡시키는 행위를 범죄로 처벌하여 선거의 공정성을 보장하기 위한 규정으로 입법목적의 정당성 및 기본권 제한 수단의 적절성이 인정된다. 그리고 공직선거법 제113

조 제1항 중 '후보자가 되고자 하는 자' 부분은 모든 기부행위를 언제나 금지하는 것이 아니고, 기부행위가 제112조 제2항 각 호의 예외사유에 해당하거나 정당행위로서 사회상규에 위배되지 아니하면 위법성이 조각되어 허용될 수도 있는 점 등을 감안하면 최소침해성 요건을 갖추었다. 선거의 공정이 훼손되는 경우 후보자 선택에 관한 민의가 왜곡되고 대의민주주의제도 자체가 위협을 받을 수 있는 점을 감안하면 법익균형성 요건도 준수하였다. 따라서 이 사건 법률조항은 일반적 행동자유권 등을 침해하지 아니한다(헌재 2014.2.27, 2013헌바106).

11 답 ①

❶ [○] 보호의무자 2인의 동의와 정신건강의학과 전문의 1인의 진단으로 정신질환자에 대한 보호입원이 가능하도록 한 정신보건법 조항은 보호입원 대상자의 신체의 자유를 과도하게 제한하는 등 과잉금지원칙을 위배하여 신체의 자유를 침해한다.
⇨ 보호의무자 2인의 동의와 정신건강의학과 전문의 1인의 진단으로 정신질환자에 대한 보호입원이 가능하도록 한 정신보건법 조항은 보호입원 대상자의 신체의 자유를 과도하게 제한하는 등 과잉금지원칙을 위배하여 신체의 자유를 침해한다(헌재 2016.9.29, 2014헌가9).

② [×] 인터넷회선 감청은 서버에 저장된 정보가 아니라, 인터넷상에서 발신되어 수신되기까지의 과정 중에 수집되는 정보, 즉 전송 중인 정보의 수집을 위한 수사이므로, 압수·수색과 구별되지 않는다.
⇨ 인터넷회선 감청은 검사가 법원의 허가를 받으면, 피의자 및 피내사자에 해당하는 감청대상자나 해당 인터넷회선의 가입자의 동의나 승낙을 얻지 아니하고도, 전기통신사업자의 협조를 통해 해당 인터넷회선을 통해 송·수신되는 전기통신에 대해 감청을 집행함으로써 정보주체의 기본권을 제한할 수 있으므로, 법이 정한 강제처분에 해당한다. 또한 **인터넷회선 감청은 서버에 저장된 정보가 아니라, 인터넷상에서 발신되어 수신되기까지의 과정 중에 수집되는 정보, 즉 전송 중인 정보의 수집을 위한 수사이므로, 압수·수색과 구별된다**(헌재 2018. 8.30, 2016헌마263).

③ [×] 지역농협 이사 선거의 경우 전화·문자메시지·컴퓨터통신·전자우편을 이용한 지지 호소의 선거운동방법을 금지하고, 이를 위반한 자를 처벌하는 농업협동조합법 조항은 표현의 자유를 침해하지 않는다.
⇨ 이 사건 법률조항들은 지역농협 이사 선거가 과열되는 과정에서 후보자들의 경제력 차이에 따른 불균형한 선거운동 및 흑색선전을 통한 부당한 경쟁이 이루어짐으로써 선거의 공정이 해쳐지는 것을 방지하기 위하여 선거 공보의 배부를 통한 선거운동만을 허용하고 전화·컴퓨터통신을 이용한 지지 호소의 선거운동을 금지하며 이를 위반하여 선거운동을 한 자를 처벌하는 바, 입법목적의 정당성 및 수단의 적합성이 인정된다. 그러나 **전화·컴퓨터통신은 누구나 손쉽고 저렴하게 이용할 수 있는 매체인 점, 농업협동조합법에서 흑색선전 등을 처벌하는 조항을 두고 있는 점**을 고려하면 입법목적 달성을 위하여 위 매체를 이용한 지지 호소까지 금지할 필요성은 인정되지 아니한다. 이 사건 법률조항들이 달성하려는 공익이 결사의

자유 및 표현의 자유 제한을 정당화할 정도로 크다고 보기는 어려우므로, 법익의 균형성도 인정되지 아니한다. 따라서 이 사건 **법률조항들은 과잉금지원칙을 위반하여 결사의 자유, 표현의 자유를 침해하여 헌법에 위반된다**(헌재 2016.11.24, 2015헌바62).

④ [×] 영업으로 성매매를 알선하는 행위를 처벌하는 성매매알선 등 행위의 처벌에 관한 법률 조항은 과잉금지원칙에 위배되어 이를 업으로 하고자 하는 사람들의 직업선택의 자유를 침해한다.
⇨ 성매매알선행위를 영업으로 하는 경우, 수익을 극대화하는 과정에서 비자발적 성매매 및 착취, 위력행사 등 불법행위가 발생할 가능성이 높고, 호객행위나 성매매 광고 등 성매매를 외부적으로 드러내어 사회의 건전한 성풍속을 해치므로, 성매매 영업알선은 단순한 성매매행위 자체와는 구별되는 중한 불법성 및 처벌의 필요성이 인정된다. 또한 자금과 노동력의 정상적인 흐름을 왜곡하여 산업구조를 기형화시키는 바, 영업으로 성매매알선을 하는 행위를 형사적 제재가 아닌 방법으로 규제할 경우에는 충분한 위하력을 가지기 어렵고 성매매 산업의 확대를 막기도 어렵다. 특히 성매매 당사자의 자발적인 의사에 의한 경우만을 알선한다 하더라도, 성매매 영업알선은 그 자체로 인간의 성 및 인격에 대한 착취적 성격을 가지고, 성에 대한 인식을 왜곡하여 성범죄가 발생하기 쉬운 환경을 만들므로, 이를 여타 성매매 유인·권유 등의 행위와 함께 처벌하고 있다 하더라도 과도한 기본권 제한으로 볼 수 없다. 따라서 이 사건 알선조항은 **과잉금지원칙에 위배되어 직업선택의 자유를 침해하지 아니한다**(헌재 2016.9.29, 2015헌바65).

12 답 ①

❶ [○] 검사 또는 사법경찰관이 수사를 위하여 필요한 경우에 전기통신사업자에게 위치정보추적자료의 열람이나 제출을 요청할 수 있도록 하는 규정은 수사기관에 수사대상자의 민감한 개인정보인 위치정보추적자료 제공을 허용하여 수사대상자의 기본권을 과도하게 제한하면서도 절차적 통제가 제대로 이루어지고 있지 않으므로 개인정보자기결정권을 침해한다.
⇨ 수사기관은 위치정보 추적자료를 통해 특정 시간대 정보주체의 위치 및 이동상황에 대한 정보를 취득할 수 있으므로 위치정보추적자료는 충분한 보호가 필요한 민감한 정보에 해당되는 점, 그럼에도 이 사건 요청조항은 수사기관의 광범위한 위치정보 추적자료 제공요청을 허용하여 정보주체의 기본권을 과도하게 제한하는 점, … 수사기관의 위치정보 추적자료 제공요청에 대해 법원의 허가를 거치도록 규정하고 있으나 수사의 필요성만을 그 요건으로 하고 있어 절차적 통제마저도 제대로 이루어지기 어려운 현실인 점 등을 고려할 때, 이 사건 요청조항은 과잉금지원칙에 반하여 청구인들의 개인정보자기결정권과 통신의 자유를 침해한다(헌재 2018.6.28, 2012헌마191 등).

② [×] 건강에 관한 정보는 민감정보에 해당하지만, 국민건강보험공단 이사장이 경찰서장의 요청에 따라 질병명이 기재되지 않은 수사대상자의 요양급여내역만을 제공한 행위 자체만으로는 수사대상자의 개인정보자기결정권이 침해되었다고 볼 수는 없다.
⇨ 이 사건 정보제공행위에 의하여 제공된 청구인 김○환의 약 2

년 동안의 총 44회 요양급여내역 및 청구인 박○만의 약 3년 동안의 총 38회 요양급여내역은 건강에 관한 정보로서 '개인정보 보호법' 제23조 제1항이 규정한 민감정보에 해당한다. … 급여일자와 요양기관명은 피의자의 현재 위치를 곧바로 파악할 수 있는 정보는 아니므로, 이 사건 정보제공행위로 얻을 수 있는 수사상의 이익은 없었거나 미약한 정도였다. … 이 사건 정보제공행위로 인한 청구인들의 개인정보자기결정권에 대한 침해는 매우 중대하다. 그렇다면 이 사건 정보제공행위는 이 사건 정보제공조항 등이 정한 요건을 충족한 것으로 볼 수 없고, 침해의 최소성 및 법익의 균형성에 위배되어 청구인들의 개인정보자기결정권을 침해하였다(헌재 2018.8.30, 2014헌마368).

③ [×] 국민기초생활 보장법에 따라 급여를 신청할 때 금융거래정보 자료 제공동의서를 제출하도록 하는 것은 개인정보자기결정권을 침해한다.

⇨ 국민기초생활 보장법 시행규칙 제35조 제1항 제5호는 급여 신청자의 수급자격 및 급여액 결정을 객관적이고 공정하게 판정하려는 데 그 목적이 있는 것으로 그 정당성이 인정되고, 이를 위해서 금융거래정보를 파악하는 것은 적절한 수단이며 금융기관과의 금융거래정보로 제한된 범위에서 수집되고 조사를 통해 얻은 정보와 자료를 목적 외의 다른 용도로 사용하거나 다른 기관에 제공하는 것이 금지될 뿐만 아니라 이를 어긴 경우 형벌을 부과하고 있으므로 정보주체의 자기결정권을 제한하는 데 따른 피해를 최소화하고 있고 위 시행규칙 조항으로 인한 정보주체의 불이익보다 추구하는 공익이 더 크므로 개인정보자기결정권을 침해하지 아니한다(헌재 2005.11.24, 2005헌마112).

④ [×] 채무자와 이해관계가 없는 일반 국민도 누구나 제약 없이 채무불이행자명부를 열람·복사할 수 있도록 한 것은 채무자의 개인정보자기결정권을 침해한다.

⇨ 이 사건 법률조항은 채무불이행자명부를 적극적으로 일반에 공개하는 것이 아니라 채무불이행자명부의 열람·복사를 원하는 자에게 열람·복사를 가능하게 한 것뿐이고, 실제로 이 명부를 열람·복사하기 위해서는 채무자의 성명, 주민등록번호 등 열람·복사 대상인 채무불이행자명부를 특정하기 위한 정보를 알아야 하며, 실무상 열람·복사 신청시 신청인의 자격을 기재하게 하고 있으므로, 채무자와 무관한 자에 의해 채무불이행자명부가 열람·복사됨으로 인해 채무자의 개인정보자기결정권이 침해될 위험은 크지 않다고 하겠다(헌재 2010.5.27, 2008헌마663).

13
답 ①

❶ [×] 누구라도 자신이 비행을 저질렀다고 믿지 않는 자에게 본심에 반하여 사죄 내지 사과를 강요한다면 이는 윤리적·도의적 판단을 강요하는 것으로서 양심의 자유를 침해하는 행위에 해당하므로, 사업자단체의 독점규제 및 공정거래에 관한 법률 위반행위가 있을 때 공정거래위원회가 당해 사업자단체에 대하여 '법위반사실의 공표'를 명할 수 있도록 하는 법률조항은 양심의 자유를 침해한다.

⇨ '법위반사실의 공표명령'은 법규정의 문언상으로 보아도 단순히 법위반사실 자체를 공표하라는 것일 뿐, 사죄 내지 사과하

라는 의미요소를 가지고 있지는 아니하다. 공정거래위원회의 실제 운용에 있어서도 '특정한 내용의 행위를 함으로써 공정거래법을 위반하였다는 사실'을 일간지 등에 공표하라는 것이어서 단지 사실관계와 법을 위반하였다는 점을 공표하라는 것이지 행위자에게 사죄 내지 사과를 요구하고 있는 것으로는 보이지 않는다. 따라서 이 사건 법률조항의 경우 사죄 내지 사과를 강요함으로 인하여 발생하는 양심의 자유의 침해문제는 발생하지 않는다. 그렇다면 이 사건 법률조항 중 '법위반사실의 공표' 부분은 위반행위자의 양심의 자유를 침해한다고 볼 수 없다(헌재 2002.1.31, 2001헌바43).

② [○] 양심은 그 대상이나 내용 또는 동기에 의하여 판단될 수 없으며, 특히 양심상의 결정이 이성적·합리적인가, 타당한가 또는 법질서나 사회규범·도덕률과 일치하는가 하는 관점은 양심의 존재를 판단하는 기준이 될 수 없다.

⇨ '양심'은 민주적 다수의 사고나 가치관과 일치하는 것이 아니라, 개인적 현상으로서 지극히 주관적인 것이다. 양심은 그 대상이나 내용 또는 동기에 의하여 판단될 수 없으며, 특히 양심상의 결정이 이성적·합리적인가, 타당한가 또는 법질서나 사회규범·도덕률과 일치하는가 하는 관점은 양심의 존재를 판단하는 기준이 될 수 없다(헌재 2018.6.28, 2011헌바379 등).

③ [○] 양심적 병역거부자에 대한 대체복무제를 규정하지 아니한 병역종류조항은 과잉금지원칙에 위배하여 양심적 병역거부자의 양심의 자유를 침해한다.

⇨ 병역종류조항이 추구하는 공익은 대단히 중요한 것이기는 하나, 병역종류조항에 대체복무제를 도입한다고 하더라도 위와 같은 공익은 충분히 달성할 수 있다고 판단되는 반면, 병역종류조항에 대체복무제가 규정되지 않음으로 인하여 양심적 병역거부자가 감수하여야 하는 불이익은 심대하고, 이들에게 대체복무를 부과하는 것이 오히려 넓은 의미의 국가안보와 공익 실현에 더 도움이 된다는 점을 고려할 때, 병역종류조항은 기본권 제한의 한계를 초과하여 법익의 균형성 요건을 충족하지 못한 것으로 판단된다. … 따라서 양심적 병역거부자에 대한 대체복무제를 규정하지 아니한 병역종류조항은 과잉금지원칙에 위배하여 양심적 병역거부자의 양심의 자유를 침해한다(헌재 2018.6.28, 2011헌바379 등).

④ [○] 병역종류조항에 대체복무제가 마련되지 아니한 상황에서, 양심상의 결정에 따라 입영을 거부하거나 소집에 불응하는 국민이 기존 대법원 판례에 따라 처벌조항에 의하여 형벌을 부과받음으로써 양심에 반하는 행동을 강요받게 되는 것은 '양심에 반하는 행동을 강요당하지 아니할 자유', 즉 '부작위에 의한 양심실현의 자유'를 제한하는 것이다.

⇨ 병역종류조항에 대체복무제가 마련되지 아니한 상황에서, 양심상의 결정에 따라 입영을 거부하거나 소집에 불응하는 이 사건 청구인 등이 현재의 대법원 판례에 따라 처벌조항에 의하여 형벌을 부과받음으로써 양심에 반하는 행동을 강요받고 있으므로, 이 사건 법률조항은 '양심에 반하는 행동을 강요당하지 아니할 자유', 즉 '부작위에 의한 양심실현의 자유'를 제한하고 있다(헌재 2018.6.28, 2011헌바379 등).

14
답 ②

① [O] 집회의 자유는 개인의 인격발현의 요소이자 민주주의를 구성하는 요소라는 이중적인 헌법적 기능을 가지고 있다.

⇨ 집회의 자유는 개인의 인격발현의 요소이자 민주주의를 구성하는 요소라는 이중적 헌법적 기능을 가지고 있다. 인간의 존엄성과 자유로운 인격발현을 최고의 가치로 삼는 우리 헌법질서 내에서 집회의 자유도 다른 모든 기본권과 마찬가지로 일차적으로는 개인의 자기결정과 인격발현에 기여하는 기본권이다. 뿐만 아니라, 집회를 통하여 국민들이 자신의 의견과 주장을 집단적으로 표명함으로써 여론의 형성에 영향을 미친다는 점에서, 집회의 자유는 표현의 자유와 더불어 민주적 공동체가 기능하기 위하여 불가결한 근본요소에 속한다(헌재 2003. 10.30, 2000헌바67 등).

❷ [×] 각급 법원 인근에 집회·시위금지장소를 설정하는 것은 입법목적 달성을 위한 적합한 수단으로 볼 수 없다.

⇨ 법관의 독립은 공정한 재판을 위한 필수 요소로서 다른 국가기관이나 사법부 내부의 간섭으로부터의 독립뿐만 아니라 사회적 세력으로부터의 독립도 포함한다. 심판대상조항의 입법목적은 법원 앞에서 집회를 열어 법원의 재판에 영향을 미치려는 시도를 막으려는 것이다. 이런 입법목적은 **법관의 독립과 재판의 공정성 확보라는 헌법의 요청에 따른 것이므로 정당하다. 각급 법원 인근에 집회·시위금지장소를 설정하는 것은 입법목적 달성을 위한 적합한 수단이다.** ··· 심판대상조항은 입법목적을 달성하는 데 필요한 최소한도의 범위를 넘어 규제가 불필요하거나 또는 예외적으로 허용 가능한 옥외집회·시위까지도 일률적·전면적으로 금지하고 있으므로, 침해의 최소성원칙에 위배된다. 심판대상조항은 각급 법원 인근의 모든 옥외집회를 전면적으로 금지함으로써 상충하는 법익 사이의 조화를 이루려는 노력을 전혀 기울이지 않아, 법익의 균형성원칙에도 어긋난다. 심판대상조항은 과잉금지원칙을 위반하여 집회의 자유를 침해한다(헌재 2018.7.26, 2018헌바137).

③ [O] 외교기관 인근의 옥외집회나 시위를 원칙적으로 금지하고 외교기관의 기능이나 안녕을 침해할 우려가 없다고 인정되는 구체적인 경우에만 예외적으로 옥외집회나 시위를 허용하는 것을 위헌이라 볼 수 없다.

⇨ 나아가 이 사건 법률조항은 외교기관의 경계지점으로부터 반경 100미터 이내 지점에서의 집회 및 시위를 원칙적으로 금지하되, 그 가운데에서도 외교기관의 기능이나 안녕을 침해할 우려가 없다고 인정되는 세 가지의 예외적인 경우에는 이러한 집회 및 시위를 허용하고 있는 바, 이는 입법기술상 가능한 최대한의 예외적 허용규정이며, 그 예외적 허용 범위는 적절하다고 보이므로 이보다 더 넓은 범위의 예외를 인정하지 않는 것을 두고 침해의 최소성원칙에 반한다고 할 수 없다. 그리고 이 사건 법률조항으로 달성하고자 하는 공익은 외교기관의 기능과 안전의 보호라는 국가적 이익이며, 이 사건 법률조항은 법익충돌의 위험성이 없는 경우에는 외교기관 인근에서의 집회나 시위도 허용함으로써 구체적인 상황에 따라 상충하는 법익간의 조화를 이루고 있다. 따라서 이 사건 법률조항이 청구인의 집회의 자유를 침해한다고 할 수 없다(헌재 2010.10.28, 2010헌마111).

④ [O] 법원을 대상으로 한 집회라도 사법행정과 관련된 의사표시 전달을 목적으로 한 집회 등 법관의 독립이나 구체적 사건의 재판에 영향을 미칠 우려가 없는 집회도 있다.

⇨ 법원을 대상으로 한 집회라도 사법행정과 관련된 의사표시 전달을 목적으로 한 집회 등 법관의 독립이나 구체적 사건의 재판에 영향을 미칠 우려가 없는 집회도 있다(헌재 2018.7.26, 2018헌바137).

15
답 ④

① [O] 약사들로 구성된 법인의 약국개설을 금지하는 것은, 구성원 전원이 약사인 법인 및 그러한 법인을 구성하여 약국업을 운영하려고 하는 약사 개인들의 직업의 자유를 침해하는 것이다.

⇨ 약사들로 구성된 법인의 약국개설을 금지하는 것은, 구성원 전원이 약사인 법인 및 그러한 법인을 구성하여 약국업을 운영하려고 하는 약사 개인들의 직업의 자유를 침해하는 것이다(헌재 2002.9.19, 2000헌바84).

② [O] 성매매를 한 자를 형사처벌하도록 규정한 성매매알선 등 행위의 처벌에 관한 법률 제21조 제1항이 성판매자의 직업선택의 자유를 침해하는 것은 아니다.

⇨ 개인의 성행위 그 자체는 사생활의 내밀영역에 속하고 개인의 성적 자기결정권의 보호대상에 속한다고 할지라도, 그것이 외부에 표출되어 사회의 건전한 성풍속을 해칠 때에는 법률의 규제를 받아야 하는 것이다. ··· 성매매를 형사처벌함으로써 사회 전반의 건전한 성풍속 및 성도덕을 확립하려는 심판대상조항의 입법목적은 정당하고 수단의 적절성도 인정된다. ··· 자신의 성뿐만 아니라 타인의 성을 고귀한 것으로 여기고 이를 수단화하지 않는 것은 모든 인간의 존엄과 평등이 전제된 공동체의 발전을 위한 기본전제가 되는 가치관이므로, 사회 전반의 건전한 성풍속과 성도덕이라는 공익적 가치는 개인의 성적 자기결정권 등 기본권 제한의 정도에 비해 결코 작다고 볼 수 없어 법익균형성원칙에도 위배되지 아니한다. 따라서 심판대상조항은 개인의 성적 자기결정권, 사생활의 비밀과 자유, 직업선택의 자유를 침해하지 아니한다(헌재 2016.3.31, 2013헌가2).

③ [O] 변호사시험 응시자격으로서 법학전문대학원 석사학위를 취득하도록 한 변호사시험법 제5조 제1항이 청구인들의 직업선택의 자유를 침해한다고 볼 수 없다.

⇨ 양질의 법률서비스를 제공하기 위하여 다양한 학문적 배경을 가진 전문법조인을 법률이론과 실무교육을 통해 양성하고, 법학교육을 정상화하며, 새로 도입된 법학전문대학원 제도의 목적을 변호사시험제도와의 연계를 통하여 효과적으로 달성하기 위한 것이므로, 그 목적의 정당성과 수단의 적합성이 인정된다. 그런데 사법시험 병행제도하에서는 영어대체시험제도, 법학과목이수제도 등을 통해 사법시험에 응시할 수 있어 법조인 선발·양성과정과 법과대학에서의 법학교육이 제도적으로 연계되어 있지 않다. 그리고 예비시험제도 역시 법학전문대학원 과정을 거치지 않은 채 시험을 통하여 일정한 지식을 검증받게 하는 것에 그친다. 따라서 사법시험 병행제도와 예비시험제도로써는 법학전문대학원의 도입 목적을 달성하는 것이 어렵다. 이에 반해 법학전문대학원 설치·운영에 관한 법률은 특별전형제도, 장학금제도 등을 통해 경제적 자력이 없는 사람들에게도 법학전문대학원 과정을 이수할 기회를 부여하고 있는 바, 결국 이 사건 법률조항은 침해의 최소성원칙에 위배되지 않는다(헌재 2018.2.22, 2016헌마713).

❹ [✕] 마약류관리법을 위반하여 금고 이상의 형을 받은 경우에 일률적으로 20년간 택시운송사업의 운전업무에 종사할 수 없도록 하는 것이 직업의 자유를 침해하는 것은 아니다.

➡ 마약류관리법을 위반하여 금고 이상의 형을 받기만 하면 일률적으로 20년간 택시운송사업의 운전업무에 종사할 수 없도록 하고 있는 심판대상조항은 침해의 최소성원칙과 법익균형성의 원칙에 반하므로 직업의 자유를 침해한다.

> **― 참고 판례 ✏**
>
> 심판대상조항은 해당 범죄행위와 택시운전업무 수행과의 관련성, 범죄의 유형이나 죄질 등의 차이, 재범률이나 중독의 위험성 여부 등에 대한 고려 없이 마약류관리법을 위반하여 금고 이상의 형을 받기만 하면 일률적으로 20년간 택시운송사업의 운전업무에 종사할 수 없도록 하고 있다. 결국 심판대상조항은 구체적 사안의 개별성과 특수성을 고려할 수 있는 여지를 일체 배제하고 그 위법의 정도나 비난의 정도가 미약한 경우까지도 획일적으로 20년이라는 장기간 동안 택시운송사업의 운전업무 종사자격을 제한하는 것이므로 침해의 최소성원칙에 위배된다. 심판대상조항은 장래에 택시운송사업의 운전업무에 종사하고자 하는 사람 또는 이미 택시운송사업의 운전업무에 종사하고 있었던 사람의 사익을 현실적이고 중대하게 제한하고 있다. 이는 심판대상조항이 보호하려는 공익에 비추어 보더라도 지나치게 큰 제한이므로, 법익균형성의 원칙에도 반하는 것이다(헌재 2015. 12.23, 2013헌마575).

16 답 ②

① [○] 정당법상의 당원의 자격이 없는 자는 국민투표에 관한 운동을 할 수 없다.

➡ 국민투표법 제28조 제1항에 대한 옳은 설명이다.

> **국민투표법**
> 제28조 【운동을 할 수 없는 자】 ① 정당법상의 당원의 자격이 없는 자는 운동을 할 수 없다.

❷ [✕] 출입국관리 관계 법령에 따라 대한민국에 계속 거주할 수 있는 자격을 갖춘 외국인으로서 지방자치단체의 조례로 정한 사람은 국민투표권을 가진다.

➡ '국민투표권'이 아닌, '주민투표권'을 가진다.

> **주민투표법**
> 제5조 【주민투표권】 ① 18세 이상의 주민 중 제6조 제1항에 따른 투표인명부 작성기준일 현재 다음 각 호의 어느 하나에 해당하는 사람에게는 주민투표권이 있다. 다만, 공직선거법 제18조에 따라 선거권이 없는 사람에게는 주민투표권이 없다.
> 1. 그 지방자치단체의 관할 구역에 주민등록이 되어 있는 사람
> 2. 출입국관리 관계 법령에 따라 대한민국에 계속 거주할 수 있는 자격(체류자격변경허가 또는 체류기간연장허가를 통하여 계속 거주할 수 있는 경우를 포함한다)을 갖춘 외국인으로서 지방자치단체의 조례로 정한 사람

③ [○] 국회의원선거권자인 재외선거인에게 국민투표권을 인정하지 않은 것은 국회의원선거권자의 헌법개정안 국민투표 참여를 전제하고 있는 헌법 제130조 제2항의 취지에 부합하지 않는다.

➡ 헌법 제130조 제2항에 의하면 헌법개정안 국민투표는 '국회의원선거권자' 과반수의 투표와 투표자의 과반수의 찬성을 얻도록 규정하고 있는 바, 헌법은 헌법개정안 국민투표권자로서 국회의원선거권자를 예정하고 있다. 재외선거인은 임기만료에 따른 비례대표국회의원선거에 참여하고 있으므로, 재외선거인에게 국회의원선거권이 있음은 분명하다. 국민투표법 조항이 국회의원선거권자인 재외선거인에게 국민투표권을 인정하지 않은 것은 국회의원선거권자의 헌법개정안 국민투표 참여를 전제하고 있는 헌법 제130조 제2항의 취지에도 부합하지 않는다(헌재 2014.7.24, 2009헌마256 등).

④ [○] 특정의 국가정책에 대하여 다수의 국민들이 국민투표를 원하고 있음에도 불구하고 대통령이 이러한 희망과는 달리 국민투표에 회부하지 아니한다고 하여도 이를 헌법에 위반된다고 할 수 없고, 국민에게 특정의 국가정책에 관하여 국민투표에 회부할 것을 요구할 권리가 인정된다고 할 수도 없다.

➡ 헌법 제72조는 국민투표에 부쳐질 중요정책인지 여부를 대통령이 재량에 의하여 결정하도록 명문으로 규정하고 있고 헌법재판소 역시 위 규정은 대통령에게 국민투표의 실시 여부, 시기, 구체적 부의사항, 설문내용 등을 결정할 수 있는 임의적인 국민투표발의권을 독점적으로 부여하였다고 하여 이를 확인하고 있다. 따라서 특정의 국가정책에 대하여 다수의 국민들이 국민투표를 원하고 있음에도 불구하고 대통령이 이러한 희망과는 달리 국민투표에 회부하지 아니한다고 하여도 이를 헌법에 위반된다고 할 수 없고 국민에게 특정의 국가정책에 관하여 국민투표에 회부할 것을 요구할 권리가 인정된다고 할 수도 없다(헌재 2005.11.24, 2005헌마579 등).

17 답 ③

① [✕] 외국인은 대통령선거 및 국회의원선거에서는 선거권이 없으나, 지방선거권이 조례에 의해서 인정되고 있다.

➡ 외국인의 지방선거권은 조례가 아닌 공직선거법에 의해서 인정되고 있다.

> **공직선거법**
> 제15조 【선거권】 ① 18세 이상의 국민은 대통령 및 국회의원의 선거권이 있다. 다만, 지역구국회의원의 선거권은 18세 이상의 국민으로서 제37조 제1항에 따른 선거인명부작성기준일 현재 다음 각 호의 어느 하나에 해당하는 사람에 한하여 인정된다.
> ② 18세 이상으로서 제37조 제1항에 따른 선거인명부작성기준일 현재 다음 각 호의 어느 하나에 해당하는 사람은 그 구역에서 선거하는 지방자치단체의 의회의원 및 장의 선거권이 있다.
> 3. 출입국관리법 제10조에 따른 영주의 체류자격 취득일 후 3년이 경과한 외국인으로서 같은 법 제34조에 따라 해당 지방자치단체의 외국인등록대장에 올라 있는 사람

② [✕] 병영 내 기거하는 현역병의 주민등록을 그가 속한 세대의 거주지에서 하도록 한 것은 선거권을 침해한다.

⇨ 영내 기거하는 현역병은 보다 밀접한 이해관계를 가지는 그가 속한 세대의 거주지 선거에서 선거권을 행사할 수 있고, 영내 기거하는 현역병을 병영이 소재하는 지역의 주민에 해당한다고 보기 어려운 이상, 이 사건 **법률조항은 영내 기거 현역병의 선거권을 제한하지 않는다**(헌재 2011.6.30, 2009헌마59).

❸ [O] 비례대표제를 채택하는 경우 직접선거의 원칙은 의원의 선출뿐만 아니라 정당의 비례적인 의석확보도 선거권자의 투표에 의하여 직접 결정될 것을 요구하는 바, 비례대표의원의 선거는 지역구의원의 선거와는 별도의 선거이므로 이에 관한 유권자의 별도의 의사표시, 즉 정당명부에 대한 별도의 투표가 있어야 한다.

⇨ 비례대표제를 채택하는 경우 직접선거의 원칙은 의원의 선출뿐만 아니라 정당의 비례적인 의석확보도 선거권자의 투표에 의하여 직접 결정될 것을 요구하는 바, 비례대표의원의 선거는 지역구의원의 선거와는 별도의 선거이므로 이에 관한 유권자의 별도의 의사표시, 즉 정당명부에 대한 별도의 투표가 있어야 함에도 현행제도는 정당명부에 대한 투표가 따로 없으므로 결국 비례대표의원의 선출에 있어서는 정당의 명부작성행위가 최종적·결정적인 의의를 지니게 되고, 선거권자들의 투표행위로써 비례대표의원의 선출을 직접·결정적으로 좌우할 수 없으므로 직접선거의 원칙에 위배된다(헌재 2001.7.19, 2000헌마91 등).

④ [×] 농협조합장선거에서 조합장을 선출하거나 조합장으로 선출될 권리 등은 헌법에 의하여 보호되는 선거권의 일종이다.

⇨ 농협법은 지역농협을 법인으로 하면서(제4조), 공직선거에 관여해서는 아니 되고(제7조), 조합의 재산에 대하여 국가 및 지방자치단체의 조세 외의 부과금이 면제되도록 규정하고 있어(제8조) 이를 공법인으로 볼 여지가 있으나, 한편 지역농협은 조합원의 경제적·사회적·문화적 지위의 향상을 목적으로 하는 농업인의 자주적 협동조직으로, 조합원 자격을 가진 20인 이상이 발기인이 되어 설립하고(제15조), 조합원의 출자로 자금을 조달하며(제21조), 지역농협의 결성이나 가입이 강제되지 아니하고, 조합원의 임의탈퇴 및 해산이 허용되며(제28조, 제29조), 조합장은 조합원들이 직접 선출하거나 총회에서 선출하도록 하고 있으므로(제45조), 기본적으로 사법인적 성격을 지니고 있다 할 것이다. 이처럼 사법적인 성격을 지니는 농협의 조합장선거에서 조합장을 선출하거나 조합장으로 선출될 권리, 조합장선거에서 선거운동을 하는 것은 헌법에 의하여 보호되는 선거권의 범위에 포함되지 않는다(헌재 2012.2.23, 2011헌바154).

---

18   답 ③

① [O] 주민등록과 국내거소신고를 기준으로 지역구국회의원선거권을 인정하는 것은 해당 국민의 지역적 관련성을 확인하는 합리적인 방법으로, 주민등록이 되어 있지 않고 국내거소신고도 하지 않은 재외국민의 임기만료 지역구국회의원선거권을 인정하지 않은 것은 선거권을 침해한다고 볼 수 없다.

⇨ 전국을 단위로 선거를 실시하는 대통령선거와 비례대표국회의원선거에 투표하기 위해서는 국민이라는 자격만으로 충분한 데 반해, 특정한 지역구의 국회의원선거에 투표하기 위해서는 '해당 지역과의 관련성'이 인정되어야 한다. 결국 '특정

지역구의 국회의원'이라면 '지역에 이해를 가지는 자'가 지역의 이익을 대표하는 국회의원을 선출하여야 하는 것이다. … 주민등록과 국내거소신고를 기준으로 지역구국회의원선거권을 인정하는 것은 해당 국민의 지역적 관련성을 확인하는 합리적인 방법이다. … 따라서 선거권조항과 재외선거인 등록신청조항이 재외선거인의 임기만료 지역구국회의원선거권을 인정하지 않은 것이 나머지 청구인들의 선거권을 침해하거나 보통선거원칙에 위배된다고 볼 수 없다(헌재 2014.7.24, 2009헌마256 등).

② [O] 헌법재판소는 주민투표권은 헌법상의 기본권성이 부정된다고 판시하였다.

⇨ 우리 헌법은 법률이 정하는 바에 따른 '선거권'과 '공무담임권' 및 국가안위에 관한 중요정책과 헌법개정에 대한 '국민투표권'만을 헌법상의 참정권으로 보장하고 있으므로, 지방자치법 제13조의2에서 규정한 주민투표권은 그 성질상 선거권, 공무담임권, 국민투표권과 전혀 다른 것이어서 이를 법률이 보장하는 참정권이라고 할 수 있을지언정 헌법이 보장하는 참정권이라 할 수는 없다(헌재 2001.6.28, 2000헌마735).

❸ [×] 육군훈련소에서 군사교육을 받고 있었던 훈련병에 대하여 제19대 대통령선거 대담·토론회의 시청을 금지한 행위는 훈련병의 선거권을 침해한다.

⇨ 이 사건 시청금지행위는 보충역을 병력자원으로 육성하고 병영생활에 적응시키기 위한 군사교육의 일환으로 이루어졌다. 대담·토론회가 이루어진 시각을 고려하면 육군훈련소에서 군사교육을 받고 있는 청구인 윤○○이 이를 시청할 경우 교육훈련에 지장을 초래할 가능성이 높았던 점, 육군훈련소 내 훈련병 생활관에는 텔레비전이 설치되어 있지 않았던 점, 청구인 윤○○은 다른 수단들을 통해서 선거정보를 취득할 수 있었던 점 등을 고려하면, 이 사건 **시청금지행위가 청구인 윤○○의 선거권을 침해한다고 볼 수 없다**(헌재 2020.8.28, 2017헌마813).

④ [O] 보통선거의 원칙에 따라 연령에 의하여 선거권을 제한하는 것은, 국정 참여 수단으로서의 선거권 행사는 일정한 수준의 정치적인 판단능력이 전제되어야 하기 때문이다.

⇨ 보통선거의 원칙은 선거권자의 능력, 재산, 사회적 지위 등의 실질적인 요소를 배제하고 일정한 연령에 도달한 사람이라면 누구라도 당연히 선거권을 갖는 것을 요구하는데, 그 전제로서 일정한 연령에 이르지 못한 국민에 대하여는 선거권을 제한하는 바, 연령에 의하여 선거권을 제한하는 것은 국정 참여 수단으로서 선거권 행사는 일정한 수준의 정치적인 판단능력이 전제되어야 하기 때문이다(헌재 2013.7.25, 2012헌마174).

---

19   답 ④

① [O] 초등학교 1·2학년의 정규교과에 영어를 배제하고, 3~6학년의 영어교육을 일정한 시수로 제한하는 부분이 학부모들의 자녀교육권을 침해하는 것은 아니다.

⇨ 초등학교 시기는 인격 형성의 토대를 마련하는 중요한 시기이므로, 한정된 시간에 교육과정을 고르게 구성하여 초등학생의 전인적 성장을 도모하기 위해서는 초등학생의 영어교육이 일정한 범위로 제한되는 것이 불가피하다. … 한편, 사립학교에게 그 특수성과 자주성이 인정된다고 하더라도, 자율적인 교

육과정의 편성은 국가 수준의 교육과정 내에서 허용될 수 있는 것이지, 이를 넘어 허용한다면 교육의 기회에 불평등을 조장하는 결과를 초래하여, 종국에는 사회적 양극화를 초래하는 주요한 요소가 될 것이다. 따라서 이 사건 고시 부분은 청구인들의 인격의 자유로운 발현권과 자녀교육권을 침해하지 않는다(헌재 2016.2.25, 2013헌마838).

② [○] 의무교육에 필요한 학교용지의 부담금을 개발사업지역 내 주택의 수분양자들에게 부과·징수하는 것은 의무교육의 무상원칙에 위배되어 위헌이다.
  ⇨ 의무교육에 필요한 학교용지의 부담금을 개발사업지역 내 주택의 수분양자들에게 부과·징수하는 것은 의무교육의 무상원칙에 위배된다.

③ [○] 검정고시로 고등학교 졸업학력을 취득한 사람들의 수시모집 지원을 제한하는 내용의 피청구인 국립교육대학교 등의 '2017학년도 신입생 수시모집 입시요강'은 균등하게 교육을 받을 권리를 침해하는 것이다.
  ⇨ 이 사건 수시모집요강은 기초생활수급자·차상위계층, 장애인 등을 대상으로 하는 일부 특별전형에만 검정고시 출신자의 지원을 허용하고 있을 뿐 수시모집에서의 검정고시 출신자의 지원을 일률적으로 제한함으로써 실질적으로 검정고시 출신자의 대학입학 기회의 박탈이라는 결과를 초래하고 있다. 수시모집의 학생선발방법이 정시모집과 동일할 수는 없으나, 이는 수시모집에서 응시자의 수학능력이나 그 정도를 평가하는 방법이 정시모집과 다른 것을 의미할 뿐, 수학능력이 있는 자들에게 동등한 기회를 주고 합리적인 선발 기준에 따라 학생을 선발하여야 한다는 점은 정시모집과 다르지 않다. 따라서 수시모집에서 검정고시 출신자에게 수학능력이 있는지 여부를 평가받을 기회를 부여하지 아니하고 이를 박탈한다는 것은 수학능력에 따른 합리적인 차별이라고 보기 어렵다. 피청구인들은 정규 고등학교 학교생활기록부가 있는지 여부, 공교육 정상화, 비교내신 문제 등을 차별의 이유로 제시하고 있으나 이러한 사유가 차별취급에 대한 합리적인 이유가 된다고 보기 어렵다. 그렇다면 이 사건 수시모집요강은 검정고시 출신자인 청구인들을 합리적인 이유 없이 차별함으로써 청구인들의 균등하게 교육을 받을 권리를 침해한다(헌재 2017.12.28, 2016헌마649).

❹ [×] 지방교육자치에 관한 법률 등을 개정하여 의무교육 관련 경비를 국가뿐만 아니라 지방자치단체에도 부담하게 하는 것은 지방자치단체의 자치재정권을 침해한다.
  ⇨ 헌법 제31조 제2항·제3항으로부터 직접 의무교육 경비를 중앙정부로서의 국가가 부담하여야 한다는 결론은 도출되지 않으며, 그렇다고 하여 의무교육의 성질상 중앙정부로서의 국가가 모든 비용을 부담하여야 하는 것도 아니므로, 지방교육자치에 관한 법률 제39조 제1항이 의무교육 경비에 대한 지방자치단체의 부담가능성을 예정하고 있다는 점만으로는 헌법에 위반되지 않는다(헌재 2005.12.22, 2004헌라3).

20   답 ①

❶ [×] 국가는 헌법 제32조의 근로의 권리, 사회국가원리 등에 근거하여 실업방지 및 부당한 해고로부터 근로자를 보호하여야 할 의무가 있다. 그리고 우리 헌법상 국가는 근로관계의 존속보호를 위하여 최소한의 보호를 제공하여야 할 의무를 지고 있다. 그러므로 국가가 법률로 국가보조연구기관을 통·폐합함에 있어 재산상의 권리·의무만 승계시키고, 근로관계의 당연승계조항을 두고 있지 아니한 것은 위헌이다.
  ⇨ 근로관계의 당연승계를 보장하는 입법을 반드시 하여야 할 헌법상의 의무를 인정할 수 없으며, 국가가 근로관계의 존속을 보호하기 위한 최소한의 보호조치를 취하고 있는지의 여부는 당해 법률조항만에 의할 것이 아니라 노사관계에 관한 법체계 전반을 통하여 판단하여야 한다.

┌─ 참고 판례 ✍ ─────────────────
│ 헌법 제15조의 직업의 자유 또는 헌법 제32조의 근로의 권리, 사회국가원리에 근거하여 실업방지 및 부당한 해고로부터 근로자를 보호하여야 할 국가의 의무를 도출할 수는 있을 것이나, 국가에 대한 직접적인 직장존속보장청구권을 근로자에게 인정할 헌법상의 근거는 없다. 이와 같이 우리 헌법상 국가에 대한 직접적인 직장존속보장청구권을 인정할 근거는 없으므로 근로관계의 당연승계를 보장하는 입법을 반드시 하여야 할 헌법상의 의무를 인정할 수 없다. 다만, 우리 헌법상 국가는 근로관계의 존속보호를 위하여 최소한의 보호를 제공하여야 할 의무를 지고 있다고 할 것이며, 국가가 근로관계의 존속을 보호하기 위한 최소한의 보호조치를 취하고 있는지의 여부는 당해 법률조항만에 의할 것이 아니라 노사관계에 관한 법체계 전반을 통하여 판단하여야 할 것인 바, 현행 법제상 국가는 근로관계의 존속보호를 위한 최소한의 보호조치마저 제공하고 있지 않다고 보기 어렵다(헌재 2002.11.28, 2001헌바50).

② [○] 근로자가 퇴직급여를 청구할 수 있는 권리도 헌법상 바로 도출되는 것이 아니라 퇴직급여법 등 관련 법률이 구체적으로 정하는 바에 따라 비로소 인정될 수 있는 것이므로 계속근로기간 1년 미만인 근로자가 퇴직급여를 청구할 수 있는 권리가 헌법 제32조 제1항에 의하여 보장된다고 보기 어렵다.
  ⇨ 헌법 제32조 제1항이 규정하는 근로의 권리는 사회적 기본권으로서 국가에 대하여 직접 일자리를 청구하거나 일자리에 갈음하는 생계비의 지급청구권을 의미하는 것이 아니라 고용증진을 위한 사회적·경제적 정책을 요구할 수 있는 권리에 그치며, 근로의 권리로부터 국가에 대한 직접적인 직장존속청구권이 도출되는 것도 아니다. 나아가 근로자가 퇴직급여를 청구할 수 있는 권리도 헌법상 바로 도출되는 것이 아니라 퇴직급여법 등 관련 법률이 구체적으로 정하는 바에 따라 비로소 인정될 수 있는 것이므로 계속근로기간 1년 미만인 근로자가 퇴직급여를 청구할 수 있는 권리가 헌법 제32조 제1항에 의하여 보장된다고 보기는 어렵다(헌재 2011.7.28, 2009헌마408).

③ [○] 4주간을 평균하여 1주간의 소정근로시간이 15시간 미만인 근로자, 즉 이른바 '초단시간근로자'를 퇴직급여제도의 적용대상에서 제외하고 있는 '근로자퇴직급여 보장법'이 근로의 권리를 침해하는 것은 아니다.
  ⇨ 사용자와 근로자는 기준근로시간을 초과하지 않는 한 원칙적으로 자유로운 의사에 따라 소정근로시간에 관하여 합의할 수 있고, 다만 소정근로시간의 정함이 단지 형식에 불과하다고 평가할 수 있는 정도에 이르거나, 강행법규를 잠탈할 의도로 소정근로시간을 정하였다는 등의 특별한 사정이 있는 경우 소정근로시간에 관한 합의로서의 효력이 부정되므로, 실제 근무형태나 근로시간이 소정근로시간을 초과하는 식으로 근무하

게 된다거나 이른바 일자리 쪼개기가 이루어지는 등의 편법적 행태가 시도된다는 점을 근거로 심판대상조항의 규율 자체가 합리성을 상실한 것이라 단정할 수는 없다. 또한, 심판대상조항에 의하여 초단시간근로자의 퇴직급여 지급이 제한된다 하더라도 퇴직 후 생활보장 내지 노후보장을 위해 입법자는 국민연금제도, 기초노령연금제도 등의 여러 가지 사회보장적 제도를 마련하고 있다. 한편, 국제노동기구(ILO) 제175호 '단시간 근로 협약'에서도 단시간근로자의 근로시간 또는 소득이 일정 기준에 미달하는 경우 법정 사회보장제도에서의 제외를 가능하도록 하고 있는바, 이는 우리에게도 고려의 요소가 될 수 있다. 따라서 심판대상조항은 헌법 제32조 제3항에 위배되는 것으로 볼 수 없다(헌재 2021.11.25, 2015헌바334).

④ [O] 형법상 업무방해죄는 모든 쟁의행위에 대하여 무조건 적용되는 것이 아니라, 단체행동권의 내재적 한계를 넘어 정당성이 없다고 판단되는 쟁의행위에 대하여만 적용되는 조항임이 명백하다고 할 것이므로, 그 목적이나 방법 및 절차상 한계를 넘어 업무방해의 결과를 야기시키는 쟁의행위에 대하여만 이 사건 법률조항을 적용하여 형사처벌하는 것은 헌법상 단체행동권을 침해하였다고 볼 수 없다.

⇨ 형법상 업무방해죄 처벌규정은 합헌이다(헌재 2010.4.29, 2009헌바168).

정답

p.38

01	①	02	④	03	④	04	④	05	④
06	③	07	②	08	②	09	②	10	②
11	②	12	③	13	③	14	④	15	③
16	①	17	④	18	①	19	①	20	③

01

답 ①

❶ [○] 제헌헌법은 헌법재판기관을 헌법위원회와 탄핵재판소로 이원화하여 규정하였으며, 헌법위원회의 위원장과 탄핵재판소의 재판장은 부통령이 된다고 규정하였다.
⇨ 제헌헌법은 헌법재판에 대하여 위헌법률심판은 헌법위원회 관할로 하고, 탄핵심판권은 탄핵재판소의 관할로 하는 이원화 규정을 두었으며, 헌법위원회의 위원장과 탄핵재판소의 재판장은 부통령이 된다고 규정하였다.

② [×] 1952년 헌법에는 국무총리제를 폐지하고 국무위원에 대한 개별적 불신임제를 채택하였다.
⇨ 국무총리제를 폐지한 것은 1954년의 제2차 개헌이었다.

③ [×] 1962년의 제5차 개헌은 헌법재판소를 폐지하고 위헌법률심판·권한쟁의심판·선거소송을 대법원에서 담당하게 하였다.
⇨ 1962년의 제5차 개헌은 헌법재판소를 폐지하고, 탄핵심판을 탄핵심판위원회, 위헌법률심사·정당해산심판·선거소송을 대법원에서 담당하게 하였다. 하지만, 기관간 권한쟁의심판에 대해서는 별도의 규정을 두지 않았다.

④ [×] 1987년 제9차 개헌에서는 근로자의 적정임금 보장, 재외국민 보호의무 규정을 신설하고 형사보상청구권을 피의자까지 확대 인정하였다.
⇨ 근로자의 적정임금 보장은 1980년 제8차 개헌에서 인정하였다.

02

답 ④

① [×] 외국인이 귀화허가를 받기 위해서는 '품행이 단정할 것'의 요건을 갖추도록 한 국적법 조항은 명확성원칙에 위배된다.
⇨ 심판대상조항은 외국인에게 대한민국 국적을 부여하는 '귀화'의 요건을 정한 것인데, '품행', '단정' 등 용어의 사전적 의미가 명백하고, 심판대상조항의 입법취지와 용어의 사전적 의미 및 법원의 일반적인 해석 등을 종합해 보면, '품행이 단정할 것'은 '귀화신청자를 대한민국의 새로운 구성원으로서 받아들이는 데 지장이 없을 만한 품성과 행실을 갖춘 것'을 의미하고, 구체적으로 이는 귀화신청자의 성별, 연령, 직업, 가족, 경력, 전과관계 등 여러 사정을 종합적으로 고려하여 판단될

것임을 예측할 수 있다. 따라서 심판대상조항은 명확성원칙에 위배되지 아니한다(헌재 2016.7.28, 2014헌바421).

② [×] 공무원이 그 직무상 대한민국 국적을 상실한 자를 발견하면 3개월 이내에 법무부장관에게 그 사실을 통보하여야 한다.
⇨ 지체 없이 통보하여야 한다(국적법 제14조의5 제1항).

> **국적법**
> 제14조의5 【복수국적자에 관한 통보의무 등】 ① 공무원이 그 직무상 복수국적자를 발견하면 지체 없이 법무부장관에게 그 사실을 통보하여야 한다.

③ [×] 헌법 제2조 제1항은 "대한민국의 국민이 되는 요건은 법률로 정한다."고 하여 대한민국 국적의 취득에 관하여 위임하고 있으나, 국적의 유지나 상실을 둘러싼 전반적인 법률관계를 법률에 규정하도록 위임하고 있는 것으로 풀이할 수는 없다.
⇨ 국적에 관한 사항은 국가의 주권자의 범위를 확정하는 고도의 정치적 속성을 가지고 있어서 당해 국가가 역사적 전통과 정치·경제·사회·문화 등 제반사정을 고려하여 결정할 문제이다. 헌법 제2조 제1항은 "대한민국의 국민이 되는 요건은 법률로 정한다."고 하여 기본권의 주체인 국민에 관한 내용을 입법자가 형성하도록 하고 있다. 이는 대한민국 국적의 '취득'뿐만 아니라 국적의 유지·상실을 둘러싼 전반적인 법률관계를 법률에 규정하도록 위임하고 있는 것으로 풀이할 수 있다(헌재 2014.6.26, 2011헌마502).

❹ [○] 외국인의 자(子)로서 대한민국의 민법상 미성년인 사람은 부 또는 모가 귀화허가를 신청할 때 함께 국적 취득을 신청할 수 있고, 이에 따라 국적 취득을 신청한 사람은 부 또는 모가 대한민국 국적을 취득한 때에 함께 대한민국 국적을 취득한다.
⇨ 국적법 제8조 제1항·제2항에 대한 옳은 내용이다.

> **국적법**
> 제8조 【수반 취득】 ① 외국인의 자(子)로서 대한민국의 민법상 미성년인 사람은 부 또는 모가 귀화허가를 신청할 때 함께 국적 취득을 신청할 수 있다.
> ② 제1항에 따라 국적 취득을 신청한 사람은 부 또는 모가 대한민국 국적을 취득한 때에 함께 대한민국 국적을 취득한다.

① [○] 기존 국세 관련 경력공무원 중 일부에게만 구법 규정을 적용하여 세무사 자격이 부여되도록 규정한 세무사법 부칙조항은 신뢰보호원칙에 위배된다.

⇨ 청구인들의 세무사 자격 부여에 대한 신뢰는 보호할 필요성이 있는 합리적이고도 정당한 신뢰라 할 것이고, 개정법 제3조 등의 개정으로 말미암아 청구인들이 입게 된 불이익의 정도, 즉 신뢰이익의 침해 정도는 중대하다고 아니할 수 없는 반면, 청구인들의 신뢰이익을 침해함으로써 일반응시자와의 형평을 제고한다는 공익은 위와 같은 신뢰이익 제한을 헌법적으로 정당화할 만한 사유라고 보기 어렵다. 그러므로 기존 국세 관련 경력공무원 중 일부에게만 구법 규정을 적용하여 세무사 자격이 부여되도록 규정한 위 세무사법 부칙 제3항은 충분한 공익적 목적이 인정되지 아니함에도 청구인들의 기대가치 내지 신뢰이익을 과도하게 침해한 것으로서 헌법에 위반된다(헌재 2001.9.27, 2000헌마152).

② [○] 신뢰보호원칙은 법치국가원리에 근거를 두고 있는 헌법상 원칙으로서, 특정한 법률에 의하여 발생한 법률관계는 그 법에 따라 파악되고 판단되어야 하고 과거의 사실관계가 그 뒤에 생긴 새로운 법률의 기준에 따라 판단되지 않는다는 국민의 신뢰를 보호하기 위한 것이다.

⇨ 신뢰보호원칙은 법치국가원리에 근거를 두고 있는 헌법상 원칙으로서, 특정한 법률에 의하여 발생한 법률관계는 그 법에 따라 파악되고 판단되어야 하고 과거의 사실관계가 그 뒤에 생긴 새로운 법률의 기준에 따라 판단되지 않는다는 국민의 신뢰를 보호하기 위한 것이다(헌재 2012.11.29, 2011헌마786 등).

③ [○] 군인연금법상 퇴역연금 수급권자가 사립학교교직원 연금법 제3조의 학교기관으로부터 보수 기타 급여를 지급받는 경우에는 대통령령이 정하는 바에 따라 퇴역연금의 전부 또는 일부의 지급을 정지할 수 있도록 하는 것은 신뢰보호원칙에 위반되지 않는다.

⇨ 기존의 연금수급자들에 대한 퇴역연금의 지급을 정지함으로써 달성하려는 공익은 군인연금재정의 악화를 개선하여 이를 유지·존속하려는 데에 있는 것으로, 그와 같은 공익적인 가치는 매우 크다 하지 않을 수 없다. 한편 연금수급권의 성격상 급여의 구체적인 내용은 불변적인 것이 아니라, 국가의 재정, 다음 세대의 부담 정도, 사회정책적 상황 등에 따라 변경될 수 있는 것이므로, 연금제도에 대한 신뢰는 반드시 "퇴직 후에 현 제도 그대로의 연금액을 받는다."는 데에 둘 수만은 없는 것이고, 또 연금수급자는 단순히 기존의 기준에 의하여 연금이 지속적으로 지급될 것이라는 기대 아래 소극적으로 연금을 지급받는 것일 뿐, 그러한 신뢰에 기하여 어떠한 적극적인 투자 등의 조치를 취하는 것도 아니다. 그렇다면 보호해야 할 연금수급자의 신뢰의 가치는 그리 크지 않은 반면, 군인연금 재정의 파탄을 막고 군인연금제도를 건실하게 유지하려는 공익적 가치는 긴급하고 또한 중요한 것이므로, 이 사건 정지조항이 헌법상 신뢰보호의 원칙에 위반된다고 할 수 없다(헌재 2007.10.25, 2005헌바68).

❹ [×] 무기징역의 집행 중에 있는 자의 가석방 요건을 종전의 '10년 이상'에서 '20년 이상' 형 집행 경과로 강화한 개정형법 조항을 형법 개정시에 이미 수용 중인 사람에게도 적용하는 것은 신뢰보호원칙에 위배된다.

⇨ 가석방제도의 실제 운용에 있어서도 10년보다 장기간의 형 집행 이후에 가석방을 해 왔고, 무기징역형을 선고받은 수형자에 대하여 가석방을 한 예가 많지 않으며, 2002년 이후에는 20년 미만의 집행기간을 경과한 무기징역형 수형자가 가석방된 사례가 없으므로, 청구인의 신뢰가 손상된 정도도 크지 아니하다. 그렇다면 죄질이 더 무거운 무기징역형을 선고받은 수형자를 가석방할 수 있는 형 집행 경과기간이 개정법 시행 후에 유기징역형을 선고받은 수형자의 경우와 같거나 오히려 더 짧게 되는 불합리한 결과를 방지하고, 사회를 방위하기 위한 이 사건 부칙조항이 신뢰보호원칙에 위배되어 청구인의 신체의 자유를 침해한다고 볼 수 없다(헌재 2013.8.29, 2011헌마408).

① [○] 지방자치단체의 장이 '공소제기된 후 구금상태에 있는 경우' 부단체장이 그 권한을 대행하도록 하는 것은 자치단체장의 공무담임권을 침해하지 않는다.

⇨ 지방자치단체의 장이 '공소제기된 후 구금상태에 있는 경우' 부단체장이 그 권한을 대행하도록 하는 것은 자치단체장의 공무담임권을 침해하지 않는다(헌재 2011.4.28, 2010헌마474).

② [○] 헌법은 지역 주민들이 자신들이 선출한 자치단체의 장과 지방의회를 통하여 자치사무를 처리할 수 있는 대의제 또는 대표제 지방자치를 보장하고 있을 뿐, 주민투표에 대하여는 명시적으로 규정하고 있지 않다.

⇨ 헌법은 지역 주민들이 자신들이 선출한 자치단체의 장과 지방의회를 통하여 자치사무를 처리할 수 있는 대의제 또는 대표제 지방자치를 보장하고 있을 뿐, 주민투표에 대하여는 명시적으로 규정하고 있지 않다(헌재 2001.6.28, 2000헌마735).

③ [○] 헌법 제117조 제1항의 "지방자치단체는 법령의 범위 안에서 자치에 관한 규정을 제정할 수 있다."는 규정 중의 '법령'에는 법규명령으로서 기능하는 행정규칙이 포함된다.

⇨ 헌법 제117조 제1항의 "지방자치단체는 법령의 범위 안에서 자치에 관한 규정을 제정할 수 있다."는 규정 중의 '법령'에는 법규명령으로서 기능하는 행정규칙이 포함된다(헌재 2002.10.31, 2002헌라2).

❹ [×] 지방의회는 주민청구조례안이 수리된 날부터 6개월 이내에 주민청구조례안을 의결하여야 한다. 다만, 필요한 경우에는 본회의 의결로 6개월 이내의 범위에서 한 차례만 그 기간을 연장할 수 있다.

⇨ 지방의회는 제12조 제1항에 따라 주민청구조례안이 수리된 날부터 1년 이내에 주민청구조례안을 의결하여야 한다. 다만, 필요한 경우에는 본회의 의결로 1년 이내의 범위에서 한 차례만 그 기간을 연장할 수 있다(주민조례발안에 관한 법률 제13조 제1항).

05 답 ④

① [O] 대학원재학생과 '고아'에 대하여 자활사업 참가조건 부과 유예사유를 두지 않은 국민기초생활 보장법 시행령 제8조 제2항 제1호는 인간다운 생활을 할 권리를 침해하지 않는다.

⇨ 이 사건 시행령조항은 조건 부과 유예대상자로 '대학원에 재학 중인 사람'과 '부모에게 버림받아 부모를 알 수 없는 사람'을 규정하고 있지 않다. 그런데 국민기초생활 보장법은 조건 부과 유예대상자에 해당하지 않는다고 하더라도, 수급자의 개인적 사정을 고려하여 근로조건의 제시를 유예할 수 있는 제도를 별도로 두고 있으므로, '대학원에 재학 중인 사람' 또는 '부모에게 버림받아 부모를 알 수 없는 사람'이 조건 제시 유예사유에 해당하면 자활사업 참여 없이 생계급여를 받을 수 있다. 여기에, 고등교육법과 '법학전문대학원 설치·운영에 관한 법률'이 장학금제도를 규정하고 있는 점, 생계급여제도 이외에도 의료급여와 같은 각종 급여제도 등을 통하여서도 인간의 존엄에 상응하는 생활에 필요한 '최소한의 물질적인 생활'을 유지하는 데 도움을 받을 수 있는 점 등을 종합하여 보면, 이 사건 시행령조항은 청구인의 인간다운 생활을 할 권리도 침해하지 않는다(헌재 2017.11.30, 2016헌마448).

② [O] 공무원이 직무와 관련 없는 과실로 인한 경우 및 소속상관의 정당한 직무상의 명령에 따르다가 과실로 인한 경우를 제외하고 재직 중의 사유로 금고 이상의 형을 받은 경우, 퇴직급여 등을 감액하도록 규정한 공무원연금법 제64조 제1항 제1호는 인간다운 생활을 할 권리를 침해하지 않는다.

⇨ 이 사건 감액조항은 공무원범죄를 예방하고 공무원이 재직 중 성실히 근무하도록 유도하기 위한 것으로서 그 입법목적은 정당하고, 수단도 적절하다. 이 사건 감액조항은 퇴직급여 등의 감액사유에서 '직무와 관련 없는 과실로 인하여 범죄를 저지른 경우' 및 '소속 상관의 정당한 직무상의 명령에 따르다가 과실로 인하여 범죄를 저지른 경우'를 제외하고, 이러한 범죄행위로 인하여 그 결과 '금고 이상의 형을 받은 경우'로 한정한 점, 감액의 범위도 국가 또는 지방자치단체의 부담 부분을 넘지 않도록 한 점 등을 고려하면 침해의 최소성도 인정된다. 청구인들은 퇴직급여의 일부가 감액되는 사익의 침해를 받지만, 이는 공무원 자신이 저지른 범죄에서 비롯된 것인 점, 공무원 개개인이나 공직에 대한 국민의 신뢰를 유지하고자 하는 공익이 결코 적지 않은 점, 특히 이 사건 감액조항은 구법조항보다 감액사유를 더욱 한정하여 침해되는 사익을 최소화하고자 하였다는 점에서 법익의 균형성도 인정된다. 따라서 이 사건 감액조항은 청구인들의 재산권과 인간다운 생활을 할 권리를 침해하지 아니한다(헌재 2013.8.29, 2010헌바354).

③ [O] 인간다운 생활을 보장하기 위한 객관적인 내용의 최소한을 보장하고 있는지 여부는 심판대상조항만을 가지고 판단하여서는 안 되고, 다른 법령에 의거하여 국가가 최저생활보장을 위하여 지급하는 각종 급여나 각종 부담의 감면 등도 함께 고려하여 판단하여야 한다.

⇨ 인간다운 생활을 보장하기 위한 객관적 내용의 최소한을 보장하고 있는지의 여부는 생활보호법에 의한 생계보호급여만을 가지고 판단하여서는 아니 되고, 그 외의 법령에 의거하여 국가가 생계보호를 위하여 지급하는 각종 급여나 각종 부담의 감면 등을 총괄한 수준을 가지고 판단하여야 한다(헌재 1997.5.29, 94헌마33).

❹ [X] 보건복지부장관이 고시한 생계보호기준에 따른 생계보호의 수준이 일반 최저생계비에 못 미친다면, 인간다운 생활을 보장하기 위하여 국가가 실현해야 할 객관적 내용의 최소한도의 보장에도 이르지 못한 것이므로 청구인들의 행복추구권과 인간다운 생활을 할 권리를 침해한 것이다.

⇨ 국가가 행하는 생계보호의 수준이 그 재량의 범위를 명백히 일탈하였는지의 여부, 즉 인간다운 생활을 보장하기 위한 객관적 내용의 최소한을 보장하고 있는지의 여부는 생활보호법에 의한 생계보호급여만을 가지고 판단하여서는 아니 되고 그 외의 법령에 의거하여 국가가 생계보호를 위하여 지급하는 각종 급여나 각종 부담의 감면 등을 총괄한 수준을 가지고 판단하여야 하는 바, 1994년도를 기준으로 생활보호대상자에 대한 생계보호급여와 그 밖의 각종 급여 및 각종 부담감면의 액수를 고려할 때, 이 사건 생계보호기준이 청구인들의 인간다운 생활을 보장하기 위하여 국가가 실현해야 할 객관적 내용의 최소한도의 보장에도 이르지 못하였다거나 헌법상 용인될 수 있는 재량의 범위를 명백히 일탈하였다고는 보기 어렵고, 따라서 비록 위와 같은 생계보호의 수준이 일반 최저생계비에 못 미친다고 하더라도 그 사실만으로 곧 그것이 헌법에 위반된다거나 청구인들의 행복추구권이나 인간다운 생활을 할 권리를 침해한 것이라고는 볼 수 없다(헌재 1997.5.29, 94헌마33).

06 답 ③

① [O] 법률에 의하여 구체적으로 형성된 의료보험수급권은 공법상의 권리로서 헌법상 사회적 기본권의 성격과 재산권의 성격을 아울러 지니고 있다.

⇨ 법률에 의하여 구체적으로 형성된 의료보험수급권은 공법상의 권리로서 헌법상 사회적 기본권의 성격과 재산권의 성격을 아울러 지니고 있다(헌재 2003.12.18, 2002헌바1).

② [O] 60세 이상의 국민에 대하여 국민연금제도 가입을 제한하는 것은 노후를 편안하고 안락하게 살아갈 권리를 부여하고 있는 헌법상의 인간다운 생활을 할 권리를 침해하지 아니한다.

⇨ 60세 이상의 국민에 대하여 국민연금제도 가입을 제한하는 것은 노후를 편안하고 안락하게 살아갈 권리를 부여하고 있는 헌법상의 인간다운 생활을 할 권리를 침해하지 아니한다(헌재 2001.4.26, 2000헌마390).

❸ [X] 참전명예수당은 국가보훈적 성격과 수급자의 생활보호를 위한 사회보장적 의미를 동시에 가지는 바, 참전유공자 중 70세 이상자에게만 참전명예수당을 지급하는 규정은 헌법상 평등권, 인간다운 생활을 할 권리, 행복추구권 등을 침해한다.

⇨ 참전유공자 중 70세 이상자에게만 참전명예수당을 지급하는 법률조항이 헌법상 사회보장·사회복지의 이념에 명백히 반하는 입법형성권의 행사로서 70세가 되지 않은 청구인들의 평등권을 침해한다고 보기 어렵다.

참고 판례

[1] 이 사건 법률조항이 규정하는 참전명예수당은 국가를 위한 특별한 공헌과 희생에 대한 국가보훈적 성격과, 고령으로 사회활동능력을 상실한 참전유공자에게 경제적 지원을 함으로써 참전의 노고에 보답하고 아울러 자부심과 긍지를 고양하며 장기적인 측면에서 수급권자의 생활보호를 위한 사회보장적 의미를 동시에 갖는 것이다.

[2] 위와 같은 이 사건 법률조항의 입법취지와, 현행 각 예우법상의 금전급부가 국가에 대한 공헌에 있어 사망이나 부상 등 특별한 희생이나 현저한 무공에 대하여 이루어지고 있는 전반적인 사회보장의 수준에서 특별한 희생이나 무공을 요건으로 하지 않는 이 사건 참전명예수당을 신설하면서 새로이 창출되는 국가 재정부담을 고려하여 70세 이상 참전유공자에게만 지급하도록 한 이 사건 법률조항이 헌법상 사회보장·사회복지의 이념에 명백히 반하는 입법형성권의 행사로서 70세되지 않은 청구인들의 평등권을 침해한다고 보기 어렵다(헌재 2003. 7.24, 2002헌마522 등).

④ [O] 장애인가구의 추가지출비용을 반영한 별도의 최저생계비를 결정하지 않은 채 가구별 인원수만을 기준으로 최저생계비를 결정한 보건복지부장관의 최저생계비 고시가 인간다운 생활을 할 권리를 침해하지 않는다.

⇨ 보건복지부장관이 2002년도 최저생계비를 고시함에 있어서 장애인가구의 추가지출비용을 반영한 최저생계비를 별도로 정하지 아니한 채 가구별 인원수를 기준으로 한 최저생계비만을 결정·공표함으로써 장애인가구의 추가지출비용이 반영되지 않은 최저생계비에 따라 장애인가구의 생계급여액수가 결정되었다 하더라도 그 생계급여액수는 최저생계비와 동일한 액수로 결정되는 것이 아니라 최저생계비에서 개별가구의 소득평가액 등을 공제한 차액으로 지급되기 때문에 장애인가구와 비장애인가구에게 지급되는 생계급여까지 동일한 액수가 되는 것은 아니라는 점, 이때 공제되는 개별가구의 소득평가액은 장애인가구의 실제소득에서 장애인가구의 특성에 따른 지출요인을 반영한 금품인 장애인복지법에 의한 장애수당, 장애아동부양수당 및 보호수당, 만성질환 등의 치료·요양·재활로 인하여 6개월 이상 지속적으로 지출하는 의료비를 공제하여 산정하므로 결과적으로 장애인가구는 비장애인가구에 비교하여 볼 때 최저생계비에 장애로 인한 추가비용을 반영하여 생계급여액을 상향조정함과 비슷한 효과를 나타내고 있는 점, 장애인가구는 비장애인가구와 비교하여 각종 법령 및 정부시책에 따른 각종 급여 및 부담감면으로 인하여 최저생계비의 비목에 포함되는 보건의료비, 교통·통신비, 교육비, 교양·오락비, 비소비지출비를 추가적으로 보전받고 있는 점을 고려할 때, 국가가 생활능력 없는 장애인의 인간다운 생활을 보장하기 위한 조치를 취함에 있어서 국가가 실현해야 할 객관적 내용의 최소한도의 보장에도 이르지 못하였다거나 헌법상 용인될 수 있는 재량의 범위를 명백히 일탈하였다고는 보기 어렵고, 또한 장애인가구와 비장애인가구에게 일률적으로 동일한 최저생계비를 적용한 것을 자의적인 것으로 볼 수는 없다. 따라서, 보건복지부장관이 2002년도 최저생계비를 고시함에 있어 장애로 인한 추가지출비용을 반영한 별도의 최저생계비를 결정하지 않은 채 가구별 인원수만을 기준으로 최저생계비

를 결정한 것은 생활능력 없는 장애인가구 구성원의 인간의 존엄과 가치 및 행복추구권, 인간다운 생활을 할 권리, 평등권을 침해하였다고 할 수 없다(헌재 2004.10.28, 2002헌마328).

07 답 ②

① [O] 피의자·피고인의 구속 여부를 불문하고 변호인과 상담하고 조언을 구할 권리는 변호인의 조력을 받을 권리의 내용 중 구체적인 입법형성이 필요한 다른 절차적 권리의 필수적인 전제요건으로서 변호인의 조력을 받을 권리 그 자체에서 막바로 도출되는 것이다.

⇨ 피의자·피고인의 구속 여부를 불문하고 조언과 상담을 통하여 이루어지는 변호인의 조력자로서의 역할은 변호인선임권과 마찬가지로 변호인의 조력을 받을 권리의 내용 중 가장 핵심적인 것이고, 변호인과 상담하고 조언을 구할 권리는 변호인의 조력을 받을 권리의 내용 중 구체적인 입법형성이 필요한 다른 절차적 권리의 필수적인 전제요건으로서 변호인의 조력을 받을 권리 그 자체에서 막바로 도출되는 것이다(헌재 2004. 9.23, 2000헌마138).

❷ [×] 검찰수사관이 피의자신문에 참여한 변호인에게 피의자 후방에 앉으라고 요구한 행위는 변호인의 피의자신문참여권 행사에 어떠한 지장도 초래하지 않으므로 변호인의 변호권을 침해하지 아니한다.

⇨ 피의자신문에 참여한 변호인이 피의자 옆에 앉는다고 하여 피의자 뒤에 앉는 경우보다 수사를 방해할 가능성이 높아진다거나 수사기밀을 유출할 가능성이 높아진다고 볼 수 없으므로, 이 사건 후방착석요구행위의 목적의 정당성과 수단의 적절성을 인정할 수 없다. 이 사건 후방착석요구행위로 인하여 위축된 피의자가 변호인에게 적극적으로 조언과 상담을 요청할 것을 기대하기 어렵고, 변호인이 피의자의 뒤에 앉게 되면 피의자의 상태를 즉각적으로 파악하거나 수사기관이 피의자에게 제시한 서류 등의 내용을 정확하게 파악하기 어려우므로, 이 사건 후방착석요구행위는 변호인인 청구인의 피의자신문참여권을 과도하게 제한한다. 그런데 이 사건에서 변호인의 수사방해나 수사기밀의 유출에 대한 우려가 없고, 조사실의 장소적 제약 등과 같이 이 사건 후방착석요구행위를 정당화할 그 외의 특별한 사정도 없으므로, 이 사건 후방착석요구행위는 침해의 최소성 요건을 충족하지 못한다. 이 사건 후방착석요구행위로 얻어질 공익보다는 변호인의 피의자신문참여권 제한에 따른 불이익의 정도가 크므로, 법익의 균형성 요건도 충족하지 못한다. 따라서 이 사건 후방착석요구행위는 변호인인 청구인의 변호권을 침해한다(헌재 2017.11.30, 2016헌마503).

③ [O] 형사절차가 종료되어 교정시설에 수용 중인 수형자나 미결수용자가 형사사건의 변호인이 아닌 민사재판, 행정재판, 헌법재판 등에서 변호사와 접견할 경우에는 원칙적으로 변호인의 조력을 받을 권리의 주체가 될 수 없다.

⇨ 변호인의 조력을 받을 권리에 대한 헌법과 법률의 규정 및 취지에 비추어 보면, '형사사건에서 변호인의 조력을 받을 권리'를 의미한다고 보아야 할 것이므로 형사절차가 종료되어 교정시설에 수용 중인 수형자나 미결수용자가 형사사건의 변호인이 아닌 민사재판, 행정재판, 헌법재판 등에서 변호사와 접견

할 경우에는 원칙적으로 헌법상 변호인의 조력을 받을 권리의 주체가 될 수 없다(헌재 2013.8.29, 2011헌마122).

④ [O] 피의자 등이 가지는 '변호인이 되려는 자'의 조력을 받을 권리가 실질적으로 확보되기 위해서는 '변호인이 되려는 자'의 접견교통권 역시 헌법상 기본권으로서 보장되어야 한다.

⇨ 변호인 선임을 위하여 피의자·피고인(이하 '피의자 등'이라 한다)이 가지는 '변호인이 되려는 자'와의 접견교통권은 헌법상 기본권으로 보호되어야 하고, '변호인이 되려는 자'의 접견교통권은 피의자 등이 변호인을 선임하여 그로부터 조력을 받을 권리를 공고히 하기 위한 것으로서, 그것이 보장되지 않으면 피의자 등이 변호인 선임을 통하여 변호인으로부터 충분한 조력을 받는다는 것이 유명무실하게 될 수밖에 없다. 이와 같이 '변호인이 되려는 자'의 접견교통권은 피의자 등을 조력하기 위한 핵심적인 부분으로서, 피의자 등이 가지는 헌법상의 기본권인 '변호인이 되려는 자'와의 접견교통권과 표리의 관계에 있다. 따라서 피의자 등이 가지는 '변호인이 되려는 자'의 조력을 받을 권리가 실질적으로 확보되기 위해서는 '변호인이 되려는 자'의 접견교통권 역시 헌법상 기본권으로서 보장되어야 한다(헌재 2019.2.28, 2015헌마1204).

① [O] 전자장치 부착명령은 범죄행위를 한 사람에 대한 응보를 주된 목적으로 그 책임을 추궁하는 사후적 처분인 형벌과 구별되는 비형벌적 보안처분으로서 소급효금지원칙이 적용되지 아니한다.

⇨ 전자장치 부착명령은 전통적 의미의 형벌이 아닐 뿐 아니라, 성폭력범죄자의 성행교정과 재범방지를 도모하고 국민을 성폭력범죄로부터 보호한다고 하는 공익을 목적으로 하며, 전자장치의 부착을 통해서 피부착자의 행동 자체를 통제하는 것도 아니라는 점에서 이 사건 부착조항이 적용되었을 때 처벌적인 효과를 나타낸다고 보기 어렵다. 그러므로 이 사건 부착명령은 범죄행위를 한 사람에 대한 응보를 주된 목적으로 그 책임을 추궁하는 사후적 처분인 형벌과 구별되는 비형벌적 보안처분으로서 소급효금지원칙이 적용되지 아니한다(헌재 2012.12.27, 2010헌가82 등).

❷ [X] 노역장유치조항은 과잉금지원칙에 반하여 청구인들의 신체의 자유를 침해한다.

⇨ 노역장유치조항은 벌금 액수에 따라 유치기간의 하한이 증가하도록 하여 범죄의 경중이나 죄질에 따른 형평성을 도모하고 있고, 노역장유치기간의 상한이 3년인 점과 선고되는 벌금 액수를 고려하면 그 하한이 지나치게 장기라고 보기 어렵다. 또한 노역장유치조항은 유치기간의 하한을 정하고 있을 뿐이므로 법관은 그 범위 내에서 다양한 양형요소들을 고려하여 1일 환형유치금액과 노역장유치기간을 정할 수 있다. 이러한 점들을 종합하면 노역장유치조항은 과잉금지원칙에 반하여 청구인들의 신체의 자유를 침해한다고 볼 수 없다(헌재 2017.10.26, 2015헌바239 등).

③ [O] 노역장유치조항의 부칙조항은 노역장유치조항의 시행 전에 행해진 범죄행위에 대해서도 공소제기의 시기가 노역장유치조항의 시행 이후이면 이를 적용하도록 하고 있으므로, 이는 범죄행위 당시보다 불이익한 법률을 소급적용하도록 하는 것

으로서 헌법상 형벌불소급원칙에 위반된다.

⇨ 벌금에 비해 노역장유치기간이 지나치게 짧게 정해지면 경제적 자력이 충분함에도 고액의 벌금 납입을 회피할 목적으로 복역하는 자들이 있을 수 있으므로, 벌금 납입을 심리적으로 강제할 수 있는 최소한의 유치기간을 정할 필요가 있다. 또한 고액 벌금에 대한 유치기간의 하한을 법률로 정해두면 1일 환형유치금액간에 발생하는 불균형을 최소화할 수 있다. 노역장유치조항은 주로 특별형법상 경제범죄 등에 적용되는데, 이러한 범죄들은 범죄수익의 박탈과 함께 막대한 경제적 손실을 가하지 않으면 범죄의 발생을 막기 어렵다. 노역장유치조항은 벌금 액수에 따라 유치기간의 하한이 증가하도록 하여 범죄의 경중이나 죄질에 따른 형평성을 도모하고 있고, 노역장유치기간의 상한이 3년인 점과 선고되는 벌금 액수를 고려하면 그 하한이 지나치게 장기라고 보기 어렵다. 또한 노역장유치조항은 유치기간의 하한을 정하고 있을 뿐이므로 법관은 그 범위 내에서 다양한 양형요소들을 고려하여 1일 환형유치금액과 노역장유치기간을 정할 수 있다. 이러한 점들을 종합하면 노역장유치조항은 과잉금지원칙에 반하여 청구인들의 신체의 자유를 침해한다고 볼 수 없다. 형벌불소급원칙에서 의미하는 '처벌'은 형법에 규정되어 있는 형식적 의미의 형벌 유형에 국한되지 않으며, 범죄행위에 따른 제재의 내용이나 실제적 효과가 형벌적 성격이 강하여 신체의 자유를 박탈하거나 이에 준하는 정도로 신체의 자유를 제한하는 경우에는 형벌불소급원칙이 적용되어야 한다. 노역장유치는 그 실질이 신체의 자유를 박탈하는 것으로서 징역형과 유사한 형벌적 성격을 가지고 있으므로 형벌불소급원칙의 적용대상이 된다. 노역장유치조항은 1억원 이상의 벌금형을 선고받는 자에 대하여 유치기간의 하한을 중하게 변경시킨 것이므로, 이 조항 시행 전에 행한 범죄행위에 대해서는 범죄행위 당시에 존재하였던 법률을 적용하여야 한다. 그런데 부칙조항은 노역장유치조항의 시행 전에 행해진 범죄행위에 대해서도 공소제기의 시기가 노역장유치조항의 시행 이후이면 이를 적용하도록 하고 있으므로, 이는 범죄행위 당시 보다 불이익한 법률을 소급적용하도록 하는 것으로서 헌법상 형벌불소급원칙에 위반된다(헌재 2017.10.26, 2015헌바239 등).

④ [O] 디엔에이감식시료의 채취행위 및 디엔에이신원확인정보의 수집·수록·검색·회보라는 일련의 행위는 보안처분으로서의 성격을 지닌다.

⇨ 디엔에이감식시료의 채취행위 및 디엔에이신원확인정보의 수집·수록·검색·회보라는 일련의 행위는 수형인 등에게 심리적 압박에서 나오는 위하효과로 인한 범죄의 예방효과를 가진다는 점에서 행위자의 장래 위험성에 근거하여 범죄자의 개선을 통해 범죄를 예방하고 장래의 위험을 방지하여 사회를 보호하기 위해서 부과되는 보안처분으로서의 성격을 지닌다고 볼 수 있다(헌재 2014.8.28, 2011헌마28 등).

① [O] 개별 교원의 교원단체 및 노동조합 가입 정보는 개인정보 보호법 제23조의 노동조합의 가입·탈퇴에 관한 정보로서 민감정보에 해당한다.

⇨ 개인정보처리자는 노동조합의 가입·탈퇴에 관한 정보를 처리

하여서는 아니 된다.

> **개인정보 보호법**
> **제23조 【민감정보의 처리 제한】** ① 개인정보처리자는 사
> 상·신념, 노동조합·정당의 가입·탈퇴, 정치적 견해,
> 건강, 성생활 등에 관한 정보, 그 밖에 정보주체의 사생
> 활을 현저히 침해할 우려가 있는 개인정보로서 대통령
> 령으로 정하는 정보(이하 '민감정보'라 한다)를 처리하
> 여서는 아니 된다. 다만, 다음 각 호의 어느 하나에 해당
> 하는 경우에는 그러하지 아니하다.

❷ [×] 개인정보 보호법상 개인정보란 살아 있는 개인 또는 사자(死
者)에 관한 정보로서 성명, 주민등록번호 및 영상 등을 통하여
개인을 알아볼 수 있는 정보를 말한다.

⇨ '개인정보'란 살아 있는 개인에 관한 정보로서 성명, 주민등록
번호 및 영상 등을 통하여 개인을 알아볼 수 있는 정보를 말한
다(개인정보 보호법 제2조 제1호 가목).

③ [O] 통계청장이 인구주택총조사의 방문 면접조사를 실시하면서,
담당 조사원을 통해 조사대상자에게 통계청장이 작성한 인구
주택총조사 조사표의 조사항목들에 응답할 것을 요구한 행위
는 조사대상자의 개인정보자기결정권을 침해하지 않는다.

⇨ 심판대상행위는 방문 면접을 통해 행정자료로 파악하기 곤란
한 항목들을 조사하여 그 결과를 사회 현안에 대한 심층분석과
각종 정책수립, 통계작성의 기초자료 또는 사회·경제현상의
연구·분석 등에 활용하도록 하고자 한 것이므로 그 목적이 정
당하고, 15일이라는 짧은 방문 면접조사기간 등 현실적 여건
을 감안하면 인근 주민을 조사원으로 채용하여 방문면접 조사
를 실시한 것은 목적을 달성하기 위한 적정한 수단이 된다. …
나아가 관련 법령이나 실제 운용상 표본조사대상 가구의 개인
정보남용을 방지할 수 있는 여러 제도적 장치도 충분히 마련되
어 있다. 따라서 심판대상행위가 과잉금지원칙을 위반하여 청
구인의 개인정보자기결정권을 침해하였다고 볼 수 없다(헌재
2017.7.27, 2015헌마1094).

④ [O] 통신매체이용음란죄로 유죄판결이 확정된 자는 신상정보등록
대상자가 된다고 규정한 성폭력범죄의 처벌 등에 관한 특례법
조항은 신상정보 등록대상자의 개인정보자기결정권을 침해한다.

⇨ 통신매체이용음란죄의 구성요건에 해당하는 행위 태양은 행
위자의 범의, 범행 동기, 행위 상대방, 행위 횟수 및 방법 등에
따라 매우 다양한 유형이 존재하고, 개별 행위유형에 따라 재
범의 위험성 및 신상정보 등록 필요성은 현저히 다르다. 그런
데 심판대상조항은 통신매체이용음란죄로 유죄판결이 확정된
사람은 누구나 법관의 판단 등 별도의 절차 없이 필요적으로
신상정보 등록대상자가 되도록 하고 있고, 등록된 이후에는
그 결과를 다툴 방법도 없다. 그렇다면 심판대상조항은 통신
매체이용음란죄의 죄질 및 재범의 위험성에 따라 등록대상을
축소하거나, 유죄판결 확정과 별도로 신상정보 등록 여부에
관하여 법관의 판단을 받도록 하는 절차를 두는 등 기본권 침
해를 줄일 수 있는 다른 수단을 채택하지 않았다는 점에서 침
해의 최소성원칙에 위배된다. 또한, 심판대상조항으로 인하여
비교적 불법성이 경미한 통신매체이용음란죄를 저지르고 재
범의 위험성이 인정되지 않는 이들에 대하여는 달성되는 공익
과 침해되는 사익 사이에 불균형이 발생할 수 있다는 점에서
법익의 균형성도 인정하기 어렵다(헌재 2016.3.31, 2015헌
마688).

① [×] 국적을 가지고 이를 변경할 수 있는 권리는 그 본질상 인간의
존엄과 가치 및 행복추구권을 규정하고 있는 헌법 제10조에서
도출되는 것으로 보아야 하고, 따라서 복수국적자가 대한민국
국적을 버릴 수 있는 자유도 마찬가지로 헌법 제10조에서 나
오는 것이지 거주·이전의 자유에 포함되어 있는 것이 아니다.

⇨ 국적을 이탈하거나 변경하는 것은 헌법 제14조가 보장하는
거주·이전의 자유에 포함되고, 이 사건 법률조항들은 복수국
적자인 남성이 제1국민역에 편입된 때에는 그때부터 3개월 이
내에 외국 국적을 선택하지 않으면 국적법 제12조 제3항 각
호에 해당하는 때, 즉 현역·상근예비역 또는 보충역으로 복무
를 마치거나, 제2국민역에 편입되거나, 또는 병역면제처분을
받은 때(이하 '병역의무의 해소'라 한다)에야 외국 국적의 선
택 및 대한민국 국적의 이탈(이하 이를 묶어 '대한민국 국적 이
탈'이라고만 한다)을 할 수 있도록 하고 있으므로, 이 사건 법
률조항들은 복수국적자인 청구인의 국적이탈의 자유를 제한
한다(헌재 2015.11.26, 2013헌마805 등).

❷ [O] 주거로 사용하던 건물이 수용될 경우 그 효과로 거주지도 이전
하여야 하는 것은 사실이나 이는 토지 및 건물 등의 수용에 따
른 부수적 효과로서 간접적·사실적 제약에 해당하므로, 정비
사업조합에 수용권한을 부여하여 주택재개발사업에 반대하는
청구인의 토지 등을 강제로 취득할 수 있도록 한 도시 및 주거
환경정비법 조항이 청구인의 재산권을 침해하였는지 여부를
판단하는 이상 거주·이전의 자유 침해 여부는 별도로 판단하
지 않는다.

⇨ 이 사건 수용조항은, 정비사업조합에 수용권한을 부여하여 주
택재개발사업에 반대하는 청구인의 토지 등을 강제로 취득할
수 있도록 하고 있다. 따라서 이 사건 수용조항이 토지 등 소유
자의 재산권을 침해하는지 여부가 문제된다. 청구인은 이 사
건 수용조항으로 인하여 거주이전의 자유도 제한된다고 주장
하고 있다. 주거로 사용하던 건물이 수용될 경우 그 효과로 거
주지도 이전하여야 하는 것은 사실이나, 이는 토지 및 건물 등
의 수용에 따른 부수적 효과로서 간접적·사실적 제약에 해당
하므로 거주이전의 자유 침해 여부는 별도로 판단하지 않는다
(헌재 2019.11.28, 2017헌바241).

③ [×] 생활의 근거지에 이르지 못하는 일시적인 이동을 위한 장소의
선택과 변경도 거주·이전의 자유의 보호영역에 속한다.

⇨ 거주·이전의 자유는 거주지나 체류지라고 볼 만한 정도로 생
활과 밀접한 연관을 갖는 장소를 선택하고 변경하는 행위를
보호하는 기본권인 바, 이 사건에서 서울광장이 청구인들의
생활형성의 중심지인 거주지나 체류지에 해당한다고 할 수
없고, 서울광장에 출입하고 통행하는 행위가 그 장소를 중심
으로 생활을 형성해 나가는 행위에 속한다고 볼 수도 없으므로
청구인들의 거주·이전의 자유가 제한되었다고 할 수 없다(헌
재 2011.6.30, 2009헌마406).

④ [×] 대도시 내의 법인부동산등기에 대하여 통상세율의 5배를 중
과세하는 것은 법인의 거주·이전의 자유를 침해하는 것이다.

⇨ 지방세법 제138조 제1항 제3호가 법인의 대도시 내의 부동
산등기에 대하여 통상세율의 5배를 규정하고 있다 하더라도
그것이 대도시 내에서 업무용 부동산을 취득할 정도의 재정능
력을 갖춘 법인의 담세능력을 일반적으로 또는 절대적으로 초
과하는 것이어서 그 때문에 법인이 대도시 내에서 향유하여

야 할 직업수행의 자유나 거주·이전의 자유의 자유가 형해화할 정도에 이르러 그 기본적인 내용이 침해되었다고 볼 수 없다(헌재 1998.2.27, 97헌바79).

11
답 ②

① [O] 종교의 자유에 관한 헌법 제20조 제1항은 표현의 자유에 관한 헌법 제21조 제1항에 대하여 특별규정의 성격을 갖는다 할 것이므로 종교적 목적을 위한 언론·출판의 경우에는 그 밖의 일반적인 언론·출판에 비하여 고도의 보장을 받게 된다.

⇨ 종교적 선전, 타 종교에 대한 비판 등은 동시에 표현의 자유의 보호대상이 되는 것이나, 그 경우 종교의 자유에 관한 헌법 제20조 제1항은 표현의 자유에 관한 헌법 제21조 제1항에 대하여 특별규정의 성격을 갖는다 할 것이므로 종교적 목적을 위한 언론·출판의 경우에는 그 밖의 일반적인 언론·출판에 비하여 보다 고도의 보장을 받게 된다(대판 1996.9.6, 96다19246).

❷ [×] 종교의 자유에는 종교전파의 자유가 포함되며, 종교전파의 자유는 국민에게 그가 선택한 임의의 장소에서 자유롭게 행사할 수 있는 권리까지 보장한다.

⇨ **종교(선교활동)의 자유는 국민에게 그가 선택한 임의의 장소에서 자유롭게 행사할 수 있는 권리까지 보장한다고 할 수 없으며,** 그 임의의 장소가 대한민국의 주권이 미치지 아니하는 지역 나아가 국가에 의한 국민의 생명·신체 및 재산의 보호가 강력히 요구되는 해외 위난지역인 경우에는 더욱 그러하다(헌재 2008.6.26, 2007헌마1366).

③ [O] 육군훈련소 내 종교행사에 참석하도록 한 행위는 정교분리원칙에 위배된다.

⇨ 피청구인이 청구인들로 하여금 개신교, 천주교, 불교, 원불교 4개 종교의 종교행사 중 하나에 참석하도록 한 것은 그 자체로 종교적 행위의 외적 강제에 해당한다. 이는 피청구인이 위 4개 종교를 승인하고 장려한 것이자, 여타 종교 또는 무종교보다 이러한 4개 종교 중 하나를 가지는 것을 선호한다는 점을 표현한 것이라고 보여질 수 있으므로 국가의 종교에 대한 중립성을 위반하여 특정 종교를 우대하는 것이다. 또한, 이 사건 종교행사 참석조치는 국가가 종교를, 군사력 강화라는 목적을 달성하기 위한 수단으로 전락시키거나, 반대로 종교단체가 군대라는 국가권력에 개입하여 선교행위를 하는 등 영향력을 행사할 수 있는 기회를 제공하므로, 국가와 종교의 밀접한 결합을 초래한다는 점에서 정교분리원칙에 위배된다(헌재 2022.11.24, 2019헌마941).

④ [O] 종립학교가 가지는 종교교육의 자유 및 운영의 자유와 학생들이 가지는 소극적 종교행위의 자유 및 소극적 신앙고백의 자유 사이에 충돌이 생기게 되는 경우 구체적인 사안에서의 사정을 종합적으로 고려한 이익형량과 함께 양 기본권 사이의 실제적인 조화를 꾀하는 해석 등을 통하여 이를 해결하여야 한다.

⇨ 고등학교 평준화정책에 따른 학교 강제배정제도가 위헌이 아니라고 하더라도 여전히 종립학교(종교단체가 설립한 사립학교)가 가지는 종교교육의 자유 및 운영의 자유와 학생들이 가지는 소극적 종교행위의 자유 및 소극적 신앙고백의 자유 사이에 충돌이 생기게 되는데, 이와 같이 하나의 법률관계를 둘러싸고 두 기본권이 충돌하는 경우에는 구체적인 사안에서의 사정을 종합적으로 고려한 이익형량과 함께 양 기본권 사이의 실

제적인 조화를 꾀하는 해석 등을 통하여 이를 해결하여야 하고, 그 결과에 따라 정해지는 양 기본권 행사의 한계 등을 감안하여 그 행위의 최종적인 위법성 여부를 판단하여야 한다(대판 2010.4.22, 2008다38288).

12
답 ③

① [O] 건강기능식품의 기능성 광고는 인체의 구조 및 기능에 대하여 보건용도에 유용한 효과를 준다는 기능성 등에 관한 정보를 널리 알려 해당 건강기능식품의 소비를 촉진시키기 위한 상업광고로서 헌법 제21조 제1항의 표현의 자유의 보호대상이 됨과 동시에 같은 조 제2항의 사전검열금지 대상도 된다.

⇨ 건강기능식품의 기능성 광고는 인체의 구조 및 기능에 대하여 보건용도에 유용한 효과를 준다는 기능성 등에 관한 정보를 널리 알려 해당 건강기능식품의 소비를 촉진시키기 위한 상업광고로서 헌법 제21조 제1항의 표현의 자유의 보호대상이 됨과 동시에 같은 조 제2항의 사전검열금지 대상도 된다(헌재 2018.6.28, 2016헌가8).

② [O] 인터넷신문을 발행하려는 사업자가 취재인력 3명 이상을 포함하여 취재 및 편집인력 5명 이상을 상시 고용하지 않는 경우 인터넷신문으로 등록할 수 없도록 하는 것은 사전허가금지원칙에 위배되지 않는다.

⇨ 등록조항은 인터넷신문의 명칭, 발행인과 편집인의 인적사항 등 인터넷신문의 외형적이고 객관적 사항을 제한적으로 등록하도록 하고 있고, 고용조항 및 확인조항은 5인 이상 취재 및 편집인력을 고용하되, 그 확인을 위해 등록시 서류를 제출하도록 하고 있다. 이런 조항들은 인터넷신문에 대한 인적 요건의 규제 및 확인에 관한 것으로, 인터넷신문의 내용을 심사·선별하여 사전에 통제하기 위한 규정이 아님이 명백하다. 따라서 등록조항은 사전허가금지원칙에도 위배되지 않는다(헌재 2016.10.27, 2015헌마1206 등).

❸ [×] 교원노조법 규정의 취지는 교원 및 교원노동조합에게 '일체의 정치활동'을 금지하는 것인데, 교육의 정치적 중립성으로 인하여 교원의 정치활동이 일부 제한될 수는 있지만, 정치활동이 제한되는 장소·대상·내용은 학교 내에서의 학생에 대한 당파적 선전교육과 정치선전, 선거운동에 국한하여야 하고, 그 밖의 정치활동은 정치적 기본권으로서 교원에게도 보장되어야 한다는 점에서 일체의 정치활동을 금지하는 교원노조법 규정은 표현의 자유를 침해한다.

⇨ **해당 내용은 동일 판례의 반대의견에 해당한다.**

┌─ **참고 판례** ✎ ─

교원의 행위는 교육을 통해 건전한 인격체로 성장해 가는 과정에 있는 미성숙한 학생들의 인격형성에 지대한 영향을 미칠 수 있는 점, 교원의 정치적 표현행위가 교원노조와 같은 단체의 이름으로 교원의 지위를 전면에 드러낸 채 대규모로 행해지는 경우 다양한 가치관을 조화롭게 소화하여 건전한 세계관·인생관을 형성할 능력이 미숙한 학생들에게 편향된 가치관을 갖게 할 우려가 있는 점, 교원노조에게 일반적인 정치활동을 허용할 경우 교육을 통해 책임감 있고 건전한 인격체로 성장해가야 할 학생들의 교육을 받을 권리는 중대한

침해를 받을 수 있는 점 등에 비추어 보면, 교원노조라는 집단성을 이용하여 행하는 정치활동을 금지하는 것이 과잉금지원칙에 위반된다고 볼 수 없다(헌재 2014.8.28, 2011헌바32).

④ [○] 공포심이나 불안감을 유발하는 부호·문언·음향·화상 또는 영상을 반복적으로 상대방에게 도달하게 한 자를 1년 이하의 징역 또는 1,000만원 이하의 벌금으로 처벌하는 것은 과잉금지원칙에 위배되지 않는다.
　⇨ 공포심이나 불안감을 유발하는 부호·문언·음향·화상 또는 영상을 반복적으로 상대방에게 도달하게 한 자를 1년 이하의 징역 또는 1,000만원 이하의 벌금으로 처벌하는 것은 과잉금지원칙에 위배되지 않는다(헌재 2016.12.29, 2014헌바434).

13　답 ③

① [○] 영업권이란 오랜 기간에 걸쳐 확고하게 형성되거나 획득된 고객관계, 입지조건, 영업상 비결, 신용, 영업능력, 사업연락망 등을 포함하는 영업재산이나 영업조직으로서 경제적으로 유용하면서 처분에 의한 환가가 가능한 재산적 가치를 말한다.
　⇨ 일반적으로 영업권이란 오랜 기간에 걸쳐 확고하게 형성되거나 획득된 고객관계, 입지조건, 영업상 비결, 신용, 영업능력, 사업연락망 등을 포함하는 영업재산이나 영업조직으로서 경제적으로 유용하면서 처분에 의한 환가가 가능한 재산적 가치를 말한다(헌재 2016.6.30, 2015헌마813).

② [○] 피상속인에 대한 부양의무를 이행하지 않은 직계존속의 경우를 상속결격사유로 규정하지 않은 민법 제1004조는 재산권을 침해한다고 볼 수 없다.
　⇨ 민법은 유언의 자유를 인정하고 있으므로, 피상속인은 생전증여나 유증을 통하여 자신의 의사에 따라 자신에게 부양의무를 다한 직계존속에게 더 많은 비율의 재산을 상속하게 할 수 있다. 또한 특정 상속인이 상당한 기간 동거, 간호 그 밖의 방법으로 피상속인을 특별히 부양하거나 피상속인의 재산의 유지 또는 증가에 관하여 특별히 기여하였을 경우에는 민법의 기여분 제도(제1008조의2 제1항)를 통하여 상속분 산정시 해당부분을 기여분으로 인정받는 것도 가능하고, 부양의무를 이행한 직계존속은 부양의무를 이행하지 않은 다른 직계존속을 상대로 양육비를 청구할 수도 있다. 위와 같이 피상속인의 의사나 피상속인에 대한 부양의무 이행 여부 등을 구체적인 상속분 산정에서 고려할 수 있는 장치를 이미 마련하고 있는 점들을 고려하면, 심판대상조항이 피상속인에 대한 부양의무를 이행하지 않은 직계존속의 경우를 상속결격사유로 규정하지 않았다고 하더라도 이것이 입법형성권의 한계를 일탈하여 다른 상속인의 재산권을 침해한다고 보기 어렵다. 따라서 심판대상조항이 청구인의 재산권을 침해한다고 볼 수 없다(헌재 2018.2.22, 2017헌바59).

❸ [×] 우편법에 의한 우편물의 지연배달에 따른 손해배상청구권은 헌법상 보호되는 재산권이 아니다.
　⇨ 우편물의 수취인인 청구인은 우편물의 지연배달에 따른 손해배상청구권을 갖게 되는 바, 이는 **헌법이 보장하는 재산권의 내용에 포함되는 권리**라 할 것이다(헌재 2013.6.27, 2012헌마426).

④ [○] 지방의회의원으로서 받게 되는 보수가 연금에 미치지 못하는 경우에도 연금 전액의 지급을 정지하는 것은 재산권을 과도하게 제한하여 헌법에 위반된다.
　⇨ 심판대상조항은 악화된 연금재정을 개선하여 공무원연금제도의 건실한 유지·존속을 도모하고 연금과 보수의 이중수혜를 방지하기 위한 것이다. 퇴직공무원의 적정한 생계 보장이라는 공무원연금제도의 취지에 비추어, 연금 지급을 정지하기 위해서는 '연금을 대체할 만한 소득'이 전제되어야 한다. 지방의회의원이 받는 의정비 중 의정활동비는 의정활동 경비 보전을 위한 것이므로, 연금을 대체할 만한 소득이 있는지 여부는 월정수당을 기준으로 판단하여야 하는데, 월정수당은 지방자치단체에 따라 편차가 크고 안정성이 낮음에도 불구하고 심판대상조항은 연금을 대체할 만한 적정한 소득이 있다고 할 수 없는 경우에도 일률적으로 연금전액의 지급을 정지하여 지급정지제도의 본질 및 취지와 어긋나는 결과를 초래한다. 심판대상조항과 같이 재취업소득액에 대한 고려 없이 퇴직연금 전액의 지급을 정지할 경우 재취업 유인을 제공하지 못하여 정책목적 달성에 실패할 가능성이 크다. 연금과 보수 중 일부를 감액하는 방식으로 선출직에 취임하여 보수를 받는 것이 생활보장에 더 유리하도록 하는 등 기본권을 덜 제한하면서 입법목적을 달성할 수 있는 다양한 방법이 있다. 따라서 심판대상조항은 과잉금지원칙에 위배되어 재산권을 침해한다(헌재 2022.1.27, 2019헌바161).

14　답 ④

① [○] 임원이 금고 이상의 형을 선고받은 경우 법인의 건설업 등록을 필요적으로 말소하도록 규정한 구 건설산업기본법 제83조 단서 제3호 본문 중 제13조 제1항 제4호 가운데 법인에 관한 부분은 직업수행의 자유를 침해하는 것이다.
　⇨ 심판대상조항이 건설업과 관련 없는 죄로 임원이 형을 선고받은 경우까지도 법인이 건설업을 영위할 수 없도록 하는 것은 입법목적달성을 위한 적합한 수단에 해당하지 아니하고, 이러한 경우까지도 가장 강력한 수단인 필요적 등록말소라는 제재를 가하는 것은 최소침해성원칙에도 위배된다. 심판대상조항으로 인하여 건설업자인 법인은 등록이 말소되는 중대한 피해를 입게 되는 반면 심판대상조항이 공익 달성에 기여하는 바는 크지 않아 심판대상조항은 법익균형성원칙에도 위배된다. 따라서 심판대상조항은 과잉금지원칙에 위배되어 청구인의 직업수행의 자유를 침해한다(헌재 2014.4.24, 2013헌바25).

② [○] 어떤 직업의 수행을 위한 전제요건으로서 일정한 주관적 요건을 갖춘 자에게만 그 직업에 종사할 수 있도록 직업선택의 자유를 제한하는 경우에는, 주관적 요건 자체가 그 제한목적과 합리적인 관계가 있어야 한다.
　⇨ 직업선택의 자유를 제한함에 있어 어떤 직업의 수행을 위한 전제요건으로서 일정한 주관적 요건을 갖춘 자에게만 그 직업에 종사할 수 있도록 제한하는 경우에는, 이러한 주관적 요건을 갖추도록 요구하는 것이 누구에게나 제한 없이 그 직업에 종사하도록 방임함으로써 발생할 우려가 있는 공공의 손실과 위험을 방지하기 위한 적절한 수단이고, 그 직업을 희망하는 모든 사람에게 동일하게 적용되어야 하며, 주관적 요건 자체가 그 제한목적과 합리적인 관계가 있어야 한다는 과잉금지원칙이

적용되어야 할 것이다. 다만, 어떤 직업분야의 자격제도를 시행함에 있어서 그 업무에 대하여 설정할 자격요건의 구체적인 내용에 대한 판단·선택에 대해서는 입법자의 입법형성권이 인정되므로, 다른 방법으로 직업선택의 자유를 제한하는 경우에 비하여 보다 유연하고 탄력적인 심사가 필요하다(헌재 2015. 12.23, 2014헌바446 등).

③ [○] 입법자는 어떠한 직업분야에 관한 자격제도를 만들면서 그 자격요건 내지 결격사유를 어떻게 설정할 것인지에 관하여 폭넓은 입법재량을 갖는다.

⇨ 과잉금지의 원칙을 적용함에 있어, 어떠한 직업분야에 관하여 자격제도를 만들면서 그 자격요건을 어떻게 설정할 것인가에 관하여는 국가에게 폭넓은 입법재량권이 부여되어 있으므로, 다른 방법으로 직업의 자유를 제한하는 경우에 비하여 보다 유연하고 탄력적인 심사가 필요하다 할 것이다(헌재 2008.9.25, 2007헌마419).

❹ [×] 금융감독원의 4급 이상 직원에 대하여 퇴직일부터 3년간 퇴직 전 5년 동안 소속하였던 부서 또는 기관의 업무와 밀접한 관련성이 있는 취업심사대상기관에의 취업을 제한하는 공직자윤리법은 직업의 자유를 침해하는 것이다.

⇨ 이 사건 취업제한조항은 공직자윤리법에서 정하는 일정한 규모 이상에 해당하면서 취업제한 대상자가 퇴직 전 소속하였던 부서의 업무와 밀접한 관련성이 인정되는 사기업체 등에의 취업만 제한하고, 금융감독원의 모든 직원이 아니라, 업무의 내용을 고려하여 4급 이상의 직원만을 포함하고 있으며, 퇴직 후 2년이 경과하면 아무런 제한 없이 재취업이 허용되고, 사전에 취업제한 여부의 확인을 요청하거나 우선취업을 신청할 수도 있으며, 소속하였던 부서의 업무와 밀접한 관련성이 있더라도 공직자윤리위원회의 승인을 받아 취업할 수 있는 예외를 마련하고 있다. 연고주의 성향이 강한 우리나라에서 특정 이해충돌 행위를 금지하는 것만으로는 입법목적을 달성하기에 충분하다고 볼 수 없다. … 따라서 **심판대상조항은 청구인들의 직업의 자유를 침해하지 아니한다**(헌재 2021.11.25, 2019헌마555).

---

15 답 ③

① [○] 한국철도공사의 상근직원은 상근임원과 달리 그 직을 유지한 채 공직선거에 입후보하여 자신을 위한 선거운동을 할 수 있음에도, 상근직원이 타인을 위한 선거운동을 할 수 없도록 전면적으로 금지하는 공직선거법 규정은 상근직원의 선거운동의 자유를 침해한다.

⇨ 심판대상조항은 한국철도공사에서 상근직원으로 근무하는 자가 선거에 직·간접적으로 영향력을 행사하는 행위를 금지하여 선거의 형평성과 공정성을 확보하기 위한 것이므로 입법목적의 정당성을 인정할 수 있고, 한국철도공사의 상근직원에 대하여 선거운동을 금지하고 이를 위반한 경우 처벌하는 것은 위와 같은 목적의 달성에 적합한 수단으로 인정된다. 그러나 한국철도공사 상근직원의 지위와 권한에 비추어 볼 때, 특정 개인이나 정당을 위한 선거운동을 한다고 하여 그로 인한 부작용과 폐해가 일반 사기업 직원의 경우보다 크다고 보기 어려우므로, 직급이나 직무의 성격에 대한 검토 없이 일률적으로 모든 상근직원에게 선거운동을 전면적으로 금지하고 이에 위반

한 경우 처벌하는 것은 선거운동의 자유를 지나치게 제한하는 것이다. 또한, 한국철도공사의 상근직원은 공직선거법의 다른 조항에 의하여 직무상 행위를 이용하여 선거운동을 하거나 하도록 하는 행위를 할 수 없고, 선거에 영향을 미치는 전형적인 행위도 할 수 없다. 더욱이 그 직을 유지한 채 공직선거에 입후보할 수 없는 상근임원과 달리, 한국철도공사의 상근직원은 그 직을 유지한 채 공직선거에 입후보하여 자신을 위한 선거운동을 할 수 있음에도 타인을 위한 선거운동을 전면적으로 금지하는 것은 과도한 제한이다. 따라서 심판대상조항은 선거운동의 자유를 침해한다(헌재 2018.2.22, 2015헌바124).

② [○] 비례대표국회의원에 입후보하기 위하여 기탁금으로 1,500만원을 납부하도록 한 규정은 그 액수가 고액이라 거대정당에게 일방적으로 유리하고, 다양해진 국민의 목소리를 제대로 대표하지 못하여 사표를 양산하는 다수대표제의 단점을 보완하기 위하여 도입된 비례대표제의 취지에도 반하는 것이다.

⇨ 비례대표국회의원 의석을 1석이라도 배분받을 확률이 높은 정당에게는 후보자를 최대 비례대표국회의원정수(47명)까지 추천하는 데 어떠한 실질적인 제약이나 부담으로 작용하지 않게 된다. 반면에 1석의 확보조차 예측하기 어려운 신생정당이나 소수정당에게는 후보자 인원 수에 비례하여 지나치게 과다하게 설정된 기탁금이 비례대표국회의원선거에의 참여, 나아가 정당으로서 소속 당원을 후보자로 추천함에 있어 상당한 부담감으로 작용하게 된다. 이는 다수대표제의 단점, 즉 거대정당에게 일방적으로 유리하고 다양한 국민의 목소리를 제대로 대표하지 못하는 현상을 방지하기 위해 도입된 비례대표제의 본래 취지에도 부합하지 않는 결과를 초래한다. 따라서 상대적으로 당비나 국고보조금을 지원받기 어렵고 재정상태가 열악한 신생정당이나 소수정당에게 후보자 1명마다 1천 500만원이라는 기탁금액은 선거에의 참여 자체를 위축시킬 수 있는 금액으로서, 비례대표제의 취지를 실현하기 위해 필요한 최소한의 액수보다 지나치게 과다한 액수이다(헌재 2016.12.29, 2015헌마1160 등).

❸ [×] 선거범으로서 100만원 이상의 벌금형의 선고를 받고 그 형이 확정된 후 5년을 경과하지 아니한 자 또는 형의 집행유예의 선고를 받고 그 형이 확정된 후 10년을 경과하지 아니한 자의 선거권을 제한하는 규정은 국민주권과 대의제 민주주의의 실현수단으로서 선거권이 가지는 의미와 보통선거원칙의 중요성을 감안하면, 필요최소한을 넘어 과도한 제한으로서 이들 선거범의 선거권을 침해한다.

⇨ 선거권 제한조항은 선거의 공정성을 확보하기 위한 것으로서, 선거권 제한의 대상과 요건, 기간이 제한적인 점, 선거의 공정성을 해친 바 있는 선거범으로부터 부정선거의 소지를 차단하여 공정한 선거가 이루어지도록 하기 위하여는 선거권을 제한하는 것이 효과적인 방법인 점, 법원이 선거범에 대한 형량을 결정함에 있어서 양형의 조건뿐만 아니라 선거권의 제한 여부에 대하여도 합리적 평가를 하게 되는 점, 선거권의 제한기간이 공직선거마다 벌금형의 경우는 1회 정도, 징역형의 집행유예의 경우에는 2~3회 정도 제한하는 것에 불과한 점 등을 종합하면, 선거권 제한조항은 청구인들의 선거권을 침해한다고 볼 수 없다(헌재 2018.1.25, 2015헌마821 등).

④ [○] 1년 이상의 징역형을 선고받고 그 집행이 종료되지 아니한 사람의 선거권을 제한하는 공직선거법 규정은 형사적·사회적 제재를 부과하고 준법의식을 강화한다는 공익이, 형 집행기간

동안 선거권을 행사하지 못하는 수형자 개인의 불이익보다 작다고 할 수 없어 수형자의 선거권을 침해하지 아니한다.

⇨ 심판대상조항은 공동체 구성원으로서 기본적 의무를 저버린 수형자에 대하여 사회적·형사적 제재를 부과하고, 수형자와 일반국민의 준법의식을 제고하기 위한 것이다. 법원의 양형관행을 고려할 때 1년 이상의 징역형을 선고받은 사람은 공동체에 상당한 위해를 가하였다는 점이 재판 과정에서 인정된 자이므로, 이들에 한해서는 사회적·형사적 제재를 가하고 준법의식을 제고할 필요가 있다. 심판대상조항에 따른 선거권 제한 기간은 각 수형자의 형의 집행이 종료될 때까지이므로, 형사 책임의 경중과 선거권 제한기간은 비례하게 된다. 심판대상조항이 과실범, 고의범 등 범죄의 종류를 불문하고, 침해된 법익의 내용을 불문하며, 형 집행 중에 이뤄지는 재량적 행정처분인 가석방 여부를 고려하지 않고 선거권을 제한한다고 하여 불필요한 제한을 부과한다고 할 수 없다. 1년 이상의 징역형을 선고받은 사람의 선거권을 제한함으로써 형사적·사회적 제재를 부과하고 준법의식을 강화한다는 공익이, 형 집행기간 동안 선거권을 행사하지 못하는 수형자 개인의 불이익보다 작다고 할 수 없다. 따라서 심판대상조항은 과잉금지원칙을 위반하여 청구인의 선거권을 침해하지 아니한다(헌재 2017.5.25, 2016헌마292 등).

16
답 ①

❶ [×] 형사소송법 제405조의 즉시항고는 당사자의 중대한 이익에 관련된 사항이나 소송절차의 원활한 진행을 위해 신속한 결론이 필요한 사항을 대상으로 하는 것으로서 제기기간을 단기로 정할 필요성이 인정되는 바, 그 기간을 3일로 제한한 것이 재판청구권 침해라고 볼 수 없다.

⇨ 즉시항고 제기기간을 3일로 제한하는 형사소송법 제405조는 즉시항고 제기기간을 지나치게 짧게 정함으로써 입법재량의 한계를 일탈하여 재판청구권을 침해한다.

— 참고 판례 ✏ —

심판대상조항이 정하고 있는 3일이라는 즉시항고 제기기간은 민사소송(민사소송법 제444조), 민사집행(민사집행법 제15조 제2항), 행정소송(행정소송법 제8조 제2항), 형사보상절차(형사보상 및 명예회복에 관한 법률 제20조 제1항) 등의 즉시항고기간 1주와 비교하더라도 지나치게 짧다. … 결국 심판대상조항은 즉시항고 제기기간을 지나치게 짧게 정함으로써 실질적으로 즉시항고 제기를 어렵게 하고, 즉시항고 제도를 단지 형식적이고 이론적인 권리로서만 기능하게 함으로써 헌법상 재판청구권을 공허하게 하므로 입법재량의 한계를 일탈하여 재판청구권을 침해하는 규정이다(헌재 2018.12.27, 2015헌바77 등).

② [○] 형의 집행 및 수용자의 처우에 관한 법률 시행령에서 수형자와 소송대리인인 변호사의 접견을 일반 접견에 포함시켜 시간은 30분 이내로, 횟수는 월 4회로 제한하는 것은 수형자의 재판청구권을 침해한다.

⇨ 형의 집행 및 수용자의 처우에 관한 법률 시행령에서 수형자와 소송대리인인 변호사의 접견을 일반 접견에 포함시켜 시간은 30분 이내로, 횟수는 월 4회로 제한하는 것은 법률전문가인 변호사와의 소송상담의 특수성을 고려하지 않고 소송대리

인 변호사와의 접견을 그 성격이 전혀 다른 일반 접견에 포함시켜 접견 시간 및 횟수를 제한함으로써 청구인의 재판청구권을 침해한다(헌재 2015.11.26, 2012헌마858).

③ [○] 형사보상의 청구에 대하여 한 보상의 결정에 대하여는 불복을 신청할 수 없도록 하여 형사보상의 결정을 단심재판으로 규정한 것은, 재판청구권 침해에 해당한다.

⇨ 이 사건 불복금지조항은 추구하고자 하는 공익에 비하여 훨씬 중대한 국민의 기본권을 침해하는 것이라고 할 것이다. 이러한 점들을 종합하여 볼 때, 이 사건 불복금지조항은 헌법이 보장하는 형사보상청구권 및 그 실현을 위한 기본권인 재판청구권의 본질적 내용을 침해하는 것으로서 헌법에 위반된다 할 것이다(헌재 2010.10.28, 2008헌마514 등).

④ [○] 도로교통법상 주취운전을 이유로 한 운전면허 취소처분에 대하여 행정심판의 재결을 거치지 아니하면 행정소송을 제기할 수 없도록 한 것은, 국민의 재판청구권을 과도하게 침해하는 위헌인 규정이라 할 수 없다.

⇨ 도로교통법 제101조의3(이하 '이 사건 법률조항'이라 한다)과 관련하여 행정심판 전치주의를 정당화하는 합리적인 이유를 살펴본다면, 교통 관련 행정처분의 적법성 여부에 관하여 판단하는 경우, 전문성과 기술성이 요구되므로, 법원으로 하여금 행정기관의 전문성을 활용케 할 필요가 있으며, 도로교통법에 의한 운전면허취소처분은 대량적·반복적으로 행해지는 처분이라는 점에서도 행정심판에 의하여 행정의 통일성을 확보할 필요성이 인정된다. … 이 사건 법률조항에 의하여 달성하고자 하는 공익과 한편으로는 전심절차를 밟음으로써 야기되는 국민의 일반적인 수고나 시간의 소모 등을 비교하여 볼 때, 이 사건 법률조항에 의한 재판청구권의 제한은 정당한 공익의 실현을 위하여 필요한 정도의 제한에 해당하는 것으로 헌법 제37조 제2항의 비례의 원칙에 위반되어 국민의 재판청구권을 과도하게 침해하는 위헌인 규정이라 할 수 없다(헌재 2002.10.31, 2001헌바40).

17
답 ④

① [×] 5·18민주화운동과 관련하여 보상금 지급결정에 동의하면 '정신적 손해'에 관한 부분도 재판상 화해가 성립된 것으로 보는 구 '광주민주화운동 관련자 보상 등에 관한 법률' 제16조 제2항 등이 국가배상청구권을 침해하는 것은 아니다.

⇨ 5·18보상법 및 같은 법 시행령의 관련 조항을 살펴보면 정신적 손해배상에 상응하는 항목은 존재하지 아니하고, 보상심의위원회가 보상금 등 항목을 산정함에 있어 정신적 손해를 고려할 수 있다는 내용도 발견되지 아니한다. 그럼에도 불구하고 심판대상조항은 정신적 손해에 대해 적절한 배상이 이루어지지 않은 상태에서, 5·18민주화운동과 관련하여 사망하거나 행방불명된 자 및 상이를 입은 자 또는 그 유족이 적극적·소극적 손해의 배상에 상응하는 보상금 등 지급결정에 동의하였다는 사정만으로 재판상 화해의 성립을 간주하고 있다. 이는 국가배상청구권에 대한 과도한 제한이고, 해당 손해에 대한 적절한 배상이 이루어졌음을 전제로 하여 국가배상청구권 행사를 제한하려 한 5·18보상법의 입법목적에도 부합하지 않는다. 따라서 이 조항이 5·18보상법상 보상금 등의 성격과 중첩되지 않는 정신적 손해에 대한 국가배상청구권의 행사

까지 금지하는 것은 국가배상청구권을 침해한다(헌재 2021.5. 27, 2019헌마17).

② [×] 국가배상 성립요건의 직무집행판단은 행위자의 주관적 의사를 고려하여 실질적으로 직무집행행위인지에 따라 판단해야 한다.

⇨ 실질적으로 직무행위가 아니더라도 행위 자체의 외관이 공무원의 직무행위로 보여질 때에는 직무집행에 해당하는 것으로 보아야 한다.

─ 참고 판례 ✐ ──────

국가배상법 제2조 제1항의 '직무를 집행함에 당하여'라 함은 직접 공무원의 직무집행행위이거나 그와 밀접한 관계에 있는 행위를 포함하고, 이를 판단함에 있어서는 행위 자체의 외관을 객관적으로 관찰하여 공무원의 직무행위로 보여질 때에는 비록 그것이 실질적으로 직무행위가 아니거나 또는 행위자로서는 주관적으로 공무집행의 의사가 없었다고 하더라도 그 행위는 공무원이 '직무를 집행함에 당하여' 한 것으로 보아야 한다(대판 1995.4.21, 93다14240).

③ [×] 국가배상 성립요건의 공무원 개념은 국가공무원과 지방공무원의 신분을 가진 자에 한하고, 공무를 수탁받은 사인(私人)은 해당하지 않는다.

⇨ 공무를 수탁받은 사인도 국가배상 성립요건의 공무원 개념에 해당한다.

─ 참고 판례 ✐ ──────

국가배상법 제2조 소정의 '공무원'이라 함은 국가공무원법이나 지방공무원법에 의하여 공무원으로서의 신분을 가진 자에 국한하지 않고, 널리 공무를 위탁받아 실질적으로 공무에 종사하고 있는 일체의 자를 가리키는 것으로서, 공무의 위탁이 일시적이고 한정적인 사항에 관한 활동을 위한 것이어도 달리 볼 것은 아니다(대판 2001.1.5, 98다39060).

❹ [○] 국가배상청구에 있어서도 오랜 기간의 경과로 인한 과거사실 증명의 곤란으로부터 채무자를 구제하고 또 권리행사를 게을리한 자에 대한 제재 및 장기간 불안정한 상태에 놓이게 되는 가해자를 보호하기 위하여 소멸시효제도의 적용은 필요하므로 헌법에 위반되지 아니한다.

⇨ 국가배상청구에 있어서도 오랜 기간의 경과로 인한 과거사실에 대한 증명의 곤란으로부터 채무자를 구제하고 또 권리행사를 게을리한 자에 대한 제재 및 장기간 불안정한 상태에 놓이게 되는 가해자의 보호를 위하여 소멸시효제도의 적용은 필요하므로 그대로 인정되어야 하기 때문이다. … 결국 국가배상법 제8조는 그것이 헌법 제29조 제1항이 규정하는 국가배상청구권을 일부 제한하고 있다 하더라도 일정한 요건하에 그 행사를 제한하고 있는 점에서 그 본질적인 내용에 대한 침해라고는 볼 수 없을 뿐더러, 앞에서 본 바와 같이 그 제한의 목적과 수단 및 방법에 있어서 정당하고 상당한 것이며 그로 인하여 침해되는 법익과의 사이에 입법자의 자의라고 볼 정도의 불균형이 있다고 볼 수도 없어서 기본권 제한의 한계를 규정한 헌법 제37조 제2항에 위반된다고 볼 수도 없다(헌재 1997.2.20, 96헌바24).

18 답 ①

❶ [○] 범죄피해구조금은 국가의 재정에 기반을 두고 있는 바, 구조금청구권의 행사대상을 우선적으로 대한민국의 영역 안의 범죄피해에 한정하고, 향후 구조금의 확대에 따라서 해외에서 발생한 범죄피해의 경우에도 구조를 하는 방향으로 운영하는 것은 입법형성의 재량의 범위 내라고 할 수 있다.

⇨ 범죄피해자구조청구권을 인정하는 이유는 크게 국가의 범죄방지책임 또는 범죄로부터 국민을 보호할 국가의 보호의무를 다하지 못하였다는 것과 그 범죄피해자들에 대한 최소한의 구제가 필요하다는 데 있다. 그런데 국가의 주권이 미치지 못하고 국가의 경찰력 등을 행사할 수 없거나 행사하기 어려운 해외에서 발생한 범죄에 대하여는 국가에 그 방지책임이 있다고 보기 어렵고, 상호보증이 있는 외국에서 발생한 범죄피해에 대하여는 국민이 그 외국에서 피해구조를 받을 수 있으며, 국가의 재정에 기반을 두고 있는 구조금에 대한 청구권 행사대상을 우선적으로 대한민국의 영역 안의 범죄피해에 한정하고, 향후 해외에서 발생한 범죄피해의 경우에도 구조를 하는 방향으로 운영하는 것은 입법형성의 재량의 범위 내라고 할 것이다(헌재 2011.12.29, 2009헌마354).

② [×] 대한민국의 영역 안에서 과실에 의한 행위로 사망하거나 장해 또는 중상해를 입은 경우에도 범죄피해자구조청구권이 인정된다.

⇨ 과실에 의한 행위로 사망하거나 장해 또는 중상해를 입은 경우에는 범죄피해자구조청구권이 인정되지 않는다.

┌─────────────────────────
│ **범죄피해자 보호법**
│ 제3조 【정의】 ① 이 법에서 사용하는 용어의 뜻은 다음과 같다.
│ 4. "구조대상 범죄피해"란 대한민국의 영역 안에서 또는 대한민국의 영역 밖에 있는 대한민국의 선박이나 항공기 안에서 행하여진 사람의 생명 또는 신체를 해치는 죄에 해당하는 행위(형법 제9조, 제10조 제1항, 제12조, 제22조 제1항에 따라 처벌되지 아니하는 행위를 포함하며, 같은 법 제20조 또는 제21조 제1항에 따라 처벌되지 아니하는 행위 및 과실에 의한 행위는 제외한다)로 인하여 사망하거나 장해 또는 중상해를 입은 것을 말한다.
└─────────────────────────

③ [×] 범죄행위 당시 구조피해자와 가해자 사이에 사실상의 혼인관계가 있는 경우에도 구조피해자에게 구조금을 지급한다.

⇨ 범죄행위 당시 구조피해자와 가해자 사이에 사실상의 혼인관계가 있는 경우에는 구조피해자에게 구조금을 지급하지 아니한다.

┌─────────────────────────
│ **범죄피해자 보호법**
│ 제19조 【구조금을 지급하지 아니할 수 있는 경우】 ① 범죄행위 당시 구조피해자와 가해자 사이에 다음 각 호의 어느 하나에 해당하는 친족관계가 있는 경우에는 구조금을 지급하지 아니한다.
│ 1. 부부(사실상의 혼인관계를 포함한다)
│ 2. 직계혈족
│ 3. 4촌 이내의 친족
│ 4. 동거친족
└─────────────────────────

② 범죄행위 당시 구조피해자와 가해자 사이에 제1항 각 호의 어느 하나에 해당하지 아니하는 친족관계가 있는 경우에는 구조금의 일부를 지급하지 아니한다.

④ [×] 구조금을 받으려는 사람은 법무부령이 정하는 바에 따라 지구심의회에 지급신청을 해야 하며, 구조대상 범죄피해의 발생을 안 날로부터 5년, 범죄피해가 발생한 날로부터 10년이 지나면 지급신청을 할 수 없다.
⇨ 범죄피해를 안 날로부터 3년, 범죄피해가 발생한 날로부터 10년이 지나면 지급신청을 할 수 없다.

> **범죄피해자 보호법**
> 제25조【구조금의 지급신청】① 구조금을 받으려는 사람은 법무부령으로 정하는 바에 따라 그 주소지, 거주지 또는 범죄 발생지를 관할하는 지구심의회에 신청하여야 한다.
> ② 제1항에 따른 신청은 해당 구조대상 범죄피해의 발생을 안 날부터 3년이 지나거나 해당 구조대상 범죄피해가 발생한 날부터 10년이 지나면 할 수 없다.

19 답 ①

❶ [×] 보건복지부장관이 장애인 차량 엘피지 보조금 지원사업과 관련하여 4~6급 장애인에 대한 지원을 중단하기로 하는 정책결정을 내리고, 이에 따라 일선 공무원들에 대한 지침을 변경한 것은 헌법소원의 대상인 공권력 행사에 해당한다.
⇨ 보건복지부장관은 장애인 차량 엘피지 보조금 지원사업과 관련하여 2007.1.1.부터 4~6급 장애인에 대한 지원을 중단하기로 하는 등의 정책결정을 내리고, 이에 따라 일선 공무원들에 대한 지침을 변경하였으나(이하 '이 사건 지침변경'이라 한다), 위 정책결정은 최종적인 것이 아니며 정부 부처 내 협의를 통한 장애인복지 예산안 편성 과정, 국회의 예산 심의·확정 과정에서 변경될 수 있다. 그렇다면 **이 사건 지침변경은 대외적 효력이 없는 것으로서 행정기관 내부의 업무처리지침 내지 업무편람 변경에 불과하여, 직접적·확정적으로 청구인의 법적 지위를 변동시킨다고 할 수 없을 뿐만 아니라, 장차 법령의 뒷받침을 통하여 그대로 실시될 것이 틀림없다고 예상되는 경우도 아니다. 따라서 이 사건 지침변경은 헌법소원의 대상이 될 수 없으므로 이에 대한 헌법소원심판청구는 부적법하다**(헌재 2007.10.25, 2006헌마1236).
② [○] 국가가 장애인의 복지를 향상해야 할 의무가 있다고 하여, '장애인을 위한 저상버스의 도입'과 같은 구체적인 국가의 행위의무를 도출할 수는 없다.
⇨ 장애인의 복지를 향상해야 할 국가의 의무가 다른 다양한 국가과제에 대하여 최우선적인 배려를 요청할 수 없을 뿐 아니라, 나아가 헌법의 규범으로부터는 '장애인을 위한 저상버스의 도입'과 같은 구체적인 국가의 행위의무를 도출할 수 없는 것이다. 물론 모든 국가기관은 헌법규범을 실현하고 존중해야 할 의무가 있으므로, 행정청은 그의 행정작용에 있어서 헌법규범의 구속을 받는다. 그러나 국가에게 헌법 제34조에 의하여 장애인의 복지를 위하여 노력을 해야 할 의무가 있다는 것은, 장애인도 인간다운 생활을 누릴 수 있는 정의로운 사회질서를 형성해야 할 국가의 일반적인 의무를 뜻하는 것이지, 장애인을

위하여 저상버스를 도입해야 한다는 구체적 내용의 의무가 헌법으로부터 나오는 것은 아니다(헌재 2002.12.18, 2002헌마52).
③ [○] 사회연대의 원칙은 사회보험체계 내에서의 소득의 재분배를 정당화하는 근거이며, 사회보험에의 강제가입의무를 정당화하고 재정구조가 취약한 보험자와 재정구조가 건전한 보험자 사이의 재정조정을 가능하게 한다.
⇨ 사회보험은 사회국가원리를 실현하기 위한 중요한 수단이라는 점에서, 사회연대의 원칙은 국민들에게 최소한의 인간다운 생활을 보장해야 할 국가의 의무를 부과하는 사회국가원리에서 나온다. 보험료의 형성에 있어서 사회연대의 원칙은 보험료와 보험급여 사이의 개별적 등가성의 원칙에 수정을 가하는 원리일 뿐만 아니라, 사회보험체계 내에서의 소득의 재분배를 정당화하는 근거이며, 보험의 급여수혜자가 아닌 제3자인 사용자의 보험료 납부의무를 정당화하는 근거이기도 하다. 또한 사회연대의 원칙은 사회보험에의 강제가입의무를 정당화하며, 재정구조가 취약한 보험자와 재정구조가 건전한 보험자 사이의 재정조정을 가능하게 한다(헌재 2000.6.29, 99헌마289).
④ [○] 자본주의 경제질서하에서 근로자가 기본적 생활수단을 확보하고 인간의 존엄성을 보장받기 위하여 최소한의 근로조건을 요구할 수 있는 권리는 자유권적 기본권의 성격도 아울러 가지므로 이러한 경우 외국인 근로자에게도 그 기본권 주체성을 인정함이 타당하다.
⇨ 근로의 권리의 구체적인 내용에 따라, 국가에 대하여 고용증진을 위한 사회적·경제적 정책을 요구할 수 있는 권리는 사회권적 기본권으로서 국민에 대하여만 인정해야 하지만, 자본주의 경제질서하에서 근로자가 기본적 생활수단을 확보하고 인간의 존엄성을 보장받기 위하여 최소한의 근로조건을 요구할 수 있는 권리는 자유권적 기본권의 성격도 아울러 가지므로 이러한 경우 외국인 근로자에게도 그 기본권 주체성을 인정함이 타당하다(헌재 2007.8.30, 2004헌마670).

20 답 ③

① [×] 매월 1회 이상 정기적으로 지급하는 상여금 등 및 복리후생비의 일부를 최저임금에 산입하도록 한 최저임금법 제6조 제4항 제2호 등은 근로의 권리를 침해한다.
⇨ 이 사건 산입조항 및 부칙조항은 최저임금 산입수준의 제한을 통하여 저임금 근로자들의 불이익을 상당 부분 차단하고 있다. 또한 관련 자료에 의하면 이 사건 산입조항 및 부칙조항으로 인해 영향을 받는 근로자의 규모나 그 영향의 정도가 비교적 한정적이라고 볼 수 있어, 전반적으로 위 조항들로 인한 근로자들의 불이익이 크다고 보기 어렵다. 이상의 내용을 종합하면, **이 사건 산입조항 및 부칙조항이 현저히 불합리하여 헌법상 용인될 수 있는 입법재량의 범위를 명백히 일탈하였다고 볼 수 없으므로, 위 조항들은 청구인 근로자들의 근로의 권리를 침해하지 아니한다**(헌재 2021.12.23, 2018헌마629).
② [×] 근로자뿐만 아니라, 근로자의 모임인 노동조합도 근로의 권리의 주체가 된다.
⇨ 헌법 제32조 제1항이 규정한 근로의 권리는 근로자를 개인의 차원에서 보호하기 위한 권리로서 **개인인 근로자가 그 주체가**

되는 것이고 노동조합은 그 주체가 될 수 없다(헌재 2009.2. 26, 2007헌바27).

❸ [○] 계속근로기간 1년 이상인 근로자가 근로연도 중도에 퇴직한 경우 중도퇴직 전 1년 미만의 근로에 대하여 유급휴가를 보장하지 않는 근로기준법 제60조 제2항의 '계속하여 근로한 기간이 1년 미만인 근로자' 부분이 근로의 권리를 침해하는 것은 아니다.

⇨ 연차유급휴가는 매년 일정 기간 근로의무를 면제하여 근로자에게 정신적 · 육체적 휴양의 기회를 부여하려는 것으로, 근로기준법 제60조 제1항이 15일의 연차유급휴가를 부여함에 있어 근로연도 1년간 재직과 출근율 80% 이상일 것을 요건으로 정한 것은 근로자의 정신적 · 육체적 휴양의 필요성이 기본적으로는 상당기간 계속되는 근로의무의 이행과 불가분의 관계에 있다는 점을 고려한 것이다. 연차유급휴가의 판단기준으로 근로연도 1년의 재직 요건을 정한 이상, 이 요건을 충족하지 못한 근로연도 중도퇴직자의 중도퇴직 전 근로에 관하여 반드시 그 근로에 상응하는 등의 유급휴가를 보장하여야 하는 것은 아니므로, 근로연도 중도퇴직자의 중도퇴직 전 근로에 대해 1개월 개근시 1일의 유급휴가를 부여하지 않더라도 이것이 청구인의 근로의 권리를 침해한다고 볼 수 없다(헌재 2015.5.28, 2013헌마619).

④ [×] 근로자가 최저임금을 청구할 수 있는 권리는 헌법에서 직접 도출된다.

⇨ 헌법 제32조 제1항 후단은 "국가는 사회적 · 경제적 방법으로 근로자의 고용의 증진과 적정임금의 보장에 노력하여야 하며, 법률이 정하는 바에 의하여 최저임금제를 시행하여야 한다."라고 규정하고 있어서 근로자가 최저임금을 청구할 수 있는 권리도 헌법상 바로 도출되는 것이 아니라 최저임금법 등 관련 법률이 구체적으로 정하는 바에 따라 비로소 인정될 수 있다(헌재 2012.10.25, 2011헌마307).

정답

p.46

01	④	02	③	03	②	04	④	05	④
06	④	07	④	08	②	09	③	10	②
11	③	12	②	13	③	14	④	15	④
16	②	17	②	18	③	19	②	20	③

01

답 ④

㉠, ㉡, ㉢, ㉣ 모두 적절하지 않은 것이다.
㉠ [×] 제안된 헌법개정안은 대통령이 30일 이상의 기간 이를 공고하여야 한다.
　⇨ 30일이 아닌 20일 이상의 기간 동안 공고하여야 한다.

> **헌법 제129조** 제안된 헌법개정안은 대통령이 20일 이상의 기간 이를 공고하여야 한다.

㉡ [×] 헌법개정안은 대통령이 공고한 후 30일 이내에 국민투표에 부쳐 국회의원선거권자 과반수의 투표와 투표자 과반수의 찬성을 얻어야 한다.
　⇨ 대통령의 공고가 아닌 국회가 의결한 후 30일 이내이다.

> **헌법 제130조** ② 헌법개정안은 국회가 의결한 후 30일 이내에 국민투표에 붙여 국회의원선거권자 과반수의 투표와 투표자 과반수의 찬성을 얻어야 한다.

㉢ [×] 국민투표의 효력에 관하여 이의가 있는 투표인은 투표인 10만인 이상의 찬성을 얻어 국회의장을 피고로 하여 투표일로부터 20일 이내에 대법원에 제소할 수 있다.
　⇨ 국회의장이 아닌 중앙선거관리위원회위원장을 피고로 하여야 한다.

> **국민투표법**
> 제92조 【국민투표무효의 소송】 국민투표의 효력에 관하여 이의가 있는 투표인은 투표인 10만인 이상의 찬성을 얻어 중앙선거관리위원회위원장을 피고로 하여 투표일로부터 20일 이내에 대법원에 제소할 수 있다.

㉣ [×] 개정된 헌법의 발효시기에 대해 헌법 부칙은 헌법개정안의 공포시부터 헌법이 시행된다고 규정하고 있다.
　⇨ 헌법의 발효시기에 헌법에는 명문상 규정이 없고, 헌법 부칙은 1988.2.25.부터 헌법이 시행된다고 규정하고 있다.

02

답 ③

① [○] 1969년 개정헌법은 대통령에게 헌법 개정권한을 부여하지 않았다.
　⇨ 1969년 제6차 개정헌법은 대통령의 재임을 3기까지 인정하고, 탄핵소추요건을 강화시키는 대신에 대통령에게 헌법 개정권한을 부여하지 않았다.
② [○] 1962년 개정헌법은 국회재적의원 3분의 1 이상 또는 국회의원선거권자 50만인 이상의 찬성으로 헌법개정의 제안을 하도록 규정함으로써, 1948년 헌법부터 유지되고 있던 대통령의 헌법개정제안권을 삭제했다.
　⇨ 대통령에게 헌법개정제안권이 인정되지 않은 헌법은 제5차, 제6차 개정헌법(제3공화국)이다.

> **제5차 개정헌법(1962년) · 제6차 개정헌법(1969년) 제119조**
> ① 헌법개정의 제안은 국회의 재적의원 3분의 1 이상 또는 국회의원선거권자 50만인 이상의 찬성으로써 한다.

❸ [×] 헌법개정금지규정은 건국헌법부터 1962년 개정헌법까지 존재하였다.
　⇨ 헌법개정금지규정은 1954년 제2차 개정헌법부터 1960년 11월 29일 제4차 개정헌법까지 존재하였다.
④ [○] 1987년 개정헌법은 여야합의에 의해 제안된 헌법개정안을 국회가 의결한 후 국민투표로 확정된 것이다.
　⇨ 현행헌법은 1987년 6월 민주화운동의 성과물로 여야합의에 의하여 탄생하였다. 대통령 직선제를 핵심내용으로 하여 국회에서 의결된 후 국민투표로 확정되었다.

03

답 ②

① [○] 외국인이 대한민국 국민인 배우자와 적법하게 혼인한 후 3년이 지나더라도 혼인한 상태로 대한민국에 1년 이상 계속하여 주소가 없는 경우에는 간이귀화의 요건을 충족하지 못한다.
　⇨ 국적법 제6조 제2항 제2호에 대한 옳은 설명이다.

❷ [×] 외국 국적 포기의무를 이행하지 아니하여 대한민국 국적을 상실한 자가 1년 내에 그 외국 국적을 포기한 때에는 법무부장관의 허가를 얻어 대한민국 국적을 재취득할 수 있다.

⇨ 외국 국적 포기 의무를 이행하지 아니하여 대한민국 국적을 상실한 자가 그 후 1년 내에 그 외국 국적을 포기하면 법무부장관에게 신고함으로써 대한민국 국적을 재취득할 수 있다(국적법 제11조 제1항).

③ [○] 귀화허가를 받은 사람은 법무부장관 앞에서 국민선서를 하고 귀화증서를 수여받은 때에 대한민국 국적을 취득한다.

⇨ 국적법 제4조 제3항에 대한 옳은 설명이다.

④ [○] 외국인이 귀화허가를 받기 위해서는 원칙적으로 대한민국에서 영주할 수 있는 체류자격을 가지고 있으면서 5년 이상 계속하여 대한민국에 주소가 있어야 한다.

⇨ 외국인이 귀화허가를 받기 위해서는 간이귀화 및 특별귀화에 해당하는 경우 외에는 원칙적으로 대한민국에서 영주할 수 있는 체류자격을 가지고 있으면서 5년 이상 계속하여 대한민국에 주소가 있어야 한다.

04　　　　　　　　　　　　　　　　　　　답 ④

① [×] 세무당국에 사업자등록을 하고 운전교습에 종사해 왔음에도 불구하고, 자동차운전학원으로 등록한 경우에만 자동차운전교습업을 영위할 수 있도록 법률을 개정하는 것은 관련자들의 정당한 신뢰를 침해하는 것이다.

⇨ 청구인들이 비록 세무당국에 사업자등록을 하고 운전교습업에 종사하였다고 하더라도, **사업자등록은 과세행정상의 편의를 위하여 납세자의 인적사항 등을 공부에 등재하는 행위에 불과하므로 운전교습업의 계속에 대하여 국가가 신뢰를 부여하였다고 보기도 어렵다.** 따라서 신뢰보호의 전제가 되는 선행하는 법적 상태에 대한 신뢰 자체를 인정할 수 없는 이 사건에 있어 신뢰보호원칙에 위배하여 청구인들의 재산권과 직업의 자유를 침해하였다는 청구인들의 주장 역시 더 나아가 살필 필요도 없이 이유 없다(헌재 2003.9.25, 2001헌마447).

② [×] 법적 안정성의 객관적 측면은 한번 제정된 법규범은 원칙적으로 존속력을 갖고 자신의 행위기준으로 작용하리라는 개인의 신뢰를 보호하는 것이다.

⇨ 법적 안정성은 객관적 요소로서 법질서의 신뢰성·항구성·법적 투명성과 법적 평화를 의미하고, 이와 내적인 상호연관관계에 있는 **법적 안정성의 주관적 측면은 한번 제정된 법규범은 원칙적으로 존속력을 갖고 자신의 행위기준으로 작용하리라는 개인의 신뢰보호원칙이다**(헌재 1996.2.16, 96헌가2 등).

③ [×] 기본권 제한입법에 있어서 규율대상이 지극히 다양하거나 수시로 변화하는 성질의 것이어서 입법기술상 일의적으로 규정할 수 없는 경우라도 명확성의 요건이 강화되어야 한다.

⇨ 위임의 구체성·명확성의 요구 정도는 그 규율대상의 종류와 성격에 따라 달라질 것이지만 특히 처벌법규나 조세법규와 같이 국민의 기본권을 직접적으로 제한하거나 침해할 소지가 있는 법규에서는 구체성·명확성의 요구가 강화되어 그 위임의 요건과 범위가 일반적인 급부행정의 경우보다 더 엄격하게 제한적으로 규정되어야 하는 반면에, 규율대상이 지극히 다양하거나 수시로 변화하는 성질의 것일 때에는 위임의 구체성·명확성의 요건이 완화되어야 할 것이다(헌재 2011.9.29, 2007헌마1083 등).

❹ [○] 종합생활기록부에 의하여 절대평가와 상대평가를 병행·활용하도록 한 교육부장관 지침(종합생활기록부제도개선보완시행지침, 1996.8.7.)은 교육개혁위원회의 교육개혁방안에 따라 절대평가가 이루어질 것으로 믿고 특수목적고등학교에 입학한 학생들의 신뢰이익을 침해하였다고 볼 수 없다.

⇨ 청구인들이 이른바 특수목적고등학교인 외국어고등학교에 입학하기 위하여 원서를 제출할 당시 시행되었던 종합생활기록부 제도는 처음부터 절대평가와 상대평가를 예정하고 있었고, 대학입학전형에 있어서 학생부를 절대평가방법으로 활용할 것인가 상대평가방법으로 활용할 것인가 등 그 반영방법도 대학의 자율에 일임되어 있었다. 따라서 그 이후 공표된 이 사건 제도개선보완시행지침은 1999학년도까지 대입전형자료로 절대평가와 상대평가를 병행하도록 하고, 다만 종전 종합생활기록부제도의 문제점을 보완하기 위하여 과목별 석차의 기록방법 등 세부적인 사항을 개선·변경한 데 불과하므로 이로 인하여 청구인들의 헌법상 보호할 가치가 있는 신뢰가 침해되었다고 볼 수 없다(헌재 1997.7.16, 97헌마38).

05
답 ④

① [○] 공무원연금법상 퇴직연금수급자가 지방의회의원에 취임한 경우 그 재직기간 중 퇴직연금 전부의 지급을 정지하도록 하는 것은 신뢰보호원칙에 위배되지 않는다.
⇨ '지방의회의원에 취임할 당시의 연금제도가 그대로 유지되어 그 임기 동안 퇴직연금을 계속 지급받을 수 있을 것'이라고 신뢰하였다 하더라도 이러한 신뢰는 보호가치가 크다고 보기 어렵다. 또한 선출직 공무원에 대한 연금 지급정지제도는 종전에도 몇 차례에 걸쳐 시행된 바 있으므로 청구인들의 신뢰는 그다지 확고한 법질서에 기반한 것이었다고 보기도 어렵다. 반면, 연금재정의 안정성과 건전성을 확보하는 것은 공무원연금제도의 장기적 운영과 지속가능성을 위하여 반드시 필요한 요소이므로, 심판대상조항이 추구하는 공익적 가치는 매우 중대하다. 이러한 점들을 종합하면, 심판대상조항은 신뢰보호원칙에 반하여 청구인들의 재산권을 침해한다고 볼 수 없다(헌재 2017.7.27, 2015헌마1052).

② [○] 신뢰보호원칙은 법치국가원리에 근거를 두고 있는 헌법상 원칙으로서, 특정한 법률에 의하여 발생한 법률관계는 그 법에 따라 파악되고 판단되어야 하고 과거의 사실관계가 그 뒤에 생긴 새로운 법률의 기준에 따라 판단되지 않는다는 국민의 신뢰를 보호하기 위한 것이다.
⇨ 신뢰보호원칙은 법치국가원리에 근거를 두고 있는 헌법상 원칙으로서, 특정한 법률에 의하여 발생한 법률관계는 그 법에 따라 파악되고 판단되어야 하고 과거의 사실관계가 그 뒤에 생긴 새로운 법률의 기준에 따라 판단되지 않는다는 국민의 신뢰를 보호하기 위한 것이다(헌재 2012.11.29, 2011헌마786 등).

③ [○] 군인연금법상 퇴역연금 수급권자가 사립학교교직원 연금법 제3조의 학교기관으로부터 보수 기타 급여를 지급받는 경우에는 대통령령이 정하는 바에 따라 퇴역연금의 전부 또는 일부의 지급을 정지할 수 있도록 하는 것은 신뢰보호원칙에 위반되지 않는다.
⇨ 기존의 연금수급자들에 대한 퇴역연금의 지급을 정지함으로써 달성하려는 공익은 군인연금재정의 악화를 개선하여 이를 유지·존속하려는 데에 있는 것으로, 그와 같은 공익적인 가치는 매우 크다 하지 않을 수 없다. 한편 연금수급권의 성격상 급여의 구체적인 내용은 불변적인 것이 아니라, 국가의 재정, 다음 세대의 부담 정도, 사회정책적 상황 등에 따라 변경될 수 있는 것이므로, 연금제도에 대한 신뢰는 반드시 "퇴직 후에 현 제도 그대로의 연금액을 받는다."는 데 둘 수만은 없는 것이고, 또 연금수급자는 단순히 기존의 기준에 의하여 연금이 지속적으로 지급될 것이라는 기대 아래 소극적으로 연금을 지급받는 것일 뿐, 그러한 신뢰에 기하여 어떠한 적극적인 투자 등의 조치를 취하는 것도 아니다. 그렇다면 보호해야 할 연금수급자의 신뢰의 가치는 그리 크지 않은 반면, 군인연금 재정의 파탄을 막고 군인연금제도를 건실하게 유지하려는 공익적 가치는 긴급하고 또한 중요한 것이므로, 이 사건 정지조항이 헌법상 신뢰보호의 원칙에 위반된다고 할 수 없다(헌재 2007.10.25, 2005헌바68).

④ [×] 외국에서 치과대학을 졸업한 대한민국 국민이 국내 치과의사 면허시험에 응시하기 위해서는 기존의 응시요건에 추가하여 새로이 예비시험에 합격할 것을 요건으로 규정한 의료법의 '예비시험' 조항은 외국에서 치과대학을 졸업한 국민들이 가지는 합리적 기대를 저버리는 것으로서 신뢰보호의 원칙상 허용되지 아니한다.
⇨ 신뢰보호원칙의 위반여부는 한편으로는 침해받은 신뢰이익의 보호가치, 침해의 중한 정도, 신뢰침해의 방법 등과 다른 한편으로는 새 입법을 통해 실현코자 하는 공익목적을 종합적으로 비교형량하여 판단하여야 한다. 청구인들이 장차 치과의사 면허시험을 볼 수 있는 자격 요건에 관하여 가진 구법에 대한 신뢰는 합법적이고 정당한 것이므로 보호가치 있는 신뢰에 해당하는 것이지만, 한편 청구인들에게 기존의 면허시험 요건에 추가하여 예비시험을 보게 하는 것은 이미 존재하는 여러 가지 면허제도상의 법적 규제에 추가하여 새로운 규제를 하나 더 부가하는 것에 그치고, 이러한 규제가 지나치게 가혹한 것이라고 하기 어려운 반면, 이러한 제도를 통한 공익적 목적은 위에서 본 바와 같이 그 정당성이 인정된다. 따라서 **경과규정은 신뢰보호의 원칙에 위배한 것이라 보기 어렵다**(헌재 2003.4.24, 2002헌마611).

06
답 ④

㉠ [×] 정당해산심판절차에 민사소송에 관한 법령을 준용할 수 있도록 한 헌법재판소법 제40조 제1항 전문은 정당의 설립과 활동의 자유 및 정당의 공정한 재판을 받을 권리를 침해하는 규정이다.
⇨ 준용조항은 헌법재판에서의 불충분한 절차진행규정을 보완하고, 원활한 심판절차진행을 도모하기 위한 조항으로, 그 절차보완적 기능에 비추어 볼 때, 소송절차 일반에 준용되는 절차법으로서의 민사소송에 관한 법령을 준용하도록 한 것이 현저히 불합리하다고 볼 수 없다. 또한 '헌법재판의 성질에 반하지 아니하는 한도'에서 민사소송에 관한 법령을 준용하도록 규정하여 정당해산심판의 고유한 성질에 반하지 않도록 적용범위를 한정하고 있는 바, 여기서 '헌법재판의 성질에 반하지 않는' 경우란, 다른 절차법의 준용이 헌법재판의 고유한 성질을 훼손하지 않는 경우로 해석할 수 있고, 이는 헌법재판소가 당해 헌법재판이 갖는 고유의 성질, 헌법재판과 일반재판의 목적 및 성격의 차이, 준용 절차와 대상의 성격 등을 종합적으로 고려하여 구체적·개별적으로 판단할 수 있다. 따라서 **준용조항은 청구인의 공정한 재판을 받을 권리를 침해한다고 볼 수 없다**(헌재 2014.2.27, 2014헌마7).

ⓛ [O] 헌법 제8조 제1항은 국민 누구나 국가의 간섭을 받지 아니하고 정당을 설립할 권리를 기본권으로 보장하고 있는 바, 입법자는 정당설립의 자유를 최대한 보장하는 방향으로 입법하여야 하고, 헌법재판소가 정당설립의 자유를 제한하는 법률의 합헌성을 심사할 때에는 헌법 제37조 제2항에 따라 엄격한 비례심사를 하여야 한다.

⇨ 정당은 국민과 국가의 중개자로서 정치적 도관(導管)의 기능을 수행하여 주체적·능동적으로 국민의 다원적 정치의사를 유도·통합함으로써 국가정책의 결정에 직접 영향을 미칠 수 있는 규모의 정치적 의사를 형성하고 있다. 오늘날 대의민주주의에서 차지하는 정당의 이러한 의의와 기능을 고려하여, 헌법 제8조 제1항은 국민 누구나가 원칙적으로 국가의 간섭을 받지 아니하고 정당을 설립할 권리를 기본권으로 보장함과 아울러 복수정당제를 제도적으로 보장하고 있다. 따라서 입법자는 정당설립의 자유를 최대한 보장하는 방향으로 입법하여야 하고, 헌법재판소는 정당설립의 자유를 제한하는 법률의 합헌성을 심사할 때에 헌법 제37조 제2항에 따라 엄격한 비례심사를 하여야 한다(헌재 2014.1.28, 2012헌마431 등).

ⓒ [O] 정당해산심판절차에서는 재심을 허용하지 아니함으로써 얻을 수 있는 법적 안정성의 이익보다 재심을 허용함으로써 얻을 수 있는 구체적 타당성의 이익이 더 크므로 재심을 허용하여야 한다. 한편, 이 재심절차에서는 원칙적으로 민사소송법의 재심에 관한 규정이 준용된다.

⇨ 정당해산심판은 원칙적으로 해당 정당에게만 그 효력이 미치며, 정당해산결정은 대체정당이나 유사정당의 설립까지 금지하는 효력을 가지므로 오류가 드러난 결정을 바로잡지 못한다면 장래 세대의 정치적 의사결정에까지 부당한 제약을 초래할 수 있다. 정당해산심판절차에서는 재심을 허용하지 아니함으로써 얻을 수 있는 법적 안정성의 이익보다 재심을 허용함으로써 얻을 수 있는 구체적 타당성의 이익이 더 크므로 재심을 허용하여야 하며, 재심절차에서는 원칙적으로 민사소송법의 재심에 관한 규정이 준용된다(헌재 2016.5.26, 2015헌아20).

ⓔ [X] 국회의원선거에 참여하여 의석을 얻지 못하고 유효투표총수의 100분의 2 이상을 득표하지 못한 정당에 대해 그 등록을 취소하도록 한 구 정당법 조항은 군소정당 난립으로 인한 정치질서의 혼란을 방지하기 위한 것으로서 정당설립의 자유를 침해하지 않는다.

⇨ 정당등록의 취소는 정당의 존속 자체를 박탈하여 모든 형태의 정당활동을 불가능하게 하므로, 그에 대한 입법은 필요최소한의 범위에서 엄격한 기준에 따라 이루어져야 한다. 그런데 일정기간 동안 공직선거에 참여할 기회를 수회 부여하고 그 결과에 따라 등록취소 여부를 결정하는 등 덜 기본권 제한적인 방법을 상정할 수 있고, 정당법에서 법정의 등록요건을 갖추지 못하게 된 정당이나 일정기간 국회의원선거 등에 참여하지 아니한 정당의 등록을 취소하도록 하는 등 현재의 법체계 아래에서도 입법목적을 실현할 수 있는 다른 장치가 마련되어 있으므로, 정당등록취소조항은 침해의 최소성 요건을 갖추지 못하였다. 나아가, 정당등록취소조항은 어느 정당이 대통령선거나 지방자치선거에서 아무리 좋은 성과를 올리더라도 국회의원선거에서 일정 수준의 지지를 얻는 데 실패하면 등록이 취소될 수밖에 없어 불합리하고, 신생·군소정당으로 하여금 국회의원선거에의 참여 자체를 포기하게 할 우려도 있어 법익의 균형성 요건도 갖추지 못하였다. 따라서 정당등록취소조

항은 과잉금지원칙에 위반되어 청구인들의 정당설립의 자유를 침해한다(헌재 2014.1.28, 2012헌마431 등).

ⓜ [X] 정당이 헌법재판소의 결정으로 해산된 때에는 해산된 정당의 강령과 동일하거나 유사한 것으로 정당을 창당하지 못하며, 해산된 정당의 명칭과 같거나 유사한 명칭 역시 다시 사용하지 못한다.

⇨ 유사한 명칭은 정당의 명칭으로 다시 사용할 수 있다.

> **정당법**
> 제40조 【대체정당의 금지】 정당이 헌법재판소의 결정으로 해산된 때에는 해산된 정당의 강령(또는 기본정책)과 동일하거나 유사한 것으로 정당을 창당하지 못한다.
> 제41조 【유사명칭 등의 사용금지】 ② 헌법재판소의 결정에 의하여 해산된 정당의 명칭과 같은 명칭은 정당의 명칭으로 다시 사용하지 못한다.

07
답 ④

적절하지 않은 것은 ⓒ, ⓜ이다.

ⓐ [O] 혼인한 남성 등록의무자와 달리 혼인한 여성 등록의무자의 경우에만 본인이 아닌 배우자의 직계존·비속의 재산을 등록하도록 하는 것은 평등원칙에 위배된다.

⇨ 혼인한 남성 등록의무자와 달리 혼인한 여성 등록의무자의 경우에만 본인이 아닌 배우자의 직계존·비속의 재산을 등록하도록 하는 것은 여성의 사회적 지위에 대한 그릇된 인식을 양산하고, 가족관계에 있어 시가와 친정이라는 이분법적 차별구조를 정착시킬 수 있으며, 이것이 사회적 관계로 확장될 경우에는 남성우위·여성비하의 사회적 풍토를 조성하게 될 우려가 있다. 이는 성별에 의한 차별금지 및 혼인과 가족생활에서의 양성의 평등을 천명하고 있는 헌법에 정면으로 위배되는 것으로 그 목적의 정당성을 인정할 수 없다. 따라서 이 사건 부칙조항은 평등원칙에 위배된다(헌재 2021.9.30, 2019헌가3).

ⓛ [O] 국가를 상대로 한 당사자소송에는 가집행선고를 할 수 없도록 규정하고 있는 행정소송법 제43조는 평등원칙에 위반된다.

⇨ 심판대상조항은 재산권의 청구에 관한 당사자소송 중에서도 피고가 공공단체 그 밖의 권리주체인 경우와 국가인 경우를 다르게 취급한다. 가집행의 선고는 불필요한 상소권의 남용을 억제하고 신속한 권리실행을 하게 함으로써 국민의 재산권과 신속한 재판을 받을 권리를 보장하기 위한 제도이고, 당사자소송 중에는 사실상 같은 법률조항에 의하여 형성된 공법상 법률관계라도 당사자를 달리 하는 경우가 있다. 동일한 성격인 공법상 금전지급 청구소송임에도 피고가 누구인지에 따라 가집행선고를 할 수 있는지 여부가 달라진다면 상대방 소송 당사자인 원고로 하여금 불합리한 차별을 받도록 하는 결과가 된다. 재산권의 청구가 공법상 법률관계를 전제로 한다는 점만으로 국가를 상대로 하는 당사자소송에서 국가를 우대할 합리적인 이유가 있다고 할 수 없고, 집행가능성 여부에 있어서도 국가와 지방자치단체 등이 실질적인 차이가 있다고 보기 어렵다는 점에서, 심판대상조항은 국가가 당사자소송의 피고인 경우 가집행의 선고를 제한하여, 국가가 아닌 공공단체 그 밖의 권리주체가 피고인 경우에 비하여 합리적인 이유 없이 차별하고 있으므로 평등원칙에 반한다(헌재 2022.2.24, 2020헌가12).

ⓒ [×] 중혼의 취소청구권자로 직계존속과 4촌 이내의 방계혈족을 규정하면서도 직계비속을 제외하는 민법 규정에 대한 평등원칙 위반 여부는 엄격한 심사척도를 적용함이 상당하다.

⇨ 중혼의 취소청구권자를 규정하면서 직계비속을 취소청구권자에 포함시키지 아니한 법률조항에서, 중혼의 취소청구권자를 어느 범위까지 포함할 것인지 여부에 관하여는 입법자의 입법재량의 폭이 넓은 영역이라 할 것이어서, 이 사건 법률조항이 평등원칙을 위반했는지 여부를 판단함에 있어서는 **자의금지원칙 위반 여부를 심사하는 것으로 족하다고 할 것이다**(헌재 2010.7.29, 2009헌가8).

ⓔ [○] 자의심사의 경우 차별을 정당화하는 합리적인 이유가 있는지만 심사하기 때문에 그에 해당하는 비교대상간의 사실상의 차이나 입법목적(차별목적)의 발견·확인에 그친다.

⇨ 자의심사의 경우에는 차별을 정당화하는 합리적인 이유가 있는지만을 심사하기 때문에 그에 해당하는 비교대상간의 사실상의 차이나 입법목적(차별목적)의 발견·확인에 그치는 반면에, 비례심사의 경우에는 단순히 합리적인 이유의 존부문제가 아니라 차별을 정당화하는 이유와 차별간의 상관관계에 대한 심사, 즉 비교대상간의 사실상의 차이의 성질과 비중 또는 입법목적(차별목적)의 비중과 차별의 정도에 적정한 균형관계가 이루어져 있는가를 심사한다(헌재 2008.11.27, 2006헌가1).

ⓜ [×] 남자에 한하여 병역의무를 부과하는 법률조항이 평등권을 침해하는지 여부는 엄격한 심사척도에 따라 비례원칙 위반 여부에 의하여 판단하여야 한다.

⇨ 대한민국 국민인 남자에 한하여 병역의무를 부과한 법률조항은 헌법이 특별히 양성평등을 요구하는 경우나 관련 기본권에 중대한 제한을 초래하는 경우의 차별취급을 그 내용으로 하고 있다고 보기 어려우며, 징집대상자의 범위 결정에 관하여는 입법자의 광범위한 입법형성권이 인정된다는 점에 비추어 이 사건 법률조항이 평등권을 침해하는지 여부는 **완화된 심사기준에 따라 판단하여야 한다**(헌재 2010.11.25, 2006헌마328).

08   답 ②

적절하지 않은 것은 ⓛ, ⓜ이다.

ⓐ [○] 甲이 불법체류 중인 외국인이라 하더라도, 침해받았다고 주장하는 기본권이 주거의 자유, 재판청구권이라면 두 기본권은 그 성질상 인간의 권리에 해당하므로 甲의 기본권 주체성이 인정된다.

⇨ 헌법재판소법 제68조 제1항 소정의 헌법소원은 기본권의 주체이어야만 청구할 수 있는데, 단순히 '국민의 권리'가 아니라 '인간의 권리'로 볼 수 있는 기본권에 대해서는 외국인도 기본권의 주체가 될 수 있다. 나아가 청구인들이 불법체류 중인 외국인들이라 하더라도, 불법체류라는 것은 관련 법령에 의하여 체류자격이 인정되지 않는다는 것일 뿐이므로, '인간의 권리'로서 외국인에게도 주체성이 인정되는 일정한 기본권에 관하여 불법체류 여부에 따라 그 인정 여부가 달라지는 것은 아니다. 청구인들이 침해받았다고 주장하고 있는 신체의 자유, 주거의 자유, 변호인의 조력을 받을 권리, 재판청구권 등은 성질상 인간의 권리에 해당한다고 볼 수 있으므로, 위 기본권들에

관하여는 청구인들의 기본권 주체성이 인정된다(헌재 2012. 8.23, 2008헌마430).

ⓛ [×] 甲에 대한 긴급보호 및 강제퇴거는 이미 집행이 모두 종료하였으므로 이 사건 심판청구가 인용되더라도 청구인의 주관적 권리구제에는 도움이 되지 못하기 때문에 권리보호이익이 인정되지 않는다.

⇨ 이 사건 보호 및 강제퇴거는 이미 집행이 모두 종료하였으므로 이 사건 심판청구가 인용되더라도 청구인들의 주관적 권리구제에는 도움이 되지 못하지만, **불법체류 외국인에 대한 보호 및 강제퇴거는 앞으로도 반복될 것이 예상되어 이에 대한 헌법적 해명이 필요하므로 권리보호이익이 인정된다**(헌재 2012. 8.23, 2008헌마430).

ⓒ [○] 불법체류 외국인에 대한 긴급보호의 경우에도 출입국관리법이 정한 요건에 해당하지 않거나 법률이 정한 절차를 위반하는 때에는 적법절차원칙에 반하여 신체의 자유 등 기본권을 침해하게 된다.

⇨ 헌법 제12조 제1항이 규정하고 있는 적법절차원칙은 형사소송절차에 국한되지 않고 모든 국가작용에 적용되며 행정작용에 있어서도 적법절차원칙은 준수되어야 하는 바, 불법체류 외국인에 대한 보호 또는 긴급보호의 경우에도 출입국관리법이 정한 요건에 해당하지 않거나 법률이 정한 절차를 위반하는 때에는 적법절차원칙에 반하여 신체의 자유 등 기본권을 침해하게 된다(헌재 2012.8.23, 2008헌마430).

ⓔ [○] 취소소송의 제기는 처분 등의 효력이나 그 집행 또는 그 절차의 속행에 영향을 주지 아니하므로, 청구인들의 취소소송이나 집행정지신청에 관한 법원의 판단이 있기 전에 피청구인이 이 사건 강제퇴거명령을 집행하였다고 하여 이를 위법하다고 할 수 없다.

⇨ 살피건대, 취소소송의 제기는 처분 등의 효력이나 그 집행 또는 절차의 속행에 영향을 주지 아니하므로(행정소송법 제23조 제1항), 청구인들의 취소소송이나 집행정지신청에 관한 법원의 판단이 있기 전에 피청구인이 이 사건 강제퇴거명령을 집행하였다고 하여 이를 위법하다고 할 수 없다. 더욱이 청구인들이 취소소송과 집행정지신청을 제기한 사실을 피청구인이 미리 알고 청구인들의 재판청구권 행사를 제한하거나 방해하기 위하여 이 사건 강제퇴거의 집행을 개시한 것으로 볼 만한 자료도 없다(헌재 2012.8.23, 2008헌마430).

ⓜ [×] 만약 甲의 진정에 의한 국가인권위원회의 조사가 완료되기도 전에 甲을 강제퇴거시켰다면, 이는 헌법 제10조와 제37조 제1항에서 도출되는 '국가인권위원회의 공정한 조사를 받을 권리'를 침해하는 것이다.

⇨ 청구인들이 침해받았다고 주장하고 있는 신체의 자유, 주거의 자유, 변호인의 조력을 받을 권리, 재판청구권 등은 성질상 인간의 권리에 해당한다고 볼 수 있으므로, 위 기본권들에 관하여는 청구인들의 기본권 주체성이 인정된다. 그러나 **국가인권위원회의 공정한 조사를 받을 권리'는 헌법상 인정되는 기본권이라고 하기 어렵고**, 이 사건 보호 및 강제퇴거가 청구인들의 노동3권을 직접 제한하거나 침해한 바 없음이 명백하므로, 위 기본권들에 대하여는 본안판단에 나아가지 아니한다(헌재 2012.8.23, 2008헌마430).

① [X] 강제퇴거명령을 받은 사람을 즉시 대한민국 밖으로 송환할 수 없으면 송환할 수 있을 때까지 보호시설에 보호할 수 있도록 규정한 출입국관리법 제63조 제1항은 과잉금지원칙에 위배되어 피보호자의 신체의 자유를 침해한다.

⇨ 강제퇴거대상자의 송환이 언제 가능해질 것인지 미리 알 수가 없으므로, 심판대상조항이 보호기간의 상한을 두지 않고 '송환할 수 있을 때까지' 보호할 수 있도록 한 것은 입법목적 달성을 위해 불가피한 측면이 있다. 보호기간의 상한이 규정될 경우, 그 상한을 초과하면 보호는 해제되어야 한다. 그런데 강제퇴거대상자들은 대부분 국내에 안정된 거주기반이나 직업이 존재하지 않으므로, 그들이 보호해제된 후 잠적할 경우 강제퇴거명령의 집행이 현저히 어려워질 수 있고, 그들이 범죄에 연루되거나 범죄의 대상이 될 수도 있다. 강제퇴거대상자는 강제퇴거명령을 집행할 수 있을 때까지 일시적·잠정적으로 신체의 자유를 제한받는다. 또한 보호의 일시해제, 이의신청, 행정소송 및 집행정지 등 강제퇴거대상자가 보호에서 해제될 수 있는 다양한 제도가 마련되어 있다. 따라서 심판대상조항은 침해의 최소성 및 법익균형성 요건도 충족한다. 심판대상조항은 과잉금지원칙에 위배되어 신체의 자유를 침해하지 아니한다(헌재 2018.2.22, 2017헌가29).

② [X] 병(兵)에 대한 징계처분으로 일정기간 부대나 함정 내의 영창, 그 밖의 구금장소에 감금하는 영창처분이 가능하도록 규정한 조항은 병(兵)의 신체의 자유를 침해하지 않는다.

⇨ 병의 복무규율준수를 강화하고, 복무기강을 엄정히 하여 지휘명령체계를 확립하고 전투력을 제고하는 것은 징계를 중하게 하는 것으로 달성되는 데는 한계가 있고, 병의 비위행위를 개선하고 행동을 교정할 수 있도록 적절한 교육과 훈련을 제공하고, 비합리적인 병영 내 문화를 개선할 때 가능할 것이다. 또한, 영창제도가 갖고 있는 위하력이 인신구금보다는 병역법상 복무기간의 불산입에서 기인하는 바가 더 크다는 지적에 비추어 볼 때, 인신의 자유를 덜 제한하면서도 병의 비위행위를 효율적으로 억지할 수 있는 징계수단을 강구하는 것은 얼마든지 가능하다고 볼 수 있다. 따라서 심판대상조항은 병의 신체의 자유를 필요 이상으로 과도하게 제한하므로, 침해의 최소성원칙에 어긋난다(헌재 2020.9.24, 2017헌바157).

❸ [O] 변호인의 수사서류 열람·등사권은 피고인의 신속·공정한 재판을 받을 권리 및 변호인의 조력을 받을 권리라는 헌법상 기본권의 중요한 내용이자 구성요소이며 이를 실현하는 구체적인 수단이 된다.

⇨ 피고인의 신속·공정한 재판을 받을 권리 및 변호인의 조력을 받을 권리는 헌법이 보장하고 있는 기본권이고, 변호인의 수사서류 열람·등사권은 피고인의 신속·공정한 재판을 받을 권리 및 변호인의 조력을 받을 권리라는 헌법상 기본권의 중요한 내용이자 구성요소이며 이를 실현하는 구체적인 수단이 된다. 따라서 변호인의 수사서류 열람·등사를 제한함으로 인하여 결과적으로 피고인의 신속·공정한 재판을 받을 권리 또는 변호인의 충분한 조력을 받을 권리가 침해된다면 이는 헌법에 위반되는 것이다(헌재 2010.6.24, 2009헌마257).

④ [X] 검찰수사관이 피의자신문에 참여한 변호인에게 피의자 후방에 앉으라고 요구한 행위가 과잉금지원칙에 위배되어 변호인의 변호권을 침해하는 것은 아니다.

⇨ 이 사건 후방착석요구행위로 인하여 위축된 피의자가 변호인에게 적극적으로 조언과 상담을 요청할 것을 기대하기 어렵고, 변호인이 피의자의 뒤에 앉게 되면 피의자의 상태를 즉각적으로 파악하거나 수사기관이 피의자에게 제시한 서류 등의 내용을 정확하게 파악하기 어려우므로, 이 사건 **후방착석요구행위는 변호인인 청구인의 피의자신문참여권을 과도하게 제한한다.** 그런데 이 사건에서 변호인의 수사방해나 수사기밀의 유출에 대한 우려가 없고, 조사실의 장소적 제약 등과 같이 이 사건 후방착석요구행위를 정당화할 그 외의 특별한 사정도 발견되지 아니하므로, 침해의 최소성 요건을 충족하지 못한다. 이 사건 후방착석요구행위로 얻어질 공익보다는 변호인의 피의자신문참여권 제한에 따른 불이익의 정도가 크므로, 법익의 균형성 요건도 충족하지 못한다(헌재 2017.11.30, 2016헌마503).

① [O] 외국인이 귀화허가를 받기 위해서는 품행이 단정할 것의 요건을 갖추도록 한 국적법 제5조 제3호는 명확성원칙에 위배되지 않는다.

⇨ 심판대상조항의 입법취지와 용어의 사전적 의미 및 법원의 해석 등을 종합해 보면, 심판대상조항에서의 '품행이 단정할 것'은 '귀화신청자를 대한민국의 새로운 구성원으로서 받아들이는 데 지장이 없을 만한 품성과 행실을 갖춘 것'을 의미한다고 해석할 수 있고, 구체적으로 어떠한 경우가 이에 해당하는지는 귀화신청자의 성별, 연령, 직업, 가족, 경력, 전과관계 등 여러 사정을 종합적으로 고려하여 판단될 것이며, 특히 전과관계도 단순히 범죄를 저지른 사실의 유무뿐만이 아니라 범죄의 내용, 처벌의 정도, 범죄 당시 및 범죄 후의 사정, 범죄일로부터 귀화처분시까지의 기간 등 여러 사정들이 종합적으로 고려될 것이라는 점을 예측할 수 있다. 따라서 심판대상조항의 해석이 불명확하여 수범자의 예측가능성을 해하거나 법 집행기관의 자의적인 집행을 초래할 정도로 불명확하다고는 할 수 없으므로, 명확성원칙에 위배된다고 볼 수 없다(헌재 2016.7.28, 2014헌바421).

❷ [X] 혈액투석 정액수가에 포함되는 비용의 범위를 정한 '의료급여수가의 기준 및 일반기준' 제7조 제2항 본문의 정액범위조항에 사용된 '등'은 열거된 항목 외에 같은 종류의 것이 더 있음을 나타내는 의미로 해석할 수 있으나, 다른 조항과의 유기적·체계적 해석을 통해 그 적용범위를 합리적으로 파악할 수는 없으므로 명확성원칙에 위배된다.

⇨ **정액범위조항에 사용된 '등'은 열거된 항목 외에 같은 종류의 것이 더 있음을 나타내는 의미로 해석할 수 있고, 다른 조항과의 유기적·체계적 해석을 통해 그 적용범위를 합리적으로 파악할 수 있으므로, 명확성원칙에 위배되지 않는다**(헌재 2020.4.23, 2017헌마103).

③ [O] 어린이집이 시·도지사가 정한 수납한도액을 초과하여 보호자로부터 필요경비를 수납한 경우, 해당 시·도지사는 영유아보육법에 근거하여 시정 또는 변경 명령을 발할 수 있는데, 이 시정 또는 변경 명령 조항의 내용으로 환불명령을 명시적으로 규정하지 않았다고 하여 명확성원칙에 위배된다고 볼 수 없다.

⇨ 심판대상조항이 규정하고 있는 '시정 또는 변경' 명령은 '영유

아보육법 제38조 위반행위에 대하여 그 위법사실을 시정하도록 함으로써 정상적인 법질서를 회복하는 것을 목적으로 행해지는 행정작용'으로, 여기에는 과거의 위반행위로 인하여 취득한 필요경비 한도 초과액에 대한 환불명령도 포함됨을 어렵지 않게 예측할 수 있다. 그렇다면 심판대상조항 자체에 시정 또는 변경 명령의 내용으로 환불명령을 명시적으로 규정하지 않았다고 하여 명확성원칙에 위배된다고 볼 수 없다(헌재 2017.12.28, 2016헌바249).

④ [O] 정당한 이유 없이 이 법에 규정된 범죄에 공용(供用)될 우려가 있는 흉기나 그 밖의 위험한 물건을 휴대한 사람을 처벌하도록 규정한 폭력행위 등 처벌에 관한 법률 조항에서 '공용(供用)될 우려가 있는'은 흉기나 그 밖의 위험한 물건이 '사용될 위험성이 있는'의 뜻으로 해석할 수 있으므로 죄형법정주의의 명확성원칙에 위배되지 않는다.

⇨ 심판대상조항의 '정당한 이유 없이 이 법에 규정된 범죄에 공용(供用)될 우려가 있는' 부분은 '흉기나 위험한 물건을 휴대할 만한 충분한 사유가 없이 폭력행위 등 처벌에 관한 법률에 규정된 범죄에 사용될 위험성이 있는'의 의미로 구체화할 수 있으므로 죄형법정주의의 명확성원칙에 위배되지 않는다(헌재 2018.5.31, 2016헌바250).

11   답 ③

① [O] 엄중격리대상자의 수용거실에 CCTV를 설치하여 24시간 감시하는 행위는 교도관의 계호활동 중 육안에 의한 시선계호를 CCTV 장비에 의한 시선계호로 대체한 것에 불과하므로, 특별한 법적 근거가 없더라도 일반적인 계호활동을 허용하는 법률규정에 의하여 허용되고, 엄중격리대상자의 사생활의 비밀 및 자유를 침해하였다고 볼 수 없다.

⇨ 이 사건 CCTV 설치행위는 행형법 및 교도관직무규칙 등에 규정된 교도관의 계호활동 중 육안에 의한 시선계호를 CCTV 장비에 의한 시선계호로 대체한 것에 불과하므로, 이 사건 CCTV 설치행위에 대한 특별한 법적 근거가 없더라도 일반적인 계호활동을 허용하는 법률규정에 의하여 허용된다고 보아야 한다. 한편 CCTV에 의하여 감시되는 엄중격리대상자에 대하여 지속적이고 부단한 감시가 필요하고 자살·자해나 흉기 제작 등의 위험성 등을 고려하면, 제반사정을 종합하여 볼 때 기본권 제한의 최소성 요건이나 법익균형성의 요건도 충족하고 있다. … 이 사건 CCTV 설치행위는 헌법 제17조 및 제37조 제2항을 위반하여 청구인들의 사생활의 비밀 및 자유를 침해하였다고 볼 수 없다(헌재 2008.5.29, 2005헌마137 등).

② [O] 흡연자들이 자유롭게 흡연할 권리를 흡연권이라고 한다면, 이러한 흡연권은 인간의 존엄과 행복추구권을 규정한 헌법 제10조와 사생활의 자유를 규정한 헌법 제17조에 의하여 뒷받침된다.

⇨ 흡연자들이 자유롭게 흡연할 권리를 흡연권이라고 한다면, 이러한 흡연권은 인간의 존엄과 행복추구권을 규정한 헌법 제10조와 사생활의 자유를 규정한 헌법 제17조에 의하여 뒷받침된다(헌재 2004.8.26, 2003헌마457).

❸ [×] 금융감독원의 4급 이상 직원에 대하여 공직자윤리법상 재산등록의무를 부과하는 조항은 해당 업무에 대한 권한과 책임이 부여되지 아니한 3급 또는 4급 직원까지 재산등록의무자로 규

정하여 재산등록의무자의 범위를 지나치게 확대하고, 등록대상 재산의 범위도 지나치게 광범위하며, 직원 본인뿐 아니라 배우자, 직계존비속의 재산까지 등록하도록 하는 등 이들의 사생활의 비밀과 자유를 침해한다.

⇨ 이 사건 재산등록조항은 금융감독원 직원의 비리유혹을 억제하고 업무 집행의 투명성 및 청렴성을 확보하기 위한 것으로 입법목적이 정당하고, 금융기관의 업무 및 재산상황에 대한 검사 및 감독과 그에 따른 제재를 업무로 하는 금융감독원의 특성상 소속직원의 금융기관에 대한 실질적인 영향력 및 비리 개연성이 클 수 있다는 점을 고려할 때 일정 직급 이상의 금융감독원 직원에게 재산등록의무를 부과하는 것은 적절한 수단이다. … 이 사건 재산등록조항은 청구인들의 사생활의 비밀과 자유를 침해하지 아니한다(헌재 2014.6.26, 2012헌마331).

④ [O] 교도소장이 수용자가 없는 상태에서 실시한 거실 및 작업장 검사행위는 교도소의 안전과 질서를 유지하고, 수형자의 교화·개선에 지장을 초래할 수 있는 물품을 차단하기 위한 것으로서 그 목적이 정당하고, 수단도 적절하며, 검사의 실효성을 확보하기 위한 최소한의 조치로 보이고, 달리 덜 제한적인 대체수단을 찾기 어려운 점 등에 비추어 보면 사생활의 비밀 및 자유를 침해하였다고 할 수 없다.

⇨ 이 사건 검사행위는 교도소의 안전과 질서를 유지하고, 수형자의 교화·개선에 지장을 초래할 수 있는 물품을 차단하기 위한 것으로서 그 목적이 정당하고, 수단도 적절하며, 검사의 실효성을 확보하기 위한 최소한의 조치로 보이고, 달리 덜 제한적인 대체수단을 찾기 어려운 점 등에 비추어 보면 이 사건 검사행위가 과잉금지원칙에 위배하여 사생활의 비밀 및 자유를 침해하였다고 할 수 없다(헌재 2011.10.25, 2009헌마691).

12   답 ②

① [×] 집회는 일정한 장소를 전제로 하여 특정 목적을 가진 다수인이 일시적으로 회합하는 것을 의미하여, 그 공동의 목적은 '내적인 유대 관계'뿐만 아니라 공동의 의사표현을 전제로 한다.

⇨ 일반적으로 집회는, 일정한 장소를 전제로 하여 특정 목적을 가진 다수인이 일시적으로 회합하는 것을 말하는 것으로 일컬어지고 있고, 그 공동의 목적은 '내적인 유대 관계'로 족하다(헌재 2014.1.28, 2011헌바174 등).

❷ [O] 집회의 자유는 개인이 집회에 참가하는 것을 방해하거나 집회에 참가할 것을 강요하는 국가행위를 금지할 뿐만 아니라, 집회장소로 여행하는 것을 방해하거나, 집회장소로부터 귀가하는 것을 방해하거나, 집회 참가자에 대한 검문의 방법으로 시간을 지연시킴으로써 집회장소에 접근하는 것을 방해하는 등 집회의 자유 행사에 영향을 미치는 모든 조치를 금지한다.

⇨ 집회의 자유는 집회의 시간, 장소, 방법과 목적을 스스로 결정할 권리를 보장한다. 집회의 자유에 의하여 구체적으로 보호되는 주요행위는 집회의 준비 및 조직, 지휘, 참가, 집회장소·시간의 선택이다. 따라서 집회의 자유는 개인이 집회에 참가하는 것을 방해하거나 집회에 참가할 것을 강요하는 국가행위를 금지할 뿐만 아니라, 예컨대 집회장소로 여행하는 것을 방해하거나, 집회장소로부터 귀가하는 것을 방해하거나, 집회 참가자에 대한 검문의 방법으로 시간을 지연시킴으로써 집회

장소에 접근하는 것을 방해하는 등 집회의 자유 행사에 영향을 미치는 모든 조치를 금지한다(헌재 2016.9.29, 2014헌가3).

③ [×] 헌법 제21조 제1항에 의해 보호되는 결사의 개념에는 공공목적에 의해 구성원의 자격이 정해진 특수단체나 공법상의 결사도 포함된다.

⇨ 결사란 자연인 또는 법인의 다수가 상당한 기간 동안 공동목적을 위하여 자유의사에 기하여 결합하고 조직화된 의사형성이 가능한 단체를 말하는 것으로, **공법상의 결사나 법이 특별한 공공목적에 의하여 구성원의 자격을 정하고 있는 특수단체의 조직활동은 이에 포함되지 아니한다**(헌재 2006.5.25, 2004헌가1).

④ [×] 입법자가 법률로써 일반적으로 집회를 제한하는 것도 원칙적으로 헌법 제21조 제2항에서 금지하는 '사전허가'에 해당한다.

⇨ 헌법 제21조 제2항의 '허가'는 '행정청이 주체가 되어 집회의 허용 여부를 사전에 결정하는 것'으로서 행정청에 의한 사전허가는 헌법상 금지되지만, **입법자가 법률로써 일반적으로 집회를 제한하는 것은 헌법상 '사전허가금지'에 해당하지 않는다**(헌재 2009.9.24, 2008헌가25).

13 답 ③

적절하지 않은 것은 ⓒ, ⓒ이다.

㉠ [O] 양심의 자유가 보장하고자 하는 '양심'은 민주적 다수의 사고나 가치관과 일치하는 것이 아니라, 개인적 현상으로서 지극히 주관적인 것이고, 그 대상이나 내용 또는 동기에 의하여 판단될 수 없으며, 양심상의 결정이 이성적·합리적인지, 타당한지 또는 법질서나 사회규범, 도덕률과 일치하는지 여부는 양심의 존재를 판단하는 기준이 될 수 없다.

⇨ 양심의 자유가 보장하고자 하는 '양심'은 민주적 다수의 사고나 가치관과 일치하는 것이 아니라, 개인적 현상으로서 지극히 주관적인 것이다. 양심은 그 대상이나 내용 또는 동기에 의하여 판단될 수 없고, 양심상의 결정이 이성적·합리적인지, 타당한지 또는 법질서나 사회규범, 도덕률과 일치하는지 여부는 양심의 존재를 판단하는 기준이 될 수 없다(헌재 2011.8.30, 2008헌가22 등).

㉡ [×] 육군훈련소장이 훈련병들에 대하여 육군훈련소 내 종교 시설에서 개최되는 개신교, 불교, 천주교, 원불교 종교행사 중 하나에 참석하도록 한 행위는 종교의 자유를 침해하지 않는다.

⇨ 피청구인이 청구인들로 하여금 개신교, 천주교, 불교, 원불교 4개 종교의 종교행사 중 하나에 참석하도록 한 것은 그 자체로 종교적 행위의 외적 강제에 해당한다. 이는 피청구인이 위 4개 종교를 승인하고 장려한 것이자, 여타 종교 또는 무종교보다 이러한 4개 종교 중 하나를 가지는 것을 선호한다는 점을 표현한 것이라고 보여질 수 있으므로 국가의 종교에 대한 중립성을 위반하여 특정 종교를 우대하는 것이다. 또한, **이 사건 종교행사 참석조치는 국가가 종교를, 군사력 강화라는 목적을 달성하기 위한 수단으로 전락시키거나, 반대로 종교단체가 군대라는 국가권력에 개입하여 선교행위를 하는 등 영향력을 행사할 수 있는 기회를 제공하므로, 국가와 종교의 밀접한 결합을 초래한다는 점에서 정교분리원칙에 위배된다**(헌재 2022.11.24, 2019헌마941).

㉢ [×] 종교적 신앙에 따른 병역거부자를 처벌하는 병역법 조항에 대해서는, 헌법이 양심의 자유와 별개로 종교의 자유를 보장하고 있으며 종교적 신앙은 윤리적 양심과는 구별되는 내면적 세계의 핵심적 가치이므로 양심의 자유의 침해와는 별도로 종교의 자유의 침해 여부를 심사해야 한다.

⇨ 헌법 제20조 제1항은 종교의 자유를 따로 보장하고 있으므로 양심적 병역거부가 종교의 교리나 종교적 신념에 따라 이루어진 것이라면, 이 사건 법률조항에 의하여 양심적 병역거부자의 종교의 자유도 함께 제한된다. 그러나 양심의 자유는 종교적 신념에 기초한 양심뿐만 아니라 비종교적인 양심도 포함하는 포괄적인 기본권이므로, 이하에서는 **양심의 자유를 중심으로 살펴보기로 한다**(헌재 2004.8.26, 2002헌가1).

㉣ [O] 사업자단체의 독점규제 및 공정거래에 관한 법률 위반행위가 있을 때 공정거래위원회가 사업자단체에 대하여 법 위반사실의 공표를 명할 수 있도록 한 독점규제 및 공정거래에 관한 법률 조항은 양심의 자유를 침해하지 않는다.

⇨ 헌법 제19조에서 보호하는 양심은 옳고 그른 것에 대한 판단을 추구하는 가치적·도덕적 마음가짐으로, 개인의 소신에 따른 다양성이 보장되어야 하고 그 형성과 변경에 외부적 개입과 억압에 의한 강요가 있어서는 아니 되는 인간의 윤리적 내심영역이다. 따라서 단순한 사실관계의 확인과 같이 가치적·윤리적 판단이 개입될 여지가 없는 경우는 물론, 법률해석에 관하여 여러 견해가 갈리는 경우처럼 다소의 가치관련성을 가진다고 하더라도 개인의 인격형성과는 관계가 없는 사사로운 사유나 의견 등은 그 보호대상이 아니다. 이 사건의 경우와 같이 경제규제법적 성격을 가진 독점규제 및 공정거래에 관한 법률에 위반하였는지 여부에 있어서도 각 개인의 소신에 따라 어느 정도의 가치판단이 개입될 수 있는 소지가 있고 그 한도에서 다소의 윤리적·도덕적 관련성을 가질 수도 있겠으나, 이러한 법률판단의 문제는 개인의 인격형성과는 무관하며, 대화와 토론을 통하여 가장 합리적인 것으로 그 내용이 동화되거나 수렴될 수 있는 포용성을 가지는 분야에 속한다고 할 것이므로 헌법 제19조에 의하여 보장되는 양심의 영역에 포함되지 아니한다(헌재 2002.1.31, 2001헌바43).

14 답 ④

① [O] 정치자금법상 회계보고된 자료의 열람기간을 3월간으로 정한 정치자금법 제42조 제2항 본문 중 '3월간' 부분은 알 권리를 침해한다.

⇨ 정치자금의 수입과 지출명세서 등에 대한 사본교부 신청이 가능하다고 하더라도 영수증, 예금통장의 열람 과정에서 문제 발견의 기회를 가질 필요가 소멸된다고 볼 수 없다. 이러한 사익의 제한은 정치자금의 투명한 공개가 민주주의 발전에 가지는 의미에 비추어 중대하다고 볼 수 있다. 결국 이 사건 열람기간제한조항은 이로 인하여 달성되는 공익에 비해 침해되는 사익이 중대하여 법익의 균형성원칙에 위반된다. 이 사건 열람기간제한조항은 과잉금지원칙에 위배되어 알 권리를 침해한다(헌재 2021.5.27, 2018헌마1168).

② [O] 민사소송법에 근거한 법원의 방영금지가처분은 행정기관이 주체가 되는 심사절차가 아니기 때문에 헌법이 금지하는 사전검열에 해당하지 않는다.

⇨ 헌법 제21조 제2항에서 규정한 검열금지의 원칙은 모든 형태의 사전적인 규제를 금지하는 것이 아니고 단지 의사표현의 발표 여부가 오로지 행정권의 허가에 달려 있는 사전심사만을 금지하는 것을 뜻하므로, 이 사건 법률조항에 의한 방영금지가처분은 행정권에 의한 사전심사나 금지처분이 아니라 개별 당사자간의 분쟁에 관하여 사법부가 사법절차에 의하여 심리·결정하는 것이어서 헌법에서 금지하는 사전검열에 해당하지 아니한다(헌재 2001.8.30, 2000헌바36).

③ [○] 제한상영가 등급의 영화를 '상영 및 광고·선전에 있어서 일정한 제한이 필요한 영화'라고 정의하고 있는 법률규정은 관련 규정들을 통해서도 제한상영가 등급의 영화가 어떤 영화인지를 예측할 수 없으므로 명확성원칙에 위배된다.
⇨ 영화진흥법 제21조 제3항 제5호는 '제한상영가' 등급의 영화를 '상영 및 광고·선전에 있어서 일정한 제한이 필요한 영화'라고 규정하고 있는데, 이 규정은 제한상영가 등급의 영화가 어떤 영화인지를 말해주기보다는 제한상영가 등급을 받은 영화가 사후에 어떠한 법률적 제한을 받는지를 기술하고 있는 바, 이것으로는 제한상영가 영화가 어떤 영화인지를 알 수가 없고, 따라서 영화진흥법 제21조 제3항 제5호는 명확성원칙에 위배된다(헌재 2008.7.31, 2007헌가4).

❹ [×] 금치처분을 받은 미결수용자라 할지라도 금치처분기간 중 집필을 금지하면서 예외적인 경우에만 교도소장이 집필을 허가할 수 있도록 한 형의 집행 및 수용자의 처우에 관한 법률상의 규정은 미결수용자의 표현의 자유를 침해한다.
⇨ 금치처분기간 중 예외적인 경우에만 집필을 허가할 수 있도록 한 형의 집행 및 수용자의 처우에 관한 법률은 표현의 자유를 침해하지 아니한다.

─ 참고 판례 🖊 ─
금치처분을 받은 수용자들은 이미 수용시설의 안전과 질서 유지에 위반되는 행위, 그중에서도 가장 중한 평가를 받은 행위를 한 자들이라는 점에서, 집필과 같은 처우 제한의 해제는 예외적인 경우로 한정될 수밖에 없고, 선례가 금치기간 중 집필을 전면 금지한 조항을 위헌으로 판단한 이후, 입법자는 집필을 허가할 수 있는 예외를 규정하고 금치처분의 기간도 단축하였다. 나아가 미결수용자는 징벌집행 중 소송서류의 작성 등 수사 및 재판 과정에서의 권리행사는 제한 없이 허용되는 점 등을 감안하면, 이 사건 집필제한조항은 청구인의 표현의 자유를 침해하지 아니한다(헌재 2014.8.28, 2012헌마623).

15
답 ④

적절하지 않은 것은 ㉡, ㉢이다.
㉠ [○] 대구교육대학교 총장임용후보자선거에서 후보자가 제1차 투표에서 최종 환산득표율의 100분의 15 이상을 득표한 경우에만 기탁금의 반액을 반환하도록 하고 나머지 기탁금은 발전기금에 귀속되도록 규정한 '대구교육대학교 총장임용후보자 선정규정'은 재산권을 침해한다.
⇨ 후보자가 총장임용후보자로 선정되거나 일정한 비율의 표를 획득한 경우에는 기탁금 전액을 반환하도록 하는 등, 이 사건 기탁금귀속조항의 기탁금 반환 조건을 현재보다 완화하더라도 충분히 후보자의 난립을 방지하고 후보자의 성실성을 확보

할 수 있으므로, 이 사건 기탁금귀속조항은 침해의 최소성을 갖추지 못하였다. 이 사건 기탁금귀속조항은 비록 후보자가 성실하게 선거를 완주하더라도 기탁금의 반액은 돌려받지 못하게 하므로 후보자의 성실성 확보라는 목적에 기여하는 바가 크지 않은 반면, 이 사건 기탁금귀속조항으로 인해 후보자의 재산권은 크게 제한되므로, 이 사건 기탁금귀속조항은 법익의 균형성에도 위반된다. 이와 같이 이 사건 기탁금귀속조항은 후보자가 성실성이나 노력 여하를 막론하고 기탁금의 절반은 반환받을 수 없도록 하고, 나머지 금액의 반환 조건조차 지나치게 까다롭게 규정하고 있으므로, 과잉금지원칙에 위반되어 청구인의 재산권을 침해한다(헌재 2021.12.23, 2019헌마825).

㉡ [×] 배우자의 상속공제를 인정받기 위한 요건으로 배우자 상속재산 분할기한까지 배우자의 상속재산을 분할하여 신고할 것을 요구하면서 위 기한이 경과하면 일률적으로 배우자의 상속공제를 부인하고 있는 구 상속세 및 증여세법(2002.12.18. 법률 제6780호로 개정되고, 2010.1.1. 법률 제9916호로 개정되기 전의 것) 제19조 제2항은 배우자인 상속인의 재산권을 침해한다고 볼 수 없다.
⇨ 이 사건 법률조항은 피상속인의 배우자가 상속공제를 받은 후에 상속재산을 상속인들에게 이전하는 방법으로 부의 무상이전을 시도하는 것을 방지하고 상속세에 대한 조세법률관계를 조기에 확정하기 위한 정당한 입법목적을 가진 것이나, 상속재산분할심판과 같이 상속에 대한 실체적 분쟁이 계속 중이어서 법정기한 내에 재산분할을 마치기 어려운 부득이한 사정이 있는 경우, 후발적 경정청구 등에 의해 그러한 심판의 결과를 상속세 산정에 추후 반영할 길을 열어두지도 않은 채, 위 기한이 경과하면 일률적으로 배우자 상속공제를 부인함으로써 비례원칙에 위배되어 청구인들의 재산권을 침해하고, 나아가 소송계속 등 부득이한 사유로 법정기한 내에 상속분할을 마치지 못한 상속인들을 그렇지 아니한 자와 동일하게 취급하는 것으로서 그 차별의 합리성이 없으므로 청구인들의 평등권을 침해한다(헌재 2012.5.31, 2009헌바190).

㉢ [○] 헌법이 보장하는 재산권의 내용과 한계를 정하는 법률이 재산권을 형성한다는 의미를 갖는다 하더라도, 이러한 법률이 사유재산제도나 사유재산을 부인하는 것은 재산권 보장규정의 침해를 의미하고 결코 재산권 형성적 법률유보라는 이유로 정당화될 수 없다.
⇨ 우리 헌법상의 재산권에 관한 규정은 다른 기본권규정과는 달리 그 내용과 한계가 법률에 의하여 구체적으로 형성되는 기본권 형성적 법률유보의 형태를 띠고 있으므로 재산권의 구체적 모습은 재산권의 내용과 한계를 정하는 법률에 의하여 형성되고 그 법률은 재산권을 제한한다는 의미가 아니라 재산권을 형성한다는 의미를 갖는다. 다만, 이러한 재산권의 내용과 한계를 정하는 법률의 경우에도 사유재산제도나 사유재산을 부인하는 것은 재산권 보장규정의 침해를 의미하고 결코 재산권 형성적 법률유보라는 이유로 정당화될 수 없다(헌재 2004.4.29, 2003헌바5).

㉣ [×] 토지의 강한 사회성 내지 공공성으로 말미암아 토지재산권에는 다른 재산권에 비하여 보다 강한 제한과 의무가 부과되고 이에 대한 제한입법에는 입법자의 광범위한 입법형성권이 인정되므로, 과잉금지원칙에 의한 심사는 부적절하다.
⇨ 토지재산권에 대한 제한입법은 토지의 강한 사회성 내지는 공

공성으로 말미암아 다른 재산권에 비하여 보다 강한 제한과 의무가 부과될 수 있으나, 역시 다른 기본권에 대한 제한입법과 마찬가지로 과잉금지원칙을 준수해야 하고, 재산권의 본질적 내용인 사적 이용권과 원칙적인 처분권을 부인하여서는 아니 되며, 특히 토지재산권의 사회적 의미와 기능 및 법의 목적과 취지를 고려하더라도 당해 토지재산권을 과도하게 제한하여서는 아니 된다(헌재 2012.11.29, 2011헌바49).

16
답 ②

① [O] 부당환급받은 세액을 징수하는 근거규정인 개정조항을 개정된 법 시행 후 최초로 환급세액을 징수하는 분부터 적용하도록 규정한 법인세법 부칙 제9조는 진정소급입법으로서 재산권을 침해한다.
  ⇨ 심판대상조항은 개정조항이 시행되기 전 환급세액을 수령한 부분까지 사후적으로 소급하여 개정된 징수조항을 적용하는 것으로서 헌법 제13조 제2항에 따라 원칙적으로 금지되는 이미 완성된 사실·법률관계를 규율하는 진정소급입법에 해당한다. 법인세를 부당환급받은 법인은 소급입법을 통하여 이자상당액을 포함한 조세채무를 부담할 것이라고 예상할 수 없었고, 환급세액과 이자상당액을 법인세로서 납부하지 않을 것이라는 신뢰는 보호할 필요가 있다. 나아가 개정 전 법인세법 아래에서도 환급세액을 부당이득 반환청구를 통하여 환수할 수 있었으므로, 신뢰보호의 요청에 우선하여 진정소급입법을 하여야 할 매우 중대한 공익상 이유가 있다고 볼 수도 없다(헌재 2014.7.24, 2012헌바105).
❷ [×] 환매권의 발생기간을 '토지의 협의취득일 또는 수용의 개시일부터 10년 이내'로 제한한 공익사업을 위한 토지 등의 취득 및 보상에 관한 법률 제91조 제1항 부분이 재산권을 침해하는 것은 아니다.
  ⇨ 이 사건 법률조항의 환매권 발생기간 '10년'을 예외 없이 유지하게 되면 토지수용 등의 원인이 된 공익사업의 폐지 등으로 공공필요가 소멸하였음에도 단지 10년이 경과하였다는 사정만으로 환매권이 배제되는 결과가 초래될 수 있다. 다른 나라의 입법례에 비추어 보아도 발생기간을 제한하지 않거나 더 길게 규정하면서 행사기간 제한 또는 토지에 현저한 변경이 있을 때 환매거절권을 부여하는 등 보다 덜 침해적인 방법으로 입법목적을 달성하고 있다. 이 사건 법률조항은 침해의 최소성 원칙에 어긋난다. 이 사건 법률조항으로 제한되는 사익은 헌법상 재산권인 환매권의 발생 제한이고, 이 사건 법률조항으로 환매권이 발생하지 않는 경우에는 환매권 통지의무도 발생하지 않기 때문에 환매권 상실에 따른 손해배상도 받지 못하게 되므로, 사익 제한 정도가 상당히 크다. 그런데 10년 전후로 토지가 필요 없게 되는 것은 취득한 토지가 공익목적으로 실제 사용되지 못한 경우가 대부분이다. 토지보상법은 부동산등기부상 협의취득이나 토지수용의 등기원인 기재가 있는 경우 환매권의 대항력을 인정하고 있어 공익사업에 참여하는 이해관계인들은 환매권이 발생할 수 있음을 충분히 알 수 있다. 토지보상법은 이미 환매대금증감소송을 인정하여 당해 공익사업에 따른 개발이익이 원소유자에게 귀속되는 것을 차단하고 있다. 따라서 이 사건 법률조항이 추구하고자 하는 공익은 원소유자의 사익침해 정도를 정당화할 정도로 크다고 보기 어려우

므로, 법익의 균형성을 충족하지 못한다. 결국 이 사건 법률조항은 헌법 제37조 제2항에 반하여 국민의 재산권을 침해하여 헌법에 위반된다(헌재 2020.11.26, 2019헌바131).
③ [O] 의료급여수급권은 공공부조의 일종으로서 순수하게 사회정책적 목적에서 주어지는 권리이므로 개인의 노력과 금전적 기여를 통하여 취득되는 재산권의 보호대상에 포함된다고 보기 어렵다.
  ⇨ 의료급여법상 의료급여수급권은 저소득 국민에 대한 공공부조의 일종으로 순수하게 사회정책적 목적에서 주어지는 권리이므로 개인의 노력과 금전적 기여를 통하여 취득되는 재산권의 보호대상에 포함된다고 보기 어렵다(헌재 2009.9.24, 2007헌마1092).
④ [O] 종합소득세의 납부의무 위반에 대하여 미납기간을 고려하지 않고 일률적으로 미납세액의 100분의 10에 해당하는 가산세를 부과하도록 한 구 소득세법 제81조 제3항이 평등원칙에 반하여 납세의무자의 재산권을 침해하지 않는다.
  ⇨ 소득세의 납부불성실가산세는 미납기간 동안의 이익을 박탈한다는 목적과 함께 조세의 성실납부의무의 이행을 확보하고 그 불이행을 미연에 방지한다는 목적도 있으므로, 조세납부의무의 성실한 이행을 강제하기 위하여 미납기간이 단기인 경우에도 제재로서 의미를 가지는 최소한의 비율에 의한 가산세를 부과할 수 있다. 이 사건 법률조항에 따른 미납세액의 100분의 10이라는 가산세율은, 소득세의 납부의무 이행을 확보하고 그 불이행을 미연에 방지하는 데 필요한 최소한의 제재 수준을 벗어났다고 보기 어렵고, 이러한 최소한의 제재만을 정하고 이를 상회하는 가산세율을 정하지 않음으로써 단지 가산세가 가지는 제재적 기능의 최소한만을 확보하고자 하였다고 볼 수 있으므로, 미납기간의 장단을 고려하지 않았다는 이유만으로 이 사건 법률조항이 비례원칙에 반하여 납세의무자의 재산권을 침해한다고 볼 수 없다(헌재 2013.8.29, 2011헌가27).

17
답 ②

① [O] 약사 또는 한약사가 아니면 약국을 개설할 수 없다고 규정한 약사법은 법인을 구성하여 약국을 개설·운영하려고 하는 약사들 및 이들 약사들로 구성된 법인의 직업선택의 자유를 침해한 것이다.
  ⇨ 약사 또는 한약사가 아니면 약국을 개설할 수 없다고 규정한 약사법은 법인을 구성하여 약국을 개설·운영하려고 하는 약사들 및 이들 약사들로 구성된 법인의 직업선택의 자유를 침해한다. 또한 평등권, 결사의 자유를 침해한다.
❷ [×] 유치원 주변 학교환경위생정화구역에서 성 관련 청소년유해물건을 제작·생산·유통하는 청소년유해업소를 예외 없이 금지하는 학교보건법은 직업의 자유를 침해한 것이다.
  ⇨ 이 사건 법률조항들은 유치원 주변 및 아직 유아 단계인 청소년을 유해한 환경으로부터 보호하고 이들의 건전한 성장을 돕기 위한 것으로 그 입법목적이 정당하고, 이를 위해서 유치원 주변의 일정구역 안에서 해당 업소를 절대적으로 금지하는 것은 그러한 유해성으로부터 청소년을 격리하기 위하여 필요·적절한 방법이며, 그 범위가 유치원 부근 200미터 이내에서 금지되는 것에 불과하므로, 청구인들의 직업의 자유를

침해하지 아니한다(헌재 2013.6.27, 2011헌바8).

③ [○] 일반택시운송사업자로 하여금 운수종사자가 이용자에게 받은 운송수입금 전액을 받도록 규정하고 있는 여객자동차운수사업법 규정은 운송사업자의 직업의 자유를 침해하지 않는다.

⇨ 이 사건 조항들은 일반택시운송사업의 수익성을 근본적으로 저하시켜 해당 사업을 포기할 수밖에 없을 정도로 기업활동을 중대하게 제한하고 있다고 볼 수 없는 반면, 이에 의하여 달성하려는 공익은 관련 기업의 경영투명성 확보하고 일반택시운수종사자의 생활안정을 통한 일반택시이용자들에 대한 서비스의 질을 제고시키고자 하는 것으로서 법익간의 상당한 비례관계를 벗어났다고 보기 어려우므로 청구인의 직업의 자유를 침해한다고 보기 어렵다(헌재 2009.9.24, 2008헌마745).

④ [○] 운전면허를 받은 사람이 자동차 등을 이용하여 살인 또는 강간 등의 범죄행위를 한 때 필요적으로 운전면허를 취소하도록 규정한 도로교통법은 직업의 자유를 침해한 것이다.

⇨ 운전면허를 받은 사람이 자동차 등을 이용하여 살인 또는 강간 등 행정안전부령이 정하는 범죄행위를 한 때 운전면허를 취소하도록 하는 구 도로교통법 제93조 제1항 제11호는 법률유보원칙에 위배되지 않고, 포괄위임금지원칙에 위배되지 않지만, 직업의 자유 및 일반적 행동의 자유를 침해한다(헌재 2015.5.28, 2013헌가6).

18 답 ③

① [○] 국가공무원이 피성년후견인이 된 경우 당연퇴직되도록 한 국가공무원법 제69조 제1호 중 제33조 제1호 가운데 '피성년후견인'에 관한 부분은 공무담임권을 침해한다.

⇨ 국가공무원법은 정신상의 장애로 직무를 감당할 수 없는 국가공무원에 대해서는 임용권자가 휴직 명령 및 그에 이은 직권면직을 하도록 정하고 있다. 그러나 피성년후견인이 된 국가공무원은 심판대상조항에 의하여 위와 같은 현행법상 공무담임권 보장의 대상에서 제외된 채 당연퇴직된다. 그 결과 똑같은 정도의 정신상의 장애가 발생하였음에도 성년후견개시심판을 청구하여 피성년후견인이 된 국가공무원은 당연퇴직되는 반면 성년후견개시심판을 청구하지 않은 국가공무원은 휴직 및 직무 복귀의 기회를 제도적으로 보장 받게 되어 양자 사이에 현저한 차별이 야기된다. 심판대상조항에 의한 이러한 차별은 공무원 신분의 부당한 박탈을 금지하는 공무담임권의 보호영역 및 공무담임권의 사회국가원리상의 의의에 비추어보면 가혹한 것으로 평가할 수밖에 없다. 따라서 심판대상조항은 법익의 균형성에 위배된다. 심판대상조항은 과잉금지원칙에 위배되어 공무담임권을 침해한다(헌재 2022.12.22, 2020헌가8).

② [○] 지방자치단체의 장은 국가의 존립과 헌법 기본질서의 유지를 위한 국가안보 분야로서 대통령령으로 정하는 분야에는 복수국적자(대한민국 국적과 외국 국적을 함께 가진 사람)의 임용을 제한할 수 있다.

⇨ 지방자치단체의 장은 국가의 존립과 헌법 기본질서의 유지를 위한 국가안보 분야로서 대통령령으로 정하는 분야에는 복수국적자(대한민국 국적과 외국 국적을 함께 가진 사람을 말함)의 임용을 제한할 수 있다고 규정하고 있다(지방공무원법 제25조의2 제2항 제1호).

❸ [×] 지역구국회의원 예비후보자에게 지역구국회의원이 납부할 기탁금의 100분의 20에 해당하는 금액을 기탁금으로 납부하도록 하는 것은 예비후보자의 공무담임권을 침해하고, 비례대표 기탁금조항은 비례대표국회의원후보자가 되어 국회의원에 취임하고자 하는 자의 공무담임권을 침해한다.

⇨ 지역구국회의원 예비후보자에게 지역구국회의원이 납부할 기탁금의 100분의 20에 해당하는 금액을 기탁금으로 납부하도록 하는 것은 예비후보자의 공무담임권을 침해하지 않으며, 비례대표 기탁금조항은 비례대표국회의원후보자가 되어 국회의원에 취임하고자 하는 자의 공무담임권을 침해한다.

> ### 참고 판례 ✏️
>
> 1. 예비후보자 기탁금조항은 예비후보자의 무분별한 난립을 막고 책임성과 성실성을 담보하기 위한 것으로서, 입법목적의 정당성과 수단의 적합성이 인정된다. 또한 예비후보자 기탁금제도보다 덜 침해적인 다른 방법이 명백히 존재한다고 할 수 없고, 일정한 범위의 선거운동이 허용된 예비후보자의 기탁금 액수를 해당 선거의 후보자등록시 납부해야 하는 기탁금의 100분의 20인 300만원으로 설정한 것은 입법재량의 범위를 벗어난 것으로 볼 수 없으므로 침해의 최소성원칙에 위배되지 아니한다. 그리고 위 조항으로 인하여 예비후보자로 등록하려는 사람의 공무담임권 제한은 이로써 달성하려는 공익보다 크다고 할 수 없어 법익의 균형성원칙에도 반하지 않는다. 따라서 예비후보자 기탁금조항은 청구인의 공무담임권을 침해하지 않는다(헌재 1996.6.13, 94헌마118 등).
>
> 2. 정당에 대한 선거로서의 성격을 가지는 비례대표국회의원선거는 인물에 대한 선거로서의 성격을 가지는 지역구국회의원선거와 근본적으로 그 성격이 다르고, 공직선거법상 허용된 선거운동을 통하여 선거의 혼란이나 과열을 초래할 여지가 지역구국회의원선거보다 훨씬 적다고 볼 수 있다. 또한 비례대표국회의원선거에서 실제 정당에게 부과된 전체 과태료 및 행정대집행비용의 액수는 후보자 1명에 대한 기탁금액인 1,500만원에도 현저히 미치지 못하는데, 후보자 수에 비례하여 기탁금을 증액하는 것은 지나치게 과다한 기탁금을 요구하는 것이다. 나아가 이러한 고액의 기탁금은 거대정당에게 일방적으로 유리하고, 다양해진 국민의 목소리를 제대로 대표하지 못하여 사표를 양산하는 다수대표제의 단점을 보완하기 위하여 도입된 비례대표제의 취지에도 반하는 것이다. 그러므로 위 조항은 침해의 최소성원칙에 위반되며, 위 조항을 통해 달성하고자 하는 공익보다 제한되는 정당활동의 자유 등의 불이익이 크므로 법익의 균형성의 원칙에도 위반된다. 그러므로 위 조항은 과잉금지원칙을 위반하여 정당활동의 자유, 공무담임권을 침해한다(헌재 2016.12.29, 2015헌마509 등).

④ [○] 공무원의 재임기간 동안 충실한 공무수행을 담보하기 위하여 공무원의 퇴직급여 및 공무상 재해보상을 보장할 것까지 공무담임권의 보호영역에 포함된다고 보기는 어렵다.

⇨ 헌법 제25조가 규정하는 공무담임권은 공직 취임의 기회 보장을 보호영역으로 하는데, 더 나아가 지방자치단체장의 재임기간 동안 충실한 공직 수행을 담보하기 위하여 이들을 위한 퇴직급여제도를 마련할 것까지 그 보호영역으로 한다고 볼 수는 없다(헌재 2014.6.26, 2012헌마459).

19
답 ②

적절하지 않은 것은 ㉠, ㉣이다.

㉠ [×] 생명·신체 및 재산의 침해로 인한 국가배상을 받을 권리는 양도하거나 압류하지 못한다.

   ➡ **생명·신체의 침해만 해당한다.**

> **국가배상법**
> 제4조【양도 등 금지】생명·신체의 침해로 인한 국가배상을 받을 권리는 양도하거나 압류하지 못한다.

㉡ [○] 국가배상법 제8조가 국가배상청구권에도 소멸시효제도를 적용하도록 하여 국가배상청구권의 행사를 일정한 경우에 제한하고 있다 하더라도 이는 위와 같은 불가피한 필요성에 기인하는 것이고, 나아가 그 소멸시효기간을 정함에 있어서 민법상의 규정을 준용하도록 함으로써 결과에 있어서 민법상의 소멸시효기간과 같도록 규정하였다 하더라도 그것은 국가배상청구권의 성격과 책임의 본질, 소멸시효제도의 존재이유 등을 종합적으로 고려한 결과로서의 입법자의 결단의 산물인 것이다.

   ➡ 국가배상청구에 있어서도 오랜 기간의 경과로 인한 과거사실에 대한 증명의 곤란으로부터 채무자를 구제하고 또 권리행사를 게을리한 자에 대한 제재 및 장기간 불안정한 상태에 놓이게 되는 가해자의 보호를 위하여 소멸시효제도의 적용은 필요하므로 그대로 인정되어야 하기 때문이다. 따라서 국가배상법 제8조가 국가배상청구권에도 소멸시효제도를 적용하도록 하여 국가배상청구권의 행사를 일정한 경우에 제한하고 있다 하더라도 이는 위와 같은 불가피한 필요성에 기인하는 것이고, 나아가 그 소멸시효기간을 정함에 있어서 민법상의 규정을 준용하도록 함으로써 결과에 있어서 민법상의 소멸시효기간과 같도록 규정하였다 하더라도 그것은 국가배상청구권의 성격과 책임의 본질, 소멸시효제도의 존재이유 등을 종합적으로 고려한 결과로서의 입법자의 결단의 산물인 것이고, 그것이 청구인이 주장하는 바와 같이 국가배상청구권의 특성을 전혀 도외시한 결과라고 단정할 수는 없는 것이다. 결국 국가배상법 제8조는 그것이 헌법 제29조 제1항이 규정하는 국가배상청구권을 일부 제한하고 있다 하더라도 일정한 요건하에 그 행사를 제한하고 있는 점에서 그 본질적인 내용에 대한 침해라고는 볼 수 없을 뿐더러, 앞에서 본 바와 같이 그 제한의 목적과 수단 및 방법에 있어서 정당하고 상당한 것이며 그로 인하여 침해되는 법익과의 사이에 입법자의 자의라고 볼 정도의 불균형이 있다고 볼 수도 없어서 기본권 제한의 한계를 규정한 헌법 제37조 제2항에 위반된다고 볼 수도 없다(헌재 2011.9.29, 2010헌바116).

㉢ [○] 국가배상법이 정한 손해배상청구의 요건인 '공무원의 직무'에는 국가나 지방자치단체의 권력적 작용뿐만 아니라 비권력적 작용도 포함되지만, 단순한 사경제의 주체로서 하는 작용은 포함되지 않는다.

   ➡ 국가배상법이 정한 배상청구의 요건인 '공무원의 직무'에는 권력적 작용만이 아니라 행정지도와 같은 비권력적 작용도 포함되며 단지 행정주체가 사경제주체로서 하는 활동만 제외된다(대판 1998.7.10, 96다38971).

㉣ [×] 헌법재판소는 국가배상법상의 배상결정전치주의가 법관에 의한 재판을 받을 권리와 신속한 재판을 받을 권리를 침해한다고 하였고, 이에 따라 국가배상법상의 배상결정전치주의가 폐지되었다.

   ➡ 국가배상법에 의한 손해배상청구에 관한 시간, 노력, 비용의 절감을 도모하여 배상사무의 원활을 기하며 피해자로서도 신속, 간편한 절차에 의하여 배상금을 지급받을 수 있도록 하는 한편, 국고손실을 절감하도록 하기 위한 이 사건 법률조항에 의해 달성되는 공익과, 배상절차의 합리성 및 적정성의 정도, 그리고 한편으로는 배상신청을 하는 국민이 치루어야 하는 수고나 시간의 소모를 비교하여 볼 때, **이 사건 법률조항이 헌법 제37조의 기본권 제한의 한계에 관한 규정을 위배하여 국민의 재판청구권을 침해하는 정도에는 이르지 않는다**(헌재 2000. 2.24, 99헌바17 등). 즉, **헌법재판소는 합헌결정을 하였지만 임의적 전치주의로 개정하였다.**

20
답 ③

① [○] 근로의 권리는 개인 근로자가 주체이며, 노동조합은 그 주체가 될 수 없다.

   ➡ 헌법 제32조 제1항이 규정한 근로의 권리는 근로자를 개인의 차원에서 보호하기 위한 권리로서 개인인 근로자가 그 주체가 되는 것이고 노동조합은 그 주체가 될 수 없으므로, 이 사건 법률조항이 노동조합을 비과세 대상으로 규정하지 않았다 하여 헌법 제32조 제1항에 반한다고 볼 여지는 없다(헌재 2009.2.26, 2007헌바27).

② [○] 교육공무원에게 근로3권을 일체 허용하지 않고 전면적으로 부정하는 것은 입법형성권의 범위를 벗어난다.

   ➡ 교육공무원인 대학 교원에 대하여 보더라도, 교육공무원의 직무수행의 특성과 헌법 제33조 제1항 및 제2항의 정신을 종합해 볼 때, 교육공무원에게 근로3권을 일체 허용하지 않고 전면적으로 부정하는 것은 합리성을 상실한 과도한 것으로서 입법형성권의 범위를 벗어나 헌법에 위반된다(헌재 2018.8.30, 2015헌가38).

❸ [×] '65세 이후 고용된 자'에게 실업급여에 관한 고용보험법의 적용을 배제하는 것은 근로의 의사와 능력의 존부에 대한 합리적인 판단을 결여한 것이다.

   ➡ 실업급여를 포함한 고용보험제도는 개개인의 특수한 사정이나 선택에 의하여 보험관계가 설정되는 사보험이 아니라 보험의 내용이 모두 법률에 의하여 강제되거나 확정되는 공적보험이라는 점에서, 근로의 의사와 능력이 있는지 여부에 대하여는 일정한 연령을 기준으로 하는 것이 특별히 불합리하다고 단정할 수는 없다. … **심판대상조항이 '65세 이후 고용' 여부를 기준으로 실업급여 적용 여부를 달리한 것은 합리적 이유가 있다고 할 것이므로, 이로 인해 청구인의 평등권이 침해되었다고 보기 어렵다**(헌재 2018.6.28, 2017헌마238).

④ [○] 자본주의 경제질서하에서 근로자가 기본적 생활수단을 확보하고 인간의 존엄성을 보장받기 위하여 최소한의 근로조건을 요구할 수 있는 권리는 자유권적 기본권의 성격도 아울러 가지므로 이러한 경우 외국인 근로자에게도 그 기본권 주체성을 인정함이 타당하다.

   ➡ 근로의 권리의 구체적인 내용에 따라, 국가에 대하여 고용증진을 위한 사회적·경제적 정책을 요구할 수 있는 권리는 사회권적 기본권으로서 국민에 대하여만 인정해야 하지만, 자본주

의 경제질서하에서 근로자가 기본적 생활수단을 확보하고 인간의 존엄성을 보장받기 위하여 최소한의 근로조건을 요구할 수 있는 권리는 자유권적 기본권의 성격도 아울러 가지므로 이러한 경우 외국인 근로자에게도 그 기본권 주체성을 인정함이 타당하다(헌재 2007.8.30, 2004헌마670).

01
답 ③

① [○] 대통령과 국무총리가 서울이라는 하나의 도시에 소재하고 있어야 한다는 것은 관습헌법으로 인정될 수 없다.
⇨ 청구인들은 국무총리제도가 채택된 이래 줄곧 대통령과 국무총리가 서울이라는 하나의 도시에 소재하고 있었다는 사실을 들어 이에 대한 관습헌법이 존재한다고 주장한다. 그러나 국무총리의 소재지는 헌법적으로 중요한 기본적 사항이라 보기 어렵고 나아가 이러한 규범이 존재한다는 국민적 의식이 형성되었는지조차 명확하지 않으므로 이러한 관습헌법의 존재를 인정할 수 없다(헌재 2005.11.24, 2005헌마579 등).
② [○] 관습헌법은 이와 같은 일반적인 헌법사항에 해당하는 내용 중에서도 특히 국가의 기본적이고 핵심적인 사항으로서 법률에 의하여 규율하는 것이 적합하지 아니한 사항을 대상으로 한다.
⇨ 관습헌법이 성립하기 위하여서는 관습이 성립하는 사항이 단지 법률로 정할 사항이 아니라 반드시 헌법에 의하여 규율되어 법률에 대하여 효력상 우위를 가져야 할 만큼 헌법적으로 중요한 기본적 사항이 되어야 한다. 일반적으로 실질적인 헌법사항이라고 함은 널리 국가의 조직에 관한 사항이나 국가기관의 권한 구성에 관한 사항 혹은 개인의 국가권력에 대한 지위를 포함하여 말하는 것이지만, 관습헌법은 이와 같은 일반적인 헌법사항에 해당하는 내용 중에서도 특히 국가의 기본적이고 핵심적인 사항으로서 법률에 의하여 규율하는 것이 적합하지 아니한 사항을 대상으로 한다. 일반적인 헌법사항 중 과연 어디까지가 이러한 기본적이고 핵심적인 헌법사항에 해당하는지 여부는 일반추상적인 기준을 설정하여 재단할 수는 없고, 개별적 문제사항에서 헌법적 원칙성과 중요성 및 헌법원리를 통하여 평가하는 구체적 판단에 의하여 확정하여야 한다(헌재 2004.10.21, 2004헌마554 등).
❸ [×] 국명(國名)을 정하는 것, 우리말을 국어(國語)로 하고 우리글을 한글로 하는 것, 영토를 획정하고 국가주권의 소재를 밝히는 것 등은 국가의 정체성에 관한 기본적 헌법사항이라고 할 수 없다.
⇨ 헌법기관의 소재지, 특히 국가를 대표하는 대통령과 민주주의적 통치원리에 핵심적 역할을 하는 의회의 소재지를 정하는 문제는 국가의 정체성(正體性)을 표현하는 실질적 헌법사항의

하나이다. 여기서 국가의 정체성이란 국가의 정서적 통일의 원천으로서 그 국민의 역사와 경험, 문화와 정치 및 경제, 그 권력구조나 정신적 상징 등이 종합적으로 표출됨으로써 형성되는 국가적 특성이라 할 수 있다. 수도를 설정하는 것 이외에도 국명(國名)을 정하는 것, 우리말을 국어(國語)로 하고 우리글을 한글로 하는 것, 영토를 획정하고 국가주권의 소재를 밝히는 것 등이 국가의 정체성에 관한 기본적 헌법사항이 된다고 할 것이다. 수도를 설정하거나 이전하는 것은 국회와 대통령 등 최고 헌법기관들의 위치를 설정하여 국가조직의 근간을 장소적으로 배치하는 것으로서, 국가생활에 관한 국민의 근본적 결단임과 동시에 국가를 구성하는 기반이 되는 핵심적 헌법사항에 속한다(헌재 2004.10.21, 2004헌마554 등).
④ [○] 합헌적 법률해석이란 어떤 법률이 한 가지 해석방법에 의하면 헌법에 위배되는 것처럼 보이더라도 다른 해석방법에 의하면 헌법에 합치되는 것으로 볼 수 있다면 합헌으로 해석하여야 한다는 사법소극주의적인 법률해석기술이다.
⇨ 합헌적 법률해석은 법률이 한 가지 해석방법에 의하면 헌법에 위배되는 것처럼 보이더라도 다른 해석방법에 의하여 헌법에 합치되는 것으로 볼 수 있다면 합헌으로 해석하여야 한다는 법률해석으로, 사법소극주의의 전형적인 표현이다.

02
답 ①

❶ [×] 대통령의 발의로 제안된 헌법개정안은 국회의장이 20일 이상의 기간 이를 공고하여야 하며, 국회는 헌법개정안이 공고된 날로부터 60일 이내에 의결하여야 한다.
⇨ 헌법개정안은 대통령이 20일 이상 공고하여야 한다.

> **헌법 제129조** 제안된 헌법개정안은 대통령이 20일 이상의 기간 이를 공고하여야 한다.
> **제130조** ① 국회는 헌법개정안이 공고된 날로부터 60일 이내에 의결하여야 하며, 국회의 의결은 재적의원 3분의 2 이상의 찬성을 얻어야 한다.
> ② 헌법개정안은 국회가 의결한 후 30일 이내에 국민투표에 붙여 국회의원선거권자 과반수의 투표와 투표자 과반수의 찬성을 얻어야 한다.

③ 헌법개정안이 제2항의 찬성을 얻은 때에는 헌법개정은 확정되며, 대통령은 즉시 이를 공포하여야 한다.

② [O] 헌법재판의 수요를 감당하기 위하여 헌법재판관의 수를 늘리기 위해서는 헌법개정이 필요하다.
⇨ 헌법재판관의 수를 늘리기 위해서는 헌법개정이 필요하다.

> **헌법 제111조** ② 헌법재판소는 법관의 자격을 가진 9인의 재판관으로 구성하며, 재판관은 대통령이 임명한다.
> ③ 제2항의 재판관 중 3인은 국회에서 선출하는 자를, 3인은 대법원장이 지명하는 자를 임명한다.
> ④ 헌법재판소의 장은 국회의 동의를 얻어 재판관 중에서 대통령이 임명한다.

③ [O] 헌법개정의 한계에 관한 규정을 두지 아니하고 헌법의 개정을 법률의 개정과는 달리 국민투표로 확정하는 현행헌법상 과연 어떤 규정이 헌법핵 내지는 헌법제정규범으로서 상위규범이고 어떤 규정이 단순한 헌법개정규범으로서 하위규범인지를 구별하는 것이 가능하지 아니하다.
⇨ 헌법개정의 한계에 관한 규정을 두지 아니하고 헌법의 개정을 법률의 개정과는 달리 국민투표에 의하여 이를 확정하도록 규정하고 있는(헌법 제130조 제2항) 현행의 우리 헌법상으로는 과연 어떤 규정이 헌법핵 내지는 헌법제정규범으로서 상위규범이고 어떤 규정이 단순한 헌법개정규범으로서 하위규범인지를 구별하는 것이 가능하지 아니하며, 달리 헌법의 각 개별 규정 사이에 그 효력상의 차이를 인정하여야 할 아무런 근거도 찾을 수 없다(헌재 1996.6.13, 94헌마118 등).

④ [O] 1972년 헌법은 헌법의 개정절차를 대통령이 제안한 헌법개정안과 국회의원이 제안한 헌법개정안으로 이원화하여 규정했으며, 대통령이 제안한 헌법개정안의 경우 국회의 의결을 거치지 않고 국민투표만으로 확정된다고 규정하고 있다.
⇨ 1972년 헌법 제124조, 제126조에 대한 옳은 설명이다.

> **제7차 개정헌법(1972년) 제124조** ① 헌법의 개정은 대통령 또는 국회재적의원 과반수의 발의로 제안된다.
> ② 대통령이 제안한 헌법개정안은 국민투표로 확정되며, 국회의원이 제안한 헌법개정안은 국회의 의결을 거쳐 통일주체국민회의의 의결로 확정된다.
> **제126조** ① 대통령이 제안한 헌법개정안은 20일 이상의 기간 이를 공고하여야 하며, 공고된 날로부터 60일 이내에 국민투표에 붙여야 한다.
> ② 국민투표에 붙여진 헌법개정안은 국회의원선거권자 과반수의 투표와 투표자 과반수의 찬성을 얻어 헌법개정이 확정된다.

03
답 ④

① [X] 1948년 헌법 전문에는 3·1 운동으로 건립된 대한민국임시정부의 법통과 독립정신을 규정하고 있으며, 안으로는 국민생활의 균등한 향상을 기하고 밖으로는 국제평화의 유지에 노력할 것을 언급하고 있다.
⇨ 1948년 헌법에는 '대한민국임시정부의 법통'에 관한 규정이 없었고, 이는 **현행헌법(제9차 개정헌법)**에서 규정하였다.

② [X] 현행헌법 전문은 "1948년 7월 12일에 제정되고 9차에 걸쳐 개정된 헌법을 이제 국회의 의결을 거쳐 국민투표에 의하여 개정한다."라고 규정하고 있다.
⇨ 현행헌법 전문은 "1948년 7월 12일에 제정되고 **8차**에 걸쳐 개정된 헌법을 이제 국회의 의결을 거쳐 국민투표에 의하여 개정한다."라고 규정하고 있다.

③ [X] 헌법 전문에 기재된 3·1 정신은 우리나라 헌법의 연혁적·이념적 기초로서 헌법이나 법률해석에서의 해석기준으로 작용할 뿐만 아니라 곧바로 국민의 개별적 기본권성을 도출해내어, 예컨대 '영토권'을 헌법상 보장된 기본권으로 인정할 수 있다.
⇨ '헌법 전문에 기재된 3·1 정신'은 우리나라 헌법의 연혁적·이념적 기초로서 **헌법이나 법률해석에서의 해석기준으로 작용한다고 할 수 있지만**, 그에 기하여 곧바로 국민의 개별적 기본권성을 도출해낼 수는 없다고 할 것이므로, **헌법소원의 대상인 '헌법상 보장된 기본권'에 해당하지 아니한다**(헌재 2001. 3.21, 99헌마139).

❹ [O] '3·1 운동으로 건립된 대한민국임시정부의 법통을 계승'한다는 것은 대한민국이 일제에 항거한 독립운동가의 공헌과 희생을 바탕으로 이룩된 것임을 선언한 것으로, 국가는 자주독립을 위하여 공헌한 독립유공자와 그 유족에 대해 응분의 예우를 해야 할 헌법적 의무를 지닌다.
⇨ 헌법은 국가유공자 인정에 관하여 명문규정을 두고 있지 않으나 전문(前文)에서 '3·1 운동으로 건립된 대한민국임시정부의 법통을 계승'한다고 선언하고 있다. 이는 대한민국이 일제에 항거한 독립운동가의 공헌과 희생을 바탕으로 이룩된 것임을 선언한 것이고, 그렇다면 국가는 일제로부터 조국의 자주독립을 위하여 공헌한 독립유공자와 그 유족에 대하여는 응분의 예우를 하여야 할 헌법적 의무를 지닌다(헌재 2005.6.30, 2004헌마859).

04
답 ②

적절하지 않은 것은 ㉢, ㉣이다.

㉠ [O] 재판에 영향을 미칠 염려가 있거나 미치게 하기 위한 집회 또는 시위를 금지하고 이를 위반한 자를 형사처벌하는 규정은 과잉금지원칙에 위배되지 않는다. 법관이 형사재판의 양형에 있어 법률에 기속되는 것은 헌법 제103조의 규정에 따른 것으로서 헌법이 요구하는 법치국가원리의 당연한 귀결이며, 법관의 양형판단재량권, 특히 집행유예 여부에 관한 재량권은 어떠한 경우에도 제한될 수 없다고 볼 성질의 것이 아니다.
⇨ 법관이 형사재판의 양형에 있어 법률에 기속되는 것은 헌법 제103조의 규정에 따른 것으로서 헌법이 요구하는 법치국가원리의 당연한 귀결이며, 법관의 양형판단재량권, 특히 집행유예 여부에 관한 재량권은 어떠한 경우에도 제한될 수 없다고 볼 성질의 것이 아니므로, 강도상해죄를 범한 자에 대하여는 법률상의 감경사유가 없는 한 집행유예의 선고가 불가능하도록 한 것이 사법권의 독립 및 법관의 양형판단재량권을 침해 내지 박탈하는 것으로서 헌법에 위반된다고는 볼 수 없다(헌재 2001.4.26, 99헌바43).

㉡ [X] 선박소유자가 고용한 선장이 선박소유자의 업무에 관하여 범죄행위를 하면 그 선박소유자에게도 동일한 벌금형을 과하도록 한 것은 책임주의에 위배되지 않는다.

⇨ 이 사건 법률조항은 선장의 범죄행위에 관하여 비난할 근거가 되는 선박소유자의 의사결정 및 행위구조, 즉 선장이 저지른 행위의 결과에 대한 선박소유자의 독자적인 책임에 관하여 전혀 규정하지 않은 채, 단순히 선박소유자가 고용한 선장이 업무에 관하여 범죄행위를 하였다는 이유만으로 선박소유자에 대하여 형사처벌을 과하고 있는 바, 이는 다른 사람의 범죄에 대하여 그 책임 유무를 묻지 않고 형벌을 부과하는 것으로서, **헌법상 법치국가의 원리 및 죄형법정주의로부터 도출되는 책임주의원칙에 반하여 헌법에 위반된다**(헌재 2011.11.24, 2011헌가15).

© [O] 미군정청법령이 1945.9.25, 1945.12.6. 각 공포되었음에도 1945.8.9.을 기준으로 하여 일본인 소유의 재산에 대한 거래를 전부 무효로 하고, 그 재산을 전부 1945.9.25.로 소급하여 미군정청의 소유가 되도록 한 것은 진정소급입법이지만 예외적으로 허용되는 경우에 해당한다.

⇨ 심판대상조항은 1945.9.25, 1945.12.6. 각 공포되었음에도 1945.8.9.을 기준으로 하여 일본인 소유의 재산에 대한 거래를 전부 무효로 하고, 그 재산을 전부 1945.9.25.로 소급하여 미군정청의 소유가 되도록 정하고 있어서, 소급입법금지원칙에 위반되는지 여부가 문제된다. 1945.8.9.은 미국 육군항공대가 나가사키에 제2차 원자폭탄을 투하함으로써 사실상 제2차 세계대전이 종결된 시점이면서 동시에 일본의 최고전쟁지도회의 구성원회의에서 연합국 정상들이 일본에 대하여 무조건 항복을 요구한 포츠담선언의 수락이 기정사실화된 시점으로서, 그 이후 남한 내에 미군정이 수립되고 일본인의 사유재산에 대한 동결 및 귀속조치가 이루어지기까지 법적 상태는 매우 혼란스럽고 불확실하였다. 따라서 1945.8.9. 이후 조선에 남아 있던 일본인들이, 일본의 패망과 미군정의 수립에도 불구하고 그들이 한반도 내에서 소유하거나 관리하던 재산을 자유롭게 거래하거나 처분할 수 있다고 신뢰하였다 하더라도 그러한 신뢰가 헌법적으로 보호할 만한 가치가 있는 신뢰라고 보기 어렵다. 일본인들이 불법적인 한일병합조약을 통하여 조선 내에서 축적한 재산을 1945.8.9. 상태 그대로 일괄 동결시키고 그 산일과 훼손을 방지하여 향후 수립될 대한민국에 이양한다는 공익은, 한반도 내의 사유재산을 자유롭게 처분하고 일본 본토로 철수하고자 하였던 일본인이나, 일본의 패망 직후 일본인으로부터 재산을 매수한 한국인들에 대한 신뢰보호의 요청보다 훨씬 더 중대하다. 따라서 심판대상조항은 소급입법금지원칙에 대한 예외로서 헌법 제13조 제2항에 위반되지 아니한다(헌재 2021.1.28, 2018헌바88).

② [×] 종전의 '친일반민족행위자'의 유형을 개정하면서 '일제로부터 작위를 받거나 계승한 자'까지 친일반민족행위자의 범위에 포함시켜 그 재산을 국가귀속의 대상으로 하면 헌법에 위배된다.

⇨ 일제로부터 작위를 받았다고 하더라도 '한일합병의 공으로' 작위를 받지 아니한 자는 종전의 친일반민족행위자 재산의 국가귀속에 관한 특별법(이하 '친일재산귀속법'이라 한다)에 의하여 그 재산이 국가귀속의 대상이 되지 아니할 것이라고 믿은 **제청신청인의 신뢰는 친일재산귀속법의 제정경위 및 입법목적 등에 비추어 확고한 것이라거나 보호가치가 크다고 할 수 없는 반면, 이 사건 법률조항에 의하여 달성되는 공익은 매우 중대하므로 이 사건 법률조항은 신뢰보호원칙에 위반되지 아니한다**(헌재 2013.7.25, 2012헌가1).

◎ [O] 전문과목을 표시한 치과의원은 그 표시한 전문과목에 해당하는 환자만을 진료하여야 한다고 규정한 의료법 제77조 제3항은 신뢰보호원칙에 위배되어 청구인들의 직업수행의 자유를 침해하지 않는다.

⇨ 청구인들은 2014.1.1.부터 치과의원에서 전문과목을 표시할 수 있게 되면 모든 전문과목의 진료를 할 수 있을 것이라고 신뢰하였다고 주장하나, 이와 같은 신뢰는 장래의 법적 상황을 청구인들이 미리 일정한 방향으로 예측 내지 기대한 것에 불과하므로 심판대상조항은 신뢰보호원칙에 위배되어 직업수행의 자유를 침해한다고 볼 수 없다(헌재 2015.5.28, 2013헌마799).

✎ 위 판례는 신뢰보호원칙에는 위반되지 않으나, 과잉금지원칙과 평등원칙에 위배되어 위헌이다.

05 답 ②

① [O] 임대차존속기간을 20년으로 제한하는 민법 제651조 제1항이 계약의 자유를 침해하는지 여부

⇨ 이 사건 법률조항은 입법취지가 불명확하고, 사회경제적 효율성 측면에서 일정한 목적의 정당성이 인정된다 하더라도 과잉금지원칙을 위반하여 계약의 자유를 침해한다(헌재 2013.12.26, 2011헌바234).

❷ [×] 교육공무원인 대학교원을 교원의 노동조합 설립 및 운영 등에 관한 법률의 적용대상에서 배제한 것이 교육공무원인 대학교원의 단결권을 침해하는지 여부

⇨ 대학교원에는 교육공무원인 교원과 교육공무원이 아닌 교원이 모두 포함되어 있다. 이 사건에서는 대학교원을 교육공무원 아닌 대학교원과 교육공무원인 대학교원으로 나누어, 각각의 단결권에 대한 제한이 헌법에 위배되는지 여부에 관하여 살펴보기로 하되, 교육공무원 아닌 대학교원에 대해서는 과잉금지원칙 위배 여부를 기준으로, **교육공무원인 대학교원에 대해서는 입법형성의 범위를 일탈하였는지 여부를 기준으로** 나누어 심사하기로 한다. … 심판대상조항은 과잉금지원칙에 위배되어 교육공무원 아닌 대학교원의 단결권을 침해한다. … 교육공무원인 대학교원에게 노동조합을 조직하고 가입할 권리인 단결권을 전혀 인정하지 않는 심판대상조항은 입법형성권의 범위를 벗어난 것으로서 헌법에 위반된다(헌재 2018.8.30, 2015헌가38).

③ [O] 경찰청장이 서울광장을 차벽으로 둘러싸고 광장의 통행을 제지한 행위가 일반적 행동자유권을 침해하는지 여부

⇨ 대규모의 불법·폭력 집회나 시위를 막아 시민들의 생명·신체와 재산을 보호한다는 공익은 중요한 것이지만, 당시의 상황에 비추어 볼 때 이러한 공익의 존재 여부나 그 실현 효과는 다소 가상적이고 추상적인 것이라고 볼 여지도 있고, 비교적 덜 제한적인 수단에 의하여도 상당 부분 달성될 수 있었던 것으로 보여 일반 시민들이 입은 실질적이고 현존하는 불이익에 비하여 결코 크다고 단정하기 어려우므로 법익의 균형성 요건도 충족하였다고 할 수 없다. 따라서 이 사건 통행제지행위는 과잉금지원칙을 위반하여 청구인들의 일반적 행동자유권을 침해한 것이다(헌재 2011.6.30, 2009헌마406).

④ [O] 자율형 사립고등학교를 지원한 학생에게 평준화지역 후기학교 주간부에 중복 지원하는 것을 금지한 것이 자율형 사립고등

학교에 진학하고자 하는 학생의 평등권을 침해하는지 여부
⇨ 고등학교 교육이 의무교육은 아니지만 매우 보편화된 일반교육임을 알 수 있다. 따라서 고등학교 진학 기회의 제한은 대학 등 고등교육기관에 비하여 당사자에게 미치는 제한의 효과가 더욱 크므로 보다 더 엄격히 심사하여야 한다. 따라서 이 사건 중복지원금지조항의 차별목적과 차별의 정도가 비례원칙을 준수하는지 살펴본다. … 결국 이 사건 중복지원금지조항은 고등학교 진학 기회에 있어서 자사고 지원자들에 대한 차별을 정당화할 수 있을 정도로 차별목적과 차별의 정도간에 비례성을 갖춘 것이라고 볼 수 없다(헌재 2019.4.11, 2018헌마221).

06 답 ①

❶ [✕] 특정구역 안에서 업소별로 표시할 수 있는 광고물의 총 수량을 1개로 제한한 옥외광고물 표시제한 특정구역 지정고시는 처분적 고시에 해당하고, 처분적 고시는 항고소송의 대상이 되는 행정처분의 실질을 가지기 때문에 이에 대한 헌법소원청구는 보충성의 원칙에 따라 부적법하다.
⇨ '옥외광고물 등 관리법'(이하 '법'이라 한다) 제4조 제2항, 법 시행령 제25조 제3항, '신행정수도 후속대책을 위한 연기·공주지역 행정중심복합도시 건설을 위한 특별법'(이하 '행복도시법'이라 한다) 제60조의2 제1항·제3항에 비추어 보면, 이 사건 고시는 고시라는 명칭에도 불구하고 조례의 효력을 가지므로 심판대상조항들은 헌법소원의 대상이 되는 공권력 행사에 해당하며, 처분적 조례에 해당한다고 보기 어려울 뿐만 아니라 항고소송의 대상이 되는 행정처분에 해당하는지 여부 또한 불확실하므로 보충성의 예외에 해당한다. 이 사건 심판청구 후 이 사건 고시가 개정되어 청구인들이 심판대상조항들에 대하여 위헌결정을 구할 주관적 권리보호이익은 소멸되었으나, 그 위헌 여부에 관한 헌법적 해명은 중대한 의미를 지니고 있으므로 예외적으로 심판의 이익도 인정된다(헌재 2016.3.31, 2014헌마794).
② [○] 헌법은 처분적 법률로서의 개인대상법률 또는 개별사건법률의 정의를 따로 두고 있지 않음은 물론, 이러한 처분적 법률의 제정을 금하는 명문의 규정도 두고 있지 않다.
⇨ 우리 헌법은 처분적 법률로서의 개인대상법률 또는 개별사건법률의 정의를 따로 두고 있지 않음은 물론, 이러한 처분적 법률의 제정을 금하는 명문의 규정도 두고 있지 않으므로, 특정한 규범이 개인대상 또는 개별사건법률에 해당한다고 하여 그것만으로 바로 헌법에 위반되는 것은 아니다. 다만, 이러한 법률이 일반국민을 그 규율대상으로 하지 아니하고 특정 개인이나 사건만을 대상으로 함으로써 차별이 발생하는 바, 그 차별적 규율이 합리적인 이유로 정당화되는 경우에는 허용된다고 할 것이다(헌재 2011.5.26, 2010헌마183).
③ [○] 개별사건법률의 위헌 여부는 그 형식만으로 가려지는 것이 아니라 나아가 평등의 원칙이 추구하는 실질적 내용이 정당한지 아닌지를 따져야 비로소 가려진다.
⇨ 개별사건법률은 개별사건에만 적용되는 것이므로 원칙적으로 평등원칙에 위배되는 자의적인 규정이라는 강한 의심을 불러일으킨다. 그러나 개별사건법률금지의 원칙이 법률제정에 있어서 입법자가 평등원칙을 준수할 것을 요구하는 것이기 때문

에, 특정 규범이 개별사건법률에 해당한다 하여 곧바로 위헌을 뜻하는 것은 아니다. 비록 특정 법률 또는 법률조항이 단지 하나의 사건만을 규율하려고 한다 하더라도 이러한 차별적 규율이 합리적인 이유로 정당화될 수 있는 경우에는 합헌적일 수 있다. 따라서 개별사건법률의 위헌 여부는, 그 형식만으로 가려지는 것이 아니라, 나아가 평등의 원칙이 추구하는 실질적 내용이 정당한지 아닌지를 따져야 비로소 가려진다(헌재 1996.2.16, 96헌가2 등).
④ [○] 폐지대상인 세무대학설치법 자체가 이미 처분법률에 해당하는 것이므로, 이를 폐지하는 법률도 당연히 그에 상응하여 처분법률의 형식을 띨 수밖에 없다.
⇨ 이 사건 폐지법은 세무대학설치의 법적 근거로 제정된 기존의 세무대학설치법을 폐지함으로써 세무대학을 폐교하는 법적 효과를 발생하는 것이므로, 동법은 세무대학과 그 폐지만을 규율목적으로 삼는 처분법률의 형식을 띤다. 그러나 이와 같은 처분법률의 형식은 폐지대상인 세무대학설치법 자체가 이미 처분법률에 해당하는 것이므로, 이를 폐지하는 법률도 당연히 그에 상응하여 처분법률의 형식을 띨 수밖에 없는 필연적 현상이다. 한편 어떤 법률이 개별사건법률 또는 처분법률의 성격을 띠고 있다고 해서 그것만으로 헌법에 위반되는 것은 아니다. 따라서 아래에서 보는 바와 같이 정부의 조직 및 기능 조정을 위해 세무대학을 폐지해야 할 합리적 이유가 있는 것이므로 이 사건 폐지법은 그 처분법률의 성격에도 불구하고 헌법적으로 정당하다 할 것이다(헌재 2001.2.22, 99헌마613).

07 답 ①

❶ [✕] 대통령이 궐위된 때 또는 대통령 당선자가 사망하거나 판결 기타의 사유로 그 자격을 상실한 때에는 70일 이내에 후임자를 선거한다.
⇨ 70일이 아닌, 60일 이내에 후임자를 선거한다.

> **헌법 제68조** ② 대통령이 궐위된 때 또는 대통령 당선자가 사망하거나 판결 기타의 사유로 그 자격을 상실한 때에는 60일 이내에 후임자를 선거한다.

② [○] 국회의원이 지방자치단체의 장의 선거에 입후보하는 경우 선거일 30일 전까지 사직하여야 한다.
⇨ 공직선거법 제53조 제2항 제3호에 대한 옳은 설명이다.

> **공직선거법**
> 제53조【공무원 등의 입후보】② 제1항 본문에도 불구하고 다음 각 호의 어느 하나에 해당하는 경우에는 선거일 전 30일까지 그 직을 그만두어야 한다.
> 3. 국회의원이 지방자치단체의 장의 선거에 입후보하는 경우

③ [○] 대통령의 임기는 전임대통령의 임기만료일의 다음날 0시부터 개시된다. 다만, 전임자의 임기가 만료된 후에 실시하는 선거와 궐위로 인한 선거에 의한 대통령의 임기는 당선이 결정된 때부터 개시된다.
⇨ 공직선거법 제14조 제1항에 대한 옳은 설명이다.

공직선거법

제14조【임기개시】① 대통령의 임기는 전임대통령의 임기만료일의 다음 날 0시부터 개시된다. 다만, 전임자의 임기가 만료된 후에 실시하는 선거와 궐위로 인한 선거에 의한 대통령의 임기는 당선이 결정된 때부터 개시된다.

④ [O] 대통령선거 및 국회의원선거에 있어서 선거의 효력에 관하여 이의가 있는 선거인·후보자를 추천한 정당 또는 후보자는 선거일부터 30일 이내에 당해 선거구 선거관리위원회위원장을 피고로 하여 대법원에 소를 제기할 수 있다.

⇨ 공직선거법 제222조 제1항에 대한 옳은 설명이다.

공직선거법

제222조【선거소송】① 대통령선거 및 국회의원선거에 있어서 선거의 효력에 관하여 이의가 있는 선거인·정당(후보자를 추천한 정당에 한한다) 또는 후보자는 선거일부터 30일 이내에 당해 선거구 선거관리위원회위원장을 피고로 하여 대법원에 소를 제기할 수 있다.

---

08   답 ②

① [O] 법관의 정년을 직위에 따라 순차적으로 낮게 차등하게 설정한 것은 법관 업무의 성격과 특수성, 평균수명, 조직체 내의 질서 등을 고려하여 정한 것으로 그 차별에 합리적인 이유가 있다고 할 것이므로 평등권을 침해하였다고 볼 수 없다.

⇨ 이 사건 법률조항은 법관의 정년을 직위에 따라 대법원장 70세, 대법관 65세, 그 이외의 법관 63세로 하여 법관 사이에 약간의 차이를 두고 있는 것으로, 헌법 제11조 제1항에서 금지하고 있는 차별의 요소인 '성별', '종교' 또는 '사회적 신분' 그 어디에도 해당되지 아니할 뿐만 아니라, 그로 인하여 어떠한 사회적 특수계급제도를 설정하는 것도 아니고, 그와 같이 법관의 정년을 직위에 따라 순차적으로 낮게 차등하게 설정한 것은 법관 업무의 성격과 특수성, 평균수명, 조직체 내의 질서 등을 고려하여 정한 것으로 그 차별에 합리적인 이유가 있다고 할 것이므로, 청구인의 평등권을 침해하였다고 볼 수 없다(헌재 2002.10.31, 2001헌마557).

❷ [X] 사립학교 교원이 '직무와 관련 없는 과실로 인한 경우' 및 '소속상관의 정당한 직무상의 명령에 따르다가 과실로 인한 경우'를 제외하고 재직 중의 사유로 금고 이상의 형을 받은 경우, 퇴직급여 등을 감액하도록 규정한 사립학교법 규정은 일반 국민이나 근로자와 비교하여 지나친 차별을 한 것이고, 평등원칙에 위배된다.

⇨ 사립학교교원연금제도가 국민연금이나 법정퇴직금과 기본적인 차이가 있는 점, 교원은 일정한 법령준수 및 충실의무 등을 지고 있는 점, 이 사건 법률조항은 구 사립학교연금법 조항과 달리 교원 신분이나 직무와 관련 없는 과실범의 경우에는 감액사유에서 제외하고, 감액의 수준도 국가 및 학교법인 부담분만큼의 급여에 불과하며, 교원범죄를 사전에 예방하고 교직사회의 질서를 유지하는 데 그 목적이 있는 점 등에 비추어 볼 때, 이 사건 법률조항이 교원을 국민연금법상 사업장가입자나 근로기준법상 근로자에 비하여 합리적 이유 없이 차별취급하고 있다고 단정할 수 없으므로 이 사건 법률조항은 평등

원칙에 위배되지 아니한다(헌재 2013.9.26, 2010헌가89).

③ [O] 특정범죄 가중처벌 등에 관한 법률의 해당 조항이 별도의 가중적 구성요건표지를 규정하지 않은 채 형법 조항과 똑같은 구성요건을 규정하면서 법정형만 상향조정하여 어느 조항으로 기소하는지에 따라 벌금형의 선고 여부가 결정되고, 선고형에 있어서도 심각한 형의 불균형을 초래하게 함으로써 형사특별법으로서 갖추어야 할 형벌체계상의 정당성과 균형을 잃어 인간의 존엄성과 가치를 보장하는 헌법의 기본원리에 위배될 뿐만 아니라 그 내용에 있어서도 평등원칙에 위반된다.

⇨ 특정범죄 가중처벌 등에 관한 법률의 해당 조항이 별도의 가중적 구성요건표지를 규정하지 않은 채 형법 조항과 똑같은 구성요건을 규정하면서 법정형만 상향조정하여 어느 조항으로 기소하는지에 따라 벌금형의 선고 여부가 결정되고, 선고형에 있어서도 심각한 형의 불균형을 초래하게 함으로써 형사특별법으로서 갖추어야 할 형벌체계상의 정당성과 균형을 잃어 인간의 존엄성과 가치를 보장하는 헌법의 기본원리에 위배될 뿐만 아니라 그 내용에 있어서도 평등원칙에 위반된다(헌재 2015.2.26, 2014헌가16).

④ [O] 직장가입자와 지역가입자의 재정통합을 명하는 국민건강보험법의 재정통합조항은 재정통합을 통하여 경제적 계층의 형성을 방지하고 소득재분배와 국민연대의 기능을 높이고자 하는 것으로서 입법형성권의 범위를 벗어났다고 보기 어려우므로 직장가입자들의 평등권을 침해하지 않는다.

⇨ 직장가입자와 지역가입자의 재정통합을 명하는 국민건강보험법의 재정통합조항은 재정통합을 통하여 경제적 계층의 형성을 방지하고 소득재분배와 국민연대의 기능을 높이고자 하는 것으로서 입법형성권의 범위를 벗어났다고 보기 어려우므로 직장가입자들의 평등권을 침해하지 않는다(헌재 2012.5.31, 2009헌마299).

---

09   답 ④

① [O] 개별 교원의 교원단체 및 노동조합 가입 정보는 개인정보 보호법 제23조의 노동조합의 가입·탈퇴에 관한 정보로서 민감정보에 해당한다.

⇨ 개별 교원의 교원단체 및 노동조합 가입 정보는 개인정보 보호법 제23조의 노동조합의 가입·탈퇴에 관한 정보로서, 처리 제한 민감정보에 해당한다.

개인정보 보호법

제23조【민감정보의 처리 제한】① 개인정보처리자는 사상·신념, 노동조합·정당의 가입·탈퇴, 정치적 견해, 건강, 성생활 등에 관한 정보, 그 밖에 정보주체의 사생활을 현저히 침해할 우려가 있는 개인정보로서 대통령령으로 정하는 정보(이하 "민감정보"라 한다)를 처리하여서는 아니 된다. 다만, 다음 각 호의 어느 하나에 해당하는 경우에는 그러하지 아니하다.
1. 정보주체에게 제15조 제2항 각 호 또는 제17조 제2항 각 호의 사항을 알리고 다른 개인정보의 처리에 대한 동의와 별도로 동의를 받은 경우
2. 법령에서 민감정보의 처리를 요구하거나 허용하는 경우

② [○] 개인정보 보호법상 개인정보란 살아 있는 개인에 관한 정보로서 성명, 주민등록번호 및 영상 등을 통하여 개인을 알아 볼 수 있는 정보를 말하며 사자(死者)에 관한 정보는 포함하지 아니한다.
⇨ 개인정보 보호법 제2조 제1호에 대한 옳은 내용이다.

> **개인정보 보호법**
> 제2조 【정의】 이 법에서 사용하는 용어의 뜻은 다음과 같다.
> 　　1. "개인정보"란 살아 있는 개인에 관한 정보로서 다음 각 목의 어느 하나에 해당하는 정보를 말한다.
> 　　　　가. 성명, 주민등록번호 및 영상 등을 통하여 개인을 알아볼 수 있는 정보

③ [○] 통계청장이 인구주택총조사의 방문 면접조사를 실시하면서, 담당 조사원을 통해 조사대상자에게 통계청장이 작성한 인구주택총조사 조사표의 조사항목들에 응답할 것을 요구한 행위는 조사대상자의 개인정보자기결정권을 침해하지 않는다.
⇨ 심판대상행위는 방문 면접을 통해 행정자료로 파악하기 곤란한 항목들을 조사하여 그 결과를 사회 현안에 대한 심층분석과 각종 정책수립, 통계작성의 기초자료 또는 사회·경제현상의 연구·분석 등에 활용하도록 하고자 한 것이므로 그 목적이 정당하고, 15일이라는 짧은 방문 면접조사기간 등 현실적 여건을 감안하면 인근 주민을 조사원으로 채용하여 방문면접 조사를 실시한 것은 목적을 달성하기 위한 적정한 수단이 된다. … 나아가 관련 법령이나 실제 운용상 표본조사 대상 가구의 개인정보남용을 방지할 수 있는 여러 제도적 장치도 충분히 마련되어 있다. 따라서 심판대상행위가 과잉금지원칙을 위반하여 청구인의 개인정보자기결정권을 침해하였다고 볼 수 없다(헌재 2017.7.27, 2015헌마1094).

❹ [×] 성적목적공공장소침입죄로 형을 선고받아 확정된 자는 신상정보 등록대상자가 된다고 규정한 성폭력범죄의 처벌 등에 관한 특례법은 신상정보 등록대상자의 개인정보자기결정권을 침해한다.
⇨ 등록조항은 성범죄자의 재범을 억제하고 효율적인 수사를 위한 것으로 정당한 목적을 달성하기 위한 적합한 수단이다. 신상정보 등록제도는 국가기관이 성범죄자의 관리를 목적으로 신상정보를 내부적으로만 보존·관리하는 것으로, 성범죄자의 신상정보를 일반에게 공개하는 신상정보 공개·고지제도와는 달리 법익침해의 정도가 크지 않다. 성적목적공공장소침입죄는 공공화장실 등 일정한 장소를 침입하는 경우에 한하여 성립하므로 등록조항에 따른 등록대상자의 범위는 이에 따라 제한되는 바, 등록조항은 침해의 최소성원칙에 위배되지 않는다. 등록조항으로 인하여 제한되는 사익에 비하여 성범죄의 재범 방지와 사회 방위라는 공익이 크다는 점에서 법익의 균형성도 인정된다. 따라서 등록조항은 청구인의 개인정보자기결정권을 침해하지 않는다(헌재 2016.10.27, 2014헌마709).

❶ [×] 재판에 영향을 미칠 염려가 있거나 미치게 하기 위한 집회 또는 시위를 금지하고 이를 위반한 자를 형사처벌하는 규정은 과잉금지원칙에 위배되지 않는다.
⇨ 이 사건 제2호 부분은 재판에 영향을 미칠 염려가 있거나 미치게 하기 위한 집회·시위를 사전적·전면적으로 금지하고 있을 뿐 아니라, 어떠한 집회·시위가 규제대상에 해당하는지를 판단할 수 있는 아무런 기준도 제시하지 아니함으로써 사실상 재판과 관련된 집단적 의견표명 일체가 불가능하게 되어 집회의 자유를 실질적으로 박탈하는 결과를 초래하므로 최소침해성원칙에 반한다. … 따라서 이 사건 제2호 부분은 과잉금지원칙에 위배되어 집회의 자유를 침해한다(헌재 2016.9.29, 2014헌가3 등).

② [○] 사립학교의 설립·경영자들은 교원노조와 개별적으로 단체교섭을 할 수 없고 반드시 연합하여 단체교섭에 응하도록 규정한 교원의 노동조합 설립 및 운영 등에 관한 법률 제6조 제1항 후문은 비례의 원칙에 어긋나 사립학교의 설립·경영자인 청구인들의 결사의 자유를 침해하지 아니한다.
⇨ 개별 학교법인에게 단체교섭의 상대방이 될 수 있도록 한다면 전국 단위 또는 시·도 단위 교원노조가 모든 개별 학교법인과 단체교섭을 해야 하므로 이는 불필요한 인적·물적 낭비요인이 될 뿐만 아니라, 단체교섭의 결과인 단체협약의 내용이 개별 학교마다 다르다면 각 학교 사이에서 적지 않은 혼란이 야기될 수도 있다. 따라서 이 사건 법률조항은 청구인들의 결사의 자유에 대한 필요·최소한의 제한이라고 할 수 있으므로 침해의 최소성 요건을 충족한다. 그리고 이 사건 법률조항이 추구하고자 하는 공익은 개별 학교법인이 단체교섭의 상대방이 되지 못함으로 인하여 발생할 수 있는 결사의 자유의 제한보다 크다고 할 것이므로 법익의 균형성도 충족한다(헌재 2006.12.28, 2004헌바67).

③ [○] 야간시위를 금지하는 내용의 집회 및 시위에 관한 법률은 이미 보편화된 야간의 일상적인 생활의 범주에 속하는 '해가 진 후부터 같은 날 24시까지의 시위'에 적용하는 한 헌법에 위반된다.
⇨ 야간시위를 금지하는 집회 및 시위에 관한 법률(이하 '집시법'이라 한다) 제10조 본문에는 위헌적인 부분과 합헌적인 부분이 공존하고 있으며, 위 조항 전부의 적용이 중지될 경우 공공의 질서 내지 법적 평화에 대한 침해의 위험이 높아, 일반적인 옥외집회나 시위에 비하여 높은 수준의 규제가 불가피한 경우에도 대응하기 어려운 문제가 발생할 수 있으므로, 현행 집시법의 체계 내에서 시간을 기준으로 한 규율의 측면에서 볼 때 규제가 불가피하다고 보기 어려움에도 시위를 절대적으로 금지하여 위헌성이 명백한 부분에 한하여 위헌결정을 한다. 심판대상조항들은, 이미 보편화된 야간의 일상적인 생활의 범주에 속하는 '해가 진 후부터 같은 날 24시까지의 시위'에 적용하는 한 헌법에 위반된다(헌재 2014.3.27, 2010헌가2 등).

④ [○] 상공회의소 또한 결사의 자유의 주체이다.
⇨ 상공회의소가 결사의 자유의 주체가 되는 사법인으로 기본적으로는 임의단체라고 하더라도 일반 결사에 비하여 여러 규제와 혜택을 법령으로 규정하고 있는 바, 이러한 특성을 상공회의소 및 그 회원이 가지는 결사의 자유의 제한이 과잉금지원칙에 반하는지 여부를 판단하는 데 고려하여야 할 것이다(헌재 2006.5.25, 2004헌가1).

11

답 ③

① [×] 우발적 집회는 군중이 어떤 사건을 계기로 현장에서 공동의 의사를 형성하여 표현하기에 이른 집회로서 사전신고가 불가능하므로 헌법의 보호범위에 포함되지 않는다.

⇨ 우발적 집회나 긴급집회도 집회의 자유의 보호범위에 포함된다.

② [×] 집회 및 시위에 관한 법률상의 시위는 반드시 일반인이 자유로이 통행할 수 있는 장소에서 이루어져야 하며, 행진 등 장소 이동을 동반해야만 성립하는 것이다.

⇨ 집회 및 시위에 관한 법률상의 시위는, 다수인이 공동목적을 가지고 ⓐ 도로·광장·공원 등 공중이 자유로이 통행할 수 있는 장소를 행진함으로써 불특정한 여러 사람의 의견에 영향을 주거나 제압을 가하는 행위와 ⓑ 위력 또는 기세를 보여 불특정한 여러 사람의 의견에 영향을 주거나 제압을 가하는 행위를 말한다고 풀이해야 할 것이다. 따라서 집회 및 시위에 관한 법률상의 시위는 반드시 '일반인이 자유로이 통행할 수 있는 장소'에서 이루어져야 한다거나 '행진' 등 장소 이동을 동반해야만 성립하는 것은 아니다(헌재 2014.3.27, 2010헌가2 등).

❸ [○] 신고범위를 뚜렷이 벗어난 집회·시위에 대한 해산명령에 불응하는 자를 처벌하도록 규정한 집회 및 시위에 관한 법률은 집회의 자유를 침해하지 아니한다.

⇨ 심판대상조항이 달성하려는 공공의 안녕질서 유지 및 회복이라는 공익과 심판대상조항으로 인하여 제한되는 청구인들의 집회의 자유 사이의 균형을 상실하였다고 보기 어려우므로, 심판대상조항은 과잉금지원칙을 위반하여 집회의 자유를 침해한다고 볼 수 없다(헌재 2016.9.29, 2015헌바309·332).

④ [×] 학문, 예술, 체육, 종교, 의식, 국경행사에 관한 집회는 시간·장소의 제한을 받지는 않지만, 일반집회와 마찬가지로 사전신고를 해야 한다.

⇨ 사전신고규정도 적용하지 않는다.

집회 및 시위에 관한 법률

제15조【적용의 배제】학문, 예술, 체육, 종교, 의식, 친목, 오락, 관혼상제(冠婚喪祭) 및 국경행사(國慶行事)에 관한 집회에는 제6조부터 제12조까지의 규정을 적용하지 아니한다.

제6조【옥외집회 및 시위의 신고 등】① 옥외집회나 시위를 주최하려는 자는 그에 관한 다음 각 호의 사항 모두를 적은 신고서를 옥외집회나 시위를 시작하기 720시간 전부터 48시간 전에 관할 경찰서장에게 제출하여야 한다. 다만, 옥외집회 또는 시위 장소가 두 곳 이상의 경찰서의 관할에 속하는 경우에는 관할 시·도경찰청장에게 제출하여야 하고, 두 곳 이상의 시·도경찰청 관할에 속하는 경우에는 주최지를 관할하는 시·도경찰청장에게 제출하여야 한다.

12

답 ②

① [×] 영상물등급위원회는 행정권과 독립된 민간 자율기관이므로, 영화에 대한 사전심의는 헌법이 금지하는 사전검열금지의 원칙에 반하지 아니한다.

⇨ 영화에 대한 심의 및 상영등급분류업무를 담당하고 등급분류보류결정권한을 갖고 있는 영상물등급위원회의 경우에도, 비

록 이전의 공연윤리위원회나 한국공연예술진흥협의회와는 달리 문화관광부장관에 대한 보고 내지 통보의무는 없다고 하더라도, 여전히 영상물등급위원회의 위원을 대통령이 위촉하고(공연법 제18조 제1항), 영상물등급위원회의 구성방법 및 절차에 관하여 필요한 사항은 대통령령으로 정하도록 하고 있으며(공연법 제18조 제2항, 공연법 시행령 제22조), 국가예산의 범위 안에서 영상물등급위원회의 운영에 필요한 경비의 보조를 받을 수 있도록 하고 있는 점(공연법 제30조) 등에 비추어 볼 때, 행정권이 심의기관의 구성에 지속적인 영향을 미칠 수 있고 행정권이 주체가 되어 검열절차를 형성하고 있다고 보지 않을 수 없다(헌재 2001.8.30, 2000헌가9).

❷ [○] 구 영화진흥법에 따른 등급분류보류제도는 사전검열에 해당한다.

⇨ 영화진흥법 제21조 제4항이 규정하고 있는 영상물등급위원회에 의한 등급분류보류제도는, 영상물등급위원회가 영화의 상영에 앞서 영화를 제출받아 그 심의 및 상영등급분류를 하되, 등급분류를 받지 아니한 영화는 상영이 금지되고 만약 등급분류를 받지 않은 채 영화를 상영한 경우 과태료, 상영금지명령에 이어 형벌까지 부과할 수 있도록 하며, 등급분류보류의 횟수 제한이 없어 실질적으로 영상물등급위원회의 허가를 받지 않는 한 영화를 통한 의사표현이 무한정 금지될 수 있으므로 검열에 해당한다(헌재 2001.8.30, 2000헌가9).

③ [×] 청소년 등에게 부적절한 내용의 음반에 대하여 청소년에게 판매할 수 없도록 미리 등급을 심사하는 등급심사제도는 사전검열에 해당한다.

⇨ 청소년 등에게 부적절한 내용의 음반에 대하여는 청소년에게 판매할 수 없도록 미리 등급을 심사하는 이른바 등급심사제도는 사전검열에 해당하지 아니한다(헌재 1996.10.31, 94헌가6).

④ [×] 건강기능식품의 기능성 광고의 사전심의는 한국건강기능식품협회에서 수행하고 있고, 한국건강기능식품협회는 행정기관이라고 보기 어려우므로 사전심의를 받지 않은 건강기능식품의 기능성 광고를 금지하고 이를 어길 경우 형사처벌하도록 규정한 건강기능식품에 관한 법률이 사전검열금지원칙에 위배된다고 보기는 힘들다.

⇨ 헌법상 사전검열은 표현의 자유 보호대상이면 예외 없이 금지된다. 건강기능식품의 기능성 광고는 인체의 구조 및 기능에 대하여 보건용도에 유용한 효과를 준다는 기능성 등에 관한 정보를 널리 알려 해당 건강기능식품의 소비를 촉진시키기 위한 상업광고이지만, 헌법 제21조 제1항의 표현의 자유의 보호대상이 됨과 동시에 같은 조 제2항의 사전검열금지대상도 된다. 광고의 심의기관이 행정기관인지 여부는 기관의 형식에 의하기보다는 그 실질에 따라 판단되어야 하고, 행정기관이 자의로 개입할 가능성이 열려 있다면 개입가능성의 존재 자체로 헌법이 금지하는 사전검열이라고 보아야 한다. '건강기능식품에 관한 법률'에 따르면 기능성 광고의 심의는 식품의약품안전처장으로부터 위탁받은 한국건강기능식품협회에서 수행하고 있지만, 법상 심의주체는 행정기관인 식품의약품안전처장이며, 언제든지 그 위탁을 철회할 수 있고, 심의위원회의 구성에 관하여도 법령을 통해 행정권이 개입하고 지속적으로 영향을 미칠 가능성이 존재하는 이상 그 구성에 자율성이 보장되어 있다고 볼 수 없다. 식품의약품안전처장이 심의기준 등의 제정과 개정을 통해 심의 내용과 절차에 영향을 줄 수 있고, 식품의약품안전처장이 재심의를 권하면 심의기관이 이를 따라야 하며,

분기별로 식품의약품안전처장에게 보고가 이루어진다는 점에서도 그 심의업무의 독립성과 자율성이 있다고 보기 어렵다. 따라서 이 사건 건강기능식품 기능성 광고 사전심의는 행정권이 주체가 된 사전심사로서, 헌법이 금지하는 사전검열에 해당하므로 헌법에 위반된다(헌재 2019.5.30, 2019헌가4).

13
답 ④

① [〇] 시혜적 입법의 시혜대상이 될 경우 얻을 수 있는 재산상 이익의 기대가 성취되지 않았다고 하여도 그러한 단순한 재산상 이익의 기대는 헌법이 보호하는 재산권의 영역에 포함되지 않는다.

⇨ 재산권에 관계되는 시혜적 입법의 시혜대상에서 제외되었다는 이유만으로 재산권 침해가 생기는 것은 아니고, 시혜적 입법의 시혜대상이 될 경우 얻을 수 있는 재산상 이익의 기대가 성취되지 않았다고 하여도 그러한 단순한 재산상 이익의 기대는 헌법이 보호하는 재산권의 영역에 포함되지 않으므로 이 사건에서 재산권 침해가 문제되지는 않는다(헌재 1999.7.22, 98헌바14).

② [〇] 공무원연금은 기여금 납부를 통해 공무원 자신도 재원의 형성에 일부 기여한다는 점에서 후불임금의 성격도 가지고 있으므로 공무원연금법상 연금수급권은 사회적 기본권의 하나인 사회보장수급권의 성격과 재산권의 성격을 아울러 지니고 있다.

⇨ 공무원연금제도는 공무원의 퇴직 또는 사망과 공무로 인한 부상, 질병, 폐질에 대하여 적절한 급여를 지급함으로써, 공무원이나 그 유족의 생활안정과 복리향상에 기여함을 목적으로 하는 사회보장제도이다. 한편, 공무원연금은 연금 운용에 필요한 재원 형성에 국가나 지방자치단체뿐만 아니라 수급권자인 공무원도 참여하는 등 지급사유 발생시 부담을 나누어 구제를 도모한다는 점에서 사회보험제도의 일종이기도 하다. 공무원연금은 기여금 납부를 통해 공무원 자신도 재원의 형성에 일부 기여한다는 점에서 후불임금의 성격도 가지고 있다. 그러므로 공무원연금법상 연금수급권은 사회적 기본권의 하나인 사회보장수급권의 성격과 재산권의 성격을 아울러 지니고 있다(헌재 2016.3.31, 2015헌바18).

③ [〇] 행정기관이 개발촉진지구 지역개발사업으로 실시계획을 승인하고 이를 고시하기만 하면 고급골프장 사업과 같이 공익성이 낮은 사업에 대해서까지도 시행자인 민간개발자에게 수용권한을 부여하는 것은 헌법 제23조 제3항에 위배된다.

⇨ 사건에서 문제된 지구개발사업의 하나인 '관광휴양지 조성사업' 중에는 고급골프장, 고급리조트 등(이하 '고급골프장 등'이라 한다)의 사업과 같이 입법목적에 대한 기여도가 낮을 뿐만 아니라, 대중의 이용·접근가능성이 작아 공익성이 낮은 사업도 있다. 또한 고급골프장 등 사업은 그 특성상 사업 운영 과정에서 발생하는 지방세수 확보와 지역경제 활성화는 부수적인 공익일 뿐이고, 이 정도의 공익이 그 사업으로 인하여 강제수용당하는 주민들의 기본권 침해를 정당화할 정도로 우월하다고 볼 수는 없다. 따라서 이 사건 법률조항은 공익적 필요성이 인정되기 어려운 민간개발자의 지구개발사업을 위해서까지 공공수용이 허용될 수 있는 가능성을 열어두고 있어 헌법 제23조 제3항에 위반된다(헌재 2014.10.30, 2011헌바172 등).

❹ [×] 토지등소유자가 도시환경정비사업을 시행할 수 있도록 한 도시 및 주거환경정비법 규정은 사업시행에 동의하지 않는 토지등소유자의 재산권을 침해한다.

⇨ 도시환경정비사업을 조합 외에 토지등소유자가 시행할 수 있도록 한 것은 도시환경정비사업이 상업지역·공업지역 등으로서 토지의 효율적 이용과 도시기능의 회복이나 상권활성화 등이 필요한 지역에서 도시환경을 개선하기 위하여 시행하는 사업으로서 소수의 대토지 소유자와 몇몇의 소필지 소유자가 존재하는 지역에서 비교적 소규모로 진행된다는 특수성을 고려하여 도시환경정비사업의 원활한 진행과 도시기능 회복의 촉진을 기하기 위한 것으로 입법목적의 정당성과 방법의 적절성이 인정되고, 토지등소유자 시행방식의 경우에도 조합설립절차를 제외하고는 조합이 시행하는 경우와 마찬가지 정도의 사업절차참여권이 인정되고 관할청의 감독·통제가 이루어지므로 피해의 최소성원칙에도 어긋나지 아니하며, 범국가적 차원의 사업으로서 빠른 시간 내에 개발이 진행될 필요성이 있는 도시환경정비사업의 신속한 진행을 가능하게 하여 토지의 효율적 이용과 도시기능의 조속한 회복이라는 공익을 실현하는 중요한 역할을 수행하는 데 비해 사업시행에 동의하지 않는 토지등소유자에 대하여 손실보상 등의 구제방안을 마련하고 있어 법익균형성원칙에 위반되지 아니하므로, 이 사건 사업시행자 조항은 과잉금지원칙을 위반하여 사업시행에 동의하지 않는 토지등소유자의 재산권을 침해한다고 볼 수 없다(헌재 2011.8.30, 2009헌바128).

14
답 ④

① [〇] 승차정원 11인승 이상 15인승 이하인 승합자동차의 경우, 관광을 목적으로 6시간 이상 대여하거나, 대여 또는 반납 장소가 공항 또는 항만인 경우에 한정하여 자동차대여사업자로 하여금 승합자동차의 임차인에게 운전자를 알선할 수 있도록 하는 '여객자동차 운수사업법'이 직업의 자유를 침해하는 것은 아니다.

⇨ 심판대상조항은 자동차대여사업이 운전자 알선과 결합하면서 택시운송사업과 사실상 유사하게 운영될 우려가 있음을 고려하여 규제의 불균형이 초래되는 것을 방지하고, 본래의 관광 목적에 부합하는 운전자 알선 요건을 명확히 한 것이며, 신설된 여객자동차운송플랫폼사업 체계와도 부합할 수 있도록 자동차대여사업의 기능과 범위를 조정한 것이다. 승합자동차의 대여 또는 반납 장소가 공항 또는 항만인 경우 대여시간에 제한을 두지 않고, 그렇지 아니한 경우 하루의 4분의 1에 해당하는 6시간을 최소로 요하는 것이 과도한 제한이라고 보기 어렵다. 나아가 심판대상조항은 자동차대여사업자에게 1년 6개월의 유예기간을 제공하여 법적 여건의 변화로 인한 피해를 최소화할 수 있도록 하였고, 기존 사업방식이 신설된 여객자동차플랫폼운송사업에 편입될 가능성을 열어 놓고 있다. 따라서 심판대상조항은 침해의 최소성 요건을 갖추었다.··· 심판대상조항은 과잉금지원칙에 위반되어 청구인 회사들의 직업의 자유를 침해하지 아니한다(헌재 2021.6.24, 2020헌마651).

② [〇] 법인의 임원이 학원의 설립·운영 및 과외교습에 관한 법률을 위반하여 벌금형을 선고받은 경우, 법인의 등록이 효력을 잃도록 규정하는 것은 과잉금지원칙을 위배하여 법인의 직업수

행의 자유를 침해한다.

⇨ 이 사건 등록실효조항은 법인의 임원이 학원법을 위반하여 벌금형을 선고받으면 일률적으로 법인의 등록을 실효시키고 있고, 법인으로서는 대표자인 임원이건 그렇지 아니한 임원이건 모든 임원 개개인의 학원법 위반범죄와 형사처벌 여부를 항시 감독하여야만 등록의 실효를 면할 수 있게 되므로 학원을 설립하고 운영하는 법인에게 지나치게 과중한 부담을 지우고 있다. 또한 이로 인하여 법인의 등록이 실효되면 해당 임원이 더 이상 임원직을 수행할 수 없게 될 뿐 아니라, 학원법인 소속 근로자는 모두 생계의 위협을 받을 수 있으며, 갑작스러운 수업의 중단으로 학습자 역시 불측의 피해를 입을 수밖에 없으므로 이 사건 등록실효조항은 학원법인의 직업수행의 자유를 침해한다(헌재 2015.5.28, 2012헌마653).

③ [O] 헌법 제15조에서 보장하는 직업이란 생활의 기본적 수요를 충족시키기 위하여 행하는 계속적인 소득활동을 의미하고, 성매매는 그것이 가지는 사회적 유해성과는 별개로 성판매자의 입장에서 생활의 기본적 수요를 충족하기 위한 소득활동에 해당함을 부인할 수 없으나, 성매매자를 처벌하는 것은 과잉금지원칙에 반하지 않는다.

⇨ 헌법 제15조에서 보장하는 '직업'이란 생활의 기본적 수요를 충족시키기 위하여 행하는 계속적인 소득활동을 의미하고, 성매매는 그것이 가지는 사회적 유해성과는 별개로 성판매자의 입장에서 생활의 기본적 수요를 충족하기 위한 소득활동에 해당함을 부인할 수 없다 할 것이므로, 심판대상조항은 성판매자의 직업선택의 자유도 제한하고 있다. … 심판대상조항은 개인의 성적 자기결정권, 사생활의 비밀과 자유, 직업선택의 자유를 침해하지 아니한다(헌재 2016.3.31, 2013헌가2).

❹ [×] 변호사시험의 응시기회를 법학전문대학원의 석사학위 취득자의 경우 석사학위를 취득한 달의 말일부터 또는 석사학위 취득 예정자의 경우 그 예정기간 내 시행된 시험일부터 5년 내에 5회로 제한한 변호사시험법 규정은 응시기회의 획일적 제한으로 청구인들의 직업선택의 자유를 침해한다.

⇨ 장기간의 시험 준비로 인력 낭비가 문제되었던 사법시험의 폐해를 극복하고 교육을 통하여 법조인을 양성한다는 법학전문대학원의 도입취지를 살리기 위하여 응시기회에 제한을 두어 시험 합격률을 일정비율로 유지하고, 법학전문대학원의 교육이 끝난 때로부터 일정기간 동안만 시험에 응시할 수 있게 한 것은 정당한 입법목적을 달성하기 위한 적절한 수단이다. … 위 조항은 청구인들의 직업선택의 자유를 침해하지 아니한다(헌재 2016.9.29, 2016헌마47 등).

15
답 ③

적절한 것은 ㉠, ㉡, ㉢이다.

㉠ [O] 승진가능성이라는 것은 공직신분의 유지나 업무수행과 같은 법적 지위에 직접 영향을 미치는 것이 아니고 간접적·사실적 또는 경제적 이해관계에 영향을 미치는 것에 불과하여 공무담임권의 보호영역에 포함된다고 보기는 어렵다.

⇨ 승진가능성이라는 것은 공직신분의 유지나 업무수행과 같은 법적 지위에 직접 영향을 미치는 것이 아니고 간접적·사실적 또는 경제적 이해관계에 영향을 미치는 것에 불과하여 공무담임권의 보호영역에 포함된다고 보기는 어렵다(헌재 2010.3.

25, 2009헌마538).

㉡ [O] 주민투표법 제8조에 따른 국가정책에 대한 주민투표는 주민의 의견을 묻는 의견수렴으로서의 성격을 갖는 것이고, 주민투표권의 일반적 성격을 보더라도 이는 법률이 보장하는 참정권이라고 할 수 있을지언정 헌법이 보장하는 참정권이라고 할 수는 없다.

⇨ 주민투표법 제8조에 따른 국가정책에 대한 주민투표는 주민의 의견을 묻는 의견수렴으로서의 성격을 갖는 것이고, 주민투표권의 일반적 성격을 보더라도 이는 법률이 보장하는 참정권이라고 할 수 있을지언정 헌법이 보장하는 참정권이라고 할 수는 없다(헌재 2008.12.26, 2005헌마1158).

㉢ [O] 선거권을 제한하는 입법은 위 헌법 제24조에 의해서 곧바로 정당화될 수는 없고, 헌법 제37조 제2항의 규정에 따라 국가안전보장·질서유지 또는 공공복리를 위하여 필요하고 불가피한 예외적인 경우에만 그 제한이 정당화될 수 있으며, 그 경우에도 선거권의 본질적인 내용을 침해할 수 없다.

⇨ 선거권을 제한하는 입법은 위 헌법 제24조에 의해서 곧바로 정당화될 수는 없고, 헌법 제37조 제2항의 규정에 따라 국가안전보장·질서유지 또는 공공복리를 위하여 필요하고 불가피한 예외적인 경우에만 그 제한이 정당화될 수 있으며, 그 경우에도 선거권의 본질적인 내용을 침해할 수 없다(헌재 2007.6.28, 2004헌마644).

㉣ [×] 사법적인 성격을 지니는 농협·축협의 조합장 선거에서 조합장을 선출하거나 선거운동을 하는 것은 헌법에 의하여 보호되는 선거권의 범위에 포함된다.

⇨ 지역농협은 조합원의 경제적·사회적·문화적 지위의 향상을 목적으로 하는 농업인의 자주적 협동조직으로, 조합원 자격을 가진 20인 이상이 발기인이 되어 설립하고, 조합원의 출자로 자금을 조달하며, 지역농협의 결성이나 가입이 강제되지 아니하고, 조합원의 임의탈퇴 및 해산이 허용되며, 조합장은 조합원들이 직접 선출하거나 총회에서 선출하도록 하고 있으므로, 기본적으로 사법인적 성격을 지니고 있다 할 것이다. 이처럼 사법적인 성격을 지니는 농협의 조합장 선거에서 조합장을 선출하거나 조합장으로 선출될 권리, 조합장선거에서 선거운동을 하는 것은 헌법에 의하여 보호되는 선거권의 범위에 포함되지 않는다(헌재 2012.2.23, 2011헌바154).

16
답 ③

① [O] 공무담임권이란 입법부·집행부·사법부는 물론 지방자치단체 등 국가, 공공단체의 구성원으로서 그 직무를 담당할 수 있는 권리를 말한다.

⇨ 헌법 제25조는 "모든 국민은 법률이 정하는 바에 의하여 공무담임권을 가진다."고 하여 공무담임권을 기본권으로 보장하고 있다. 공무담임권이란 입법부·집행부·사법부는 물론 지방자치단체 등 국가, 공공단체의 구성원으로서 그 직무를 담당할 수 있는 권리를 말한다(헌재 2002.8.29, 2001헌마788 등).

② [O] 지방자치단체의 장은 국가의 존립과 헌법 기본질서의 유지를 위한 국가안보 분야로서 대통령령으로 정하는 분야에는 복수국적자(대한민국 국적과 외국 국적을 함께 가진 사람)의 임용을 제한할 수 있다.

⇨ 지방자치단체의 장은 국가의 존립과 헌법 기본질서의 유지를

위한 국가안보 분야로서 대통령령으로 정하는 분야에는 복수 국적자(대한민국 국적과 외국 국적을 함께 가진 사람을 말함)의 임용을 제한할 수 있다고 규정하고 있다(지방공무원법 제25조의2 제2항).

❸ [X] 군의 특수성을 고려하여 부사관으로 최초로 임용되는 사람의 최고연령을 27세로 정한 군인사법 조항은 부사관임용을 원하는 사람들의 공무담임권을 침해한다.
⇨ 심판대상조항으로 인하여 입는 불이익은 부사관 임용지원기회가 27세 이후에 제한되는 것임에 반하여, 이를 통해 달성할 수 있는 공익은 군의 전투력 등 헌법적 요구에 부응하는 적절한 무력의 유지, 궁극적으로 국가안위의 보장과 국민의 생명·재산 보호로서 매우 중대하므로, 법익의 균형성 원칙에도 위배되지 아니한다. 따라서 심판대상조항이 과잉금지의 원칙을 위반하여 청구인들의 공무담임권을 침해한다고 볼 수 없다(헌재 2014.9.25, 2011헌마414).

④ [O] 지방자치단체의 장으로 하여금 당해 지방자치단체의 관할구역과 같거나 겹치는 선거구역에서 실시되는 지역구 국회의원 선거에 입후보하고자 하는 경우 선거일 전 180일까지 그 직을 사퇴하도록 규정하고 있는 공직선거법 규정은 지방자치단체의 장으로서 해당 관할구역에서 국회의원의 되고자 하는 자의 공무담임권을 침해한다.
⇨ 이 사건 조항은 선거일 전 60일까지 사퇴하면 되는 다른 공무원과 비교해 볼 때 지방자치단체장의 사퇴시기를 현저하게 앞당김으로써 청구인들의 공무담임권(피선거권)에 대하여 제한을 가하고 있는 규정이므로, 기본권 제한에 관한 과잉금지원칙을 준수하여야 한다. 이 사건 조항의 입법목적은 정당하고, 그 수단의 적정성도 긍정되나, 이 사건 조항은 선거의 공정성과 직무전념성이라는 입법목적 달성을 위한 적절한 수단들이 이미 공직선거법에 존재하고 있음에도 불구하고 불필요하고 과도하게 청구인들의 공무담임권을 제한하는 것이라 할 것이므로 침해의 최소성원칙에 위반되고, 이 사건 조항에 의해 실현되는 공익과 그로 인해 청구인들이 입는 기본권 침해의 정도를 비교형량할 경우 양자간에 적정한 비례관계가 성립하였다고 할 수 없어 법익의 균형성원칙에 위배된다(헌재 2003.9.25, 2003헌마106).

17
답 ②

① [O] 헌법은 재판의 전심절차로서 행정심판을 할 수 있다고 규정하고 있다.
⇨ 헌법 제107조 제3항에 대한 옳은 설명이다.

> **헌법 제107조** ③ 재판의 전심절차로서 행정심판을 할 수 있다. 행정심판의 절차는 법률로 정하되, 사법절차가 준용되어야 한다.

❷ [X] 국가의 안전보장 또는 안녕질서를 방해하거나 선량한 풍속을 해할 염려가 있을 때에는 당사자의 청구가 있어야만 법원의 결정에 의해서 심리를 공개하지 않을 수 있다.
⇨ 당사의 청구가 없어도 법원의 결정에 의해서 심리를 공개하지 아니할 수 있다.

> **헌법 제109조** 재판의 심리와 판결은 공개한다. 다만, 심리는 국가의 안전보장 또는 안녕질서를 방해하거나 선량한 풍속을 해할 염려가 있을 때에는 법원의 결정으로 공개하지 아니할 수 있다.

③ [O] 형사소송법 제165조의2 제3호 중 '피고인 등'에 대하여 차폐시설을 설치하고 신문할 수 있도록 한 부분은 청구인의 공정한 재판을 받을 권리 및 변호인의 조력을 받을 권리를 침해하지 않는다.
⇨ 강력범죄 또는 조직폭력범죄의 수사와 재판에서 범죄입증을 위해 증언한 자의 안전을 효과적으로 보장해 줄 수 있는 조치가 마련되어야 할 필요성은 매우 크고, 경우에 따라서는 증인이 피고인의 변호인과 대면하여 진술하는 것으로부터 보호할 필요성이 있을 수 있다. 피고인 등과 증인 사이에 차폐시설을 설치한 경우에도 피고인 및 변호인에게는 여전히 반대신문권이 보장되고, 증인신문과정에서 증언의 신빙성에 대한 최종판단 권한을 가진 재판부가 증인의 진술태도를 충분히 관찰할 수 있으며, 형사소송법은 차폐시설을 설치하고 증인신문절차를 진행할 경우 피고인으로부터 의견을 듣도록 하는 등 피고인이 받을 수 있는 불이익을 최소화하기 위한 장치를 마련하고 있다. 따라서 심판대상조항은 과잉금지원칙에 위배되어 청구인의 공정한 재판을 받을 권리 및 변호인의 조력을 받을 권리를 침해한다고 할 수 없다(헌재 2016.12.29, 2015헌바221).

④ [O] 군인 또는 군무원이 아닌 국민은 대한민국의 영역 안에서는 중대한 군사상 기밀·초병·초소·유독음식물공급·포로·군용물에 관한 죄 중 법률이 정한 경우와 비상계엄이 선포된 경우를 제외하고는 군사법원의 재판을 받지 아니한다.
⇨ 헌법 제27조 제2항에 대한 옳은 설명이다.

> **헌법 제27조** ② 군인 또는 군무원이 아닌 국민은 대한민국의 영역 안에서는 중대한 군사상 기밀·초병·초소·유독음식물공급·포로·군용물에 관한 죄 중 법률이 정한 경우와 비상계엄이 선포된 경우를 제외하고는 군사법원의 재판을 받지 아니한다.

18
답 ③

① [O] 국가에게 헌법 제34조에 의하여 장애인의 복지를 위하여 노력을 해야 할 의무가 있다는 것은, 장애인도 인간다운 생활을 누릴 수 있는 정의로운 사회질서를 형성해야 할 국가의 일반적인 의무를 뜻하는 것이지, 장애인을 위하여 저상버스를 도입해야 한다는 구체적 내용의 의무가 헌법으로부터 나오는 것은 아니다.
⇨ 장애인의 복지를 향상해야 할 국가의 의무가 다른 다양한 국가과제에 대하여 최우선적인 배려를 요청할 수 없을 뿐 아니라, 나아가 헌법의 규범으로부터는 '장애인을 위한 저상버스의 도입'과 같은 구체적인 국가의 행위의무를 도출할 수 없는 것이다. 국가에게 헌법 제34조에 의하여 장애인의 복지를 위하여 노력을 해야 할 의무가 있다는 것은, 장애인도 인간다운 생활을 누릴 수 있는 정의로운 사회질서를 형성해야 할 국가의 일반적인 의무를 뜻하는 것이지, 장애인을 위하여 저상버스를 도입해야 한다는 구체적 내용의 의무가 헌법으로부터 나오는

것은 아니다(헌재 2002.12.18, 2002헌마52).
② [○] 구치소ㆍ치료감호시설에 수용 중인 자에 대하여 국민기초생활
보장법에 의한 중복적인 보장을 피하기 위하여 개별가구에서
제외하기로 한 입법자의 판단이 헌법상 용인될 수 있는 재량의
범위를 일탈하여 인간다운 생활을 할 권리와 보건권을 침해한
다고 볼 수 없다.
⇨ 형의 집행 및 수용자의 처우에 관한 법률에 의한 교도소ㆍ구치
소에 수용 중인 자는 당해 법률에 의하여 생계유지의 보호를
받고 있으므로, 국민기초생활 보장법의 보장급여의 원칙에 따
라 중복적인 보장을 피하기 위하여 위 수용자를 기초생활보장
제도의 보장단위인 개별가구에서 제외키로 한 입법자의 판단
이 헌법상 용인될 수 있는 재량의 범위를 일탈하여 수용자의
인간다운 생활을 할 권리를 침해하지 아니한다(헌재 2011.3.
31, 2009헌마617 등).
❸ [×] 인간다운 생활을 보장하기 위한 객관적인 내용의 최소한을 보
장하고 있는지 여부는 특정한 법률에 의한 생계급여만을 가지
고 판단하면 되고, 여타 다른 법령에 의해 국가가 최저생활보
장을 위하여 지급하는 각종 급여나 각종 부담의 감면 등을 총
괄한 수준으로 판단할 것을 요구하지는 않는다.
⇨ 국가가 생활능력 없는 장애인의 인간다운 생활을 보장하기 위
하여 행하는 사회부조에는 보장법에 의한 생계급여 지급을 통
한 최저생활보장 외에 다른 법령에 의하여 행하여지는 것도 있
으므로, 국가가 행하는 최저생활보장 수준이 그 재량의 범위
를 명백히 일탈하였는지 여부, 즉 인간다운 생활을 보장하기
위한 객관적 내용의 최소한을 보장하고 있는지 여부는 보장
법에 의한 생계급여만을 가지고 판단하여서는 아니 되고, 그
외의 법령에 의거하여 국가가 최저생활보장을 위하여 지급
하는 각종 급여나 각종 부담의 감면 등을 총괄한 수준으로 판
단하여야 한다(헌재 2004.10.28, 2002헌마328).
④ [○] 국가가 인간다운 생활을 보장하기 위한 헌법적 의무를 다하였
는지의 여부가 사법적 심사의 대상이 된 경우에는, 국가가 최
저생활보장에 관한 입법을 전혀 하지 아니하였다든가 그 내용
이 현저히 불합리하여 헌법상 용인될 수 있는 재량의 범위를
명백히 일탈한 경우에 한하여 헌법에 위반된다고 할 수 있다.
⇨ 국가가 인간다운 생활을 보장하기 위한 헌법적인 의무를 다하
였는지의 여부가 사법적 심사의 대상이 된 경우에는, 국가가
생계보호에 관한 입법을 전혀 하지 아니하였다든가 그 내용이
현저히 불합리하여 헌법상 용인될 수 있는 재량의 범위를 명백
히 일탈한 경우에 한하여 헌법에 위반된다고 할 수 있다(헌재
2004.10.28, 2002헌마328).

---

19 답 ②

① [침해 ×] 학원의 종류 중 '유아를 대상으로 교습하는 학원'을 학교
교과교습학원으로 분류한 것
⇨ 헌법 제31조 제4항에 의해 보장되는 교육의 자주성과 전문성
은 '교육기관의 자유'와 '교육의 자유'를 보장함으로써 비로소
달성할 수 있는데, '교육기관의 자유'는 교육을 담당하는 교육
기관의 교육운영에 관한 자주적인 결정권을 그 내용으로 하고,
'교육의 자유'는 교육내용이나 교육방법 등에 관한 자주적인
결정권을 그 내용으로 한다. 그런데 심판대상법률조항은 교육
기관의 교육운영에 관한 자주적인 결정권을 제한하거나 교육
내용이나 교육방법을 제한하는 규정이 아니므로 교육의 권리

를 제한한다고 볼 여지가 없다(헌재 2013.5.30, 2011헌바227).
❷ [침해 ○] 검정고시로 고등학교 졸업학력을 취득한 사람들의 수시
모집 지원을 제한하는 내용의 국립교육대학교의 신입생 수시
모집 입시요강
⇨ 수시모집의 학생선발방법이 정시모집과 동일할 수는 없으나,
이는 수시모집에서 응시자의 수학능력이나 그 정도를 평가하
는 방법이 정시모집과 다른 것을 의미할 뿐, 수학능력이 있는
자들에게 동등한 기회를 주고 합리적인 선발 기준에 따라 학생
을 선발하여야 한다는 점은 정시모집과 다르지 않다. 따라서
수시모집에서 검정고시 출신자에게 수학능력이 있는지 여부
를 평가받을 기회를 부여하지 아니하고 이를 박탈한다는 것은
수학능력에 따른 합리적인 차별이라고 보기 어렵다. 피청구인
들은 정규 고등학교 학교생활기록부가 있는지 여부, 공교육정
상화, 비교내신 문제 등을 차별의 이유로 제시하고 있으나 이
러한 사유가 차별취급에 대한 합리적인 이유가 된다고 보기 어
렵다. 그렇다면 이 사건 수시모집요강은 검정고시 출신자인
청구인들을 합리적인 이유 없이 차별함으로써 청구인들의
균등하게 교육을 받을 권리를 침해한다(헌재 2017.12.28,
2016헌마649).
③ [침해 ×] 특정지역에 대하여 우선적으로 중학교 의무교육을 실시
한 것
⇨ 중학교 의무교육을 일시에 전면실시하는 대신 단계적으로 확
대실시하도록 한 것은 주로 전면실시에 따르는 국가의 재정적
부담을 고려한 것으로 실질적 평등의 원칙에 부합된다(헌재
1991.2.11, 90헌가27).
④ [침해 ×] 고교평준화지역에서 일반계 고등학교에 진학하는 학생
을 교육감이 학교군별로 추첨에 의하여 배정한 것
⇨ 이 사건 시행령조항의 입법목적은 고등학교 교육 기회의 균등
제공, 고등학교 입시의 폐지로 인한 중학교 교육의 정상화 등
으로서 정당하고, 교육감에 의한 입학전형 및 학교군별 추첨
에 의한 배정방식 입법목적의 달성에 기여하므로 수단의 적절
성도 인정되며, 추첨 배정을 받기 전에 학교를 선택 지원할 수
있는 기회가 대폭 확대되고, 고교평준화정책 시행 지역을 결
정함에 있어서 객관적 타당성 및 민주적 정당성이 제고된 점
등을 고려하면, 입법목적을 달성하는 데 적합한 다른 대체수
단이 존재한다고 보기도 어렵고, 또한 고교평준화제도를 통하
여 달성하고자 하는 위와 같은 공익이 침해되는 청구인들의 학
교선택권보다 크므로 피해의 최소성 및 법익균형성도 인정된
다고 할 것이어서, 이 사건 시행령조항은 과잉금지원칙에 위
반되지 아니하며 청구인들의 학교선택권을 침해한다고 할 수
없다(헌재 2012.11.29, 2011헌마827).

---

20 답 ④

① [○] 교섭창구단일화제도는 노동조합의 교섭력을 담보하여 교섭의
효율성을 높이고 통일적인 근로조건을 형성하기 위한 불가피
한 제도라는 점에서 노동조합의 조합원들이 향유할 단체교섭
권을 침해한다고 볼 수 없다.
⇨ 노동조합 및 노동관계조정법상의 교섭창구단일화제도는 근로
조건의 결정권이 있는 사업 또는 사업장 단위에서 복수노동조
합과 사용자 사이의 교섭절차를 일원화하여 효율적이고 안정
적인 교섭체계를 구축하고, 소속 노동조합과 관계없이 조합원
들의 근로조건을 통일하기 위한 것으로, 교섭대표노동조합이

되지 못한 소수 노동조합의 단체교섭권을 제한하고 있지만, 소수노동조합도 교섭대표노동조합을 정하는 절차에 참여하게 하여 교섭대표노동조합이 사용자와 대등한 입장에 설 수 있는 기반이 되도록 하고 있으며, 그러한 실질적 대등성의 토대 위에서 이뤄낸 결과를 함께 향유하는 주체가 될 수 있도록 하고 있으므로 노사대등의 원리하에 적정한 근로조건의 구현이라는 단체교섭권의 실질적인 보장을 위한 불가피한 제도라고 볼 수 있다. … 따라서 위 노동조합 및 노동관계조정법 조항들이 과잉금지원칙을 위반하여 청구인들의 단체교섭권을 침해한다고 볼 수 없다(헌재 2012.4.24, 2011헌마338).

② [〇] 단결권은 '사회적 보호기능을 담당하는 자유권' 또는 '사회권적 성격을 띤 자유권'으로서의 성격을 가지고 있다.

⇨ 근로자는 노동조합과 같은 근로자단체의 결성을 통하여 집단으로 사용자에 대항함으로써 사용자와 대등한 세력을 이루어 근로조건의 형성에 영향을 미칠 수 있는 기회를 갖게 된다는 의미에서 단결권은 '사회적 보호기능을 담당하는 자유권' 또는 '사회권적 성격을 띤 자유권'으로서의 성격을 가지고 있고 일반적인 시민적 자유권과는 질적으로 다른 권리로서 설정되어 헌법상 그 자체로서 이미 결사의 자유에 대한 특별법적인 지위를 승인받고 있다(헌재 2005.11.24, 2002헌바95 등).

③ [〇] 청원경찰의 복무에 관하여 국가공무원법 제66조 제1항을 준용함으로써 노동운동을 금지하는 청원경찰법 제5조 제4항 중 국가공무원법 제66조 제1항 가운데 '노동운동' 부분을 준용하는 부분은 국가기관이나 지방자치단체 이외의 곳에서 근무하는 청원경찰의 근로3권을 침해한다.

⇨ 청원경찰은 일반근로자일 뿐 공무원이 아니므로 원칙적으로 헌법 제33조 제1항에 따라 근로3권이 보장되어야 한다. 청원경찰은 제한된 구역의 경비를 목적으로 필요한 범위에서 경찰관의 직무를 수행할 뿐이며, 그 신분보장은 공무원에 비해 취약하다. 또한 국가기관이나 지방자치단체 이외의 곳에서 근무하는 청원경찰은 근로조건에 관하여 공무원뿐만 아니라 국가기관이나 지방자치단체에 근무하는 청원경찰에 비해서도 낮은 수준의 법적 보장을 받고 있으므로, 이들에 대해서는 근로3권이 허용되어야 할 필요성이 크다. … 심판대상조항이 모든 청원경찰의 근로3권을 전면적으로 제한하는 것은 과잉금지원칙을 위반하여 청구인들의 근로3권을 침해하는 것이다(헌재 2017.9.28, 2015헌마653).

❹ [×] 교원의 노동조합 설립 및 운영 등에 관한 법률에 의하면 사립학교 교원은 단결권과 단체교섭권이 인정되고 단체행동권이 금지되지만, 국·공립학교 교원은 근로3권이 모두 부인된다.

⇨ 국·공립학교 교원도 사립학교 교원과 마찬가지로 단결권과 단체교섭권이 인정된다.

> **교원의 노동조합 설립 및 운영 등에 관한 법률**
> **제2조 【정의】** 이 법에서 "교원"이란 다음 각 호의 어느 하나에 해당하는 사람을 말한다.
> 1. 유아교육법 제20조 제1항에 따른 교원
> 2. 초·중등교육법 제19조 제1항에 따른 교원
> 3. 고등교육법 제14조 제2항 및 제4항에 따른 교원. 다만, 강사는 제외한다.
> [2020.6.9. 법률 제17430호에 의하여 2018.8.30. 헌법재판소에서 헌법불합치결정된 이 조를 개정함]

참고 판례

'교원의 노동조합 설립 및 운영 등에 관한 법률'의 적용대상을 초·중등교육법 제19조 제1항의 교원이라고 규정함으로써, 고등교육법에서 규율하는 대학교원들의 단결권을 인정하지 않는 '교원의 노동조합 설립 및 운영 등에 관한 법률' 제2조 본문(이하 '심판대상조항'이라 한다)이 헌법에 위반되는지 여부(적극)

먼저, 심판대상조항으로 인하여 교육공무원 아닌 대학교원들이 향유하지 못하는 단결권은 헌법이 보장하고 있는 근로3권의 핵심적이고 본질적인 권리이다. 심판대상조항의 입법목적이 재직 중인 초·중등교원에 대하여 교원노조를 인정해 줌으로써 교원노조의 자주성과 주체성을 확보한다는 측면에서는 그 정당성을 인정할 수 있을 것이나, 교원노조를 설립하거나 가입하여 활동할 수 있는 자격을 초·중등교원으로 한정함으로써 교육공무원이 아닌 대학교원에 대해서는 근로기본권의 핵심인 단결권조차 전면적으로 부정한 측면에 대해서는 그 입법목적의 정당성을 인정하기 어렵고, 수단의 적합성 역시 인정할 수 없다. 설령 일반 근로자 및 초·중등교원과 구별되는 대학교원의 특수성을 인정하더라도, 대학교원에게도 단결권을 인정하면서, 다만 해당 노동조합이 행사할 수 있는 권리를 다른 노동조합과 달리 강한 제약 아래 두는 방법도 얼마든지 가능하므로, 단결권을 전면적으로 부정하는 것은 필요최소한의 제한이라고 보기 어렵다. 또 최근 들어 대학 사회가 다층적으로 변화하면서 대학교원의 사회·경제적 지위의 향상을 위한 요구가 높아지고 있는 상황에서 단결권을 행사하지 못한 채 개별적으로만 근로조건의 향상을 도모해야 하는 불이익은 중대한 것이므로, 심판대상조항은 과잉금지원칙에 위배된다.

다음으로 교육공무원인 대학교원에 대하여 보다라도, 교육공무원의 직무수행의 특성과 헌법 제33조 제1항 및 제2항의 정신을 종합해 볼 때, 교육공무원에게 근로3권을 일체 허용하지 않고 전면적으로 부정하는 것은 합리성을 상실한 과도한 것으로서 입법형성권의 범위를 벗어나 헌법에 위반된다(헌재 2018.8.30, 2015헌가38).

01

답 ②

① [○] 헌법의 안정성과 헌법에 대한 존중이라는 요청 때문에 우리 헌법의 개정은 제한적으로 인정되며, 일반법률과는 다른 엄격한 요건과 절차가 요구된다.
⇨ 일반법률과는 다른 엄격한 요건과 절차가 요구되는 헌법을 경성헌법이라고 하며, 우리 헌법의 개정은 경성헌법이다. 이는 헌법의 최고규범성을 확보하고 헌법의 안정성과 헌법에 대한 존중의 요청을 가져오는 장점이 있다.

❷ [×] 제1차 헌법개정은 정부안과 야당안을 발췌·절충한 개헌안을 대상으로 하여 헌법개정절차인 공고절차를 그대로 따랐다.
⇨ 1952년 제1차 헌법개정은 정부안인 대통령직선제 개헌안과 국회(야당)안인 의원내각제 개헌안이 모두 부결되고, 절충된 소위 '발췌개헌안'이 공고절차를 거치지 않고 통과되었다. 헌법에 명시된 헌법개정절차에 위배되는 위헌적인 헌법개정이라고 할 수 있다.

③ [○] 1972년 개정헌법에 따르면, 대통령이 제안한 헌법개정안은 국회의 의결을 거치지 않고 국민투표를 통하여 확정된다.
⇨ 1972년 제7차 개정헌법은 헌법개정절차를 이원화했는데, 대통령이 제안한 헌법개정안은 국회의 의결 없이 곧바로 국민투표에 회부하여 확정되도록 하였다. 그리고 국회의원이 제안한 헌법개정안은 국회의 의결을 거쳐 국민투표가 아닌 통일주체국민회의의 의결로 확정하도록 하였다.

> **제7차 개정헌법(1972년) 제124조** ② 대통령이 제안한 헌법개정안은 국민투표로 확정되며, 국회의원이 제안한 헌법개정안은 국회의 의결을 거쳐 통일주체국민회의의 의결로 확정된다.

④ [○] 헌법개정안은 국회가 의결한 후 30일 이내에 국민투표에 부쳐 국회의원선거권자 과반수의 투표와 투표자 과반수의 찬성을 얻어야 하고, 이 찬성을 얻은 때에 헌법개정은 확정되며, 대통령은 즉시 이를 공포하여야 한다.
⇨ 헌법 제130조 제2항·제3항에 대한 옳은 설명이다.

> **헌법 제130조** ② 헌법개정안은 국회가 의결한 후 30일 이내에 국민투표에 붙여 국회의원선거권자 과반수의 투표와 투표자 과반수의 찬성을 얻어야 한다.

> ③ 헌법개정안이 제2항의 찬성을 얻은 때에는 헌법개정은 확정되며, 대통령은 즉시 이를 공포하여야 한다.

02

답 ②

① [○] 1954년 헌법은 대한민국의 주권의 제약 또는 영토의 변경을 가져올 국가안위에 관한 중대사항은 국회의 가결을 거친 후에 국민투표에 부하여 민의원의원선거권자 3분의 2 이상의 투표와 유효투표 3분의 2 이상의 찬성을 얻어야 한다고 규정하였다.
⇨ 1954년 헌법 제7조의2에 대한 옳은 설명이다.

> **제2차 개정헌법(1954년) 제7조의2** 대한민국의 주권의 제약 또는 영토의 변경을 가져올 국가안위에 관한 중대사항은 국회의 가결을 거친 후에 국민투표에 부하여 민의원의원선거권자 3분지 2 이상의 투표와 유효투표 3분지 2 이상의 찬성을 얻어야 한다.

❷ [×] 1962년 헌법은 인간의 존엄과 가치를 명시하고, 행복추구권을 기본권으로 신설하였다.
⇨ 1962년 헌법은 인간의 존엄과 가치를 명시하였으나, 행복추구권은 1980년 헌법에서 신설하였다.

③ [○] 1972년 헌법은 헌법위원회를 설치하여 위헌법률심사, 탄핵심판, 정당의 해산심판을 담당하게 하였다.
⇨ 1972년 헌법 제109조 제1항에 대한 옳은 설명이다.

> **제7차 개정헌법(1972년) 제109조** ① 헌법위원회는 다음 사항을 심판한다.
> 1. 법원의 제청에 의한 법률의 위헌 여부
> 2. 탄핵
> 3. 정당의 해산

④ [○] 1987년 헌법은 체포·구속시 이유고지 및 가족통지제도를 추가하였고, 범죄피해자구조청구권을 기본권으로 새로 규정하였다.
⇨ 1987년 헌법에서 체포·구속시 이유고지 및 가족통지제도, 범죄피해자구조청구권을 새로 규정하였다.

적절하지 않은 것은 ㉠, ㉡, ㉣이다.

㉠ [×] 국회는 상호원조 또는 안전보장에 관한 조약, 중요한 국제조직에 관한 조약, 우호통상항해조약, 어업조약, 주권의 제약에 관한 조약, 강화조약, 국가나 국민에게 중대한 재정적 부담을 지우는 조약 또는 입법사항에 관한 조약의 체결·비준에 대한 동의권을 가진다.

➡ 헌법 제60조 제1항은 열거규정으로 해석하는 것이 다수설과 판례의 입장이다. 따라서 어업조약은 국회의 동의를 요하는 조약이 아니다.

> **헌법 제60조** ① 국회는 상호원조 또는 안전보장에 관한 조약, 중요한 국제조직에 관한 조약, 우호통상항해조약, 주권의 제약에 관한 조약, 강화조약, 국가나 국민에게 중대한 재정적 부담을 지우는 조약 또는 입법사항에 관한 조약의 체결·비준에 대한 동의권을 가진다.

㉡ [×] 특정의 외국 농산물의 긴급수입제한조치를 더 이상 연장하지 않겠다는 취지의 대한민국 정부와 외국과의 합의는 헌법 제6조 제1항의 조약에 해당하므로 조약 공포의 방법으로 국민에게 공개되어야 한다.

➡ 알 권리에서 파생되는 정부의 공개의무는 특별한 사정이 없는 한 국민의 적극적인 정보수집행위, 특히 특정의 정보에 대한 공개청구가 있는 경우에야 비로소 존재하므로, 정보공개청구가 없었던 경우 대한민국과 중화인민공화국이 2000.7.31. 체결한 양국간 마늘교역에 관한 합의서 및 그 부속서 중 "2003.1.1.부터 한국의 민간기업이 자유롭게 마늘을 수입할 수 있다."는 부분을 사전에 마늘재배농가들에게 공개할 정부의 의무는 인정되지 아니한다. 또한 공포의무가 인정되는 일정범위의 조약의 경우에는 공개청구가 없더라도 알 권리에 상응하는 공개의무가 예외적으로 인정되는 것으로 생각해 볼 수도 있으나 위 부속서의 경우 그 내용이 이미 연도의 의미를 명확히 하고 한국이 이미 행한 3년간의 중국산 마늘에 대한 긴급수입제한조치를 그 이후에는 다시 연장하지 않겠다는 방침을 선언한 것으로 집행적인 성격이 강하고, 특히 긴급수입제한조치의 연장은 중국과의 합의로 그 연장 여부가 최종적으로 결정된 것으로 볼 수 없는 점에 비추어 헌법적으로 정부가 반드시 공포하여 국내법과 같은 효력을 부여해야 한다고 단정할 수 없다(헌재 2004.12.16, 2002헌마579).

㉢ [O] 지방자치단체가 제정한 조례가 1994년 관세 및 무역에 관한 일반협정이나 정부조달에 관한 협정에 위반되는 경우, 그 조례의 효력은 무효이다.

➡ '1994년 관세 및 무역에 관한 일반협정'(General Agreement on Tariffs and Trade 1994, 이하 'GATT'라 한다)은 1994.12.16. 국회의 동의를 얻어 같은 달 23. 대통령의 비준을 거쳐 같은 달 30. 공포되고 1995.1.1. 시행된 조약인 '세계무역기구(WTO) 설립을 위한 마라케쉬협정'(Agreement Establishing the WTO)(조약 1265호)의 부속 협정(다자간 무역협정)이고, '정부조달에 관한 협정'(Agreement on Government Procurement, 이하 'AGP'라 한다)은 1994.12.16. 국회의 동의를 얻어 1997.1.3. 공포시행된 조약(조약 1363호, 복수국가간 무역협정)으로서 각 헌법 제6조 제1항에 의하여 국내법령과 동일한 효력을 가지므로 지방자치단체가 제정한 조례가 GATT나 AGP에 위반되는 경우에는 그 효력이 없다(대판 2005.9.9, 2004추10).

㉣ [×] 대한민국과 아메리카합중국 간의 상호방위조약 제4조에 의한 시설과 구역 및 대한민국에서의 합중국 군대의 지위에 관한 협정'은 국회의 관여 없이 체결되는 행정협정이므로 국회의 동의를 요하지 않는다.

➡ 이 사건 조약은 그 명칭이 '협정'으로 되어 있어 국회의 관여 없이 체결되는 행정협정처럼 보이기도 하나 우리나라의 입장에서 볼 때에는 외국군대의 지위에 관한 것이고, 국가에게 재정적 부담을 지우는 내용과 입법사항을 포함하고 있으므로 국회의 동의를 요하는 조약으로 취급되어야 한다(헌재 1999.4.29, 97헌가14).

① [O] 규범 상호간의 구조와 내용 등이 모순됨이 없이 체계와 균형을 유지하도록 입법자를 기속하는 체계정당성의 원리는 입법자의 자의를 금지하여 규범의 명확성, 예측가능성 및 규범에 대한 신뢰와 법적 안정성을 확보하기 위한 것으로 법치주의원리로부터 도출되는 것이다.

➡ 체계정당성의 원리라는 것은 동일 규범 내에서 또는 상이한 규범간에 그 규범의 구조나 내용 또는 규범의 근거가 되는 원칙면에서 상호 배치되거나 모순되어서는 아니 된다는 하나의 헌법적 요청이다. 즉, 이는 규범 상호간의 구조와 내용 등이 모순됨이 없이 체계와 균형을 유지하도록 입법자를 기속하는 헌법적 원리라고 볼 수 있다. 이처럼 규범 상호간의 체계정당성을 요구하는 이유는 입법자의 자의를 금지하여 규범의 명확성, 예측가능성 및 규범에 대한 신뢰와 법적 안정성을 확보하기 위한 것이고 이는 국가공권력에 대한 통제와 이를 통한 국민의 자유와 권리의 보장을 이념으로 하는 법치주의원리로부터 도출되는 것이라고 할 수 있다(헌재 2010.6.24, 2007헌바101 등).

② [O] 신뢰보호원칙은 법률이나 그 하위법규범뿐만 아니라 국가관리의 입시제도와 같이 국·공립대학의 입시전형을 기속하여 국민의 권리에 직접 영향을 미치는 제도운영지침의 개폐에도 적용된다.

➡ 헌법상의 법치국가원리의 파생원칙인 신뢰보호의 원칙은 국민이 법률적 규율이나 제도가 장래에도 지속할 것이라는 합리적인 신뢰를 바탕으로 이에 적응하여 개인의 법적 지위를 형성해 왔을 때에는 국가로 하여금 그와 같은 국민의 신뢰를 되도록 보호할 것을 요구한다. … 법률이나 그 하위법규뿐만 아니라 국가관리의 입시제도와 같이 국·공립대학의 입시전형을 기속하여 국민의 권리에 직접 영향을 미치는 제도운영지침의 개폐에도 적용되는 것이다(헌재 1997.7.16, 97헌마38).

③ [O] 문화풍토를 조성하는 데 초점을 두고 있는 문화국가원리의 특성은 문화의 개방성 내지 다원성의 표지와 연결되는데, 국가의 문화육성의 대상에는 원칙적으로 모든 사람에게 문화창조의 기회를 부여한다는 의미에서 모든 문화가 포함된다.

➡ 오늘날 문화국가에서의 문화정책은 그 초점이 문화 그 자체에 있는 것이 아니라 문화가 생겨날 수 있는 문화풍토를 조성하는 데 두어야 한다. 문화국가원리의 이러한 특성은 문화의 개방성 내지 다원성의 표지와 연결되는데, 국가의 문화육성의 대

상에는 원칙적으로 모든 사람에게 문화창조의 기회를 부여한다는 의미에서 모든 문화가 포함된다. 따라서 엘리트문화뿐만 아니라 서민문화, 대중문화도 그 가치를 인정하고 정책적인 배려의 대상으로 하여야 한다(헌재 2004.5.27, 2003헌가1 등).

❹ [×] 헌법 제119조 제2항에 규정된 '경제주체간의 조화를 통한 경제 민주화' 이념은 경제영역에서 정의로운 사회질서를 형성하기 위하여 추구할 수 있는 국가목표일 뿐 개인의 기본권을 제한하는 국가행위를 정당화하는 헌법규범은 아니다.

⇨ 헌법 제119조 제2항에 규정된 '경제주체간의 조화를 통한 경제민주화'의 이념은 경제영역에서 정의로운 사회질서를 형성하기 위하여 추구할 수 있는 국가목표로서 **개인의 기본권을 제한하는 국가행위를 정당화하는 헌법규범이다**(헌재 2003.11.27, 2001헌바35).

05

답 ②

① [O] 고용노동부의 최저임금 고시는 헌법소원의 대상이 되는 공권력의 행사에 해당하지 아니한다.

⇨ 각 월 환산액 부분은 시간을 단위로 정해진 각 해당 연도 최저임금액에 법정근로시간과 유급으로 처리되는 주휴시간을 합한 근로시간 수를 곱하여 산정한 것으로 최저임금위원회 및 피청구인의 행정해석 내지 행정지침에 불과할 뿐 국민이나 법원을 구속하는 법규적 효력을 가진 것으로 볼 수 없다. 따라서 이 사건 각 고시의 각 월 환산액 부분은 국민의 권리·의무에 직접 영향을 미치는 것이 아니므로 헌법소원의 대상이 되는 '공권력의 행사'에 해당하지 아니한다(헌재 2019.12.17, 2017헌마1366).

❷ [×] 피해학생의 보호에만 치중하여 가해학생에 대하여 무기한 내지 지나치게 장기간의 출석정지조치가 취해질 수 있는, 즉 출석정지기간의 상한을 두지 아니한 징계조치조항은 침해의 최소성원칙에 위배된다.

⇨ 이 사건 징계조치조항에서 수개의 조치를 병과하고 출석정지기간의 상한을 두지 않음으로써 구체적 사정에 따라 다양한 조치를 취할 수 있도록 한 것은, **피해학생의 보호 및 가해학생의 선도·교육을 위하여 바람직하다고 할 것**이고, 이 사건 징계조치조항보다 가해학생의 학습의 자유를 덜 제한하면서, 피해학생에게 심각한 피해와 지속적인 영향을 미칠 수 있는 학교폭력에 구체적·탄력적으로 대처하고, **피해학생을 우선적으로 보호하면서 가해학생도 선도·교육하려는 입법목적을 이 사건 징계조치조항과 동일한 수준으로 달성할 수 있는 입법의 대안이 있다고 보기 어렵다.** … 이 사건 징계조치조항은 침해의 **최소성원칙에 위반되지 아니한다**(헌재 2019.4.11, 2017헌바140 등).

③ [O] 아동·청소년대상 성범죄 전과자라는 이유만으로 이들이 다시 성범죄를 저지를 것이라는 전제하에 취업제한의 제재를 예외 없이 관철하는 법률조항은 어떠한 예외도 없이 재범가능성을 당연시하는 것으로서 침해의 최소성에 위배된다.

⇨ 이 사건 취업제한조항은 아동·청소년대상 성범죄 전력에 기초하여 어떠한 예외도 없이 그 대상자가 재범의 위험성이 있다고 간주하여 일률적으로 아동·청소년 관련 기관 등의 취업 등을 10년간 금지하고 있는 점, 특히 이 사건 취업제한조항은 치료감호심의위원회가 아동·청소년대상 성범죄의 원인이 된 소

아성기호증, 성적가학증 등 성적 성벽이 있는 정신성적 장애가 치료되었음을 전제로 피치료감호자에 대하여 치료감호 종료 결정을 하는 경우에도 여전히 피치료감호자에게 재범의 위험성이 있음을 전제하고 있어 치료감호제도의 취지와도 모순되는 점, 이 사건 취업제한조항이 범죄행위의 유형이나 구체적 태양 등을 고려하지 않은 채 범행의 정도가 가볍고 재범의 위험성이 상대적으로 크지 않은 자에게까지 10년 동안 일률적인 취업제한을 부과하고 있는 점 등을 종합하면, 이 사건 취업제한조항은 침해의 최소성원칙에 위배된다(헌재 2016.4.28, 2015헌마98).

④ [O] 대체복무제라는 대안이 있음에도 불구하고 군사훈련을 수반하는 병역의무만을 규정한 병역종류조항은 침해의 최소성원칙에 어긋난다.

⇨ 대체복무제를 도입하더라도 우리의 국방력에 유의미한 영향이 있을 것이라고 보기는 어려운 반면, 대체복무편입 여부를 판정하는 객관적이고 공정한 심사절차를 마련하고 현역복무와 대체복무 사이의 형평성이 확보되도록 제도를 설계한다면, 대체복무제의 도입은 병역자원을 확보하고 병역부담의 형평을 기하고자 하는 입법목적을 병역종류조항과 같은 정도로 충분히 달성할 수 있다고 판단된다. 이와 같이 대체복무제라는 대안이 있음에도 불구하고 군사훈련을 수반하는 병역의무만을 규정한 병역종류조항은, 침해의 최소성원칙에 어긋난다(헌재 2018.6.28, 2011헌바379 등).

06

답 ④

① [O] 신뢰보호원칙의 위반 여부는 한편으로는 침해받은 신뢰이익의 보호가치, 침해의 중한 정도, 신뢰침해의 방법 등과 다른 한편으로는 새 입법을 통해 실현하고자 하는 공익목적을 종합적으로 비교형량하여 판단하여야 한다.

⇨ 신뢰보호원칙의 위반 여부는 한편으로는 침해받은 신뢰이익의 보호가치, 침해의 중한 정도, 신뢰침해의 방법 등과 다른 한편으로는 새 입법을 통해 실현코자 하는 공익목적을 종합적으로 비교형량하여 판단하여야 한다(헌재 1998.11.26, 97헌바58).

② [O] 범죄행위 당시에 없었던 위치추적 전자장치 부착명령을 출소 예정자에게 소급적용할 수 있도록 한 특정 범죄자에 대한 위치추적 전자장치 부착 등에 관한 법률 규정은 소급처벌금지원칙에 위배되지 아니한다.

⇨ 전자장치 부착은 과거의 불법에 대한 응보가 아닌 장래의 재범 위험성을 방지하기 위한 보안처분에 해당되므로, 부착명령청구조항은 헌법 제13조 제1항 후단의 이중처벌금지원칙에 위배되지 아니한다(헌재 2015.9.24, 2015헌바35).

③ [O] 법치주의원리로부터 도출되는 체계정당성의 원리에 대한 위반 자체가 바로 위헌이 되는 것은 아니고 이는 비례의 원칙이나 평등원칙 위반 내지 입법의 자의금지 위반 등의 위헌성을 시사하는 하나의 징후일 뿐이다.

⇨ '체계정당성(Systemgerechtigkeit)'의 원리라는 것은 동일 규범 내에서 또는 상이한 규범간에 (수평적 관계이건 수직적 관계이건) 그 규범의 구조나 내용 또는 규범의 근거가 되는 원칙면에서 상호 배치되거나 모순되어서는 안 된다는 하나의 헌법적 요청(Verfassung–spostulat)이다. 즉, 이는 규범 상

호간의 구조와 내용 등이 모순됨이 없이 체계와 균형을 유지하도록 입법자를 기속하는 헌법적 원리라고 볼 수 있다. 이처럼 규범 상호간의 체계정당성을 요구하는 이유는 입법자의 자의를 금지하여 규범의 명확성, 예측가능성 및 규범에 대한 신뢰와 법적 안정성을 확보하기 위한 것이고 이는 국가공권력에 대한 통제와 이를 통한 국민의 자유와 권리의 보장을 이념으로 하는 법치주의원리로부터 도출되는 것이라고 할 수 있다. 그러나 일반적으로 일정한 공권력작용이 체계정당성에 위반한다고 해서 곧 위헌이 되는 것은 아니다. 즉, 체계정당성 위반(Systemwidrigkeit) 자체가 바로 위헌이 되는 것은 아니고 이는 비례의 원칙이나 평등원칙 위반 내지 입법의 자의금지 위반 등의 위헌성을 시사하는 하나의 징후일 뿐이다. 그러므로 체계정당성 위반은 비례의 원칙이나 평등원칙 위반 내지 입법자의 자의금지 위반 등 일정한 위헌성을 시사하기는 하지만 아직 위헌은 아니고, 그것이 위헌이 되기 위해서는 결과적으로 비례의 원칙이나 평등의 원칙 등 일정한 헌법의 규정이나 원칙을 위반하여야 한다(헌재 2004.11.25, 2002헌바66).

❹ [×] 공무원연금법상 퇴직연금을 수령하고 있던 자가 지방의회의원에 취임한 경우, 지방의회의원에 취임할 당시의 연금제도가 그대로 유지되어 그 임기 동안 퇴직연금을 계속 지급받을 수 있을 것이라는 신뢰의 보호가치는 크므로 지방의회의원의 재직기간 중 연금 전부의 지급을 정지하는 것은 신뢰보호원칙에 위반된다.

⇨ 지방의회의원에 대하여 2006.1.부터 월정수당이 지급됨에 따라 지방의회의원이 받는 금원은 보수로서의 성격을 보다 강하게 가지게 되었고, 이러한 보수의 현실화로 과거의 법 상태에 대한 신뢰는 보호의 필요성이 적어졌다. 따라서 청구인들이 '지방의회의원에 취임할 당시의 연금제도가 그대로 유지되어 그 임기 동안 퇴직연금을 계속 지급받을 수 있을 것'이라고 신뢰하였다 하더라도 이러한 신뢰는 보호가치가 크다고 보기 어렵다. 또한 선출직 공무원에 대한 연금지급정지제도는 종전에도 몇 차례에 걸쳐 시행된 바 있으므로 청구인들의 신뢰는 그다지 확고한 법질서에 기반한 것이었다고 보기도 어렵다. 반면, 연금재정의 안정성과 건전성을 확보하는 것은 공무원연금제도의 장기적 운영과 지속가능성을 위하여 반드시 필요한 요소이므로, 심판대상조항이 추구하는 공익적 가치는 매우 중대하다. 이러한 점들을 종합하면, 심판대상조항은 신뢰보호원칙에 반하여 청구인들의 재산권을 침해한다고 볼 수 없다(헌재 2017.7.27, 2015헌마1052).

07   답 ④

① [○] 법적으로 승인되지 아니한 사실혼은 헌법 제36조 제1항의 보호범위에 포함된다고 보기 어렵다.

⇨ 법적으로 승인되지 아니한 사실혼은 헌법 제36조 제1항의 보호범위에 포함된다고 보기 어렵다(헌재 2014.8.28, 2013헌바119).

② [○] 부모가 자녀의 이름을 지을 자유는 혼인과 가족생활을 보장하는 헌법 제36조 제1항과 행복추구권을 보장하는 헌법 제10조에 의하여 보호받는다.

⇨ 부모가 자녀의 이름을 지어주는 것은 자녀의 양육과 가족생활을 위하여 필수적인 것이고, 가족생활의 핵심적 요소라 할 수

있으므로, '부모가 자녀의 이름을 지을 자유'는 혼인과 가족생활을 보장하는 헌법 제36조 제1항과 행복추구권을 보장하는 헌법 제10조에 의하여 보호받는다(헌재 2016.7.28, 2015헌마964).

③ [○] 혼인 종료 후 300일 이내에 출생한 자를 전남편의 친생자로 추정하는 것은 모가 가정생활과 신분관계에서 누려야 할 혼인과 가족생활에 관한 기본권을 침해한다.

⇨ 혼인 종료 후 300일 내에 출생한 자녀가 전남편의 친생자가 아님이 명백하고, 전남편이 친생추정을 원하지도 않으며, 생부가 그 자를 인지하려는 경우에도, 그 자녀는 전남편의 친생자로 추정되어 가족관계등록부에 전남편의 친생자로 등록되고, 이는 엄격한 친생부인의 소를 통해서만 번복될 수 있다. 그 결과 심판대상조항은 이혼한 모와 전남편이 새로운 가정을 꾸리는 데 부담이 되고, 자녀와 생부가 진실한 혈연관계를 회복하는 데 장애가 되고 있다. 이와 같이 민법 제정 이후의 사회적·법률적·의학적 사정변경을 전혀 반영하지 아니한 채, 이미 혼인관계가 해소된 이후에 자가 출생하고 생부가 출생한 자를 인지하려는 경우마저도, 아무런 예외 없이 그 자를 전남편의 친생자로 추정함으로써 친생부인의 소를 거치도록 하는 심판대상조항은 입법형성의 한계를 벗어나 모가 가정생활과 신분관계에서 누려야 할 인격권, 혼인과 가족생활에 관한 기본권을 침해한다(헌재 2015.4.30, 2013헌마623).

❹ [×] 특수관계자간의 공동사업에 있어 특수관계자의 소득금액을 공동사업에 있어 지분 또는 손익분배의 비율이 큰 공동사업자의 소득금액에 합산하고, 특수관계자의 범위에 배우자와 가족을 포함하는 소득세법 규정은 혼인이나 가족관계를 특별히 차별취급하는 규정으로서 헌법 제36조 제1항에 위반된다.

⇨ 이 사건 법률조항이 정한 공동사업합산과세제도는 공동사업이라는 특정한 사업형태에 대한 소득세 조세규율에 있어 조세회피방지라는 목적을 위해 특수한 관계에 있는 자들을 예외적으로 규율하는 것으로 이러한 관계 속에 배우자나 가족이 들어간다 하여도 이것이 혼인이나 가족관계를 결정적 근거로 한 차별취급이라고 볼 수 없으며 단지 합리적인 조세제도 운용에 있어 파생된 부수적인 결과물이다. 또한, 공동사업은 이것을 영위하는 것처럼 가장하여 소득분산을 기도할 개연성이 높고 그 입증이 쉽지 않으므로 이러한 특성을 고려하여 입법자는 공동사업을 위장하여 소득분산을 추구할 개연성이 높은 집단의 조세회피행위에 대처하기 위한 입법정책상의 강한 필요에 따라 이들을 달리 취급하도록 규정한 것이며 그러한 집단을 선정함에 있어 혼인이나 가족관계를 특별히 차별취급하려는 것이 아니라 위장 분산의 개연성이 높고 그 입증이 쉽지 않을 것으로 예상되는 여러 집단 중의 하나로 규정한 것으로 이 사건 법률조항은 헌법 제36조 제1항에 위반되지 않는다(헌재 2006.4.27, 2004헌가19).

✎ 위헌인 법 규정이지만 비례의 원칙에 위반되어 위헌인 것이지, 헌법 제36조 제1항에는 위반되지 않는다고 판시한 사건이다.

적절하지 않은 것은 ㉠, ㉡, ㉣이다.

㉠ [×] 판단누락을 이유로 든 재심의 제기기간을 판결이 확정된 뒤 그 사유를 안 날부터 30일 이내로 제한한 민사소송법 제456조 제1항 중 제451조 제1항 제9호에 관한 부분은 민사소송 당사자의 재판청구권 및 평등권을 침해한다.

⇨ 조속한 권리관계의 확정을 통하여 종국판결의 법적 안정성을 유지하고, 이미 확정판결을 받은 당사자의 법적 불안상태가 장기간 계속되는 것을 방지함과 아울러 사법자원의 효율적인 분배를 추구하기 위해서는 재심의 제기기간을 제한할 필요성이 있다. 이미 소를 제기하여 판결을 선고받은 당사자가 스스로 한 주장에 대한 판단이 누락된 것을 알았다면, 그로부터 30일 이내에 재심의 소를 제기할 것인지를 충분히 숙고하고 이를 준비할 수 있을 것으로 보인다. 나아가 당사자가 책임질 수 없는 사유로 재심 제기기간을 준수할 수 없었던 경우 추후 보완이 허용되어 사유가 소멸된 때로부터 2주 내에 재심의 소를 제기할 수 있다. 따라서 심판대상조항은 이 입법재량의 범위를 일탈하여 민사소송 당사자의 재판청구권을 침해하지 않는다.

㉡ [×] 입법자가 세무관청과 관련된 실무적 업무에 필요한 세무회계 및 세법 지식이 검증된 공인회계사에게 세무대리업무등록부에 등록을 하면 세무조정업무를 할 수 있도록 허용하면서도, 세무사 자격 보유 변호사의 세무조정업무 수행을 일체 제한하는 것은 평등권을 침해하지 아니한다.

⇨ 심판대상조항은 과잉금지원칙을 위반하여 세무사 자격 보유 변호사의 직업선택의 자유를 침해하므로 헌법에 위반된다. 제청법원은 심판대상조항이 평등원칙에 위반된다는 주장도 하나, 심판대상조항이 세무사 자격 보유 변호사의 직업선택의 자유를 침해하여 헌법에 위반된다고 판단하는 이상, 위 주장에 대해서는 더 나아가 판단하지 아니한다(헌재 2018.4.26, 2015헌가19).

㉢ [○] 수혜적 법률의 경우에는 수혜범위에서 제외된 자라고 하더라도 그 법률에 의하여 평등권이 침해되었다고 주장하는 당사자에 해당되고, 당해 법률에 대한 위헌결정에 따라 수혜집단과의 관계에서 평등권 침해 상태가 회복될 가능성이 있다면 기본권 침해성이 인정된다.

⇨ 국민의 기본권을 제한하고 부담을 부과하는 소위 '침해적 법률'의 경우에는 규범의 수범자가 당사자로서 자신의 기본권 침해를 주장하게 되지만, 이 사건과 같이 '수혜적 법률'의 경우에는 반대로 수혜범위에서 제외된 자가 그 법률에 의하여 평등권이 침해되었다고 주장하는 당사자에 해당되고, 당해 법률에 대한 위헌 또는 헌법불합치결정에 따라 수혜집단과의 관계에서 평등권 침해 상태가 회복될 가능성이 있다면 기본권 침해성이 인정된다(헌재 2001.11.29, 99헌마494).

㉣ [×] 친고죄의 고소를 제1심 판결선고 전까지만 취소할 수 있도록 한 것은 항소심에서 고소취소를 받은 피고인의 평등권을 침해한다.

⇨ 이 사건 법률조항은 고소인과 피고소인 사이에 자율적인 화해가 이루어질 수 있도록 어느 정도의 시간을 보장함으로써 국가형벌권의 남용을 방지하는 동시에 국가형벌권의 행사가 전적으로 고소인의 의사에 의해 좌우되는 것 또한 방지하는 한편,

가급적 고소취소가 제1심 판결선고 전에 이루어지도록 유도함으로써 남상소를 막고, 사법자원이 효율적으로 분배될 수 있도록 하는 역할을 한다. 또한, 경찰·검찰의 수사단계에서부터 제1심 판결선고 전까지의 기간이 고소인과 피고소인 상호간에 숙고된 합의를 이루어낼 수 없을 만큼 부당하게 짧은 기간이라고 하기 어렵고, 현행 형사소송법상 제1심과 제2심이 모두 사실심이기는 하나 제2심은 제1심에 대한 항소심인 이상 두 심급이 근본적으로 동일하다고 볼 수는 없다. 따라서 이 사건 법률조항이 항소심 단계에서 고소취소된 사람을 자의적으로 차별하는 것이라고 할 수는 없다(헌재 2011.2.24, 2008헌바40).

㉤ [○] 평등원칙은 본질적으로 '같은 것은 같게, 다른 것은 다르게' 취급할 것을 요구하는 것으로서, 입법과 법의 적용에 있어서 합리적인 근거가 없는 차별을 배제하는 상대적 평등을 뜻한다 할 것이다.

⇨ 평등의 원칙은 본질적으로 같은 것은 같게, 본질적으로 다른 것은 다르게 취급할 것을 요구한다. 그렇지만 이러한 평등은 일체의 차별적 대우를 부정하는 절대적 평등을 의미하는 것이 아니라 입법과 법의 적용에 있어서 합리적인 근거가 없는 차별을 배제하는 상대적 평등을 뜻하고 따라서 합리적 근거가 있는 차별은 평등의 원칙에 반하는 것이 아니다(헌재 2001.6.28, 99헌마516).

① [○] 형사소송법 제165조의2 제3호 중 '피고인 등'에 대하여 차폐시설을 설치하고 신문할 수 있도록 한 부분은 청구인의 공정한 재판을 받을 권리 및 변호인의 조력을 받을 권리를 침해하지 않는다.

⇨ 강력범죄 또는 조직폭력범죄의 수사와 재판에서 범죄입증을 위해 증언한 자의 안전을 효과적으로 보장해 줄 수 있는 조치가 마련되어야 할 필요성은 매우 크고, 경우에 따라서는 증인이 피고인의 변호인과 대면하여 진술하는 것으로부터 보호해야 할 필요성이 있을 수 있다. 피고인 등과 증인 사이에 차폐시설을 설치한 경우에도 피고인 및 변호인에게는 여전히 반대신문권이 보장되고, 증인신문과정에서 증언의 신빙성에 대한 최종 판단 권한을 가진 재판부가 증인의 진술태도를 충분히 관찰할 수 있으며, 형사소송법은 차폐시설을 설치하고 증인신문절차를 진행할 경우 피고인으로부터 의견을 듣도록 하는 등 피고인이 받을 수 있는 불이익을 최소화하기 위한 장치를 마련하고 있다. 따라서 심판대상조항은 과잉금지원칙에 위배되어 청구인의 공정한 재판을 받을 권리 및 변호인의 조력을 받을 권리를 침해한다고 할 수 없다(헌재 2016.12.29, 2015헌바221).

❷ [×] 변호사와 접견하는 경우에도 수용자의 접견은 원칙적으로 접촉차단시설이 설치된 장소에서 하도록 규정하고 있는 형의 집행 및 수용자의 처우에 관한 법률 시행령 제58조 제4항은 변호인의 조력을 받을 권리를 침해하여 위헌이다.

⇨ 변호인의 조력을 받을 권리가 침해되는 것이 아니라, 재판청구권이 침해되어 위헌판결이 내려진 판례이다.

✎ 수용자는 변호인의 조력을 받을 권리의 주체가 아니다.

이 사건 접견조항에 따르면 수용자는 효율적인 재판준비를 하는 것이 곤란하게 되고, 특히 교정시설 내에서의 처우에 대하여 국가 등을 상대로 소송을 하는 경우에는 소송의 상대방에게 소송자료를 그대로 노출하게 되어 무기대등의 원칙이 훼손될 수 있다. 변호사 직무의 공공성, 윤리성 및 사회적 책임성은 변호사 접견권을 이용한 증거인멸, 도주 및 마약 등 금지물품 반입 시도 등의 우려를 최소화시킬 수 있으며, 변호사접견이라 하더라도 교정시설의 질서 등을 해할 우려가 있는 특별한 사정이 있는 경우에는 예외를 두도록 한다면 악용될 가능성도 방지할 수 있다. 따라서 이 사건 접견조항은 과잉금지원칙에 위배하여 청구인의 재판청구권을 지나치게 제한하고 있으므로, 헌법에 위반된다(헌재 2013.8.29. 2011헌마122).

③ [○] 변호인과의 자유로운 접견은 신체구속을 당한 사람에게 보장된 변호인의 조력을 받을 권리의 가장 중요한 내용이어서 국가안전보장, 질서유지, 공공복리 등 어떠한 명분으로도 제한될 수 없다.
⇨ 변호인과의 자유로운 접견은 신체구속을 당한 사람에게 보장된 변호인의 조력을 받을 권리의 가장 중요한 내용이어서 국가안전보장, 질서유지, 공공복리 등 어떠한 명분으로도 제한될 수 있는 성질의 것이 아니다(헌재 1992.1.28. 91헌마111).
④ [○] 가사소송에서는 헌법 제12조 제4항의 변호인의 조력을 받을 권리가 보장되지 않는다.
⇨ 헌법 제12조 제4항의 변호인의 조력을 받을 권리는 신체의 자유에 관한 영역으로서 가사소송에서 당사자가 변호사를 대리인으로 선임하여 그 조력을 받는 것을 그 보호영역에 포함된다고 보기 어렵고, 이 사건 법률조항이 가사소송의 당사자가 변호사의 조력을 얻어 소송수행을 하는 데 제약을 가하는 것도 아니므로, 재판청구권을 침해하는 것이라 볼 수도 없다(헌재 2012.10.25. 2011헌마598).

10 　　　　　　　　　　　　　　　　답 ①

❶ [✕] 헌법 제12조 제3항과는 달리 헌법 제16조 후문은 "주거에 대한 압수나 수색을 할 때에는 검사의 신청에 의하여 법관이 발부한 영장을 제시하여야 한다."라고 규정하고 있을 뿐 영장주의에 대한 예외를 명문화하고 있지 않으므로 영장주의가 예외 없이 반드시 관철되어야 함을 의미하는 것이다.
⇨ 헌법 제12조 제3항과는 달리 헌법 제16조 후문은 "주거에 대한 압수나 수색을 할 때에는 검사의 신청에 의하여 법관이 발부한 영장을 제시하여야 한다."라고 규정하고 있을 뿐 영장주의에 대한 예외를 명문화하고 있지 않다. 그러나 **헌법 제12조 제3항과 헌법 제16조의 관계, 주거 공간에 대한 긴급한 압수·수색의 필요성, 주거의 자유와 관련하여 영장주의를 선언하고 있는 헌법 제16조의 취지 등을 종합하면, 헌법 제16조의 영장주의에 대해서도 그 예외를 인정하되, 이는 ⓐ 그 장소에 범죄혐의 등을 입증할 자료나 피의자가 존재할 개연성이 소명되고, ⓑ 사전에 영장을 발부받기 어려운 긴급한 사정이 있는 경우에만 제한적으로 허용될 수 있다고 보는 것이 타당하다**(헌재 2018.4.26. 2015헌바370 등).

② [○] 수사기관이 전기통신사업자에게 통신사실 확인자료 제공을 요청함에 있어 관할 지방법원 또는 지원의 허가를 받도록 규정하고 있는 통신비밀보호법 규정은 영장주의에 위배되지 아니한다.
⇨ 헌법상 영장주의의 본질은 강제처분을 함에 있어 중립적인 법관이 구체적 판단을 거쳐야 한다는 점에 있는 바, 이 사건 허가조항은 수사기관이 전기통신사업자에게 통신사실 확인자료 제공을 요청함에 있어 관할 지방법원 또는 지원의 허가를 받도록 규정하고 있으므로 헌법상 영장주의에 위배되지 아니한다(헌재 2018.6.28. 2012헌마538 등).
③ [○] 체포영장을 집행하는 경우 필요한 때에는 타인의 주거 등에서 피의자 수사를 할 수 있도록 한 형사소송법 규정은 헌법 제16조의 영장주의에 위반된다.
⇨ 심판대상조항은 체포영장을 발부받아 피의자를 체포하는 경우에 필요한 때에는 영장 없이 타인의 주거 등 내에서 피의자 수사를 할 수 있다고 규정함으로써, 앞서 본 바와 같이 별도로 영장을 발부받기 어려운 긴급한 사정이 있는지 여부를 구별하지 아니하고 피의자가 소재할 개연성만 소명되면 영장 없이 타인의 주거 등을 수색할 수 있도록 허용하고 있다. 이는 체포영장이 발부된 피의자가 타인의 주거 등에 소재할 개연성은 소명되나, 수색에 앞서 영장을 발부받기 어려운 긴급한 사정이 인정되지 않는 경우에도 영장 없이 피의자 수색을 할 수 있다는 것이므로, 위에서 본 헌법 제16조의 영장주의 예외 요건을 벗어나는 것으로서 영장주의에 위반된다(헌재 2018.4.26. 2015헌바370 등).
④ [○] 법원이 피고인의 구속 또는 그 유지 여부의 필요성에 관하여 한 재판의 효력이 검사나 다른 기관의 이견이나 불복이 있다 하여 좌우되거나 제한받는다면 이는 영장주의에 위반된다고 할 것이다.
⇨ 법원이 피고인의 구속 또는 그 유지 여부의 필요성에 관하여 한 재판의 효력이 검사나 다른 기관의 이견이나 불복이 있다 하여 좌우되거나 제한받는다면 이는 영장주의에 위반된다(헌재 2012.6.27. 2011헌가36).

11 　　　　　　　　　　　　　　　　답 ③

① [○] 통신매체이용음란죄로 유죄판결이 확정된 자는 신상정보 등록대상자가 된다고 규정한 성폭력범죄의 처벌 등에 관한 특례법 조항은 법관의 판단 등 별도의 절차 없이 필요적으로 신상정보 등록대상자가 되도록 규정하고 있기 때문에 침해의 최소성원칙에 반해 개인정보자기결정권을 침해한다.
⇨ 성범죄자의 재범을 억제하고 재범 발생시 수사의 효율성을 제고하기 위하여, 일정한 성범죄를 저지른 자로부터 신상정보를 제출받아 보존·관리하는 것은 정당한 목적을 위한 적합한 수단이다. 그러나, 모든 성범죄자가 신상정보 등록대상이 되어서는 안 되고, 신상정보 등록제도의 입법목적에 필요한 범위 내로 제한되어야 한다. 통신매체이용음란죄의 구성요건에 해당하는 행위 태양은 행위자의 범의, 범행 동기, 행위 상대방, 행위 횟수 및 방법 등에 따라 매우 다양한 유형이 존재하고, 개별 행위유형에 따라 재범의 위험성 및 신상정보 등록 필요성이 현저히 다르다. 그런데 심판대상조항은 통신매체이용음란죄로 유죄판결이 확정된 사람은 누구나 법관의 판단 등 별도의

절차 없이 필요적으로 신상정보 등록대상자가 되도록 하고 있고, 등록된 이후에는 그 결과를 다툴 방법도 없다. 그렇다면 심판대상조항은 통신매체이용음란죄의 죄질 및 재범의 위험성에 따라 등록대상을 축소하거나, 유죄판결 확정과 별도로 신상정보 등록 여부에 관하여 법관의 판단을 받도록 하는 절차를 두는 등 기본권 침해를 줄일 수 있는 다른 수단을 채택하지 않았다는 점에서 침해의 최소성원칙에 위배된다. 또한, 심판대상조항으로 인하여 비교적 불법성이 경미한 통신매체이용음란죄를 저지르고 재범의 위험성이 인정되지 않는 이들에 대하여는 달성되는 공익과 침해되는 사익 사이에 불균형이 발생할 수 있다는 점에서 법익의 균형성도 인정하기 어렵다(헌재 2016.3.31, 2015헌마688).

② [○] 구치소장이 검사의 요청에 따라 미결수용자와 그 배우자의 접견녹음파일을 미결수용자의 동의 없이 제공하더라도, 이러한 제공행위는 형사사법의 실체적 진실을 발견하고 이를 통해 형사사법의 적정한 수행을 도모하기 위한 것으로 미결수용자의 개인정보자기결정권을 침해하는 것은 아니다.

⇨ 접견기록물의 제공은 제한적으로 이루어지고, 제공된 접견내용은 수사와 공소제기 등에 필요한 범위 내에서만 사용하도록 제도적 장치가 마련되어 있으며, 사적 대화내용을 분리하여 제공하는 것은 그 구분이 실질적으로 불가능하고, 범죄와 관련 있는 대화내용을 쉽게 파악하기 어려워 전체 제공이 불가피한 점 등을 고려할 때 침해의 최소성 요건도 갖추고 있다. 나아가 접견내용이 기록된다는 사실이 미리 고지되어 그에 대한 보호가치가 그리 크다고 볼 수 없는 점 등을 고려할 때, 법익의 불균형을 인정하기도 어려우므로, 과잉금지원칙에 위반하여 청구인의 개인정보자기결정권을 침해하였다고 볼 수 없다(헌재 2012.12.27, 2010헌마153).

❸ [×] 아동·청소년대상 성폭력범죄를 저지른 자에 대한 신상정보 고지제도는 성범죄자가 거주하는 읍·면·동에 사는 지역주민 중 아동·청소년 자녀를 둔 가구 및 교육기관의 장 등을 상대로 이루어져, 고지대상자와 그 가족을 경계하고 외면하도록 하므로 고지대상자와 그 가족의 개인정보자기결정권을 침해한다.

⇨ 신상정보 고지제도가 과잉금지원칙을 위반하여 인격권, 개인정보자기결정권을 침해한다고 볼 수 없다.

─ 참고 판례 ✏

신상정보 고지조항은 성폭력범죄행위에 대하여 일반 국민에게 경각심을 주어 유사한 범죄를 예방하고, 성폭력범죄자로부터 잠재적인 피해자와 지역사회를 보호하며, 특히, 성범죄자들이 사회에 복귀함을 그 지역에 거주하는 아동·청소년들의 안전에 책임이 있는 자들에게 경고하여 성범죄자들이 거주하는 지역의 아동·청소년의 안전을 보호하고자 하는 데 그 입법목적이 있다. 이러한 입법목적은 헌법 제37조 제2항의 질서유지를 위하여 필요한 것이므로 그 정당성이 인정된다. 또한, 성범죄자의 신상정보를 직접 우편 등으로 고지하는 것은 지역주민 등에게 경각심을 불러 일으키는 데 효과적이므로 수단의 적합성도 인정된다. … 신상정보 고지조항은 성폭력범죄자가 살고 있는 같은 최소한의 행정단위(읍·면·동)에 사는 지역주민 중 19세 미만의 미성년자녀를 둔 가구 및 교육기관의 장 등으로 고지상대방을 제한하고 있고, 고지되는 신상정보도 주민등록번호, 소유차량 등록번호나 직업 및 직장 등의 소재지 등 고지되었을 때 개인의 일

상생활 영위에 지장을 초래할 수 있는 정보는 고지되지 않는다. … 신상정보 고지조항으로 인하여 성폭력범죄자가 입게 되는 불이익이 피해자 보호라는 공익에 비하여 결코 크다고 볼 수 없으므로 신상정보 고지조항은 법익의 균형성도 갖추었다. 따라서 신상정보 고지조항은 과잉금지원칙을 위반하여 청구인의 인격권, 개인정보자기결정권을 침해한다고 볼 수 없다(헌재 2016.5.26, 2015헌바212).

④ [○] 영유아보육법은 CCTV 열람의 활용목적을 제한하고 있고, 어린이집 원장은 열람시간 지정 등을 통해 보육활동에 지장이 없도록 보호자의 열람 요청에 적절히 대응할 수 있으므로 동법의 CCTV 열람조항으로 보육교사의 개인정보자기결정권이 필요 이상으로 과도하게 제한된다고 볼 수 없다.

⇨ CCTV 열람의 활용목적을 제한하고 있고, 어린이집 원장은 열람시간 지정 등을 통해 보육활동에 지장이 없도록 보호자의 열람 요청에 적절히 대응할 수 있으므로 이 조항으로 어린이집 원장이나 보육교사 등의 기본권이 필요 이상으로 과도하게 제한된다고 볼 수 없다. 또한 이를 통해 달성할 수 있는 보호자와 어린이집 사이의 신뢰회복 및 어린이집 아동학대 근절이라는 공익의 중대함에 반하여, 제한되는 사익이 크다고 보기 어렵다. 따라서 법 제15조의5 제1항 제1호는 과잉금지원칙을 위반하여 어린이집 보육교사 등의 개인정보자기결정권 및 어린이집 원장의 직업수행의 자유를 침해하지 아니한다(헌재 2017.12.28, 2015헌마994).

12

답 ①

❶ [×] 병역종류조항에 대체복무제를 규정하지 않은 것이 '부작위에 의한 양심실현의 자유'의 제한은 아니라고 보았다.

⇨ 병역종류조항에 대체복무제가 마련되지 아니한 상황에서, 양심상의 결정에 따라 입영을 거부하거나 소집에 불응하는 이 사건 청구인 등이 현재의 대법원 판례에 따라 처벌조항에 의하여 형벌을 부과받음으로써 양심에 반하는 행동을 강요받고 있으므로, 이 사건 법률조항은 '양심에 반하는 행동을 강요당하지 아니할 자유', 즉 '부작위에 의한 양심실현의 자유'를 제한하고 있다(헌재 2018.6.28, 2011헌바379 등).

② [○] 양심적 병역거부는 당사자의 양심에 따른 병역거부를 가리킬 뿐 병역거부가 도덕적이고 정당하다는 것을 의미하지는 않는다.

⇨ 일반적으로 양심적 병역거부는 병역의무가 인정되는 징병제 국가에서 종교적·윤리적·철학적 또는 이와 유사한 동기로부터 형성된 양심상의 결정을 이유로 병역의무의 이행을 거부하는 행위를 가리킨다. 그런데 일상생활에서 '양심적' 병역거부라는 말은 병역거부가 '양심적', 즉 도덕적이고 정당하다는 것을 가리킴으로써, 그 반면으로 병역의무를 이행하는 사람은 '비양심적'이거나 '비도덕적'인 사람으로 치부하게 될 여지가 있다. 하지만 앞에서 살펴 본 양심의 의미에 따를 때, '양심적' 병역거부는 실상 당사자의 '양심에 따른' 혹은 '양심을 이유로 한' 병역거부를 가리키는 것일 뿐이지 병역거부가 '도덕적이고 정당하다'는 의미는 아닌 것이다(헌재 2018.6.28, 2011헌바379 등).

③ [○] 국가보안법상의 불고지죄 사건에서는 양심의 자유를 내심의 자유와 양심실현의 자유로 나누고, 양심실현의 자유에 적극적 양심실현의 자유와 소극적 양심실현의 자유가 포함된다고 하

였다.

⇨ 헌법 제19조가 보호하고 있는 양심의 자유는 양심형성의 자유와 양심적 결정의 자유를 포함하는 내심적 자유(forum internum)뿐만 아니라, 양심적 결정을 외부로 표현하고 실현할 수 있는 양심실현의 자유(forum externum)를 포함한다고 할 수 있다. 내심적 자유, 즉 양심형성의 자유와 양심적 결정의 자유는 내심에 머무르는 한 절대적 자유라고 할 수 있지만, 양심실현의 자유는 타인의 기본권이나 다른 헌법적 질서와 저촉되는 경우 헌법 제37조 제2항에 따라 국가안전보장·질서유지 또는 공공복리를 위하여 법률에 의하여 제한될 수 있는 상대적 자유라고 할 수 있다(헌재 1998.7.16, 96헌바35).

④ [O] 사죄광고 사건에서는 양심의 자유에 내심의 자유와 침묵의 자유가 포함되며, 침묵의 자유에서 양심에 반하는 행위의 강제금지가 파생된다고 보았다.

⇨ 헌법 제19조는 "모든 국민은 양심의 자유를 가진다."라고 하여 양심의 자유를 기본권의 하나로 보장하고 있는 바, 여기의 양심이란 세계관·인생관·주의·신조 등은 물론, 이에 이르지 아니하여도 보다 널리 개인의 인격형성에 관계되는 내심에 있어서의 가치적·윤리적 판단도 포함된다고 볼 것이다. 그러므로 양심의 자유에는 널리 사물의 시시비비나 선악과 같은 윤리적 판단에 국가가 개입해서는 안 되는 내심적 자유는 물론, 이와 같은 윤리적 판단을 국가권력에 의하여 외부에 표명하도록 강제받지 않는 자유, 즉 윤리적 판단사항에 관한 침묵의 자유까지 포괄한다고 할 것이다(헌재 1991.4.1, 89헌마160).

13
답 ②

① [O] 집회의 자유는 집회의 시간, 장소, 방법과 목적을 스스로 결정하는 것을 보장하는 것으로, 구체적으로 보호되는 주요행위는 집회의 준비 및 조직, 지휘, 참가, 집회장소·시간의 선택이라고 할 수 있다.

⇨ 집회의 자유는 집회의 시간, 장소, 방법과 목적을 스스로 결정할 권리를 보장한다. 집회의 자유에 의하여 구체적으로 보호되는 주요행위는 집회의 준비 및 조직, 지휘, 참가, 집회장소·시간의 선택이다(헌재 2003.10.30, 2000헌바67 등).

❷ [×] 집회의 자유에는 집회를 통하여 형성된 의사를 집단적으로 표현하는 데 그치고, 이를 통하여 불특정 다수인의 의사에 영향을 줄 자유까지 포함하지는 않는다.

⇨ 헌법 제21조 제1항은 "모든 국민은 언론·출판의 자유와 집회·결사의 자유를 가진다."고 규정하여 집회의 자유를 표현의 자유로서 언론·출판의 자유와 함께 국민의 기본권으로 보장하고 있다. 집회의 자유에는 집회를 통하여 형성된 의사를 집단적으로 표현하고 이를 통하여 불특정 다수인의 의사에 영향을 줄 자유를 포함한다(헌재 2016.9.29, 2014헌바492).

③ [O] 옥외집회에 대한 사전신고는 행정관청에 집회에 관한 구체적인 정보를 제공함으로써 공공질서의 유지에 협력하도록 하는 데에 그 의의가 있는 것이지 집회의 허가를 구하는 신청으로 변질되어서는 아니 되므로, 신고를 하지 아니하였다는 이유만으로 그 옥외집회 또는 시위를 헌법의 보호범위를 벗어나 개최가 허용되지 않는 집회 내지 시위라고 단정할 수 없다.

⇨ 집회의 자유가 가지는 헌법적 가치와 기능, 집회에 대한 허가금지를 선언한 헌법정신, 옥외집회 및 시위에 관한 사전신고

제의 취지 등을 종합하여 보면, 신고는 행정관청에 집회에 관한 구체적인 정보를 제공함으로써 공공질서의 유지에 협력하도록 하는 데 의의가 있는 것으로 집회의 허가를 구하는 신청으로 변질되어서는 아니 되므로, 신고를 하지 아니하였다는 이유만으로 옥외집회 또는 시위를 헌법의 보호범위를 벗어나 개최가 허용되지 않는 집회 내지 시위라고 단정할 수 없다(대판 2012.4.19, 2010도6388).

④ [O] 민주적 기본질서에 위배되는 집회·시위를 금지하고 위반시 처벌하는 것은 민주적 기본질서에 실질적·구체적인 위험을 초래할 수 있는 다수인의 결집과 집단적 의사표명을 사전에 배제한다는 범위 내에서는 위와 같은 입법목적 달성을 위하여 필요하고 적절한 수단이 될 수 있다.

⇨ 이 사건 제3호 부분은 6·25전쟁 및 4·19혁명 이후 남북한의 군사적 긴장 상태와 사회적 혼란이 계속되던 상황에서 우리 헌법을 관류하는 지배원리인 민주적 기본질서를 수호하기 위한 방어적 장치의 하나로 도입된 것으로 그 입법목적의 정당성을 인정할 수 있다. 한편, 민주적 기본질서에 위배되는 집회·시위를 금지하고 위반시 처벌하는 것은 민주적 기본질서에 실질적·구체적인 위험을 초래할 수 있는 다수인의 결집과 집단적 의사표명을 사전에 배제한다는 범위 내에서는 위와 같은 입법목적 달성을 위하여 필요하고 적절한 수단이 될 수 있다(헌재 2016.9.29, 2014헌가3).

14
답 ②

① [O] 재판에 영향을 미칠 염려가 있거나 미치게 하기 위한 집회 또는 시위와 헌법의 민주적 기본질서에 위배되는 집회 또는 시위를 금지하고 위반시 처벌하도록 한 구 '집회 및 시위에 관한 법률' 제3조 제1항 제2호 등은 집회의 자유를 침해한다.

⇨ 이 사건 제2호 부분은 재판에 영향을 미칠 염려가 있거나 미치게 하기 위한 집회·시위를 사전적·전면적으로 금지하고 있을 뿐 아니라, 어떠한 집회·시위가 규제대상에 해당하는지를 판단할 수 있는 아무런 기준도 제시하지 아니함으로써 사실상 재판과 관련된 집단적 의견표명 일체가 불가능하게 되어 집회의 자유를 실질적으로 박탈하는 결과를 초래하므로 최소침해성원칙에 반한다. 더욱이 이 사건 제2호 부분으로 인하여 달성하고자 하는 공익실현 효과는 가정적이고 추상적인 반면, 이 사건 제2호 부분으로 인하여 침해되는 집회의 자유에 대한 제한 정도는 중대하므로 법익균형성도 상실하였다. 따라서 이 사건 제2호 부분은 과잉금지원칙에 위배되어 집회의 자유를 침해한다(헌재 2016.9.29, 2014헌가3).

❷ [×] 집회의 금지와 해산은 집회를 금지하는 가능성을 모두 소진한 후에 비로소 고려될 수 있는 최종적인 수단이다.

⇨ 집회의 금지와 해산은 집회의 자유를 보다 적게 제한하는 다른 수단, 즉 조건을 붙여 집회를 허용하는 가능성을 모두 소진한 후에 비로소 고려될 수 있는 최종적인 수단이다(헌재 2003.10.30, 2000헌바67 등).

③ [O] 집회·시위 등 현장에서 집회·시위 참가자에 대한 사진이나 영상촬영 등의 행위는 집회·시위 참가자들에게 심리적 부담으로 작용하여 여론형성 및 민주적 토론절차에 영향을 주고 집회의 자유를 전체적으로 위축시키는 결과를 가져올 수 있으므로 집회의 자유를 제한한다.

⇨ 집회의 자유는 그 내용에 있어 집회참가자가 기본권 행사를 이유로 혹은 기본권 행사와 관련하여 국가의 감시를 받게 되거나, 경우에 따라서는 어떠한 불이익을 받을 수도 있다는 것을 걱정할 필요가 없는, 즉 자유로운 심리상태의 보장이 전제되어야 한다. 개인이 가능한 외부의 영향을 받지 않고 집회의 준비와 실행에 참여할 수 있고, 집회참가자 상호간 및 공중과의 의사소통이 가능한 방해받지 않아야 한다. 따라서 집회·시위 등 현장에서 집회·시위 참가자에 대한 사진이나 영상촬영 등의 행위는 집회·시위 참가자들에게 심리적 부담으로 작용하여 여론형성 및 민주적 토론절차에 영향을 주고 집회의 자유를 전체적으로 위축시키는 결과를 가져올 수 있으므로 집회의 자유를 제한한다고 할 수 있다(헌재 2018.8.30, 2014헌마843).

④ [O] 집회 및 시위에 관한 법률에서 옥외집회란 천장이 없거나 사방이 폐쇄되지 아니한 장소에서 여는 집회를 말한다.

⇨ 집회 및 시위에 관한 법률 제2조 제1호에 대한 옳은 설명이다.

집회 및 시위에 관한 법률

제2조【정의】이 법에서 사용하는 용어의 뜻은 다음과 같다.
　1. "옥외집회"란 천장이 없거나 사방이 폐쇄되지 아니한 장소에서 여는 집회를 말한다.

15　　　　　　　　　　　　　　　　　　　　　답 ①

❶ [X] 산업재해보상보험법에서 업무상 질병으로 인한 업무상 재해에 있어 업무와 재해 사이의 상당인과관계에 대한 입증책임을 이를 주장하는 근로자나 그 유족에게 부담시키는 것은 사회보장수급권을 위헌적으로 침해한다.

⇨ 업무와 재해 사이의 상당인과관계에 대한 입증책임을 근로자 측에게 부담시키는 것은 합리성이 있고, 입법재량을 일탈한 것이라고 보기 어려우므로, 심판대상조항이 사회보장수급권을 침해한다고 볼 수 없다.

참고 판례 🖊

업무상 재해의 인정요건 중 하나로 '업무와 재해 사이에 상당인과관계'를 요구하고 근로자 측에게 그에 대한 입증을 부담시키는 것은 재해근로자와 그 가족에 대한 보상과 생활보호를 필요한 수준으로 유지하면서도 그와 동시에 보험재정의 건전성을 유지하기 위한 것으로서 그 합리성이 있다. 입증책임분배에 있어 권리의 존재를 주장하는 당사자가 권리근거사실에 대하여 입증책임을 부담한다는 것은 일반적으로 받아들여지고 있고, 통상적으로 업무상 재해를 직접 경험한 당사자가 이를 입증하는 것이 용이하다는 점을 감안하면, 이러한 입증책임의 분배가 입법재량을 일탈한 것이라고는 보기 어렵다. … 근로자 측이 현실적으로 부담하는 입증책임이 근로자 측의 보호를 위한 산업재해보상보험제도 자체를 형해화시킬 정도로 과도하다고 보기도 어렵다. 따라서 심판대상조항이 사회보장수급권을 침해한다고 볼 수 없다(헌재 2015.6.25, 2014헌바269).

---

② [O] 사립학교 교원에 대한 명예퇴직수당은 장기근속자의 조기퇴직을 유도하기 위한 특별장려금이라고 할 것이고 사회보장수급권에 해당하지 않는다.

⇨ 명예퇴직은 근로자의 청약(신청)에 대하여 사용자가 승낙함으로써 합의에 의하여 근로계약을 종료시키는 근로계약의 합의해지라고 할 것이다. 원칙적으로 계약의 자유가 보장되는 사적 자치의 영역이다. 사립학교법상 명예퇴직수당은 교원이 정년까지 근무할 경우에 받게 될 장래 임금의 보전이나 퇴직 이후의 생활안정을 보장하는 사회보장적 급여가 아니라 장기근속 교원의 조기퇴직을 유도하기 위한 특별장려금이라고 할 것이다(헌재 2007.4.26, 2003헌마533).

③ [O] 공무원연금법에서 다른 법령에 따라 국가나 지방자치단체의 부담으로 공무원연금법에 따른 급여와 같은 종류의 급여를 받는 자에게는 그 급여에 상당하는 금액을 공제하여 지급한다고 규정하고 있는 것은 사회보장수급권의 위헌적 침해로 볼 수 없다.

⇨ 이 사건 법률조항은 다른 법령에 따라 국가나 지방자치단체의 부담으로 공무원연금법에 따른 급여와 같은 종류의 급여를 받는 자에게는 그 급여에 상당하는 금액을 공제하여 지급한다고 규정하고 있는 바, 이는 연금수급자에게 적절한 사회보장제도를 제공하는 동시에 과도한 지출을 줄여 공무원연금 재정의 안정을 도모함으로써 연금 재정을 합리적으로 운용하기 위한 것이므로 그 목적이 정당하다. … 따라서 이 사건 법률조항이 입법자의 입법형성권을 넘는 자의적인 것으로서 청구인의 사회보장수급권이나 재산권을 침해하였다고 보기 어렵다(헌재 2013.9.26, 2011헌바272).

④ [O] 산재보험수급권은 이른바 '사회보장수급권'의 하나로서 국가에 대하여 적극적으로 급부를 요구하는 것이지만 국가가 재정 부담능력과 전체적 사회보장 수준 등을 고려하여 그 내용과 범위를 정하는 것이므로 입법부에 폭넓은 입법형성의 자유가 인정된다.

⇨ 산재보험제도는 근로자에게 발생하는 업무상 재해라는 사회적 위험을 보험방식에 의하여 대처하는 사회보험제도이므로, 이 제도에 따른 산재보험수급권은 이른바 '사회보장수급권'의 하나로서 국가에 대하여 적극적으로 급부를 요구하는 것이지만, 헌법규정만으로는 이를 실현할 수 없고, 법률에 의한 형성을 필요로 한다. 이와 같이 사회적 기본권의 성격을 가지는 산재보험수급권은 법률에 의해서 구체적으로 형성되는 권리로서 국가가 재정부담능력과 전체적인 사회보장 수준 등을 고려하여 그 내용과 범위를 정하는 것이므로 광범위한 입법형성의 자유영역에 있는 것이고, 국가가 헌법 제34조에 따른 사회보장의무에 위반하여 생계보호에 관한 입법을 전혀 하지 아니하였거나 또는 그 내용이 현저히 불합리하여 헌법상 용인될 수 있는 재량의 범위를 명백히 일탈한 경우에 한하여 헌법에 위반된다고 할 수 있다(헌재 2015.6.25, 2014헌바269).

16　　　　　　　　　　　　　　　　　　　　　답 ③

① [O] 약사들로 구성된 법인의 약국개설을 금지하는 것은, 구성원 전원이 약사인 법인 및 그러한 법인을 구성하여 약국업을 운영하려고 하는 약사 개인들의 직업의 자유를 침해하는 것이다.

⇨ "약사 또는 한약사가 아니면 약국을 개설할 수 없다."고 규정한 약사법 제16조 제1항은 자연인 약사만이 약국을 개설할 수 있도록 함으로써, 약사가 아닌 자연인 및 일반법인은 물론, 약사들로만 구성된 법인의 약국 설립 및 운영도 금지하고 있는 바, 국민의 보건을 위해서는 약국에서 실제로 약을 취급하고

판매하는 사람은 반드시 약사이어야 한다는 제한을 둘 필요가 있을 뿐, 약국의 개설 및 운영 자체를 자연인 약사에게만 허용할 합리적 이유는 없다. 입법자가 약국의 개설 및 운영을 일반인에게 개방할 경우에 예상되는 장단점을 고려한 정책적 판단의 결과 약사가 아닌 일반인 및 일반법인에게 약국개설을 허용하지 않는 것으로 결정하는 것은 그 입법형성의 재량권 내의 것으로서 헌법에 위반된다고 볼 수 없지만, 법인의 설립은 그 자체가 간접적인 직업선택의 한 방법으로서 직업수행의 자유의 본질적 부분의 하나이므로, 정당한 이유 없이 본래 약국개설권이 있는 약사들만으로 구성된 법인에게도 약국개설을 금지하는 것은 입법목적을 달성하기 위하여 필요하고 적정한 방법이 아니고, 입법형성권의 범위를 넘어 과도한 제한을 가하는 것으로서, 법인을 구성하여 약국을 개설·운영하려고 하는 약사들 및 이들로 구성된 법인의 직업선택(직업수행)의 자유의 본질적 내용을 침해하는 것이고, 동시에 약사들이 약국경영을 위한 법인을 설립하고 운영하는 것에 관한 결사의 자유를 침해하는 것이다(헌재 2002.9.19, 2000헌바84).

② [O] 입법자가 변리사제도를 형성하면서 변리사의 업무범위에 특허침해소송의 소송대리를 포함하지 않은 것이 변리사의 직업의 자유를 침해하는 것은 아니다.

⇨ 특허침해소송은 고도의 법률지식 및 공정성과 신뢰성이 요구되는 소송으로, 변호사 소송대리원칙(민사소송법 제87조)이 적용되어야 하는 일반 민사소송의 영역이므로, 소송 당사자의 권익을 보호하기 위해 변호사에게만 특허침해소송의 소송대리를 허용하는 것은 그 합리성이 인정되며 입법재량의 범위 내라고 할 수 있다. 그러므로 이 사건 법률조항이 특허침해소송을 변리사가 예외적으로 소송대리를 할 수 있도록 허용된 범위에 포함시키지 아니한 것은 청구인들의 직업의 자유를 침해하지 아니한다(헌재 2012.8.23, 2010헌마740).

❸ [×] 사법시험제도의 폐지로 인하여 법학전문대학원에 진학할 경제적 능력이 부족한 사람들이 입게 되는 불이익은 사법시험제도의 폐지를 통하여 달성하고자 하는 공익에 못지 않게 중대하므로 과잉금지원칙에 위배하여 직업선택의 자유를 침해한다.

⇨ 사법시험법을 폐지한다는 심판대상조항이 제정된 이후로는 사법시험을 준비하려고 한 사람들에게 사법시험이 존치할 것이라는 신뢰이익은 변경 또는 소멸되었고, 사법시험법을 폐지하고 법학전문대학원을 도입하는 과정에서 입법자는 2009.5.28. 변호사시험법을 제정하면서 사법시험 준비자들의 신뢰를 보호하기 위하여, 2017년까지 8년간의 유예기간을 두었다. 청구인들이 법학전문대학원에 입학하여 소정의 교육과정을 마치고 석사학위를 취득하는 경우 변호사시험에 응시하여 법조인이 되는 데 아무런 제한이 없다. 이와 같은 사정을 모두 종합하여 보면 심판대상조항으로 인한 직업선택의 자유 제한이 침해의 최소성에 반한다고 볼 수 없다. 심판대상조항으로 인하여 청구인들이 받게 되는 불이익보다는, 사법시험법의 폐지와 법학전문대학원의 도입을 전제로 하여 교육을 통한 법조인을 양성하려는 심판대상조항이 추구하는 공익이 더 크므로 법익의 균형성도 갖추었다. 따라서 심판대상조항은 과잉금지원칙을 위반하여 청구인들의 직업선택의 자유를 침해하지 아니한다(헌재 2016.9.29, 2012헌마1002 등).

④ [O] 변호사 광고의 내용, 방법 등을 규제하는 대한변호사협회의 '변호사 광고에 관한 규정'은 직업의 자유를 침해한다.

⇨ 유권해석위반 광고금지규정은 변호사가 변협의 유권해석에 위반되는 광고를 할 수 없도록 금지하고 있다. 위 규정은 '협회의 유권해석에 위반되는'이라는 표지만을 두고 그에 따라 금지되는 광고의 내용 또는 방법 등을 한정하지 않고 있고, 이에 해당하는 내용이 무엇인지 변호사법이나 관련 회규를 살펴보더라도 알기 어렵다. 유권해석위반 광고금지규정 위반이 징계사유가 될 수 있음을 고려하면 적어도 수범자인 변호사는 유권해석을 통해 금지될 수 있는 내용들의 대강을 알 수 있어야 함에도, 규율의 예측가능성이 현저히 떨어지고 법집행기관의 자의적인 해석을 배제할 수 없는 문제가 있다. 따라서 위 규정은 수권법률로부터 위임된 범위 내에서 명확하게 규율 범위를 정하고 있다고 보기 어려우므로, 법률유보원칙에 위반되어 청구인들의 표현의 자유, 직업의 자유를 침해한다(헌재 2022.5.26, 2021헌마619).

17 답 ④

① [×] 금고 이상의 형의 선고유예를 받고 그 기간 중에 있는 자를 임용결격사유로 삼고, 위 사유에 해당하는 자가 임용되더라도 이를 당연무효로 하는 것은 금고 이상의 형의 선고유예의 판결을 받아 그 기간 중에 있는 자의 공무담임권을 침해하는 것이다.

⇨ 금고 이상의 형의 선고유예를 받고 그 기간 중에 있는 자를 임용결격사유로 삼고, 이러한 사람이 임용되더라도 이를 당연무효로 하는 조항은, 공직에 대한 국민의 신뢰를 보장하고 공무원의 원활한 직무수행을 도모하기 위하여 마련된 조항으로서 입법자의 재량을 일탈하여 공무담임권을 침해한 것이라고 볼 수 없다.

> **참고 판례**
>
> 이 사건 법률조항은 금고 이상의 형의 선고유예의 판결을 받아 그 기간 중에 있는 사람이 공무원으로 임용되는 것을 금지하고 이러한 사람이 공무원으로 임용되더라도 그 임용을 당연무효로 하는 것으로서, 공직에 대한 국민의 신뢰를 보장하고 공무원의 원활한 직무수행을 도모하기 위하여 마련된 조항이다. 청구인과 같이 임용결격사유에도 불구하고 임용된 임용결격공무원은 상당한 기간 동안 근무한 경우라도 적법한 공무원의 신분을 취득하여 근무한 것이 아니라는 이유로 공무원연금법상 퇴직급여의 지급대상이 되지 못하는 등 일정한 불이익을 받기는 하지만, 재직기간 중 사실상 제공한 근로에 대하여는 그 대가에 상응하는 금액의 반환을 부당이득으로 청구하는 등의 민사적 구제수단이 있는 점을 고려하면, 공직에 대한 국민의 신뢰보장이라는 공익과 비교하여 임용결격공무원의 사익 침해가 현저하다고 보기 어렵다. 따라서 이 사건 법률조항은 입법자의 재량을 일탈하여 공무담임권을 침해한 것이라고 볼 수 없다(헌재 2016.7.28, 2014헌바437).

② [×] 순경 공개경쟁채용시험의 응시연령 상한을 30세 이하로 규정한 경찰공무원임용령 조항은 공무담임권을 침해하지 않는다.

⇨ 순경 공채시험, 소방사 등 채용시험 그리고 소방간부 선발시험의 응시연령 상한을 30세까지로 제한하는 것은 30세가 넘는 사람의 공무담임권을 직접적으로 제한하는 것이므로, 그러한 제한은 헌법 제37조 제2항이 요구하는 과잉금지원칙에 부합되어야 하는데, 침해의 최소성 원칙에 위배되어 청구인들

의 공무담임권을 침해한다(헌재 2012.5.31, 2010헌마278).
③ [×] 사립대학 교원이 국회의원으로 당선된 경우 임기개시일 전까지 그 직을 사직하도록 하는 것은 사립대학 교원의 직업선택의 자유를 제한하는 것이지 공무담임권을 제한하는 것은 아니다.
  ⇨ 국회의원으로 당선된 사립대학 교원에게 사직의무를 부과하는 규정은 직업선택의 자유와 공무담임권을 제한한다.

┌─ 참고 판례 ✎ ─────────────────────────
  심판대상조항은 국회의원으로 당선된 자에게 사립대학 교원의 직에서 사직할 의무를 부과하고 있어 사립대학 교원이라는 직업선택의 자유를 제한함과 동시에, 청구인과 같이 사립대학 교원의 직에 있는 상태에서 향후 국회의원선거에 출마하려는 자에게는 국회의원 출마 자체를 주저하게 만듦으로써 공무담임권의 행사에 적지 않은 위축효과도 가져온다. 따라서 이 사건 심판대상조항은 공무담임권과 직업선택의 자유라는 두 가지 기본권을 모두 제한하고 있다. … 심판대상조항은 국회의원의 직무수행에 있어 공정성과 전념성을 확보하여 국회가 본연의 기능을 충실히 수행하도록 하는 동시에 대학교육을 정상화하기 위한 것이므로, 입법자가 이를 심판대상조항으로 인해 발생하는 공무담임권 및 직업선택의 자유에 대한 제한보다 중시한다고 해서 법익의 균형성원칙에도 위반된다고 보기 어렵다(헌재 2015.4.30, 2014헌마621).
└──────────────────────────────────────

❹ [○] '아동에게 성적 수치심을 주는 성희롱 등의 성적 학대행위로 형을 선고받아 그 형이 확정된 사람은 부사관으로 임용될 수 없도록 한 것'은 공무담임권을 침해한다.
  ⇨ 심판대상조항은 아동과 관련이 없는 직무를 포함하여 모든 일반직공무원 및 부사관에 임용될 수 없도록 하므로, 제한의 범위가 지나치게 넓고 포괄적이다. 또한, 심판대상조항은 영구적으로 임용을 제한하고, 결격사유가 해소될 수 있는 어떠한 가능성도 인정하지 않는다. 아동에 대한 성희롱 등의 성적 학대행위로 형을 선고받은 경우라고 하여도 범죄의 종류, 죄질 등은 다양하므로, 개별 범죄의 비난가능성 및 재범 위험성 등을 고려하여 상당한 기간 동안 임용을 제한하는 덜 침해적인 방법으로도 입법목적을 충분히 달성할 수 있다. 따라서 심판대상조항은 과잉금지원칙에 위배되어 청구인의 공무담임권을 침해한다(헌재 2022.11.24, 2020헌마1181).

18   답 ①

❶ [○] 범죄피해구조금은 국가의 재정에 기반을 두고 있는 바, 구조금청구권의 행사대상을 우선적으로 대한민국의 영역 안의 범죄피해에 한정하고, 향후 구조금의 확대에 따라서 해외에서 발생한 범죄피해의 경우에도 구조를 하는 방향으로 운영하는 것은 입법형성의 재량의 범위 내라고 할 수 있다.
  ⇨ 범죄피해자 구조청구권을 인정하는 이유는 크게 국가의 범죄방지책임 또는 범죄로부터 국민을 보호할 국가의 보호의무를 다하지 못하였다는 것과 그 범죄피해자들에 대한 최소한의 구제가 필요하다는 데 있다. 그런데 국가의 주권이 미치지 못하고 국가의 경찰력 등을 행사할 수 없거나 행사하기 어려운 해외에서 발생한 범죄에 대하여는 국가에 그 방지책임이 있다고 보기 어렵고, 상호보증이 있는 외국에서 발생한 범죄피해에 대하여는 국민이 그 외국에서 피해구조를 받을 수 있으며, 국

가의 재정에 기반을 두고 있는 구조금에 대한 청구권 행사대상을 우선적으로 대한민국의 영역 안의 범죄피해에 한정하고, 향후 해외에서 발생한 범죄피해의 경우에도 구조를 하는 방향으로 운영하는 것은 입법형성의 재량의 범위 내라고 할 것이다(헌재 2011.12.29, 2009헌마354).
② [×] 대한민국의 영역 안에서 과실에 의한 행위로 사망하거나 장해 또는 중상해를 입은 경우에도 범죄피해자구조청구권이 인정된다.
  ⇨ 과실에 의한 행위로 사망하거나 장해 또는 중상해를 입은 경우에는 범죄피해자구조청구권이 인정되지 않는다.

┌─ 범죄피해자 보호법 ──────────────────
  제3조 【정의】① 이 법에서 사용하는 용어의 뜻은 다음과 같다.
    4. "구조대상 범죄피해"란 대한민국의 영역 안에서 또는 대한민국의 영역 밖에 있는 대한민국의 선박이나 항공기 안에서 행하여진 사람의 생명 또는 신체를 해치는 죄에 해당하는 행위(형법 제9조, 제10조 제1항, 제12조, 제22조 제1항에 따라 처벌되지 아니하는 행위를 포함하며, 같은 법 제20조 또는 제21조 제1항에 따라 처벌되지 아니하는 행위 및 과실에 의한 행위는 제외한다)로 인하여 사망하거나 장해 또는 중상해를 입은 것을 말한다.
└──────────────────────────────────────

③ [×] 범죄행위시 구조피해자와 가해자간에 사실상의 혼인관계가 있는 경우에도 구조피해자에게 구조금을 지급한다.
  ⇨ 범죄행위 당시 구조피해자와 가해자 사이에 부부(사실상의 혼인관계를 포함한다)에 해당하는 친족관계가 있는 경우에는 구조금을 지급하지 아니한다(범죄피해자 보호법 제19조 제1항 제1호).
④ [×] 범죄피해구조금을 받을 권리는 그 구조결정이 해당 신청인에게 송달된 날부터 1년간 행사하지 아니하면 시효로 인하여 소멸된다.
  ⇨ 1년이 아닌 2년이 소멸시효이다.

┌─ 범죄피해자 보호법 ──────────────────
  제31조 【소멸시효】 구조금을 받을 권리는 그 구조결정이 해당 신청인에게 송달된 날부터 2년간 행사하지 아니하면 시효로 인하여 소멸된다.
└──────────────────────────────────────

19   답 ③

적절한 것은 ㉠, ㉣, ㉢이다.
㉠ [○] 보건복지부장관이 고시한 생활보호사업지침상의 생계보호급여의 수준이 일반 최저생계비에 못 미친다고 하더라도 그 사실만으로 국민의 인간다운 생활을 보장하기 위하여 국가가 실현해야 할 객관적 내용의 최소한도의 보장에 이르지 못하였다거나 헌법상 용인될 수 있는 재량의 범위를 명백히 일탈하였다고 볼 수 없다.
  ⇨ 이 사건 생계보호기준이 청구인들의 인간다운 생활을 보장하기 위하여 국가가 실현해야 할 객관적 내용의 최소한도의 보장에도 이르지 못하였다거나 헌법상 용인될 수 있는 재량의 범위를 명백히 일탈하였다고는 보기 어렵고, 따라서 비록 위와 같

은 생계보호의 수준이 일반 최저생계비에 못 미친다고 하더라도 그 사실만으로 곧 그것이 헌법에 위반된다거나 청구인들의 행복추구권이나 인간다운 생활을 할 권리를 침해한 것이라고는 볼 수 없다(헌재 1997.5.29, 94헌마33).

ⓒ [×] 이름(성명)은 개인의 정체성과 개별성을 나타내는 인격의 상징으로서 개인이 사회 속에서 자신의 생활영역을 형성하고 발현하는 기초가 되므로, 부모가 자녀의 이름을 지을 자유는 혼인과 가족생활을 보장하는 헌법 제36조 제1항이 아니라 일반적 인격권 및 행복추구권을 보장하는 헌법 제10조에 의하여 보호받는다.

⇨ 부모가 자녀의 이름을 지어주는 것은 자녀의 양육과 가족생활을 위하여 필수적인 것이고, 가족생활의 핵심적 요소라 할 수 있으므로, '부모가 자녀의 이름을 지을 자유'는 혼인과 가족생활을 보장하는 헌법 제36조 제1항과 행복추구권을 보장하는 헌법 제10조에 의하여 보호받는다(헌재 2016.7.28, 2015헌마964).

ⓒ [×] 장애인가구의 추가지출비용이 반영되지 않은 보건복지부장관의 최저생계비 고시는 생활능력 없는 장애인가구의 구성원에게 최소한도의 인간다운 생활을 보장할 정도에 못 미치는 적은 액수의 생계급여를 받게 하였으므로 인간으로서의 존엄과 가치 및 행복추구권, 인간다운 생활을 할 권리를 침해한다.

⇨ 결과적으로 장애인가구는 비장애인가구에 비교하여 볼 때 최저생계비에 장애로 인한 추가비용을 반영하여 생계급여액을 상향조정함과 비슷한 효과를 나타내고 있는 점, 장애인가구는 비장애인가구와 비교하여 각종 법령 및 정부시책에 따른 각종 급여 및 부담감면으로 인하여 최저생계비의 비목에 포함되는 보건의료비, 교통·통신비, 교육비, 교양·오락비, 비소비지출비를 추가적으로 보전받고 있는 점을 고려할 때, 국가가 생활능력 없는 장애인의 인간다운 생활을 보장하기 위한 조치를 취함에 있어서 국가가 실현해야 할 객관적 내용의 최소한도의 보장에도 이르지 못하였다거나 헌법상 용인될 수 있는 재량의 범위를 명백히 일탈하였다고는 보기 어렵고, 또한 장애인가구와 비장애인가구에게 일률적으로 동일한 최저생계비를 적용한 것을 자의적인 것으로 볼 수는 없다. 따라서, 보건복지부장관이 2002년도 최저생계비를 고시함에 있어 장애로 인한 추가지출비용을 반영한 별도의 최저생계비를 결정하지 않은 채 가구별 인원수만을 기준으로 최저생계비를 결정한 것은 생활능력 없는 장애인가구 구성원의 인간의 존엄과 가치 및 행복추구권, 인간다운 생활을 할 권리, 평등권을 침해하였다고 할 수 없다(헌재 2004.10.28, 2002헌마328).

ⓔ [○] 부모의 자녀에 대한 교육권은 비록 헌법에 명문으로 규정되어 있지는 않지만, 모든 인간이 누리는 불가침의 인권으로서 혼인과 가족생활을 보장하는 헌법 제36조 제1항, 행복추구권을 보장하는 헌법 제10조 및 "국민의 자유와 권리는 헌법에 열거되지 아니한 이유로 경시되지 아니한다."고 규정하는 헌법 제37조 제1항에서 도출되는 중요한 기본권이다.

⇨ '부모의 자녀에 대한 교육권'은 비록 헌법에 명문으로 규정되어 있지는 아니하지만, 이는 모든 인간이 누리는 불가침의 인권으로서 혼인과 가족생활을 보장하는 헌법 제36조 제1항, 행복추구권을 보장하는 헌법 제10조 및 "국민의 자유와 권리는 헌법에 열거되지 아니한 이유로 경시되지 아니한다."고 규정하는 헌법 제37조 제1항에서 나오는 중요한 기본권이다(헌재 2000.4.27, 98헌가16 등).

ⓜ [○] 국민기초생활 보장법 시행령상 '대학원에 재학 중인 사람'과 '부모에게 버림받아 부모를 알 수 없는 사람'을 조건 부과 유예의 대상자에 포함시키지 않았다는 사정만으로 국가가 인간다운 생활을 보장하기 위한 조치를 취함에 있어서 실현해야 할 객관적 내용의 최소한도 보장에 이르지 못하였다거나 헌법상 용인될 수 있는 재량의 범위를 명백히 일탈하였다고는 보기 어렵다.

⇨ 입법자가 이 사건 시행령조항을 제정함에 있어 '대학원에 재학 중인 사람'과 '부모에게 버림받아 부모를 알 수 없는 사람'을 조건 부과 유예의 대상자에 포함시키지 않았다고 하더라도, 그러한 사정만으로 국가가 청구인의 인간다운 생활을 보장하기 위한 조치를 취함에 있어서 국가가 실현해야 할 객관적 내용의 최소한도의 보장에도 이르지 못하였다거나 헌법상 용인될 수 있는 재량의 범위를 명백히 일탈하였다고는 보기는 어렵다(헌재 2017.11.30, 2016헌마448).

20 답 ③

① [○] 국가의 행정관청이 사법상 근로계약을 체결한 경우 국가는 사업주로서 단체교섭의 당사자의 지위에 있는 사용자에 해당한다.

⇨ 국가의 행정관청이 사법상 근로계약을 체결한 경우 그 근로계약관계의 권리·의무는 행정주체인 국가에 귀속되므로, 국가는 그러한 근로계약관계에 있어서 노동조합 및 노동관계조정법 제2조 제2호에 정한 사업주로서 단체교섭의 당사자의 지위에 있는 사용자에 해당한다(대판 2008.9.11, 2006다40935).

② [○] 사용자가 '노동조합의 대표자 또는 노동조합으로부터 위임을 받은 자와의 단체협약체결 기타의 단체교섭을 정당한 이유 없이 거부하거나 해태'하지 못하도록 한 노동조합 및 노동관계조정법 제81조 제3호는 계약의 자유, 기업활동의 자유 등을 침해하지 아니한다.

⇨ 사용자에게 성실한 태도로 단체교섭 및 단체협약체결에 임하도록 하는 수단을 택한 것인데, 이는 위와 같은 입법목적의 달성에 적합한 것이다. 한편 이 사건 조항은 사용자로 하여금 단체교섭 및 단체협약체결을 일방적으로 강요하는 것은 아니며 '정당한 이유 없이 거부하거나 해태'하지 말 것을 규정한 것일 뿐이고, 어차피 노사간에는 단체협약을 체결할 의무가 헌법에 의하여 주어져 있는 것이므로, 이 사건 조항이 기본권제한에 있어서 최소침해성의 원칙에 위배된 것이라고 단정할 수 없다. 또한 이 사건 조항은 노동관계 당사자가 대립의 관계로 나아가지 않고 대등한 교섭주체의 관계로서 분쟁을 평화적으로 해결하게 함으로써 근로자의 이익과 지위의 향상을 도모하고 헌법상의 근로3권보장 취지를 구현한다는 공익을 위한 것인데 비해, 이로 인해 제한되는 사용자의 자유는 단지 정당한 이유 없는 불성실한 단체교섭 내지 단체협약체결의 거부 금지라는 합리적으로 제한된 범위 내의 기본권 제한에 그치고 있으므로, 법익간의 균형성이 위배된 것이 아니다. 따라서 이 사건 조항이 비례의 원칙에 위배하여 청구인의 계약의 자유, 기업활동의 자유, 집회의 자유를 침해한 것이라 볼 수 없다(헌재 2002.12.18, 2002헌바12).

❸ [×] 사용자의 성실교섭의무 위반에 대한 형사처벌은 계약의 자유와 기업의 자유를 침해하여 위헌이다.

⇨ 이 사건 법률조항은 헌법상 보장된 단체교섭권을 실효성 있게 하기 위한 것으로서 정당한 입법목적을 가지고 있다. 입법자는 이 사건 조항으로써 사용자에게 성실한 태도로 단체교섭 및 단체협약체결에 임하도록 하는 수단을 택한 것인데, 이는 위와 같은 입법목적의 달성에 적합한 것이다. … 이 사건 조항이 비례의 원칙에 위배하여 청구인의 계약의 자유, 기업활동의 자유, 집회의 자유를 침해한 것이라 볼 수 없다(헌재 2002.12.18, 2002헌바12).

④ [○] 교원노조를 설립하거나 가입하여 활동할 수 있는 자격을 초·중등교원으로 한정함으로써 교육공무원이 아닌 대학교원에 대해서 근로기본권의 핵심인 단결권조차 전면적으로 부정한 법률조항은 그 입법목적의 정당성을 인정하기 어렵고, 수단의 적합성 역시 인정할 수 없다.

⇨ 심판대상조항으로 인하여 교육공무원 아닌 대학교원들이 향유하지 못하는 단결권은 헌법이 보장하고 있는 근로3권의 핵심적이고 본질적인 권리이다. 심판대상조항의 입법목적이 재직 중인 초·중등교원에 대하여 교원노조를 인정해 줌으로써 교원노조의 자주성과 주체성을 확보한다는 측면에서는 그 정당성을 인정할 수 있을 것이나, 교원노조를 설립하거나 가입하여 활동할 수 있는 자격을 초·중등교원으로 한정함으로써 교육공무원이 아닌 대학교원에 대해서는 근로기본권의 핵심인 단결권조차 전면적으로 부정한 측면에 대해서는 그 입법목적의 정당성을 인정하기 어렵고, 수단의 적합성 역시 인정할 수 없다. … 최근 들어 대학 사회가 다층적으로 변화하면서 대학교원의 사회·경제적 지위의 향상을 위한 요구가 높아지고 있는 상황에서 단결권을 행사하지 못한 채 개별적으로만 근로조건의 향상을 도모해야 하는 불이익은 중대한 것이므로, 심판대상조항은 과잉금지원칙에 위배된다(헌재 2018.8.30, 2015헌가38).

01
답 ③

① [X] 구속적부심사제도는 제헌헌법에서부터 인정되었으며, 폐지되지 않고 현행헌법까지 유지되어 왔다.
⇨ 구속적부심사제도는 1948년 미군정법령에 의해 도입된 후 제헌헌법에서부터 규정되었으며 1972년 제7차 개정헌법에서 삭제되었다가, 1980년 제8차 개정헌법에서 부활하였다.

② [X] 제헌헌법에서 국회는 양원제였으며, 4년 임기의 직선으로 선출된 198명의 의원으로 구성되었다.
⇨ 제헌헌법에서 국회는 임기 4년의 단원제였다. 제1차 개정헌법에서 양원제를 채택하였지만 단원제로 운용되었다.

❸ [O] 헌법개정에 대한 국민투표권을 최초로 규정한 것은 1962년 제5차 개헌 때였다.
⇨ '국민투표권'을 최초로 규정한 것은 1954년 제2차 개헌 때이고, '헌법개정에 대한 국민투표제'는 1962년 제5차 개헌에서 처음 규정하였다.

> **제2차 개정헌법(1954년) 제7조의2** 대한민국의 주권의 제약 또는 영토의 변경을 가져올 국가안위에 관한 중대사항은 국회의 가결을 거친 후에 국민투표에 부하여 민의원의원선거권자 3분지 2 이상의 투표와 유효투표 3분지 2 이상의 찬성을 얻어야 한다.

④ [X] 1960년 제4차 개헌에서는 헌법 전문과 본문을 개정하여 3·15부정선거관련자 처벌을 위한 헌법적 근거조항을 마련하였다.
⇨ 제4차 개정에서는 헌법부칙만 개정하고 헌법 전문과 본문은 개정하지 아니하였다.

02
답 ①

❶ [X] 국제통화기금협정 제9조 제3항 및 제8항 등은 각 국회의 동의를 얻어 체결된 것으로서 헌법 제6조 제1항에 따라 국내법적·법률적 효력을 가지나, 가입국의 재판권 면제에 관한 것이므로 성질상 국내에 바로 적용될 수 없는 법규범으로서 위헌법률심판의 대상이 될 수 없다.

⇨ 헌법재판소법 제68조 제2항은 심판대상을 '법률'로 규정하고 있으나, 여기서의 '법률'에는 '조약'이 포함된다고 볼 것이다. 헌법재판소는 국내법과 같은 효력을 가지는 조약이 헌법재판소의 위헌법률심판대상이 된다고 전제하여 그에 관한 본안판단을 한 바 있다(헌재 1999.4.29, 97헌가14). 이 사건 조항은 각 국회의 동의를 얻어 체결된 것이므로 헌법 제6조 제1항에 따라 국내법적 효력을 가지며, 그 효력의 정도는 법률에 준하는 효력이라고 이해된다. 한편 이 사건 조항은 재판권 면제에 관한 것이므로 성질상 국내에 바로 적용될 수 있는 법규범으로서 위헌법률심판의 대상이 된다고 할 것이다(헌재 2001.9.27, 2000헌바20).

② [O] 헌법상의 여러 통일 관련 조항들은 국가의 통일의무를 선언한 것이기는 하지만, 그로부터 국민 개개인의 통일에 대한 기본권, 특히 국가기관에 대하여 통일과 관련된 구체적인 행동을 요구하거나 일정한 행동을 할 수 있는 권리가 도출된다고 볼 수 없다.
⇨ 청구인은 이 사건 법률조항이 국민의 통일에 대한 기본권을 침해하여 헌법상의 통일 관련 조항들에 위반된다고 주장하나, 앞서 본 헌법상의 여러 통일 관련 조항들은 국가의 통일의무를 선언한 것이기는 하지만, 그로부터 국민 개개인의 통일에 대한 기본권, 특히 국가기관에 대하여 통일과 관련된 구체적인 행위를 요구하거나 일정한 행동을 할 수 있는 권리가 도출된다고 볼 수는 없다(헌재 2000.7.20, 98헌바63).

③ [O] 대한민국과 아메리카합중국 간의 상호방위조약 제4조에 의한 시설과 구역 및 대한민국에서의 합중국 군대의 지위에 관한 협정은 그 명칭이 협정으로 되어 있어 국회의 관여 없이 체결되는 행정협정처럼 보이기도 하나 우리나라의 입장에서 볼 때에는 외국군대의 지위에 관한 것이고, 국가에게 재정적 부담을 지우는 내용과 입법사항을 포함하고 있으므로 국회의 동의를 요하는 조약으로 취급되어야 한다.
⇨ 이 사건 조약은 그 명칭이 '협정'으로 되어 있어 국회의 관여없이 체결되는 행정협정처럼 보이기도 하나 우리나라의 입장에서 볼 때에는 외국군대의 지위에 관한 것이고, 국가에게 재정적 부담을 지우는 내용과 입법사항을 포함하고 있으므로 국회의 동의를 요하는 조약으로 취급되어야 한다(헌재 1999.4.29, 97헌가14).

④ [○] 역사적 전승으로서 오늘의 헌법이념에 반하는 것은 헌법 전문에서 타파의 대상으로 선언한 '사회적 폐습'이 될 수 있을지언정 헌법 제9조가 '계승·발전'시키라고 한 전통문화에는 해당하지 않는다고 보는 것이 우리 헌법의 조화적 헌법해석이라 할 것이다.

➡ 역사적 전승으로서 오늘의 헌법이념에 반하는 것은 헌법 전문에서 타파의 대상으로 선언한 '사회적 폐습'이 될 수 있을지언정 헌법 제9조가 '계승·발전'시키라고 한 전통문화에는 해당하지 않는다고 보는 것이 우리 헌법의 자유민주주의원리, 전문, 제9조, 제36조 제1항을 아우르는 조화적 헌법해석이라 할 것이다. 결론적으로 전래의 어떤 가족제도가 헌법 제36조 제1항이 요구하는 개인의 존엄과 양성평등에 반한다면 헌법 제9조를 근거로 그 헌법적 정당성을 주장할 수는 없다(헌재 2005. 2.3, 2001헌가9 등).

03 답 ②

① [○] 현역병의 군대 입대 전 범죄에 대한 군사법원의 재판권을 규정하고 있는 군사법원법 제2조 제2항 중 제1항 제1호의 '군형법 제1조 제2항의 현역에 복무하는 병' 부분은 재판청구권을 침해한다고 볼 수 없다.

➡ 군대의 특수성으로 인하여 일단 군인신분을 취득한 군인이 군대 외부의 일반법원에서 재판을 받는 것은 군대 조직의 효율적인 운영을 저해한다고 할 것이다. 또한 현실적으로도 군인이 수감 중인 상태에서 일반법원의 재판을 받기 위해서는 동행·감시자, 차량 등의 지원이 필요하므로 상당한 비용·인력 및 시간이 소요되고, 일반법원의 재판 일정을 군대사정에 맞추어 조정하도록 하지 않으면 훈련 등의 일정에 차질이 생기게 된다. 이러한 사정은 군인신분 취득 이후에 죄를 범한 경우와 군인신분을 취득한 자가 군 입대 전에 범한 죄에 대하여 재판을 받는 경우와 다르지 않으므로, 군인신분 취득 전에 범한 죄에 대하여 군사법원에서 재판을 받도록 하는 것은 합리적인 이유가 있다(헌재 2009.7.30, 2008헌바162).

❷ [×] 전투경찰순경에 대한 징계처분으로 영창제도를 규정하고 있는 구 전투경찰대 설치법 제5조는 적법절차원칙에 위배된다.

➡ 헌법 제12조 제1항의 적법절차원칙은 형사소송절차에 국한되지 않고 모든 국가작용 전반에 대하여 적용되므로, 전투경찰순경의 인신구금을 내용으로 하는 영창처분에 있어서도 적법절차원칙이 준수되어야 한다. 그런데 전투경찰순경에 대한 영창처분은 그 사유가 제한되어 있고, 징계위원회의 심의절차를 거쳐야 하며, 징계 심의 및 집행에 있어 징계대상자의 출석권과 진술권이 보장되고 있다. 또한 소청과 행정소송 등 별도의 불복절차가 마련되어 있고 소청에서 당사자 의견진술기회 부여를 소청결정의 효력에 영향을 주는 중요한 절차적 요건으로 규정하는 바, 이러한 점들을 종합하면 이 사건 영창조항이 **헌법에서 요구하는 수준의 절차적 보장기준을 충족하지 못했다고 볼 수 없으므로 헌법 제12조 제1항의 적법절차원칙에 위배되지 아니한다**(헌재 2016.3.31, 2013헌바190).

③ [○] 심의위원회의 배상금 등 지급결정에 신청인이 동의한 때에는 국가와 신청인 사이에 민사소송법에 따른 재판상 화해가 성립된 것으로 보는 4·16세월호참사 피해구제 및 지원 등을 위한 특별법 규정이 신청인의 재판청구권을 침해한다고 볼 수는 없다.

➡ 4·16세월호참사 피해구제 및 지원 등을 위한 특별법(이하 '세월호피해지원법'이라 한다) 제16조는 지급절차를 신속히 종결함으로써 세월호 참사로 인한 피해를 신속하게 구제하기 위한 것이다. 세월호피해지원법에 따라 배상금 등을 지급받고도 또 다시 소송으로 다툴 수 있도록 한다면, 신속한 피해구제와 분쟁의 조기종결 등 세월호피해지원법의 입법목적은 달성할 수 없게 된다. 세월호피해지원법 규정에 의하면, 심의위원회의 제3자성, 중립성 및 독립성이 보장되어 있다고 인정되고, 그 심의절차에 공정성과 신중성을 제고하기 위한 장치도 마련되어 있다. 세월호피해지원법은 소송절차에 준하여 피해에 상응하는 충분한 배상과 보상이 이루어질 수 있도록 관련 규정을 마련하고 있다. 신청인에게 지급결정 동의의 법적 효과를 안내하는 절차를 마련하고 있으며, 신청인은 배상금 등 지급에 대한 동의에 관하여 충분히 생각하고 검토할 시간이 보장되어 있고, 배상금 등 지급결정에 대한 동의 여부를 자유롭게 선택할 수 있다. 따라서 심의위원회의 배상금 등 지급결정에 동의한 때 재판상 화해가 성립한 것으로 간주하더라도 이것이 재판청구권 행사에 대한 지나친 제한이라고 보기 어렵다. 세월호피해지원법 제16조가 지급결정에 재판상 화해의 효력을 인정함으로써 확보되는 배상금 등 지급을 둘러싼 분쟁의 조속한 종결과 이를 통해 확보되는 피해구제의 신속성 등의 공익은 그로 인한 신청인의 불이익에 비하여 작다고 보기는 어려우므로, 법익의 균형성도 갖추고 있다. 따라서 세월호피해지원법 제16조는 청구인들의 재판청구권을 침해하지 않는다(헌재 2017. 6.29, 2015헌마654).

④ [○] SK케미칼이 제조하고 애경산업이 판매하였던 가습기살균제 제품인 '홈클리닉 가습기메이트'의 표시·광고와 관련하여 공정거래위원회가 2016년에 행한 사건처리 중, 위 제품 관련 인터넷 신문기사 3건을 심사대상에서 제외한 행위는 청구인의 재판절차진술권을 침해한다.

➡ 위 기사들 중에는 이 사건 제품이 '인체에 안전'하다는 내용이 기재된 것도 있어 '거짓·과장의 광고'에 해당하는지 여부가 문제되는데, 표시광고법상 그 내용이 진실임을 입증할 책임은 사업자에게 있으므로 피청구인이 위 기사들을 대상으로 심사절차를 진행하여 심의절차까지 나아갔더라면 이 사건 제품의 인체 안전성이 입증되지 못하였다는 이유로 고발 및 행정처분 등이 이루어졌을 가능성이 있다. 특히 표시광고법위반죄는 피청구인에게 전속고발권이 있어 피청구인의 고발이 없으면 공소제기가 불가능한바, 피청구인이 위 기사들을 심사대상에서 제외한 것은 청구인의 재판절차진술권 행사를 원천적으로 봉쇄하는 결과를 낳는 것이었다. 결국 피청구인이 위 기사들을 심사대상에서 제외한 행위로 인하여, 청구인의 평등권과 재판절차진술권이 침해되었다(헌재 2022.9.29, 2016헌마773).

04 답 ④

㉠ [×] 외국인인 국립대학교 교수는 정당의 당원이 될 수 있다.

➡ 대한민국 국민이 아닌 자는 정당의 당원이 될 수 없으므로, 외국인인 국립대학교 교수는 정당의 당원이 될 수 없다(정당법 제22조 제2항).

㉡ [○] 헌법 제8조 제1항은 국민 누구나 국가의 간섭을 받지 아니하고 정당을 설립할 권리를 기본권으로 보장하고 있는 바, 입법

자는 정당설립의 자유를 최대한 보장하는 방향으로 입법하여야 하고, 헌법재판소가 정당설립의 자유를 제한하는 법률의 합헌성을 심사할 때에는 헌법 제37조 제2항에 따라 엄격한 비례심사를 하여야 한다.

⇨ 입법자는 정당설립의 자유를 최대한 보장하는 방향으로 입법하여야 하고, 또 다른 한편에서 헌법재판소는 정당설립의 자유를 제한하는 법률의 합헌성을 심사할 때에 헌법 제37조 제2항에 따라 엄격한 비례심사를 하여야 한다. 그러므로 정당설립의 자유를 제한하는 입법은 국가안전보장·질서유지 또는 공공복리를 위하여 필요하고 불가피한 예외적인 경우에만 그 제한이 정당화될 수 있으며, 그 경우에도 정당설립의 자유의 본질적인 내용을 침해할 수 없다(헌재 2014.1.28, 2012헌마 431 등).

ⓒ [×] 정당해산심판절차에 민사소송에 관한 법령을 준용할 수 있도록 한 헌법재판소법 제40조 제1항 전문은 정당의 설립과 활동의 자유 및 정당의 공정한 재판을 받을 권리를 침해하는 규정이다.

⇨ 준용조항은 헌법재판에서의 불충분한 절차진행규정을 보완하고, 원활한 심판절차진행을 도모하기 위한 조항으로, 그 절차 보완적 기능에 비추어 볼 때, 소송절차 일반에 준용되는 절차법으로서의 민사소송에 관한 법령을 준용하도록 한 것이 현저히 불합리하다고 볼 수 없다. 또한 '헌법재판의 성질에 반하지 아니하는 한도'에서 민사소송에 관한 법령을 준용하도록 규정하여 정당해산심판의 고유한 성질에 반하지 않도록 적용범위를 한정하고 있는 바, 여기서 '헌법재판의 성질에 반하지 않는' 경우란, 다른 절차법의 준용이 헌법재판의 고유한 성질을 훼손하지 않는 경우로 해석할 수 있고, 이는 헌법재판소가 당해 헌법재판이 갖는 고유의 성질·헌법재판과 일반재판의 목적 및 성격의 차이·준용 절차와 대상의 성격 등을 종합적으로 고려하여 구체적·개별적으로 판단할 수 있다. 따라서 준용조항은 청구인의 공정한 재판을 받을 권리를 침해한다고 볼 수 없다(헌재 2014.2.27, 2014헌마7).

ⓔ [×] 정당해산심판절차에서는 재심을 허용하지 아니함으로써 얻을 수 있는 법적 안정성의 이익이 재심을 허용함으로써 얻을 수 있는 구체적 타당성의 이익보다 더 중하다고 할 것이므로, 그 성질상 재심에 의한 불복이 허용될 수 없다.

⇨ 정당해산심판은 원칙적으로 해당 정당에게만 그 효력이 미치며, 정당해산결정은 대체정당이나 유사정당의 설립까지 금지하는 효력을 가지므로 오류가 드러난 결정을 바로잡지 못한다면 장래 세대의 정치적 의사결정에까지 부당한 제약을 초래할 수 있다. 따라서 정당해산심판절차에서는 재심을 허용하지 아니함으로써 얻을 수 있는 법적 안정성의 이익보다 재심을 허용함으로써 얻을 수 있는 구체적 타당성의 이익이 더 크므로 재심을 허용하여야 한다. 한편, 이 재심절차에서는 원칙적으로 민사소송법의 재심에 관한 규정이 준용된다(헌재 2016. 5.26, 2015헌아20).

ⓜ [×] 정당이 헌법재판소의 결정으로 해산된 때에는 해산된 정당의 강령과 동일하거나 유사한 것으로 정당을 창당하지 못하며, 해산된 정당의 명칭과 같거나 유사한 명칭 역시 다시 사용하지 못한다.

⇨ 정당이 헌법재판소의 결정으로 해산된 때에는 해산된 정당의 강령(또는 기본정책)과 동일하거나 유사한 것으로 정당을 창당하지 못한다(정당법 제40조). 헌법재판소의 결정에 의하여

해산된 정당의 명칭과 '같은 명칭'은 정당의 명칭으로 다시 사용하지 못한다(동법 제41조 제2항).

05 답 ②

① [○] 정당설립의 자유는 자신들이 원하는 명칭을 사용하여 정당을 설립하거나 정당활동을 할 자유도 포함하고, 정당설립의 자유를 제한하는 법률의 합헌성을 심사할 때에는 헌법 제37조 제2항에 따라 엄격한 비례심사를 하여야 한다.

⇨ 헌법 제8조 제1항 전단은 단지 정당설립의 자유만을 명시적으로 규정하고 있지만, 정당의 설립만이 보장될 뿐 설립된 정당이 언제든지 해산될 수 있거나 정당의 활동이 임의로 제한될 수 있다면 정당설립의 자유는 사실상 아무런 의미가 없게 되므로, 정당설립의 자유는 당연히 정당존속의 자유와 정당활동의 자유를 포함하는 것이다. 한편, 정당의 명칭은 그 정당의 정책과 정치적 신념을 나타내는 대표적인 표지에 해당하므로, 정당설립의 자유는 자신들이 원하는 명칭을 사용하여 정당을 설립하거나 정당활동을 할 자유도 포함한다. … 헌법 제8조 제1항은 국민 누구나가 원칙적으로 국가의 간섭을 받지 아니하고 정당을 설립할 권리를 기본권으로 보장함과 아울러 복수정당제를 제도적으로 보장하고 있다. 따라서 입법자는 정당설립의 자유를 최대한 보장하는 방향으로 입법하여야 하고, 헌법재판소는 정당설립의 자유를 제한하는 법률의 합헌성을 심사할 때에 헌법 제37조 제2항에 따라 엄격한 비례심사를 하여야 한다(헌재 2014.1.28, 2012헌마431).

❷ [×] 국회의원선거에 참여하여 의석을 얻지 못하고 유효투표총수의 100분의 2 이상을 득표하지 못한 정당에 대해 그 등록을 취소하도록 한 정당등록취소조항은 정당설립의 자유를 침해하지 않는다.

⇨ 실질적으로 국민의 정치적 의사형성에 참여할 의사나 능력이 없는 정당을 정치적 의사형성과정에서 배제함으로써 정당제 민주주의 발전에 기여하고자 하는 한도에서 정당등록취소조항의 입법목적의 정당성과 수단의 적합성을 인정할 수 있다. 그러나 정당등록의 취소는 정당의 존속 자체를 박탈하여 모든 형태의 정당활동을 불가능하게 하므로, 그에 대한 입법은 필요최소한의 범위에서 엄격한 기준에 따라 이루어져야 한다. 그런데 일정기간 동안 공직선거에 참여할 기회를 수 회 부여하고 그 결과에 따라 등록취소 여부를 결정하는 등 덜 기본권 제한적인 방법을 상정할 수 있고, 정당법에서 법정의 등록요건을 갖추지 못하게 된 정당이나 일정기간 국회의원선거 등에 참여하지 아니한 정당의 등록을 취소하도록 하는 등 현재의 법체계 아래에서도 입법목적을 실현할 수 있는 다른 장치가 마련되어 있으므로, 정당등록취소조항은 침해의 최소성 요건을 갖추지 못하였다. 나아가, 정당등록취소조항은 어느 정당이 대통령선거나 지방자치선거에서 아무리 좋은 성과를 올리더라도 국회의원선거에서 일정수준의 지지를 얻는 데 실패하면 등록이 취소될 수밖에 없어 불합리하고, 신생·군소정당으로 하여금 국회의원선거에의 참여 자체를 포기하게 할 우려도 있어 법익의 균형성 요건도 갖추지 못하였다. 따라서 정당등록취소조항은 과잉금지원칙에 위반되어 청구인들의 정당설립의 자유를 침해한다(헌재 2014.1.28, 2012헌마431).

③ [O] 국민의 정치적 의사형성에 참여하는 한 정당의 목적이나 활동이 자유민주적 기본질서를 부정하고 이를 적극적으로 제거하려는 정당도 헌법재판소의 해산결정이 있기까지는 두터운 정당설립의 자유의 보호를 받는 정당이다.

⇨ 정당해산심판제도는 정부의 일방적인 행정처분에 의해 진보적 야당이 등록취소되어 사라지고 말았던 우리 현대사에 대한 반성의 산물로서 제3차 헌법 개정을 통해 헌법에 도입된 것이다. 우리나라의 경우 이 제도는 발생사적 측면에서 정당을 보호하기 위한 절차로서의 성격이 부각된다. 따라서 모든 정당의 존립과 활동은 최대한 보장되며, 설령 어떤 정당이 민주적 기본질서를 부정하고 이를 적극적으로 공격하는 것으로 보인다 하더라도 국민의 정치적 의사형성에 참여하는 정당으로서 존재하는 한 헌법에 의해 최대한 두텁게 보호되므로, 단순히 행정부의 통상적인 처분에 의해서는 해산될 수 없고, 오직 헌법재판소가 그 정당의 위헌성을 확인하고 해산의 필요성을 인정한 경우에만 정당정치의 영역에서 배제된다. 그러나 한편 이 제도로 인해서, 정당활동의 자유가 인정된다 하더라도 민주적 기본질서를 침해해서는 안 된다는 헌법적 한계 역시 설정된다(헌재 2014.12.19, 2013헌다1).

④ [O] 정당이 그 소속 국회의원을 제명하기 위해서는 당헌이 정하는 절차를 거치는 외에 그 소속 국회의원 전원의 2분의 1 이상의 찬성이 있어야 한다.

⇨ 정당법 제33조에 대한 옳은 설명이다.

> **정당법**
> 제33조 【정당소속 국회의원의 제명】 정당이 그 소속 국회의원을 제명하기 위해서는 당헌이 정하는 절차를 거치는 외에 그 소속 국회의원 전원의 2분의 1 이상의 찬성이 있어야 한다.

06   답 ②

① [O] 형의 집행유예와 동시에 사회봉사명령을 선고받는 경우, 일반적 행동자유권이 제한될 뿐이지 신체의 자유가 제한되는 것은 아니다.

⇨ 이 사건 법률조항에 의하여 형의 집행유예와 동시에 사회봉사명령을 선고받은 청구인은 자신의 의사와 무관하게 사회봉사를 하지 않을 수 없게 되어 헌법 제10조의 행복추구권에서 파생하는 일반적 행동의 자유를 제한받게 된다. 청구인은 이 사건 법률조항이 신체의 자유를 제한한다고 주장하나, 이 사건 법률조항에 의한 사회봉사명령은 청구인에게 근로의무를 부과함에 그치고 공권력이 신체를 구금하는 등의 방법으로 근로를 강제하는 것은 아니어서 이 사건 법률조항이 신체의 자유를 제한한다고 볼 수 없다(헌재 2013.3.29, 2010헌바100).

❷ [X] 일반적 행동자유권의 보호대상으로서 행동이란 국가가 간섭하지 않으면 자유롭게 할 수 있는 행위를 의미하므로 병역의무 이행으로서 현역병 복무도 국가가 간섭하지 않으면 자유롭게 할 수 있는 행위에 속한다는 점에서, 현역병으로 복무할 권리도 일반적 행동자유권에 포함된다.

⇨ 헌법 제10조의 행복추구권에서 파생하는 일반적 행동자유권은 모든 행위를 하거나 하지 않을 자유를 내용으로 하나, 그 보호대상으로서의 행동이란 국가가 간섭하지 않으면 자유롭게 할 수 있는 행위 내지 활동을 의미하고, 이를 국가권력이 가로막거나 강제하는 경우 자유권의 침해로서 논의될 수 있다 할 것인데, 병역의무의 이행으로서의 현역병 복무는 국가가 간섭하지 않으면 자유롭게 할 수 있는 행위에 속하지 않으므로, 현역병으로 복무할 권리가 일반적 행동자유권에 포함된다고 할 수도 없다(헌재 2010.12.28, 2008헌마527).

③ [O] 비어업인이 잠수용 스쿠버장비를 사용하여 수산자원을 포획·채취하는 것을 금지하는 수산자원관리법 시행규칙 조항은 비어업인이 일반적 행동의 자유를 침해하지 않는다.

⇨ 이 사건 규칙조항은 수산자원을 유지·보존하고 어업인들의 재산을 보호함으로써, 단기적으로는 어업인의 생계를 보장하고 장기적으로는 수산업의 생산성을 향상시키고자 함에 그 목적이 있는 바 이러한 입법목적에는 정당성이 인정되며, 비어업인이 잠수용 스쿠버장비를 사용하여 수산자원을 포획·채취하는 것을 금지하는 것은 이러한 입법목적을 달성하기 위한 적절한 수단이다. 잠수용 스쿠버장비를 사용하여 잠수하는 경우에는 해수면상에서 잠수 여부를 쉽게 확인할 수 없고, 잠수시간이 길어 단속을 쉽게 피할 수 있으므로, 잠수용 스쿠버장비의 사용을 허용하면서 구체적인 행위태양이나 포획·채취한 수산자원의 종류와 양, 포획·채취가 이루어진 지역 등을 통제하는 것은 현실적으로 거의 불가능하다. 그리고 여가생활 또는 오락으로 잠수용 스쿠버다이빙을 즐기면서 수산자원을 포획하거나 채취하지 못함으로 인하여 청구인이 입는 불이익에 비해 수산자원을 보호해야 할 공익은 현저히 크다고 할 것이므로, 이 사건 규칙조항은 침해의 최소성과 법익의 균형성도 갖추었다. 따라서 이 사건 규칙조항은 청구인의 일반적 행동의 자유를 침해하지 아니한다(헌재 2016.10.27, 2013헌마450).

④ [O] 헌법 제10조가 정하고 있는 행복추구권에서 파생하는 자기결정권 내지 일반적 행동자유권은 이성적이고 책임감 있는 사람의 자기 운명에 대한 결정·선택을 존중하되 그에 대한 책임은 스스로 부담함을 전제로 한다.

⇨ 헌법 제10조가 정하고 있는 행복추구권에서 파생되는 자기결정권 내지 일반적 행동자유권은 이성적이고 책임감 있는 사람의 자기의 운명에 대한 결정·선택을 존중하되 그에 대한 책임은 스스로 부담함을 전제로 한다(헌재 2004.6.24, 2002헌가27).

07   답 ①

❶ [X] 수용시설 밖으로 나가는 수형자에게 고무신의 착용을 강제하는 것은, 도주의 방지를 위한 불가피한 수단이라고 보기 어렵고 효과적인 도주 방지 수단이 될 수도 없으며, 오히려 수형자의 신분을 일반인에게 노출시켜 모욕감과 수치심을 갖게 할 뿐으로서 이는 행형의 정당한 목적에는 포함되지 아니하므로, 기본권 제한의 한계를 벗어나 수형자의 인격권과 행복추구권을 침해한다.

⇨ 이 사건 운동화착용불허행위는 시설 바깥으로의 외출이라는 기회를 이용한 도주를 예방하기 위한 것으로서 그 목적이 정당하고, 위와 같은 목적을 달성하기 위한 적합한 수단이라 할 것이다. 또한 신발의 종류를 제한하는 것에 불과하여 법익침해의 최소성과 균형성도 갖추었다 할 것이므로, 이 사건 운동

화착용불허행위가 기본권 제한에 있어서의 과잉금지원칙에 반하여 청구인의 인격권과 행복추구권을 침해하였다고 볼 수 없다(헌재 2011.2.24, 2009헌마209).

② [O] 변호사 정보 제공 웹사이트 운영자가 변호사들의 개인신상정보를 기반으로 변호사들의 '인맥지수'를 산출하여 공개하는 서비스를 제공하는 행위는 인맥지수의 사적·인격적 성격, 산출과정에서 왜곡가능성, 인맥지수 이용으로 인한 변호사들의 이익 침해와 공적 폐해의 우려, 이용으로 달성될 공적인 가치의 보호필요성 정도 등을 종합적으로 고려하면, 변호사들의 개인정보에 관한 인격권을 침해하여 위법하다.

⇨ 변호사 정보 제공 웹사이트 운영자가 변호사들의 개인신상정보를 기반으로 변호사들의 인맥지수를 산출하여 공개하는 서비스를 제공한 사안에서, 인맥지수의 사적·인격적 성격, 산출과정에서 왜곡가능성, 인맥지수 이용으로 인한 변호사들의 이익 침해와 공적 폐해의 우려, 그에 반하여 이용으로 달성될 공적인 가치의 보호필요성 정도 등을 종합적으로 고려하면, 운영자가 변호사들의 개인신상정보를 기반으로 한 인맥지수를 공개하는 표현행위에 의하여 얻을 수 있는 법적 이익이 이를 공개하지 않음으로써 보호받을 수 있는 변호사들의 인격적 법익에 비하여 우월하다고 볼 수 없어, 결국 운영자의 인맥지수 서비스 제공행위는 변호사들의 개인정보에 관한 인격권을 침해하는 위법한 것이다[대판 2011.9.2, 2008다42430 (전합)].

③ [O] 선거기사심의위원회가 불공정한 선거기사를 보도하였다고 인정한 언론사에 대하여 언론중재위원회를 통하여 사과문을 게재할 것을 명하도록 하고 불이행시 형사처벌하도록 한 공직선거법 규정은 언론사의 인격권을 침해한다.

⇨ 이 사건 사과문 게재조항은 정기간행물 등을 발행하는 언론사가 보도한 선거기사의 내용이 공정하지 아니하다고 인정되는 경우 선거기사심의위원회의 사과문 게재결정을 통하여 해당 언론사로 하여금 그 잘못을 인정하고 용서를 구하게 하고 있다. 이는 언론사 스스로 인정하거나 형성하지 아니한 윤리적·도의적 판단의 표시를 강제하는 것으로서 언론사가 가지는 인격권을 제한하는 정도가 매우 크다. 더욱이 이 사건 처벌조항은 형사처벌을 통하여 그 실효성을 담보하고 있다. 그런데 공직선거법에 따르면, 언론사가 불공정한 선거기사를 보도하는 경우 선거기사심의위원회는 사과문 게재명령 외에도 정정보도문의 게재명령을 할 수 있다. 또한 해당 언론사가 '공정보도의무를 위반하였다는 결정을 선거기사심의위원회로부터 받았다는 사실을 공표'하도록 하는 방안, 사과의 의사표시가 필요한 경우에도 사과의 '권고'를 하는 방법을 상정할 수 있다. 나아가, 이 사건 법률조항들이 추구하는 목적, 즉 선거기사를 보도하는 언론사의 공적인 책임의식을 높임으로써 민주적이고 공정한 여론 형성 등에 이바지한다는 공익이 중요하다는 점에는 이론의 여지가 없으나, 언론에 대한 신뢰가 무엇보다 중요한 언론사에 대하여 그 사회적 신용이나 명예를 저하시키고 인격의 자유로운 발현을 저해함에 따라 발생하는 인격권 침해의 정도는 이 사건 법률조항들이 달성하려는 공익에 비해 결코 작다고 할 수 없다. 결국 이 사건 법률조항들은 언론사의 인격권을 침해하여 헌법에 위반된다(헌재 2015.7.30, 2013헌가8).

④ [O] 사람은 누구나 자신의 얼굴 기타 사회통념상 특정인임을 식별할 수 있는 신체적 특징에 관하여 함부로 촬영 또는 그림묘사되거나 공표되지 아니하며 영리적으로 이용당하지 않을 권리를 가지는데, 이러한 초상권은 우리 헌법 제10조 제1문에 의하여 헌법적으로 보장되는 권리이다.

⇨ 사람은 누구나 자신의 얼굴 기타 사회통념상 특정인임을 식별할 수 있는 신체적 특징에 관하여 함부로 촬영 또는 그림묘사되거나 공표되지 아니하며 영리적으로 이용당하지 않을 권리를 가지는데, 이러한 초상권은 우리 헌법 제10조 제1문에 의하여 헌법적으로 보장되는 권리이다. … 보험회사 직원이 보험회사를 상대로 손해배상청구소송을 제기한 교통사고 피해자들의 장해 정도에 관한 증거자료를 수집할 목적으로 피해자들의 일상생활을 촬영한 행위가 초상권 및 사생활의 비밀과 자유를 침해하는 불법행위에 해당한다(대판 2006.10.13, 2004다16280).

08 답 ②

적절한 것은 ㉠, ㉢이다.

㉠ [O] 1978.6.14.부터 1998.6.13. 사이에 태어난 특례의 적용을 받는 모계출생자가 대한민국 국적을 취득하기 위해서 2004.12.31.까지 법무부장관에게 국적취득신고를 하도록 한 국적법 부칙 제7조 제1항은 특례의 적용을 받는 모계출생자와 개정 국적법 시행 이후에 태어난 모계출생자를 합리적 이유 없이 차별하고 있다고 볼 수 없다.

⇨ 1978.6.14.부터 1998.6.13. 사이에 태어난 특례의 적용을 받는 모계출생자가 대한민국 국적을 취득하기 위해서 2004.12.31.까지 법무부장관에게 국적취득신고를 하도록 한 국적법 부칙 제7조 제1항은 특례의 적용을 받는 모계출생자와 개정 국적법 시행 이후에 태어난 모계출생자를 합리적 이유 없이 차별하고 있다고 볼 수 없다(헌재 2015.11.26, 2014헌바211).

㉡ [X] 자율형 사립고(이하 '자사고'라 함)의 도입목적은 고교평준화 제도의 기본 틀을 유지하면서 고교평준화 제도의 문제점으로 지적된 획일성을 보완하기 위해 고교 교육의 다양화를 추진하고, 학습자의 소질·적성 및 창의성 개발을 지원하며, 학생·학부모의 다양한 요구 및 선택기회 확대에 부응하는 것이어서 과학고의 경우와 같이 재능이나 소질을 가진 학생을 후기학교보다 먼저 선발할 필요성이 있음에도 불구하고 자사고를 후기학교로 규정함으로써 과학고와 달리 취급하고, 일반고와 같이 취급하는 것은 자사고 학교법인의 평등권을 침해한다.

⇨ 과학고는 '과학분야의 인재 양성'이라는 설립 취지나 전문적인 교육과정의 측면에서 과학 분야에 재능이나 소질을 가진 학생을 후기학교보다 먼저 선발할 필요성을 인정할 수 있으나, 자사고의 경우 교육과정 등을 고려할 때 후기학교보다 먼저 특정한 재능이나 소질을 가진 학생을 선발할 필요성은 적다. 따라서 이 사건 동시선발조항이 자사고를 후기학교로 규정함으로써 과학고와 달리 취급하고, 일반고와 같이 취급하는 데에는 합리적인 이유가 있으므로 청구인 학교법인의 평등권을 침해하지 아니한다.

✎ 주의할 것은 동시선발조항은 합헌이고, 중복지원금지조항이 위헌이라는 점이다.

ⓒ [○] 교수·연구 분야에 전문성이 뛰어난 교사들로서 교사의 교수·연구활동을 지원하는 임무를 부여받고 있는 수석교사를 성과상여금 등의 지급과 관련하여 교장이나 장학관 등과 달리 취급하고 있지만 이는 이들의 직무 및 직급이 다른 것에서 기인하는 합리적인 차별이다.

⇨ 수석교사에게 교장 등, 장학관 등과 달리 성과상여금, 시간 외 근무수당을 일반교사에 준하여 지급하고, 보전수당, 관리업무수당, 직급보조비를 지급하지 않는 것은, 교장 등, 장학관 등과 직무 및 직급이 다른 것에서 기인한다. 수석교사는 교사의 교수·연구활동을 지원하는 임무를 부여받고 있는 반면, 교장 등은 교무를 통할·총괄하고 소속 교직원을 지도·감독하는 관리 임무를 부여받고, 장학관 등은 각급 학교에 대한 관리·감독 업무 등 교육행정업무를 수행할 임무를 부여받고 있다. 한편 수석교사는 승진후보자명부 중에서 임용하는 것이 아니라 별도의 공개전형을 통해 자격연수 대상자를 선발한 후 일정한 연수 결과를 낸 사람 중에서 임용하며, 임기가 종료된 후에는 임용 직전의 직위로 복귀하므로, 수석교사 임용을 교장 등의 승진임용과 동일시하기 어렵고, 이에 따라 수석교사와 교장 등의 직급이 같다고 볼 수 없다. 장학관 등은 보직된 직위에 따라 교장 등과 직급이 같거나 높으므로 수석교사와 교장 등의 직급이 다른 이상 수석교사와 장학관 등의 직급도 같다고 할 수 없다. 대신 수석교사에게는 그 직무 등의 특성을 고려해 연구 활동비 지급 및 수업부담 경감의 우대를 하고 있다. 이와 같이 성과상여금 등의 지급과 관련하여 수석교사를 교장 등, 장학관 등과 달리 취급하는 것에는 합리적인 이유가 있으므로, 심판대상조항들은 청구인들의 평등권을 침해하지 않는다(헌재 2019.4.11, 2017헌마602 등).

ⓔ [×] 일반택시운송사업에서 운전업무에 종사하는 근로자(택시기사)의 최저임금에 산입되는 임금의 범위는 생산고에 따른 임금을 제외한 대통령령으로 정하는 임금으로 하는 최저임금법 제6조 제5항은 평등권을 침해한다.

⇨ 우선 일반택시운송사업은 대중교통의 한 축을 이룬다는 측면에서 다른 산업에 비하여 공공성이 강한 업종이기 때문에 서비스제공의 계속성을 보장하기 위하여 이에 종사하는 근로자들의 생활의 안정과 근로조건 향상을 위해 노력해야 할 필요성이 보다 강하다. 그리고 택시운전근로자들은 근로계약상의 근로시간 이후에도 생산수단이 되는 차량을 계속 가지고 있는 경우가 적지 않고, 사용자에 의하여 거래상대방이나 그 수가 지정되는 것도 아니라서 생활의 안정이 보장되지 못하는 경우에는 무리한 운행으로 인한 사고의 증가, 서비스의 저하 등 사회적 폐해를 낳을 수도 있다. 택시운전근로자들의 경우 일정한 고

정급이란 사납금의 완납을 전제로 하며, 운송수입금이 사납금에 미치지 못하는 경우에는 가불금 등의 형식으로 부족액만큼의 고정급이 줄어드는 것이 일반적이므로 택시운전근로자들은 임금의 불안정성이 더 크다고 볼 여지도 있다. 이 사건 법률조항은 이러한 사정들을 두루 고려하여 택시운전근로자들에 관하여만 생활안정을 위한 규율을 둔 것으로서, 이는 차별의 합리적인 이유가 있는 경우에 해당하므로, 청구인들의 평등권을 침해한다고 할 수 없다(헌재 2016.12.29, 2015헌바327).

09 답 ②

① [○] 중혼의 취소청구권자를 규정하면서 직계비속을 제외한 민법 제818조(2005.3.31. 법률 제7427호로 개정된 것)는 합리적인 이유 없이 직계비속을 차별하고 있어, 평등원칙에 위반된다.

⇨ 직계존속을 중혼취소청구권자로 규정하면서도 중혼의 취소에 대하여 상속권 등과 관련하여 법률적인 이해관계가 이에 못지 않게 크다고 볼 수 있는 직계비속을 중혼취소청구권자에서 제외한 것은 우리 헌법이 제정 당시부터 헌법적 결단을 통하여 용인하지 않기로 한 가부장적 사고에 바탕을 둔 것으로서 합리성을 인정하기 어렵다(헌재 2010.7.29, 2009헌가8).

❷ [×] 중혼을 혼인취소의 사유로 정하면서 그 취소청구권의 제척기간 또는 소멸사유를 규정하지 않은 민법(2005.3.31. 법률 제7427호로 개정된 것) 제816조 제1호 중 '제810조의 규정에 위반한 때' 부분은 중혼의 당사자를 언제든지 혼인의 취소를 당할 수 있는 불안정한 지위로 만들고, 그로 인해 후혼배우자의 인격권과 행복추구권을 침해하며, 다른 혼인취소사유와 달리 취급하여 평등원칙에 반한다.

⇨ 이 사건 법률조항은 우리 사회의 중대한 공익이며 헌법 제36조 제1항으로부터 도출되는 일부일처제를 실현하기 위한 것이다. 이 사건 법률조항은 중혼을 혼인무효사유가 아니라 혼인취소사유로 정하고 있는데, 혼인취소의 효력은 기왕에 소급하지 아니하므로 중혼이라 하더라도 법원의 취소판결이 확정되기 전까지는 유효한 법률혼으로 보호받는다. 후혼의 취소가 가혹한 결과가 발생하는 경우에는 구체적 사건에서 법원이 권리남용의 법리 등으로 해결하고 있다. 따라서 중혼취소청구권의 소멸에 관하여 아무런 규정을 두지 않았다 하더라도, 이 사건 법률조항이 현저히 입법재량의 범위를 일탈하여 후혼배우자의 인격권 및 행복추구권을 침해하지 아니한다(헌재 2014.7.24, 2011헌바275).

③ [○] 헌법 제36조 제1항에서 규정하는 '혼인'이란 법적으로 승인받은 것을 말하므로, 법적으로 승인되지 아니한 사실혼은 헌법 제36조 제1항의 보호범위에 포함된다고 말하기 어렵고, 따라서 사실혼 배우자에게 상속권을 인정하지 않는 민법 조항은 청구인의 헌법 제36조 제1항에 위반된다고 보기 어렵다.

⇨ 법적으로 승인되지 아니한 사실혼은 헌법 제36조 제1항의 보호범위에 포함되지 아니하므로, 이 사건 법률조항은 헌법 제36조 제1항에 위반되지 않는다(헌재 2014.8.28, 2013헌바119).

④ [○] 친생부인의 소의 제척기간을 규정한 민법(2005.3.31. 법률 제7427호로 개정된 것) 제847조 제1항 중 '부(夫)가 그 사유가 있음을 안 날부터 2년 내' 부분은 친생부인의 소의 제척기

간에 관한 입법재량의 한계를 일탈하지 않은 것으로서 헌법에 위반되지 아니한다.
⇨ 이 사건 법률조항이 친생부인의 소의 제척기간을 부(夫)가 '그 사유가 있음을 안 날부터 2년 내'로 제한한 것은, 친자관계의 당사자인 부(夫)의 친생부인권을 실질적으로 보장함과 동시에 그 상대방인 자(子)의 법적 지위에 대한 불안을 최소화하기 위한 것으로서 합리적인 제한이라 할 것이다. 그렇다면 이 사건 법률조항은 '법률적인 친자관계를 진실에 부합시키고자 하는 부(夫)의 이익'과 '친자관계의 신속한 확정을 통하여 법적 안정을 찾고자 하는 자(子)의 이익'을 합리적으로 조정함으로써 친생부인의 소의 제척기간에 관한 입법재량의 한계를 벗어났다고 보기 어려워, 부(夫)가 가정생활과 신분관계에서 누려야 할 인격권, 행복추구권 및 개인의 존엄과 양성의 평등에 기초한 혼인과 가족생활에 관한 기본권을 침해하지 아니한다(헌재 2015.3.26, 2012헌바357).

10 답 ④

① [O] 평등의 원칙은 국민의 기본권 보장에 관한 우리 헌법의 최고원리로서 국가가 입법을 하거나 법을 해석 및 집행함에 있어 따라야 할 기준인 동시에, 국가에 대하여 합리적 이유 없이 불평등한 대우를 하지 말 것과, 평등한 대우를 요구할 수 있는 국민의 권리이다.
⇨ 헌법은 그 전문에 '정치·경제·사회·문화의 모든 영역에 있어서 각인의 기회를 균등히 하고'라고 규정하고, 제11조 제1항에 "모든 국민은 법 앞에 평등하다."고 규정하여 기회균등 또는 평등의 원칙을 선언하고 있는 바, 평등의 원칙은 국민의 기본권 보장에 관한 우리 헌법의 최고원리로서 국가가 입법을 하거나 법을 해석 및 집행함에 있어 따라야 할 기준인 동시에, 국가에 대하여 합리적 이유 없이 불평등한 대우를 하지 말 것과, 평등한 대우를 요구할 수 있는 모든 국민의 권리로서, 국민의 기본권 중의 기본권인 것이다(헌재 1989.1.25, 88헌가7).
② [O] 금융기관 임직원이 직무에 관하여 금품 기타 이익을 1억원 이상 받으면 무기 또는 10년 이상의 징역에 처하는 구 특정경제범죄 가중처벌 등에 관한 법률 제5조 제4항 제1호가 평등의 원칙에 위반되는 것은 아니다.
⇨ 심판대상조항이 적용되는 금융기관 등과 심판대상조항이 적용되지 않는 기관들은 업무의 성격이 겹치는 부분이 있더라도 취급하는 업무의 전체 내용, 단체의 조직, 기관의 규모, 기타 법령의 규제 등을 비교하여 보았을 때, 직무와 관련한 수재행위의 위험성과 그로 인한 파급효과, 직무의 공공성의 정도가 같다고 할 수 없어, 심판대상조항이 평등원칙에 위반된다고 할 수 없다(헌재 2017.12.28, 2016헌바281).
③ [O] 국회의원을 후원회지정권자로 정하면서 '지방의원'을 후원회지정권자에서 제외하고 있는 정치자금법 제6조 제2호는 지방의원의 평등권을 침해한다.
⇨ 지방의회의원은 주민의 대표자이자 지방의회의 구성원으로서 주민들의 다양한 의사와 이해관계를 통합하여 지방자치단체의 의사를 형성하는 역할을 하므로, 지방의회의원의 전문성을 확보하고 원활한 의정활동을 지원하기 위해서는 지방의회의원들에게도 후원회를 허용하여 정치자금을 합법적으로 확보할 수 있는 방안을 마련해 줄 필요가 있다. 정치자금법은 후원

회의 투명한 운영을 위한 상세한 규정을 두고 있어 지방의회의원의 염결성을 확보할 수 있고, 국회의원과 소요되는 정치자금의 차이도 후원 한도를 제한하는 등의 방법으로 규제할 수 있으므로, 후원회 지정 자체를 금지하는 것은 오히려 지방의회의원의 정치자금 모금을 음성화시킬 우려가 있다. 현재 지방의회의원에게 지급되는 의정활동비 등은 의정활동에 전념하기에 충분하지 않고, 지방의회는 유능한 신인정치인의 유입 통로가 되므로, 지방의회의원에게 후원회를 지정할 수 없도록 하는 것은 경제력을 갖추지 못한 사람의 정치입문을 저해할 수도 있다. 따라서 심판대상조항이 국회의원과 달리 지방의회의원을 후원회지정권자에서 제외하고 있는 것은 불합리한 차별로서 청구인들의 평등권을 침해한다(헌재 2022.11.24, 2019헌마528).
④ [X] 헌법에서 특별히 평등을 요구하고 있는 경우나, 차별적 취급으로 인하여 관련 기본권에 대한 중대한 제한을 초래하게 되는 경우에는 입법형성권은 축소되어 보다 엄격한 심사척도가 적용되어야 하며, 합리적 이유의 유무를 기준으로 심사한다.
⇨ 헌법에서 특별히 평등을 요구하고 있는 경우나, 차별적 취급으로 인하여 관련 기본권에 대한 중대한 제한을 초래하게 되는 경우에는 입법형성권은 축소되어 보다 엄격한 심사척도가 적용되어야 하며, **합리적 이유의 유무를 심사하는 것에 그치지 아니하고 차별취급의 목적과 수단간에 엄격한 비례관계가 성립하는지를 기준으로 심사한다.**

11 답 ②

① [O] 처벌을 규정하고 있는 법률조항이 구성요건이 되는 행위를 같은 법률조항에서 직접 규정하지 않고 다른 법률조항에서 이미 규정한 내용을 원용하였다거나 그 내용 중 일부를 괄호 안에 규정하였다는 사실만으로 명확성원칙에 위반된다고 할 수는 없다.
⇨ 처벌을 규정하고 있는 법률조항이 구성요건이 되는 행위를 같은 법률조항에서 직접 규정하지 않고 다른 법률조항에서 이미 규정한 내용을 원용하였다거나 그 내용 중 일부를 괄호 안에 규정하였다는 사실만으로 명확성원칙에 위반된다고 할 수는 없다(헌재 2010.3.25, 2009헌바121).
② [X] 여러 사람의 눈에 뜨이는 곳에서 공공연하게 알몸을 지나치게 내놓거나 가려야 할 곳을 내놓아 다른 사람에게 부끄러운 느낌이나 불쾌감을 준 사람을 처벌하는 경범죄처벌법 조항은 죄형법정주의의 명확성원칙에 위반된다고 할 수는 없다.
⇨ 심판대상조항은 알몸을 '지나치게 내놓는' 것이 무엇인지 그 판단기준을 제시하지 않아 무엇이 지나친 알몸노출행위인지 판단하기 쉽지 않고, '가려야 할 곳'의 의미도 알기 어렵다. 심판대상조항 중 '부끄러운 느낌이나 불쾌감'은 사람마다 달리 평가될 수밖에 없고, 노출되었을 때 부끄러운 느낌이나 불쾌감을 주는 신체 부위도 사람마다 달라 '부끄러운 느낌이나 불쾌감'을 통하여 '지나치게'와 '가려야 할 곳' 의미를 확정하기도 곤란하다. 심판대상조항은 '선량한 성도덕과 성풍속'을 보호하기 위한 규정인데, 이러한 성도덕과 성풍속이 무엇인지 대단히 불분명하므로, 심판대상조항의 의미를 그 입법목적을 고려하여 밝히는 것에도 한계가 있다. 대법원은 "신체노출행위가 단순히 다른 사람에게 부끄러운 느낌이나 불쾌감을 주는

정도에 불과한 경우 심판대상조항에 해당한다."라고 판시하나, 이를 통해서도 '가려야 할 곳', '지나치게'의 의미를 구체화할 수 없다. 심판대상조항의 불명확성을 해소하기 위해 노출이 허용되지 않는 신체 부위를 예시적으로 열거하거나 구체적으로 특정하여 분명하게 규정하는 것이 입법기술상 불가능하거나 현저히 곤란하지도 않다. 예컨대 이른바 '바바리맨'의 성기노출행위를 규제할 필요가 있다면 노출이 금지되는 신체부위를 '성기'로 명확히 특정하면 될 것이다. 따라서 심판대상조항은 죄형법정주의의 명확성원칙에 위배된다(헌재 2016.11. 24, 2016헌가3).

③ [O] 선거운동을 위한 호별방문금지 규정에도 불구하고 '관혼상제의 의식이 거행되는 장소와 도로·시장·점포·다방·대합실 기타 다수인이 왕래하는 공개된 장소'에서의 지지호소를 허용하는 공직선거법 제106조 제2항 중 '지역구국회의원선거에서의 선거운동'에 관한 부분은 죄형법정주의 명확성원칙에 위배되지 않는다.
➡ 이 사건 지지호소조항의 문언과 입법취지에 비추어보면, 이 사건 호별방문조항에도 불구하고 예외적으로 선거운동을 위하여 지지호소를 할 수 있는 '기타 다수인이 왕래하는 공개된 장소'란, 해당 장소의 구조와 용도, 외부로부터의 접근성 및 개방성의 정도 등을 종합적으로 고려할 때 '관혼상제의 의식이 거행되는 장소와 도로·시장·점포·다방·대합실'과 유사하거나 이에 준하여 일반인의 자유로운 출입이 가능한 개방된 곳을 의미한다고 충분히 해석할 수 있다. 따라서 이 사건 지지호소조항은 죄형법정주의 명확성원칙에 위반된다고 할 수 없다(헌재 2019.5.30, 2017헌바458).

④ [O] 공중도덕상 유해한 업무에 취업시킬 목적으로 근로자를 파견한 사람을 형사처벌하도록 규정한 파견근로자보호 등에 관한 법률 조항은 죄형법정주의의 명확성원칙에 위배된다.
➡ '공중도덕(公衆道德)'은 시대상황, 사회가 추구하는 가치 및 관습 등 시간적·공간적 배경에 따라 그 내용이 얼마든지 변할 수 있는 규범적 개념이므로, 그것만으로는 구체적으로 무엇을 의미하는지 설명하기 어렵다. '파견근로자보호 등에 관한 법률'(이하 '파견법'이라 한다)의 입법목적에 비추어보면, 심판대상조항은 공중도덕에 어긋나는 업무에 근로자를 파견할 수 없도록 함으로써 근로자를 보호하고 올바른 근로자파견사업 환경을 조성하려는 취지임을 짐작해 볼 수 있다. 하지만 이것만으로는 '공중도덕'을 해석함에 있어 도움이 되는 객관적이고 명확한 기준을 얻을 수 없다. 파견법은 '공중도덕상 유해한 업무'에 관한 정의조항은 물론 그 의미를 해석할 수 있는 수식어를 두지 않았으므로, 심판대상조항이 규율하는 사항을 바로 알아내기도 어렵다. 심판대상조항과 관련하여 파견법이 제공하고 있는 정보는 파견사업주가 '공중도덕상 유해한 업무'에 취업시킬 목적으로 근로자를 파견한 경우 불법파견에 해당하여 처벌된다는 것뿐이다. 파견법 전반에 걸쳐 심판대상조항과 유의미한 상호관계에 있는 다른 조항을 발견할 수 없고, 파견법 제5조, 제16조 등 일부 관련성이 인정되는 규정은 심판대상조항 해석기준으로 활용하기 어렵다. 결국, 심판대상조항의 입법목적, 파견법의 체계, 관련 조항 등을 모두 종합하여 보더라도 '공중도덕상 유해한 업무'의 내용을 명확히 알 수 없다. 아울러 심판대상조항에 관한 이해관계기관의 확립된 해석기준이 마련되어 있다거나, 법관의 보충적 가치판단을 통한 법문 해석으로 심판대상조항의 의미내용을 확인할 수 있다는 사정을 발견하기도 어렵다. 심판대상조항은 건전한 상식과 통상적 법감정을 가진 사람으로 하여금 자신의 행위를 결정해 나가기에 충분한 기준이 될 정도의 의미내용을 가지고 있다고 볼 수 없으므로 죄형법정주의의 명확성원칙에 위배된다(헌재 2016.11.24, 2015헌가23).

12 답 ②

① [O] 임신·출산·육아는 여성의 삶에 근본적이고 결정적인 영향을 미칠 수 있는 중요한 문제이므로, 임신한 여성이 임신을 유지 또는 종결할 것인지를 결정하는 것은 스스로 선택한 인생관·사회관을 바탕으로 자신이 처한 신체적·심리적·사회적·경제적 상황에 대한 깊은 고민을 한 결과를 반영하는 전인적 결정이다.
➡ 자기낙태죄 조항은 태아의 생명을 보호하기 위한 것으로서, 정당한 입법목적을 달성하기 위한 적합한 수단이다. 임신·출산·육아는 여성의 삶에 근본적이고 결정적인 영향을 미칠 수 있는 중요한 문제이므로, 임신한 여성이 임신을 유지 또는 종결할 것인지 여부를 결정하는 것은 스스로 선택한 인생관·사회관을 바탕으로 자신이 처한 신체적·심리적·사회적·경제적 상황에 대한 깊은 고민을 한 결과를 반영하는 전인적(全人的) 결정이다(헌재 2019.4.11, 2017헌바127).

❷ [×] 태아가 비록 그 생명의 유지를 위하여 모에게 의존해야 하지만, 그 자체로 모와 별개의 생명체이고 특별한 사정이 없는 한 인간으로 성장할 가능성이 크므로 태아에게도 생명권이 인정되어야 하며, 태아가 독자적 생존능력을 갖추었는지 여부를 그에 대한 낙태 허용의 판단기준으로 삼을 수는 없다.
➡ 지문은 종전판례의 입장이다.
태아가 모체를 떠난 상태에서 독자적으로 생존할 수 있는 시점인 임신 22주 내외에 도달하기 전이면서 동시에 임신 유지와 출산 여부에 관한 자기결정권을 행사하기에 충분한 시간이 보장되는 시기(이하 착상시부터 이 시기까지를 '결정가능기간'이라 한다)까지의 낙태에 대해서는 국가가 생명보호의 수단 및 정도를 달리 정할 수 있다고 봄이 타당하다. … 자기낙태죄 조항이 달성하고자 하는 태아의 생명 보호라는 공익은 중요한 공익이나, 결정가능기간 중 다양하고 광범위한 사회적·경제적 사유를 이유로 낙태갈등 상황을 겪고 있는 경우까지도 낙태를 금지하고 형사처벌하는 것이 태아의 생명 보호라는 공익에 기여하는 실효성 내지 정도가 그다지 크다고 볼 수 없다. 반면 앞서 보았듯이 자기낙태죄 조항에 따른 형사처벌로 인하여 임신한 여성의 자기결정권이 제한되는 정도는 매우 크다. 결국, 입법자는 자기낙태죄 조항을 형성함에 있어 태아의 생명 보호와 임신한 여성의 자기결정권의 실제적 조화와 균형을 이루려는 노력을 충분히 하지 아니하여 태아의 생명 보호라는 공익에 대하여만 일방적이고 절대적인 우위를 부여함으로써 공익과 사익간의 적정한 균형관계를 달성하지 못하였다. 따라서, 자기낙태죄 조항은 입법목적을 달성하기 위하여 필요한 최소한의 정도를 넘어 임신한 여성의 자기결정권을 제한하고 있어 침해의 최소성을 갖추지 못하고 있으며, 법익균형성의 원칙도 위반하였다고 할 것이므로, 과잉금지원칙을 위반하여 임신한 여성의 자기결정권을 침해하는 위헌적인 규정이다(헌재 2019.4.11, 2017헌바127).

> 태아가 비록 그 생명의 유지를 위하여 모(母)에게 의존해야 하지만, 그 자체로 모(母)와 별개의 생명체이고 특별한 사정이 없는 한 인간으로 성장할 가능성이 크므로 태아에게도 생명권이 인정되어야 하며, 태아가 독자적 생존능력을 갖추었는지 여부를 그에 대한 낙태 허용의 판단기준으로 삼을 수는 없다(헌재 2012.8.23, 2010헌바402).

③ [O] 자기낙태죄 조항은 입법목적을 달성하기 위하여 필요한 최소한의 정도를 넘어 임신한 여성의 자기결정권을 제한하고 있어 침해의 최소성을 갖추지 못하였고, 태아의 생명보호라는 공익에 대하여만 일방적이고 절대적인 우위를 부여함으로써 법익균형성의 원칙도 위반하였다.
⇨ 자기낙태죄 조항은 입법목적을 달성하기 위하여 필요한 최소한의 정도를 넘어 임신한 여성의 자기결정권을 제한하고 있어 침해의 최소성을 갖추지 못하였고, 태아의 생명보호라는 공익에 대하여만 일방적이고 절대적인 우위를 부여함으로써 법익균형성의 원칙도 위반하였으므로, 과잉금지원칙을 위반하여 임신한 여성의 자기결정권을 침해한다(헌재 2019.4.11, 2017헌바127).

④ [O] 자기낙태죄 조항의 존재와 역할을 간과한 채 임신한 여성의 자기결정권과 태아의 생명권의 직접적인 충돌을 해결해야 하는 사안으로 보는 것은 적절하지 않다.
⇨ 이 사안은 국가가 태아의 생명 보호를 위해 확정적으로 만들어 놓은 자기낙태죄 조항이 임신한 여성의 자기결정권을 제한하고 있는 것이 과잉금지원칙에 위배되어 위헌인지 여부에 대한 것이다. 자기낙태죄 조항의 존재와 역할을 간과한 채 임신한 여성의 자기결정권과 태아의 생명권의 직접적인 충돌을 해결해야 하는 사안으로 보는 것은 적절하지 않다(헌재 2019.4.11, 2017헌바127).

13 답 ③

사전검열에 해당되는 것으로 판단하여 위헌결정한 것은 4개(ⓒ, ⓒ, ⓔ, ⓜ)이다.

ⓐ [×] 민사소송법 제714조 제2항에 의한 방영금지가처분
⇨ 헌법 제21조 제2항에서 규정한 검열금지의 원칙은 모든 형태의 사전적인 규제를 금지하는 것이 아니고 단지 의사표현의 발표 여부가 오로지 행정권의 허가에 달려있는 사전심사만을 금지하는 것을 뜻하므로, 이 사건 법률조항에 의한 방영금지가처분은 행정권에 의한 사전심사나 금지처분이 아니라 개별 당사자간의 분쟁에 관하여 사법부가 **사법절차에 의하여 심리·결정하는 것**이어서 헌법에서 금지하는 **사전검열에 해당하지 아니한다**(헌재 2001.8.30, 2000헌바36).

ⓒ [O] 영상물등급위원회에 의한 등급분류보류제도
⇨ 영화진흥법 제21조 제4항이 규정하고 있는 영상물등급위원회에 의한 등급분류보류제도는, 영상물등급위원회가 영화의 상영에 앞서 영화를 제출받아 그 심의 및 상영등급분류를 하되, 등급분류를 받지 아니한 영화는 상영이 금지되고 만약 등급분류를 받지 않은 채 영화를 상영한 경우 과태료, 상영금지명령에 이어 형벌까지 부과할 수 있도록 하며, 등급분류보류의 횟수제한이 없어 실질적으로 영상물등급위원회의 허가를 받지 않는 한 영화를 통한 의사표현이 무한정 금지될 수 있으므로 검열에 해당한다(헌재 2001.8.30, 2000헌가9).

ⓒ [O] 의사협회의 의료광고의 사전심의
⇨ 의료광고의 사전심의는 보건복지부장관으로부터 위탁을 받은 각 의사협회가 행하고 있으나 사전심의의 주체인 보건복지부장관은 언제든지 위탁을 철회하고 직접 의료광고 심의업무를 담당할 수 있는 점, 의료법 시행령이 심의위원회의 구성에 관하여 직접 규율하고 있는 점, 심의기관의 장은 심의 및 재심의 결과를 보건복지부장관에게 보고하여야 하는 점, 보건복지부장관은 의료인 단체에 대해 재정지원을 할 수 있는 점, 심의기준·절차 등에 관한 사항을 대통령령으로 정하도록 하고 있는 점 등을 종합하여 보면, 각 의사협회는 행정권의 영향력에서 벗어나 독립적이고 자율적으로 사전심의업무를 수행하고 있다고 보기 어렵다. 따라서 이 사건 법률규정들은 사전검열금지원칙에 위배된다(헌재 2015.12.23, 2015헌바75).

ⓔ [O] 방송위원회로부터 위탁을 받은 한국광고자율심의기구의 텔레비전 방송광고의 사전심의
⇨ 한국광고자율심의기구는 행정기관적 성격을 가진 방송위원회로부터 위탁을 받아 이 사건 텔레비전 방송광고 사전심의를 담당하고 있는 바, 한국광고자율심의기구는 민간이 주도가 되어 설립된 기구이기는 하나, 그 구성에 행정권이 개입하고 있고, 행정법상 공무수탁사인으로서 그 위탁받은 업무에 관하여 국가의 지휘·감독을 받고 있으며, 방송위원회는 텔레비전 방송광고의 심의기준이 되는 방송광고 심의규정을 제정·개정할 권한을 가지고 있고, 자율심의기구의 운영비나 사무실 유지비, 인건비 등을 지급하고 있다. 그렇다면 한국광고자율심의기구가 행하는 방송광고 사전심의는 방송위원회가 위탁이라는 방법에 의해 그 업무의 범위를 확장한 것에 지나지 않는다고 할 것이므로 한국광고자율심의기구가 행하는 이 사건 텔레비전 방송광고 사전심의는 행정기관에 의한 사전검열로서 헌법이 금지하는 사전검열에 해당한다(헌재 2008.6.26, 2005헌마506).

ⓜ [O] 건강기능식품 기능성 광고 사전심의
⇨ 건강기능식품법상 기능성 광고의 심의는 식약처장으로부터 위탁받은 한국건강기능식품협회에서 수행하고 있지만, 법상 심의주체는 행정기관인 식약처장이며, 언제든지 그 위탁을 철회할 수 있고, 심의위원회의 구성에 관하여도 법령을 통해 행정권이 개입하고 지속적으로 영향을 미칠 가능성이 존재하는 이상 그 구성에 자율성이 보장되어 있다고 볼 수 없다. 식약처장이 심의기준 등의 제정과 개정을 통해 심의 내용과 절차에 영향을 줄 수 있고, 식약처장이 재심의를 권하면 심의기관이 이를 따라야 하며, 분기별로 식약처장에게 보고가 이루어진다는 점에서도 그 심의업무의 독립성과 자율성이 있다고 어렵다. 따라서 이 사건 건강기능식품 기능성 광고 사전심의는 그 검열이 행정권에 의하여 행하여진다 볼 수 있고, 헌법이 금지하는 사전검열에 해당하므로 헌법에 위반된다(헌재 2018.6.28, 2016헌가8 등).

14

답 ④

① [O] 집회의 주최자는 신고한 옥외집회 또는 시위를 하지 아니하게 된 경우에는 신고서에 적힌 집회 일시 24시간 전에 그 철회사유 등을 적은 철회신고서를 관할 경찰관서장에게 제출하여야 한다.

⇨ 집회 및 시위에 관한 법률 제6조 제3항에 대한 옳은 설명이다.

> **집회 및 시위에 관한 법률**
>
> 제6조【옥외집회 및 시위의 신고 등】① 옥외집회나 시위를 주최하려는 자는 그에 관한 다음 각 호의 사항 모두를 적은 신고서를 옥외집회나 시위를 시작하기 720시간 전부터 48시간 전에 관할 경찰서장에게 제출하여야 한다. 다만, 옥외집회 또는 시위 장소가 두 곳 이상의 경찰서의 관할에 속하는 경우에는 관할 시·도경찰청장에게 제출하여야 하고, 두 곳 이상의 시·도경찰청 관할에 속하는 경우에는 주최지를 관할하는 시·도경찰청장에게 제출하여야 한다.
> 1. 목적
> 2. 일시(필요한 시간을 포함한다)
> 3. 장소
> 4. 주최자(단체인 경우에는 그 대표자를 포함한다), 연락책임자, 질서유지인에 관한 다음 각 목의 사항
>   가. 주소
>   나. 성명
>   다. 직업
>   라. 연락처
> 5. 참가 예정인 단체와 인원
> 6. 시위의 경우 그 방법(진로와 약도를 포함한다)
> ③ 주최자는 제1항에 따라 신고한 옥외집회 또는 시위를 하지 아니하게 된 경우에는 신고서에 적힌 집회 일시 24시간 전에 그 철회사유 등을 적은 철회신고서를 관할 경찰관서장에게 제출하여야 한다.

② [O] 누구든지 각급 법원의 경계지점으로부터 100미터 이내의 장소에서는 옥외집회 또는 시위를 하여서는 아니 된다는 규정은 법원의 기능 보호 등을 위한 것이지만, 과잉금지의 원칙에 위배하여 집회의 자유를 침해한다.

⇨ 심판대상조항은 입법목적을 달성하는 데 필요한 최소한도의 범위를 넘어 규제가 불필요하거나 또는 예외적으로 허용 가능한 옥외집회·시위까지도 일률적·전면적으로 금지하고 있으므로, 침해의 최소성원칙에 위배된다. 심판대상조항은 법관의 독립이나 법원의 재판에 영향을 미칠 우려가 있는 집회·시위를 제한하는 데 머무르지 않고, 각급 법원 인근의 모든 옥외집회를 전면적으로 금지함으로써 구체적 상황을 고려하여 상충하는 법익 사이의 조화를 이루려는 노력을 기울이지 않고 있다. 심판대상조항을 통해 달성하려는 공익과 집회의 자유에 대한 제약 정도를 비교할 때, 심판대상조항으로 달성하려는 공익이 제한되는 집회의 자유 정도보다 크다고 단정할 수 없으므로, 심판대상조항은 법익의 균형성원칙에도 어긋난다. 심판대상조항은 과잉금지원칙을 위반하여 집회의 자유를 침해한다(헌재 2018.7.26, 2018헌바137).

③ [O] 관할 경찰관서장은 집회 또는 시위의 시간과 장소가 중복되는 2개 이상의 신고가 있는 경우 그 목적으로 보아 서로 상반되거나 방해가 된다고 인정되면 각 옥외집회 또는 시위간에 시간을

나누거나 장소를 분할하여 개최하도록 권유하는 등 집회가 평화적으로 개최·진행될 수 있도록 노력하여야 한다.

⇨ 관할 경찰관서장은 집회 또는 시위의 시간과 장소가 중복되는 2개 이상의 신고가 있는 경우 그 목적으로 보아 서로 상반되거나 방해가 된다고 인정되면 각 옥외집회 또는 시위간에 시간을 나누거나 장소를 분할하여 개최하도록 권유하는 등 각 옥외집회 또는 시위가 서로 방해되지 아니하고 평화적으로 개최·진행될 수 있도록 노력하여야 한다(집회 및 시위에 관한 법률 제8조 제2항).

❹ [X] 해가 뜨기 전이나 해가 진 후의 옥외집회와 시위를 금지하는 집회 및 시위에 관한 법률 제10조 본문에는 위헌적인 부분과 합헌적인 부분이 공존하고 있으므로, 합헌적인 영역에 대한 결정은 입법자의 몫이므로 헌법불합치결정을 한 바 있다.

⇨ '야간시위'를 금지하는 집회 및 시위에 관한 법률(이하 '집시법'이라 한다) 제10조 본문에는 위헌적인 부분과 합헌적인 부분이 공존하고 있으며, 위 조항 전부의 적용이 중지될 경우 공공의 질서 내지 법적 평화에 대한 침해의 위험이 높아, 일반적인 옥외집회나 시위에 비하여 높은 수준의 규제가 불가피한 경우에도 대응하기 어려운 문제가 발생할 수 있으므로, 현행 집시법의 체계 내에서 시간을 기준으로 한 규율의 측면에서 볼 때 규제가 불가피하다고 보기 어려움에도 시위를 절대적으로 금지하여 위헌성이 명백한 부분에 한하여 위헌결정을 한다. 심판대상조항들은, 이미 보편화된 야간의 일상적인 생활의 범주에 속하는 '해가 진 후부터 같은 날 24시까지의 시위'에 적용하는 한 헌법에 위반된다(헌재 2014.3.27, 2010헌가2).
✎. '야간 옥외집회' 부분은 헌법불합치결정을 하였다(헌재 2009.9.24, 2008헌가25).

15

답 ③

① [O] 도로 등 영조물 주변 일정 범위에서 관할 관청 또는 소유자 등의 허가나 승낙하에서만 광업권자의 채굴행위를 허용하는 것은 광업권자의 재산권을 침해하지 아니한다.

⇨ 심판대상조항이 광업권자의 일부 채굴행위를 제한하더라도, 광업권의 특성상 다른 권리와의 충돌가능성이 내재되어 있으며 심판대상조항에 의한 제한은 충돌하는 권리 사이의 조정을 위한 최소한의 제한이라는 점에서 광업권자가 수인하여야 하는 사회적 제약의 범주에 속하는 것이다. 결국 심판대상조항은 헌법 제23조가 정하는 재산권에 대한 사회적 제약의 범위 내에서 광업권을 제한한 것으로 비례의 원칙에 위배되지 않고 재산권의 본질적 내용도 침해하지 않는 것이어서 청구인의 재산권을 침해하지 않는다(헌재 2014.2.27, 2010헌바483).

② [O] 공무원 퇴직연금수급권은 국가의 재정상황, 국민 전체의 소득 및 생활수준 기타 여러 가지 사회·경제적인 여건 등을 종합하여 합리적인 수준에서 결정할 수 있는 광범위한 입법형성의 재량이 인정되기 때문에 법정요건을 갖춘 후 발생하는 공무원 퇴직연금수급권은 경제적·재산적 가치가 있는 공법상의 권리로서 헌법 제23조 제1항이 보장하고 있는 재산권에 포함된다.

⇨ 공무원 퇴직연금수급권은 국가의 재정상황, 국민 전체의 소득 및 생활수준 기타 여러 가지 사회·경제적인 여건 등을 종합하여 합리적인 수준에서 결정할 수 있는 광범위한 입법형성의 재량이 인정되기 때문에 법정요건을 갖춘 후 발생하는 공무원 퇴

직연금수급권만이 경제적·재산적 가치가 있는 공법상의 권리로서 헌법 제23조 제1항이 보장하고 있는 재산권에 포함되는 것이다(헌재 2012.8.23, 2010헌바425).

❸ [×] 국군포로의 송환 및 대우 등에 관한 법률이 국군포로의 예우의 신청, 기준, 방법 등에 필요한 사항을 대통령령에 위임하고 있으나, 대통령이 이에 대한 대통령령을 제정하지 아니한 행정입법부작위는 청구인의 재산권을 침해한다.

⇨ 국군포로의 송환 및 대우 등에 관한 법률(이하 '국군포로법'이라 한다)은 등록포로 등에 대한 금전적 지원 또는 보상에 관한 사항을 법률에서 이미 규정하고 있음을 알 수 있는 바, 국군포로법 제15조의5가 예정한 등록포로 등에 대한 '예우'에 보수지급의 특례나 지원금의 지급과 같은 국가의 적극적인 금전급부가 당연히 포함되어 있다고 보기 어렵다. 설령 국군포로법 제15조의5에 따라 대통령령이 제정되고, 그 대통령령에 귀환하기 전에 사망한 국군포로 등에 대한 금전적인 지원이 규정된다고 하더라도, 이것이 국군포로법 제15조의5의 위임에 따른 것이라고 보기는 어려우며, 이로써 발생하는 권리는 대통령령에 의하여 비로소 구체적으로 형성되는 권리에 불과하다 할 것이다(헌재 2014.6.26, 2012헌마757 참조). 따라서 이 사건 **행정입법부작위는 청구인의 재산권을 침해한다고 볼 수 없다**(헌재 2018.5.31, 2016헌마626).

✎ 재산권 침해라 볼 수 없고, 명예권 침해라 볼 수 있다.

④ [O] 헌법이 보장하고 있는 재산권은 '경제적 가치가 있는 모든 공법상·사법상의 권리'이고, 이때 재산권 보장에 의하여 보호되는 재산권은 '사적 유용성 및 그에 대한 원칙적 처분권을 내포하는 재산가치가 있는 구체적 권리'를 의미한다.

⇨ 우리 헌법이 보장하고 있는 재산권은 '경제적 가치가 있는 모든 공법상·사법상의 권리'이고, 이 때 재산권보장에 의하여 보호되는 재산권은 '사적 유용성 및 그에 대한 원칙적 처분권을 내포하는 재산가치가 있는 구체적 권리'를 의미한다(헌재 2008.12.26, 2005헌바34).

16
답 ③

적절한 것은 3개(㉠, ㉡, ㉢)이다.

㉠ [O] 직업의 자유는 개인의 주관적 공권임과 동시에 사회적 시장경제질서라고 하는 객관적 법질서의 구성요소이다.

⇨ 직업의 자유는 각자의 생활의 기본적 수요를 충족시키는 방편이 되고 또한 개성신장의 바탕이 된다는 점에서 주관적 공권의 성격이 두드러진 것이기는 하나, 다른 한편으로는 국민 개개인이 선택한 직업의 수행에 의하여 국가의 사회질서와 경제질서가 형성된다는 점에서 사회적 시장경제질서라고 하는 객관적 법질서의 구성요소이기도 하다(헌재 2001.6.28, 2001헌마132).

㉡ [O] 당사자의 능력이나 자격과 상관없는 객관적 사유에 의하여 직업선택의 자유를 제한하는 경우에 엄격한 비례의 원칙이 심사척도로서 적용된다.

⇨ 당사자의 능력이나 자격과 상관없는 객관적 사유에 의한 제한은 월등하게 중요한 공익을 위하여 명백하고 확실한 위험을 방지하기 위한 경우에만 정당화될 수 있고, 따라서 헌법재판소가 이 사건을 심사함에 있어서는 헌법 제37조 제2항이 요구하는 바 과잉금지의 원칙, 즉 엄격한 비례의 원칙이 그 심사척도로

가 된다(헌재 2002.4.25, 2001헌마614).

㉢ [O] 직장선택의 자유는 단순히 국민의 권리가 아닌 인간의 권리로 보아야 하므로 외국인도 제한적으로라도 직장선택의 자유를 향유할 수 있다.

⇨ 직업의 자유 중 이 사건에서 문제되는 직장선택의 자유는 인간의 존엄과 가치 및 행복추구권과도 밀접한 관련을 가지는 만큼 단순히 국민의 권리가 아닌 인간의 권리로 보아야 할 것이므로 권리의 성질상 참정권, 사회권적 기본권, 입국의 자유 등과 같이 외국인의 기본권 주체성을 전면적으로 부정할 수는 없고, 외국인도 제한적으로라도 직장선택의 자유를 향유할 수 있다고 보아야 한다. 한편 기본권 주체성의 인정문제와 기본권 제한의 정도는 별개의 문제이므로, 외국인에게 직장선택의 자유에 대한 기본권 주체성을 인정한다는 것이 곧바로 이들에게 우리 국민과 동일한 수준의 직장선택의 자유가 보장된다는 것을 의미하는 것은 아니라고 할 것이다(헌재 2011.9.29, 2007헌마1083 등).

㉣ [×] 일반적으로 직업선택의 자유에 대해서는 직업행사의 자유와는 달리 공익목적을 위하여 상대적으로 폭넓은 입법적 규제가 가능한 것이지만, 그렇다고 하더라도 그 수단은 목적달성에 적절한 것이어야 하고 또한 필요한 정도를 넘는 지나친 것이어서는 아니 된다.

⇨ 일반적으로 직업행사의 자유에 대하여는 직업선택의 자유와는 달리 공익목적을 위하여 상대적으로 폭넓은 입법적 규제가 가능한 것이지만, 그렇다고 하더라도 그 수단은 목적달성에 적절한 것이어야 하고 또한 필요한 정도를 넘는 지나친 것이어서는 아니 된다(헌재 2004.5.27, 2003헌가1).

17
답 ③

① [O] 공개금지사유가 없음에도 불구하고 재판의 심리에 관한 공개를 금지하기로 결정하였다면 그러한 공개금지결정은 피고인의 공개재판을 받을 권리를 침해한 것으로서 그 절차에 의하여 이루어진 증인의 증언은 증거능력이 없고, 변호인의 반대신문권이 보장되었더라도 달리 볼 수 없다.

⇨ 헌법 제27조 제3항 후문, 제109조와 법원조직법 제57조 제1항·제2항의 취지에 비추어 보면, 헌법 제109조, 법원조직법 제57조 제1항에서 정한 공개금지사유가 없음에도 불구하고 재판의 심리에 관한 공개를 금지하기로 결정하였다면 그러한 공개금지결정은 피고인의 공개재판을 받을 권리를 침해한 것으로서 그 절차에 의하여 이루어진 증인의 증언은 증거능력이 없고, 변호인의 반대신문권이 보장되었더라도 달리 볼 수 없으며, 이러한 법리는 공개금지결정의 선고가 없는 등으로 공개금지결정의 사유를 알 수 없는 경우에도 마찬가지이다(대판 2013.7.26, 2013도2511).

② [O] 법원이 법정의 규모, 질서의 유지, 심리의 원활한 진행 등을 고려하여 방청을 희망하는 피고인들의 가족·친지 기타 일반 국민에게 미리 방청권을 발행하게 하고 그 소지자에 한하여 방청을 허용하는 등의 방법으로 방청인의 수를 제한하는 조치를 취하는 것이 공개재판주의의 취지에 반하는 것은 아니다.

⇨ 공판은 제한된 공간인 법정에서 이를 행하여야 하는 것이므로, 방청하기를 희망하는 국민 모두에게 무제한으로 방청을 허용할 수 없음은 너무도 당연하다. 따라서 법원이 법정의 규모, 질

서의 유지, 심리의 원활한 진행 등을 고려하여 방청을 희망하는 피고인들의 가족 · 친지 기타 일반국민에게 미리 방청권을 발행하게 하고 그 소지자에 한하여 방청을 허용하는 등의 방법으로 방청인의 수를 제한하는 조치를 취하는 것이 공개재판주의의 취지에 반하는 것은 아니다(대판 1990.6.8, 90도646).

❸ [×] 재판의 심리와 판결은 국가의 안전보장 · 안녕질서 또는 선량한 풍속을 해할 우려가 있을 때에는 법원의 결정으로 공개하지 아니할 수 있고, 그 경우에도 재판장은 적당하다고 인정되는 자의 재정을 허가할 수 있다.

⇨ 재판의 심리와 판결은 공개한다. 다만, 심리는 국가의 안전보장 또는 안녕질서를 방해하거나 선량한 풍속을 해할 염려가 있을 때에는 법원의 결정으로 공개하지 아니할 수 있다(헌법 제109조). 즉, 판결은 공개하여야 한다.

④ [○] 헌법 제109조의 재판공개의 원칙은 검사의 공소제기절차에는 적용되지 않고, 공소가 제기되기 전까지 피고인이 그 내용이나 공소제기 여부를 알 수 없었다거나 피고인의 소송기록 열람 · 등사권이 제한되어 있었다고 하더라도 그 공소제기절차가 재판공개의 원칙을 위반하였다고는 할 수 없다.

⇨ 헌법 제109조는 재판공개의 원칙을 규정하고 있는 것으로서 검사의 공소제기절차에는 적용될 여지가 없고, 따라서 이 사건 공소가 제기되기 전까지 피고인이 그 내용이나 공소제기 여부를 알 수 없었다거나 피고인의 소송기록 열람 · 등사권이 제한되어 있었다고 하더라도 그 공소제기절차가 위 헌법 규정에 위반되는 것이라고는 할 수 없다(대판 2008.12.24, 2006도1427).

18 답 ①

❶ [×] 변호인의 조력을 받을 권리는 '형사사건'에서의 변호인의 조력을 받을 권리에 국한되는 것은 아니므로, 수형자가 형사사건의 변호인이 아닌 민사사건, 행정사건, 헌법소원사건 등에서 변호사와 접견할 경우에도 헌법상 변호인의 조력을 받을 권리의 주체가 될 수 있다.

⇨ 변호인의 조력을 받을 권리는 '형사사건'에서의 변호인의 조력을 받을 권리를 의미한다. 따라서 수형자가 형사사건의 변호인이 아닌 민사사건, 행정사건, 헌법소원사건 등에서 변호사와 접견할 경우에는 원칙적으로 헌법상 변호인의 조력을 받을 권리의 주체가 될 수 없다(헌재 2013.9.26, 2011헌마398).

② [○] 변호사와 접견하는 경우에도 수용자의 접견은 원칙적으로 접촉차단시설이 설치된 장소에서 하도록 규정하고 있는 형의 집행 및 수용자의 처우에 관한 법률 시행령 규정은 청구인의 재판청구권을 지나치게 제한하고 있으므로 헌법에 위반된다.

⇨ 원칙적으로 수용자가 접촉차단시설이 없는 장소에서 변호사와 접견을 하도록 하고 특별한 사정이 있는 경우에는 예외를 둠으로써 수용자의 재판청구권을 충분히 보장할 수 있음에도, 일률적으로 수용자로 하여금 접촉차단시설이 설치된 장소에서 변호사와 접견하도록 한 이 사건 접견조항은 피해최소성의 원칙에 위배된다. 이 사건 접견조항은 수용자가 그의 재판청구권을 행사하기 위하여 다른 전문직에 비하여 직무의 공공성, 고양된 윤리성 및 사회적 책임성이 강조되는 변호사와 접견하는 경우에도 접촉차단시설이 설치된 접견실에서의 접견만을

일률적으로 강제함으로써 수용자의 재판청구권을 지나치게 제한한다고 할 것이다(헌재 2013.8.29, 2011헌마122).

③ [○] 수형자와 그 수형자의 헌법소원사건의 국선대리인인 변호사의 접견내용을 녹음 · 기록한 행위는 청구인의 재판을 받을 권리를 침해한다.

⇨ 이 사건에서 청구인과 변호사 김상훈의 접견은, 그 접견의 목적이 헌법소원사건(2010헌마751)의 수행을 위한 상담일 수밖에 없고, 접견의 상대방은 위 소송사건의 국선대리인이자 변호사의 직분을 가진 사람이라는 점, 특히 청구인은 헌법소원을 통하여 이감 전 교도소장이 자신에게 부당하게 머리를 자를 것을 지시하였다며 그 부당처우에 대한 위헌성을 다투었는바, 위 헌법소원의 내용에 비추어 청구인과 변호사 김상훈의 접견내용은 그 비밀이 보장될 필요성도 컸다고 보이는 점 등을 고려할 때 위 접견내용에 대한 녹음 · 녹취는 허용되어서는 아니 될 것임에도, 단지 청구인이 수용 생활 중 물의를 일으켜 엄중관리대상자로 지정되었다는 이유만으로 변호사와의 접견내용을 녹음 · 기록한 이 사건 녹취행위는 청구인과 청구인이 제기한 헌법소원사건의 국선대리인인 변호사와의 접견권을 지나치게 제한한 것으로서, 청구인의 재판을 받을 권리를 침해하였다(헌재 2013.9.26, 2011헌마398).

④ [○] 피수용자인 구제청구자의 즉시항고 제기기간을 3일로 정한 인신보호법 규정은 피수용자의 재판청구권을 침해한다.

⇨ 인신보호법상 피수용자인 구제청구자는 자기 의사에 반하여 수용시설에 수용되어 인신의 자유가 제한된 상태에 있으므로 그 자신이 직접 법원에 가서 즉시항고장을 접수할 수 없고, 외부인의 도움을 받아서 즉시항고장을 접수하는 방법은 외부인의 호의와 협조가 필수적이어서 이를 기대하기 어려운 때에는 그리 효과적이지 않으며, 우편으로 즉시항고장을 접수하는 방법도 즉시항고장을 작성하는 시간과 우편물을 발송하고 도달하는 데 소요되는 시간을 고려하면 3일의 기간이 충분하다고 보기 어렵다. 인신보호법상으로는 국선변호인이 선임될 수 있지만, 변호인의 대리권에 상소권까지 포함되어 있다고 단정하기 어렵고, 그의 대리권에 상소권이 포함되어 있다고 하더라도 법정기간의 연장 등 형사소송법 제345조 등과 같은 특칙이 적용될 여지가 없으므로 3일의 즉시항고기간은 여전히 과도하게 짧은 기간이다. 즉시항고 대신 재청구를 할 수도 있으나, 즉시항고와 재청구는 개념적으로 구분되는 것이므로 재청구가 가능하다는 사실만으로 즉시항고기간의 과도한 제약을 정당화할 수는 없다. 나아가 즉시항고 제기기간을 3일보다 조금 더 긴 기간으로 정한다고 해도 피수용자의 신병에 관한 법률관계를 조속히 확정하려는 이 사건 법률조항의 입법목적이 달성되는 데 큰 장애가 생긴다고 볼 수 없으므로, 이 사건 법률조항은 피수용자의 재판청구권을 침해한다(헌재 2015.9.24, 2013헌가21).

19 답 ④

① [○] 자신이 속한 부분사회의 자치적 운영에 참여하는 것은 사회공동체의 유지, 발전을 위하여 필요한 행위로서 특정한 기본권의 보호범위에 들어가지 않는 경우에는 일반적 행동자유권의 보호대상이 될 수 있다.

⇨ 자신이 속한 부분사회의 자치적 운영에 참여하는 것은 사회공

동체의 유지, 발전을 위하여 필요한 행위로서 특정한 기본권의 보호범위에 들어가지 않는 경우에는 일반적 행동자유권의 대상이 되므로, 사적 자치의 영역에 국가가 개입하여 법령으로 자치활동의 목적이나 절차, 그 방식 또는 내용을 규율함으로써 일부 구성원들의 자치활동에 대한 참여를 제한한다면 해당 구성원들의 일반적 행동자유권이 침해될 가능성이 있다(헌재 2015.7.30, 2012헌마957).

② [○] 해가 뜨기 전이나 해가 진 후의 시위를 금지하고 있는 집회와 시위에 관한 법률 조항은 '해가 진 후부터 같은 날 24시까지의 시위'에 적용하는 한 헌법에 위반된다.
  ⇨ 집회 및 시위에 관한 법률(2007.5.11. 법률 제8424호로 개정된 것) 제10조 본문 중 '시위'에 관한 부분 및 제23조 제3호 중 '제10조 본문' 가운데 '시위'에 관한 부분은 각 '해가 진 후부터 같은 날 24시까지의 시위'에 적용하는 한 헌법에 위반된다[헌재 2014.3.27, 2010헌가2 등(한정위헌)].

③ [○] 음주운전 금지규정 위반 또는 음주측정거부 전력이 있는 사람이 다시 음주운전 금지규정 위반행위를 한 경우 또는 음주운전 금지규정 위반 전력이 있는 사람이 다시 음주측정거부행위를 한 경우를 가중처벌하는 도로교통법은 책임과 형벌간의 비례원칙에 위반된다.
  ⇨ 심판대상조항은 음주운전 금지규정 위반 또는 음주측정거부 전력이 1회 이상 있는 사람이 다시 음주운전 금지규정 위반행위를 한 경우에 대한 처벌을 강화하기 위한 규정인데, 가중요건이 되는 과거의 위반행위와 처벌대상이 되는 재범 음주운전 금지규정 위반행위 사이에 아무런 시간적 제한을 두지 않고 있다. 그런데 과거의 위반행위가 상당히 오래 전에 이루어져 그 이후 행해진 음주운전 금지규정 위반행위를 '교통법규에 대한 준법정신이나 안전의식이 현저히 부족한 상태에서 이루어진 반규범적 행위' 또는 '반복적으로 사회구성원에 대한 생명·신체 등을 위협하는 행위'라고 평가하기 어렵다면, 이를 가중처벌할 필요성이 인정된다고 보기 어렵다. 그리고 범죄 전력이 있음에도 다시 범행한 경우 가중된 행위책임을 인정할 수 있다고 하더라도, 전범을 이유로 아무런 시간적 제한 없이 후범을 가중처벌하는 예는 발견하기 어렵고, 공소시효나 형의 실효를 인정하는 취지에도 부합하지 않는다. 또한 심판대상조항은 과거 위반 전력의 시기 및 내용이나 음주운전 당시의 혈중알코올농도 수준과 발생한 위험 등을 고려할 때 비난가능성이 상대적으로 낮은 재범행위까지도 법정형의 하한인 2년 이상의 징역 또는 1천만원 이상의 벌금을 기준으로 처벌하도록 하고 있어, 책임과 형벌 사이의 비례성을 인정하기 어렵다(헌재 2022.5.26, 2021헌가30).

❹ [×] 사립학교 교원의 신분보장 필요성과 재심결정은 일반 행정처분과는 달리 행정심판의 재결과 유사한 성격을 가진다는 점을 고려했을 때 교원징계재심위원회의 재심결정에 대하여 교원에게만 행정소송을 제기할 수 있도록 한 교원지위법 규정이 사립학교법인의 재판청구권을 침해한다고 보기는 어렵다.
  ⇨ 교원이 제기한 민사소송에 대하여 응소하거나 피고로서 재판절차에 참여함으로써 자신의 권리를 주장하는 것은 어디까지나 상대방인 교원이 교원지위법이 정하는 재심절차와 행정소송절차를 포기하고 민사소송을 제기하는 경우에 비로소 가능한 것이므로 이를 들어 학교법인에게 자신의 침해된 권익을 구제받을 수 있는 실효적인 권리구제절차가 제공되었다고 볼 수 없고, 교원지위부존재확인 등 민사소송절차도 교원이 처분의

취소를 구하는 재심을 따로 청구하거나 또는 재심결정에 불복하여 행정소송을 제기하는 경우에는 민사소송의 판결과 재심결정 또는 행정소송의 판결이 서로 모순·저촉될 가능성이 상존하므로 이 역시 간접적이고 우회적인 권리구제수단에 불과하다. 그리고 학교법인에게 재심결정에 불복할 제소권한을 부여한다고 하여 이 사건 법률조항이 추구하는 **사립학교 교원의 신분보장**에 특별한 장애사유가 생긴다든가 그 **권리구제**에 공백이 발생하는 것도 아니므로 이 사건 **법률조항**은 분쟁의 당사자이자 재심절차의 피청구인인 학교법인의 재판청구권을 침해한다. 또한 학교법인은 그 소속 교원과 사법상의 고용계약관계에 있고 재심절차에서 그 결정의 효력을 받는 일방 당사자의 지위에 있음에도 불구하고 이 사건 법률조항은 합리적인 이유 없이 학교법인의 제소권한을 부인함으로써 헌법 제11조의 평등원칙에 위배되고, 사립학교 교원에 대한 징계 등 불리한 처분의 적법 여부에 관하여 재심위원회의 재심결정이 최종적인 것이 되는 결과 일체의 법률적 쟁송에 대한 재판권능을 법원에 부여한 헌법 제101조 제1항에도 위배되며, 행정처분인 재심결정의 적법 여부에 관하여 대법원을 최종심으로 하는 법원의 심사를 박탈함으로써 헌법 제107조 제2항에도 아울러 위배된다(헌재 2006.2.23, 2005헌가7 등).

20
답 ④

① [○] 환경권은 명문의 법률규정이나 관계 법령의 규정 취지 및 조리에 비추어 권리의 주체, 대상, 내용, 행사방법 등이 구체적으로 정립될 수 있어야만 인정되는 것이므로, 사법상의 권리로서의 환경권을 인정하는 명문의 규정이 없으면 환경권에 기하여 직접 방해배제청구권을 인정할 수는 없다.
  ⇨ 헌법상의 환경권만으로 방해배제청구권의 원고적격은 인정되지 않는다. 왜냐하면 환경권만으로 인정하면 결국 모든 국민이 원고가 되어 남소의 우려가 있기 때문이다.

② [○] 환경영향평가 대상지역 밖의 주민이라 할지라도 환경영향평가 대상사업으로 인해 수인한도를 넘는 환경피해를 받거나 받을 우려가 있는 경우에는, 환경상 이익에 대한 침해 또는 침해 우려가 있다는 것을 입증함으로써 사업을 허용하는 허가나 승인처분 등의 취소를 구할 원고적격을 인정받을 수 있다.
  ⇨ 환경영향평가 대상지역 밖의 주민이라 할지라도 공유수면매립면허처분 등으로 인하여 그 처분 전과 비교하여 수인한도를 넘는 환경피해를 받거나 받을 우려가 있는 경우에는, 공유수면매립면허처분 등으로 인하여 환경상 이익에 대한 침해 또는 침해우려가 있다는 것을 입증함으로써 그 처분 등의 무효확인을 구할 원고적격을 인정받을 수 있다(대판 2006.3.16, 2006두330).

③ [○] 환경에는 자연환경뿐 아니라 생활환경까지도 포함된다.
  ⇨ 환경에는 생활환경 등 인공환경도 포함된다.

❹ [×] 수형자의 독거실 내의 일조, 조망, 채광, 통풍 등은 환경권의 내용에 포함되지 않는다.
  ⇨ 헌법 제35조 제1항은 "모든 국민은 건강하고 쾌적한 환경에서 생활할 권리를 가지며, 국가와 국민은 환경보전을 위하여 노력하여야 한다."고 규정하고 있다. 환경권은 건강하고 쾌적한 생활을 유지하는 조건으로서 양호한 환경을 향유할 권리이고, 생명·신체의 자유를 보호하는 토대를 이루며, 궁극적으로

'삶의 질' 확보를 목표로 하는 권리이다. 환경권을 행사함에 있어서 국민은 국가로부터 건강하고 쾌적한 환경을 향유할 수 있는 자유를 침해당하지 않을 권리를 행사할 수 있고, 일정한 경우 국가에 대하여 건강하고 쾌적한 환경에서 생활할 수 있도록 요구할 수 있는 권리가 인정되기도 하는 바, 환경권은 그 자체 종합적 기본권으로서의 성격을 지닌다. '건강하고 쾌적한 환경에서 생활할 권리'를 보장하는 환경권의 보호대상이 되는 환경에는 자연환경뿐만 아니라 인공적 환경과 같은 생활환경도 포함된다. 환경권을 구체화한 입법이라 할 수 있는 환경정책기본법 제3조에서도 환경을 자연환경과 생활환경으로 분류하면서, 생활환경에 대기, 물, 폐기물, 소음·진동, 악취, 일조(日照) 등 사람의 일상생활과 관계되는 환경을 포함시키고 있다. 청구인은 이 사건 설치행위로 인하여 독거실 내 일조, 조망, 채광, 통풍이 제한되고 있다고 주장하는 바, 일조, 조망, 채광, 통풍 등은 생활환경으로서 환경권의 내용에 포함된다고 할 것이다. … 이 사건 설치행위는 청구인의 '채광·통풍을 위한 시설이 갖추어진 거실에서 건강하게 생활할 권리'를 침해하지 아니한다(헌재 2014.6.26, 2011헌마150).

정답

p.78

01	②	02	①	03	③	04	①	05	①
06	②	07	④	08	④	09	③	10	③
11	①	12	④	13	④	14	④	15	①
16	③	17	②	18	③	19	②	20	④

01

답 ②

① [○] 제헌헌법에서 국무총리는 대통령이 임명하되 국회의 승인을 얻도록 하였으며, 대통령과 부통령은 국회에서 선출하고 임기는 4년으로 하였다.

> **제헌헌법 제69조** 국무총리는 대통령이 임명하고 국회의 승인을 얻어야 한다.
> **제53조** 대통령과 부통령은 국회에서 무기명투표로써 각각 선거한다.

❷ [×] 제3차 헌법개정(1960년 헌법)에서는 위헌법률심판 및 헌법소원심판을 위한 헌법재판소를 설치하였다.
⇨ 헌법소원심판은 제9차 헌법개정 때 처음 규정되었다.

> **제3차 개정헌법(1960년) 제83조의3** 헌법재판소는 다음 각 호의 사항을 관장한다.
> 1. 법률의 위헌여부 심사

③ [○] 제5차 헌법개정(1962년 헌법)에서는 헌법 전문(前文)을 최초로 개정하여 4.19 이념을 명문화하였다.

> **제5차 개정헌법(1962년) 전문** 유구한 역사와 전통에 빛나는 우리 대한국민은 3·1운동의 숭고한 독립정신을 계승하고 4·19의거와 5·16혁명의 이념에 입각하여 새로운 민주공화국을 건설함에 있어서, (중략) 1948년 7월 12일에 제정된 헌법을 이제 국민투표에 의하여 개정한다.

④ [○] 제8차 개정헌법(1980년)에서는 깨끗한 환경에서 생활할 권리인 환경권을 처음으로 규정하였다.

> **제8차 개정헌법 제33조** 모든 국민은 깨끗한 환경에서 생활할 권리를 가지며, 국가와 국민은 환경보전을 위하여 노력하여야 한다.

02

답 ①

❶ [×] 외국인 산업기술 연수생의 보호 및 관리에 관한 지침(노동부 예규 제369호)은 헌법소원의 대상이 되는 공권력의 행사에 해당하지 아니하다.
⇨ 행정규칙이라도 재량권행사의 준칙으로서 그 정한 바에 따라 되풀이 시행되어 행정관행을 이루게 되면, 행정기관은 평등의 원칙이나 신뢰보호의 원칙에 따라 상대방에 대한 관계에서 그 규칙에 따라야 할 자기구속을 당하게 되는 바, 이 경우에는 대외적 구속력을 가진 공권력의 행사가 된다. 지방노동관서의 장은, 사업주가 이 사건 노동부 예규(외국인 산업기술 연수생의 보호 및 관리에 관한 지침) 제8조 제1항의 사항을 준수하도록 행정지도를 하고, 만일 이러한 행정지도에 위반하는 경우에는 연수추천단체에 필요한 조치를 요구하며, 사업주가 계속 이를 위반한 때에는 특별감독을 실시하여 제8조 제1항의 위반 사항에 대하여 관계 법령에 따라 조치하여야 하는 반면, 사업주가 근로기준법상 보호대상이지만 제8조 제1항에 규정되지 않은 사항을 위반한다 하더라도 행정지도, 연수추천단체에 대한 요구 및 관계 법령에 따른 조치 중 어느 것도 하지 않게 되는 바, 지방노동관서의 장은 평등 및 신뢰의 원칙상 모든 사업주에 대하여 이러한 행정관행을 반복할 수밖에 없으므로, 결국 위 예규는 대외적 구속력을 가진 공권력의 행사가 된다. 나아가 위 예규 제4조와 제8조 제1항이 근로기준법 소정 일부 사항만을 보호대상으로 삼고 있으므로 청구인이 주장하는 평등권 등 기본권을 침해할 가능성도 있다. 그렇다면 이 사건 노동부 예규는 대외적인 구속력을 갖는 공권력행사로서 기본권 침해의 가능성도 있으므로 헌법소원의 대상이 된다 할 것이다(헌재 2007.8.30, 2004헌마670).

② [○] 대일항쟁기 강제동원 피해조사 및 국외강제동원 희생자 등 지원에 관한 특별법은 국민이 부담하는 세금을 재원으로 하여 국외강제동원 희생자와 그 유족에게 위로금 등을 지급함으로써 그들의 고통과 희생을 위로해 주기 위한 법으로서 국가가 유족에게 일방적인 시혜를 베푸는 것이므로, 그 수혜 범위에서 외국인인 유족을 배제하고 대한민국 국민인 유족만을 대상으로 한 것은 평등원칙에 위배되지 않는다.

⇨ 대일항쟁기 강제동원 피해조사 및 국외강제동원 희생자 등 지원에 관한 특별법은 국민이 부담하는 세금을 재원으로 하여 국외강제동원 희생자와 그 유족에게 위로금 등을 지급함으로써 그들의 고통과 희생을 위로해 주기 위한 법으로서 국가가 유족에게 일방적인 시혜를 베푸는 것이므로, 그 수혜 범위에서 외국인인 유족을 배제하고 대한민국 국민인 유족만을 대상으로 한 것이다. 따라서 청구인과 같이 자발적으로 외국 국적을 취득하여 결과적으로 대한민국 국민으로서의 법적 지위와 권리·의무를 스스로 포기한 유족을 위로금 지급대상에서 제외하였다고 하여 이를 현저히 자의적이거나 불합리한 것으로서 평등원칙에 위배된다고 볼 수 없다(헌재 2015.12.23, 2011헌바139).

③ [O] 주민등록만을 요건으로 주민투표권의 행사 여부가 결정되도록 함으로써 '주민등록을 할 수 없는 국내거주 재외국민'을 '주민등록이 된 국민인 주민'에 비해 차별하고, 나아가 '주민투표권이 인정되는 외국인'과의 관계에서도 차별을 하는 것은 국내거주 재외국민의 평등권을 침해하는 것으로 위헌이다.

⇨ 이 사건 법률조항 부분은 주민등록만을 요건으로 주민투표권의 행사 여부가 결정되도록 함으로써 '주민등록을 할 수 없는 국내거주 재외국민'을 '주민등록이 된 국민인 주민'에 비해 차별하고 있고, 나아가 '주민투표권이 인정되는 외국인'과의 관계에서도 차별을 행하고 있는 바, 그와 같은 차별에 아무런 합리적 근거도 인정될 수 없으므로 국내거주 재외국민의 헌법상 기본권인 평등권을 침해하는 것으로 위헌이다(헌재 2007.6.28, 2004헌마643).

④ [O] 단순한 단기체류가 아니라 국내에 거주하는 재외국민, 특히 외국의 영주권을 보유하고 있으나 상당한 기간 국내에서 계속 거주하고 있는 자들은 일반 국민과 실질적으로 동일하므로, 국내에 거주하는 대한민국 국민을 대상으로 하는 보육료·양육수당 지원에 있어 양자를 달리 취급할 아무런 이유가 없다.

⇨ 단순한 단기체류가 아니라 국내에 거주하는 재외국민, 특히 외국의 영주권을 보유하고 있으나 상당한 기간 국내에서 계속 거주하고 있는 자들은 주민등록법상 재외국민으로 등록·관리될 뿐 소득활동이 있을 경우 납세의무를 부담하며 남자의 경우 병역의무이행의 길도 열려 있는 등 '국민인 주민'이라는 점에서는 다른 일반 국민과 실질적으로 동일하다. 그러므로 국내에 거주하는 대한민국 국민을 대상으로 하는 보육료·양육수당 지원에 있어 양자에 대한 차별을 정당화할 어떠한 사유도 존재하지 않는다(헌재 2018.1.25, 2015헌마1047).

03

① [O] 지방자치단체가 자치조례를 제정할 수 있는 사항은 지방자치단체의 고유사무인 자치사무와 개별법령에 의하여 지방자치단체에 위임된 단체위임사무에 한하는 것이고, 국가사무가 지방자치단체의 장에게 위임된 기관위임사무는 원칙적으로 자치조례의 제정범위에 속하지 않는다. 다만, 기관위임사무에 있어서도 그에 관한 개별법령에서 일정한 사항을 조례로 정하도록 위임하고 있는 경우에는 위임받은 사항에 관하여 개별법령의 취지에 부합하는 범위 내에서 이른바 위임조례를 정할 수 있다.

⇨ 헌법 제117조 제1항과 지방자치법 제15조에 의하면 지방자치단체는 법령의 범위 안에서 그 사무에 관하여 자치조례를 제정할 수 있으나 이 때 사무란 지방자치법 제9조 제1항에서 말하는 지방자치단체의 자치사무와 법령에 의하여 지방자치단체에 속하게 된 단체위임사무를 가리키므로 지방자치단체가 자치조례를 제정할 수 있는 것은 원칙적으로 이러한 자치사무와 단체위임사무에 한하므로, 국가사무가 지방자치단체의 장에게 위임된 기관위임사무와 같이 지방자치단체의 장이 국가기관의 지위에서 수행하는 사무일 뿐 지방자치단체 자체의 사무라고 할 수 없는 것은 원칙적으로 자치조례의 제정범위에 속하지 않는다. … 기관위임사무에 있어서도 그에 관한 개별법령에서 일정한 사항을 조례로 정하도록 위임하고 있는 경우에는 지방자치단체의 자치조례제정권과 무관하게 이른바 위임조례를 정할 수 있다고 하겠으나 이때에도 그 내용은 개별법령이 위임하고 있는 사항에 관한 것으로서 개별법령의 취지에 부합하는 것이라야만 하고, 그 범위를 벗어난 경우에는 위임조례로서의 효력도 인정할 수 없다(대판 1999.9.17, 99추30).

② [O] 주민의 권리제한 또는 의무부과에 관한 사항이나 벌칙에 해당하는 조례를 제정할 경우에는 그 조례의 성질을 묻지 아니하고 법률의 위임이 있어야 하고 그러한 위임 없이 제정된 조례는 효력이 없다.

⇨ 지방자치단체는 그 고유사무인 자치사무와 개별법령에 의하여 지방자치단체에 위임된 단체위임사무에 관하여 자치조례를 제정할 수 있지만 그 경우라도 주민의 권리제한 또는 의무부과에 관한 사항이나 벌칙은 법률의 위임이 있어야 하며, 기관위임사무에 관하여 제정되는 이른바 위임조례는 개별법령에서 일정한 사항을 조례로 정하도록 위임하고 있는 경우에 한하여 제정할 수 있으므로, 주민의 권리제한 또는 의무부과에 관한 사항이나 벌칙에 해당하는 조례를 제정할 경우에는 그 조례의 성질을 묻지 아니하고 법률의 위임이 있어야 하고 그러한 위임 없이 제정된 조례는 효력이 없다(대판 2007.12.13, 2006추52).

❸ [X] 위법건축물에 대하여 부과되는 이행강제금에 관한 부과의 요건, 대상, 금액, 회수 등과 그 부과의 전제가 되는 시정명령의 요건은 조례로써 정해질 수 있다.

⇨ 이행강제금은 위법건축물에 대하여 시정명령 이행시까지 지속적으로 부과함으로써 건축물의 안전과 기능, 미관을 향상시켜 공공복리의 증진을 도모하는 시정명령 이행확보 수단으로서, 국민의 자유와 권리를 제한한다는 의미에서 행정상 간접강제의 일종인 이른바 침익적 행정행위에 속하므로 그 부과요건, 부과대상, 부과금액, 부과회수 등이 법률로써 엄격하게 정하여져야 하고, 위 이행강제금 부과의 전제가 되는 시정명령도 그 요건이 법률로써 엄격하게 정해져야 한다(헌재 2000.3.30, 98헌가8).

④ [O] 조례에 의한 규제가 지역의 여건이나 환경 등 그 특성에 따라 다르게 나타나는 것은 헌법이 지방자치단체의 자치입법권을 인정한 이상 당연히 예상되는 불가피한 결과이므로, 조례로 인하여 해당 지역 주민이 다른 지역의 주민들에 비하여 더한 규제를 받게 되었다 하더라도 평등권이 침해되었다고 볼 수 없다.

⇨ 조례에 의한 규제가 지역의 여건이나 환경 등 그 특성에 따라 다르게 나타나는 것은 헌법이 지방자치단체의 자치입법권을 인정한 이상 당연히 예상되는 불가피한 결과이므로, 이 사건

10회 실전동형모의고사 정답 및 해설 **223**

심판대상규정으로 인하여 청구인들이 다른 지역의 주민들에 비하여 더한 규제를 받게 되었다 하더라도 이를 두고 헌법 제11조 제1항의 평등권이 침해되었다고 볼 수는 없다(헌재 1995.4.20, 92헌마264).

04
답 ①

❶ [×] 대법원장이 특별검사후보자를 대통령에게 추천하도록 한 것은, 특별검사가 수사하고 기소한 사건을 대법원장의 인사권 아래 있는 법관으로 하여금 재판하도록 할 뿐만 아니라 그 사건이 대법원 전원합의체의 재판을 받게 되는 경우 대법원장이 재판장을 맡게 되는 불합리한 결과를 초래하는 것으로서, 실질적으로 소추기관과 심판기관의 분리원칙에 어긋나고 실질적 적법절차원칙에 위배된다.
⇨ 대법원장은 법관의 임명권자이지만(헌법 제104조 제3항) 대법원장이 각급 법원의 직원에 대하여 지휘·감독할 수 있는 사항은 사법행정에 관한 사무에 한정되므로(법원조직법 제13조 제2항) 구체적 사건의 재판에 대하여는 어떠한 영향도 미칠 수 없고, 나아가 이 사건 법률 제3조에 의하면 대법원장은 변호사 중에서 2인의 특별검사후보자를 대통령에게 추천하는 것에 불과하고 특별검사의 임명은 대통령이 하도록 되어 있으므로 소추기관과 심판기관이 분리되지 않았다거나, 자기 자신의 사건을 스스로 심판하는 구조라고 볼 수는 없다. 결국 이 사건 법률 제3조에 의한 특별검사의 임명절차가 소추기관과 심판기관의 분리라는 근대 형사법의 대원칙이나 적법절차원칙 등을 위반하였다고 볼 수 없다(헌재 2008.1.10, 2007헌마1468).
② [○] 법원의 구속집행정지결정에 대하여 검사가 즉시항고할 수 있도록 한 형사소송법 규정은 헌법상 영장주의 및 적법절차에 위배된다.
⇨ 법원이 피고인의 구속 또는 그 유지 여부의 필요성에 관하여 한 재판의 효력이 검사나 다른 기관의 이견이나 불복이 있다 하여 좌우되거나 제한받는다면 이는 영장주의에 위반된다고 할 것인 바, 구속집행정지결정에 대한 검사의 즉시항고를 인정하는 이 사건 법률조항은 검사의 불복을 그 피고인에 대한 구속집행을 정지할 필요가 있다는 법원의 판단보다 우선시킬 뿐만 아니라, 사실상 법원의 구속집행정지결정을 무의미하게 할 수 있는 권한을 검사에게 부여한 것이라는 점에서 헌법 제12조 제3항의 영장주의원칙에 위배된다. 또한 헌법 제12조 제3항의 영장주의는 헌법 제12조 제1항의 적법절차원칙의 특별규정이므로, 헌법상 영장주의원칙에 위배되는 이 사건 법률조항은 헌법 제12조 제1항의 적법절차원칙에도 위배된다(헌재 2012.6.27, 2011헌가36).
③ [○] 보안처분에도 적법절차의 원칙이 적용되어야 함은 당연한 것이지만 보안처분에는 다양한 형태와 내용이 존재하므로 각 보안처분에 적용되어야 할 적법절차의 범위 내지 한계에도 차이가 있어야 할 것이다.
⇨ 헌법 제12조 제1항 후문은 "누구든지 … 법률과 적법한 절차에 의하지 아니하고는 처벌·보안처분 또는 강제노역을 받지 아니한다."라고 하여 적법절차의 원칙을 선언하고 있다. 이 헌법규정이 보안처분을 처벌 또는 강제노역과 나란히 열거하고 있다는 규정의 형식에 비추어 보거나 보안처분이 처벌 또는 강

제노역에 버금가는 중대한 기본권의 제한을 수반한다는 그 내용에 비추어 보거나 보안처분에도 적법절차의 원칙이 적용되어야 함은 당연한 것이다. 다만, 보안처분에는 다양한 형태와 내용이 존재하므로 각 보안처분에 적용되어야 할 적법절차의 범위 내지 한계에도 차이가 있어야 할 것이다(헌재 2005.2.3, 2003헌바1).
④ [○] 전기통신사업법 제83조 제3항 중 '검사 또는 수사관서의 장, 정보수사기관의 장의 수사, 형의 집행 또는 국가안전보장에 대한 위해 방지를 위한 정보수집을 위한 통신자료 제공요청'에 관한 부분에 대하여 사후통지절차를 마련하지 않은 것은 적법절차원칙에 위배된다.
⇨ 이 사건 법률조항에 의한 통신자료 제공요청이 있는 경우 통신자료의 정보주체인 이용자에게는 통신자료 제공요청이 있었다는 점이 사전에 고지되지 아니하며, 전기통신사업자가 수사기관 등에게 통신자료를 제공한 경우에도 이러한 사실이 이용자에게 별도로 통지되지 않는다. 그런데 당사자에 대한 통지는 당사자가 기본권 제한 사실을 확인하고 그 정당성 여부를 다툴 수 있는 전제조건이 된다는 점에서 매우 중요하다. 효율적인 수사와 정보수집의 신속성, 밀행성 등의 필요성을 고려하여 사전에 정보주체인 이용자에게 그 내역을 통지하도록 하는 것이 적절하지 않다면 수사기관 등이 통신자료를 취득한 이후에 수사 등 정보수집의 목적에 방해가 되지 않는 범위 내에서 통신자료의 취득사실을 이용자에게 통지하는 것이 얼마든지 가능하다. 그럼에도 이 사건 법률조항은 통신자료 취득에 대한 사후통지절차를 두지 않아 적법절차원칙에 위배된다(헌재 2022.7.21, 2016헌마388).

05
답 ①

❶ [×] 우리 헌법은 경제주체의 경제상의 자유와 창의를 존중함을 기본으로 하므로 국민경제상 긴절한 필요가 있어 법률로 규정하더라도 사영기업을 국유 또는 공유로 이전하는 것은 인정되지 않는다.
⇨ 국방상 또는 국민경제상 긴절한 필요가 있는 경우에는 **법률로 규정하여 사영기업을 국유 또는 공유로 이전하거나 그 경영을 통제 또는 관리할 수 있다.**

> **헌법 제126조** 국방상 또는 국민경제상 긴절한 필요로 인하여 법률이 정하는 경우를 제외하고는, 사영기업을 국유 또는 공유로 이전하거나 그 경영을 통제 또는 관리할 수 없다.

② [○] 자경농지의 양도소득세 면제대상자를 '농지소재지에 거주하는 거주자'로 제한하는 것은 외지인의 농지투기를 방지하고 조세부담을 덜어주어 농업과 농촌을 활성화하기 위한 것이므로 경자유전의 원칙에 위배되지 않는다.
⇨ 위 규정의 입법목적이 외지인의 농지투기를 방지하고 조세부담을 덜어주어 농업·농촌을 활성화하는 데 있음을 고려하면 위 규정은 경자유전의 원칙을 실현하기 위한 것으로 볼 것이지 경자유전의 원칙에 위배된다고 볼 것은 아니라 할 것이다(헌재 2003.11.27, 2003헌바2).
③ [○] 국민연금제도는 상호부조의 원리에 입각한 사회연대성에 기초하여 소득재분배의 기능을 함으로써 사회적 시장경제질서

에 부합하는 제도이므로, 국민연금에 가입을 강제하는 법률조항은 헌법의 시장경제질서에 위배되지 않는다.

⇨ 사회보험은 사보험과 달리 가입이 강제되는 경우가 많고, 보험료가 소득이나 재산에 비례하며, 이질부담(회사가 절반을 부담), 소득재분배 효과 등이 있다.

④ [O] 신문판매업자가 독자에게 1년 동안 제공하는 무가지와 경품류를 합한 가액이 같은 기간 당해 독자로부터 받는 유료신문대금의 20%를 초과하는 경우 무가지 및 경품류 제공행위를 독점규제 및 공정거래에 관한 법률상 불공정거래행위에 해당하는 것으로 규정하는 공정거래위원회의 고시는 우리 헌법의 경제질서조항에 위배되지 않는다.

⇨ 이 사건 조항에 의하여 침해되는 사익은 신문판매업자가 발행업자로부터 공급받은 신문을 무가지로 활용하고 구독자들에게 경품을 제공하는 데 있어서 누리는 사업활동의 자유와 재산권 행사의 자유라고 할 수 있는 반면, 동 조항에 의하여 보호하고자 하는 공익은 경제적으로 우월적 지위를 가진 신문발행업자를 배경으로 한 신문판매업자가 무가지와 경품 등 살포를 통하여 경쟁상대 신문의 구독자들을 탈취하고자 하는 신문업계의 과당경쟁상황을 완화시키고 신문판매·구독시장의 경쟁질서를 정상화하여 민주사회에서 신속·정확한 정보제공과 올바른 여론형성을 주도하여야 하는 신문의 공적 기능을 유지하고자 하는 데 있는 바, 이러한 공익과 사익을 서로 비교할 때 신문판매업자가 거래상대방에게 제공할 수 있는 무가지와 경품의 범위를 유료신문대금의 20% 이하로 제한하고 있는 이 사건 조항은 그 보호하고자 하는 공익이 침해하는 사익에 비하여 크다고 판단되므로 동 조항은 양쪽의 법익교량의 측면에서도 균형을 도모하고 있다고 할 것이어서 결국 과잉금지의 원칙에 위배되지 아니하며, 헌법 제119조 제1항을 포함한 우리 헌법의 경제질서조항에도 위반되지 아니한다(헌재 2002.7.18, 2001헌마605).

06
답 ②

적절한 것은 ㉠, ㉡, ㉣이다.

㉠ [O] 국회의원선거에 있어서 선거의 효력에 관하여 이의가 있는 선거인·정당(후보자를 추천한 정당에 한한다) 또는 후보자는 선거일부터 30일 이내에 대법원에 소를 제기할 수 있다.

⇨
> **공직선거법**
> 제222조 【선거소송】 ① 대통령선거 및 국회의원선거에 있어서 선거의 효력에 관하여 이의가 있는 선거인·정당(후보자를 추천한 정당에 한한다) 또는 후보자는 선거일부터 30일 이내에 당해 선거구선거관리위원회위원장을 피고로 하여 대법원에 소를 제기할 수 있다.

㉡ [O] 국회의원선거의 효력에 관하여 소를 제기할 때에는 당해 선거구 선거관리위원회위원장을 피고로 한다. 다만, 피고로 될 위원장이 궐위된 때에는 해당 선거관리위원회 위원 전원을 피고로 한다.

⇨
> **공직선거법**
> 제222조 【선거소송】 ① 대통령선거 및 국회의원선거에 있어서 선거의 효력에 관하여 이의가 있는 선거인·정

당(후보자를 추천한 정당에 한한다) 또는 후보자는 선거일부터 30일 이내에 당해 선거구 선거관리위원회위원장을 피고로 하여 대법원에 소를 제기할 수 있다.
> ③ 제1항 또는 제2항에 따라 피고로 될 위원장이 궐위된 때에는 해당 선거관리위원회 위원 전원을 피고로 한다.

㉢ [X] 대법원이나 고등법원은 선거쟁송에서 선거에 관한 규정에 위반된 사실이 있으면 선거 전부나 일부의 무효 또는 당선의 무효를 판결한다.

⇨ 대법원이나 고등법원은 선거쟁송에서 선거에 관한 규정이 위반된 사실이 있는 때라도 선거의 결과에 영향을 미쳤다고 인정하는 때에 한하여 선거의 전부나 일부의 무효 또는 당선의 무효를 결정하거나 판결한다.

> **공직선거법**
> 제224조 【선거무효의 판결 등】 소청이나 소장을 접수한 선거관리위원회 또는 대법원이나 고등법원은 선거쟁송에 있어 선거에 관한 규정에 위반된 사실이 있는 때라도 선거의 결과에 영향을 미쳤다고 인정하는 때에 한하여 선거의 전부나 일부의 무효 또는 당선의 무효를 결정하거나 판결한다.

㉣ [O] 대통령선거와 국회의원선거에서는 선거소청이 불가하다.

⇨ 선거소청은 지방의회의원 및 지방자치단체의 장의 선거에 있어서 선거나 당선의 효력에 관하여 이의가 있는 경우 선거관리위원회에 소청할 수 있는 반면에, 대통령선거와 국회의원선거에서는 선거소청이 불가하다.

07
답 ④

① [O] 상하의 위계질서가 있는 기본권끼리 충돌하는 경우에는 상위기본권우선의 원칙에 따라 하위기본권이 제한될 수 있으므로, 흡연권은 혐연권을 침해하지 않는 한에서 인정되어야 한다.

⇨ 흡연권은 위와 같이 사생활의 자유를 실질적 핵으로 하는 것이고 혐연권은 사생활의 자유뿐만 아니라 생명권에까지 연결되는 것이므로 혐연권이 흡연권보다 상위의 기본권이라 할 수 있다. 이처럼 상하의 위계질서가 있는 기본권끼리 충돌하는 경우에는 상위기본권우선의 원칙에 따라 하위기본권이 제한될 수 있으므로, 결국 흡연권은 혐연권을 침해하지 않는 한에서 인정되어야 한다(헌재 2004.8.26, 2003헌마457).

② [O] 헌법재판소는 노동조합의 적극적 단결권은 근로자 개인의 단결하지 않을 자유보다 중시된다고 보아, 당해 사업장에 종사하는 근로자의 3분의 2 이상을 대표하는 노동조합의 경우 단체협약을 매개로 한 조직강제[이른바 유니언 샵(Union Shop) 협정의 체결]를 용인하고 있는 노동조합 및 노동관계 조정법 조항을 합헌이라고 판단하였다.

⇨ 이 사건 법률조항은 노동조합의 조직유지·강화를 위하여 당해 사업장에 종사하는 근로자의 3분의 2 이상을 대표하는 노동조합(이하 '지배적 노동조합'이라 한다)의 경우 단체협약을 매개로 한 조직강제[이른바 유니언 샵(Union Shop) 협정의 체결]를 용인하고 있다. 이 경우 근로자의 단결하지 아니할 자유와 노동조합의 적극적 단결권(조직강제권)이 충돌하게 되나, 근로자에게 보장되는 적극적 단결권이 단결하지 아니할 자유보다 특별한 의미를 갖고 있고, 노동조합의 조직강제권도

이른바 자유권을 수정하는 의미의 생존권(사회권)적 성격을 함께 가지는 만큼 근로자 개인의 자유권에 비하여 보다 특별한 가치로 보장되는 점 등을 고려하면, 노동조합의 적극적 단결권은 근로자 개인의 단결하지 않을 자유보다 중시된다고 할 것이고, 또 노동조합에게 위와 같은 조직강제권을 부여한다고 하여 이를 근로자의 단결하지 아니할 자유의 본질적인 내용을 침해하는 것으로 단정할 수는 없다. … 이 사건 법률조항은 단체협약을 매개로 하여 특정 노동조합에의 가입을 강제함으로써 근로자의 단결선택권과 노동조합의 집단적 단결권(조직강제권)이 충돌하는 측면이 있으나, 이러한 조직강제를 적법·유효하게 할 수 있는 노동조합의 범위를 엄격하게 제한하고 지배적 노동조합의 권한남용으로부터 개별근로자를 보호하기 위한 규정을 두고 있는 등 전체적으로 상충되는 두 기본권 사이에 합리적인 조화를 이루고 있고 그 제한에 있어서도 적정한 비례관계를 유지하고 있으며, 또 근로자의 단결선택권의 본질적인 내용을 침해하는 것으로도 볼 수 없으므로, 근로자의 단결권을 보장한 헌법 제33조 제1항에 위반되지 않는다(헌재 2005.11.24, 2002헌바95).

③ [O] 보도기관이 누리는 언론의 자유에 대한 제약의 문제는 결국 피해자의 반론권과 서로 충돌하는 관계에 있고, 이와 같이 두 기본권이 서로 충돌하는 경우에는 헌법의 통일성을 유지하기 위하여 상충하는 기본권 모두가 최대한으로 그 기능과 효력을 나타낼 수 있도록 하는 조화로운 방법이 모색되어야 한다.

⇨ 반론권은 보도기관이 사실에 대한 보도과정에서 타인의 인격권 및 사생활의 비밀과 사유에 대한 중대한 침해가 될 직접적 위험을 초래하게 되는 경우 이러한 법익을 보호하기 위한 적극적 요청에 의하여 마련된 제도인 것이지 언론의 자유를 제한하기 위한 소극적 필요에서 마련된 것은 아니기 때문에 이에 따른 보도기관이 누리는 언론의 자유에 대한 제약의 문제는 결국 피해자의 반론권과 서로 충돌하는 관계에 있는 것으로 보아야 할 것이다. 이와 같이 두 기본권이 서로 충돌하는 경우에는 헌법의 통일성을 유지하기 위하여 상충하는 기본권 모두가 최대한으로 그 기능과 효력을 나타낼 수 있도록 하는 조화로운 방법이 모색되어야 할 것이고, 결국은 이 법에 규정한 정정보도청구제도가 과잉금지의 원칙에 따라 그 목적이 정당한 것인가 그러한 목적을 달성하기 위하여 마련된 수단 또한 언론의 자유를 제한하는 정도가 인격권과의 사이에 적정한 비례를 유지하는 것인가의 여부가 문제된다 할 것이다(헌재 1991.9.16, 89헌마165).

❹ [×] 헌법재판소는 채권자의 재산권과 채무자의 일반적 행동의 자유권 중에서 채권자의 재산권이 상위의 기본권이라고 보아, 채권자취소권을 정한 민법 조항이 합헌이라고 판단하였다.

⇨ 사적 자치의 원칙은 헌법 제10조의 행복추구권 속에 함축된 일반적 행동자유권에서 파생된 것으로서 헌법 제119조 제1항의 자유시장 경제질서의 기초이자 우리 헌법상의 원리이고, 계약자유의 원칙은 사적 자치권의 기본원칙으로서 이러한 사적 자치의 원칙이 법률행위의 영역에서 나타난 것이므로, 채권자의 재산권과 채무자 및 수익자의 일반적 행동의 자유권 중 어느 하나를 상위기본권이라고 할 수는 없을 것이고, 채권자의 재산권과 수익자의 재산권 사이에서도 어느 쪽이 우월하다고 할 수는 없을 것이기 때문이다. 따라서 이러한 경우에는 헌법의 통일성을 유지하기 위하여 상충하는 기본권 모두가 최대한으로 그 기능과 효력을 발휘할 수 있도록 조화로운 방법

을 모색하되(규범조화적 해석), 법익형량의 원리, 입법에 의한 선택적 재량 등을 종합적으로 참작하여 심사하여야 할 것이다(헌재 2007.10.25, 2005헌바96).

08 답 ④

① [×] 제9차 개정헌법에서 인간의 존엄과 가치와 행복추구권을 처음 규정하였다.

⇨ 제5차 개정헌법에서 인간의 존엄과 가치를, 제8차 개정헌법에서 행복추구권을 신설하였다.

② [×] 행복추구권은 국민이 행복을 추구하기 위하여 필요한 급부를 국가에 대하여 적극적으로 요구할 수 있는 것을 기본적인 내용으로 한다.

⇨ 헌법 제10조의 행복추구권은 국민이 행복을 추구하기 위하여 필요한 급부를 국가에게 적극적으로 요구할 수 있는 것을 내용으로 하는 것이 아니라, 국민이 행복을 추구하기 위한 활동을 국가권력의 간섭 없이 자유롭게 할 수 있다는 포괄적인 의미의 자유권으로서의 성격을 가진다(헌재 2012.5.31, 2011헌마241).

③ [×] 소비자가 자신의 의사에 따라 자유롭게 상품을 선택할 수 있는 소비자의 자기결정권은 행복추구권과는 무관하다.

⇨ 소비자가 자신의 의사에 따라 자유롭게 상품을 선택하는 소비자의 자기결정권은 헌법 제10조의 행복추구권에 의하여 보호된다(헌재 2002.10.31, 99헌바76).

❹ [O] 비어업인이 잠수용 스쿠버장비를 사용하여 수산자원을 포획·채취하는 것을 금지하는 수산자원관리법 시행규칙 제6조 중 '잠수용 스쿠버장비 사용'에 관한 부분이 비어업인의 일반적 행동의 자유를 침해하는 것은 아니다.

⇨ 여가생활 또는 오락으로 잠수용 스쿠버다이빙을 즐기면서 수산자원을 포획하거나 채취하지 못함으로 인하여 청구인이 입는 불이익에 비해 수산자원을 보호해야 할 공익은 현저히 크다고 할 것이므로, 이 사건 규칙조항은 법익의 균형성도 갖추었다. 따라서 이 사건 규칙조항은 청구인의 일반적 행동의 자유를 침해하지 아니한다(헌재 2016.10.27, 2013헌마450).

09 답 ③

① [O] 형벌은 범행의 경중과 행위자의 책임, 즉 형벌 사이에 비례성을 갖추어야 한다.

⇨ 형사법상 책임원칙은 기본권의 최고이념인 인간의 존엄과 가치에 근거한 것으로, 형벌은 범행의 경중과 행위자의 책임, 즉 형벌 사이에 비례성을 갖추어야 함을 의미한다(헌재 2004.12.16, 2003헌가12).

② [O] 징역형 수형자에게 정역의무를 부과하는 형법 제67조는 신체의 자유를 침해하지 않는다.

⇨ 징역형 수형자에게 정역의무를 부과하는 형법 제67조는 신체의 자유를 침해하지 아니한다(헌재 2012.11.29, 2011헌마318).

❸ [×] 범죄에 대한 형벌권은 대한민국에 있기 때문에 범죄를 저지르고 외국에서 형의 전부 혹은 일부의 집행을 받은 경우라도 형을 감경 혹은 면제할 것인가의 여부를 법원이 임의로 판단할

수 있도록 한 것은 헌법에 위반되지 않는다.
⇨ 우리 형법에 의한 처벌시 외국에서 받은 형의 집행을 전혀 반영하지 아니할 수도 있도록 한 것은 과잉금지원칙에 위배되어 신체의 자유를 침해한다.

참고 판례 🖊

입법자는 외국에서 형의 집행을 받은 자에게 어떠한 요건 아래, 어느 정도의 혜택을 줄 것인지에 대하여 일정 부분 재량권을 가지고 있으나, 신체의 자유는 정신적 자유와 더불어 헌법이념의 핵심인 인간의 존엄과 가치를 구현하기 위한 가장 기본적인 자유로서 모든 기본권 보장의 전제조건이므로 최대한 보장되어야 하는 바, 외국에서 실제로 형의 집행을 받았음에도 불구하고 우리 형법에 의한 처벌시 이를 전혀 고려하지 않는다면 신체의 자유에 대한 과도한 제한이 될 수 있으므로 그와 같은 사정은 어느 범위에서든 반드시 반영되어야 하고, 이러한 점에서 입법형성권의 범위는 다소 축소될 수 있다. 입법자는 국가형벌권의 실현과 국민의 기본권 보장의 요구를 조화시키기 위하여 형을 필요적으로 감면하거나 외국에서 집행된 형의 전부 또는 일부를 필요적으로 산입하는 등의 방법을 선택하여 청구인의 신체의 자유를 덜 침해할 수 있음에도, 이 사건 법률조항과 같이 우리 형법에 의한 처벌시 외국에서 받은 형의 집행을 전혀 반영하지 아니할 수도 있도록 한 것은 과잉금지원칙에 위배되어 신체의 자유를 침해한다(헌재 2015.5.28, 2013헌바129).

---

④ [O] 금치기간 중 실외운동을 원칙적으로 제한하는 형집행법 규정은 수용자의 신체의 자유를 침해한다.
⇨ 형집행법 제112조 제3항 본문 중 제108조 제13호에 관한 부분은 금치의 징벌을 받은 사람에 대해 금치기간 동안 실외운동을 원칙적으로 정지하는 불이익을 가함으로써, 규율의 준수를 강제하여 수용시설 내의 안전과 질서를 유지하기 위한 것으로서 목적의 정당성 및 수단의 적합성이 인정된다. 실외운동은 구금되어 있는 수용자의 신체적·정신적 건강을 유지하기 위한 최소한의 기본적 요청이고, 수용자의 건강 유지는 교정교화와 건전한 사회복귀라는 형 집행의 근본적 목표를 달성하는 데 필수적이다. 그런데 위 조항은 금치처분을 받은 사람에 대하여 실외운동을 원칙적으로 금지하고, 다만, 소장의 재량에 의하여 이를 예외적으로 허용하고 있다. 그러나 소란, 난동을 피우거나 다른 사람을 해할 위험이 있어 실외운동을 허용할 경우 금치처분의 목적 달성이 어려운 예외적인 경우에 한하여 실외운동을 제한하는 덜 침해적인 수단이 있음에도 불구하고, 위 조항은 금치처분을 받은 사람에게 원칙적으로 실외운동을 금지한다. 나아가 위 조항은 예외적으로 실외운동을 허용하는 경우에도, 실외운동의 기회가 부여되어야 하는 최저기준을 법령에서 명시하고 있지 않으므로, 침해의 최소성원칙에 위배된다. 위 조항은 수용자의 정신적·신체적 건강에 필요 이상의 불이익을 가하고 있고, 이는 공익에 비하여 큰 것이므로 위 조항은 법익의 균형성 요건도 갖추지 못하였다. 따라서 위 조항은 청구인의 신체의 자유를 침해한다(헌재 2016.5.26, 2014헌마45).

10 답 ③

① [O] 법치국가원리의 한 표현인 명확성의 원칙은 기본적으로 모든 기본권 제한입법에 대하여 요구된다. 규범의 의미내용으로부터 무엇이 금지되는 행위이고 무엇이 허용되는 행위인지를 수범자가 알 수 없다면 법적 안정성과 예측가능성은 확보될 수 없게 될 것이고, 또한 법집행 당국에 의한 자의적 집행을 가능하게 할 것이기 때문이다.
⇨ 명확성원칙의 개념에 대한 옳은 설명이다.

② [O] 형벌규정에 대한 예측가능성의 유무는 당해 특정조항 하나만으로 판단할 것이 아니라, 관련 법조항 전체를 유기적·체계적으로 종합 판단하여야 하고, 그것도 각 대상법률의 성질에 따라 구체적·개별적으로 검토하여야 하며, 일반적이거나 불확정된 개념이 사용된 경우에는 당해 법률의 입법목적과 당해 법률의 다른 규정들을 원용하거나 다른 규정과의 상호관계를 고려하여 합리적으로 해석할 수 있는지 여부에 따라 가려야 한다.
⇨ 형벌규정에 대한 예측가능성의 유무는 당해 특정조항 하나만으로 판단할 것이 아니라, 관련 법조항 전체를 유기적·체계적으로 종합 판단하여야 하고, 그것도 각 대상법률의 성질에 따라 구체적·개별적으로 검토하여야 하며, 일반적이거나 불확정된 개념이 사용된 경우에는 당해 법률의 입법목적과 당해 법률의 다른 규정들을 원용하거나 다른 규정과의 상호관계를 고려하여 합리적으로 해석할 수 있는지 여부에 따라 가려야 한다(헌재 1996.2.29, 94헌마13).

❸ [X] 처벌법규나 조세법규와 같이 국민의 기본권을 직접적으로 제한하거나 침해할 소지가 있는 법규에 대해서는 명확성의 원칙이 적용되지만, 국민에게 수익적인 급부행정영역이나 규율대상이 지극히 다양하거나 수시로 변화하는 성질의 것일 때에는 명확성원칙이 적용되지 않는다.
⇨ 처벌법규나 조세법규와 같이 국민의 기본권을 직접적으로 제한하거나 침해할 소지가 있는 법규에 대해서는 명확성의 원칙이 보다 엄격하게 적용되고, 국민에게 수익적인 급부행정영역이나 규율대상이 지극히 다양하거나 수시로 변화하는 성질의 것일 때에는 **명확성원칙이 적용되지만 완화된 형태로 적용된다.**

④ [O] 모든 법규범의 문언을 순수하게 기술적 개념만으로 구성하는 것은 입법기술적으로 불가능하고 또 바람직하지도 않기 때문에 어느 정도 가치개념을 포함한 일반적·규범적 개념을 사용하지 않을 수 없으므로, 명확성의 원칙이란 기본적으로 최대한이 아닌 최소한의 명확성을 요구하는 것이다.
⇨ 명확성원칙을 판단하는 기준에 대한 옳은 설명이다.

11 답 ①

❶ [X] 헌법 제12조 제3항이 정한 영장주의는 수사기관이 강제처분을 함에 있어 중립적 기관인 법원의 허가를 얻어야 함을 의미하는 것 외에 법원에 의한 사후 통제까지 마련되어야 함을 의미한다.
⇨ 인터넷회선 감청도 범죄수사를 위한 통신제한조치 허가대상으로 정한 이 사건 법률조항이 과잉금지원칙에 반하여 피의자 또는 피내사자와 같은 대상자뿐만 아니라 이용자들의 통신 및

사생활의 비밀과 자유를 침해하는지 여부에 대하여 본다. … 헌법 제12조 제3항이 정한 영장주의가 수사기관이 강제처분을 함에 있어 중립적 기관인 법원의 허가를 얻어야 함을 의미하는 것 외에 법원에 의한 사후 통제까지 마련되어야 함을 의미한다고 보기 어렵고, 청구인의 주장은 결국 인터넷회선 감청의 특성상 집행 단계에서 수사기관의 권한 남용을 방지할 만한 별도의 통제 장치를 마련하지 않는 한 통신 및 사생활의 비밀과 자유를 과도하게 침해하게 된다는 주장과 같은 맥락이므로, 이 사건 법률조항이 과잉금지원칙에 반하여 청구인의 기본권을 침해하는지 여부에 대하여 판단하는 이상, 영장주의 위반 여부에 대해서는 별도로 판단하지 아니한다(헌재 2018.8.30, 2016헌마263).

② [O] 수사기관이 피의자로 입건된 자에 대하여 신원을 확인하기 위한 방법으로 지문을 채취하려고 할 때, 피의자가 이를 거부하는 경우에 지문채취에 응하지 않는 자는 형사처벌을 받게 되므로 이는 지문채취를 간접강제하는 것이고, 따라서 피의자의 신체의 자유를 침해하는 강제처분의 성격을 가지므로 영장주의에 의하여 규제받아야 할 영역에 해당한다.

⇨ 이 사건 법률조항은 수사기관이 직접 물리적 강제력을 행사하여 피의자에게 강제로 지문을 찍도록 하는 것을 허용하는 규정이 아니며 형벌에 의한 불이익을 부과함으로써 심리적·간접적으로 지문채취를 강요하고 있으므로 피의자가 본인의 판단에 따라 수용 여부를 결정한다는 점에서 궁극적으로 당사자의 자발적 협조가 필수적임을 전제로 하므로 물리력을 동원하여 강제로 이루어지는 경우와는 질적으로 차이가 있다. 따라서 이 사건 법률조항에 의한 지문채취의 강요는 영장주의에 의하여야 할 강제처분이라 할 수 없다. 또한 수사상 필요에 의하여 수사기관이 직접강제에 의하여 지문을 채취하려 하는 경우에는 반드시 법관이 발부한 영장에 의하여야 하므로 영장주의원칙은 여전히 유지되고 있다고 할 수 있다(헌재 2004.9.23, 2002헌가17).

③ [O] 기지국 수사를 허용하는 통신사실 확인자료 제공요청은 법원의 허가를 받으면, 해당 가입자의 동의나 승낙을 얻지 아니하고도 제3자인 전기통신사업자에게 해당 가입자에 관한 통신사실 확인자료의 제공을 요청할 수 있도록 하는 수사방법으로, 통신비밀보호법이 규정하는 강제처분에 해당하므로 헌법상 영장주의가 적용된다.

⇨ 기지국 수사를 허용하는 통신사실 확인자료 제공요청은 법원의 허가를 받으면, 해당 가입자의 동의나 승낙을 얻지 아니하고도 제3자인 전기통신사업자에게 해당 가입자에 관한 통신사실 확인자료의 제공을 요청할 수 있도록 하는 수사방법으로, 통신비밀보호법이 규정하는 강제처분에 해당하므로 헌법상 영장주의가 적용된다(헌재 2018.6.28, 2012헌마538).

④ [O] 수사기관이 공사단체 등에 범죄수사에 관련된 사실을 조회하는 행위는 강제력이 개입되지 아니한 임의수사에 해당하므로, 이에 응하여 이루어진 국민건강보험공단의 개인정보제공행위에는 영장주의가 적용되지 않는다.

⇨ 이 사건 사실조회행위는 강제력이 개입되지 아니한 임의수사에 해당하므로, 이에 응하여 이루어진 이 사건 정보제공행위에도 영장주의가 적용되지 않는다. 그러므로 이 사건 정보제공행위가 영장주의에 위배되어 청구인들의 개인정보자기결정권을 침해한다고 볼 수 없다(헌재 2018.8.30, 2014헌마368).

12 답 ④

① [O] 양심의 자유는 내심에서 우러나오는 윤리적 확신과 이에 반하는 외부적 법질서의 요구가 서로 회피할 수 없는 상태로 충돌할 때에만 침해될 수 있다.

⇨ 양심의 자유는 내심에서 우러나오는 윤리적 확신과 이에 반하는 외부적 법질서의 요구가 서로 회피할 수 없는 상태로 충돌할 때에만 침해될 수 있다. 그러므로 당해 실정법이 특정의 행위를 금지하거나 명령하는 것이 아니라 단지 특별한 혜택을 부여하거나 권고 내지 허용하고 있는 데에 불과하다면, 수범자는 수혜를 스스로 포기하거나 권고를 거부함으로써 법질서와 충돌하지 아니한 채 자신의 양심을 유지·보존할 수 있으므로 양심의 자유에 대한 침해가 된다 할 수 없다(헌재 2002.4.25, 98헌마425 등).

② [O] 양심적 병역거부사건에서 진정한 양심의 의미와 증명방법 및 정당한 사유의 부존재에 대한 책임은 검사에게 있다고 판시하였다.

⇨ 정당한 사유가 없다는 사실은 범죄구성요건이므로 검사가 증명하여야 한다. 다만, 진정한 양심의 부존재를 증명한다는 것은 마치 특정되지 않은 기간과 공간에서 구체화되지 않은 사실의 부존재를 증명하는 것과 유사하다. 위와 같은 불명확한 사실의 부존재를 증명하는 것은 사회통념상 불가능한 반면 그 존재를 주장·증명하는 것이 좀 더 쉬우므로, 이러한 사정은 검사가 증명책임을 다하였는지를 판단할 때 고려하여야 한다. 따라서 양심적 병역거부를 주장하는 피고인은 자신의 병역거부가 그에 따라 행동하지 않고서는 인격적 존재가치가 파멸되고 말 것이라는 절박하고 구체적인 양심에 따른 것이며 그 양심이 깊고 확고하며 진실한 것이라는 사실의 존재를 수긍할 만한 소명자료를 제시하고, 검사는 제시된 자료의 신빙성을 탄핵하는 방법으로 진정한 양심의 부존재를 증명할 수 있다. 이때 병역거부자가 제시해야 할 소명자료는 적어도 검사가 그에 기초하여 정당한 사유가 없다는 것을 증명하는 것이 가능할 정도로 구체성을 갖추어야 한다(대판 2018.11.1, 2016도10912).

③ [O] 양심의 자유의 내용에 양심실현의 자유도 포함된다.

⇨ 헌법 제19조의 양심의 자유는 크게 양심형성의 내부영역과 형성된 양심을 실현하는 외부영역으로 나누어 볼 수 있으므로, 그 구체적인 보장내용에 있어서도 내심의 자유인 '양심형성의 자유'와 양심적 결정을 외부로 표현하고 실현하는 '양심실현의 자유'로 구분된다. 양심형성의 자유란 외부로부터의 부당한 간섭이나 강제를 받지 않고 개인의 내심영역에서 양심을 형성하고 양심상의 결정을 내리는 자유를 말하고, 양심실현의 자유란 형성된 양심을 외부로 표명하고 양심에 따라 삶을 형성할 자유, 구체적으로는 양심을 표명하거나 또는 양심을 표명하도록 강요받지 아니할 자유(양심표명의 자유), 양심에 반하는 행동을 강요받지 아니할 자유(부작위에 의한 양심실현의 자유), 양심에 따른 행동을 할 자유(작위에 의한 양심실현의 자유)를 모두 포함한다(헌재 2004.8.26, 2002헌가1).

❹ [X] 특정한 내적인 확신 또는 신념이 양심으로 형성된 이상 그 내용 여하를 떠나 양심의 자유에 의해 보호되는 양심이 될 수 있으므로, 헌법상 양심의 자유에 의해 보호받는 양심으로 인정할 것인지의 판단은 그것이 깊고, 확고하며, 진실된 것인지 여부와 관계없다.

⇨ 특정한 내적인 확신 또는 신념이 양심으로 형성된 이상 그 내용 여하를 떠나 양심의 자유에 의해 보호되는 양심이 될 수 있으므로, 헌법상 양심의 자유에 의해 보호받는 '양심'으로 인정할 것인지의 판단은 그것이 깊고, 확고하며, 진실된 것인지 여부에 따르게 된다. 그리하여 양심적 병역거부를 주장하는 사람은 자신의 '양심'을 외부로 표명하여 증명할 최소한의 의무를 진다(헌재 2018.6.28, 2011헌바379 등).

13 답 ④

① [O] 대체복무제는 그 개념상 병역종류조항과 밀접한 관련을 갖는다. 따라서 병역종류조항에 대한 이 사건 심판청구는 입법자가 아무런 입법을 하지 않은 진정입법부작위를 다투는 것이 아니라, 입법자가 병역의 종류에 관하여 입법은 하였으나 그 내용이 양심적 병역거부자를 위한 대체복무제를 포함하지 아니하여 불완전·불충분하다는 부진정입법부작위를 다투는 것이라고 봄이 상당하다.

⇨ 비군사적 성격을 갖는 복무도 입법자의 형성에 따라 병역의무의 내용에 포함될 수 있고, 대체복무제는 그 개념상 병역종류조항과 밀접한 관련을 갖는다. 따라서 병역종류조항에 대한 이 사건 심판청구는 입법자가 아무런 입법을 하지 않은 진정입법부작위를 다투는 것이 아니라, 입법자가 병역의 종류에 관하여 입법은 하였으나 그 내용이 양심적 병역거부자를 위한 대체복무제를 포함하지 아니하여 불완전·불충분하다는 부진정입법부작위를 다투는 것이라고 봄이 상당하다(헌재 2018.6.28, 2011헌바379).

② [O] 병역종류조항이 대체복무제를 포함하고 있지 않다는 이유로 위헌으로 결정된다면, 양심적 병역거부자가 현역입영 또는 소집 통지서를 받은 후 3일 내에 입영하지 아니하거나 소집에 불응하더라도 대체복무의 기회를 부여받지 않는 한 당해 형사사건을 담당하는 법원이 무죄를 선고할 가능성이 있으므로, 병역종류조항은 재판의 전제성이 인정된다.

⇨ 병역종류조항이 대체복무제를 포함하고 있지 않다는 이유로 위헌으로 결정된다면, 양심적 병역거부자가 현역입영 또는 소집 통지서를 받은 후 3일 내에 입영하지 아니하거나 소집에 불응하더라도 대체복무의 기회를 부여받지 않는 한 당해 형사사건을 담당하는 법원이 무죄를 선고할 가능성이 있으므로, 병역종류조항은 재판의 전제성이 인정된다(헌재 2018.6.28, 2011헌바379).

③ [O] 양심적 병역거부자에 대한 대체복무제를 규정하지 아니한 병역종류조항은 과잉금지원칙에 위배하여 양심적 병역거부자의 양심의 자유를 침해한다.

⇨ 병역종류조항은, 병역부담의 형평을 기하고 병역자원을 효과적으로 확보하여 효율적으로 배분함으로써 국가안보를 실현하고자 하는 것이므로 정당한 입법목적을 달성하기 위한 적합한 수단이다. 병역종류조항이 규정하고 있는 병역들은 모두 군사훈련을 받는 것을 전제하고 있으므로, 양심적 병역거부자에게 그러한 병역을 부과할 경우 그들의 양심과 충돌을 일으키는데, 이에 대한 대안으로 대체복무제가 논의되어 왔다. 양심적 병역거부자의 수는 병역자원의 감소를 논할 정도가 아니고, 이들을 처벌한다고 하더라도 교도소에 수감할 수 있을 뿐 병역자원으로 활용할 수는 없으므로, 대체복무제를 도입하더라도

우리나라의 국방력에 의미 있는 수준의 영향을 미친다고 보기는 어렵다. 국가가 관리하는 객관적이고 공정한 사전심사절차와 엄격한 사후관리절차를 갖추고, 현역복무와 대체복무 사이에 복무의 난이도나 기간과 관련하여 형평성을 확보해 현역복무를 회피할 요인을 제거한다면, 심사의 곤란성과 양심을 빙자한 병역기피자의 증가 문제를 해결할 수 있으므로, 대체복무제를 도입하면서도 병역의무의 형평을 유지하는 것은 충분히 가능하다. 따라서 대체복무제라는 대안이 있음에도 불구하고 군사훈련을 수반하는 병역의무만을 규정한 병역종류조항은, 침해의 최소성원칙에 어긋난다. 병역종류조항이 추구하는 '국가안보' 및 '병역의무의 공평한 부담'이라는 공익은 대단히 중요하나, 앞서 보았듯이 병역종류조항에 대체복무제를 도입한다고 하더라도 위와 같은 공익은 충분히 달성할 수 있다고 판단된다. 반면, 병역종류조항이 대체복무제를 규정하지 아니함으로 인하여 양심적 병역거부자들은 최소 1년 6월 이상의 징역형과 그에 따른 막대한 유·무형의 불이익을 감수하여야 한다. 양심적 병역거부자들에게 공익 관련 업무에 종사하도록 한다면, 이들을 처벌하여 교도소에 수용하고 있는 것보다는 넓은 의미의 안보와 공익실현에 더 유익한 효과를 거둘 수 있을 것이다. 따라서 병역종류조항은 법익의 균형성 요건을 충족하지 못하였다. 그렇다면 양심적 병역거부자에 대한 대체복무제를 규정하지 아니한 병역종류조항은 과잉금지원칙에 위배하여 양심적 병역거부자의 양심의 자유를 침해한다(헌재 2018.6.28, 2011헌바379).

❹ [X] 병역종류조항에 대해 단순위헌결정을 할 경우 병역의 종류와 각 병역의 구체적인 범위에 관한 근거규정이 사라지게 되어 일체의 병역의무를 부과할 수 없게 되므로, 용인하기 어려운 법적 공백이 생기게 된다. 입법자는 대체복무제를 형성함에 있어 그 신청절차, 심사주체 및 심사방법, 복무분야, 복무기간 등을 어떻게 설정할지 등에 관하여 광범위한 입법재량을 가진다. 따라서 병역종류조항에 대하여 한정위헌결정을 선고한다.

⇨ 병역종류조항에 대해 단순위헌결정을 할 경우 병역의 종류와 각 병역의 구체적인 범위에 관한 근거규정이 사라지게 되어 일체의 병역의무를 부과할 수 없게 되므로, 용인하기 어려운 법적 공백이 생기게 된다. 더욱이 입법자는 대체복무제를 형성함에 있어 그 신청절차, 심사주체 및 심사방법, 복무분야, 복무기간 등을 어떻게 설정할지 등에 관하여 광범위한 입법재량을 가진다. 따라서 병역종류조항에 대하여 헌법불합치결정을 선고하되, 다만 입법자의 개선입법이 이루어질 때까지 계속적용을 명하기로 한다. 입법자는 늦어도 2019.12.31.까지는 대체복무제를 도입하는 내용의 개선입법을 이행하여야 하고, 그때까지 개선입법이 이루어지지 않으면 병역종류조항은 2020.1.1.부터 효력을 상실한다(헌재 2018.6.28, 2011헌바379).

14 답 ④

① [O] 사전검열로 인정되려면 사상이나 의견이 발표되기 전에 일반적으로 허가를 받기 위한 표현물의 제출의무가 있어야 한다.

⇨ 검열은 일반적으로 허가를 받기 위한 표현물의 제출의무, 행정권이 주체가 된 사전심사절차, 허가를 받지 아니한 의사표현의 금지 및 심사절차를 관철할 수 있는 강제수단 등의 요건을 갖춘 경우에만 이에 해당하는 것이다(헌재 1996.10.4, 93

헌가13).

② [O] 행정권이 주체가 된 사전심사절차도 사전검열의 인정요소이다.

⇨ 헌법 제21조 제2항의 검열은 행정권이 주체가 되어 사상이나 의견 등이 발표되기 이전에 예방적 조치로서 그 내용을 심사·선별하여 발표를 사전에 억제하는, 즉 허가받지 아니한 것의 발표를 금지하는 제도를 뜻한다(헌재 1996.10.4, 93헌가13).

③ [O] 정기간행물 자료의 납본만을 요구하는 경우에는 검열에 해당하지 않는다.

⇨ 발행된 정간물을 공보처에 납본하는 것은 그 정간물의 내용을 심사하여 이를 공개 내지 배포하는 데 대한 허가나 금지와는 전혀 관계없는 것으로서 사전검열이라고 볼 수 없다(헌재 1992.6.26, 90헌바26).

❹ [X] 옥외광고물 등의 모양, 크기, 색깔 등을 규제하는 것도 검열에 해당한다.

⇨ 옥외광고물 등 관리법 제3조는 일정한 지역·장소 및 물건에 광고물 또는 게시시설을 표시하거나 설치하는 경우에 그 광고물 등의 종류·모양·크기·색깔, 표시 또는 설치의 방법 및 기간 등을 규제하고 있을 뿐, 광고물 등의 내용을 심사·선별하여 광고물을 사전에 통제하려는 제도가 아님은 명백하므로, 헌법 제21조 제2항이 정하는 사전허가·검열에 해당되지 아니하며, 언론·출판의 자유를 침해한다고 볼 수 없다(헌재 1998.2.27, 96헌바2).

15
답 ①

❶ [O] 공무원연금법 제32조 본문 중 공무원연금법상의 급여를 받을 권리에 대한 압류금지 부분은 채권자의 재산권을 침해하거나 헌법상의 경제질서에 위반되지 않는다.

⇨ 공무원연금법상의 각종 급여는 기본적으로 사법상의 급여와는 달리 퇴직공무원 및 그 유족의 생활안정과 복리향상을 위한 사회보장적 급여로서의 성질을 가지므로, 본질상 일신전속성이 강하여 권리자로부터 분리되기 어렵고, 사적 거래의 대상으로 삼기에 적합하지 아니할 뿐만 아니라, 압류를 금지할 필요성이 훨씬 크며, 공무원연금법상 각종 급여의 액수는 공무원의 보수월액을 기준으로 산정되는데, 공무원연금법이 제정될 당시부터 공무원의 보수수준은 일반기업의 급료에 비하여 상대적으로 낮은 편이고, 더구나 이 사건 법률조항은 수급권자가 법상의 급여를 받기 전에 그 급여수급권에 대하여만 압류를 금지하는 것일 뿐 법상의 급여를 받은 이후까지 압류를 금지하는 것은 아니므로, 이 사건 법률조항에서 공무원연금법상의 각종 급여수급권 전액에 대하여 압류를 금지한 것이 기본권 제한의 입법적 한계를 넘어서 재산권의 본질적 내용을 침해한 것이거나 헌법상의 경제질서에 위반된다고 볼 수는 없다(헌재 2000.3.30, 98헌마401 등).

② [X] 재건축사업 진행단계에 상관없이 임대인이 갱신거절권을 행사할 수 있도록 한 구 상가건물 임대차보호법 제10조 제1항 단서 제7호는 상가임차인의 재산권을 침해한다.

⇨ 재건축사업 진행단계에 상관없이 임대인이 갱신거절권을 행사할 수 있도록 한 구 상가건물 임대차보호법 제10조 제1항 단서 제7호는 과도하게 상가임차인의 재산권을 침해한다고 볼 수 없다(헌재 2014.8.28, 2013헌바76).

③ [X] 제대혈의 매매행위를 금지하고 있는 제대혈 관리 및 연구에 관한 법률 제5조 제1항 제1호는 재산권을 침해한다.

⇨ 심판대상조항으로 인하여 청구인이 받게 되는 불이익보다는, 제대혈의 윤리성과 안전성을 확보하여 국민의 생명과 신체의 안전을 보장하고 국민보건의 향상에 기여하려는 심판대상조항이 추구하는 공익이 더 크다. 따라서 심판대상조항은 법익의 균형성도 갖추었다. 심판대상조항은 과잉금지원칙을 위반하여 청구인의 계약의 자유 및 재산권을 침해하지 아니한다(헌재 2017.11.30, 2016헌바38).

④ [X] 지방의회의원에 대한 퇴직연금의 전액에 대해 지급을 정지하는 공무원연금법 조항은 공무원으로서의 보수와 퇴직공무원으로서의 연금이라는 이중수혜를 받는 것을 방지하기 위한 것이므로 재산권을 침해하는 것은 아니다.

⇨ 퇴직연금수급자인 지방의회의원 중 약 4분의 3에 해당하는 의원이 퇴직연금보다 적은 액수의 월정수당을 받고, 2020년 기준 월정수당이 정지된 연금월액보다 100만원 이상 적은 지방의회의원도 상당수 있다. 월정수당은 지방자치단체에 따라 편차가 크고 안정성이 낮다. 이 사건 구법 조항과 같이 소득 수준을 고려하지 않으면 재취업 유인을 제공하지 못하여 정책목적 달성에 실패할 가능성도 크다. 다른 나라의 경우 연금과 보수 중 일부를 감액하는 방식으로 선출직에 취임하여 보수를 받는 것이 생활보장에 더 유리하도록 제도를 설계하고 있다. 따라서 기본권을 덜 제한하면서 입법목적을 달성할 수 있는 다양한 방법이 있으므로 이 사건 구법 조항은 침해의 최소성 요건을 충족하지 못하고, 법익의 균형성도 충족하지 못한다. 이 사건 구법 조항은 과잉금지원칙에 위배되어 청구인들의 재산권을 침해하므로 헌법에 위반된다. … 다만, 이 사건 구법 조항의 위헌성은 연금지급정지제도 자체에 있다기보다는 선출직 공무원으로서 받게 되는 보수가 연금에 미치지 못하는 경우에도 연금 전액의 지급을 정지하는 것에 있고, 위헌성 제거 방식에 대하여는 입법자에게 재량이 있다. 따라서 이 사건 구법 조항에 대해서는 적용을 중지하는 헌법불합치결정을 한다(헌재 2022.1.27, 2019헌바161).

16
답 ③

① [O] 공무원연금제도는 공무원을 대상으로 퇴직 또는 사망과 공무로 인한 부상·질병 등에 대하여 적절한 급여를 실시함으로써 공무원 및 그 유족의 생활안정과 복리향상에 기여하는 데 그 목적이 있으며, 사회적 위험이 발생한 때에 국가의 책임 아래 보험기술을 통하여 공무원의 구제를 도모하는 사회보험제도의 일종이다.

⇨ 공무원연금제도는 공무원을 대상으로 퇴직 또는 사망과 공무로 인한 부상·질병·폐질에 대하여 적절한 급여를 실시함으로써, 공무원 및 그 유족의 생활안정과 복리향상에 기여하는 데에 그 목적이 있는 것으로서(법 제1조), 위의 사유와 같은 사회적 위험이 발생한 때에 국가의 책임 아래 보험기술을 통하여 공무원의 구제를 도모하는 사회보험제도의 일종이다(헌재 2000.3.30, 98헌마401 등).

② [○] 공무원연금법상의 퇴직급여 등 각종 급여를 받을 권리, 즉 연금수급권은 재산권의 성격과 사회보장수급권의 성격이 불가분적으로 혼재되어 있는데, 입법자로서는 연금수급권의 구체적 내용을 정함에 있어 어느 한 쪽의 요소에 보다 중점을 둘 수 있다.

⇨ 공무원연금법상의 퇴직급여, 유족급여 등 각종 급여를 받을 권리, 즉 연금수급권은 일부 재산권으로서의 성격을 지니는 것으로 파악되고 있으나 이는 앞서 본 바와 같이 사회보장수급권의 성격과 불가분적으로 혼재되어 있으므로, 비록 연금수급권에 재산권의 성격이 일부 있다 하더라도 그것은 이미 사회보장법리의 강한 영향을 받지 않을 수 없다 할 것이고, 입법자로서는 연금수급권의 구체적 내용을 정함에 있어 이를 전체로서 파악하여 어느 한 쪽의 요소에 보다 중점을 둘 수 있다 할 것이다(헌재 2009.5.28, 2008헌바107).

❸ [×] 명예퇴직 공무원이 재직 중의 사유로 금고 이상의 형을 받은 때에는 명예퇴직수당을 필요적으로 환수하도록 한 국가공무원법 제74조의2 제3항 제1호는 명예퇴직 공무원들의 재산권을 침해하고 평등원칙에도 위배된다.

⇨ 명예퇴직수당은 공무원의 조기퇴직을 유도하기 위한 특별장려금이고, 퇴직 전 근로에 대한 공로보상적 성격도 갖는다고 할 것이어서, 입법자가 명예퇴직수당 수급권의 구체적인 지급요건·방법·액수 등을 형성함에 있어서 상대적으로 폭넓은 재량이 허용되고, 공무원으로 하여금 국민 전체에 대한 봉사자로서 재직 중 성실하고 청렴하게 근무하도록 유도하기 위한 것으로서 그 목적의 정당성과 수단의 적합성이 인정된다. 또한, 명예퇴직수당은 예산이 허용하는 범위 내에서 처분권자의 재량에 따라 지급되는 점, 직무와 관련 없는 사유 중에도 법률적·사회적 비난가능성이 큰 범죄가 존재하는 점, 과실범 등과 관련하여서는 형사재판과정에서 해당 사유를 참작한 법관의 양형에 의하여 구체적 부당함이 보정될 수 있는 점, 명예퇴직 희망자가 제출하여야 하는 명예퇴직수당 지급신청서에 금고 이상의 형을 받는 경우에는 명예퇴직수당을 반납하여야 한다고 기재되어 있는 점 등에 비추어 볼 때, 이 사건 법률조항은 피해의 최소성 및 법익균형성을 갖추었다고 할 것이어서, 재산권을 침해하지 않는다(헌재 2010.11.25, 2010헌바93).

✎ 일반적으로 퇴직한 경우와 명예퇴직한 경우를 구별해야 한다.

④ [○] 공무원 퇴직연금의 수급요건을 재직기간 20년에서 10년으로 완화한 개정 공무원연금법 제46조 제1항의 적용대상을 법 시행일 당시 재직 중인 공무원으로 한정한 공무원연금법 부칙(2015.6.22, 법률 제13387호) 제6조 중 제46조 제1항에 관한 부분(이하 '심판대상조항'이라 한다)은 청구인의 평등권을 침해하지 않는다.

⇨ 2015.6.22. 공무원연금법이 개정되면서 퇴직연금의 수급요건인 재직기간이 20년에서 10년으로 완화되었는 바, 이와 같은 개정을 하면서 그 적용대상을 제한하지 아니하고 이미 법률관계가 확정된 자들에게까지 소급한다면 그로 인하여 법적 안정성 문제를 야기하게 되고 상당한 규모의 재정부담도 발생하게 될 것이므로, 일정한 기준을 두어 적용대상을 제한한 것은 충분히 납득할 만한 이유가 있다. 이때 법률의 개정·공포일 즉시 법률을 시행하지 아니하고 약 6개월 뒤로 시행일을 정한 것은 개정법의 원활한 시행을 위하여 준비기간이 필요했기 때문으로, 심판대상조항으로 인하여 법률의 개정·공포일부터

시행일 사이에 퇴직한 사람이 완화된 퇴직연금 수급요건의 적용대상에서 제외된다 하더라도 이것은 불가피한 경우에 해당한다. 따라서 개정법률을 그 시행일 전으로 소급적용하는 경과규정을 두지 않았다고 하여 이를 현저히 불합리한 차별이라고 볼 수 없으므로, 심판대상조항은 청구인의 평등권을 침해하지 아니한다(헌재 2017.5.25, 2015헌마933).

17　　　　　　　　　　　　　　　　　답 ②

① [○] 주취 중 운전 금지규정을 2회 이상 위반한 사람이 다시 이를 위반한 때에는 운전면허를 필요적으로 취소하도록 규정하고 있는 도로교통법 조항은 직업의 자유 및 일반적 행동의 자유를 침해하지 않는다.

⇨ 증가하는 교통사고에 대응하여 교통질서를 확립하고자 필요적 면허취소 규정을 두고 이를 계속 확대하는 과정에서 이 사건 법률조항이 신설된 점, 음주운전을 방지하고 이를 규제함으로써 도로교통에서 일어나는 국민의 생명 또는 신체에 대한 위험과 장해를 방지·제거하여 안전하고 원활한 교통질서를 확립하고자 하는 입법목적, 이 사건 법률조항에 해당하여 운전면허가 취소되는 경우 운전면허 결격기간이 법이 정한 기간 중 비교적 단기간인 2년인 점, 음주단속에 있어서의 시간적·공간적 한계를 고려할 때 음주운전으로 3회 이상 단속되었을 경우에는 음주운전행위 사이의 기간에 관계없이 운전자에게 교통법규에 대한 준법정신이나 안전의식이 현저히 결여되어 있음을 충분히 인정할 수 있는 점 등에 비추어 보면, 이 사건 법률조항은 직업의 자유를 제한함에 있어 필요최소한의 범위를 넘었다고 볼 수는 없고 음주운전으로 인하여 발생할 국민의 생명·신체에 대한 위험을 예방하고 교통질서를 확립하려는 공익과 자동차 등을 운전하고자 하는 사람의 기본권이라는 사익간의 균형성을 도외시한 것이라고 보기 어려우므로 법익균형성의 원칙에 반하지 아니한다(헌재 2010.3.25, 2009헌바83).

❷ [×] 택시운전자격을 취득한 사람이 강제추행 등 성범죄를 범하여 금고 이상의 형의 집행유예를 선고받은 경우 그 자격을 취소하도록 하는 것은 직업의 자유를 침해한다.

⇨ 택시를 이용하는 국민을 성범죄 등으로부터 보호하고, 여객운송서비스 이용에 대한 불안감을 해소하며, 도로교통에 관한 공공의 안전을 확보하려는 심판대상조항의 입법목적은 정당하고, 또한 해당 범죄를 범한 택시운송사업자의 운전자격의 필요적 취소라는 수단의 적합성도 인정된다. … 따라서 심판대상조항은 과잉금지원칙에 위배되지 않는다(헌재 2018.5.31, 2016헌바14 등).

③ [○] 아동학대관련범죄로 벌금형이 확정된 날부터 10년이 지나지 아니한 사람은 어린이집을 설치·운영하거나 어린이집에 근무할 수 없도록 한 것은 직업의 자유를 침해한다.

⇨ 아동학대관련범죄전력자에 대해 범죄전력만으로 장래에 동일한 유형의 범죄를 다시 저지를 것이라고 단정하기는 어려움에도 불구하고, 심판대상조항은 오직 아동학대관련범죄전력에 기초해 10년이라는 기간 동안 일률적으로 취업제한의 제재를 부과하는 점, 이 기간 내에는 취업제한 대상자가 그러한 제재로부터 벗어날 수 있는 어떠한 기회도 존재하지 않는 점, 재범의 위험성에 대한 사회적 차원의 대처가 필요하다 해도 개별

범죄행위의 태양을 고려한 위험의 경중에 대한 판단이 있어야 하는 점 등에 비추어 볼 때, 심판대상조항은 침해의 최소성 요건을 충족했다고 보기 어렵다. 따라서 심판대상조항은 과잉금지원칙에 위반되어 청구인의 직업선택의 자유를 침해한다(헌재 2022.9.29, 2019헌마813).

④ [O] 변호인선임서 등을 공공기관에 제출할 때 소속 지방변호사회를 경유하도록 한 법률규정은 변호사의 직업수행의 자유를 침해하지 않는다.
  ⇨ 변호인선임서 등의 지방변호사회 경유제도는 사건브로커 등 수임 관련 비리의 근절 및 사건수임 투명성을 위하여 도입된 것으로서 그 입법목적이 정당하고 그 수단도 적절하다. … 변호사법 제29조는 변호사의 직업수행의 자유를 침해하지 아니한다(헌재 2013.5.30, 2011헌마131).

18
답 ③

① [O] 한국철도공사의 상근직원은 상근임원과 달리 그 직을 유지한 채 공직선거에 입후보하여 자신을 위한 선거운동을 할 수 있음에도, 상근직원이 타인을 위한 선거운동을 할 수 없도록 전면적으로 금지하는 공직선거법 규정은 상근직원의 선거운동의 자유를 침해한다.
  ⇨ 심판대상조항은 한국철도공사에서 상근직원으로 근무하는 자가 선거에 직·간접적으로 영향력을 행사하는 행위를 금지하여 선거의 형평성과 공정성을 확보하기 위한 것이므로 입법목적의 정당성을 인정할 수 있고, 한국철도공사의 상근직원에 대하여 선거운동을 금지하고 이를 위반한 경우 처벌하는 것은 위와 같은 목적의 달성에 적합한 수단으로 인정된다. 그러나 한국철도공사 상근직원의 지위와 권한에 비추어볼 때, 특정 개인이나 정당을 위한 선거운동을 한다고 하여 그로 인한 부작용과 폐해가 일반 사기업 직원의 경우보다 크다고 보기 어려우므로, 직급이나 직무의 성격에 대한 검토 없이 일률적으로 모든 상근직원에게 선거운동을 전면적으로 금지하고 이에 위반한 경우 처벌하는 것은 선거운동의 자유를 지나치게 제한하는 것이다. 또한, 한국철도공사의 상근직원은 공직선거법의 다른 조항에 의하여 직무상 행위를 이용하여 선거운동을 하거나 하도록 하는 행위를 할 수 없고, 선거에 영향을 미치는 전형적인 행위도 할 수 없다. 더욱이 그 직을 유지한 채 공직선거에 입후보할 수 없는 상근임원과 달리, 한국철도공사의 상근직원은 그 직을 유지한 채 공직선거에 입후보하여 자신을 위한 선거운동을 할 수 있음에도 타인을 위한 선거운동을 전면적으로 금지하는 것은 과도한 제한이다. 따라서 심판대상조항은 선거운동의 자유를 침해한다(헌재 2018.2.22, 2015헌바124).

② [O] 비례대표국회의원에 입후보하기 위하여 기탁금으로 1,500만원을 납부하도록 한 규정은 그 액수가 고액이라 거대정당에게 일방적으로 유리하고, 다양해진 국민의 목소리를 제대로 대표하지 못하여 사표를 양산하는 다수대표제의 단점을 보완하기 위하여 도입된 비례대표제의 취지에도 반하는 것이다.
  ⇨ 비례대표국회의원 의석을 1석이라도 배분받을 확률이 높은 정당에게는 후보자를 최대 비례대표국회의원 정수(47명)까지 추천하는 데 어떠한 실질적인 제약이나 부담으로 작용하지 않게 된다. 반면에 1석의 확보조차 예측하기 어려운 신생정당이나 소수정당에게는 후보자 인원 수에 비례하여 지나치게 과

다하게 설정된 기탁금이 비례대표국회의원선거에의 참여, 나아가 정당으로서 소속 당원을 후보자로 추천함에 있어 상당한 부담감으로 작용하게 된다. 이는 다수대표제의 단점, 즉 거대정당에게 일방적으로 유리하고 다양한 국민의 목소리를 제대로 대표하지 못하는 현상을 방지하기 위해 도입된 비례대표제의 본래 취지에도 부합하지 않는 결과를 초래한다. 따라서 상대적으로 당비나 국고보조금을 지원받기 어렵고 재정상태가 열악한 신생정당이나 소수정당에게 후보자 1명마다 1천 500만원이라는 기탁금액은 선거에의 참여 자체를 위축시킬 수 있는 금액으로서, 비례대표제의 취지를 실현하기 위해 필요한 최소한의 액수보다 지나치게 과다한 액수이다(헌재 2016.12.29, 2015헌마1160 등).

❸ [×] 선거범으로서 100만원 이상의 벌금형의 선고를 받고 그 형이 확정된 후 5년을 경과하지 아니한 자 또는 형의 집행유예의 선고를 받고 그 형이 확정된 후 10년을 경과하지 아니한 자의 선거권을 제한하는 규정은 국민주권과 대의제 민주주의의 실현수단으로서 선거권이 가지는 의미와 보통선거원칙의 중요성을 감안하면, 필요최소한을 넘어 과도한 제한으로서 이들 선거범의 선거권을 침해한다.
  ⇨ 선거권제한조항은 선거의 공정성을 확보하기 위한 것으로서, 선거권 제한의 대상과 요건, 기간이 제한적인 점, 선거의 공정성을 해친 바 있는 선거범으로부터 부정선거의 소지를 차단하여 공정한 선거가 이루어지도록 하기 위하여는 선거권을 제한하는 것이 효과적인 방법인 점, 법원이 선거범에 대한 형량을 결정함에 있어서 양형의 조건뿐만 아니라 선거권의 제한 여부에 대하여도 합리적 평가를 하게 되는 점, 선거권의 제한기간이 공직선거마다 벌금형의 경우는 1회 정도, 징역형의 집행유예의 경우에는 2~3회 정도 제한하는 것에 불과한 점 등을 종합하면, 선거권제한조항은 청구인들의 선거권을 침해한다고 볼 수 없다(헌재 2018.1.25, 2015헌마821 등).

④ [O] 대통령선거경선후보자가 당내경선 과정에서 탈퇴함으로써 후원회를 둘 수 있는 자격을 상실한 때에는 후원회로부터 후원받은 후원금 전액을 국고에 귀속하도록 하고 있는 정치자금법 규정은 정당한 사유도 없이 후원금을 선거운동비용으로 사용하는 것을 제한하는 것이고, 그로 인하여 선거운동의 자유 및 선거과정에서 탈퇴할 자유 등 국민의 참정권을 침해하는 것이다.
  ⇨ 선거운동에는 선거비용이 필수적으로 수반되는 것이므로, 선거운동비용의 사용을 제한하는 것은 선거운동을 제한하는 결과로 된다. 이 사건 법률조항은 대통령선거경선후보자가 적법하게 조직된 후원회로부터 기부받은 후원금을 적법하게 사용한 경우에, 당내경선에 참여하지 않았다는 사유로 이미 적법하게 사용한 선거운동비용까지 포함하여 후원금의 총액을 국고에 귀속하게 하는 것이므로 선거운동의 자유를 제한하고 있는 것이다. 대통령선거경선후보자가 적법하게 후원회를 지정하고 후원금을 기부받아 선거운동의 비용으로 사용하였음에도 사후에 경선에 참여하지 않았다고 하여 후원금 총액의 국고 귀속을 요구하는 것은 선거운동의 자유에 대한 중대한 제한이라고 할 것이다. 대통령선거경선후보자는 입후보에 대비하여 선거운동을 하다가 당선가능성이 적다고 판단하거나, 정치적·경제적 사유, 건강 등 일신상의 상황변화를 이유로 하여 대통령선거경선후보자로서의 지위를 사퇴할 자유를 가진다. 그런데 대통령선거경선후보자로서 선거과정에 참여한 이들은 이 사건 법률조항으로 인하여 대통령선거경선후보자로서의 자격

을 중도에서 포기할 자유에 중대한 제약을 받게 된다. 대통령선거경선후보자의 정치적 의사결정에 이와 같은 제약을 가하는 것은 법상의 대통령선거경선후보자 제도 및 후원회 제도의 목적과도 조화되기 어려운 제약으로서, 자유로운 민주정치의 건전한 발전을 방해하는 것이라고 할 것이다.이 사건 법률조항은 정당한 사유도 없이 후원금을 선거운동비용으로 사용하는 것을 제한하는 것이고, 그로 인하여 선거운동의 자유 및 선거과정에서 탈퇴할 자유 등 국민의 참정권을 침해하는 것이다 (헌재 2009.12.29, 2007헌마1412).

19 답 ②

① [×] 모든 국민은 법률이 정하는 바에 의하여 국가기관에 문서로 청원할 권리를 가지고, 국가는 청원에 대하여 심사할 의무를 지므로 청원인이 기대한 바에 미치지 못하는 처리 내용은 헌법소원의 대상이 되는 공권력의 불행사이다.
⇨ 청원의 처리 내용이 청원인이 기대한 바에 미치지 않는다고 하더라도 헌법소원의 대상이 되는 공권력의 불행사가 있다고 볼 수 없다(헌재 2004.5.27, 2003헌마851).
❷ [○] 청원권의 보호범위에는 청원사항의 처리결과에 심판서나 재결서에 준하여 이유를 명시할 것까지를 요구하는 것을 포함하는 것은 아니다.
⇨ 헌법 제26조와 청원법 규정에 의할 때 헌법상 보장된 청원권은 공권력과의 관계에서 일어나는 여러가지 이해관계, 의견, 희망 등에 관하여 적법한 청원을 한 모든 국민에게, 국가기관이(그 주관관서가) 청원을 수리할 뿐만 아니라, 이를 심사하여, 청원자에게 적어도 그 처리결과를 통지할 것을 요구할 수 있는 권리를 말한다. 그러나 청원권의 보호범위에는 청원사항의 처리결과에 심판서나 재결서에 준하여 이유를 명시할 것까지를 요구하는 것은 포함되지 아니한다고 할 것이다. 왜냐하면 국민이면 누구든지 널리 제기할 수 있는 민중적 청원제도는 재판청구권 기타 준사법적 구제청구와는 완전히 성질을 달리하는 것이기 때문이다. 그러므로 청원소관서는 청원법이 정하는 절차와 범위 내에서 청원사항을 성실·공정·신속히 심사하고 청원인에게 그 청원을 어떻게 처리하였거나 처리하려 하는지를 알 수 있을 정도로 결과통지함으로써 충분하다고 할 것이다(헌재 1994.2.24, 93헌마213).
③ [×] 청원권은 특히 국회와 국민의 유대를 지속시켜 주는 수단이기 때문에 국회의 경우에는 국회의원의 소개를 받아서 청원을 하여야 하지만, 지방의회의 경우에는 지방의회의원의 소개를 얻지 않고서 가능하다.
⇨ 지방의회에 청원을 하려는 자는 지방의회의원의 소개를 받아 청원서를 제출하여야 한다(지방자치법 제85조 제1항).
④ [×] 청원을 관장하는 기관이 청원을 접수한 때에는 특별한 사유가 없는 한 90일 이내에 그 처리결과를 청원인에게 통지하여야 하며, 부득이한 사유로 90일 이내에 청원을 처리하기 곤란하다고 인정되는 경우에는 90일의 범위 내에서 2회에 한하여 그 처리기간을 연장할 수 있다.
⇨ 부득이한 사유로 90일 이내에 처리하기 곤란하다고 인정되는 경우에는 60일의 범위 내에서 1회에 한하여 연장할 수 있다.

> **청원법**
> 제21조【청원의 처리 등】② 청원기관의 장은 청원을 접수한 때에는 특별한 사유가 없으면 90일 이내(제13조 제1항에 따른 공개청원의 공개 여부 결정기간 및 같은 조 제2항에 따른 국민의 의견을 듣는 기간을 제외한다)에 처리결과를 청원인(공동청원의 경우 대표자를 말한다)에게 알려야 한다. 이 경우 공개청원의 처리결과는 온라인청원시스템에 공개하여야 한다.
> ③ 청원기관의 장은 부득이한 사유로 제2항에 따른 처리기간에 청원을 처리하기 곤란한 경우에는 60일의 범위에서 한 차례만 처리기간을 연장할 수 있다. 이 경우 그 사유와 처리예정기한을 지체 없이 청원인(공동청원의 경우 대표자를 말한다)에게 알려야 한다.

20 답 ④

① [○] 19세 미만 성폭력범죄 피해자의 진술이 수록된 영상물에 관하여 조사 과정에 동석하였던 신뢰관계인 등이 그 성립의 진정함을 인정한 경우 이를 증거로 할 수 있도록 정한, 성폭력범죄의 처벌 등에 관한 특례법 제30조 제6항은 공정한 재판을 받을 권리를 침해한다.
⇨ 피고인의 반대신문권을 보장하면서도 미성년 피해자를 보호할 수 있는 조화적인 방법을 상정할 수 있음에도, 영상물의 원진술자인 미성년 피해자에 대한 피고인의 반대신문권을 실질적으로 배제하여 피고인의 방어권을 과도하게 제한하는 심판대상조항은 피해의 최소성 요건을 갖추지 못하였다. 우리 사회에서 성폭력범죄의 피해자가 겪게 되는 심각한 피해를 고려할 때 신체적·정신적으로 성인에 비하여 취약할 수 있는 미성년 피해자의 2차 피해를 방지하는 것이 중요한 공익에 해당함에는 의문의 여지가 없다. 그러나 심판대상조항으로 인하여 피고인의 방어권이 제한되는 정도가 중대하고, 미성년 피해자의 2차 피해를 방지할 수 있는 여러 조화적인 대안들이 존재함은 앞서 살핀 바와 같다. 이러한 점들을 고려할 때, 심판대상조항이 달성하려는 공익이 제한되는 피고인의 사익보다 우월하다고 쉽게 단정하기는 어렵다. 따라서 심판대상조항은 법익의 균형성 요건도 갖추지 못하였다. 심판대상조항은 과잉금지원칙을 위반하여 청구인의 공정한 재판을 받을 권리를 침해한다(헌재 2021.12.23, 2018헌바524).
② [○] 국민이 재판을 통하여 권리보호를 받기 위해서는 그 전에 최소한 법원조직법에 의하여 법원이 설립되고 민사소송법 등 절차법에 의하여 재판관할이 확정되는 등 입법자에 의한 재판청구권의 구체적 형성이 불가피하므로, 재판청구권에 대해서는 입법자의 입법재량이 인정된다.
⇨ 국민이 재판을 통하여 권리보호를 받기 위해서는 그 전에 최소한 법원조직법에 의하여 법원이 설립되고 민사소송법 등 절차법에 의하여 재판관할이 확정되는 등 입법자에 의한 재판청구권의 구체적 형성이 불가피하므로, 재판청구권에 대해서는 입법자의 입법재량이 인정된다(헌재 2013.3.21, 2011헌바219).
③ [○] 군인 또는 군무원이 아닌 국민은 대한민국의 영역 안에서는 중대한 군사상 기밀·초병·초소·유독음식물공급·포로·군용물에 관한 죄 중 법률이 정한 경우와 비상계엄이 선포된 경우

를 제외하고는 군사법원의 재판을 받지 아니한다.

⇨ 헌법 제27조 제2항에 대한 옳은 설명이다.

> **헌법 제27조** ② 군인 또는 군무원이 아닌 국민은 대한민국의 영역 안에서는 중대한 군사상 기밀·초병·초소·유독음식물공급·포로·군용물에 관한 죄 중 법률이 정한 경우와 비상계엄이 선포된 경우를 제외하고는 군사법원의 재판을 받지 아니한다.

❹ [×] 우리나라의 배심재판은 국민주권에 근거하여 배심원의 심의와 평결에 법원이 구속되는 재판으로서 국민의 재판을 받을 권리를 침해하는 것이 아니다.

⇨ 배심원의 평결과 의견은 법원에 대하여 기속력을 갖지 않는다.

> **국민의 형사재판 참여에 관한 법률**
> **제46조【재판장의 설명·평의·평결·토의 등】** ② 심리에 관여한 배심원은 제1항의 설명을 들은 후 유·무죄에 관하여 평의하고, 전원의 의견이 일치하면 그에 따라 평결한다. 다만, 배심원 과반수의 요청이 있으면 심리에 관여한 판사의 의견을 들을 수 있다.
> ③ 배심원은 유·무죄에 관하여 전원의 의견이 일치하지 아니하는 때에는 평결을 하기 전에 심리에 관여한 판사의 의견을 들어야 한다. 이 경우 유·무죄의 평결은 다수결의 방법으로 한다. 심리에 관여한 판사는 평의에 참석하여 의견을 진술한 경우에도 평결에는 참여할 수 없다.
> ④ 제2항 및 제3항의 평결이 유죄인 경우 배심원은 심리에 관여한 판사와 함께 양형에 관하여 토의하고 그에 관한 의견을 개진한다. 재판장은 양형에 관한 토의 전에 처벌의 범위와 양형의 조건 등을 설명하여야 한다.
> ⑤ 제2항부터 제4항까지의 평결과 의견은 법원을 기속하지 아니한다.

정답

p.86

01	②	02	③	03	②	04	④	05	③
06	④	07	④	08	④	09	③	10	④
11	②	12	④	13	③	14	①	15	④
16	③	17	④	18	①	19	③	20	①

01

답 ②

① [O] 형식적 헌법전에 기재되지 않은 사항이라도 이를 불문헌법 내지 관습헌법으로 인정할 수 있다.

⇨ 성문헌법이라고 하여도 그 속에 모든 헌법사항을 빠짐없이 완전히 규율하는 것은 불가능하고 또한 헌법은 국가의 기본법으로서 간결성과 함축성을 추구하기 때문에 형식적 헌법전에는 기재되지 아니한 사항이라도 이를 불문헌법 내지 관습헌법으로 인정할 소지가 있다(헌재 2004.10.21, 2004헌마554).

❷ [×] 국가를 대표하는 대통령과 민주주의적 통치원리에 핵심적 역할을 하는 의회의 소재지 및 대법원의 소재지를 정하는 수도문제는 국가의 정체성을 표현하는 형식적 헌법사항이다.

⇨ 헌법기관의 소재지, 특히 국가를 대표하는 대통령과 민주주의적 통치원리에 핵심적 역할을 하는 의회의 소재지를 정하는 문제는 국가의 정체성을 표현하는 실질적 헌법사항의 하나이다(헌재 2004.10.21, 2004헌마554).

③ [O] 관습헌법이 성립하기 위해서는 기본적 헌법사항에 관한 관행 내지 관례가 존재하고, 그 관행의 반복성·계속성이 있어야 하며, 그 관행이 항상성과 명료성을 가진 것이어야 하며, 그 관행에 대한 국민적 합의가 있어야 한다.

⇨ 관습헌법이 성립하기 위하여서는 관습법의 성립에서 요구되는 일반적 성립요건이 충족되어야 한다. 첫째, 기본적 헌법사항에 관하여 어떠한 관행 내지 관례가 존재하고, 둘째, 그 관행은 국민이 그 존재를 인식하고 사라지지 않을 관행이라고 인정할 만큼 충분한 기간 동안 반복 내지 계속되어야 하며(반복·계속성), 셋째, 관행은 지속성을 가져야 하는 것으로서 그 중간에 반대되는 관행이 이루어져서는 아니 되고(항상성), 넷째, 관행은 여러 가지 해석이 가능할 정도로 모호한 것이 아닌 명확한 내용을 가진 것이어야 한다(명료성). 또한 다섯째, 이러한 관행이 헌법관습으로서 국민들의 승인 내지 확신 또는 폭넓은 컨센서스를 얻어 국민이 강제력을 가진다고 믿고 있어야 한다(국민적 합의)(헌재 2004.10.21, 2004헌마554).

④ [O] 관습헌법도 헌법의 일부로서 성문헌법의 경우와 동일한 효력을 가지기 때문에 그 법규범은 최소한 헌법에 의거한 헌법개정의 방법에 의하여만 개정될 수 있고, 따라서 재적의원 3분의 2 이상의 찬성에 의한 국회의 의결을 얻은 다음 국민투표에 붙여 국회의원선거권자 과반수의 투표와 투표자 과반수의 찬성을 얻어야 한다.

⇨ 어느 법규범이 관습헌법으로 인정된다면 그 개정가능성을 가지게 된다. 관습헌법도 헌법의 일부로서 성문헌법의 경우와 동일한 효력을 가지기 때문에 그 법규범은 최소한 헌법 제130조에 의거한 헌법개정의 방법에 의하여만 개정될 수 있다. 따라서 재적의원 3분의 2 이상의 찬성에 의한 국회의 의결을 얻은 다음(헌법 제130조 제1항) 국민투표에 붙여 국회의원선거권자 과반수의 투표와 투표자 과반수의 찬성을 얻어야 한다(헌법 제130조 제3항). 다만, 이 경우 관습헌법규범은 헌법전에 그에 상반하는 법규범을 첨가함에 의하여 폐지하게 되는 점에서, 헌법전으로부터 관계되는 헌법조항을 삭제함으로써 폐지되는 성문헌법규범과는 구분된다. 한편 이러한 형식적인 헌법개정 외에도, 관습헌법은 그것을 지탱하고 있는 국민적 합의성을 상실함에 의하여 법적 효력을 상실할 수 있다. 관습헌법은 주권자인 국민에 의하여 유효한 헌법규범으로 인정되는 동안에만 존속하는 것이며, 관습법의 존속요건의 하나인 국민적 합의성이 소멸되면 관습헌법으로서의 법적 효력도 상실하게 된다. 관습헌법의 요건들은 그 성립의 요건일 뿐만 아니라 효력 유지의 요건이다(헌재 2004.10.21, 2004헌마554).

02

답 ③

① [O] 1948년 제헌헌법은 근로자의 단결, 단체교섭과 단체행동의 자유를 법률의 범위 내에서 보장하도록 하였으며, 노령, 질병 기타 근로능력의 상실로 인하여 생활유지의 능력이 없는 자는 법률의 정하는 바에 의하여 국가의 보호를 받도록 하였다.

⇨ 제헌헌법(1948년) 제18조, 제19조에 대한 옳은 설명이다.

> **제헌헌법(1948년) 제18조** 근로자의 단결, 단체교섭과 단체행동의 자유는 법률의 범위 내에서 보장된다.
> **제19조** 노령, 질병 기타 근로능력의 상실로 인하여 생활유지의 능력이 없는 자는 법률의 정하는 바에 의하여 국가의 보호를 받는다.

② [O] 1960년 헌법(제3차 개정헌법)은 대법원장과 대법관을 법관의 자격이 있는 자로 조직되는 선거인단이 선거하고 대통령이 이를 확인하며, 그 외의 법관은 대법관회의의 결의에 따라 대법원장이 임명하도록 하였다.
⇨ 제3차 개정헌법(1960년) 제78조에 대한 옳은 설명이다.

> **제3차 개정헌법(1960년) 제78조** 대법원장과 대법관은 법관의 자격이 있는 자로써 조직되는 선거인단이 이를 선거하고 대통령이 확인한다. 제1항 이외의 법관은 대법관회의의 결의에 따라 대법원장이 임명한다.

❸ [×] 1972년 헌법(제7차 개정헌법)은 대통령의 탄핵소추요건이 국회의원 50인 이상의 발의와 국회재적의원 3분의 2 이상의 찬성이 필요한 것으로 강화되었다.
⇨ 1972년 헌법(제7차 개정헌법)이 아닌 1969년 헌법(제6차 개정헌법)에서 대통령의 탄핵소추요건이 강화되었다.

> **제6차 개정헌법(1969년) 제61조** ② 전항의 탄핵소추는 국회의원 30인 이상의 발의가 있어야 하며, 그 의결은 재적의원 과반수의 찬성이 있어야 한다. 다만, 대통령에 대한 탄핵소추는 국회의원 50인 이상의 발의와 재적의원 3분의 2 이상의 찬성이 있어야 한다.

④ [O] 1962년 헌법(제5차 개정헌법)은 국회의원의 하한선·상한선이 모두 명시되어 있었다.
⇨ 제5차 개정헌법(1962년) 제36조에 대한 옳은 설명이다.

> **제5차 개정헌법(1962년) 제36조** ① 국회는 국민의 보통·평등·직접·비밀선거에 의하여 선출된 의원으로 구성한다.
> ② 국회의원의 수는 150인 이상 200인 이하의 범위 안에서 법률로 정한다.
> ③ 국회의원 후보가 되려 하는 자는 소속정당의 추천을 받아야 한다.
> ④ 국회의원의 선거에 관한 사항은 법률로 정한다.

03
답 ②

적절한 것은 2개(ⓒ, ⓔ)이다.
ⓐ [×] 대한민국의 국민이 아닌 자로서 대한민국의 국민인 부 또는 모에 의하여 인지(認知)된 자가 대한민국의 민법상 미성년이고 출생 당시에 부 또는 모가 대한민국의 국민이었다는 요건을 모두 갖추면 법무부장관의 허가를 받아 대한민국 국적을 취득할 수 있다.
⇨ 대한민국의 국민이 아닌 자로서 대한민국의 국민인 부 또는 모에 의하여 인지(認知)된 자가 대한민국의 민법상 미성년이고 출생 당시에 부 또는 모가 대한민국의 국민이었다는 요건을 모두 갖추면 법무부장관에게 신고함으로써 대한민국 국적을 취득할 수 있다(국적법 제3조 제1항). 인지에 의한 국적취득은 허가사항이 아닌 신고사항이다.
ⓑ [O] 외국인인 개인이 특정한 국가의 국적을 선택할 권리가 우리 헌법상 당연히 인정된다고는 할 수 없다.
⇨ 근대국가 성립 이전의 영민(領民)은 토지에 종속되어 영주(領主)의 소유물과 같은 처우를 받았다. 근대국가에서도 개인

은 출생지 또는 혈통에 기속되고 충성의무를 강요당하는 지위에 있었으므로 국적선택권이 인정될 여지가 없었다. 그러나 천부인권(天賦人權) 사상은 국민주권을 기반으로 하는 자유민주주의 헌법을 낳고 이 헌법은 인간의 존엄과 가치를 존중하므로, 개인은 자신의 운명에 지대한 영향을 미치는 정치적 공동체인 국가를 선택할 수 있는 권리, 즉 국적선택권을 기본권으로 인식하기에 이르렀다. 세계인권선언(1948.12.10.)이 제15조에서 "① 사람은 누구를 막론하고 국적을 가질 권리를 가진다. ② 누구를 막론하고 불법하게 그 국적을 박탈당하지 아니하여야 하며 그 국적변경의 권리가 거부되어서는 아니 된다."는 규정을 둔 것은 이를 뒷받침하는 좋은 예다. 그러나 개인의 국적선택에 대하여는 나라마다 그들의 국내법에서 많은 제약을 두고 있는 것이 현실이므로, 국적은 아직도 자유롭게 선택할 수 있는 권리에는 이르지 못하였다고 할 것이다. 그러므로 '이중국적자의 국적선택권'이라는 개념은 별론으로 하더라도, 일반적으로 외국인인 개인이 특정한 국가의 국적을 선택할 권리가 자연권으로서 또는 우리 헌법상 당연히 인정된다고는 할 수 없다(헌재 2006.3.30, 2003헌마806).
ⓒ [×] 과학·경제·문화·체육 등 특정 분야에서 매우 우수한 능력을 보유한 자로서 대한민국의 국익에 기여할 것으로 인정되는 자는 대한민국에 주소가 없어도 특별귀화에 의한 국적 취득이 가능하다.
⇨ 과학·경제·문화·체육 등 특정 분야에서 매우 우수한 능력을 보유한 자로서 대한민국의 국익에 기여할 것으로 인정되는 외국인은 국적법 제7조 특별귀화에 의한 국적 취득이 가능하나, 이 경우에도 대한민국에 주소가 있어야 하고 국적법 제5조 제3호(품행 단정의 요건을 갖출 것) 및 제5호(국어능력과 대한민국의 풍습에 대한 이해 등 대한민국 국민으로서의 기본 소양을 갖추고 있을 것) 등의 요건은 갖추어야 한다.
ⓔ [O] 외국인이 복수국적을 누릴 자유는 헌법상 행복추구권에 의하여 보호되는 기본권에 해당하지 않는다.
⇨ 참정권과 입국의 자유에 대한 외국인의 기본권 주체성이 인정되지 않고, 외국인이 대한민국 국적을 취득하면서 자신의 외국 국적을 포기한다 하더라도 이로 인하여 재산권 행사가 직접 제한되지 않으며, 외국인이 복수국적을 누릴 자유가 우리 헌법상 행복추구권에 의하여 보호되는 기본권이라고 보기 어려우므로, 외국인의 기본권 주체성 내지 기본권 침해가능성을 인정할 수 없다(헌재 2014.6.26, 2011헌마502).

04
답 ④

적절한 것은 ⓒ, ⓔ, ⓕ이다.
ⓐ [×] 조세에 관한 법규·제도의 개정과 관련하여, 납세의무자로서는 특별한 사정이 있는지와 관계없이 원칙적으로 세율 등 현재의 세법이 변함없이 유지되리라고 신뢰할 수 있다.
⇨ 납세의무자로서는 구법질서에 의거하여 적극적인 신뢰행위를 하였다든가 하는 사정이 없는 한 원칙적으로 세율 등 현재의 세법이 과세기간 중에 변함없이 유지되리라고 신뢰하고 기대할 수는 없다(헌재 1998.11.26, 97헌바58).
ⓑ [×] 개정된 법규·제도의 존속에 대해 국민이 가지는 모든 기대 내지 신뢰는 헌법상 권리로서 보호된다.
⇨ 사회환경이나 경제여건의 변화에 따른 필요성에 의하여 법률은 신축적으로 변할 수밖에 없고, 변경된 새로운 법질서와 기

존의 법질서 사이에는 이해관계의 상충이 불가피하므로, 국민이 가지는 모든 기대 내지 신뢰가 헌법상 권리로서 보호될 것은 아니고, 신뢰의 근거 및 종류, 상실된 이익의 중요성, 침해의 방법 등에 의하여 개정된 법규·제도의 존속에 대한 개인의 신뢰가 합리적이어서 권리로서 보호할 필요성이 인정되어야 한다(헌재 2008.5.29, 2006헌바99).

ⓒ [○] 국가가 입법행위를 통하여 개인에게 신뢰의 근거를 제공한 경우, 법률의 존속에 대한 개인의 신뢰가 어느 정도로 보호되는지 여부에 대한 주요한 판단기준은 '법령개정의 예측성'과 '국가에 의하여 일정방향으로 유인된 신뢰의 행사인지 여부'이다.

⇨ 국가가 입법행위를 통하여 개인에게 신뢰의 근거를 제공한 경우, 입법자가 자신의 종전 입법행위에 의하여 어느 정도로 구속을 받는지 여부, 다시 말하면 법률의 존속에 대한 개인의 신뢰가 어느 정도로 보호되는지 여부에 대한 주요한 판단기준으로 '법령개정의 예측성'과 '국가에 의하여 일정방향으로 유인된 신뢰의 행사인지 여부'를 거시할 수 있다(헌재 2002.11.28, 2002헌바45).

ⓔ [○] 법률의 제정이나 개정시 구법질서에 대한 당사자의 신뢰가 합리적이고도 정당하며 법률의 제정이나 개정으로 야기되는 당사자의 손해가 극심하여 새로운 입법으로 달성하고자 하는 공익적 목적이 그러한 당사자의 신뢰의 파괴를 정당화할 수 없다면, 그러한 새로운 입법은 신뢰보호원칙상 허용될 수 없다.

⇨ 법률의 제정이나 개정시 구법질서에 대한 당사자의 신뢰가 합리적이고도 정당하며 법률의 제정이나 개정으로 야기되는 당사자의 손해가 극심하여 새로운 입법으로 달성하고자 하는 공익적 목적이 그러한 당사자의 신뢰의 파괴를 정당화할 수 없다면, 그러한 새로운 입법은 허용될 수 없다(헌재 2002.11.28, 2002헌바45).

ⓜ [○] 신뢰보호원칙의 위반 여부는 한편으로는 침해받은 신뢰이익의 보호가치, 침해의 정도, 침해의 방법 등과 다른 한편으로는 새 입법을 통해 실현코자 하는 공익목적을 종합적으로 비교형량하여 판단하여야 한다.

⇨ 신뢰보호원칙의 위반 여부는 한편으로는 침해받은 신뢰이익의 보호가치, 침해의 정도, 침해의 방법 등과 다른 한편으로는 새 입법을 통해 실현코자 하는 공익목적을 종합적으로 비교형량하여 판단하여야 한다(헌재 2008.7.31, 2005헌가16).

05 답 ③

① [위배 ○] 운전면허를 받은 사람이 자동차 등을 이용하여 살인 또는 강간 등 행정안전부령이 정하는 범죄행위를 한 때 필요적으로 운전면허를 취소하도록 규정한 도로교통법 조항

⇨ 자동차 등을 범죄를 위한 수단으로 이용하여 교통상의 위험과 장해를 유발하고 국민의 생명과 재산에 심각한 위협을 초래하는 것을 방지하여 안전하고 원활한 교통을 확보함과 동시에 차량을 이용한 범죄의 발생을 막고자 하는 심판대상조항은 그 입법목적이 정당하고, 운전면허를 필요적으로 취소하도록 하는 것은 자동차 등을 이용한 범죄행위의 재발을 일정 기간 방지하는 데 기여할 수 있으므로 이는 입법목적을 달성하기 위한 적정한 수단이다. 그러나 자동차 등을 이용한 범죄를 근절하기 위하여 그에 대한 행정적 제재를 강화할 필요가 있다 하더라도 이를 임의적 운전면허 취소 또는 정지사유로 규정함으로써 불법의 정도에 상응하는 제재수단을 선택할 수 있도록 하여도 충

분히 그 목적을 달성하는 것이 가능함에도, 심판대상조항은 이에 그치지 아니하고 필요적으로 운전면허를 취소하도록 하여 구체적 사안의 개별성과 특수성을 고려할 수 있는 여지를 일체 배제하고 있다. 나아가 심판대상조항 중 '자동차 등을 이용하여' 부분은 포섭될 수 있는 행위 태양이 지나치게 넓을 뿐만 아니라, 하위법령에서 규정될 대상범죄에 심판대상조항의 입법목적을 달성하기 위해 반드시 규제할 필요가 있는 범죄행위가 아닌 경우까지 포함될 우려가 있어 침해의 최소성원칙에 위배된다. 심판대상조항은 운전을 생업으로 하는 자에 대하여는 생계에 지장을 초래할 만큼 중대한 직업의 자유의 제약을 초래하고, 운전을 업으로 하지 않는 자에 대하여도 일상생활에 심대한 불편을 초래하여 일반적 행동의 자유를 제약하므로 법익의 균형성원칙에도 위배된다. 따라서 심판대상조항은 직업의 자유 및 일반적 행동의 자유를 침해한다(헌재 2015.5.28, 2013헌가6).

② [위배 ○] 형사사건으로 기소된 사립학교 교원에 대하여 당해 교원의 임명권자로 하여금 필요적으로 직위해제처분을 하도록 규정한 사립학교법 조항

⇨ 사립학교법 제58조의2 제1항 단서 규정이 제3호 소정의 형사사건으로 기소된 교원에 대하여 필요적으로 직위해제처분을 하도록 규정하고 있는 취지는, 정식기소된 경우 당연퇴직사유가 되는 형의 선고를 받을 개연성이 상당히 크므로 궁극적으로 교직에서 배제되어야 할 자를 가처분적으로 미리 교직에서 배제하기 위한 것이다. 그런데 제소된 사안의 심각한 정도, 증거의 확실성 여부 및 예상되는 판결의 내용 등을 고려하지 아니하고 약식명령을 청구한 사건 이외의 형사사건으로서 공소가 제기된 경우, 당해 교원이 자기에게 유리한 사실의 진술이나 증거를 제출할 방법조차 없이 일률적으로 판결의 확정시까지 직위해제처분을 하는 것은, 징계절차에서도 청문의 기회가 보장되고 정직처분도 3월 이하만 가능한 사정 등과 비교하면, 사립학교법 제58조의2 제1항 단서 규정은 방법의 직정성·피해의 최소성·법익의 균형성을 갖추지 못하였다고 할 것이므로, 헌법 제15조, 제27조 제4항 및 제37조 제2항에 위반되어 위헌이고, 다만, 제3호 부분은 사립학교법 제58조의2 제1항 본문과 결합하여 입법취지에 맞게 합헌적으로 적용될 수 있는 규정이므로 위헌이라고 할 수 없다(헌재 1994.7.29, 93헌가3).

❸ [위배 ✕] 의료법에 따라 개설된 의료기관이 당연히 국민건강보험 요양기관이 되도록 규정한 국민건강보험법 조항

⇨ 이 사건 법률조항이 규정하고 있는 요양기관 강제지정제는 의료보장체계의 기능 확보 및 국민의 의료보험수급권 보장이라는 정당한 입법목적을 달성하기 위한 적정한 수단이다. 요양기관 계약지정제를 선택하거나 요양기관 강제지정제를 선택하면 서도 예외를 허용하는 경우에는 의료보장체계의 원활한 기능 확보를 달성하기 어렵다고 본 입법자의 판단이 잘못된 것이라고 할 수 없고, 의료보험의 시행은 인간의 존엄성 실현과 인간다운 생활의 보장을 위하여 헌법상 부여된 국가의 사회보장의무의 일환으로 모든 현실적 여건이 성숙될 때까지 미룰 수 없는 중요한 과제이므로, 요양기관 강제지정제는 최소침해원칙에 위배되지 않는다. 요양기관 강제지정제를 통하여 달성하려는 공익적 성과와 이로 인한 의료기관 개설자의 직업수행의 자유의 제한 정도가 합리적인 비례관계를 현저하게 벗어났다고 볼 수도 없으므로, 이 사건 법률조항이 청구인들의 의료기관 개설자로서의 직업수행의 자유를 침해한다고 볼 수 없다(헌재 2014.4.24, 2012헌마865).

④ [위배 ○] 아동학대 관련 범죄로 형을 선고받아 확정된 자로 하여금 그 형이 확정된 때부터 형의 집행이 종료되거나 집행을 받지 아니하기로 확정된 후 10년 동안 체육시설 및 초·중등교육법 제2조 각 호의 학교를 운영하거나 이에 취업 또는 사실상 노무를 제공할 수 없도록 한 아동복지법 조항
⇨ 이 사건 법률조항은 아동학대 관련 범죄전력자를 10년 동안 아동 관련 기관인 체육시설 및 초·중등교육법 제2조 각 호의 학교에 취업을 제한하는 방법으로 아동학대를 예방함으로써, 아동들이 행복하고 안전하게 자라나게 하는 동시에 체육시설 및 학교에 대한 윤리성과 신뢰성을 높여 아동 및 그 보호자가 이들 기관을 믿고 이용할 수 있도록 하는 입법목적을 지니는 바 이러한 입법목적은 정당하다. 그러나 이 사건 법률조항은 아동학대 관련 범죄전력만으로 그가 장래에 동일한 유형의 범죄를 다시 저지를 것을 당연시하고, 형의 집행이 종료된 때부터 10년이 경과하기 전에는 결코 재범의 위험성이 소멸하지 않는다고 보며, 각 행위의 죄질에 따른 상이한 제재의 필요성을 간과함으로써, 아동학대 관련 범죄전력자 중 재범의 위험성이 없는 자, 아동학대 관련 범죄전력이 있지만 10년의 기간 안에 재범의 위험성이 해소될 수 있는 자, 범행의 정도가 가볍고 재범의 위험성이 상대적으로 크지 않은 자에게까지 10년 동안 일률적인 취업제한을 부과하고 있는데, 이는 침해의 최소성원칙과 법익의 균형성원칙에 위배된다(헌재 2018.6.28, 2017헌마130·405·989).

06 답 ④

① [○] 정당해산심판제도는 정부의 일방적인 행정처분에 의해 진보적 야당이 등록취소되어 사라지고 말았던 우리 현대사에 대한 반성의 산물로서 도입된 것으로서, 발생사적 측면에서 정당을 보호하기 위한 절차로서의 성격이 부각된다.
⇨ 헌법 제8조의 정당에 관한 규정, 특히 그 제4항의 정당해산심판제도는 이러한 우리 현대사에 대한 반성의 산물로서 1960. 6.15. 제3차 헌법개정을 통해 헌법에 도입된 것이다. 따라서 우리의 경우 이 제도는 발생사적 측면에서 정당을 보호하기 위한 수단으로서의 성격이 부각된다. 정당해산심판의 제소권자가 정부인 점을 고려하면 피소되는 정당은 사실상 야당이 될 것이므로, 이 제도는 정당 중에서도 특히 정부를 비판하는 역할을 하는 야당을 보호하는 데에 실질적인 의미가 있다. 비록 오늘날 우리 사회의 민주주의가 예전에 비해 성숙한 수준에 이른 것은 사실이라 하더라도, 정치적 입지가 불안한 소수파나 반대파의 우려를 해소해 주는 것이 민주주의 발전에 기초가 된다는 헌법개정 당시의 판단은 지금도 마찬가지로 존중되어야 한다(헌재 2014.12.19, 2013헌다1).
② [○] 모든 정당의 존립과 활동은 최대한 보장되며, 설령 어떤 정당이 민주적 기본질서를 부정하고 이를 적극적으로 공격하는 것으로 보인다 하더라도 국민의 정치적 의사형성에 참여하는 정당으로서 존재하는 한 헌법에 의해 최대한 두텁게 보호된다.
⇨ 모든 정당의 존립과 활동은 최대한 보장되며, 설령 어떤 정당이 민주적 기본질서를 부정하고 이를 적극적으로 공격하는 것으로 보인다 하더라도 국민의 정치적 의사형성에 참여하는 정당으로서 존재하는 한 우리 헌법에 의해 최대한 두텁게 보호되므로, 단순히 행정부의 통상적인 처분에 의해서는 해산될 수 없고, 오직 헌법재판소가 그 정당의 위헌성을 확인하고 해산

의 필요성을 인정한 경우에만 정당정치의 영역에서 배제된다는 것이다(헌재 2014.12.19, 2013헌다1).
③ [○] 강제적 정당해산은 헌법상 핵심적인 정치적 기본권인 정당활동의 자유에 대한 근본적 제한이므로, 이에 관한 결정을 할 때 헌법 제37조 제2항이 규정하고 있는 비례원칙을 준수해야 한다.
⇨ 일반적으로 비례원칙은 우리 재판소가 법률이나 기타 공권력행사의 위헌 여부를 판단할 때 사용하는 위헌심사 척도의 하나이다. 그러나 정당해산심판제도에서는 헌법재판소의 정당해산결정이 정당의 자유를 침해할 수 있는 국가권력에 해당하므로 헌법재판소가 정당해산결정을 내리기 위해서는 그 해산결정이 비례원칙에 부합하는지를 숙고해야 하는 바, 이 경우의 비례원칙 준수 여부는 그것이 통상적으로 기능하는 위헌심사의 척도가 아니라 헌법재판소의 정당해산결정이 충족해야 할 일종의 헌법적 요건 혹은 헌법적 정당화사유에 해당한다. 이와 같이 강제적 정당해산은 우리 헌법상 핵심적인 정치적 기본권인 정당 활동의 자유에 대한 근본적 제한이므로 헌법재판소는 이에 관한 결정을 할 때 헌법 제37조 제2항이 규정하고 있는 비례원칙을 준수해야만 하는 것이다(헌재 2014.12.19, 2013헌다1).
❹ [✕] 국회의원선거에 참여하여 의석을 얻지 못하고 유효투표총수의 100분의 2 이상을 득표하지 못한 정당에 대해 그 등록을 취소하도록 한 정당법(2005.8.4. 법률 제7683호로 개정된 것) 제44조 제1항 제3호는 정당설립의 자유를 침해한다고 볼 수 없다.
⇨ 국회의원선거에 참여하여 의석을 얻지 못하고 유효투표총수의 100분의 2 이상을 득표하지 못한 정당에 대해 그 등록을 취소하도록 한 정당등록취소조항은 과잉금지원칙에 위반되어 정당설립의 자유를 침해한다.

참고 판례

실질적으로 국민의 정치적 의사형성에 참여할 의사나 능력이 없는 정당을 정치적 의사형성과정에서 배제함으로써 정당제 민주주의 발전에 기여하고자 하는 한도에서 정당등록취소조항의 입법목적의 정당성과 수단의 적합성을 인정할 수 있다. 그러나 정당등록의 취소는 정당의 존속 자체를 박탈하여 모든 형태의 정당활동을 불가능하게 하므로, 그에 대한 입법은 필요최소한의 범위에서 엄격한 기준에 따라 이루어져야 한다. 그런데 일정기간 동안 공직선거에 참여할 기회를 수회 부여하고 그 결과에 따라 등록취소 여부를 결정하는 등 덜 기본권 제한적인 방법을 상정할 수 있고, 정당법에서 법정의 등록요건을 갖추지 못하게 된 정당이나 일정 기간 국회의원선거 등에 참여하지 아니한 정당의 등록을 취소하도록 하는 등 현재의 법체계 아래에서도 입법목적을 실현할 수 있는 다른 장치가 마련되어 있으므로, 정당등록취소조항은 침해의 최소성 요건을 갖추지 못하였다. 나아가, 정당등록취소조항은 어느 정당이 대통령선거나 지방자치선거에서 아무리 좋은 성과를 올리더라도 국회의원선거에서 일정 수준의 지지를 얻는 데 실패하면 등록이 취소될 수밖에 없어 불합리하고, 신생·군소정당으로 하여금 국회의원선거에의 참여 자체를 포기하게 할 우려도 있어 법익의 균형성 요건도 갖추지 못하였다. 따라서 정당등록취소조항은 과잉금지원칙에 위반되어 청구인들의 정당설립의 자유를 침해한다(헌재 2014.1.28, 2012헌마431 등).

07
답 ④

① [○] 헌법재판소는 청구인의 신청이 있거나 그 직권으로 위헌정당으로 제소된 정당의 활동을 정지시키는 가처분결정을 할 수 있다.
⇨ 헌법재판소법 제57조에서 정당해산심판에서 가처분에 관한 명시적인 규정을 두고 있다.

② [○] 정당은 자발적인 조직이기는 하지만 다른 집단과는 달리 그 자유로운 지도력을 통하여 무정형적이고 무질서적인 개개인의 정치적 의사를 집약하여 정리하고, 구체적인 진로와 방향을 제시하고 매개적 기능을 수행하기 때문에 헌법소원을 제기할 수 있다.
⇨ 정당은 기본권 주체이므로 헌법소원심판을 제기할 수 있다.

③ [○] 정당의 당원협의회 사무소 설치를 금지하고 위반시 처벌하는 내용의 정당법 제37조 제3항 단서 등이 정당활동의 자유를 침해하는 것은 아니다.
⇨ 정당법 제37조 제3항은 임의기구인 당원협의회를 둘 수 있도록 하되, 과거 지구당 제도의 폐해가 되풀이되는 것을 방지하고 고비용 저효율의 정당구조를 개선하기 위해 사무소를 설치할 수 없도록 하는 것이므로 그 입법목적은 정당하다. 당원협의회에 사무소 설치를 허용한다면 사실상 과거 지구당 제도를 부활하는 것과 다름이 없게 되고, 당비를 납부하고 공천권을 행사하는 진성 당원이 부족하고 정당 민주화가 이루어지지 않은 현 상황에서 과거 지구당 제도의 폐해를 그대로 재연하게 될 가능성이 농후하므로 당원협의회의 사무소 설치를 금지하는 것은 입법목적 달성을 위한 효과적이고 적절한 수단이다 (헌재 2016.3.31, 2013헌가22).

❹ [×] 정치자금의 수입·지출에 관한 내역을 회계장부에 허위 기재하거나 관할 선거관리위원회에 허위 보고한 정당의 회계책임자를 형사처벌하는 구 정치자금에 관한 법률의 규정은 헌법 제12조 제2항이 보장하는 진술거부권을 침해하여 헌법에 위반된다.
⇨ 정치자금법 허위 기재 부분과 허위 보고 부분이 **진술거부권을 침해한다고 할 수 없다.**

─ 참고 판례 ✎ ─

정치자금법 제31조 제1호 중 제22조 제1항의 허위 기재 부분과 제24조 제1항의 허위 보고 부분은 궁극적으로 정치자금의 투명성을 확보하여 민주정치의 건전한 발전을 도모하려는 것으로서 그 입법목적이 정당하고, 위 조항들이·규정하고 있는 정치자금에 대한 정확한 수입과 지출의 기재·신고에 의하여 정당의 수입과 지출에 관하여 정확한 정보를 얻고 이를 검증할 수 있게 되므로, 이는 위 입법목적과 밀접한 관련을 갖는 적절한 수단이다.
또한, 정치자금에 관한 사무를 처리하는 선거관리위원회가 모든 정당·후원회·국회의원 등의 모든 정치자금 내역을 파악한다는 것은 거의 불가능에 가까우므로 만일 불법 정치자금의 수수 내역을 기재하고 이를 신고하는 조항이 없다면 '정치자금의 투명성 확보'라는 정치자금법 본연의 목적을 달성할 수 없게 된다는 점에서 위 조항들의 시행은 정치자금법의 입법목적을 달성하기 위한 필수불가결한 조치라고 할 것이고, 달리 이보다 진술거부권을 덜 침해하는 방안을 현실적으로 찾을 수 없다.

마지막으로, 위 조항들을 통하여 달성하고자 하는 정치자금의 투명한 공개라는 공익은 불법 정치자금을 수수한 사실을 회계장부에 기재하고 신고해야 할 의무를 지키지 않은 채 진술거부권을 주장하는 사익보다 우월하다. 결국, 정당의 회계책임자가 불법 정치자금이라도 그 수수 내역을 회계장부에 기재하고 이를 신고할 의무가 있다고 규정하고 있는 위 조항들은 헌법 제12조 제2항이 보장하는 진술거부권을 침해한다고 할 수 없다(헌재 2005.12.22, 2004헌바25).

08
답 ④

① [○] 감사원은 지방자치단체의 위임사무나 자치사무의 구별 없이 합법성 감사뿐만 아니라 합목적성 감사도 할 수 있다.
⇨ 헌법이 감사원을 독립된 외부감사기관으로 정하고 있는 취지, 국가기능의 총체적 극대화를 위하여 중앙정부와 지방자치단체는 서로 행정기능과 행정책임을 분담하면서 중앙행정의 효율성과 지방행정의 자주성을 조화시켜 국민과 주민의 복리증진이라는 공동목표를 추구하는 협력관계에 있다는 점에 비추어 보면, 감사원에 의한 지방자치단체의 자치사무에 대한 감사를 합법성 감사에 한정하고 있지 아니한 이 사건 관련 규정은 그 목적의 정당성과 합리성을 인정할 수 있다(헌재 2008. 5.29, 2005헌라3).

② [○] 행정안전부장관이나 시·도지사는 지방자치단체의 자치사무에 관하여 보고를 받거나 서류·장부 또는 회계를 감사할 수 있다. 이 경우 감사는 법령 위반사항에 대하여만 실시한다.
⇨ 행정안전부장관이나 시·도지사는 지방자치단체의 자치사무에 관하여 보고를 받거나 서류·장부 또는 회계를 감사할 수 있다. 이 경우 감사는 법령 위반사항에 대하여만 실시한다(지방자치법 제190조 제1항).

③ [○] 중앙행정기관이 지방자치법에 따라 지방자치단체의 자치사무에 관하여 감사에 착수하기 위해서는 자치사무에 관하여 특정한 법령 위반행위가 확인되었거나 위법행위가 있었으리라는 합리적 의심이 가능한 경우이어야 하고, 또한 그 감사대상을 특정해야 한다.
⇨ 중앙행정기관이 지방자치단체의 자치사무의 감사에 착수하기 위해서는 자치사무에 관하여 특정한 법령 위반행위가 확인되었거나 위법행위가 있었으리라는 합리적 의심이 가능한 경우이어야 하고, 또한 그 감사대상을 특정해야 한다. 따라서 전반기 또는 후반기 감사와 같은 포괄적·사전적 일반감사나 위법사항을 특정하지 않고 개시하는 감사 또는 법령 위반사항을 적발하기 위한 감사는 모두 허용될 수 없다(헌재 2009.5.28, 2006헌라6).

❹ [×] 지방자치단체의 자치사무에 관한 명령이나 처분에 대한 중앙행정기관의 시정명령은 법령을 위반하는 것에 한하고, 법령 위반에 재량권 일탈·남용은 포함되지 않는다.
⇨ 지방자치법 제157조 제1항 전문은 "지방자치단체의 사무에 관한 그 장의 명령이나 처분이 법령에 위반되거나 현저히 부당하여 공익을 해한다고 인정될 때에는 시·도에 대하여는 주무부장관이, 시·군 및 자치구에 대하여는 시·도지사가 기간을 정하여 서면으로 시정을 명하고 그 기간 내에 이행하지 아니할 때에는 이를 취소하거나 정지할 수 있다."고 규정하고 있고, 같은 항 후문은 "이 경우 자치사무에 관한 명령이나 처분에 있

어서는 법령에 위반하는 것에 한한다."고 규정하고 있는 바, 지방자치법 제157조 제1항 전문 및 후문에서 규정하고 있는 지방자치단체의 사무에 관한 그 장의 명령이나 처분이 법령에 위반되는 경우라 함은 명령이나 처분이 현저히 부당하여 공익을 해하는 경우, 즉 합목적성을 현저히 결하는 경우와 대비되는 개념으로, 시·군·구의 장의 사무의 집행이 명시적인 법령의 규정을 구체적으로 위반한 경우뿐만 아니라 그러한 사무의 집행이 재량권을 일탈·남용하여 위법하게 되는 경우를 포함한다고 할 것이므로, 시·군·구의 장의 자치사무의 일종인 당해 지방자치단체 소속 공무원에 대한 승진처분이 재량권을 일탈·남용하여 위법하게 된 경우 시·도지사는 지방자치법 제157조 제1항 후문에 따라 그에 대한 시정명령이나 취소 또는 정지를 할 수 있다(대판 2007.3.22, 2005추62).

> **지방자치법**
>
> 제188조【위법·부당한 명령이나 처분의 시정】① 지방자치단체의 사무에 관한 지방자치단체의 장(제103조 제2항에 따른 사무의 경우에는 지방의회의 의장을 말한다. 이하 이 조에서 같다)의 명령이나 처분이 법령에 위반되거나 현저히 부당하여 공익을 해친다고 인정되면 시·도에 대해서는 주무부장관이, 시·군 및 자치구에 대해서는 시·도지사가 기간을 정하여 서면으로 시정할 것을 명하고, 그 기간에 이행하지 아니하면 이를 취소하거나 정지할 수 있다.
> ⑤ 제1항부터 제4항까지의 규정에 따른 자치사무에 관한 명령이나 처분에 대한 주무부장관 또는 시·도지사의 시정명령, 취소 또는 정지는 법령을 위반한 것에 한정한다.

---

09 답 ③

적절하지 않은 것은 ⓒ, @이다.

㉠ [O] 부모의 분묘를 가꾸고 봉제사를 하고자 하는 권리는 행복추구권의 내용이 된다.
  ⇨ 부모의 분묘를 가꾸고 봉제사를 하고자 하는 권리는 헌법 제34조의 사회보장권이 아닌 헌법 제10조의 행복추구권의 한 내용으로 봄이 타당하다(헌재 2009.9.24, 2007헌마872).

㉡ [O] 지역방언을 자신의 언어로 선택하여 공적 또는 사적인 의사소통과 교육의 수단으로 사용하는 것은 행복추구권에서 파생되는 일반적 행동의 자유 내지 개성의 자유로운 발현의 내용이 된다.
  ⇨ 언어는 의사소통 수단으로서 다른 동물과 인간을 구별하는 하나의 주요한 특징으로 인식되고, 모든 언어는 지역, 세대, 계층에 따라 각기 상이한 방언을 가지고 있는 바, 이들 방언은 이를 공유하는 사람들의 의사소통에 중요한 역할을 담당하며, 방언 가운데 특히 지역 방언은 각 지방의 고유한 역사와 문화 등 정서적 요소를 그 배경으로 하기 때문에 같은 지역주민들간의 원활한 의사소통 및 정서교류의 기초가 되므로, 이와 같은 지역 방언을 자신의 언어로 선택하여 공적 또는 사적인 의사소통과 교육의 수단으로 사용하는 것은 행복추구권에서 파생되는 일반적 행동의 자유 내지 개성의 자유로운 발현의 한 내용이 된다 할 것이다(헌재 2009.5.28, 2006헌마618).

ⓒ [X] 평화적 생존권은 인간의 존엄과 가치를 실현하고 행복을 추구하기 위한 기본전제가 되는 것이므로 행복추구권의 내용이 된다.
  ⇨ 평화적 생존권은 이를 헌법에 열거되지 아니한 기본권으로서 특별히 새롭게 인정할 필요성이 있다거나 그 권리 내용이 비교적 명확하여 구체적 권리로서의 실질에 부합한다고 보기 어려워 헌법상 보장된 기본권이라고 할 수 없다(헌재 2009.5.28, 2007헌마369).

@ [X] 일반적 행동자유권의 보호영역에는 개인의 생활방식과 취미에 관한 사항은 포함되나, 위험한 스포츠를 즐길 권리는 포함되지 않는다.
  ⇨ 행복추구권은 그 구체적 표현으로서 일반적 행동자유권과 개성의 자유로운 발현권을 포함하는 바, 일반적 행동자유권의 보호영역에는 개인의 생활방식과 취미에 관한 사항도 포함되며, 여기에는 위험한 스포츠를 즐길 권리도 포함된다(헌재 2008.4.24, 2006헌마954).

㉢ [O] 사적 자치의 원칙이란 자신의 일을 자신의 의사로 결정하고 행하는 자유뿐만 아니라 원치 않으면 하지 않을 자유로서 행복추구권에서 파생된다.
  ⇨ 사적 자치의 원칙이란 자신의 일을 자신의 의사로 결정하고 행하는 자유뿐만 아니라 원치 않으면 하지 않을 자유로서, 헌법 제10조의 행복추구권에서 파생되는 일반적 행동자유권의 하나이고, 법률행위의 영역에서는 계약자유의 원칙으로 나타난다(헌재 2014.3.27, 2012헌가21).

---

10 답 ④

① [O] 헌법상 평등의 원칙은 국가가 언제 어디에서 어떤 계층을 대상으로 하여 기본권에 관한 사항이나 제도의 개선을 시작할 것인지를 선택하는 것을 방해하지 않는다.
  ⇨ 헌법상 평등의 원칙은 국가가 언제 어디에서 어떤 계층을 대상으로 하여 기본권에 관한 사항이나 제도의 개선을 시작할 것인지를 선택하는 것을 방해하지 않는다. 말하자면 국가는 합리적인 기준에 따라 능력이 허용하는 범위 내에서 법적 가치의 상향적 구현을 위한 제도의 단계적인 개선을 추진할 수 있는 길을 선택할 수 있어야 한다. 그것이 허용되지 않는다면 모든 사항과 계층을 대상으로 하여 동시에 제도의 개선을 추진하는 예외적인 경우를 제외하고는 어떠한 제도의 개선도 평등의 원칙 때문에 그 시행이 불가능하다는 결과에 이르게 되어 불합리할 뿐만 아니라 평등의 원칙이 실현하고자 하는 가치에도 어긋나기 때문이다(헌재 1990.6.25, 90헌마107).

② [O] 자의심사의 경우에는 차별을 정당화하는 합리적인 이유가 있는지만을 심사하기 때문에 그에 해당하는 비교대상간의 사실상의 차이나 입법목적(차별목적)의 발견·확인에 그친다.
  ⇨ 자의심사의 경우에는 차별을 정당화하는 합리적인 이유가 있는지만을 심사하기 때문에 그에 해당하는 비교대상간의 사실상의 차이나 입법목적(차별목적)의 발견·확인에 그치는 반면에, 비례심사의 경우에는 단순히 합리적인 이유의 존부문제가 아니라 차별을 정당화하는 이유와 차별간의 상관관계에 대한 심사, 즉 비교대상간의 사실상의 차이의 성질과 비중 또는 입법목적(차별목적)의 비중과 차별의 정도에 적정한 균형관계가 이루어져 있는가를 심사한다(헌재 2001.2.22, 2000헌마25).

③ [○] 헌법에서 특별히 평등을 요구하고 있는 경우와 차별적 취급으로 인하여 관련 기본권에 대한 중대한 제한을 초래하게 되는 경우에는 엄격한 심사척도(비례성원칙)를 적용하여야 한다.
⇨ 헌법에서 특별히 평등을 요구하고 있는 경우와 차별적 취급으로 인하여 관련 기본권에 대한 중대한 제한을 초래하게 된다면 입법형성권은 축소되어 보다 엄격한 심사척도가 적용되어야 한다(헌재 1999.12.23, 98헌마363).

❹ [×] 2회 이상 음주운전 금지규정을 위반한 사람을 2년 이상 5년 이하의 징역이나 1천만원 이상 2천만원 이하의 벌금에 처하도록 규정한 구 도로교통법 제148조의2 제1항 중 '제44조 제1항을 2회 이상 위반한 사람'에 관한 부분이 책임과 형벌간의 비례원칙과 평등원칙에 위배되는 것은 아니다.
⇨ 과거 위반행위가 예컨대 10년 이상 전에 발생한 것이라면 처벌대상이 되는 재범 음주운전이 준법정신이 현저히 부족한 상태에서 이루어진 반규범적 행위라거나 사회구성원에 대한 생명·신체 등을 '반복적으로' 위협하는 행위라고 평가하기 어려워 이를 일반적 음주운전 금지규정 위반행위와 구별하여 가중처벌할 필요성이 있다고 보기 어렵다. 범죄 전력이 있음에도 다시 범행한 경우 재범인 후범에 대하여 가중된 행위책임을 인정할 수 있다고 하더라도, 전범을 이유로 아무런 시간적 제한 없이 무제한 후범을 가중처벌하는 예는 찾기 어렵고, 공소시효나 형의 실효를 인정하는 취지에도 부합하지 않으므로, 심판대상조항은 예컨대 10년 이상의 세월이 지난 과거 위반행위를 근거로 재범으로 분류되는 음주운전 행위자에 대해서는 책임에 비해 과도한 형벌을 규정하고 있다고 하지 않을 수 없다. 도로교통법 제44조 제1항을 2회 이상 위반한 경우라고 하더라도 죄질을 일률적으로 평가할 수 없고 과거 위반 전력, 혈중알코올농도 수준, 운전한 차량의 종류에 비추어, 교통안전 등 보호법익에 미치는 위험 정도가 비교적 낮은 유형의 재범 음주운전행위가 있다. 그런데 심판대상조항은 법정형의 하한을 징역 2년, 벌금 1천만원으로 정하여 그와 같이 비난가능성이 상대적으로 낮고 죄질이 비교적 가벼운 행위까지 지나치게 엄히 처벌하도록 하고 있으므로, 책임과 형벌 사이의 비례성을 인정하기 어렵다. 반복적 음주운전에 대한 강한 처벌이 국민일반의 법감정에 부합할 수는 있으나, 결국에는 중벌에 대한 면역성과 무감각이 생기게 되어 법의 권위를 실추시키고 법질서의 안정을 해할 수 있으므로, 재범 음주운전을 예방하기 위한 조치로서 형벌 강화는 최후의 수단이 되어야 한다. 심판대상조항은 음주치료나 음주운전 방지장치 도입과 같은 비형벌적 수단에 대한 충분한 고려 없이 과거 위반 전력 등과 관련하여 아무런 제한도 두지 않고 죄질이 비교적 가벼운 유형의 재범 음주운전 행위에 대해서까지 일률적으로 가중처벌하도록 하고 있으므로 형벌 본래의 기능에 필요한 정도를 현저히 일탈하는 과도한 법정형을 정한 것이다. 그러므로 심판대상조항은 책임과 형벌간의 비례원칙에 위반된다[헌재 2021.11.25, 2019헌바446·2020헌가17·2021헌바77(병합)].

11
답 ②

① [×] 자기 또는 배우자의 직계존속을 고소하지 못하도록 규정한 형사소송법 제224조는 비속을 차별취급하여 평등권을 침해하므로 위헌이다.
⇨ 비속이 존속을 고소하는 행위의 반윤리성을 억제하고자 이를 제한하는 것은 합리적인 근거가 있는 차별이다.

> **참고 판례** 🖊
>
> 범죄피해자의 고소권은 형사절차상의 법적인 권리에 불과하므로 원칙적으로 입법자가 그 나라의 고유한 사법문화와 윤리관, 문화전통을 고려하여 합목적적으로 결정할 수 있는 넓은 입법형성권을 갖는다. 가정의 영역에서는 법률의 역할보다 전통적 윤리의 역할이 더 강조되고, 그 윤리에는 인류 공통의 보편적인 윤리와 더불어 그 나라와 사회가 선택하고 축적해 온 고유한 문화전통과 윤리의식이 강하게 작용할 수밖에 없다. 우리는 오랜 세월 동안 유교적 전통을 받아들이고 체화시켜 이는 현재에 이르기까지 일정한 부분 엄연히 우리의 고유한 의식으로 남아 있다. 이러한 측면에서 '효'라는 우리 고유의 전통규범을 수호하기 위하여 비속이 존속을 고소하는 행위의 반윤리성을 억제하고자 이를 제한하는 것은 합리적인 근거가 있는 차별이라고 할 수 있다(헌재 2011.2.24, 2008헌바56).

❷ [○] 변호사시험의 응시기회를 법학전문대학원 석사학위를 취득한 달의 말일부터 5년 내에 5회로 제한한 변호사시험법 제7조 제1항은 다른 자격시험 내지 사법시험 응시자와 변호사시험 응시자를 본질적으로 동일한 비교집단으로 볼 수 없으므로 평등권을 침해하지 않는다.
⇨ 의사·약사 등의 다른 자격시험은 응시자에게 요구하는 능력이나 이를 평가하는 방식이 변호사시험과 다르고, 변호사시험과 달리 위 시험들에서는 장기간 시험 준비로 인한 인력 낭비 문제의 심각성 등의 문제가 나타나고 있지 않다. 사법시험은 법학전문대학원이라는 전문교육과정을 거칠 것을 요구하는 변호사시험과는 달리 특정 전문교육과정을 요구하지 않는 점에서 본질적으로 차이가 있고, 입법자는 사법시험 재응시를 무제한 허용함으로 인하여 발생한 인력낭비 등의 문제를 극복하고자 변호사시험을 도입하였다. 따라서 다른 자격시험 내지 사법시험 응시자와 변호사시험 응시자를 본질적으로 동일한 비교집단으로 볼 수 없으므로, 응시기회제한조항은 청구인들의 평등권을 제한하지 아니한다(헌재 2016.9.29, 2016헌마47).

③ [×] 숙박업을 하고자 하는 자에게 신고의무를 부과하고 이를 이행하지 아니한 자를 형사처벌하도록 규정하고 있는 공중위생관리법 제2조 제1항 등은 평등원칙을 침해하는 것이다.
⇨ 어촌민박사업용 시설 등은 농어촌정비법 등에 의하여 인정된 시설로서, 영리를 목적으로 하는 일반 숙박시설과는 그 설치 목적, 시설의 성격 등이 다르고, 이를 운영하기 위해서는 개별 법률이 정한 바에 따라 신고를 하거나 승인 또는 허가를 받도록 규정되어 있어 행정기관의 관리·감독을 받으므로, 두 비교집단 사이의 차별에는 합리적 이유가 있다. 신고조항과 처벌조항은 헌법상 평등원칙에 위반되지 않는다(헌재 2016.9.29, 2015헌바121).

④ [×] 국가는 성질상 집행불능의 상태가 생길 수 없어 국가에 대한 가집행을 불허하더라도 집행불능의 문제가 생길 수 없으므로, 국가를 상대로 하는 재산권 청구의 경우에는 가집행선고를 할 수 없도록 한 것은 합헌이다.
⇨ 국가를 상대로 하는 재산권 청구에 관하여는 가집행선고를 할 수 없다고 한 것은 재산권과 신속한 재판을 받을 권리의 보장에 있어서 합리적 이유 없이 소송당사자를 차별하여 국가

를 우대하고 있는 것이므로 헌법 제11조 제1항에 위반된다(헌재 1989.1.25, 88헌가7).

12　답 ④

적절한 것은 ㉠, ㉢, ㉣이다.

㉠ [O] 건전한 상식과 통상적인 법감정을 가진 사람은 군복 및 군용장구의 단속에 관한 법률상 판매목적 소지가 금지되는 '유사군복'에 어떠한 물품이 해당하는지 예측할 수 있고, 유사군복을 정의한 조항에서 법 집행자에게 판단을 위한 합리적 기준이 제시되고 있으므로 '유사군복' 부분은 명확성원칙에 위반되지 아니한다.

⇨ '군복 및 군용장구의 단속에 관한 법률' 제2조 제3호에 따르면 유사군복은 '군복과 형태·색상 및 구조 등이 유사하여 외관상으로는 식별이 극히 곤란한 물품으로서 국방부령이 정하는 것'이다. 심판대상조항의 입법취지가 군인 아닌 자의 군 작전 방해 등으로 인한 국방력 약화 방지에 있음을 고려할 때, 유사군복이란 일반인의 눈으로 볼 때 군인이 착용하는 군복이라고 오인할 정도로 형태·색상·구조 등이 극히 비슷한 물품을 의미한다. 이른바 밀리터리 룩은 대부분 군복의 상징만 차용하였을 뿐 형태나 색상 및 구조가 진정한 군복과는 다르거나 그 유사성이 식별하기 극히 곤란한 정도에 이르지 않기 때문에, 심판대상조항의 적용을 받지 않는다. 심판대상조항의 문언과 입법취지, 위와 같은 사정을 종합하면, 건전한 상식과 통상적인 법 감정을 가진 사람은 '군복 및 군용장구의 단속에 관한 법률'상 판매목적 소지가 금지되는 '유사군복'에 어떠한 물품이 해당하는지를 예측할 수 있고, 유사군복을 정의한 조항에서 법 집행자에게 판단을 위한 합리적 기준이 제시되고 있어 심판대상조항이 자의적으로 해석되고 적용될 여지가 크다고 할 수 없다. 따라서 심판대상조항은 죄형법정주의의 명확성원칙에 위반되지 아니한다(헌재 2019.4.11, 2018헌가14).

㉡ [×] '운전면허를 받은 사람이 자동차 등을 이용하여 범죄행위를 한 때'를 필요적 운전면허 취소사유로 규정하고 있는 바, 일반적으로 '범죄행위'란 형벌법규에 의하여 형벌을 과하는 행위로서 사회적 유해성 내지 법익을 침해하는 반사회적 행위를 의미한다 할 것이므로 명확성의 원칙에 위반되지 않는다.

⇨ 이 사건 규정의 법문은 '운전면허를 받은 사람이 자동차 등을 이용하여 범죄행위를 한 때'를 필요적 운전면허 취소사유로 규정하고 있는 바, 일반적으로 '범죄행위'란 형벌법규에 의하여 형벌을 과하는 행위로서 사회적 유해성 내지 법익을 침해하는 반사회적 행위를 의미한다 할 것이므로 이 사건 규정에 의하면 자동차 등을 살인죄의 범행 도구나 감금죄의 범행장소 등으로 이용하는 경우는 물론이고, 주된 범죄의 전후 범죄에 해당하는 예비나 음모, 도주 등에 이용하는 경우나 과실범죄에 이용하는 경우에도 운전면허가 취소될 것이다. 그러나 오늘날 자동차는 생업의 수단 또는 대중적인 교통수단으로서 일상 생활에 없어서는 안 될 필수품으로 자리잡고 있기 때문에 그 운행과 관련하여 교통 관련 법규에서 여러 가지 특례제도를 두고 있는 취지를 보면, 이 사건 규정의 범죄에 사소한 과실범죄가 포함된다고 볼 수는 없다. 그럼에도 불구하고 **이 사건 규정이 범죄의 중함 정도나 고의성 여부 측면을 전혀 고려하지 않고 자동차 등을 범죄행위에 이용하기만 하면 운전면허를 취소**

하도록 하고 있는 것은 그 포섭범위가 지나치게 광범위한 것으로서 명확성원칙에 위반된다고 할 것이다(헌재 2005.11. 24, 2004헌가28).

㉢ [O] 선거운동을 위한 호별방문금지 규정에도 불구하고 '관혼상제의 의식이 거행되는 장소와 도로·시장·점포·다방·대합실 기타 다수인이 왕래하는 공개된 장소'에서의 지지 호소를 허용하는 공직선거법 조항 중 '기타 다수인이 왕래하는 공개된 장소' 부분은, 해당 장소의 구조와 용도, 외부로부터의 접근성 및 개방성의 정도 등을 종합적으로 고려할 때 '관혼상제의 의식이 거행되는 장소와 도로·시장·점포·다방·대합실'과 유사하거나 이에 준하여 일반인의 자유로운 출입이 가능한 개방된 곳을 의미한다고 충분히 해석할 수 있으므로 명확성원칙에 위반된다고 할 수 없다.

⇨ 이 사건 지지호소조항의 문언과 입법취지에 비추어보면, 이 사건 호별방문조항에도 불구하고 예외적으로 선거운동을 위하여 지지호소를 할 수 있는 '기타 다수인이 왕래하는 공개된 장소'란, 해당 장소의 구조와 용도, 외부로부터의 접근성 및 개방성의 정도 등을 종합적으로 고려할 때 '관혼상제의 의식이 거행되는 장소와 도로·시장·점포·다방·대합실'과 유사하거나 이에 준하여 일반인의 자유로운 출입이 가능한 개방된 곳을 의미한다고 충분히 해석할 수 있다. 따라서 이 사건 지지호소조항은 죄형법정주의의 명확성원칙에 위반된다고 할 수 없다. … 이 사건 호별방문조항이 과잉금지원칙을 위반하여 선거운동의 자유 내지 정치적 표현의 자유를 침해한다고 볼 수 없다(헌재 2019.5.30, 2017헌바458).

㉣ [O] '관계 중앙행정기관의 장이 소관 분야의 산업경쟁력 제고를 위하여 법령에 따라 지정 또는 고시·공고한 기술'을 범죄구성요건인 '산업기술'의 요건으로 하고 있는 구 산업기술의 유출방지 및 보호에 관한 법률 제36조 제2항 중 제14조 제1호 가운데 '부정한 방법에 의한 산업기술 취득행위'에 관한 부분이 죄형법정주의의 명확성원칙에 위반된다.

⇨ 이 사건 법률조항은 관계 법령에 따른 지정 또는 고시·공고의 근거법령을 구체적으로 특정하지 아니하여 그 문언만으로는 그 법령이 '관계 중앙행정기관의 장이 소관 분야의 산업경쟁력 제고 등을 위하여 하는 지정 또는 고시·공고의 근거가 되는 법령'이라는 추상적인 내용만을 알 수 있을 뿐, 해당되는 법령이 무엇인지 그리고 지정 또는 고시·공고를 하는 관계 중앙행정기관의 장이 누구인지 통상의 판단능력을 가진 일반인이 그 해석을 통해서 구체적으로 확정할 수 없게끔 되어 있다. 따라서 이 사건 법률조항은 이러한 규정형식의 불명확성 때문에 '적절한 고지'의 역할을 하지 못하여 수범자가 자신의 행위가 금지되는지, 아닌지를 정확하게 예측하고 자신의 행위를 결정할 수 없게 하고 있으므로, 죄형법정주의의 명확성원칙에 위배된다(헌재 2013.7.25, 2011헌바39).

13　답 ③

① [O] 배우자 있는 자의 간통행위 및 그와의 상간행위를 2년 이하의 징역에 처하도록 규정한 법률조항은 사생활의 비밀과 자유를 침해한다.

⇨ 사회 구조 및 결혼과 성에 관한 국민의 의식이 변화되고, 성적 자기결정권을 보다 중요시하는 인식이 확산됨에 따라 간통행

위를 국가가 형벌로 다스리는 것이 적정한지에 대해서는 이제 더 이상 국민의 인식이 일치한다고 보기 어렵고, 비록 비도덕적인 행위라 할지라도 본질적으로 개인의 사생활에 속하고 사회에 끼치는 해악이 그다지 크지 않거나 구체적 법익에 대한 명백한 침해가 없는 경우에는 국가권력이 개입해서는 안 된다는 것이 현대 형법의 추세여서 전세계적으로 간통죄는 폐지되고 있다. 또한 간통죄의 보호법익인 혼인과 가정의 유지는 당사자의 자유로운 의지와 애정에 맡겨야지, 형벌을 통하여 타율적으로 강제될 수 없는 것이며, 현재 간통으로 처벌되는 비율이 매우 낮고, 간통행위에 대한 사회적 비난 역시 상당한 수준으로 낮아져 간통죄는 행위규제규범으로서 기능을 잃어가고, 형사정책상 일반예방 및 특별예방의 효과를 거두기도 어렵게 되었다. 부부간 정조의무 및 여성 배우자의 보호는 간통한 배우자를 상대로 한 재판상 이혼청구, 손해배상청구 등 민사상의 제도에 의해 보다 효과적으로 달성될 수 있고, 오히려 간통죄가 유책의 정도가 훨씬 큰 배우자의 이혼수단으로 이용되거나 일시 탈선한 가정주부 등을 공갈하는 수단으로 악용되고 있기도 하다. 결국 심판대상조항은 과잉금지원칙에 위배하여 국민의 성적 자기결정권 및 사생활의 비밀과 자유를 침해하는 것으로서 헌법에 위반된다(헌재 2015.2.26, 2009헌바17 등).

② [○] 어린이집에 폐쇄회로 텔레비전(CCTV)을 원칙적으로 설치하도록 정한 법률조항은 어린이집 보육교사의 사생활의 비밀과 자유를 침해하지 않는다.
  ⇨ 어린이집에 폐쇄회로 텔레비전을 원칙적으로 설치하도록 정한 것은 어린이집 설치·운영자의 직업수행의 자유, 어린이집 보육교사(원장 포함) 및 영유아의 사생활의 비밀과 자유, 부모의 자녀교육권을 침해하지 않는다(헌재 2017.12.28, 2015헌마994).

❸ [×] 4급 이상 공무원들의 병역 면제사유인 질병명을 관보와 인터넷을 통해 공개하도록 하는 것은 '부정한 병역면탈의 방지'와 '병역의무의 자진이행에 기여'라는 입법목적을 달성하기 위한 것으로서 사생활의 비밀과 자유를 침해하는 것이 아니다.
  ⇨ 공적 관심의 정도가 약한 4급 이상의 공무원들까지 대상으로 삼아 모든 질병명을 아무런 예외 없이 공개토록 한 것은 입법목적 실현에 치중한 나머지 사생활 보호의 헌법적 요청을 현저히 무시한 것이고, 이로 인하여 청구인들을 비롯한 해당 공무원들의 헌법 제17조가 보장하는 기본권인 사생활의 비밀과 자유를 침해하는 것이다(헌재 2007.5.31, 2005헌마1139).

④ [○] 전자장치 부착을 통한 위치추적 감시제도가 처음 시행될 때 부착명령 대상에서 제외되었던 사람들 중 구 특정 범죄자에 대한 위치추적 전자장치 부착 등에 관한 법률 시행 당시 징역형 등의 집행 중이거나 집행이 종료, 가종료·가출소·가석방 또는 면제된 후 3년이 경과하지 아니한 자에 대해서도 위치추적 전자장치를 부착할 수 있도록 규정하고 있는 법률의 부칙조항은 과잉금지원칙에 위배되지 않는다.
  ⇨ 전자장치 부착을 통한 위치추적 감시제도가 처음 시행될 때 부착명령 대상에서 제외되었던 사람들 중 구 특정 범죄자에 대한 위치추적 전자장치 부착 등에 관한 법률 시행 당시 징역형 등의 집행 중이거나 집행이 종료, 가종료·가출소·가석방 또는 면제된 후 3년이 경과하지 아니한 자에 대해서도 위치추적 전자장치를 부착할 수 있도록 규정하고 있는 법률의 부칙조항은 과잉금지원칙에 위배되지 않는다(헌재 2012.12.27, 2010헌가82).

❶ [×] 공공기관이 보유·관리하는 모든 정보는 공개대상이 된다.
  ⇨ 비공개대상정보를 규정하고 있다.

> **공공기관의 정보공개에 관한 법률**
> 제9조【비공개대상정보】① 공공기관이 보유·관리하는 정보는 공개 대상이 된다. 다만, 다음 각 호의 어느 하나에 해당하는 정보는 공개하지 아니할 수 있다.
> 1. 다른 법률 또는 법률에서 위임한 명령(국회규칙·대법원규칙·헌법재판소규칙·중앙선거관리위원회규칙·대통령령 및 조례로 한정한다)에 따라 비밀이나 비공개 사항으로 규정된 정보
> 2. 국가안전보장·국방·통일·외교관계 등에 관한 사항으로서 공개될 경우 국가의 중대한 이익을 현저히 해칠 우려가 있다고 인정되는 정보
> 3. 공개될 경우 국민의 생명·신체 및 재산의 보호에 현저한 지장을 초래할 우려가 있다고 인정되는 정보 (이하 생략)

② [○] 공개청구자는 그가 공개를 구하는 정보를 공공기관이 보유·관리하고 있을 상당한 개연성이 있다는 점에 대하여 입증할 책임이 있으나, 공개를 구하는 정보를 공공기관이 한때 보유·관리하였으나 후에 그 정보가 담긴 문서들이 폐기되어 존재하지 않게 된 것이라면 그 정보를 더 이상 보유·관리하고 있지 않다는 점에 대한 증명책임은 공공기관에 있다.
  ⇨ 공공기관의 정보공개에 관한 법률(이하 '정보공개법'이라고 한다)에서 말하는 공개대상정보는 정보 그 자체가 아닌 정보공개법 제2조 제1호에서 예시하고 있는 매체 등에 기록된 사항을 의미하고, 공개대상정보는 원칙적으로 공개를 청구하는 자가 정보공개법 제10조 제1항 제2호에 따라 작성한 정보공개청구서의 기재내용에 의하여 특정되며, 만일 공개청구자가 특정한 바와 같은 정보를 공공기관이 보유·관리하고 있지 않은 경우라면 특별한 사정이 없는 한 해당 정보에 대한 공개거부처분에 대하여는 취소를 구할 법률상 이익이 없다. 이와 관련하여 공개청구자는 그가 공개를 구하는 정보를 공공기관이 보유·관리하고 있을 상당한 개연성이 있다는 점에 대하여 입증할 책임이 있으나, 공개를 구하는 정보를 공공기관이 한때 보유·관리하였으나 후에 그 정보가 담긴 문서들이 폐기되어 존재하지 않게 된 것이라면 그 정보를 더 이상 보유·관리하고 있지 않다는 점에 대한 증명책임은 공공기관에 있다(대판 2013.1.24, 2010두18918).

③ [○] 불기소처분 기록이나 내사기록 중 피의자신문조서 등 조서에 기재된 피의자 등의 인적사항 이외의 진술내용은 개인의 사생활의 비밀 또는 자유를 침해할 우려가 인정되는 경우에는 정보공개법 제9조 제1항 제6호 본문의 비공개대상정보에 해당한다.
  ⇨ 공공기관의 정보공개에 관한 법률 제9조 제1항 제6호 본문은 "해당 정보에 포함되어 있는 성명·주민등록번호 등 개인에 관한 사항으로서 공개될 경우 사생활의 비밀 또는 자유를 침해할 우려가 있다고 인정되는 정보"를 비공개대상정보의 하나로 규정하고 있다. 여기에서 말하는 비공개대상정보에는 성명·주민등록번호 등 '개인식별정보'뿐만 아니라 그 외에 정보의 내용에 따라 '개인에 관한 사항의 공개로 인하여 개인의 내밀한 내용의 비밀 등이 알려지게 되고, 그 결과 인격적·정신적 내

면생활에 지장을 초래하거나 자유로운 사생활을 영위할 수 없게 될 위험성이 있는 정보'도 포함된다. 따라서 불기소처분 기록이나 내사기록 중 피의자신문조서 등 조서에 기재된 피의자 등의 인적사항 이외의 진술내용 역시 개인의 사생활의 비밀 또는 자유를 침해할 우려가 인정되는 경우에는 위 비공개대상정보에 해당한다(대판 2017.9.7, 2017두44558).

④ [O] 정보공개법 제9조 제1항 제6호 단서 다목은 '공공기관이 작성하거나 취득한 정보로서 공개하는 것이 공익이나 개인의 권리구제를 위하여 필요하다고 인정되는 정보'를 비공개대상정보에서 제외하고 있는데 여기에서 '공개하는 것이 개인의 권리구제를 위하여 필요하다고 인정되는 정보'에 해당하는지는 비공개에 의하여 보호되는 개인의 사생활의 비밀 등의 이익과 공개에 의하여 보호되는 개인의 권리구제 등의 이익을 비교 · 교량하여 구체적 사안에 따라 신중히 판단하여야 한다.

⇨ 공공기관의 정보공개에 관한 법률 제9조 제1항 제6호 단서 다목은 '공공기관이 작성하거나 취득한 정보로서 공개하는 것이 공익이나 개인의 권리구제를 위하여 필요하다고 인정되는 정보'를 비공개대상정보에서 제외하고 있다. 여기에서 '공개하는 것이 개인의 권리구제를 위하여 필요하다고 인정되는 정보'에 해당하는지는 비공개에 의하여 보호되는 개인의 사생활의 비밀 등의 이익과 공개에 의하여 보호되는 개인의 권리구제 등의 이익을 비교 · 교량하여 구체적 사안에 따라 신중히 판단하여야 한다(대판 2017.9.7, 2017두44558).

15
답 ④

① [O] 인터넷게시판을 설치 · 운영하는 정보통신서비스 제공자에게 본인확인조치의무를 부과하여 게시판 이용자로 하여금 본인확인절차를 거쳐야만 게시판을 이용할 수 있도록 하는 본인확인제를 규정한 법률 조항 및 같은 법 시행령 조항은 과잉금지원칙에 위배하여 인터넷게시판 이용자의 표현의 자유를 침해한다.

⇨ 인터넷게시판을 설치 · 운영하는 정보통신서비스 제공자에게 본인확인조치의무를 부과하여 게시판 이용자로 하여금 본인확인절차를 거쳐야만 게시판을 이용할 수 있도록 하는 본인확인제를 규정한 것은 과잉금지원칙에 위배하여 인터넷게시판 이용자의 표현의 자유, 개인정보자기결정권 및 인터넷게시판을 운영하는 정보통신서비스 제공자의 언론의 자유를 침해한다(헌재 2012.8.23, 2010헌마47).

② [O] 신문의 편집인 · 발행인, 방송사의 편집책임자 등으로 하여금 아동보호사건에 관련된 '아동학대행위자'를 특정하여 파악할 수 있는 인적 사항이나 사진 등을 신문 등 출판물에 싣거나 방송매체를 통하여 방송할 수 없게 금지하는 것은 언론 · 출판의 자유를 침해하지 않는다.

⇨ 학대로부터 아동을 특별히 보호하여 건강한 성장을 도모하는 것은 중요한 법익이다. 이에는 아동학대 자체로부터의 보호뿐만 아니라 사건처리 과정에서 발생할 수 있는 사생활 노출 등 2차 피해로부터의 보호도 포함된다. 아동학대행위자 대부분은 피해아동과 평소 밀접한 관계에 있으므로, 행위자를 특정하여 파악할 수 있는 식별정보를 신문, 방송 등 매체를 통해 보도하는 것은 피해아동의 사생활 노출 등 2차 피해로 이어질 가능성이 매우 높다. 식별정보 보도 후에는 2차 피해를 차단하기

어려울 수 있고, 식별정보 보도를 허용할 경우 대중에 알려질 가능성을 두려워하는 피해아동이 신고를 자발적으로 포기하게 만들 우려도 있다. 따라서 아동학대행위자에 대한 식별정보의 보도를 금지하는 것이 과도하다고 보기 어렵다. 보도금지조항은 아동학대사건 보도를 전면금지하지 않으며 오직 식별정보에 대한 보도를 금지할 뿐으로, 익명화된 형태의 사건 보도는 가능하다. 따라서 보도금지조항으로 제한되는 사익은 아동학대행위자의 식별정보 보도라는 자극적인 보도의 금지에 지나지 않는 반면 이를 통해 달성하려는 2차 피해로부터의 아동보호 및 아동의 건강한 성장이라는 공익은 매우 중요하다. 따라서 보도금지조항은 언론 · 출판의 자유와 국민의 알 권리를 침해하지 않는다(헌재 2022.10.27, 2021헌가4).

③ [O] 건강기능식품의 기능성 광고와 같은 상업적 광고표현은 사상 · 지식 · 정보 등을 불특정다수인에게 전파하는 것으로서 언론 · 출판의 자유의 보호대상이 된다.

⇨ 광고도 사상 · 지식 · 정보 등을 불특정다수인에게 전파하는 것으로서 언론 · 출판의 자유에 의한 보호를 받는 대상이 됨은 물론이고, 상업적 광고표현 또한 보호대상이 된다(헌재 2018.6.28, 2016헌가8).

❹ [X] 국회의 정보위원회 회의를 비공개하도록 규정한 국회법 조항은 국가안전보장에 기여하고자 하는 공익을 위한 정당한 제한이므로 알 권리를 침해하는 것은 아니다.

⇨ 심판대상조항은 정보위원회의 회의 일체를 비공개하도록 정함으로써 정보위원회 활동에 대한 국민의 감시와 견제를 사실상 불가능하게 하고 있다. 또한 헌법 제50조 제1항 단서에서 정하고 있는 비공개사유는 각 회의마다 충족되어야 하는 요건으로 입법과정에서 재적의원 과반수의 출석과 출석의원 과반수의 찬성으로 의결되었다는 사실만으로 헌법 제50조 제1항 단서의 '출석위원 과반수의 찬성'이라는 요건이 충족되었다고 볼 수도 없다. 따라서 심판대상조항은 헌법 제50조 제1항에 위배되는 것으로 청구인들의 알 권리를 침해한다(헌재 2022.1.27, 2018헌마1162).

16
답 ③

헌법상 재산권으로 인정되는 것은 ㉡, ㉣이다.

㉠ [X] 장기미집행 도시계획시설결정의 실효제도
⇨ 장기미집행 도시계획시설결정의 실효제도는 도시계획시설부지로 하여금 도시계획시설 결정으로 인한 사회적 제약으로부터 벗어나게 하는 것으로서 결과적으로 개인의 재산권이 보다 보호되는 측면이 있는 것은 사실이나, 이와 같은 보호는 입법자가 새로운 제도를 마련함에 따라 얻게 되는 법률에 기한 권리일 뿐 헌법상 재산권으로부터 당연히 도출되는 권리는 아니다(헌재 2005.9.29, 2002헌바84).

㉡ [O] 공무원연금법상 연금수급권
⇨ 공무원연금법상의 퇴직급여, 유족급여 등 각종 급여를 받을 권리, 즉 연금수급권은 사회적 기본권의 하나인 사회보장수급권의 성격과 재산권의 성격을 아울러 지니고 있다 할 것이다(헌재 2014.5.29, 2012헌마555).

㉢ [X] 환매권 소멸 후의 우선매수권
⇨ 우선매수권은 위와 같이 입법정책에 의하여 부여되는 수혜적인 성질을 가진 권리라고 할 것이므로 그 구체적 형성은 국

가의 정책적 판단에 위임된 것으로서 입법자의 형성의 자유에 속하는 사항이다. 그러므로 입법자에게 부여된 입법재량권을 남용하였거나 입법형성권의 한계를 일탈하여 명백히 불공정 또는 불합리하게 자의적으로 행사되어 헌법상의 평등권을 침해하는 등의 특별한 사정이 없는 한 헌법 위반의 문제는 야기되지 아니한다. 따라서 토지가 공공목적에 필요하게 되는 경우 다시 수용절차를 개시하여 불필요한 절차를 반복하는 것을 방지하고, 국가기관의 공공목적 내지 정책목표의 달성에 심한 지장을 초래하거나 법적 안정성을 침해할 우려를 방지할 목적으로, '위 특별조치법 시행 당시 군사상 사용하고 있거나 5년 이내에 사용할 계획이 있다고 재산관리관이 인정한 토지, 환매권이 소멸된 후 이 법 시행일 전까지 국유재산법의 규정에 의하여 매각·교환·양여 및 국방부장관 외의 다른 소관청으로 관리환된 토지'를 우선매수의 대상에서 제외하고 있는 위 특별조치법 제3조 제1항은 합리적인 근거가 있다 할 것이므로 헌법에 위반된다고 할 수 없다(헌재 1998.12.24, 97헌마87 등).

✎ 환매권은 헌법상 재산권에 포함된다.

ⓔ [O] 개인택시면허

⇨ 개인택시면허는 경제적 가치가 있는 공법상의 권리로서 헌법에 의하여 보장되는 재산권이다(헌재 2012.3.29, 2010헌마443).

17 답 ④

㉠ [X] 직업의 개념표지들 중 '계속성'과 관련하여 객관적으로도 그러한 활동이 일정기간 계속성을 띠어야 하므로, 휴가기간 중에 하는 일이나 수습직으로서의 활동은 이에 포함되지 않는다.

⇨ 직업의 개념표지들은 개방적 성질을 지녀 엄격하게 해석할 필요는 없는 바, '계속성'과 관련하여서는 주관적으로 활동의 주체가 어느 정도 계속적으로 해당 소득활동을 영위할 의사가 있고, 객관적으로도 그러한 활동이 계속성을 띨 수 있으면 족하다고 해석되므로 **휴가기간 중에 하는 일, 수습직으로서의 활동 따위도 이에 포함된다**(헌재 2003.9.25, 2002헌마519).

㉡ [O] 직업의 자유에 '해당 직업에 합당한 보수를 받을 권리'까지 포함되어 있다고 보기 어렵다.

⇨ 직업의 자유에 '해당 직업에 합당한 보수를 받을 권리'까지 포함되어 있다고 보기 어렵다(헌재 2008.12.26, 2007헌마444).

㉢ [X] 성인대상 성범죄로 형을 선고받아 확정된 자에게 그 형의 집행을 종료한 날부터 10년 동안 의료기관을 개설하거나 의료기관에 취업할 수 없도록 한 법률조항은 그의 재범의 위험성이 소멸하지 않았으므로 직업선택의 자유를 침해하지 않는다.

⇨ 성인대상 성범죄로 형을 선고받아 확정된 자로 하여금 그 형의 집행을 종료한 날부터 10년 동안 의료기관을 개설하거나 의료기관에 취업할 수 없도록 하여 **10년 동안 일률적인 취업제한을 부과하고 있는 것은 침해의 최소성원칙과 법익의 균형성원칙에 위배되므로 직업선택의 자유를 침해한다**(헌재 2016. 3.31, 2013헌마585).

㉣ [X] 시·도지사의 재량으로 행정사의 수급상황을 조사하여 행정사 시험실시계획을 수립하도록 한 시행령 조항은 행정사가 되는 기회를 절대적으로 박탈하는 것이 아닌 행정사법 입법목적에 맞는 입법재량에 속하는 사항이기 때문에 행정사 자격시험을

통해 행정사가 되고자 하는 자의 직업선택의 자유를 침해하지 않는다.

⇨ 행정사법 제4조가 행정사는 행정사의 자격시험에 합격한 자로 한다고 규정한 취지는, 모든 국민에게 행정사 자격의 문호를 공평하게 개방하여 국민 누구나 법이 정한 시험에 합격한 자는 법률상의 결격사유가 없는 한 행정사업을 선택하여 이를 행사할 수 있게 함으로써 특정인이나 특정 집단에 의한 특정 직업 또는 직종의 독점을 배제하고 자유경쟁을 통한 개성신장의 수단으로 모든 국민에게 보장된 헌법 제15조의 직업선택의 자유를 구현시키려는 데 있는 것이다. 그러므로 행정사법 제4조에서 행정사 자격시험에 합격한 자에게 행정사의 자격을 인정하는 것은 행정사 자격시험이 합리적인 방법으로 반드시 실시되어야 함을 전제로 하는 것이고, 따라서 행정사법 제5조 제2항이 대통령령으로 정하도록 위임한 이른바 '행정사의 자격시험의 과목·방법 기타 시험에 관하여 필요한 사항'이란 시험과목·합격기준·시험실시방법·시험실시시기·실시횟수 등 시험실시에 관한 구체적인 방법과 절차를 말하는 것이지 시험의 실시 여부까지도 대통령령으로 정하라는 뜻은 아니다. 그럼에도 불구하고 이 사건 조항은 행정사 자격시험의 실시 여부를 시·도지사의 재량사항으로, 즉 시험전부면제대상자의 수 및 행정사업의 신고를 한 자의 수 등 관할구역내 행정사의 수급상황을 조사하여 시험실시의 필요성을 검토한 후 시험의 실시가 필요하다고 인정하는 때에는 시험실시계획을 수립하도록 규정하였는 바, 이는 시·도지사가 행정사를 보충할 필요가 없다고 인정하면 행정사 자격시험을 실시하지 아니하여도 된다는 것으로서 상위법인 행정사법 제4조에 의하여 청구인을 비롯한 모든 국민에게 부여된 행정사 자격 취득의 기회를 하위법인 시행령으로 박탈하고 행정사업을 일정 경력공무원 또는 외국어 전공 경력자에게 독점시키는 것이 된다. 그렇다면 이 사건 조항은 모법으로부터 위임받지 아니한 사항을 하위법규에서 기본권 제한사유로 설정하고 있는 것이므로 위임입법의 한계를 일탈하고, 법률상 근거 없이 기본권을 제한하여 **법률유보원칙에 위반하여 청구인의 직업선택의 자유를 침해한다**(헌재 2010.4.29, 2007헌마910).

18 답 ①

❶ [X] 심의위원회의 배상금 등 지급결정에 신청인이 동의한 때에는 국가와 신청인 사이에 민사소송법에 따른 재판상 화해가 성립된 것으로 보는 4·16세월호참사 피해구제 및 지원 등을 위한 특별법 제16조는 과잉금지원칙을 위반하여 청구인들의 재판청구권을 침해한다.

⇨ 4·16세월호참사 피해구제 및 지원 등을 위한 특별법(이하 '세월호피해지원법'이라 한다) 제16조는 지급절차를 신속히 종결함으로써 세월호 참사로 인한 피해를 신속하게 구제하기 위한 것이다. 세월호피해지원법에 따라 배상금 등을 지급받고도 또 다시 소송으로 다툴 수 있도록 한다면, 신속한 피해구제와 분쟁의 조기종결 등 세월호피해지원법의 입법목적은 달성할 수 없게 된다. 세월호피해지원법 규정에 의하면, 심의위원회의 제3자성, 중립성 및 독립성이 보장되어 있다고 인정되고, 그 심의절차에 공정성과 신중성을 제고하기 위한 장치도 마련되어 있다. 세월호피해지원법은 소송절차에 준하여 피해에 상

응하는 충분한 배상과 보상이 이루어질 수 있도록 관련 규정을 마련하고 있다. 신청인에게 지급결정 동의의 법적 효과를 안내하는 절차를 마련하고 있으며, 신청인은 배상금 등 지급에 대한 동의에 관하여 충분히 생각하고 검토할 시간이 보장되어 있고, 배상금 등 지급결정에 대한 동의 여부를 자유롭게 선택할 수 있다. 따라서 심의위원회의 배상금 등 지급결정에 동의한 때 재판상 화해가 성립한 것으로 간주하더라도 이것이 재판청구권행사에 대한 지나친 제한이라고 보기 어렵다. 세월호피해지원법 제16조가 지급결정에 재판상 화해의 효력을 인정함으로써 확보되는 배상금 등 지급을 둘러싼 분쟁의 조속한 종결과 이를 통해 확보되는 피해구제의 신속성 등의 공익은 그로 인한 신청인의 불이익에 비하여 작다고 보기는 어려우므로, 법익의 균형성도 갖추고 있다. 따라서 세월호피해지원법 제16조는 청구인들의 재판청구권을 침해하지 않는다(헌재 2017.6.29, 2015헌마654).

② [○] 교원에 대한 징계처분에 관하여 재심청구를 거치지 아니하고서는 행정소송을 제기할 수 없도록 한 법률규정은 교원징계처분의 전문성과 자주성을 고려한 것으로 재판청구권을 침해하지 않는다.

⇨ 입법자는 행정심판을 통한 권리구제의 실효성, 행정청에 의한 자기시정의 개연성, 문제되는 행정처분의 특수성 등을 고려하여 행정심판을 임의적 전치절차로 할 것인지, 아니면 필요적 전치절차로 할 것인지를 결정하는 입법형성권을 가지고 있는데, 교원에 대한 징계처분은 그 적법성을 판단함에 있어서 전문성과 자주성에 기한 사전심사가 필요하고, 판단기관인 재심위원회의 독립성 및 공정성이 확보되어 있고 심리절차에 있어서도 상당한 정도로 사법절차가 준용되어 권리구제절차로서의 실효성을 가지고 있으며, 재판청구권의 제약은 경미한 데 비하여 그로 인하여 달성되는 공익은 크므로, 재심제도가 입법형성권의 한계를 벗어나 국민의 재판청구권을 침해하는 제도라고 할 수 없다(헌재 2007.1.17, 2005헌바86).

③ [○] 수형자가 출정하기 이전에 여비를 납부하지 않았거나 출정 비용과 영치금과의 상계에 미리 동의하지 않았다는 이유로, 교도소장이 위 수형자의 행정소송 변론기일에 그의 출정을 제한한 것은, 형벌의 집행을 위하여 필요한 한도를 벗어나서 수형자의 재판청구권을 과도하게 침해한 것이다.

⇨ '민사재판 등 소송 수용자 출정비용 징수에 관한 지침'(이하 '이 사건 지침'이라 한다) 제4조 제3항에 의하면, 수형자가 출정비용을 납부하지 않고 출정을 희망하는 경우에는 소장은 수형자를 출정시키되, 사후적으로 출정비용 상환청구권을 자동채권으로, 영치금 반환채권을 수동채권으로 하여 상계함을 통지함으로써 상계하여야 한다고 규정되어 있으므로, 교도소장은 수형자가 출정비용을 예납하지 않았거나 영치금과의 상계에 동의하지 않았다고 하더라도, 우선 수형자를 출정시키고 사후에 출정비용을 받거나 영치금과의 상계를 통하여 출정비용을 회수하여야 하는 것이지, 이러한 이유로 수형자의 출정을 제한할 수 있는 것은 아니다. 그러므로 피청구인이, 청구인이 출정하기 이전에 여비를 납부하지 않았거나 출정비용과 영치금과의 상계에 미리 동의하지 않았다는 이유로 이 사건 출정제한행위를 한 것은, 피청구인에 대한 업무처리지침 내지 사무처리준칙인 이 사건 지침을 위반하여 청구인이 직접 재판에 출석하여 변론할 권리를 침해함으로써, 형벌의 집행을 위하여 필요한 한도를 벗어나서 청구인의 재판청구권을 과도하게 침

해하였다고 할 것이다(헌재 2012.3.29, 2010헌마475).

④ [○] 재판 당사자가 재판에 참석하는 것은 재판청구권의 기본적 내용이라고 할 것이므로 수형자도 형의 집행과 도망의 방지라는 구금의 목적을 반하지 않는 범위에서는 재판청구권이 보장되어야 한다.

⇨ 수형자는 형벌 등의 집행을 위하여 격리된 구금시설에서 강제적인 공동생활을 하게 되므로 헌법이 보장하는 신체활동의 자유 등 기본권이 제한될 수밖에 없다. 그러나 수형자라 하여 모든 기본권을 전면적으로 제한받는 것이 아니라, 제한되는 기본권은 형의 집행과 도망의 방지라는 구금의 목적과 관련된 기본권(신체의 자유, 거주이전의 자유, 통신의 자유 등)에 한정되어야 하고, 그 역시 형벌의 집행을 위하여 필요한 한도를 벗어날 수 없다. … 재판 당사자가 재판에 참석하는 것은 재판청구권 행사의 기본적 내용이라고 할 것이므로 수형자도 형의 집행과 도망의 방지라는 구금의 목적을 반하지 않는 범위에서는 재판청구권이 보장되어야 한다(헌재 2012.3.29, 2010헌마475).

19 답 ③

① [○] 국가에게 헌법 제34조에 의하여 장애인의 복지를 위하여 노력을 해야 할 의무가 있다는 것은, 장애인도 인간다운 생활을 누릴 수 있는 정의로운 사회질서를 형성해야 할 국가의 일반적인 의무를 뜻하는 것이지, 장애인을 위하여 저상버스를 도입해야 한다는 구체적 내용의 의무가 헌법으로부터 나오는 것은 아니다.

⇨ 장애인의 복지를 향상해야 할 국가의 의무가 다른 다양한 국가과제에 대하여 최우선적인 배려를 요청할 수 없을 뿐 아니라, 나아가 헌법의 규범으로부터는 '장애인을 위한 저상버스의 도입'과 같은 구체적인 국가의 행위의무를 도출할 수 없는 것이다. 국가에게 헌법 제34조에 의하여 장애인의 복지를 위하여 노력을 해야 할 의무가 있다는 것은, 장애인도 인간다운 생활을 누릴 수 있는 정의로운 사회질서를 형성해야 할 국가의 일반적인 의무를 뜻하는 것이지, 장애인을 위하여 저상버스를 도입해야 한다는 구체적 내용의 의무가 헌법으로부터 나오는 것은 아니다(헌재 2002.12.18, 2002헌마52).

② [○] 구치소·치료감호시설에 수용 중인 자에 대하여 국민기초생활 보장법에 의한 중복적인 보장을 피하기 위하여 개별가구에서 제외하기로 한 입법자의 판단이 헌법상 용인될 수 있는 재량의 범위를 일탈하여 인간다운 생활을 할 권리와 보건권을 침해한다고 볼 수 없다.

⇨ 형의 집행 및 수용자의 처우에 관한 법률에 의한 교도소·구치소에 수용 중인 자는 당해 법률에 의하여 생계유지의 보호를 받고 있으므로, 국민기초생활 보장법의 보충급여의 원칙에 따라 중복적인 보장을 피하기 위하여 위 수용자를 기초생활보장제도의 보장단위인 개별가구에서 제외키로 한 입법자의 판단이 헌법상 용인될 수 있는 재량의 범위를 일탈하여 수용자의 인간다운 생활을 할 권리를 침해하지 아니한다(헌재 2011.3.31, 2009헌마617 등).

❸ [✕] 인간다운 생활을 보장하기 위한 객관적인 내용의 최소한을 보장하고 있는지 여부는 특정한 법률에 의한 생계급여만을 가지고 판단하면 되고, 여타 다른 법령에 의해 국가가 최저생활보

장을 위하여 지급하는 각종 급여나 각종 부담의 감면 등을 총괄한 수준으로 판단할 것을 요구하지는 않는다.
⇨ 국가가 생활능력 없는 장애인의 인간다운 생활을 보장하기 위하여 행하는 사회부조에는 보장법에 의한 생계급여 지급을 통한 최저생활보장 외에 다른 법령에 의하여 행하여지는 것도 있으므로, 국가가 행하는 최저생활보장 수준이 그 재량의 범위를 명백히 일탈하였는지 여부, 즉 **인간다운 생활을 보장하기 위한 객관적 내용의 최소한을 보장하고 있는지 여부는 보장법에 의한 생계급여만을 가지고 판단하여서는 아니 되고, 그 외의 법령에 의거하여 국가가 최저생활보장을 위하여 지급하는 각종 급여나 각종 부담의 감면 등을 총괄한 수준으로 판단하여야 한다**(헌재 2004.10.28, 2002헌마328).
④ [O] 국가가 인간다운 생활을 보장하기 위한 헌법적 의무를 다하였는지의 여부가 사법적 심사의 대상이 된 경우에는, 국가가 최저생활보장에 관한 입법을 전혀 하지 아니하였다든가 그 내용이 현저히 불합리하여 헌법상 용인될 수 있는 재량의 범위를 명백히 일탈한 경우에 한하여 헌법에 위반된다고 할 수 있다.
⇨ 국가가 인간다운 생활을 보장하기 위한 헌법적인 의무를 다하였는지의 여부가 사법적 심사의 대상이 된 경우에는, 국가가 생계보호에 관한 입법을 전혀 하지 아니하였다든가 그 내용이 현저히 불합리하여 헌법상 용인될 수 있는 재량의 범위를 명백히 일탈한 경우에 한하여 헌법에 위반된다고 할 수 있다(헌재 2004.10.28, 2002헌마328).

20 　　　　　　　　　　　　　답 ①

❶ [×] 근로의 권리는 사회적 기본권으로서 국가에 대하여 직접 일자리를 청구하거나 일자리에 갈음하는 생계비의 지급청구권을 의미한다.
⇨ 헌법 제32조 제1항이 규정하는 근로의 권리는 사회적 기본권으로서 국가에 대하여 직접 일자리를 청구하거나 일자리에 갈음하는 생계비의 지급청구권을 의미하는 것이 아니라, 고용증진을 위한 사회적·경제적 정책을 요구할 수 있는 권리에 그치며, 근로의 권리로부터 국가에 대한 직접적인 직장존속청구권이 도출되는 것도 아니다. 나아가 근로자가 퇴직급여를 청구할 수 있는 권리도 헌법상 바로 도출되는 것이 아니라 퇴직급여법 등 관련 법률이 구체적으로 정하는 바에 따라 비로소 인정될 수 있는 것이다(헌재 2011.7.28, 2009헌마408).
② [O] 근로자에 대하여 임금의 최저수준을 보장하기 위하여 헌법에는 최저임금제가 명시적으로 규정되어 있다.
⇨ 국가는 사회적·경제적 방법으로 근로자의 고용의 증진과 적정임금의 보장에 노력하여야 하며, 법률이 정하는 바에 의하여 최저임금제를 시행하여야 한다(헌법 제32조 제1항).
③ [O] 근로자는 쟁의행위기간 중에는 현행범 외에는 노동조합 및 노동관계조정법 위반을 이유로 구속되지 아니한다.
⇨ 근로자는 쟁의행위기간 중에는 현행범 외에는 이 법 위반을 이유로 구속되지 아니한다(노동조합 및 노동관계조정법 제39조).
④ [O] 국회는 공무원인 근로자에게 단결권·단체교섭권·단체행동권을 인정할 것인가의 여부, 어떤 형태의 행위를 어느 범위에서 인정할 것인가 등에 대하여 광범위한 입법형성의 자유를 가진다.

⇨ 우리 헌법은 제33조 제1항에서 근로자의 자주적인 노동3권을 보장하고 있으면서도, 같은 조 제2항에서 공무원인 근로자에 대하여는 법률에 의한 제한을 예정하고 있는 바, 이는 공무원의 국민 전체에 대한 봉사자로서의 지위 및 그 직무상의 공공성을 고려하여 합리적인 공무원제도의 보장과 이와 관련된 주권자의 권익을 공공복리의 목적 아래 통합 조정하려는 것이다. 따라서 국회는 헌법 제33조 제2항에 따라 공무원인 근로자에게 단결권·단체교섭권·단체행동권을 인정할 것인가의 여부, 어떤 형태의 행위를 어느 범위에서 인정할 것인가 등에 대하여 광범위한 입법형성의 자유를 가진다(헌재 2008.12.26, 2005헌마971 등).

정답

p.94

01	①	02	④	03	④	04	④	05	③
06	②	07	②	08	③	09	③	10	①
11	③	12	②	13	②	14	③	15	③
16	④	17	④	18	③	19	④	20	①

01
답 ①

❶ [×] 1954년 헌법은 주권의 제약 또는 영토의 변경을 가져올 국가 안위에 관한 중대사항은 곧바로 국민투표에 부쳐 결정하도록 하였다.
⇨ 제2차 개정헌법(1954년)에서는 주권의 제약 또는 영토의 변경을 가져올 국가안위에 관한 중대사항은 곧바로가 아닌 국회의 가결을 거친 후 국민투표에 부쳐 결정하도록 하였다.

② [○] 1960년 헌법은 대법원장과 대법관의 선거제 및 지방자치단체장의 직선제를 채택하고, 헌법재판소를 우리나라 헌정사상 최초로 규정하였다.
⇨ 제2공화국 헌법(1960년)은 의원내각제 정부형태에 국회는 양원제를 채택하였다. 헌법재판소제도를 헌정사상 최초로 규정하였고, 법관선거인단에 의한 대법원장과 대법관의 선거제를 채택하였다. 그리고 중앙선거관리위원회의 헌법기관화, 경찰의 중립성, 지방자치단체장의 직선제 등을 규정하였다.

③ [○] 제5차 헌법개정에서는 헌법 전문을 최초로 개정하여 4·19 이념을 명문화하였다.
⇨ 제5차 개정헌법(1962년)에서 헌법 전문을 최초로 개정하여 "4·19의거와 5·16혁명의 이념에 입각"한다고 규정하였다.

> **제5차 개정헌법(1962년) 전문** 유구한 역사와 전통에 빛나는 우리 대한국민은 3·1운동의 숭고한 독립정신을 계승하고 4·19의거와 5·16혁명의 이념에 입각하여 새로운 민주공화국을 건설함에 있어서, (중략) 1948년 7월 12일에 제정된 헌법을 이제 국민투표에 의하여 개정한다.

④ [○] 1972년 헌법은 구속적부심 및 국정감사제를 폐지하였고, 국회의 회기를 단축하였으며 대법원장을 비롯한 모든 법관을 대통령이 임명하도록 규정하였다.
⇨ 제7차 개정헌법(1972년)은 대통령 중심의 권력독점체제의 한 전형을 보여주었다고 할 수 있다. 대통령의 긴급조치권, 대통령중임제한 삭제, 국회의 회기 단축과 국정감사제의 폐지, 대법원장을 비롯한 모든 법관의 대통령임명제 등을 규정하였다. 기본권 제한의 사유로서 국가안전보장이 추가되고 자유와 권리의 본질적 내용을 침해할 수 없다는 조항이 삭제되고, 구속적부심이 삭제되는 등 기본권의 후퇴를 가져왔다.

02
답 ④

① [○] 상가건물 임차인의 계약갱신요구권 행사기간을 10년으로 연장한 개정법 조항의 시행 이전에 체결되었더라도 개정법 시행 이후 갱신되는 임대차의 경우에 개정법 조항의 연장된 기간을 적용하는 상가건물 임대차보호법 부칙조항은 신뢰보호원칙에 위반되지 않는다.
⇨ 이 사건 부칙조항은 개정법조항을 개정법 시행 당시 존속 중인 임대차 전반이 아니라, 개정법 시행 후 갱신되는 임대차에 한하여 적용하도록 한정되어 있고, 임차인이 계약갱신요구권을 행사하더라도 임대인은 '상가건물 임대차보호법'에 따라 정당한 사유가 있거나 임차인에게 귀책사유가 있는 경우 갱신거절이 가능하며, 합의하여 임대인이 임차인에게 상당한 보상을 제공한 경우 등에도 마찬가지로 임대인이 임대차계약의 구속에서 벗어날 수 있는 길을 열어두고 있다. 따라서 이 사건 부칙조항이 임차인의 안정적인 영업을 지나치게 보호한 나머지 임대인에게만 일방적으로 가혹한 부담을 준다고 보기는 어렵다. … 따라서 이 사건 부칙조항은 신뢰보호원칙에 위배되어 임대인의 재산권을 침해한다고 볼 수 없다(헌재 2021.10.28, 2019헌마106).

② [○] 법률 시행 당시 디엔에이감식시료 채취 대상범죄로 이에 징역이나 금고 이상의 실형을 선고받아 그 형이 확정되어 수용 중인 사람에게 디엔에이감식시료 채취 및 디엔에이확인정보의 수집·이용 등 디엔에이신원확인정보의 이용 및 보호에 관한 법률을 적용할 수 있도록 규정한 것은 헌법 위반이 아니다.
⇨ 디엔에이신원확인정보의 수집·이용은 수형인 등에게 심리적 압박으로 인한 범죄예방효과를 가진다는 점에서 보안처분의 성격을 지니지만, 처벌적인 효과가 없는 비형벌적 보안처분으로서 소급입법금지원칙이 적용되지 않는다. 이 사건 법률의 소급적용으로 인한 공익적 목적이 당사자의 손실보다 더 크므로, 이 사건 부칙 조항이 법률 시행 당시 디엔에이감식시료 채취 대상범죄로 실형이 확정되어 수용 중인 사람들까지 이 사건 법률을 적용한다고 하여 소급입법금지원칙에 위배되는 것은 아니다(헌재 2014.8.28, 2011헌마28 등).

③ [○] 신상정보 공개·고지명령을 소급적용하는 성폭력범죄의 처벌 등에 관한 특례법 부칙은 형벌과는 구분되는 비형벌적 보안처

분으로서 소급처벌금지원칙이 적용되지 아니한다.

⇨ 신상정보 공개·고지명령의 근본적인 목적은 재범방지와 사회방위이고, 법원은 '신상정보를 공개하여서는 아니 될 특별한 사정'이 있는지 여부에 관하여 재범의 위험성을 고려하여 공개·고지명령을 선고하고 있으므로, 신상정보 공개·고지명령의 법적 성격은 형벌이 아니라 보안처분이다. 신상정보 공개·고지명령은 형벌과는 구분되는 비형벌적 보안처분으로서 어떠한 형벌적 효과나 신체의 자유를 박탈하는 효과를 가져오지 아니하므로 소급처벌금지원칙이 적용되지 아니한다. 따라서 심판대상조항은 소급처벌금지원칙에 위배되지 않는다(헌재 2016.12.29, 2015헌바196).

❹ [×] 신법이 피적용자에게 유리하게 개정된 경우 이른바 시혜적인 소급입법이 가능하므로 이를 피적용자에게 유리하게 적용하는 것은 입법자의 의무이다.

⇨ 신법이 피적용자에게 유리한 경우에는 이른바 시혜적인 소급입법이 가능하지만 이를 입법자의 의무라고는 할 수 없고, 그러한 소급입법을 할 것인지의 여부는 입법재량의 문제로서 그 판단은 일차적으로 입법기관에 맡겨져 있으며, 이와 같은 시혜적 조치를 할 것인가 하는 문제는 국민의 권리를 제한하거나 새로운 의무를 부과하는 경우와는 달리 입법자에게 보다 광범위한 입법형성의 자유가 인정된다(헌재 1995.12.28, 95헌마196).

답 ④

① [×] 헌법상의 경제질서인 사회적 시장경제질서는 헌법의 지도원리로서 모든 국민·국가기관이 헌법을 존중하고 수호하도록 하는 지침이 되며, 기본권의 해석 및 기본권 제한입법의 합헌성 심사에 있어 해석기준의 하나로서 작용함은 물론 구체적 기본권을 도출하는 근거도 될 수 있다.

⇨ 헌법의 기본원리는 헌법의 이념적 기초인 동시에 헌법을 지배하는 지도원리로서 입법이나 정책결정의 방향을 제시하며 공무원을 비롯한 모든 국민·국가기관이 헌법을 존중하고 수호하도록 하는 지침이 되며, 구체적 기본권을 도출하는 근거로 될 수는 없으나 기본권의 해석 및 기본권 제한입법의 합헌성 심사에 있어 해석기준의 하나로서 작용한다(헌재 1996.4.25, 92헌바47).

② [×] 헌법 제119조 제2항은 국가가 경제영역에서 실현하여야 할 목표의 하나로서 '적정한 소득의 분배'를 들고 있으므로, 이로부터 소득에 대하여 누진세율에 따른 종합과세를 시행하여야 할 구체적인 헌법적 의무가 입법자에게 부과된다.

⇨ 헌법 제119조 제2항은 국가가 경제영역에서 실현하여야 할 목표의 하나로서 '적정한 소득의 분배'를 들고 있지만, 이로부터 반드시 소득에 대하여 누진세율에 따른 종합과세를 시행하여야 할 구체적인 헌법적 의무가 조세입법자에게 부과되는 것이라고 할 수 없다(헌재 2006.11.30, 2006헌마489).

③ [×] 헌법 제119조 제2항에 규정된 '경제주체간의 조화를 통한 경제의 민주화'의 이념은 경제영역에서 정의로운 사회질서를 형성하기 위하여 추구할 수 있는 국가목표로서 작용하지만, 개인의 기본권을 제한하는 국가행위를 정당화하는 규범으로 작용할 수는 없다.

⇨ 헌법 제119조 제2항에 규정된 '경제주체간의 조화를 통한 경

제의 민주화'의 이념은 경제영역에서 정의로운 사회질서를 형성하기 위하여 추구할 수 있는 국가목표로서 개인의 기본권을 제한하는 국가행위를 정당화하는 헌법규범이다(헌재 2004. 10.28, 99헌바91).

❹ [○] 헌법 제121조는 국가에 대해 '경자유전원칙의 달성'을 요청하는 한편 '불가피한 사정으로 발생하는 농지의 임대차와 위탁경영'을 허용하고 있는 바, 농지법상 상속으로 농지를 취득하여 소유하는 경우 자기의 농업경영에 이용하지 아니할지라도 농지를 소유할 수 있다.

⇨ 농업경영에 이용하지 않는 자의 농지 소유를 원칙적으로 금지하면서, 이 사건 법률조항에 규정된 경우에 한해 제한적으로 그 예외를 인정하는 것은 헌법상 경자유전의 원칙 및 농지 보전의 중요성을 고려하여 이를 효과적으로 달성하고자 하는 입법자의 판단에 따른 것이므로 적절한 수단에 해당한다(헌재 2013.6.27, 2011헌바278).

답 ④

① [○] 국가는 균형 있는 국민경제의 성장과 안정, 적정한 소득의 분배를 유지하기 위하여 경제에 관한 규제와 조정을 할 수 있다.

⇨ 헌법 제119조 제2항에 대한 옳은 설명이다.

> **헌법 제119조** ② 국가는 균형 있는 국민경제의 성장 및 안정과 적정한 소득의 분배를 유지하고, 시장의 지배와 경제력의 남용을 방지하며, 경제주체간의 조화를 통한 경제의 민주화를 위하여 경제에 관한 규제와 조정을 할 수 있다.

② [○] 국가는 농지에 관하여 경자유전의 원칙이 달성될 수 있도록 노력하여야 하며, 농지의 소작제도는 금지되나, 농업생산성의 제고와 농지의 합리적인 이용을 위하거나 불가피한 사정으로 발생하는 농지의 임대차와 위탁경영은 허용될 수 있다.

⇨ 헌법 제121조에 대한 옳은 설명이다.

> **헌법 제121조** ① 국가는 농지에 관하여 경자유전의 원칙이 달성될 수 있도록 노력하여야 하며, 농지의 소작제도는 금지된다.
> ② 농업생산성의 제고와 농지의 합리적인 이용을 위하거나 불가피한 사정으로 발생하는 농지의 임대차와 위탁경영은 법률이 정하는 바에 의하여 인정된다.

③ [○] 국가는 국민 모두의 생산 및 생활의 기반이 되는 국토의 효율적이고 균형 있는 이용·개발과 보전을 위하여 법률이 정하는 바에 의하여 그에 관한 필요한 제한과 의무를 과할 수 있다.

⇨ 헌법 제122조에 대한 옳은 설명이다.

> **헌법 제122조** 국가는 국민 모두의 생산 및 생활의 기반이 되는 국토의 효율적이고 균형 있는 이용·개발과 보전을 위하여 법률이 정하는 바에 의하여 그에 관한 필요한 제한과 의무를 과할 수 있다.

❹ [×] 국가는 농업 및 어업을 보호·육성하기 위하여 농·어촌종합개발과 그 지원 등 필요한 계획을 수립·시행할 수 있다.

⇨ 필요한 계획을 수립·시행하여야 한다.

05 답 ③

① [O] 국회의원선거에 참여하여 의석을 얻지 못하고 유효투표총수의 100분의 2 이상을 득표하지 못한 정당에 대해 그 등록을 취소하도록 한 구 정당법의 정당등록취소조항은 정당설립의 자유를 침해한다.

　⇨ 정당등록취소조항은 어느 정당이 대통령선거나 지방자치선거에서 아무리 좋은 성과를 올리더라도 국회의원선거에서 일정수준의 지지를 얻는 데 실패하면 등록이 취소될 수밖에 없어 불합리하고, 신생·군소정당으로 하여금 국회의원선거에의 참여 자체를 포기하게 할 우려도 있어 법익의 균형성 요건도 갖추지 못하였다. 따라서 정당등록취소조항은 과잉금지원칙에 위반되어 청구인들의 정당설립의 자유를 침해한다(헌재 2014.1.28, 2012헌마431 등).

② [O] 정당이 새로운 당명으로 합당하거나 다른 정당에 합당될 때에는 합당을 하는 정당들의 대의기관이나 그 수임기관의 합동회의의 결의로써 합당할 수 있다.

　⇨ 정당법 제19조 제1항에 대한 옳은 설명이다.

> **정당법**
> 제19조【합당】① 정당이 새로운 당명으로 합당(이하 "신설합당"이라 한다)하거나 다른 정당에 합당(이하 "흡수합당"이라 한다)될 때에는 합당을 하는 정당들의 대의기관이나 그 수임기관의 합동회의의 결의로써 합당할 수 있다.

❸ [X] 헌법 제8조 제4항의 "정당의 목적이나 활동이 민주적 기본질서에 위배될 때에는 정부는 헌법재판소에 그 해산을 제소할 수 있고, 정당은 헌법재판소의 심판에 의해 해산된다."에서 민주적 기본질서란 현행헌법이 규정한 민주적 기본질서와 동일한 것을 의미한다.

　⇨ 헌법 제8조 제4항의 민주적 기본질서 개념은 정당해산결정의 가능성과 긴밀히 결부되어 있다. 이 민주적 기본질서의 외연이 확장될수록 정당해산결정의 가능성은 확대되고, 이와 동시에 정당활동의 자유는 축소될 것이다. 민주사회에서 정당의 자유가 지니는 중대한 함의나 정당해산심판제도의 남용가능성 등을 감안한다면, **헌법 제8조 제4항의 민주적 기본질서는 최대한 엄격하고 협소한 의미로 이해해야 한다. 따라서 민주적 기본질서를 현행헌법이 채택한 민주주의의 구체적 모습과 동일하게 보아서는 안 된다**(헌재 2014.12.19, 2013헌다1).

④ [O] 창당준비위원회는 중앙당의 경우에는 200명 이상의, 시·도당의 경우에는 100명 이상의 발기인으로 구성한다.

　⇨ 정당법 제6조에 대한 옳은 설명이다.

> **정당법**
> 제6조【발기인】창당준비위원회는 중앙당의 경우에는 200명 이상의, 시·도당의 경우에는 100명 이상의 발기인으로 구성한다.

06 답 ②

적절하지 않은 것은 1개(ⓛ)이다.

㉠ [O] 헌법 제7조 제2항이 "공무원의 신분과 정치적 중립성은 법률이 정하는 바에 의하여 보장된다."라고 규정한 것은, 공무원이 정치과정에서 승리한 정당원에 의하여 충원되는 엽관제를 지양하고, 정권교체에 따른 국가작용의 중단과 혼란을 예방하며 일관성 있는 공무수행의 독자성과 영속성을 유지하기 위하여 공직구조에 관한 제도적 보장으로서의 직업공무원제도를 마련해야 함을 의미한다.

　⇨ 헌법 제7조 제2항은 공무원의 신분과 정치적 중립성을 법률로써 보장할 것을 규정하고 있다. 위 조항의 뜻은 공무원이 정치과정에서 승리한 정당원에 의하여 충원되는 엽관제를 지양하고, 정권교체에 따른 국가작용의 중단과 혼란을 예방하며 일관성있는 공무수행의 독자성과 영속성을 유지하기 위하여 공직구조에 관한 제도적 보장으로서의 직업공무원제도를 마련해야 한다는 것이다. 직업공무원제도는 바로 그러한 제도적 보장을 통하여 모든 공무원으로 하여금 어떤 특정 정당이나 특정 상급자를 위하여 충성하는 것이 아니라 국민 전체에 대한 봉사자로서(헌법 제7조 제1항) 법에 따라 그 소임을 다할 수 있게 함으로써 공무원 개인의 권리나 이익을 보호함에 그치지 아니하고 나아가 국가기능의 측면에서 정치적 안정의 유지에 기여하도록 하는 제도이다(헌재 1997.4.24, 95헌바48).

ⓛ [X] 입법자는 헌법상 직업공무원제도를 최대한 보장하는 방향으로 구체화할 의무가 있다.

　⇨ 직업공무원제도는 헌법이 보장하는 제도적 보장 중의 하나임이 분명하므로 **입법자는 직업공무원제도에 관하여 '최소한 보장'의 원칙의 한계 안에서 폭넓은 입법형성의 자유를 가진다.** 따라서 입법자가 동장의 임용의 방법이나 직무의 특성 등을 고려하여 이 사건 법률조항에서 동장의 공직상의 신분을 지방공무원법상 신분보장의 적용을 받지 아니하는 별정직공무원의 범주에 넣었다 하여 바로 그 법률조항 부분을 위헌이라고 할 수는 없다(헌재 1997.4.24, 95헌바48).

㉢ [O] 총장후보자에 지원하려는 사람에게 접수시 1,000만원의 기탁금을 납부하도록 하고, 지원서 접수시 기탁금 납입 영수증을 제출하도록 한 '전북대학교 총장임용후보자 선정에 관한 규정'은 총장후보자에 지원하려는 교원 등 학내 인사와 일반 국민의 공무담임권을 침해한다.

　⇨ 이 사건 기탁금조항의 1,000만원 액수는 교원 등 학내 인사뿐만 아니라 일반 국민들 입장에서도 적은 금액이 아니다. 여기에, 추천위원회의 최초 투표만을 기준으로 기탁금 반환 여부가 결정되는 점, 일정한 경우 기탁자 의사와 관계없이 기탁금을 발전기금으로 귀속시키는 점 등을 종합하면, 이 사건 기탁금조항의 1,000만원이라는 액수는 자력이 부족한 교원 등 학내 인사와 일반 국민으로 하여금 총장후보자에 지원하려는 의사를 단념토록 할 수 있을 정도로 과다한 액수라고 할 수 있다. …기탁금조항으로 달성하려는 공익이 제한되는 공무담임권 정도보다 크다고 단정할 수 없으므로, 이 사건 기탁금조항은 법익의 균형성에도 반한다. 따라서 이 사건 기탁금조항은 과잉금지원칙에 반하여 청구인의 공무담임권을 침해한다(헌재 2018.4.26, 2014헌마274).

㉣ [O] 제도적 보장은 주관적 권리가 아닌 객관적 법규범이라는 점에서 기본권과 구별되기는 하지만 헌법에 의하여 일정한 제도가

보장되면 입법자는 그 제도를 설정하고 유지할 입법의무를 지게 될 뿐만 아니라 헌법에 규정되어 있기 때문에 법률로써 이를 폐지할 수 없고, 비록 내용을 제한한다고 하더라도 그 본질적 내용을 침해할 수는 없다.

⇨ 제도적 보장은 객관적 제도를 헌법에 규정하여 당해 제도의 본질을 유지하려는 것으로서 헌법제정권자가 특히 중요하고도 가치가 있다고 인정되고 헌법적으로도 보장할 필요가 있다고 생각하는 국가제도를 헌법에 규정함으로써 장래의 법발전, 법형성의 방침과 범주를 미리 규율하려는 데 있다. 이러한 제도적 보장은 주관적 권리가 아닌 객관적 범규범이라는 점에서 기본권과 구별되기는 하지만 헌법에 의하여 일정한 제도가 보장되면 입법자는 그 제도를 설정하고 유지할 입법의무를 지게 될 뿐만 아니라 헌법에 규정되어 있기 때문에 법률로써 이를 폐지할 수 없고, 비록 내용을 제한하더라도 그 본질적 내용을 침해할 수 없다. 그러나 기본권 보장은 '최대한 보장의 원칙'이 적용됨에 반하여, 제도적 보장은 그 본질적 내용을 침해하지 아니하는 범위 안에서 입법자에게 제도의 구체적 내용과 형태의 형성권을 폭넓게 인정한다는 의미에서 '최소한 보장의 원칙'이 적용될 뿐이다(헌재 1997.4.24, 95헌바48).

07
답 ②

① [O] 선거기간 동안 언론기관이 지지율을 기반으로 초청대상 후보자의 수를 제한하여 대담토론회를 개최하고 보도하는 것은 평등권 위반이 아니다.

⇨ 방송토론회의 초청자격을 제한하지 않아 토론자가 너무 많을 경우 시간상 제약 등으로 실질적인 토론과 공방이 이루어지지 않고 후보자에 대한 정책검증이 어려운 점, 대다수의 국민이나 선거구민들이 여론조사에서 높은 지지율을 얻은 후보자에 대하여 관심을 가지고 있다고 보아야 하는 점, 선거방송토론위원회는 위 토론회에 초청받지 못한 후보자들을 대상으로 다른 대담·토론회를 개최할 수 있는 점 등에 비추어 보면, 이 사건 법률조항에 의한 위와 같은 차별에는 이를 정당화할 수 있는 합리적인 이유가 있다고 할 것이다. 따라서 이 사건 법률조항이 청구인들의 평등권이나 선거운동의 기회균등을 침해하는 것으로 보기 어렵다(헌재 2009.3.26, 2007헌마1327 등).

❷ [×] 협의수용을 '양도'로 보고 양도소득세를 부과하는 것은 환지처분을 '양도'로 보지 않고 양도소득세를 부과하지 않는 것에 비해 불합리하게 차별하는 것이다.

⇨ 토지소유자를 중심으로 볼 때 환지처분의 경우에는 종전 토지의 소유권이 그대로 새로운 토지에 남게 되는 바, 이를 '자산이 유상으로 사실상 이전되는 양도'의 범위에 포함시킬 수 없으므로, 협의수용을 '양도'로 보고 양도소득세를 과세하는 것과 환지처분을 '양도'로 보지 않아 양도소득세를 비과세하는 것은 본질적으로 다른 것을 다르게 취급하는 것으로서 이로 인해 차별이 존재한다고 볼 수 없다(헌재 2007.4.26, 2006헌바71).

③ [O] 동일한 월급근로자임에도 불구하고 해고예고제를 적용할 때, 근무기간 6개월 미만 월급근로자를 그 이상 근무한 월급근로자와 달리 취급하는 규정은 헌법에 위배된다.

⇨ '월급근로자로서 6월이 되지 못한 자'는 대체로 기간의 정함이 없는 근로계약을 한 자들로서 근로관계의 계속성에 대한 기대

가 크다고 할 것이므로, 이들에 대한 해고 역시 예기치 못한 돌발적 해고에 해당한다. 따라서 6개월 미만 근무한 월급근로자 또한 전직을 위한 시간적 여유를 갖거나 실직으로 인한 경제적 곤란으로부터 보호받아야 할 필요성이 있다. 그럼에도 불구하고 합리적 이유 없이 '월급근로자로서 6개월이 되지 못한 자'를 해고예고제도의 적용대상에서 제외한 이 사건 법률조항은 근무기간이 6개월 미만인 월급근로자의 근로의 권리를 침해하고, 평등원칙에도 위배된다(헌재 2015.12.23, 2014헌바3).

④ [O] 국민연금법상 유족연금에서 유족의 범위에 25세 이상의 자녀 혹은 사망한 국민연금 가입자 등에 의하여 생계를 유지하고 있지 않은 자녀를 포함시키지 않는 법률조항은 헌법에 위반되지 않는다.

⇨ 유족연금은 원래 가계를 책임진 자의 사망으로 생활의 곤란을 겪게 될 가족의 생계보호를 위하여 도입된 제도로서, 자신이 보험료를 납부하여 그에 상응하는 급여를 받는 것이 아니라 결혼 또는 의존성 여부에 따라 결정되는 파생적 급여이고, 이 급여가 부모 등 가족의 기여에만 의지한다기 보다는 전체 가입자가 불행을 당한 가입자의 가족을 원조하는 형태를 띠고 있다. 이러한 점에서 유족연금은 가입기간과 소득수준에 비례하는 노령연금과는 지급기준이 다르다. 또한 한정된 재원으로 유족연금 등 사회보장급부를 보다 절실히 필요로 하는 사람들에게 복지혜택을 주기 위해서는 그 필요성이 보다 절실하지 아니하는 사람들은 수급권자로부터 배제하지 않을 수 없다. 이러한 점을 고려할 때, 이 사건 유족범위조항이 사망한 가입자 등에 의하여 생계를 유지하고 있지 않은 자녀 또는 25세 이상인 자녀를 유족연금을 받을 수 있는 자녀의 범위에 포함시키지 않았다고 하더라도, 그 차별이 현저하게 불합리하거나 자의적인 차별이라고 볼 수 없다. 따라서 이 사건 유족범위조항은 청구인들의 평등권을 침해하지 않는다(헌재 2019.2.28, 2017헌마432).

08
답 ③

적절하지 않은 것은 ㉡, ㉢, ㉤이다.

㉠ [O] 의료인 등으로 하여금 거짓이나 과장된 내용의 의료광고를 하지 못하도록 하고 이를 위반한 자를 1년 이하의 징역이나 500만원 이하의 벌금에 처하도록 규정한 의료법 제56조 제3항 등이 평등권을 침해하는 것은 아니다.

⇨ 의료인의 거짓·과장광고는 의료법에서 포괄적으로 처벌되고, 약사나 변호사의 거짓·과장광고 중 일부는 약사법 또는 변호사법에서, 나머지는 표시·광고의 공정화에 관한 법률에 의하여 처벌된다. 그렇다면 위 직역간에 처벌되는 거짓·과장광고의 범위에 차이가 있다고 보기 어려우므로, 이 사건 법률조항들이 의료인을 약사나 변호사에 비하여 차별취급하여 의료인의 평등권을 침해한다고 볼 수 없다(헌재 2015.12.23, 2012헌마685).

㉡ [×] 경찰공무원은 교육훈련 또는 직무수행 중 사망한 경우 국가유공자 등 예우 및 지원에 관한 법률상 순직군경으로 예우받을 수 있는 것과는 달리, 소방공무원은 화재진압, 구조·구급 업무수행 또는 이와 관련된 교육훈련 중 사망한 경우에 한하여 순직군경으로서 예우를 받을 수 있도록 하는 소방공무원법 규정은 소방공무원에 대한 합리적인 이유없는 차별에 해당한다.

⇨ 소방공무원과 경찰공무원은 업무의 내용이 서로 다르고, 그로 인해 업무수행 중에 노출되는 위험상황의 성격과 정도에 있어서도 서로 동일하다고 볼 수 없다. 더욱이 경찰공무원의 경우에는 전쟁이 발생하거나 이에 준하는 상황이 발생하는 경우 군인과 마찬가지로 고도의 위험을 무릅쓰고 부여된 업무를 수행할 것이 기대되므로 정책적인 배려에서 예우법은 군인이나 경찰공무원이 직무수행 중 사망한 경우에는 순직군경으로 예우하도록 하고 있다. 그리고 그동안 국가는 소방공무원이 국가유공자로 예우를 받게 되는 대상자의 범위 등을 국가의 재정능력, 전체적인 사회보장의 수준과 국가에 대한 공헌과 희생의 정도 등을 감안하여 합리적인 범위 내에서 단계적으로 확대해 왔다. 그렇다면 국가에 대한 공헌과 희생, 업무의 위험성의 정도, 국가의 재정상태 등을 고려하여 화재진압, 구조·구급 업무수행 또는 이와 관련된 교육훈련 이외의 사유로 직무수행 중 사망한 소방공무원에 대하여 순직군경으로서의 보훈혜택을 부여하지 않는다고 해서 **이를 합리적인 이유없는 차별에 해당한다고 볼 수 없다**(헌재 2005.9.29, 2004헌바53).

ⓒ [×] 공직자윤리법 시행령에 경찰공무원 중 경사 이상의 계급에 해당하는 자를 재산등록의무자로 규정한 것은 평등권을 침해한다.

⇨ 공무원의 종류에 따라 재산등록의무자의 범위를 다르게 정하였다고 하더라도 불합리한 차별이라고 보기 어렵다. 특히 경찰공무원의 경우 범죄의 예방·진압 및 수사, 치안정보의 수집·작성 및 배포, 교통의 단속과 위해의 방지, 기타 공공의 안녕과 질서유지 등 그 직무범위와 권한이 포괄적이므로 권한을 남용할 경우 국민에게 미치는 영향이 크다는 점, 경찰공무원 중 경사 계급은 현장수사의 핵심인력으로서 직무수행과 관련하여 많은 대민접촉이 이루어지므로 민사 분쟁에 개입하거나 금품을 수수하는 등의 비리 개연성이 높다는 점 등을 종합하여 보면, 교육공무원이나 군인 등과 달리 경찰업무의 특수성을 고려하여 경사 계급까지 등록의무를 부과한 것은 합리적인 이유가 있는 것이므로 이 사건 시행령조항이 청구인의 평등권을 침해한다고 볼 수 없다(헌재 2010.10.28, 2009헌마544).

ⓔ [○] 일반 형사소송절차와 달리 소년심판절차에서 검사에게 상소권이 인정되지 않는 것은 객관적이고 합리적인 이유가 있어 피해자의 평등권을 침해한다고 볼 수 없다.

⇨ 형사소송절차에서는 일방 당사자인 검사가 상소 여부를 결정할 수 있고, 피해자도 간접적으로 검사를 통하여 상소 여부에 관여할 수 있음에 반하여, 소년심판절차에서는 검사에게 상소권이 인정되지 아니하여 소년심판절차에서의 피해자도 상소 여부에 관하여 전혀 관여할 수 있는 방법이 없는데, 양 절차의 피해자는 범죄행위로 인하여 피해를 입었다는 점에서 본질적으로 동일한 집단이라고 할 것임에도 서로 다르게 취급되고 있다. 그런데, 소년심판절차의 전 단계에서 검사가 관여하고 있고, 소년심판절차의 제1심에서 피해자 등의 진술권이 보장되고 있다. 또한 소년심판은 형사소송절차와는 달리 소년에 대한 후견적 입장에서 소년의 환경조정과 품행교정을 위한 보호처분을 하기 위한 심문절차이며, 보호처분을 함에 있어 범행의 내용도 참작하지만 주로 소년의 환경과 개인적 특성을 근거로 소년의 개선과 교화에 부합하는 처분을 부과하게 되므로 일반 형벌의 부과와는 차이가 있다. 그리고 소년심판은 심리의 객체로 취급되는 소년에 대한 후견적 입장에서 법원의 직권에

의해 진행되므로 검사의 관여가 반드시 필요한 것이 아니고 이에 따라 소년심판의 당사자가 아닌 검사가 상소 여부에 관여하는 것이 배제된 것이다. 위와 같은 소년심판절차의 특수성을 감안하면, 차별대우를 정당화하는 객관적이고 합리적인 이유가 존재한다고 할 것이어서 이 사건 법률조항은 청구인의 평등권을 침해하지 않는다(헌재 2012.7.26, 2011헌마232).

ⓜ [×] 제3자 개입금지에 관한 노동쟁의조정법 제13조의2는 실제로 조력을 구하기 위한 능력의 차이를 무시한 것으로, 근로자와 사용자를 실질적으로 차별하는 불합리한 규정이다.

⇨ 법 제13조의2는 노동쟁의의 자주적 해결을 위하여 노동관계 당사자가 아닌 **제3자의 쟁의행위에의 조종·선동·방해행위를 금지하고 있는데, 그 금지는 근로자 측으로의 개입뿐만 아니라 사용자 측으로의 개입에 대하여서도 마찬가지로 규정하고 있으므로, 쟁의행위를 차등하여 규제하는 것은 아님이 명백하다.** … 제3자 개입금지가 근로3권을 제한하는 규정이 아니고, 근로자들이 변호사나 공인노무사 등의 조력을 받는 것과 같이 근로3권을 행사함에 있어 자주적 의사결정을 침해받지 아니하는 범위 안에서 필요한 제3자의 조력을 받는 것을 금지하는 것도 아니다(헌재 1990.1.15, 89헌가103).

---

09   답 ③

① [×] 변호인의 조력을 받을 권리는 형사절차에서 피의자 또는 피고인의 방어권 보장을 위한 것으로서 출입국관리법상 보호 또는 강제퇴거의 절차에도 적용된다고 보기 어렵다.

⇨ 종래 이와 견해를 달리하여 헌법 제12조 제4항 본문에 규정된 **변호인의 조력을 받을 권리는 형사절차에서 피의자 또는 피고인의 방어권을 보장하기 위한 것으로서 출입국관리법상 보호 또는 강제퇴거의 절차에도 적용된다고 보기 어렵다고 판시한 우리 재판소 결정은, 이 결정 취지와 저촉되는 범위 안에서 변경한다.** … 청구인은 이 사건 변호인 접견신청 거부가 있었을 당시 행정기관인 피청구인에 의해 송환대기실에 구속된 상태였으므로, 헌법 제12조 제4항 본문에 따라 변호인의 조력을 받을 권리가 있다(헌재 2018.5.31, 2014헌마346).

② [×] 난민인정심사불회부결정을 받은 외국인을 인천국제공항 송환대기실에 수개월째 수용하고 환승구역으로 출입을 막으면서 변호인접견신청을 거부한 것은, 변호인의 조력을 받을 권리를 침해한 것은 아니다.

⇨ 이 사건 변호인 접견신청 거부는 현행법상 아무런 법률상 근거가 없이 청구인의 변호인의 조력을 받을 권리를 제한한 것이므로, 청구인의 변호인의 조력을 받을 권리를 침해한 것이다. 또한 청구인에게 변호인 접견신청을 허용한다고 하여 국가안전보장, 질서유지, 공공복리에 어떠한 장애가 생긴다고 보기는 어렵고, 필요한 최소한의 범위 내에서 접견 장소 등을 제한하는 방법을 취한다면 국가안전보장이나 환승구역의 질서유지 등에 별다른 지장을 주지 않으면서도 청구인의 변호인 접견권을 제대로 보장할 수 있다. 따라서 이 사건 변호인 접견신청 거부는 국가안전보장이나 질서유지, 공공복리를 위해 필요한 기본권 제한조치로 볼 수도 없다(헌재 2018.5.31, 2014헌마346).

❸ [○] 법정 옆 피고인 대기실에서 대기 중인 14인 중 11인이 강력범들이고 교도관이 2인인 상황에서, 재판대기 중인 피고인이 재

판 시작 20분 전에 교도관에게 변호인접견을 신청하였으나 변호인접견신청이 거부된 것은 변호인의 조력을 받을 권리를 침해한 것은 아니다.
⇨ 청구인은 법정 옆 구속피고인 대기실에서 재판을 대기하던 중 자신에 대한 재판 시작 전 약 20분 전에 교도관 김○호에게 변호인과의 면담을 요구하였다. 당시 위 대기실에는 청구인을 포함하여 14인이 대기 중이었고, 그중 11인은 살인미수, 강간치상 등 이른바 강력범들이었다. 반면 대기실에서 근무하는 교도관은 위 김○호를 포함하여 2명뿐이었다. … 위와 같은 시간적·장소적 상황을 고려할 때, 청구인의 면담 요구는 구속피고인의 변호인과의 면접·교섭권으로서 현실적으로 보장할 수 있는 한계 범위 밖이라고 아니할 수 없다. 따라서 청구인의 변호인 면담 요구를 받아들이지 아니한 교도관 김○호의 접견불허행위는 청구인의 기본권을 침해하는 위헌적인 공권력의 행사라고 보기 어렵다(헌재 2009.10.29, 2007헌마992).
④ [×] 구치소장이 변호인접견실에 CCTV를 설치하여 미결수용자와 변호인간의 접견을 관찰한 행위는 미결수용자와 변호인간의 접견내용의 비밀이 침해될 위험성이 높고 미결수용자로 하여금 심리적으로 위축되게 함으로써 변호인과의 자유롭고 충분한 접견을 제한하고 있으므로 미결수용자의 변호인의 조력을 받을 권리를 침해한다.
⇨ 이 사건 CCTV 관찰행위는 금지물품의 수수나 교정사고를 방지하거나 이에 적절하게 대처하기 위한 것으로 교도관의 육안에 의한 시선계호를 CCTV 장비에 의한 시선계호로 대체한 것에 불과하므로 그 목적의 정당성과 수단의 적합성이 인정된다. 형집행법 및 형집행법 시행규칙은 수용자가 입게 되는 피해를 최소화하기 위하여 CCTV의 설치·운용에 관한 여러 가지 규정을 두고 있고, 이에 따라 변호인접견실에 설치된 CCTV는 교도관이 CCTV를 통해 미결수용자와 변호인간의 접견을 관찰하더라도 접견내용의 비밀이 침해되거나 접견교통에 방해가 되지 않도록 조치를 취하고 있는 점, 금지물품의 수수를 적발하거나 교정사고를 효과적으로 방지하고 교정사고가 발생하였을 때 신속하게 대응하기 위하여는 CCTV를 통해 관찰하는 방법 외에 더 효과적인 다른 방법을 찾기 어려운 점 등에 비추어 보면, 이 사건 CCTV 관찰행위는 그 목적을 달성하기 위하여 필요한 범위 내의 제한으로 침해의 최소성을 갖추었다. CCTV 관찰행위로 침해되는 법익은 변호인접견 내용의 비밀이 폭로될 수 있다는 막연한 추측과 감시받고 있다는 심리적인 불안 내지 위축으로 법익의 침해가 현실적이고 구체화되어 있다고 보기 어려운 반면, 이를 통하여 구치소 내의 수용질서 및 규율을 유지하고 교정사고를 방지하고자 하는 것은 교정시설의 운영에 꼭 필요하고 중요한 공익이므로, 법익의 균형성도 갖추었다. 따라서 이 사건 CCTV 관찰행위가 청구인의 변호인의 조력을 받을 권리를 침해한다고 할 수 없다(헌재 2016.4.28, 2015헌마243).

10
답 ①

❶ [×] 헌법 제14조가 보장하는 거주·이전의 자유는 대한민국 영토 안에서 국가의 간섭이나 방해를 받지 않고 생활의 근거지와 거주지를 임의로 선택할 수 있는 자유를 뜻하므로, 이로부터 자신이 소속된 국적을 버리거나 변경할 자유가 파생된다고 볼 수는 없다.
⇨ 거주·이전의 자유는 국가의 간섭 없이 자유롭게 거주와 체류지를 정할 수 있는 자유로서 정치·경제·사회·문화 등 모든 생활영역에서 개성신장을 촉진함으로써 헌법상 보장되고 있는 다른 기본권들의 실효성을 증대시켜주는 기능을 한다. 구체적으로는 국내에서 체류지와 거주지를 자유롭게 정할 수 있는 자유영역뿐 아니라 나아가 국외에서 체류지와 거주지를 자유롭게 정할 수 있는 '해외여행 및 해외이주의 자유'를 포함하고 덧붙여 대한민국의 국적을 이탈할 수 있는 '국적변경의 자유' 등도 그 내용에 포섭된다고 보아야 한다(헌재 2004.10.28, 2003헌가18).
② [○] 법무부장관으로 하여금 거짓이나 그 밖의 부정한 방법으로 귀화허가를 받은 자에 대하여 그 허가를 취소할 수 있도록 규정하고 그 취소권의 행사기간을 따로 정하지 아니한 국적법 조항은 거주·이전의 자유를 침해하지 않는다.
⇨ 이 사건 법률조항은 국가의 근본요소 중 하나인 국민을 결정하는 기준이 되는 국적의 중요성을 고려하여, 귀화허가신청자의 진실성을 담보하고, 국적 관련 행정의 적법성을 확보하기 위한 것으로서 입법목적은 정당하고, 거짓이나 그 밖의 부정한 방법에 의해 귀화허가를 받은 경우 그 허가를 취소하는 것은 입법목적 달성을 위해 적절한 방법이다.
부정한 방법으로 귀화허가를 받았음에도 상당기간이 경과하였다고 하여 귀화허가의 효력을 그대로 둔 채 행정형벌이나 행정질서벌 등으로 제재를 가하는 것은 부정한 방법에 의한 국적취득을 용인하는 결과가 된다. 이 사건 법률조항의 위임을 받은 시행령은 귀화허가취소사유를 구체적이고 한정적으로 규정하고 있을 뿐 아니라, 법무부장관의 재량으로 위법의 정도, 귀화허가 후 형성된 생활관계, 귀화허가취소시 받게 될 당사자의 불이익 등은 물론 귀화허가시부터 취소시까지의 시간의 경과 정도 등을 고려하여 취소권 행사 여부를 결정하도록 하고 있으며, 귀화허가가 취소된다고 하더라도 외국인으로서 체류허가를 받아 계속 체류하거나 종전의 하자를 치유하여 다시 귀화허가를 받을 수 있으므로, 이 사건 법률조항이 귀화허가취소권의 행사기간을 제한하지 않았다고 하더라도 침해의 최소성원칙에 위배되지 아니한다. 한편, 귀화허가가 취소되는 경우 국적을 상실하게 됨에 따른 불이익을 받을 수 있으나, 국적 관련 행정의 적법성 확보라는 공익이 훨씬 더 크므로 법익균형성의 원칙에도 위배되지 아니한다. 따라서 이 사건 법률조항은 거주·이전의 자유 및 행복추구권을 침해하지 아니한다(헌재 2015.9.24, 2015헌바26).
③ [○] 형사재판에 계속 중인 사람에 대하여 출국을 금지할 수 있다고 규정한 출입국관리법 조항은 거주·이전의 자유를 침해하지 않는다.
⇨ 형사재판에 계속 중인 사람의 해외도피를 막아 국가 형벌권을 확보함으로써 실체적 진실발견과 사법정의를 실현하고자 하는 심판대상조항은 그 입법목적이 정당하고, 형사재판에 계속 중인 사람의 출국을 일정기간 동안 금지할 수 있도록 하는 것은 이러한 입법목적을 달성하는 데 기여할 수 있으므로 수단의 적정성도 인정된다. … 따라서 심판대상조항은 과잉금지원칙에 위배되어 출국의 자유를 침해하지 아니한다(헌재 2015.9.24, 2012헌바302).
④ [○] 주택 등의 재산권에 대한 수용이 헌법 제23조 제3항이 정하고 있는 정당보상의 원칙에 부합하는 이상, 그러한 수용만으로

거주·이전의 자유를 침해한다고는 할 수 없다.

⇨ 이 사건 사업인정 의제조항에 의하여 주택 등에 대한 수용권이 발동됨으로써 주거이전의 자유가 사실상 제약당할 여지가 있으나, 주택 등의 재산권에 대한 수용이 헌법 제23조 제3항이 정하고 있는 정당보상의 원칙에 부합하는 이상 그러한 수용만으로 주거이전의 자유를 침해한다고는 할 수 없고, 더구나 이 사건 수용재결은 청구인 소유의 임야와 그 지상 잣나무 등을 대상으로 하는 것이어서 청구인의 주거이전의 자유의 침해와는 관련이 없는 것이다(헌재 2011.11.24, 2010헌바231).

11 답 ③

① [O] 형사재판에 계속 중인 사람에 대하여 출국을 금지할 수 있다고 규정한 출입국관리법 조항에 따른 법무부장관의 출국금지결정은 형사재판에 계속 중인 국민의 출국의 자유를 제한하는 행정처분일 뿐이고, 영장주의가 적용되는 신체에 대하여 직접적으로 물리적 강제력을 수반하는 강제처분이라고 할 수는 없다.

⇨ 심판대상조항에 따른 법무부장관의 출국금지결정은 형사재판에 계속 중인 국민의 출국의 자유를 제한하는 행정처분일 뿐이고 영장주의가 적용되는 신체에 대하여 직접적으로 물리적 강제력을 수반하는 강제처분이라고 할 수는 없다. 따라서 심판대상조항이 헌법 제12조 제3항의 영장주의에 위배된다고 볼 수 없다(헌재 2015.9.24, 2012헌바302).

② [O] 외교부장관의 허가 없이 여행금지국가를 방문한 사람을 처벌하는 여권법 제26조 제3호는 거주·이전의 자유를 침해하지 않는다.

⇨ 외교부장관으로부터 허가를 받은 경우에는 이 사건 처벌조항으로 형사처벌되지 않도록 가벌성이 제한되어 있고, 이를 위반한 경우에도 1년 이하의 징역 또는 1천만원 이하의 벌금으로 처벌수준이 비교적 경미하다. 따라서 이 사건 처벌조항으로 인하여 거주·이전의 자유가 제한되는 것을 최소화하고 있다. 국외 위난상황이 우리나라의 국민 개인이나 국가·사회에 미칠 수 있는 피해는 매우 중대한 반면, 이 사건 처벌조항으로 인한 불이익은 완화되어 있으므로, 이 사건 처벌조항이 법익의 균형성원칙에 반하지 않는다. 그러므로 이 사건 처벌조항은 과잉금지원칙에 반하여 청구인의 거주·이전의 자유를 침해하지 않는다(헌재 2020.2.27, 2016헌마945).

❸ [×] 출입국관리법상 조세 미납을 이유로 한 출국금지는 조세 미납자의 출국의 자유를 제한하여 심리적 압박을 가함으로써 미납 세금을 자진납부하도록 하기 위한 것이므로, 재산을 해외로 도피할 우려가 있는지 여부를 확인하지 않은 채 출국금지처분을 하더라도 과잉금지의 원칙에 어긋나지 아니한다.

⇨ 국민의 출국의 자유는 헌법이 기본권으로 보장한 거주·이전의 자유의 한 내용을 이루는 것이므로 그에 대한 제한은 필요 최소한에 그쳐야 하고 그 본질적인 내용을 침해할 수 없고, 출입국관리법 등 출국금지에 관한 법률 규정의 해석과 운용도 같은 원칙에 기초하여야 한다. 구 출입국관리법(2011.7.18. 법률 제10863호로 개정되기 전의 것) 제4조 제1항, 구 출입국관리법 시행령(2011.11.1. 대통령령 제23274호로 개정되기 전의 것) 제1조의3 제2항은, 5천만원 이상의 '국세·관세 또는 지방세를 정당한 사유 없이 그 납부기한까지 내지 아니한 사람'에 대하여는 기간을 정하여 출국을 금지할 수 있다고 규

정하고 있다. 그러나 위와 같은 조세 미납을 이유로 한 출국금지는 그 미납자가 출국을 이용하여 재산을 해외에 도피시키는 등으로 강제집행을 곤란하게 하는 것을 방지함에 주된 목적이 있는 것이지 조세 미납자의 신병을 확보하거나 출국의 자유를 제한하여 심리적 압박을 가함으로써 미납 세금을 자진납부하도록 하기 위한 것이 아니다. 따라서 재산을 해외로 도피할 우려가 있는지 여부 등을 확인하지 않은 채 단순히 일정 금액 이상의 조세를 미납하였고 그 미납에 정당한 사유가 없다는 사유만으로 바로 출국금지처분을 하는 것은 헌법상의 기본권 보장 원리 및 과잉금지의 원칙에 비추어 허용되지 않는다. 나아가 재산의 해외 도피가능성 유무에 관한 판단에서도 재량권을 일탈하거나 남용해서는 안 되므로, 조세 체납의 경우, 조세 체납자의 연령과 직업, 경제적 활동과 수입 정도 및 재산상태, 그간의 조세 납부 실적 및 조세 징수처분의 집행과정, 종전에 출국했던 이력과 목적·기간·소요 자금의 정도, 가족관계 및 가족의 생활정도·재산 상태 등을 두루 고려하여, 출국금지로써 달성하려는 공익목적과 그로 인한 기본권 제한에 따라 당사자가 받게 될 불이익을 비교형량하여 합리적인 재량권의 범위 내에서 출국금지 여부를 결정해야 한다(대판 2013.12.26, 2012두18363).

④ [O] 체류자격 변경허가는 신청인에게 당초의 체류자격과 다른 체류자격에 해당하는 활동을 할 수 있는 권한을 부여하는 일종의 설권적 처분의 성격을 가지므로, 허가권자는 신청인이 관계 법령에서 정한 요건을 충족하였다고 하더라도, 허가 여부에 관하여 재량권을 가진다.

⇨ 출입국관리법 제10조, 제24조 제1항, 구 출입국관리법 시행령(2014.10.28. 대통령령 제25669호로 개정되기 전의 것) 제12조 [별표 1] 제8호, 제26호 가목·라목, 출입국관리법 시행규칙 제18조의2 [별표 1]의 문언, 내용 및 형식, 체계 등에 비추어 보면, 체류자격 변경허가는 신청인에게 당초의 체류자격과 다른 체류자격에 해당하는 활동을 할 수 있는 권한을 부여하는 일종의 설권적 처분의 성격을 가지므로, 허가권자는 신청인이 관계 법령에서 정한 요건을 충족하였더라도, 신청인의 적격성, 체류목적, 공익상의 영향 등을 참작하여 허가 여부를 결정할 수 있는 재량을 가진다. 다만, 재량을 행사할 때 판단의 기초가 된 사실인정에 중대한 오류가 있는 경우 또는 비례·평등의 원칙을 위반하거나 사회통념상 현저하게 타당성을 잃는 등의 사유가 있다면 이는 재량권의 일탈·남용으로서 위법하다(대판 2016.7.14, 2015두48846).

12 답 ②

① [침해 O] 국무총리 공관 인근에서의 옥외집회·시위의 전면적 금지

⇨ 이 사건 금지장소조항은 국무총리 공관의 기능과 안녕을 직접 저해할 가능성이 거의 없는 '소규모 옥외집회·시위의 경우', '국무총리를 대상으로 하는 옥외집회·시위가 아닌 경우'까지도 예외 없이 옥외집회·시위를 금지하고 있는 바, 이는 입법목적 달성에 필요한 범위를 넘는 과도한 제한이다. … 이러한 사정들을 종합하여 볼 때, 이 사건 금지장소조항은 그 입법목적을 달성하는 데 필요한 최소한도의 범위를 넘어, 규제가 불필요하거나 또는 예외적으로 허용하는 것이 가능한 집회까지도 이를 일률적·전면적으로 금지하고 있다고 할 것이므로 침

해의 최소성원칙에 위배된다. … 이 사건 금지장소조항은 과잉금지원칙을 위반하여 집회의 자유를 침해한다(헌재 2018.6.28, 2015헌가28 등).

❷ [침해 ✕] 24시 이후부터 해가 뜨기 전까지의 시위의 금지
⇨ 헌법재판소는 집회 및 시위에 관한 법률 제10조에 대하여 **헌법불합치결정 후 한정위헌결정을 내렸다.**

─ 참고 판례 🖉 ─
[1] 집회 및 시위에 관한 법률(2007.5.11. 법률 제8424호로 전부개정된 것) 제10조 중 '옥외집회' 부분 및 제23조 제1호 중 '제10조 본문의 옥외집회' 부분은 헌법에 합치되지 아니한다. 위 조항들은 2010.6.30.을 시한으로 입법자가 개정할 때까지 계속 적용된다[헌재 2009.9.24, 2008헌가25(헌법불합치)].
[2] 2014.3.27. 집회 및 시위에 관한 법률(2007.5.11. 법률 제8424호로 개정된 것) 제10조 본문 중 '시위'에 관한 부분 및 제23조 제3호 중 '제10조 본문' 가운데 '시위'에 관한 부분은 각 '해가 진 후부터 같은 날 24시까지의 시위'에 적용하는 한 헌법에 위반된다[헌재 2014.3.27, 2010헌가2(한정위헌)].

③ [침해 ○] 민주적 기본질서에 위배되는 집회·시위의 금지
⇨ 이 사건 제3호 부분은 규제대상인 집회·시위의 목적이나 내용을 구체적으로 적시하지 않은 채 헌법의 지배원리인 '민주적 기본질서'를 구성요건으로 규정하였을 뿐 기본권 제한의 한계를 설정할 수 있는 구체적 기준을 전혀 제시한 바 없다. 이와 같은 규율의 광범성으로 인하여 헌법이 규정한 민주주의의 세부적 내용과 상이한 주장을 하거나 집회·시위 과정에서 우발적으로 발생한 일이 민주적 기본질서에 조금이라도 위배되는 경우 처벌이 가능할 뿐 아니라 사실상 사회현실이나 정부정책에 비판적인 사람들의 집단적 의견표명 일체를 봉쇄하는 결과를 초래함으로써 침해의 최소성 및 법익의 균형성을 상실하였으므로, 이 사건 제3호 부분은 과잉금지원칙에 위배되어 집회의 자유를 침해한다(헌재 2016.9.29, 2014헌가3 등).

④ [침해 ○] 국내 주재 외교기관의 경계지점으로부터 청사의 100m 이내의 장소에서 옥외집회의 전면적 금지
⇨ 특정장소에서의 집회가 이 사건 법률조항에 의하여 보호되는 법익에 대한 직접적인 위협을 초래한다는 일반적 추정이 구체적인 상황에 의하여 부인될 수 있다면, 입법자는 '최소침해의 원칙'의 관점에서 금지에 대한 예외적인 허가를 할 수 있도록 규정해야 한다. 이 사건 법률조항에 의하여 전제된 추상적 위험성에 대한 입법자의 예측판단은 구체적으로 다음과 같은 경우에 부인될 수 있다고 할 것이다.
첫째, 외교기관에 대한 집회가 아니라 우연히 금지장소 내에 위치한 다른 항의대상에 대한 집회의 경우, 이 사건 법률조항에 의하여 전제된 법익충돌의 위험성이 작다고 판단된다. 이 사건 법률조항의 문제점은, 집회금지구역 내에서 외교기관이나 당해 국가를 항의의 대상으로 삼지 않는, 다른 목적의 집회가 함께 금지된다는 데 있다.
둘째, 소규모 집회의 경우, 일반적으로 이 사건 법률조항의 보호법익이 침해될 위험성이 작다. 예컨대 외국의 대사관 앞에서 소수의 참가자가 소음의 발생을 유발하지 않는 평화적인 피켓시위를 하고자 하는 경우, 일반 대중의 합세로 인하여 대규모시위로 확대될 우려나 폭력시위로 변질될 위험이 없는 이상, 이러한 소규모의 평화적 집회의 금지를 정당화할 수 있는 근거

를 발견하기 어렵다.
셋째, 예정된 집회가 외교기관의 업무가 없는 휴일에 행해지는 경우, 외교기관에의 자유로운 출입 및 원활한 업무의 보장 등 보호법익에 대한 침해의 위험이 일반적으로 작다고 할 수 있다.
따라서 입법자가 '외교기관 인근에서의 집회의 경우에는 일반적으로 고도의 법익충돌위험이 있다'는 예측판단을 전제로 하여 이 장소에서의 집회를 원칙적으로 금지할 수는 있으나, 일반·추상적인 법규정으로부터 발생하는 과도한 기본권 제한의 가능성이 완화될 수 있도록 일반적 금지에 대한 예외조항을 두어야 할 것이다. 그럼에도 불구하고 이 사건 법률조항은 전제된 위험상황이 구체적으로 존재하지 않는 경우에도 이를 함께 예외 없이 금지하고 있는데, 이는 입법목적을 달성하기에 필요한 조치의 범위를 넘는 과도한 제한인 것이다. 그러므로 이 사건 법률조항은 최소침해의 원칙에 위반되어 집회의 자유를 과도하게 침해하는 위헌적인 규정이다(헌재 2003.10.30, 2000헌바67 등).

13   답 ②

적절하지 않은 것은 1개(ⓒ)이다.
㉠ [○] 헌법 제21조 제1항에 의하여 보장되는 언론·출판의 자유에는 방송의 자유가 포함된다.
⇨ 헌법 제21조 제1항은 "모든 국민은 언론·출판의 자유와 집회·결사의 자유를 가진다."고 규정하였다. 같은 규정에 의해 보장되는 언론·출판의 자유에는 방송의 자유가 포함된다. 방송의 자유는 주관적인 자유권으로서의 특성을 가질 뿐 아니라 다양한 정보와 견해의 교환을 가능하게 함으로써 민주주의의 존립·발전을 위한 기초가 되는 언론의 자유의 실질적 보장에 기여한다는 특성을 가지고 있다. 방송매체에 대한 규제의 필요성과 정당성을 논의함에 있어서 방송사업자의 자유와 권리뿐만 아니라 수신자(시청자)의 이익과 권리도 고려되어야 하는 것은 방송의 이와 같은 공적 기능 때문이다. 따라서 방송의 자유는 주관적 권리로서의 성격과 함께 신문의 자유와 마찬가지로 자유로운 의견형성이나 여론형성을 위해 필수적인 기능을 행하는 객관적 규범질서로서 제도적 보장의 성격을 함께 가진다(헌재 2003.12.18, 2002헌바49).
ⓒ [○] 방송의 자유는 주관적인 자유권으로서의 특성을 가질 뿐 아니라 다양한 정보와 견해의 교환을 가능하게 함으로써 민주주의의 존립·발전을 위한 기초가 되는 언론의 자유의 실질적 보장에 기여한다는 특성을 가지고 있다.
⇨ 헌법 제21조 제1항은 "모든 국민은 언론·출판의 자유와 집회·결사의 자유를 가진다."고 규정하였다. 같은 규정에 의해 보장되는 언론·출판의 자유에는 방송의 자유가 포함된다. 방송의 자유는 주관적인 자유권으로서의 특성을 가질 뿐 아니라 다양한 정보와 견해의 교환을 가능하게 함으로써 민주주의의 존립·발전을 위한 기초가 되는 언론의 자유의 실질적 보장에 기여한다는 특성을 가지고 있다. 방송매체에 대한 규제의 필요성과 정당성을 논의함에 있어서 방송사업자의 자유와 권리뿐만 아니라 수신자(시청자)의 이익과 권리도 고려되어야 하는 것은 방송의 이와 같은 공적 기능 때문이다. 따라서 방송의 자유는 주관적 권리로서의 성격과 함께 신문의 자유와 마찬가지로 자

유로운 의견형성이나 여론형성을 위해 필수적인 기능을 행하는 객관적 규범질서로서 제도적 보장의 성격을 함께 가진다 (헌재 2003.12.18, 2002헌바49).

ⓒ [×] 일간신문과 뉴스통신·방송사업의 겸영을 금지하는 구 신문법 제15조 제2항은 신문사업자간 신문의 자유를 침해한다.

⇨ 신문법 제15조 제2항은 일간신문이 뉴스통신이나 일정한 방송사업을 겸영하는 것을 금지하고 있다. 그런데 일간신문이 뉴스통신이나 방송사업과 같은 이종 미디어를 겸영하는 것을 어떻게 규율할 것인가 하는 것은 고도의 정책적 접근과 판단이 필요한 분야로서, 겸영금지의 규제정책을 지속할 것인지, 지속한다면 어느 정도로 규제할 것인지의 문제는 입법자의 미디어정책적 판단에 맡겨져 있다. 신문법 제15조 제2항은 신문의 다양성을 보장하기 위하여 필요한 한도 내에서 그 규제의 대상과 정도를 선별하여 제한적으로 규제하고 있다고 볼 수 있다. 규제대상을 일간신문으로 한정하고 있고, 겸영에 해당하지 않는 행위, 즉 하나의 일간신문법인이 복수의 일간신문을 발행하는 것 등은 허용되며, 종합편성이나 보도전문편성이 아니어서 신문의 기능과 중복될 염려가 없는 방송채널사용사업이나 종합유선방송사업, 위성방송사업 등을 겸영하는 것도 가능하다. 그러므로 신문법 제15조 제2항은 헌법에 위반되지 아니한다(헌재 2006.6.29, 2005헌마165).

ⓔ [O] 방송의 자유는 주관적 권리로서의 성격과 함께 자유로운 의견형성이나 여론형성을 위해 필수적인 기능을 행하는 객관적 규범질서로서 제도적 보장의 성격을 가진다.

⇨ 헌법 제21조 제1항은 "모든 국민은 언론·출판의 자유와 집회·결사의 자유를 가진다."고 규정하였다. 같은 규정에 의해 보장되는 언론·출판의 자유에는 방송의 자유가 포함된다. 방송의 자유는 주관적인 자유권으로서의 특성을 가질 뿐 아니라 다양한 정보와 견해의 교환을 가능하게 함으로써 민주주의의 존립·발전을 위한 기초가 되는 언론의 자유의 실질적 보장에 기여한다는 특성을 가지고 있다. 방송매체에 대한 규제의 필요성과 정당성을 논의함에 있어서 방송사업자의 자유와 권리뿐만 아니라 수신자(시청자)의 이익과 권리도 고려되어야 하는 것은 방송의 이와 같은 공적 기능 때문이다. 따라서 방송의 자유는 주관적 권리로서의 성격과 함께 신문의 자유와 마찬가지로 자유로운 의견형성이나 여론형성을 위해 필수적인 기능을 행하는 객관적 규범질서로서 제도적 보장의 성격을 함께 가진다 (헌재 2003.12.18, 2002헌바49).

ⓜ [O] 정보유통 통로의 유한성, 강한 호소력과 대중조작의 가능성, 강한 사회적 영향력과 같은 방송매체의 특수성을 고려하면, 방송의 기능을 보장하기 위한 규율의 필요성은 신문 등 인쇄매체보다 높다.

⇨ 방송의 자유의 보호영역에는, 단지 국가의 간섭을 배제함으로써 성취될 수 있는 방송프로그램에 의한 의견 및 정보를 표현, 전파하는 주관적인 자유권 영역 외에 그 자체만으로 실현될 수 없고 그 실현과 행사를 위해 실체적·조직적·절차적 형성 및 구체화를 필요로 하는 객관적 규범질서의 영역이 존재한다. 이에 관하여 헌법 제21조 제3항은 "통신·방송의 시설기준과 신문의 기능을 보장하기 위하여 필요한 사항은 법률로 정한다."고 규정하고 있다. 방송은 신문과 마찬가지로 여론형성에 참여하는 언론매체로서 그 기능이 같지만, 아직까지 그 기술적·경제적 한계가 있어서 소수의 기업이 매체를 독점하고 정보의 유통을 제어하는 정보유통 통로의 유한성이 완전히 극복

되었다고 할 수 없다. 또한, 누구나 쉽게 접근할 수 있는 방송매체는 음성과 영상을 통하여 동시에 직접적으로 전파되기 때문에 강한 호소력이 있고, 경우에 따라서는 대중조작이 가능하며, 방송매체에 대한 사회적 의존성이 증가하여 방송이 사회적으로 강한 영향력을 발휘하는 추세이므로 이러한 방송매체의 특수성을 고려하면 방송의 기능을 보장하기 위한 규율의 필요성은 신문 등 인쇄매체보다 높다. 그러므로 입법자는 자유민주주의를 기본원리로 하는 헌법의 요청에 따라 국민의 다양한 의견을 반영하고 국가권력이나 사회세력으로부터 독립된 방송을 실현할 수 있도록 광범위한 입법형성재량을 갖고 방송체제의 선택을 비롯하여, 방송의 설립 및 운영에 관한 조직적·절차적 규율과 방송운영주체의 지위에 관하여 실체적인 규율을 행할 수 있다. 입법자가 방송법제의 형성을 통하여 민영방송을 허용하는 경우 민영방송사업자는 그 방송법제에서 기대되는 방송의 기능을 보장받으며 형성된 법률에 의해 주어진 범위 내에서 주관적 권리를 가지고 헌법적 보호를 받는다 (헌재 2003.12.18, 2002헌바49).

14 답 ③

① [O] 인터넷언론사에 대하여 선거일 전 90일부터 선거일까지 후보자 명의의 칼럼이나 저술을 게재하는 보도를 제한하는 구 인터넷선거보도 심의기준 등에 관한 규정 제8조 제2항 본문과 인터넷선거보도 심의기준 등에 관한 규정 제8조 제2항은 인터넷언론사 홈페이지에 청구인 명의의 칼럼을 게재한 자의 표현의 자유를 침해한다.

⇨ 이 사건 시기제한조항은 선거일 전 90일부터 선거일까지 후보자 명의의 칼럼 등을 게재하는 인터넷선거보도가 불공정하다고 볼 수 있는지에 대해 구체적으로 판단하지 않고 이를 불공정한 선거보도로 간주하여 선거의 공정성을 해치지 않는 보도까지 광범위하게 제한한다. … 이 사건 시기제한조항의 입법목적을 달성할 수 있는 덜 제약적인 다른 방법들이 이 사건 심의기준 규정과 공직선거법에 이미 충분히 존재한다. 따라서 이 사건 시기제한조항은 과잉금지원칙에 반하여 청구인의 표현의 자유를 침해한다(헌재 2019.11.28, 2016헌마90).

② [O] 지역농협 이사 선거의 경우 전화·컴퓨터통신을 이용한 지지·호소의 선거운동방법을 금지하고, 이를 위반한 자를 처벌하는 구 농업협동조합법 조항은 해당 선거 후보자의 표현의 자유를 침해한다.

⇨ 전화·컴퓨터통신은 누구나 손쉽고 저렴하게 이용할 수 있는 매체인 점, 농업협동조합법에서 흑색선전 등을 처벌하는 조항을 두고 있는 점을 고려하면 입법목적 달성을 위하여 위 매체를 이용한 지지호소까지 금지할 필요성은 인정되지 아니한다. 이 사건 법률조항들이 달성하려는 공익이 결사의 자유 및 표현의 자유 제한을 정당화할 정도로 크다고 보기는 어려우므로, 법익의 균형성도 인정되지 아니한다. 따라서 이 사건 법률조항들은 과잉금지원칙을 위반하여 결사의 자유, 표현의 자유를 침해하여 헌법에 위반된다(헌재 2016.11.24, 2015헌바62).

❸ [×] 숙취해소용 천연차를 개발하여 특허권을 획득한 자로 하여금 '음주 전후, 숙취해소'라는 표시광고를 하지 못하도록 하는 것은 직업의 자유, 재산권을 침해하나, 표현의 자유는 침해하지 않는다.

⇨ 위 규정은 음주로 인한 건강위해적 요소로부터 국민의 건강을 보호한다는 입법목적하에 음주 전후, 숙취해소 등 음주를 조장하는 내용의 표시를 금지하고 있으나, '음주 전후', '숙취해소'라는 표시는 이를 금지할 만큼 음주를 조장하는 내용이라 볼 수 없고, 식품에 숙취해소 작용이 있음에도 불구하고 이러한 표시를 금지하면 숙취해소용 식품에 관한 정확한 정보 및 제품의 제공을 차단함으로써 숙취해소의 기회를 국민으로부터 박탈하게 될 뿐만 아니라, 보다 나은 숙취해소용 식품을 개발하기 위한 연구와 시도를 차단하는 결과를 초래하므로, 위 규정은 숙취해소용 식품의 제조·판매에 관한 영업의 자유 및 광고표현의 자유를 과잉금지원칙에 위반하여 침해하는 것이다. 특히 청구인들은 '숙취해소용 천연차 및 그 제조방법'에 관하여 특허권을 획득하였음에도 불구하고 위 규정으로 인하여 특허권자인 청구인들조차 그 특허발명제품에 '숙취해소용 천연차'라는 표시를 하지 못하고 '천연차'라는 표시만 할 수밖에 없게 됨으로써 청구인들의 헌법상 보호받는 재산권인 특허권도 침해되었다(헌재 2000.3.30, 99헌마143).

✎ 본 판례는 직업의 자유, 표현의 자유, 재산권을 침해한다고 판시하였다.

④ [O] 금치기간 중 집필을 금지하도록 한 형의 집행 및 수용자의 처우에 관한 법률 제112조 제3항 본문은 표현의 자유를 침해하지 않는다.

⇨ 금치처분을 받은 수용자들은 이미 수용시설의 안전과 질서유지에 위반되는 행위, 그중에서도 가장 중한 평가를 받은 행위를 한 자들이라는 점에서, 집필과 같은 처우 제한의 해제는 예외적인 경우로 한정될 수밖에 없고, 선례가 금치기간 중 집필을 전면 금지한 조항을 위헌으로 판단한 이후, 입법자는 집필을 허가할 수 있는 예외를 규정하고 금치처분의 기간도 단축하였다. 나아가 미결수용자는 징벌집행 중 소송서류의 작성 등 수사 및 재판 과정에서의 권리행사는 제한 없이 허용되는 점 등을 감안하면, 이 사건 집필제한조항은 청구인의 표현의 자유를 침해하지 아니한다(헌재 2014.8.28, 2012헌마623).

✎ '집필 전면 금지'와 위 판례를 구별하여야 한다.

15 답 ③

① [O] 학교 구성원으로 하여금 성별 등의 사유를 이유로 차별적 언사나 행동, 혐오적 표현 등을 통해 다른 사람의 인권을 침해하지 못하도록 한 서울특별시 학생인권조례 규정은 학교 구성원들의 표현의 자유를 침해한 것이라고 볼 수 없다.

⇨ 이 사건 조례 제5조 제3항은 그 표현의 대상이 되는 학교 구성원의 존엄성을 보호하고, 학생이 민주시민으로서의 올바른 가치관을 형성하도록 하며 인권의식을 함양하게 하기 위한 것으로 그 정당성이 인정되고, 수단의 적합성 역시 인정된다. 차별적 언사나 행동, 혐오적 표현은 개인이나 집단에 대한 혐오·적대감을 담고 있는 것으로, 그 자체로 상대방인 개인이나 소수자의 인간으로서의 존엄성을 침해하고, 특정 집단의 가치를 부정하므로, 이러한 차별·혐오표현이 금지되는 것은 헌법상 인간의 존엄성 보장 측면에서 긴요하다. … 이 사건 조례 제5조 제3항은 과잉금지원칙에 위배되어 학교 구성원인 청구인들의 표현의 자유를 침해하지 아니한다(헌재 2019.11.28, 2017헌마1356).

② [O] 사회복무요원이 정당이나 그 밖의 정치단체에 가입하는 등 정치적 목적을 지닌 행위를 금지한 병역법 제33조 제2항 본문 제2호 중 '그 밖의 정치단체에 가입하는 등 정치적 목적을 지닌 행위'에 관한 부분은 명확성의 원칙에 위배된다.

⇨ 이 사건 법률조항은 가입 등이 금지되는 대상을 '정당이나 그 밖의 정치단체'로 규정하고 있으므로, 문언상 '정당'에 준하는 정치단체만을 의미하는 것이라고 해석하기도 어렵다. 단체의 목적이나 활동에 관한 어떠한 제한도 없는 상태에서는 '정치단체'와 '비정치단체'를 구별할 수 있는 기준을 도출할 수 없다. 이 사건 법률조항은 '정치적 목적을 지닌 행위'의 의미를 개별화·유형화 하지 않으며, 앞서 보았듯 '그 밖의 정치단체'의 의미가 불명확하므로 이를 예시로 규정하여도 '정치적 목적을 지닌 행위'의 불명확성은 해소되지 않는다. 그렇다면 이 부분은 명확성원칙에 위배된다(헌재 2021.11.25, 2019헌마534).

❸ [×] 선거운동기간 중에 인터넷언론사 홈페이지 게시판 등 이용자로 하여금 실명확인조치를 강제하는 것이 익명표현의 자유와 언론의 자유를 침해하는 것은 아니다.

⇨ 실명확인제가 표방하고 있는 선거의 공정성이라는 목적은 인터넷 이용자의 표현의 자유나 개인정보자기결정권을 제약하지 않는 다른 수단에 의해서도 충분히 달성할 수 있다. … 인터넷을 이용한 선거범죄에 대하여는 명예훼손죄나 후보자비방죄 등 여러 사후적 제재수단이 이미 마련되어 있다. 현재 기술 수준에서도 인터넷 프로토콜(IP) 통신에 필요한 고유한 주소를 추적하는 등의 방법으로 사후적으로 게시물 표현자의 신원을 확인하는 방법이 불가능한 것도 아니다. 공직선거법에 규정된 수단을 통하여서도 선거범죄를 저지른 자 또는 정보통신망을 이용한 행위로서 공직선거법에 위반되는 행위를 한 사람의 인적사항을 특정하고, 궁극적으로 선거의 공정성을 충분히 확보할 수 있다. 그러므로 심판대상조항은 침해의 최소성을 갖추지 못하였다(헌재 2021.1.28, 2018헌마456).

④ [O] 상업광고에 대한 규제에 의한 표현의 자유 내지 직업수행의 자유의 제한은 헌법 제37조 제2항에서 도출되는 비례의 원칙(과잉금지원칙)을 준수하여야 하지만, 이때 위헌심사의 기준은 완화되는 것이 상당하다.

⇨ 상업광고에 대한 규제에 의한 표현의 자유 내지 직업수행의 자유의 제한은 헌법 제37조 제2항에서 도출되는 비례의 원칙(과잉금지원칙)을 준수하여야 하지만, 상업광고는 사상이나 지식에 관한 정치적·시민적 표현행위와는 차이가 있고, 인격발현과 개성신장에 미치는 효과가 중대한 것은 아니므로, 비례의 원칙 심사에 있어서 '피해의 최소성' 원칙은 '입법목적을 달성하기 위하여 필요한 범위 내의 것인지'를 심사하는 정도로 완화되는 것이 상당하다(헌재 2005.10.27, 2003헌가3).

16 답 ④

① [×] 소송사건의 대리인인 변호사가 수형자를 접견하고자 하는 경우 소송계속 사실을 소명할 수 있는 자료를 제출하도록 규정하고 있는 형의 집행 및 수용자의 처우에 관한 법률 시행규칙 중 '수형자 접견'에 관한 부분은 변호사의 직업수행의 자유를 침해하지 않는다.

⇨ 심판대상조항은 소송사건의 대리인인 변호사라 하더라도 변호사접견을 하기 위해서는 소송계속 사실 소명자료를 제출

하도록 규정함으로써 이를 제출하지 못하는 변호사는 일반접견을 이용할 수밖에 없게 되었다. 일반접견은 접촉차단시설이 설치된 일반접견실에서 10분 내외 짧게 이루어지므로 그 시간은 변호사접견의 1/6 수준에 그친다. 또한 그 대화 내용은 청취·기록·녹음·녹화의 대상이 되므로 교정시설에서 부당한 처우를 당했다는 등의 사정이 있는 수형자는 위축된 나머지 법적 구제를 단념할 가능성마저 배제할 수 없다. 심판대상조항은 소 제기 전 단계에서 충실한 소송준비를 하기 어렵게 하여 변호사의 직무수행에 큰 장애를 초래하고, 변호사의 도움이 가장 필요한 시기에 접견에 대한 제한의 정도가 위와 같이 크다는 점에서 수형자의 재판청구권 역시 심각하게 제한될 수밖에 없고, 이로 인해 법치국가원리로 추구되는 정의에 반하는 결과를 낳을 수도 있다. 따라서 심판대상조항은 과잉금지원칙에 위배되어 변호인인 청구인의 직업수행의 자유를 침해한다(헌재 2021.10.28, 2018헌마60).

② [×] 사립유치원의 공통적인 세입·세출 자료가 없는 경우 관할청의 지도·감독에는 한계가 존재할 수밖에 없다는 이유로 사립유치원의 회계를 국가가 관리하는 공통된 회계시스템을 이용하여 처리하도록 하는 것은 개인사업자인 사립유치원의 자유로운 회계처리방법 선택권을 과도하게 침해한다.

⇨ 사립유치원은 비록 설립주체의 사유재산으로 설립·운영되기는 하지만, 유아교육법, 사립학교법 등 교육관계법령에 의하여 국·공립학교와 마찬가지의 재정적 지원과 감독·통제를 받는 학교로서, 사립유치원의 재정 및 회계의 건전성과 투명성은 그 유치원에 의하여 수행되는 교육의 공공성과 직결된다고 할 것이므로, 사립유치원의 회계투명성을 확보하기 위하여 교비회계업무를 처리함에 있어 국가관리회계시스템을 이용하도록 한 것은 사립유치원 설립·경영자의 사립학교 운영의 자유를 침해하지 아니한다(헌재 2021.11.25, 2019헌마542).

③ [×] 청원경찰이 금고 이상의 형의 선고유예를 받은 경우 당연퇴직되도록 규정한 청원경찰법 관련 조항은 청원경찰이 저지른 범죄의 종류나 내용에 따른 적절한 제재로서 청원경찰의 직업의 자유를 침해하는 것이 아니다.

⇨ 심판대상조항은 청원경찰이 저지른 범죄의 종류나 내용을 불문하고 금고 이상의 형의 선고유예를 받게 되면 당연히 퇴직되도록 규정함으로써 청원경찰에게 공무원보다 더 가혹한 제재를 가하고 있으므로, 침해의 최소성원칙에 위배된다. 심판대상조항은 청원경찰이 저지른 범죄의 종류나 내용을 불문하고 범죄행위로 금고 이상의 형의 선고유예를 받게 되면 당연히 퇴직되도록 규정함으로써 그것이 달성하려는 공익의 비중에도 불구하고 청원경찰의 직업의 자유를 과도하게 제한하고 있어 법익의 균형성원칙에도 위배된다. 따라서, 심판대상조항은 과잉금지원칙에 반하여 직업의 자유를 침해한다(헌재 2018.1.25, 2017헌가26).

❹ [O] 성적목적공공장소침입죄로 형을 선고받아 확정된 사람은 그 형의 집행을 종료한 날부터 10년 동안 의료기관을 제외한 아동·청소년 관련 기관 등을 운영하거나 위 기관에 취업할 수 없도록 한 아동·청소년의 성보호에 관한 법률 관련 조항은 성적목적공공장소침입죄 전과자의 직업선택의 자유를 침해하는 것이다.

⇨ 취업제한조항이 성적목적공공장소침입죄 전력만으로 그가 장래에 동일한 유형의 범죄를 저지를 것을 당연시하고, 형의 집

행이 종료된 때로부터 10년이 경과하기 전에는 결코 재범의 위험성이 소멸하지 않는다고 보아, 각 행위의 죄질에 따른 상이한 제재의 필요성을 간과함으로써, 위 범죄 전력자 중 재범의 위험성이 없는 자, 위 범죄 전력이 있지만 10년의 기간 안에 재범의 위험성이 해소될 수 있는 자, 범행의 정도가 가볍고 재범의 위험성이 상대적으로 크지 않은 자에게까지 10년 동안 일률적인 취업제한을 하고 있는 것은 침해의 최소성원칙과 법익의 균형성원칙에 위배된다. 따라서 취업제한조항은 청구인의 직업선택의 자유를 침해한다(헌재 2016.10.27, 2014헌마709).

17 답 ④

① [×] 의료인의 중복운영 허용 여부는 입법정책적인 문제이나 1인의 의료인에 대하여 운영할 수 있는 의료기관의 수를 제한하는 입법자의 판단은 그 목적에 비해 입법자에게 부여된 입법재량을 명백히 일탈하였다.

⇨ 의료는 단순한 상거래의 대상이 아니라 사람의 생명과 건강을 다루는 특별한 것으로서, 국민보건에 미치는 영향이 크다. 그 외에 우리나라의 취약한 공공의료의 실태, 의료인이 여러 개의 의료기관을 운영할 때 의료계 및 국민건강보험 재정 등 국민보건 전반에 미치는 영향, 국가가 국민의 건강을 보호하고 적정한 의료급여를 보장해야 하는 사회국가적 의무 등을 종합하여 볼 때, 의료의 질을 관리하고 건전한 의료질서를 확립하기 위하여 1인의 의료인에 대하여 운영할 수 있는 의료기관의 수를 제한하고 있는 입법자의 판단이 입법재량을 명백히 일탈하였다고 보기는 어렵다. … 이 사건 법률조항은 과잉금지원칙에 반한다고 할 수 없다(헌재 2019.8.29, 2014헌바212 등).

② [×] 온라인서비스제공자가 자신이 관리하는 정보통신망에서 아동·청소년이용음란물을 발견하기 위하여 대통령령으로 정하는 조치를 취하지 아니하거나 발견된 아동·청소년이용음란물을 즉시 삭제하고, 전송을 방지 또는 중단하는 기술적인 조치를 취하지 아니한 경우 처벌하는 '아동·청소년의 성보호에 관한 법률' 규정은 직업의 자유를 제한하지 않는다.

⇨ 심판대상조항은 온라인서비스제공자의 직업의 자유, 구체적으로는 영업수행의 자유를 제한하며, 서비스이용자의 통신의 비밀과 표현의 자유를 제한한다. … 심판대상조항을 통하여 아동음란물의 광범위한 유통·확산을 사전적으로 차단하고 이를 통해 아동음란물이 초래하는 각종 폐해를 방지하며 특히 관련된 아동·청소년의 인권 침해가능성을 사전적으로 차단할 수 있는 바, 이러한 공익이 사적 불이익보다 더 크다. 따라서 심판대상조항은 온라인서비스제공자의 영업수행의 자유, 서비스이용자의 통신의 비밀과 표현의 자유를 침해하지 아니한다(헌재 2018.6.28, 2016헌가15).

③ [×] 음란물출판사 등록취소 사건은 청구인의 직업의 자유를 침해한다.

⇨ '음란'의 개념은 규범적인 것으로서 그 시대의 사회윤리적인 가치판단과 연관을 맺는 상대적인 개념이고, 또 '공중도덕'이나 '사회윤리'라는 개념들도 막연하고 추상적인 개념이어서 법집행자의 주관이나 자의적인 판단에 맡겨질 위험성이 큼에도 이 사건 법률조항은 '음란'이나 '저속'에 관하여 아무런 개

념규정도 없이 전적으로 행정기관인 등록청에 그 판단을 맡기고 있어 헌법이 보장하는 언론·출판의 자유를 제한함에 있어 요구되는 명확성의 원칙, 명백하고 현존하는 위험의 원칙 등에 위반하여 위헌이라고 볼 여지가 있다(헌재 1998.4.30, 95헌가16).

✎ 본 사건은 언론·출판의 자유를 침해하는 것이지, 직업의 자유를 침해하지 않는다.

❹ [O] 감차 사업구역 내에 있는 일반택시운송사업자에게 택시운송사업 양도를 금지하고 감차 계획에 따른 감차 보상만 신청할 수 있도록 하는 조항은 일반택시운송사업자의 직업수행의 자유를 과도하게 제한한다고 볼 수 없다.

⇨ 택시운송사업에 사용되는 차량의 총량을 합리적으로 조정함으로써 수요공급의 균형을 이루어 택시운송업의 안정적 발전을 유지하고자 하는 것은 중대한 공익이라고 할 것이다. 심판대상조항으로 인하여 일반택시운송사업자가 원하는 시기에 자유롭게 택시운송사업을 양도하지 못함으로써 직업수행의 자유와 재산권을 제한받게 된다고 하더라도, 그로 인하여 입게 되는 불이익이 심판대상조항을 통하여 달성하고자 하는 공익보다 크다고 할 수 없으므로, 심판대상조항은 추구하는 공익과 제한되는 기본권 사이의 법익균형성 요건도 충족하고 있다. 심판대상조항은 과잉금지원칙을 위반하여 일반택시운송사업자의 직업수행의 자유와 재산권을 침해하지 아니한다(헌재 2019.9.26, 2017헌바467).

18 답 ③

① [O] 국내거주 재외국민은 주민등록을 할 수 없을 뿐이지 '국민인 주민'이라는 점에서는 '주민등록이 되어 있는 국민인 주민'과 실질적으로 동일하므로, 지방선거 선거권 부여에 있어 양자에 대한 차별을 정당화할 어떠한 사유도 존재하지 않는다.

⇨ 국내거주 재외국민은 주민등록을 할 수 없을 뿐이지 '국민인 주민'이라는 점에서는 '주민등록이 되어 있는 국민인 주민'과 실질적으로 동일하므로 지방선거 선거권 부여에 있어 양자에 대한 차별을 정당화할 어떠한 사유도 존재하지 않으며, 또한 헌법상의 권리인 국내거주 재외국민의 선거권이 법률상의 권리에 불과한 '영주의 체류자격 취득일로부터 3년이 경과한 18세 이상의 외국인'의 지방선거 선거권에 못 미치는 부당한 결과가 초래되고 있다는 점에서, 국내거주 재외국민에 대해 그 체류기간을 불문하고 지방선거 선거권을 전면적·획일적으로 박탈하는 법 제15조 제2항 제1호, 제37조 제1항은 국내거주 재외국민의 평등권과 지방의회 의원선거권을 침해한다(헌재 2007.6.28, 2004헌마644 등).

② [O] 입법자가 재외선거인을 위하여 인터넷투표방법이나 우편투표방법을 채택하지 아니하고 원칙적으로 공관에 설치된 재외투표소에 직접 방문하여 투표하는 방법을 채택하는 것은 현저히 불합리하거나 불공정하다고 할 수 없다.

⇨ 입법자가 선거 공정성 확보의 측면, 투표용지 배송 등 선거기술적인 측면, 비용 대비 효율성의 측면을 종합적으로 고려하여, 인터넷투표방법이나 우편투표방법을 채택하지 아니하고 원칙적으로 공관에 설치된 재외투표소에 직접 방문하여 투표하는 방법을 채택한 것이 현저히 불공정하고 불합리하다고 볼 수는 없으므로, 재외선거 투표절차조항은 재외선거인의 선거

권을 침해하지 아니한다(헌재 2014.7.24, 2009헌마256 등).

❸ [×] 공직선거법상 재외선거인 등록신청조항에서 재외선거권자로 하여금 선거를 실시할 때마다 재외선거인 등록신청을 하도록 규정한 것은 재외선거인의 선거권을 침해한다.

⇨ 재외선거인의 등록신청서에 따라 재외선거인명부를 작성하는 방법은 해당 선거에서 투표할 권리가 있는지 확인함으로써 투표의 혼란을 막고, 선거권이 있는 재외선거인을 재외선거인명부에 등록하기 위한 합리적인 방법이다. 따라서 재외선거인 등록신청조항이 재외선거권자로 하여금 선거를 실시할 때마다 재외선거인 등록신청을 하도록 규정한 것이 재외선거인의 선거권을 침해한다고 볼 수 없다(헌재 2014.7.24, 2009헌마256 등).

④ [O] 주민등록이 되어 있지 않고 국내거소신고도 하지 않은 재외국민에게 국회의원 재·보궐선거의 선거권을 인정하지 않은 재외선거인 등록신청조항이 재외선거인의 선거권을 침해하거나 보통선거원칙에 위배된다고 볼 수 없다.

⇨ 입법자는 재외선거제도를 형성하면서, 잦은 재·보궐선거는 재외국민으로 하여금 상시적인 선거체제에 직면하게 하는 점, 재외 재·보궐선거의 투표율이 높지 않을 것으로 예상되는 점, 재·보궐선거 사유가 확정될 때마다 전 세계 해외 공관을 가동하여야 하는 등 많은 비용과 시간이 소요된다는 점을 종합적으로 고려하여 재외선거인에게 국회의원의 재·보궐선거권을 부여하지 않았다고 할 것이고, 이와 같은 선거제도의 형성이 현저히 불합리하거나 불공정하다고 볼 수 없다. 따라서 재외선거인 등록신청조항은 재외선거인의 선거권을 침해하거나 보통선거원칙에 위배된다고 볼 수 없다(헌재 2014.7.24, 2009헌마256).

19 답 ④

① [O] 형사재판에 피고인으로 출석하는 수형자에 대하여 사복착용을 불허하는 것은 공정한 재판을 받을 권리를 침해하는 것이다.

⇨ 수형자라 하더라도 확정되지 않은 별도의 형사재판에서만큼은 미결수용자와 같은 지위에 있으므로, 이러한 수형자로 하여금 형사재판 출석시 아무런 예외 없이 사복착용을 금지하고 재소자용 의류를 입도록 하여 인격적인 모욕감과 수치심 속에서 재판을 받도록 하는 것은 재판부나 검사 등 소송관계자들에게 유죄의 선입견을 줄 수 있고, 이미 수형자의 지위로 인해 크게 위축된 피고인의 방어권을 필요 이상으로 제약하는 것이다. … 따라서 심판대상조항이 형사재판의 피고인으로 출석하는 수형자에 대하여 사복착용을 허용하지 아니한 것은 청구인의 공정한 재판을 받을 권리, 인격권, 행복추구권을 침해한다(헌재 2015.12.23, 2013헌마712).

② [O] 형사피해자의 재판절차진술권의 형사피해자는 범죄피해자구조청구권의 범죄피해자보다 넓은 개념이다.

⇨ 형사피해자의 재판절차진술권의 형사피해자는 모든 범죄의 피해자를 의미하고, 범죄피해자구조청구권의 범죄피해자는 생명 또는 신체에 대한 범죄피해자를 의미하므로 헌법 제27조 제5항의 형사피해자의 범위가 헌법 제30조의 범죄피해자보다 넓은 개념이다.

③ [O] 범죄피해자구조청구권의 대상이 되는 범죄피해에 해외에서 발생한 범죄피해의 경우를 포함하지 아니한 것은 현저하게 불

합리한 자의적인 차별이라고 볼 수 없어 평등원칙에 위배되지 아니한다.

⇨ 범죄피해자구조청구권을 인정하는 이유는 크게 국가의 범죄방지책임 또는 범죄로부터 국민을 보호할 국가의 보호의무를 다하지 못하였다는 것과 그 범죄피해자들에 대한 최소한의 구제가 필요하다는 데 있다. 그런데 국가의 주권이 미치지 못하고 국가의 경찰력 등을 행사할 수 없거나 행사하기 어려운 해외에서 발생한 범죄에 대하여는 국가에 그 방지책임이 있다고 보기 어렵고, 상호보증이 있는 외국에서 발생한 범죄피해에 대하여는 국민이 그 외국에서 피해구조를 받을 수 있으며, 국가의 재정에 기반을 두고 있는 구조금에 대한 청구권 행사대상을 우선적으로 대한민국의 영역 안의 범죄피해에 한정하고, 향후 해외에서 발생한 범죄피해의 경우에도 구조를 하는 방향으로 운영하는 것은 입법형성의 재량의 범위 내라고 할 것이다. 따라서 범죄피해자구조청구권의 대상이 되는 범죄피해에 해외에서 발생한 범죄피해의 경우를 포함하고 있지 아니한 것이 현저하게 불합리한 자의적인 차별이라고 볼 수 없어 평등원칙에 위배되지 아니한다(헌재 2011.12.29, 2009헌마354).

❹ [×] 형사피의자와 형사피고인이 형사보상청구권을 주장하기 위해서는 무죄판결을 받아야 한다.

⇨ 헌법 제28조 형사피의자 또는 형사피고인으로서 구금되었던 자가 법률이 정하는 불기소처분을 받거나 무죄판결을 받은 때에는 법률이 정하는 바에 의하여 국가에 정당한 보상을 청구할 수 있다.

20 답 ①

❶ [×] 형사보상의 청구기간을 '무죄판결이 확정된 때부터 1년'으로 규정한 것은 형사보상청구권의 행사를 어렵게 할 정도로 지나치게 짧다고 할 수 없으므로 합리적인 입법재량을 행사한 것으로 볼 수 있다.

⇨ 권리의 행사가 용이하고 일상 빈번히 발생하는 것이거나 권리의 행사로 인하여 상대방의 지위가 불안정해지는 경우 또는 법률관계를 보다 신속히 확정하여 분쟁을 방지할 필요가 있는 경우에는 특별히 짧은 소멸시효나 제척기간을 인정할 필요가 있으나, 이 사건 법률조항은 위의 어떠한 사유에도 해당하지 아니하는 등 달리 합리적인 이유를 찾기 어렵고, 일반적인 사법상의 권리보다 더 확실하게 보호되어야 할 권리인 형사보상청구권의 보호를 저해하고 있다. … 아무런 합리적인 이유 없이 그 청구기간을 1년이라는 단기간으로 제한한 것은 입법목적 달성에 필요한 정도를 넘어선 것이라고 할 것이다. … 이 사건 법률조항은 입법재량의 한계를 일탈하여 청구인의 형사보상청구권을 침해한 것이다(헌재 2010.7.29, 2008헌가4).

② [○] 형사보상청구권과 직접적인 이해관계를 가진 당사자는 형사피고인과 국가밖에 없는데, 국가가 무죄판결을 선고받은 형사피고인에게 넓게 형사보상청구권을 인정함으로써 감수해야 할 공익은 경제적인 것에 불과하다.

⇨ 형사보상청구권과 직접적인 이해관계를 가진 당사자는 형사피고인과 국가밖에 없는데, 국가가 무죄판결을 선고받은 형사피고인에게 넓게 형사보상청구권을 인정함으로써 감수해야 할 공익은 경제적인 것에 불과하고 그 액수도 국가 전체 예산 규모에 비추어 볼 때 미미하다고 할 것이다. 또한 형사피고인에게 넓게 형사보상청구권을 인정한다고 하여 법적 혼란이 초래될 염려도 전혀 없다(헌재 2010.7.29, 2008헌가4).

③ [○] 형사피고인에만 인정되었던 형사보상청구권을 형사피의자까지 확대 적용한 것은 현행헌법부터이다.

⇨ 우리나라는 건국헌법부터 피고인보상을 규정하였고, 형사피고인에만 인정되었던 형사보상청구권이 형사피의자까지 확대 적용되기 시작한 것은 현행헌법(제9차 개정헌법)부터이다.

④ [○] 형사보상의 청구에 대한 보상결정에 대하여는 불복을 신청할 수 없도록 하여 형사보상의 결정을 단심재판으로 제한한 것은 형사보상청구권 및 재판청구권을 침해한다.

⇨ 보상액의 산정에 기초되는 사실인정이나 보상액에 관한 판단에서 오류나 불합리성이 발견되는 경우에도 그 시정을 구하는 불복신청을 할 수 없도록 하는 것은 형사보상청구권 및 그 실현을 위한 기본권으로서의 재판청구권의 본질적 내용을 침해하는 것이라 할 것이고, 나아가 법적 안정성만을 지나치게 강조함으로써 재판의 적정성과 정의를 추구하는 사법제도의 본질에 부합하지 아니하는 것이다. 또한, 불복을 허용하더라도 즉시항고는 절차가 신속히 진행될 수 있고 사건수도 과다하지 아니한데다 그 재판내용도 비교적 단순하므로 불복을 허용한다고 하여 상급심에 과도한 부담을 줄 가능성은 별로 없다고 할 것이어서, 이 사건 불복금지조항은 형사보상청구권 및 재판청구권을 침해한다고 할 것이다(헌재 2010.10.28, 2008헌마514).

2023 최신개정판

해커스경찰
신동욱
경찰헌법 실전동형모의고사 2

개정 2판 1쇄 발행 2023년 3월 3일

지은이	신동욱 편저
펴낸곳	해커스패스
펴낸이	해커스경찰 출판팀

주소	서울특별시 강남구 강남대로 428 해커스경찰
고객센터	1588-4055
교재 관련 문의	gosi@hackerspass.com
	해커스경찰 사이트(police.Hackers.com) 교재 Q&A 게시판
	카카오톡 플러스 친구 [해커스경찰]
학원 강의 및 동영상강의	police.Hackers.com

ISBN	979-11-6999-051-6 (13360)
Serial Number	02-01-01

경찰공무원 1위,
해커스경찰 police.Hackers.com

🏛 해커스 경찰

· 정확한 성적 분석으로 약점 극복이 가능한 **합격예측 모의고사**(교재 내 응시권 및 해설강의 수강권 수록)

· 해커스 스타강사의 **경찰헌법 무료 동영상강의**

· **해커스경찰 학원 및 인강**(교재 내 인강 할인쿠폰 수록)